Bibliographie générale

DE LA

GUERRE DE 1870-1871

RÉPERTOIRE ALPHABÉTIQUE ET RAISONNÉ

des Publications de toute nature concernant la guerre franco allemande
parues en France et à l'Étranger

Par le Commandant PALAT

CHEF DE BATAILLON BREVETÉ AU 54ᵉ RÉGIMENT D'INFANTERIE

Précédemment au 2ᵉ bureau de l'État-major de l'armée

BERGER-LEVRAULT ET Cⁱᵉ, ÉDITEURS

PARIS | NANCY
5, RUE DES BEAUX-ARTS | 18, RUE DES GLACIS

1896

Tous droits réservés

BIBLIOGRAPHIE GÉNÉRALE

DE LA

GUERRE DE 1870-1871

DU MÊME AUTEUR

Les Routes de l'Algérie au Soudan. — *Baudoin*. 1886.

L'Espagne à vol d'oiseau, d'Irun à Cadiz et à Cerbère. — Direction du *Spectateur militaire*. 1890.

Une campagne de Turenne et de Condé dans les Flandres et en Artois (1654). — *Spectateur militaire*. 1890.

Campagne des Anglais au Soudan. — *Baudoin*. 1893.

Le combat de Nuits (18 décembre 1870). — *Ib.* 1895.

L'Inde et la question anglo-russe. — *H. Charles-Lavauzelle*. 1895.

Une campagne de Turenne (1654). — *Baudoin*. 1896.

Bibliographie générale

DE LA

GUERRE DE 1870-1871

RÉPERTOIRE ALPHABÉTIQUE ET RAISONNÉ

*des Publications de toute nature concernant la guerre franco allemande
parues en France et à l'Étranger*

Par le Commandant PALAT

CHEF DE BATAILLON BREVETÉ AU 54ᵉ RÉGIMENT D'INFANTERIE
Précédemment au 2ᵉ bureau de l'État-major de l'armée

BERGER-LEVRAULT ET Cⁱᵉ, ÉDITEURS

| PARIS | NANCY |
| 5, RUE DES BEAUX-ARTS | 18, RUE DES GLACIS |

1896

Tous droits réservés

INTRODUCTION

La guerre de 1870 a été la cause première d'un grand mouvement d'idées, le plus puissant peut-être qui se soit produit depuis la Révolution française. Il en est résulté un nombre immense de publications de tout genre, surtout dans les dix années qui ont suivi 1870, et ce nombre n'a cessé de s'accroître. Pour se retrouver au milieu de ce dédale, un guide, c'est-à-dire un catalogue, est indispensable. Il en a été publié un certain nombre.

Les premiers en date ont été édités en Allemagne : l'un des plus importants est la *Literatur des deutsch-französischen Krieges*, d'Ed. Baldamus. Mais cette bibliographie, qui s'applique uniquement aux publications d'origine allemande, est naturellement fort incomplète, en raison même de la date hâtive de son apparition, 1871. Un autre ouvrage de même nature, beaucoup plus étendu, la *Bibliotheca historico-militaris* du docteur Pohler, constitue un catalogue systématique des ouvrages publiés dans toutes les langues au sujet de l'art et de l'histoire militaires, pendant la période comprise entre l'invention de l'imprimerie et l'année 1880. Un extrait s'applique seulement à la guerre de 1870. Mais la classification adoptée par le Dr Pohler laisse fort à désirer et rend les recherches pénibles. De plus son travail s'arrête à 1880, c'est-à-dire ne s'étend pas à un grand nombre de publications importantes. Enfin il n'est pas sans présenter des lacunes nombreuses et des inexactitudes assez graves.

En France, il n'a été édité qu'un seul ouvrage de ce genre.

M. A. Schulz a publié une *Bibliographie de la guerre franco-allemande,* dont la 2ᵉ édition a paru en 1886. Mais elle est fort incomplète et renferme de nombreuses erreurs. Elle signale même des publications dont on ne peut s'expliquer la présence dans une bibliographie de la guerre de 1870. On y voit figurer, en effet, des plaquettes consacrées aux sièges de Lagny-sur-Marne (page 32), à la ville de Compiègne au moment de la bataille de Saint-Quentin (1557) (page 33), à la bataille de Rocroi (page 36), etc., etc.

Dans ces conditions, nous avons pensé qu'il pourrait y avoir quelque utilité à entreprendre les recherches nécessaires pour l'établissement d'une bibliographie, aussi complète que possible, de la guerre de 1870. C'est le résultat de ce travail, beaucoup plus étendu qu'on ne serait sans doute disposé à le croire, que nous offrons aujourd'hui au lecteur.

Nous avons cherché à lui adjoindre, dans la mesure de notre pouvoir, des indications succinctes sur les auteurs et les objets traités, de façon à faciliter les recherches.

Notre catalogue alphabétique et raisonné comporte naturellement les ouvrages de toute nature consacrés à la guerre franco-allemande. Il nous a paru nécessaire d'y ajouter un certain nombre de publications se rattachant plus ou moins directement aux précédentes. Parmi elles figurent des livres d'art militaire évidemment écrits sous l'impression des événements de 1870-1871, auxquels ils empruntent la plupart de leurs enseignements. Ainsi la *Guerre moderne* de M. le général Derrécagaix contient des détails inédits sur certaines des opérations de la campagne, sur la bataille de Coulmiers et le combat de Villepion, par exemple.

Il en est de même pour le grand ouvrage de M. le général Pierron, *Stratégie et grande Tactique.*

Les historiques des corps de troupe nous ont paru également devoir figurer dans une bibliographie de la guerre de 1870, car les données précises que contiennent quelques-uns d'entre eux permettent seules de reconstituer le détail des opérations et, en particulier, des actions de guerre. Certaines biographies d'acteurs français ou allemands de la campagne ne sont pas non plus sans utilité, même au point de vue de l'étude générale des événements.

Il suffit de citer, par exemple, les nombreuses *Vies* du général de Sonis et l'ouvrage que M. d'Eichthal a consacré au général Bourbaki.

Enfin les bibliographies publiées antérieurement n'avaient attribué aucune place aux très nombreux articles de revues concernant la guerre de 1870. C'est à tort, croyons-nous, car telle étude parue dans les *Jahrbücher*, le Journal de *Streffleur* ou le *Spectateur militaire* jette beaucoup plus de lumière sur l'histoire de la campagne que beaucoup de prétendues *histoires anecdotiques*, de compilations entièrement dénuées d'intérêt. Nous avons donc fait figurer dans ce catalogue un nombre limité de travaux de ce genre, naturellement choisis parmi ceux présentant une certaine originalité.

Comme on doit s'y attendre, la presque totalité des écrits originaux sur la guerre de 1870 a été publiée en France ou en Allemagne. Ceux qui font exception ont généralement été traduits en français ou en allemand, parfois dans ces deux langues. Pourtant, afin d'offrir au lecteur un travail plus complet, nous avons cru devoir faire figurer dans notre bibliographie les publications écrites en anglais, en russe, en italien, etc., c'est-à-dire dans les principales langues européennes autres que la nôtre et l'allemande. L'étendue de nos recherches en a été sensiblement accrue.

Malgré le nombre et la diversité des documents que nous avons dû consulter, nous ne nous dissimulons pas combien notre tâche a été imparfaitement remplie. Peut-être, cependant, en dépit de ses lacunes, le présent travail pourra-t-il être de quelque utilité pour les chercheurs ou même les curieux ? C'est la pensée qui nous a décidé à l'entreprendre.

Parmi les documents auxquels nous avons eu recours, il convient de citer la collection du *Polybiblion*, le *Catalogue général de la Librairie française* (1840 à 1890), par O. Lorenz, et les catalogues annuels qui lui font suite, le *Journal général de l'imprimerie et de la librairie*, les *Baldamus' Erscheinungen der deutschen Literatur auf dem Gebiete der Kriegswissenschaft und Pferdekunde* (1866-1884), le *Hinrich's fünfjähriger Bücher-Katalog* de 1866 à 1890, le *Hinrich's Halbjahrskatalog* de 1891 à 1895, enfin la partie bibliographique des plus importantes revues militaires de France ou de l'étranger.

Ham, le 1er octobre 1896.

GRANDES DIVISIONS DE L'OUVRAGE

1ʳᵉ PARTIE : Répertoire alphabétique par nom d'auteur ou par titre d'ouvrage anonyme.

2ᵉ PARTIE : Répertoire raisonné :
1. Généralités.
2. Politique extérieure de la France et de l'Allemagne dans ses relations avec la guerre de 1870.
3. Politique intérieure de la France et de l'Allemagne.
4. Armée du Rhin ; opérations de l'armée du Rhin.
5. Armée de Châlons ; opérations de l'armée de Châlons.
6. Opérations aux environs de Paris ; siège de Paris.
7. Opérations dans le Nord ; armée du Nord.
8. Opérations dans l'Ouest ; troupes françaises de l'Ouest.
9. Opérations sur la Loire ; les armées de la Loire.
10. La guerre sur les communications allemandes.
11. Opérations en Bourgogne ; armée des Vosges.
12. Opérations dans l'Est ; les armées de l'Est.
13. Histoire locale.
14. Personnalités diverses.
15. Histoire des unités et corps de troupes françaises.
16. Histoire des unités et corps de troupes allemandes.
17. Enseignements, résultats de la guerre.
18. Service de santé.
19. Divers.

PRINCIPALES ABRÉVIATIONS

Archiv = Archiv für die Artillerie- und Ingenieur-Offiziere.
Bulletin = Bulletin de la Réunion des officiers.
Cercle = Revue du Cercle militaire.
Etranger = Revue militaire de l'Étranger.
Jahrb. = Jahrbücher für die deutsche Armee und Marine.
Mil.-Zeit. = Militair-Zeitung für die Reserve- und Landwehr-Offiziere des deutschen Reiches.
Mitth. = Mittheilungen des kais.-kön. technischen und administr. Comitee.
N. d. l. c. = N'est pas dans le commerce.
Organ = Organ der militär-wissenschaftlichen Vereine.
Sciences mil. = Journal des sciences militaires.
Streffleur's = Streffleur's Zeitschrift.

Le nom de l'éditeur ou, à défaut, de l'imprimeur est en *italique*.
Les prix des ouvrages sont indiqués en francs, marks, etc., suivant l'origine.

Iʳᵉ PARTIE

RÉPERTOIRE ALPHABÉTIQUE

A

A. (Abbé). — *Voir* Religion.

A. (Lieut.-col. d'). — *Voir* Raillard.

A. (E.) [Ameline]. — Chants d'exil, 1870-1871. Souvenirs artistiques — Paris, *Dentu*. 1871. In-12. 1 fr. 50 c.

A. (M.). — Der Krieg von 1870-1871. Nach den besten Quellen vom militärischen Standpunkte dargestellt. — Mainz, *von Zabern*. 1872-1873. 2 vol. gr. in-8º, XXIX-920 p., cartes, plans. 9 m.

Abani (Carl). — Geschichte des deutsch-französischen Krieges in den Jahren 1870 und 1871. Nach eigenen Beobachtungen und den besten Quellen bearbeitet : 1. Im Lager der Franzosen. Briefe eines Augenzeugen über den Krieg in Frankreich 1870. — 2. Der Volkskrieg in Frankreich. Von der Einnahme Strassburgs bis zum Friedensschlusse. — 191 p. 2 m. — Teschen, *Prochaska*. 1870-1871. 2 vol. gr. in-8º. 387, 191 p. 4,2 m.

— Kriegsbilderbuch eines Unbefangenen. — *Ib.*, 1871. In-12, 224 p. 1 m. 75 pf.

Abbadie (Docteur). — Les Prussiens à l'Isle-Adam et à Parmain du 16 au 30 septembre 1870. — Paris, *Masquier et Cⁱᵉ*. 1871. In-8º, 24 p. 1 fr.

Abbeville pendant la guerre de 1870-1871, par un officier de la garnison. — Abbeville, *Briez*. 1874. In-8º, 70 p., carte. 1 fr.

Abicht (Dir. Doct. K.). — Geschichte des deutsch-französischen Krieges und der Wiederaufrichtung des deutschen Reiches. — Heidelberg, *C. Winter*. 1871. Gr. in-8º. 50 pf.

About (Edmond). — Alsace, 1871-1872. — Paris, *Hachette et Cⁱᵉ*. 1872. In-12. 3 fr. 50 c.

Abrantès (Duc d'). — Essai sur la régence de 1870, d'après les documents authentiques. — Paris, *Guérard*. 1879. In-8º. 8 fr.

Abrest (P. d'). — Geschichten aus der Pariser Belagerung. — Leipzig, *P. Reclam.* 1878. In-16, 108 p. 20 pf.

Abriss der Geschichte des Grenadier-Regiments König Friedrich-Wilhelm III. (2 Ostpreussischen) Nr. 3. — Berlin, *Mittler.* 1891. In-8º, 52 p. 6 portraits et 7 pl. en couleurs, 70 pf.

— (Kurzer) der Geschichte des 1. Thüringischen Infanterie-Regiments Nr. 31, — Altona, *Harder.* 1878. In-8º; 12 p. 1 pl. 30 pf.
2e édition, 1880. 13 p. 30 pf. Nouvelle édition. 1885. — *Voir* O (L. von).

— (Kurzer) der brandenburgisch-preussischen Geschichte und der Geschichte des 7. Westfälischen Infanterie-Regiments Nr. 56. — Wesel, *Kühler.* 1879. In-8º, 12 p. 10 pf.

— (Kurzer) der brandenburgisch-preussischen Geschichte und der Geschichte des Infanterie-Regiments von Manstein (Schleswigsches) Nr. 84. — Schleswig, *L. Detleffen.* 1895. In-8º. 3-16 p. portr. croquis. 20 pf.

— der Geschichte des oldenburgischen Infanterie-Regiments Nr. 91. — Berlin, *Mittler.* 1884. In-8º, 2 portr. 3 croquis. 75 pf.

— der grossherzoglich-hessischen Kriegs- und Truppengeschichte. 1867-1888. — Darmstadt, *Zernin.* 1889. In-8º, 82 p. 1 m.
2e Édition.

— *Voir* GESCHICHTE.

Abschluss (Der) eines neuen Handelsvertrags zwischen Frankreich und dem Zollverein, beleuchtet vom Standpunkte des Droguenhandels. — Dresden, *Meinhold.* 1871. In-8º, 43 p. 1 m.

A chacun sa part dans nos désastres. Sedan, ses causes et ses suites. — Paris, *Amyot.* 1871. In-18, 69 p. 30 c.

Achard (Amédée) — Récits d'un soldat. Une armée prisonnière. Une campagne devant Paris. — Paris, *M. Lévy.* 1871. In-18 j., 311 p. 3 fr.
A paru chez C. Lévy, dans la Bibliothèque contemporaine. Gr. in-18, à 3 fr. 50 c.

Achelis (Past. E.) — Der Krieg im Lichte der christlichen Moral. Ein Vortrag. — Bremen, *Müller.* 1870. In-8º, 43 p. 50 pf.

Acte (L') d'accusation du maréchal Bazaine. — Paris, *M. Lévy.* 1872 In-8º, 16 p.

Ackermann (Doct. R.). — *Voir* HALÉVY (Ludovic).

Actenstücke in Bezug auf Handel und Schifffahrt während des deutsch-französischen Krieges im Jahre 1870. Herausgegeben auf Veranlassung der Handels-Kammer von Hamburg. — Hamburg, *Nolte.* 1870. Gr. in-8º. 1 m.

Actes (Les) du gouvernement de la Défense nationale, du 4 septembre 1870 au 8 février 1871, enquête parlementaire faite par l'Assemblée nationale, rapports de la commission et des sous-commissions, télégrammes, pièces diverses, dépositions des témoins, pièces justificatives, réclama-

tions, table analytique, générale et nominative. — Paris, *Germer-Baillière* 1873-1875. 7 vol. in-4º à 2 col., 4736 p.
Nouvelle édition. 1876. 7 vol. in-4º à 3 col., 3624 p. 112 fr.
Ont paru séparément, en vol. in-4º (Versailles, *Cerf*), les rapports et documents suivants :

Rességuier (E.) — Toulouse sous le gouvernement de la Défense nationale. 2 fr. 50 c.

Saint-Marc-Girardin. — La chute du second empire. 4 fr. 50 c.
— Pièces justificatives du rapport ci-dessus. 5 fr.

Sugny (De). — Marseille sous le gouvernement de la Défense nationale. 10 fr.

— Lyon sous le gouvernement de la Défense nationale. 7 fr.

Daru. — La politique du gouvernement de la Défense nationale à Paris. 544 p. 15 fr.

Chaper. — Le gouvernement de la Défense nationale à Paris au point de vue militaire. 15 fr.

— Procès-verbaux des séances du gouvernement de la Défense nationale. 5 fr.

Boreau-Lajanadie. — L'emprunt Morgan. 4 fr.

— Rapport sur les actes de la délégation du gouvernement de la Défense nationale à Tours et à Bordeaux. 5 fr.

Borderie (De la). — Le camp de Conlie et l'armée de Bretagne. 10 fr.

Sicotière (De la). — L'affaire de Dreux. 2 fr. 50 c.

— L'Algérie sous le gouvernement de la Défense nationale. 2 vol. 22 fr.

Rainneville (De). — Actes diplomatiques du gouvernement de la Défense nationale. 3 fr. 50 c.

Lallié. — Les postes et les télégraphes pendant la guerre. 1 fr. 50 c.

Delsol. — La ligue du Sud-Ouest. 1 fr. 50 c.

Perrot. — Les actes militaires du gouvernement de la Défense nationale en province. 2 vol., 812 p. 25 fr.

Enquête parlementaire sur l'insurrection du 18 mars. 5 fr.
Dépêches télégraphiques officielles. 2 vol. 12 fr.
Dépositions des témoins. 4 vol. 25 fr.
Table générale et analytique des dépositions des témoins. 3 fr. 50 c.
Ces documents forment également les volumes XX à XXVI des *Annales de l'Assemblée nationale*. Compte rendu *in extenso* des séances. Annexes. — Paris, *Wittersheim et Cie*. 1873-1875. In-4º à 2 col.

Adam (Capitaine). — Histoire du 111ᵉ régiment d'infanterie. — Bastia, *Vve Ollagnier*. 1890. In-8º, 267 p. 3 fr.

— **(Mme Edmond)**. — *Voir* LAMBER (Juliette).

Adami (Friedr.). — Das Buch vom Kaiser Wilhelm. — Bielefeld, *Velhagen und Klasing*. 1887-1890. 2 vol. in-8º, ill., 1033 p. 13 m.

Adami (P.) — Das Büchlein vom Kaiser Friedrich. — Berlin, *Kühn*. 1888. Gr. in-8º, ill., 80 p. 60 pf.

— Sünden-Register der französischen Politik gegen Deutschland. — Berlin, *Hayn's Erben*. 1870. In-8º, 22 p. 25 pf.
Voir PREDIGTEN.

Adamistre (G., capitaine de francs-tireurs). — Campagne de 1870-1871. Le pont de Fontenoy. Épisode de la guerre de partisans dans les Vosges. — Paris, *E. Dubois*. 1890. In-8º, 86 p. 2 fr.
2ᵉ édition. 1892.

Adelmann (A., Graf). — Aus dem Felde. Erinnerungen, Skizzen und Noveletten. — Leipzig, *Amelang*. 1871. Gr. in-8º, III-112 p. 1 m. 80 pf.

Adenaw (A.) und A. von Kaven. — Die Baracken-Lazarethe des Vereins für den Regierungs-Bezirk Aachen im Kriege 1870-1871. — Aachen, *Mayer*. 1872. In-8º, 74 p. 1 m.

Administration (L') militaire et le discours de M. d'Audiffret-Pasquier, par un administrateur supérieur de l'armée. — Paris, *Sagnier*. 1872. In-12. 75 c.

Adolf (Doct. C.). — Deutschlands Heldenkaiser Wilhelm der Siegreiche und seine Zeit. — Neusalza, *Œser*. 1888-1890. In-8º, 714 p., ill., en 60 livr. à 20 pf.
Voir KRIEGSCHRONIK, OESER.

Aebi (Jacob). — Der französisch-deutsche Krieg des Jahres 1870-1871. Gedenkblatt. — Chur, *Gsell*. 1870-1871. In-fol., 140 p. 2 m. 50 pf.

Affaire Bazaine (L'). — Compte rendu officiel des débats. — Paris, *A. Fayard*. 1874. In-4º. 12 fr.

— Campagne du Rhin, capitulation de Metz. Bazaine au Mexique. Le conseil de guerre. Mise en jugement du maréchal. — Paris. 1872-1873. In-4º à 2 col.

— Rapport de M. le général de Rivières sur la capitulation de Metz. Histoire du siège de Metz. — Amiens. 1873. In-4º à 3 col., carte. 52 p.

— Plaidoirie complète de M. Lachaud. Édition revue par M. Lachaud. — Paris. 1874. In-8º, 60 p. 1 fr.

Affaire de la capitulation de Metz. Procès Bazaine, seul compte rendu sténographique *in extenso* des séances du 1ᵉʳ conseil de guerre. — Paris, *librairie du Moniteur universel*. 1873. Gr. in-4º à 3 col. Avec brochure supplémentaire, 18 fr.

Affaire Bordone (L'). — Cour d'assises de la Seine. Procès en diffamation au sujet de l'ouvrage : Garibaldi et l'armée des Vosges. — Paris, *librairie de l'Écho de la Sorbonne*. 1872. In-18 j., 234 p. 2 fr.

Affaire Cremer et de Serres. — 1er conseil de guerre de Lyon. — Lyon 1872. In-4° à 3 col., 14 p. 20 c.

Affaire de Longpré (Somme). — Campagne de 1870-1871. 28 décembre. Topographie. Avant-postes d'Abbeville. 4e bataillon des mobiles du Pas-de-Calais Affaires du 24, du 27, du 28. — Arras, *imp. Brissy.* 1872. Gr. in-16, IV-168 p. 1 fr. 50 c.

After the Fight, or the sad end of John. — London. 1871. In-12, 32 p.

Agonie (L') de l'armée du Rhin, par un officier d'artillerie du 3e corps. — Paris, *Dentu.* 1871. In-8°, 80 p. 1 fr. 50 c.

Aguilé (Jules). — Lettres d'un conscrit pendant la guerre. Poésies — Sillé-le-Guillaume, *Besnardeau.* 1875. In-8°, 31 p. 1 fr.

Ahlfeld (Doct. Friedr.) — Zur Eroberung von Paris. Predigt. — Leipzig, *Hinrichs.* 1871. Gr. in-8°, 15 p. 20 pf.

— Wie nehmen Christen die Friedensbotschaft auf ? Predigt am 6. März 1871. — *Ib.* 1871. Gr. in-8°, 14 p. 20 pf.

— Ein Gang über zweierlei Erntefelder. — Schlachtfeld und Erntefeld. Predigt am 28. August 1870. — *Ib.* 1870. In-8°, 15 p. 10 pf.

— Was können wir thun, damit unserm Volk aus den Jahren 1870 und 1871 ein geistliches Erbe verbleibe (Vortrag). — *Ib.* 1871. In-8°, 52 p. 50 pf.
3e édition. 1878.

— *Voir* PREDIGTEN.

Ahn (Doct. F. H.). — *Voir* SKETCHES, SPECIAL-BERICHTE.

Aigüy (D'). — Guerre de 1870, ses conséquences. Quel gouvernement la France se donnera-t-elle ? — Paris, *Girard.* 1871. In-8°, 64 p.
Voir CHAMBRES.

Aimard (Gustave). — Aventures de Michel Hartmann (roman, 1870-1871) — Paris, *Dentu.* 1873. 2 vol. in-18 j. 6 fr.

— La guerre sainte en Alsace. — Paris, *Dubuisson.* 1872. In-18 j. 192 p. 3 fr.

Albert (Doct. C.). — Deutschlands Krieg gegen Frankreich, 1870. — Dresden, *Tittel.* 1872. In-4°, 864 p. 10 m. 80 pf.
A paru en livraisons, 1870-1872.

— Unser König. 1828-1888. — Dresden. 1888. In-8°. 50 pf.

Alberti (E.). — Am Rhein während der Belagerung und Uebergabe Strassburgs im Jahre 1870. Eine Erzählung. — Leipzig, *Wüller.* 1871. In-8°, 103 p. 1 m. 20 pf.

Albigny (P. d'). — Le livre d'or du département de l'Ardèche, contenant la liste des enfants de ce département morts... en 1870-1871. — Privas, *Roure*. 1879. In-8°, 190 p., grav. 2 fr.

Albiousse (Colonel d'). — Le drapeau du Sacré-Cœur. Campagne de France (Zouaves pontificaux). — Rennes, *Goupy*. 1872. In-18.
2e édition.

Album von Strassburg. 12 Photographien. — Mannheim, *Schneider*. 1871. In-16. 1 m. 60 pf.

— der Denkmäler um Metz. 1870-1871. — Metz. 1892. 10 pf.

Albumblatt (Ein) des Kladderadatsch. — Berlin, *Hoffmann und Co*. 1870. Gr. in-fol.

Alburno. — *Voir* GERARDI.

Alexander (O. Th.). — *Voir* HÉRISSON (Comte M. d'), SIMON.

Alexandre (Albert). — L'homme de Metz. — Bruxelles, *Office de publicité*. 1870. In-8°, 80 p. 1 fr.

— (Sous-lieut. L.). — Historique du 15e dragons (ex-3e lanciers) [1688-1885]. — Libourne, *Maleville*. 1885. In-8°, XI-297 p., pl., ill. 10 fr.

Alexis (Paul). — *Voir* ZOLA.

Algermissen (J. L.) und Westphal. — Topographische Karte der Umgebung von Metz. Die Kriegsoperationen um Metz im Jahre 1870. — Metz, *Deutsche Buchhandlung*. 1877. Chromolith. imp. fol. 1/50,000. 3 m.

— Karte der Kriegsoperationen um Metz im Jahre 1870. — *Ib*. 1880. In-fol. 1/50,000. 2 m. 40 pf.
5e édition. 1888. 2 m. 9e édition. 1895.

Allard (Abbé J.-S.). — Les zouaves pontificaux, ou Journal de Mgr Daniel, aumônier des zouaves. — Paris, *Hugny*. 1880. In-12. 3 fr. 50 c.

Alldeutschlands Dichtungen aus den Ruhmestagen des Heldenkrieges 1870-1871. Herausgegeben von Müller von der Werra und Wilhelm von Baensch. — Leipzig, *Zander*. 1871. Gr. in-4°, 400 p., 9 grav. 3 m.

— neue Lieder zu Schutz und Trutz im Jahre der deutschen Erhebung 1870. Gesammelt von Müller von der Werra und W. Baensch. — *Ib*. 1870. In-8°, 128 p.
Voir KRAUTH.

Allemands (Les) en France. Huit jours dans Seine-et-Oise. — Paris, *Librairie générale*. 1872. In-18 j. 1 fr. 50 c.

Allenet (Albert). — L'accusé Bazaine. Prologue, le Mexique. Épilogue, Metz. Préface de Camille Pelletan. — Paris, *Sagnier*. 1872. In-18, 107 p. 1 fr.

Allers (C. W.). — Unser Bismarck. Text von Hans Kraemer. — Stuttgart, *Union* 1894-1895. 14 livr. in-fol., ill , à 2 m. Complet, VI-272 p. 40 m.

Allgaier (A.). — Vor 25 Jahren ! 1870-1895. Erinnerungsschrift an den deutsch-französischen Krieg. 1870-1871. — (Pforzheim, *Haug.*) 1895. In-8°, 32 p. 20 pf.

Allier (A.) — Combat de l'Hay, livré le 23 novembre 1870 par le 110e et le 112e régiment de ligne, le 3e et le 4e bataillon des mobiles du Finistère Part prise à ce combat par la 1re compagnie des mobiles de Landivisiau, la 2e compagnie des mobiles de Lanmeur et la 3e compagnie des mobiles de Morlaix. — Morlaix, *impr. Lanoë* 1881 In-16, 48 p. 50 c.

Allou (Roger). — *Voir* TIMES.

Allmers (H) — Prolog zur Eröffnung der Theatervorstellung in Dedersdorf am 8. Januar 1871. — Oldenburg, *Schulze*. 1871. Gr. in-8°, 3 p 25 pf.

[Allweyer (Von)]. — Das 1. Feldbataillon des bayerischen 2. Infanterie-Regiments Kronprinz in der Schlacht von Beaugency am 8. December 1870. — München. 1880. In-8°.

Almanach de la guerre du Nord. Extraits des ouvrages sur la campagne du Nord, en 1870-1871, de MM. le général Faidherbe, M. Lecomte et A. Girard. — Douai, *Crépin*. 1872, 1874, 1878. In-16, 124 p , ill.

— de la guerre du Nord illustré. — Paris, *Plon*. 1876. In-32, 128 p.

— de la guerre. Récit des batailles livrées sous Metz. — Metz, *Alcan*. 1871. Gr. in-16, 96 p., ill.

— anti-prussien, illustré. Année 1871-1872. Biographies, anecdotes, crimes commis pendant l'invasion prussienne. — Paris, *Maugé-Capart*. 1871. In-8°, 68 p. 50 c.

— de la guerre. 1871. Récits anecdotiques sur les événements de l'année 1870. — (Lons le-Saulnier), Paris, *Rufet*. 1871. In-8°, 64 p 50 c.

— des assiégés pour l'an de guerre 1871. — Paris, *bureaux du Petit Moniteur*. Déc. 1870. In-16, 64 p. 30 c.
  Avec dédicace à M. de Bismarck.

— du procès Bazaine. Rapport du général de Rivières; interrogatoire du maréchal ; dépositions des témoins et arrêt. — Nancy. 1874. In-8°, 96 p., ill.

— illustré de la révolution de 1870-1871. — Paris, 1871. In-8° à 2 col. 64 p. 50 c.

— du siège de Paris pour 1872. — Paris, *Pagnerre*. 1871 In-8° à 2 col , 76 p. 50 c.

Almanach pigeon-poste pour 1872, contenant des faits de guerre, des voyages d'aéronautes. — Douai. 1871. In-16, 104 p.

Almanaco della guerra, pel 1871. — Milano. 1871. In-32, 160 p., ill. 1 fr. 60 c.

Altmann (Kunib.). — Vier Lieder vom deutschen Kaiser. — Sorau, *Links*. 1871. In-8°, 8 p.

Alvensleben (Major von). — Einige Worte über das 3. (deutsche) Armee-Corps bei Beaune-la-Rolande. — *Militär-Wochenblatt*. 1894, n° 12.

Am Scheidewege. Von einem Deutsch-Œsterreicher. — Leipzig, *O. Wigand*. 1870. Gr. in-8°, 43 p.

Amanieu (Doct. C.). — Récits anecdotiques (campagne de 1870-1871); sept cents lieues en sept mois à travers la France, la Belgique et la Suisse. — Paris, *Sauvaitre*. 1888. In-8°, 360 p., ill. 4 fr.

Ambert (Général baron). — Histoire de la guerre de 1870-1871. — Paris, *Plon*. 1873. In-8°, 602 p., atlas. 10 fr.

— L'héroïsme en soutane. — Paris, *Dentu*. 1876. In-18 j, IV-377 p. 3 fr.
<small>14ᵉ édition. 1884. In-32. 1 fr. 50 c. — Nouvelle édition. Paris, *Bloud et Barral*. 1895. In-8°, ill. 4 fr.</small>

— Gaulois et Germains. Récits militaires. I. L'invasion. II. Après Sedan. III. La Loire et l'Est. IV. Le siège de Paris. — Paris, *Bloud et Barral*. 1884-1885. 4 vol. in-8°, ... 447, 467.. p., ill. 20 fr.
<small>20ᵉ, 17ᵉ, 16ᵉ, 14ᵉ édition. 1895.</small>

Ambulances (Les) de la Presse. Annexes du ministère de la guerre pendant le siège et sous la Commune. — Paris, *G. Baillière*. 1873. In-8°. 6 fr.

Améro (J.). — Les journaux et les pamphlets en Angleterre pendant la guerre de 1870-1871. — *Correspondant*, mai 1872.

Ameline. — *Voir* A. (E.).

Amiable (Louis). — De la responsabilité de l'ex-empereur et de ses ministres. — Paris, *Thorin*. 1871. In-8°, 79 p. 1 fr. 50 c.

Amicis (Edm. de). — Ricordi del 1870-1871. — Roma, *Voghera*. In-8°.
<small>7ᵉ édition. 1896.</small>

— Herinneringen van 1870-1871. Naar de 2ᵉ uitgave uit het italiaansch vertaald door H. Wansink. — Arnhem. 1876. In-8°, 331 p 3 fl. 25 cts.

Amigues (Jules). — L'homme de Sedan et les hommes de septembre. — Paris, *Amyot* 1873. In-18. 30 c.
<small>*Voir* ROSSEL.</small>

Amiot (Comm). — Historique du 24ᵉ régiment d'infanterie — Paris, *Baudoin* 1893. In-8°. 5 fr.

Amiot (Comm.). — Historique du 24e régiment d'infanterie. — Éphémérides et anecdotes. — *Ib.* 1894. In-8º. 4 fr.

Amonville (Capit d'). — Les cuirassiers du Roy. Le 8e cuirassiers. Journal historique du régiment (1638-1892). — Paris, *Labure* 1892. In-8º, 351 p., ill. 10 fr.

Amyot du Mesnil-Gaillard (Lieut.-col.) — Les gardes mobiles (60e régiment) de la Seine-Inférieure au siège de Paris (1870-1871). — Rouen, *Augé.* 1877. Gr. in-18, VIII-171 p., 3 cartes. 2 fr. 50 c.

An Deutschland! Eine Festgabe zur Gründung seines neuen Reiches im Jahre 1871. — Leipzig, *Literar. Institut.* 1871. Gr. in-8º, 8 p. 20 pf.

Anacker (F. H.). — Predigt am Nationalfesttage des 2. September 1877. — Leisnig, *Ulrich.* 1877. In-8º, 15 p. 10 pf.

Andenken an die Gefallenen des Oldenburger Landes im Kampfe für die Freiheit und Grösse Deutschlands 1870-1871. — Oldenburg, *Schulze.* 1877. In-8º, 96 p. 1 m. 50 pf.

Anders (N. J.). — Kornblume und Veilchen oder « unser Wilhelm » und « unser Fritz ». Patriotische Erzählungen. — Berlin, *W. Grosse.* 1888-1889. In-8º, 4,808 p., ill., en 200 livr. à 10 pf.

[**Andlau** (Colonel d').] — Metz, campagne et négociations, par un officier supérieur de l'armée du Rhin. — Paris, *Dumaine.* 1871. In-8º, XV-512 p., carte. 7 fr. 50 c.

Andreä (Wilh.). — Die Louisiade oder Napoleon III. Ein grotesk-komisches Heldengedicht. — Berlin, *Lipperheide.* 1870. Gr. in-16, ill., 178 p. 1 m. 75 pf.

Andréi (A.). — Sièges de Paris. — Paris. 1874. In-12. 1 fr. 25 c.

Andréoli (E.). — 1870-1871. Le gouvernement du 4 septembre et la Commune de Paris. Documents officiels pour servir à l'histoire des deux sièges. — Paris, *Bocquet.* 1871. In-18 j. 370 p. 3 fr.

Andriessen (P. J.). — Of de strijd tusschen twe grote volken. — Amsterdam. 1872. In-8º, IV-224 p. 7 fl. 50 cts.

— (S. J.). — *Voir* BUSCH (Doct. Moritz).

Anemüller (Chr. W.). — Kaiser Wilhelm's Leben, Cyclus in 10 Bildern. — Berlin. 1888. In-8º.

Angeberg (Comte). — Recueils des traités, conventions, actes, notes, capitulations et pièces diplomatiques concernant la guerre franco-allemande. — Paris, *Amyot.* 1873. 5 vol. in-8º. 62 fr. 50 c.

Angerstein (Wilh.). — Vollständige Geschichte des deutschen Krieges gegen Frankreich in den Jahren 1870 und 1871. Eine populäre Darstellung — Berlin, *Simion.* 1871. Gr. in-8º, cartes et portr. 1 m.

Anglade. — L'abime social, ou pendant les deux sièges de Paris, 1870 à 1871. — Paris. 1871.

Anglais (Un) à Paris. Notes et souvenirs. Tome II et dernier, 1848-1871. Traduit de l'Anglais par J. Hercé. — Paris, *Plon*. 1891. In-12. 3 fr. 50 c.

Anglemont (Édouard d'). — L'homme de Sedan. — Paris. 1871. In-8°. 50 c.

Angriff (Ueber den gleichzeitigen). Rückblick auf den Krieg 1870-1871. — *Mil.-Wochenbl.* 1894, n°s 22, 23.

Annenkoff (M., aujourd'hui général) — Der Krieg im Jahre 1870 Bemerkungen und Betrachtungen eines russischen Offiziers. Aus dem Russischen. — Berlin, *Behr*. 1871. Gr. in-8°. v-125 p. 1 m. 50 pf.

— 1870 års Krig. En rysk officers anmärkningar och betraktelser. Öfverset af O. Schartau. — Stockholm. 1873. In-8°, 70 p.

— La campagne de 1870 et le siège de Paris. Observations et impressions d'un officier russe. Traduit du russe par E. Véré. — Paris, *Librairie centrale*. 1872. In-12. 2 fr.
  Voir STIMMEN.

Anniversaire (L') de la bataille de Rezonville (16 août 1870). La conversion allemande autour de Metz. — *Bulletin*, août 1886. Croquis.

— du combat d'Orléans, 11 octobre 1870. — Orléans. 1871 In-8°, 16 p.

Anno (A.). — Königsgrenadiere. Zeitbild in 1 Aufzug. — Berlin, *Lassar*. 1870. In-16, 24 p. 30 pf.

Ansprache zur 25 jährigen Gedenkfeier des Sedantages. — Berlin, *Bloch*. 1895. In-8°. 4 p.
  Sedanfeier, 1895.

Antheil (Der) der unter dem Kommando seiner Königlichen Hoheit des Grossherzogs von Mecklenburg-Schwerin vereinigt gewesenen Truppen am Kriege 1870-1871. Nach officiellen Quellen. — Berlin, *Mittler*. 1875. Gr. in-8°, VI-189 p., cartes, plans, croquis. 5 m. 50 pf.

— der 38. Infanterie-Brigade an den Kämpfen der II. Armee gegen die Armee des Generals Chanzy, 14-19 Januar 1871. — *Mil. Blätter*, juillet 1874. Carte.

— des 2. Bataillons vom Magdeburgischen Füsilier-Regiment Nr. 36 an den Kämpfen um Metz. — Halle, *Barthel*. 1870. In-8°, 48 p. 50 pf.

— der grossherzoglich-badischen 2. schweren Batterie an dem Feldzug 1870-1871. Karlsruhe, *Bielefeld*. 1871. In-16, 90 p. 80 pf.

Antully (Albéric d') [Alb. Clergier]. — La Patrie en danger; l'ennemi, le peuple. — Paris, *Dentu*. 1878. In-8°, 230 p. 3 fr.

Antwort (Offene) an Herrn Jules Favre auf sein Manifest von September 1870, ergänzt durch die Antwort auf das 2. Circular vom 17. September 1870. — Zürich, *Schabelitz*. 1870. In-8°, 56 p. 75 pf.

A Paris pendant le siège, par un Anglais, membre de l'Université d'Oxford. Traduction, notes et documents divers par Félix Sangnier. — Paris, *Ollendorff*. 1888. In-12, XXIV-484 p. 3 fr. 50 c.

Apel (F. H.). — Populäre Geschichte des Feldzuges gegen die Franzosen im Jahre 1870-1871. — Iena, *Bran*. 1871. In-8°, XVI-196 p. 75 pf.

Aper. — *Voir* ZWISSCHEN.

Apparitions prophétiques d'une âme du Purgatoire à une religieuse d'un monastère de Belgique en 1870, par l'auteur des *Voix prophétiques*. — Bruxelles. 1871. In-12, 55 p. 30 c.

Appel au gouvernement de la Défense nationale, par un père ayant deux enfants au feu. — Paris, *Dentu*. 1870. In-8°, 7 p.

Appunti di un voluntario. Al campo. — Varese. 1872. In-16, 28 p.

Après la bataille du Mans. — *Cercle mil.*, juin 1891.

Voir EINZELSCHRIFTEN.

Arago (Étienne, ancien maire de Paris). — L'hôtel de ville au 4 septembre et pendant le siège. Réponse à M. le comte Daru et aux commissions d'enquête parlementaire. — Paris, *Hetzel*. 1874. In-18. 3 fr. 50 c.

Ardenne (Pr.-Lieut. Freiherr v.). — Geschichte des Bergischen Lanziers-, später Westfälischen Husaren-Regiments Nr. 11. — Berlin, *Mittler*. 1877. Gr. in-8°, 708 p. 10 m.

— Geschichte des Zieten'schen Husaren-Regiments Nr. 3. — Berlin, *Mittler*. 1874. Gr. in-8°, portraits et dessins. 12 m.

Ardouin-Dumazet. — Le colonel Bourras ; suivi du rapport sur les opérations du corps franc des Vosges, par le colonel Bourras. — Paris et Nancy, *Berger-Levrault et Cie*. 1892. In-12, 75 p., portr. 60 c.

— Une armée dans les neiges. Journal d'un volontaire du corps franc des Vosges (campagne de l'Est, 1870-1871), avec une lettre-préface de M. de Freycinet. — Paris, *J. Rouam*. 1894 In-8°, 55 grav. 6 fr.

Arendt (O.). — Kaiser Friedrich und Fürst Bismarck. — Berlin. 1888. In-8°. 60 pf.

Argill (E. d'). — L'orpheline de Milan ou les trois serments de Marguerite. Épisodes des massacres de Castelfidardo et de la guerre de 1870-1871. — Besançon, *Jacquin*. 1892. In-18, 256 p.

Ariste (Ch. d'). — Histoire d'un bataillon de la garde mobile (3e des Basses-Pyrénées, 24e corps). — Paris, *Léautey*. 1892. In-8°.

Arke (B.). — Im Felde. Kriegserinnerungen eines Freiwilligen vom 3. ostpreussischen Grenadier-Regiments König Friedrich II. Nr. 4. — Berlin, *Mittler*. 1894. In-8º, 78 p , ill. 1 m.

Arkolay. — Der Anschluss Süddeutschlands an die Staaten der preussischen Hegemonie, sein sicherer Untergang bei einem französischpreussischen Krieg. — Zürich, *Verlags-Magazin*. 1869. In-8º. 58 p. 80 pf.

— L'Allemagne du Sud sous l'hégémonie prussienne, sa perte certaine en cas de guerre entre la France et la Prusse; par un officier allemand. 4ᵉ édition, traduite de l'allemand. — Paris, *Dumaine*. 1869. In-8º, 60 p. 1 fr. 25 c.

— 's Broschüre besprochen von einem süddeutschen Offizier. — Berlin, *Luckhardt*. 1869. In-8º. 80 pf.

— 's Lüge und Wissenschaft. Neues zu Altem für Offiziere aller Waffen (betreffend den Krieg von 1870-1871). — Frankfurt. 1872. In-8º, 474 p. 5 m.
Voir URBER.

Armagnac (L). — Quinze jours de campagne (août-septembre 1870). Étapes d'un franc-tireur parisien de Paris à Sedan. — Paris, *Hachette*. 1881. In-18 j., 192 p. 1 fr.

Armann und Pilmeier. — Plan monumental von Wilhelmshöhe. — Göttingen, *Wigand*. 1870. In-fol.

Armée (L') allemande, son organisation, son armement, sa manière de combattre (attribué à tort au général de Moltke). Traduit de l'allemand par Gunsett et P. de Bouteillier. — Paris, *Dentu*. 1870. In-18 j., VII-170 p. 2 fr.
Voir BUNDESHEER.

— française et sa réforme, d'après les écrits du duc d'Aumale, de Changarnier, de Trochu, etc., par un fidèle Prussien. Traduit de l'allemand. — Berlin, *Berggold*. 1872. In-8º. 127 fr.

— française sous Napoléon III et les causes productives de ses revers, par J. B. — Luxembourg, *Schamburger*. 1871. In-8º, 32 p. 50 c.

— de Bretagne, par un volontaire. Le 4 septembre 1870. M. de Kératry, général en chef. La division Gougeard à l'armée de la Loire. Le camp de Conlie et la ligue de l'Ouest. Réponse à M. de la Borderie. — Paris, *Le Chevalier*. 1874. In-8º, 96 p. 1 fr.

— de Châlons en 1870. — *Sciences mil.*, octobre 1884

— de Metz et le maréchal Bazaine. Réponse au rapport sommaire du maréchal Bazaine sur les opérations de l'armée du Rhin du 13 août au 29 octobre 1870, par un officier d'état-major [capitaine, aujourd'hui général Jung]. — Paris, *Librairie internationale*. 1871. In-8º. 3 fr.

Armée (L') d'hier et l'armée de demain. — Paris, *Guérin*. 1871. In-8º.

— et Napoléon III. Protestations des officiers français contre la restauration bonapartiste. — Bruxelles, *Office de publicité*. 1871. In-8º.

— du Rhin et le blocus de Metz en 1870, par un collaborateur du journal *l'Avenir*. — Luxembourg, s. d. In-4º, 128 p. à 2 col.

— française devant l'invasion et les erreurs de la Débâcle, par un capitaine de Metz, avec préface du général Jung. — Paris, *Charles-Lavauzelle*. 1895. In-18, 183 p. 2 fr.

Armee (Die sächsische) im deutsch-französischen Kriege 1870-1871. Nach officiellen Quellen. — Pirna, *Diller und Sohn*. 1871. In-8º, 99 p. 1 m.

— (Die) von Châlons und ihre Bewegung gegen Metz. — *Neue mil. Bl.*, septembre-novembre 1886.

— (Die) Sachsens als XII. norddeutsches Armee-Corps im französischen Feldzuge 1870. — Leipzig, *Minde*. 1870. 1re livr. In-8º ill. 64 p. 50 pf.

Armee-Corps (Das) von Werder, 1870-1871. — *Preussische Jahrbücher*, t. XXXIV, 1873.

— (Das I. Bayerische) in dem Kriege 1870-1871. — *Jahrbücher*, 1872. 7e à 9e livraisons.

— (Das I. Bayerische) und die 22. Infanterie-Division bei dem Vormarsche und der Einnahme von Orleans. — *Neue mil. Blätter*, avril 1891.

— (Das 9. Deutsche) in den Schlachten von Vionville, Mars-la-Tour und Gravelotte. — *Mil.-Wochenbl.* 1894, nº 28.

Armées (Les) de Belgique, de France et d'Allemagne, par un officier supérieur. — Bruxelles. 1871. In-8º. 2 fr.

Armées (Les) allemandes à Sedan. Souvenirs et enseignements. — Sedan, *Tellier*. 1875. In-8º. Livr. 1.

Armelin (Gast.). — Reichshoffen, poésies. — Paris, *Charles-Lavauzelle*. In-8º, 16 p. 50 c.

— La gloire des vaincus (vers). — Paris, *Flammarion*. 1892. In-18 j.
2e édition. 1895. xiv-270 p. 3 fr. 50 c.

Arnauld de Vresse et Joubert (T. Ch.). — De la défense de Paris pendant le siège au point de vue de l'alimentation. — Paris, *Arn. de Vresse*. 1871. In-8º, 52 p.

Arnim (Oberst R. v.). — Taktische Studien über Massnahmen bei der Einleitung und Vorbereitung der Hauptkämpfe in der Schlacht (1866-1870-1871). — Berlin, *Luckhardt*. 1886. In-8º. 294 p. 7 m. 50 pf.

— Zur Taktik der Situation. — Berlin, *Eisenschmidt*. 1879-1886. 9 livr. in-8º, croquis, à 1 m. 50 pf.

Lisaine, Custozza, Loigny, Königgrätz, Orléans, Wörth, Gravelotte, Saint-Privat, Sedan, Beaumont, Vionville, Mars-la-Tour, Noisseville.

Arnim (Oberst R. v.). — Die Schlachtentaktik sonst und jetzt, besonders mit Rücksicht auf die heutigen Aufgaben der Infanterie beim Angriff. — *Ib.* 1881. In-8º. 1 m. 20 pf.

— Zur Entwickelung der Taktik. Zwei Essays über verschiedene der wichtigsten Fragen der neuen Taktik. — *Ib.* 1880. In-8º. 1 m.

Arnold (Ed.). — *Voir* RINDFLEISCH.

— (Hauptmann H.). — Unter general von der Tann 1870-1871. Feldzugserinnerungen. — München, *C. H. Beck*. 1895. In-8º, VIII-219 p. 2 m.
_{1er vol. : jusqu'au 11 octobre 1870.}

—. (Hugo). — *Voir* AUS DEUTSCHLANDS.

— (Jul). — Anatomische Beiträge zu der Lehre von den Schusswunden, gesammelt während den Kriegsjahren 1870-1871, in den Reservelazarethen zu Heidelberg. — Heidelberg, *Bassermann*. 1873. Gr. in-4º, VII-216 p., pl., 20 m.

Arrondissement (L') de Louviers pendant la guerre 1870-1871. — Évreux, *Blot*. 1873. In-12, 263 p., pl.

Arsac (H.). — Les mercenaires, ou les zouaves pontificaux en France. — Reims. 1873. In-8º, 26 p.

— (Joanni d'). — Mémorial du siège de Paris. — Paris, *Curot*. 1871. In-18, XII-707 p., carte. 4 fr.
3e édition.

— La guerre civile et la Commune de Paris en 1871, suite au Mémorial du siège de Paris. — *Ib.* 1871. In-18 j., 655 p.
4e édition.

— Les frères des écoles chrétiennes pendant la guerre 1870-1871. — *Ib.* 1872. In-8º, XVI-556 p , ill. 10 fr.

— Le même. — Paris, *Palmé*. 1882. In-18 j., XVI-430 p. 3 fr.

Art (L') de combattre l'armée prussienne. — Paris, *Murard*. 1871. In-12, 47 p. 1 fr.

— de combattre les Français, traduit de l'allemand par Reymond.
Voir FRÉDÉRIC-CHARLES, FRIEDRICH KARL.

— de ravitailler les grandes armées. La campagne de 1866 et la guerre franco-allemande. — *Sciences mil.*, 1873.

Artiglieria da campagna francese e prussiana nella Guerra del 1870. — *Rivista marittima*. 1870. P. 2435.

— (Sull'uso dell') da campagna tedesca nell'ultima guerra franco-germanica — *Ib.* 1871. P. 666.

Artillerie (Die deutsche) in den Schlachten und Treffen des deutsch-französischen Krieges 1870-1871.
Voir HOFFBAUER.

— (Die) bei der Schlacht von Wörth. — *Militär-Zeitung,* 1892, nos 27-29.

— (L') allemande en 1870-1871. — *Étranger,* 1872, livr. 64-65.

— (L') au siège de Strasbourg en 1870. Notes recueillies par un officier de l'artillerie suisse; trad. de l'allemand par P. Larzillière. — Paris, *Tanera.* 1872. In-12, pl. 1 fr.
Voir BLEULER.

— (L') allemande pendant la bataille de Wœrth, d'après l'ouvrage du capitaine Leo. — *Revue d'artillerie,* février-mars 1877.

— (L') allemande pendant le combat de Wissembourg. — *Ib.,* mai 1877.

— der französischen Nord-Armee 1870-1871. — *Ib.* 1871. In-8°. 60 pf.
4e supplément au *Militär-Wochenblatt.*

— (Die) in den fünfundzwanzig Schlachten und Treffen des deutsch-französischen Krieges 1870-1871. — Berlin, *Mittler.* 1872. In-8°. 1 m. 60 pf.
10e supplément au *Militär-Wochenblatt.*

Arvers (Capit. P.). — Historique du 82e régiment d'infanterie de ligne et 7e léger (1684-1876). — Paris, *Lahure.* 1876. Gr. in-8°, ill. 15 fr.

Asbrandt (Von, genannt von Porbeck) — Geschichte des Garde-Fuss-Artillerie-Regiments, seiner Stammtruppentheile und Stämme. — Berlin, *Mittler.* 1885. Gr. in-8°, 402 p., portr., croquis, plans. 12 m.

Assedio di Parigi (L'), narrazione ad uso dei soldati e del popolo; tradutto dal francese di F. Piqué. — Milano. 1871. In-16, VIII-240 p.

— di Parigi 1870-1871. Diario del corrispondente della *Perseveranza.* La Commune. — Milano. 1872. In-32, 5 vol., 748 p.

Assolant (Alfr.). — Le docteur Judassohn (roman, 1870-1871). — Paris, *Dentu.* 1873. In-18 j., 3 fr.
Nouvelle édition. 1894. In-16. 60 c. — No 109 des *Maîtres du Roman.*

Asti (D.) — Considerazioni storico-militari sulla campagna franco-germanica dell' anno 1870. — Firenze. 1879. In-8°, 72 p. 1 l.

Astrié (Th.). — Le siège de Paris, ouvrage complété par l'histoire du second siège de Paris contre la Commune. — Paris, *Le Bailly.* 1873. In-18, 108 p.

Athenstaedt (Oberstlieut.). — Die ersten fünfundzwanzig Jahre des 5. ostpreussischen Grenadier-Regiments Nr. 41. — Breslau (Kœnigsberg, *Nürmberger*) 1885. In-8°, 159 p., 102 annexes et 4 cartes. 6 m. 50 pf.

Atrocities (Prussian) upon English and French People during the present War 1870-1871. — Cardiff, London. 1871. In-8°, 14 p. 6 d.

Aube (Capit. de vaisseau Th). — Le vingtième corps de l'armée de la Loire — *Revue des Deux-Mondes*, 1ᵉʳ juillet 1871.

Aubert (Fr.). — Discours prononcé le 30 octobre 1871 au Bourget en l'honneur des militaires tués... dans les combats des 28, 29 et 30 octobre 1870. — Paris. 1871. In-16, 16 p.

Aubray (M) et **Michelsen** (S). — Histoire des événements de Marseille, du 4 septembre 1870 au 4 avril 1871. — Marseille, *Samat*. 1872. In-4º, 395 p.

Audiffret-Pasquier (Duc d'). — Discours sur les marchés du ministère de la guerre, prononcé à la tribune de l'Assemblée nationale dans la séance du 4 mai 1872. — Paris, *Librairie centrale*. 1872. In-16, 32 p. 30 c.

— Discours prononcé le 4 mai 1872, à l'Assemblée nationale, sur les marchés de la guerre et l'administration impériale. — Paris, *Le Chevalier*. 1872. In-18, 34 p. 10 c.

— Discours prononcés aux séances des 4 et 22 mai 1872, à l'Assemblée nationale. — Paris, *Sauton*. 1872. In-18, 60 p. 30 c.

— Discours prononcés les 13 et 17 juin devant les commissions de réorganisation de l'armée et des marchés. — Paris, *Germer-Baillière*. 1873. In-8º. 2 fr. 50 c.

<small>Voir Empire (L'), Ségur.</small>

Audiganne (A.). — Ce que veut la France. Lettres à M. Léon Gambetta, membre du gouvernement de la Défense nationale. — Paris, *Capelle*. 1871. In-8º, 16 p.

Auerbach (Berth.). — Wieder unser! Gedenkblätter zur Geschichte dieser Tage. — Stuttgart, *Cotta*. 1871. In-8º, III-208 p. 3 m.

— (Z.). — Predigt an dem allgemeinen Bettage, dem 27. Juli 1870 gehalten. — Elberfeld, *Langewiesche*. 1870. In-8º, 15 p.

Auf nach Frankreich. Ein Weck- und Mahnruf für unsere Tage. — Barmen, *Klein*. 1870. In-8º, 16 p. 20 pf.

<small>4ᵉ édition. 1871.</small>

Aufschläger (H.). — Das königlich-sächsische 6. Infanterie-Regiment Nr. 105 und seine Stammtruppen (1701-1887). — Dresden, *Höckner*. 1891. In-8º, XI-78 p. 1 m.

Aufzeichnungen über die Thätigkeit des II. Armee-Korps..... an dem Kampfe bei Gravelotte, in der Schlacht am 18. August 1870 vor Metz. — Berlin, *Mittler*. 1871. In-8º. 40 pf.

<small>6ᵉ supplément au Militär-Wochenblatt.</small>

— (Militärisch-statistische) betreffend den deutsch-französischen Krieg von 1870-1871. — *Militär-Wochenblatt*, 1ᵉʳ semestre 1893.

— *Voir* Königlich.

Anger (Th.). — Siège de Paris. Rapport sur les services rendus par l'ambulance de feu le marquis de Hertford. — Paris, *Parent*. 1871. In-8°, 66 p.

Augier (Émile) et Sandeau (Jules) — Jean de Thommeray. Comédie en 5 actes. — Paris, *C. Lévy*. 1874. In-8°. 4 fr.
_{A paru en gr. in-18 à 3 fr. 50 c. et à 2 fr. *Ib.*}

Augspurg (G. D.). — Zur deutschen Münzfrage I-IV. Die Fragen der Münzuntersuchung und ihre Beantwortung vor dem Kriege und während des Krieges. — Hamburg, *Boyes und Geisler*. 1870. Gr. in-8°, 272 p. 4 m. 35 pf.

Aulnoy (O. d'). — Les morts héroïques pendant la guerre (1870-1871) et pendant la Commune. — Lille, *Lefort*. 1872. In-8°, 222 p., ill. 1 fr.

Aumale (duc d'). — *Voir* ARMÉE.

Aumont (Frédéric). — Monsieur Sadi Carnot n'a pas sauvé le Havre (1870-1871). — Paris, *Pairault et Cie*. 1889. In-8°. 50 c.

Aunay (Alfr. d') [Alfred Descudier]. — Les Prussiens en France, notes de voyage. — Paris, *Dentu*. 1871. In-8° à 2 col., 76 p.

— Le même. — 1872. In-18, IV-352 p. 3 fr. 50 c.

— et **Faure (Émile)** continué par A. **Maurin.** — Histoire de deux ans (1870-1871). — Paris, *Naud-Évrard*. 1871-1873. 4 vol. gr. in-8° à 512 p., ill. 30 fr.

Aurelle de Paladines (Général d'). — La première armée de la Loire, campagne de 1870-1871. — Paris, *Plon*. 1871. In-8° cav., VIII-400 p., 3 cartes. 8 fr.
_{2e et 3e éd. *Ib.* 1871. 4 cartes. 8 fr.}

— Le même. — *Ib.* 1886. In-18. 4 fr.

— Feldzug 1870-1871. Die erste Loire-Armee. Aus dem französischen von dem Lieutenant La Pierre. — Wolfenbüttel, *Zwissler*. 1875. 2 vol. gr. in-8°, 4 cartes. 7 m. 80 pf.
_{2e édition, 1876.}

— Fälttåget 1870-1871. Första Loire-armén. Öfversat af A. Murray. — Stockholm. 1874. In-8°, 262 p.

Aus dem deutsch-französischen Kriege 1870-1871. Tagebuch eines Dreiundachtzigers. — Marburg, *Elwert*. 1879. Gr. in-16, 226 p. 75 pf.

— dem Kriegstagebuch eines magdeburgischen Predigers. — *Allg. Mil.-Zeit.*, 1888, n°s 56-61.

— den Preussischen Jahrbüchern. Die Feuerprobe des norddeutschen Bundes von H. von Treitschke. Die französische Armee von W. Wehrenpfennig. Das diplomatische Vorspiel des Krieges von W. Wehrenpfennig. — Berlin, *G. Reimer*. 1871. Gr. in-8°. 75 pf.

Aus dem Leben des General-Feldmarschalls Edwin Freiherrn von Manteuffel. — Berlin, *Mittler* 1874 In-8°, 53 p. 1 m. 50 pf.

— Deutschland's Vergangenheit. Ein neues Sedanbüchlein als Festgeschenk für Schulen. — Ruhrort, *Andreæ*. 1876 In-8°, 18 p. 15 pf.

— dem Tornister. Bilder und Anekdoten aus den Kriegen 1866, 1870 und 1871. — Bonn, *Habicht*. 1871. Gr. in-8°, 116 p. 50 pf

— grosser Zeit. Der Krieg gegen Frankreich 1870 und 1871 — Tübingen, *Laupp*. 1887 In-8°, VII-311 p. 3 m. 60 pf.

— tiefer Noth schrei ich zu dir ! Christliche Kerngebete für evangelische Christen in Kriegszeiten .. — Reutlingen, *Fischhaber*. 1870. In-32. 32 p. 20 pf.

— Deutschlands ruhmreichen Tagen 1870-1871. Zwanzig Kupfer-Aetzungen nach den Originalen... Schilderung von Hugo Arnold. — München, *Haufstängl*. 1895. In-8°.

Ausbruch (Der) des Krieges. — Erlangen, *Deichert*. 1877. In-8°, 27 p. 50 pf.

Auszug aus der Geschichte des Badischen Feld-Artillerie-Regiments Nr. 14 und seiner Stamm-Truppentheile. — Karlsruhe, *Bielefeld*. 1886. In-8°, IV-139 p., 2 portr. 2 m 70 pf.

Autier (Vict.) — Notre balance humanitaire ou compte rendu de l'emploi de notre temps à partir du 28 juillet 1870 jusqu'au 1ᵉʳ juin 1871, soit sur le champ de bataille, soit dans les ambulances. — Montdidier. 1873. In-8°, 119 p.

Autran (Am.) — Le 23 septembre 1870 (à Marseille). — Marseille. 1874. In-8°, 15 p.

Avant le siège de Paris. Effondrement de l'empire, par un officier d'état-major (Ph. Rolla). — Paris, *Degorce-Cadot*. 1874. In-4°, ill. 2 fr.

Avenel (Paul). — Souvenirs de l'invasion. Les Prussiens à Bougival (1870-1871). Notes d'un pillé. — Paris, *Sagnier*. 1873 In-12, 24 p. 50 c.

Aventures curieuses (Les) et extraordinaires d'un franc-tireur, ou les Prussiens en France, détails très véridiques et très intéressants de l'invasion. — Paris, *Le Bailly*. 1872. In-18, 108 p.

Avesnes (E. d') [le R. P. Frédéric Rouvier]. — Devant l'ennemi. — Paris, *Palmé*. 1882. In-8°, II-320 p., ill. 8 fr.
Nouv. édit. Ib. 1888. 6 fr.

— Les deux Frances. Radicaux et catholiques. 1870. — Paris, *Gervais*. 1880, In-12. 3 fr.
Nouv. édit. Paris. *Palmé*. 1880. In-12. 3 fr.

— Il signor Garibaldi en France. Une véritable armée. — Paris. 1880. In-32. 65 p. 25 c.

Aveta (Capit Frederico). — Studio tattico sul Combattimento alle Cave di Rozerieulles nella battaglia di Gravelotte del 14 Agosto 1870. Versione dal Tedesco. — Roma, *Luigi*. 1893. In-8º. 2 l 50 c.
Voir Hœnig.

Aviant de Piolant (D'). — La vérité sur Metz, par un témoin oculaire. Blocus et capitulation. — Tours, *Ladevèze*. 1870. In-8º, 84 p.

Avilés (D. Juan, comandante). — Las principalas batallas y breve resumen de la guerra franco-alemana de 1870-1871. — Barcelona, *Bibl. militar*. In-8º. 3 pes.

Avis (L') de M. Prudhomme sur la guerre de 1870 et sur le maintien nécessaire de la République. — Paris, *Lachaud*. 1871. In-8º, 64 p.

Aylies (Camille). — Garibaldi et l'armée de l'Est. Réponse au rapport de M. Perrot, député à l'Assemblée nationale. — Bordeaux, *Stenger*. 1874. In-12, 22 p. 50 c.

Azamat-Batuk (special-correspondent of the *Pall-Mall Gazette*). — The Fall of the second Empire. — London, 1871. In-8º.

B

- B. (v.). — Erinnerungen aus dem Kriege 1870-1871 : die Landwehr vor Metz. — *Jahrb.*, 1889.

- (A.). — Lettres patriotiques d'un garde national. Première au ministre du commerce (janvier 1871). — Paris. 1871. In-8°, 40 p.

- (C.). — Dépêches de la guerre franco-allemande de 1870-1871, traduites d'après le texte officiel allemand. — Bayonne, *Lemaignère*. 1872. In-8°, 99 p.

- (C. v.). — Der deutsch-französische Krieg 1870-1871 und das Generalstabswerk. — Berlin, *Jahncke*. 1873-1879. 6 livr. in-8°, 644 p. 21 m.

- Das Antigeneralstabswerk. Der deutsch-französische Krieg 1870-1871. — Berlin, *J. Levit*. 1875-1879. Livr. in-8°.

- Faidherbe und seine Gegner im Feldzuge 1870-1871. — Leipzig, *Luckhardt*. 1873. In-8°, 78 p. 2 m.
  Voir FAIDHERBE.

- (E.). — *Voir* GRANVILLE-STAPPLETON.

- (G.) [Bardin, ingénieur]. — Journal pour servir à l'histoire de l'invasion allemande dans l'Orléanais, canton de Châteauneuf. — Orléans, *Herluison*. 1872. In-12. 3 fr.

- (H.). — *Voir* BORK (H.).

- (H. v.). — Krieg im Jahre 1870-1871, oder Deutschlands Freiheitskampf gegen Frankreichs Gewaltherrschaft.... — Elbing, *Neumann-Hartmann*. 1870-1871. 2 vol. gr. in-8°, xxv-744 p., cartes et plans. 7 m.

- (H. v.). — « Die Lehmann's lassen sich nicht lumpen ». Launige Erzählungen der Erlebnisse einer Berliner Bürgerfamilie in der Zeit von 1870-73, theils in Feldpost-, theils in gewöhnlichen Stephansbriefen von H. v. B. — Berlin, *Siegismund*. 1893. In-8°, III-91 p. 60 pf.

- (J.), officier d'infanterie. — L'armée française sous Napoléon III et les causes productives des revers de 1870. — Luxembourg, *Schamburger*. 1871. In-8°, 32 p. 50 c.

- Metz et Thionville, martyrs, à Bazaine. — *Ib.* 1871. In-8°, 15 p. 50 c.

- (M. A.). — Paris assiégé. Réformes politiques et économiques. — Paris. 1871. In-8°, 16 p.

B. (Lieut. N. de). — Campagne de 1870-1871, armées de l'Est et de la Loire. 1re armée, historique du 2e lanciers de marche. — Perpignan, *Talip-Tastu*. 1874. In-8°, 75 p.

— (R A) — Récits dunois. Châteaudun pendant l'invasion. Journée du 21 décembre. — Châteaudun, *Lecesne*. 1872. In-16, 63 p. 75 c.

— (S v.). — Das Gefecht von Weissenburg. — Berlin, *Liebel*. 1885. In-8°, 108 p. 2 m. 50 pf.

Baas (O.). — Van Berlijn naar Parijs Schetsen en tafereelen uit den oorlog tusschen Duitschland en Frankrijk. — Purmerende. 1871. In-8°, 108 p. 60 cts.

Babaud-Montvallier (P.). — La garde mobile de la Charente pendant la guerre 1870-1871. Souvenirs d'un officier du 18e mobiles (15e corps). — Angoulême, *Debreuil*. 1873. In-8°, VIII-175 p.

2e édition, 1887.

Bacharach (A.). — *Voir* M. (Lieut.-col.).

Bachman (Prof. Doct Joh.). — Thut Busse! der einzige Rath im Angesicht des drohenden Unheils. Predigt am 16. Juli 1870. — Rostock, *Stiller*. 1870. In-8°, 15 p. 30 pf.

Backhaus (J. C. N.). — Frankreichs Raub- und Eroberungskriege gegen Deutschland von 1440-1809. Ein Rückblick in ernster Zeit. — Osnabrück, *Rackhorst*. 1870. Gr. in-8°, 24 p. 35 pf.

2e édition.

Bacon. — Premier et deuxième souvenirs du siège de Paris. — Paris. 1871. In-8°, 40 p. 50 c.

Bacon's Story of the War. Account of the Invasion of France by the German armies in 1870-1871. — London. 1871. In-8°, 54 p., 2 cartes. 1 sh.

Baczko (Major). — Die Landwehr der Division von Kummer in der Cernirungslinie von Metz. — Glogau, *Hollstein*. 1873. In-8°.

Bade (Le grand-duché de) et la guerre de 1870-1871. — *Étranger*. 1874. livr. 174.

Badel (Émile). — Mars-la-Tour et son monument national. — Mars-la-Tour, *Ritter-Roscop*. 1893. In-8°, 5 grav., 2 pl. 2 fr.

Bader (L.). — La couronne civique. A la mémoire d'Henri Regnault et des combattants morts pour la France... 1870-1871. Poème avec préface de G. Richardet. — Paris, *Le Chevalier*. 1872. In-8°, 31 p. 1 fr.

Badewitz (K.). — Das deutsche Reichsland Elsass-Lothringen. Darstellung seiner Geschichte, Ortsverhältnisse und des jüngsten Kampfes um seine Wiedererwerbung. — Dresden, *G. Dietze*. 1872. Gr. in-8°, 32 p. 40 pf.

Baehr (P.). — Vergleich der Lyrik des Befreiungskriegs mit der Lyrik des deutsch-französischen Krieges von 1870-1871. — Halle, *Hei del.* 1888. In-8º, 59 p. 75 pf.

Baensch (W.). — *Voir* ALLDEUTSCHLAND, MÜLLER V. DER WERRA.

Bagenski (Pr. Lieutenant von). — 4. Garde-Regiment zu Fuss. Geschichte des Regiments 1860-1884. — *Ib.* 1885. In-8º, 345 p., ill., cartes et croquis. 9 m.

— Le même. Mannschaftsausgabe. — *Ib.* 1885. In-8º, portr, croquis. N. d. l. c.

— (Major von). — Regiments-Buch des Grenadier-Regiments König Friedrich Wilhelm IV. (1. Pommerschen) Nr. 2 von 1679-1891. — Berlin, *R. Eisenschmidt.* 1892. In-8º, LXXI-466 p., portr., fig. 25 m.

Baguenault de Puchesse. — L'armée de la Loire et ses opérations autour d'Orléans (septembre-décembre 1870). — *Revue des questions historiques.* Juillet 1871.

— La première armée de la Loire. — *Correspondant.* 1872.

Bailer (Hauptmann). — Abriss der Geschichte des Württembergischen Pionier-Bataillons Nr. 13. — Ulm, *L. Frey.* 1892. In-12, III-27 p. 50 pf.

Baille (Colonel). — Le 38e de marche (16e corps). — Saint-Étienne, *Théolier.* 1891. N. d. l. c.

Baillehache (M. de). — Souvenirs intimes d'un lancier de la Garde impériale. — Paris, *Ollendorff.* 1894. In-16, 316 p. 3 fr. 50 c.

Baillière (H.). — Henri Regnault (1843-1871), avec dessins à la plume. — Paris, *Didier et Cie.* 1872. In-12 j. 29 p. 2 fr. 50 c.

Baju (H.). — Les zouaves pontificaux à Patay. — Paris, *Chapoulard.* 1873. In-8º.

— Le dernier jour de l'option en Alsace, poème. — Paris, *Le Bailly.* 1887. In-12. 50 c.

Balcke (Hauptmann). — Zur Erinnerung an das 75jährige Jubelfest des Magdeburgischen Feldartillerie-Regiments Nr 4 am 28. Februar 1891. — Berlin, *Eisenschmidt.* 1891. In-8º, 162 p., portr 9 m.

Baldamus (Ed.). — Literatur des deutsch-französischen Krieges 1870-1871. Verzeichniss aller in Deutschland in Bezug auf den Krieg erschienenen Bücher, Karten und Plänen. — Leipzig, *Hinrichs' Verlag.* 1871. Gr. in-8º, 164 p. 3 m.

— Die Erscheinungen der deutschen Literatur auf dem Gebiete der Kriegswissenschaft und Pferdekunde 1865-1871. Mit einem Anhang : Die wichtigsten Karten und Pläne Europa's. — *Ib.* 1875. Gr. in-8º, 103 p. 2 m.

— Dasselbe für 1870-1874. — *Ib.* 1875. Gr. in-8º, 105 p. 2 m.

Baldamus (Ed.). — Dasselbe für 1875-1879. — *Ib.* 1880. Gr. in-8º, 113 p. 2 m.

— Dasselbe für 1880-1884. — *Ib.* 1885. Gr. in-8º, 122 p. 2 m.

Baldi (Alexander). — Das deutsch-patriotische und nationale Lied und seine Bedeutung. 1813-1870. — Bamberg, *Buchner*. 1871. Gr. in-8º. 1 m. 20 pf.

Balke (Pr. F.). — Von Weissenburg nach Paris ! Der deutsche Siegeszug von 1870 im biblischen Lichte betrachtet. Ein Neujahrswort an das deutsche Volk. — Rheydt, *Langewiesche*. 1871. In-8º, 32 p. 40 pf.

— Zwei Zeitpredigten gehalten am Sonntag nach der Kriegserklärung des 24. Juli und am Kriegsbettage des 27. Juli 1870. — *Ib.* 1870. In-8º, 16 p. 30 pf.

— Dein Reich komme ! dein Wille geschehe ! Zwei weitere Zeitpredigten in den Tagen des deutsch-französischen Krieges gehalten. — *Ib.* 1870. In-8º, 30 p. 30 pf.

— Das Ernste und das Fröhliche im Menschenleben. Ein Friedenswort bei Ausgang des deutsch-französischen Krieges. — *Ib.* 1871. In-8º, 79 p. 75 pf.

Ball (Pr. Lieut.). — *Voir* RUITH.

Ballestrem (Gräfin Euf.). — *Voir* SIMON.

Balleyguier. — *Voir* LOUDUN.

Ballot (Ch.). — Des effets de la guerre à Paris et en France sur le .ouage, la propriété et les divers contrats. — Paris, *Marescq*. 1871. In-8º, VIII-95 p. 3 fr.

Ballue (Arth., député). — Les zouaves à Paris pendant le siège. (Souvenirs d'un zouave.) — Paris, *Le Chevalier*. 1872. In-16, 137 p. 1 fr.

Baltazard (Paulin). — L'invasion dans ses rapports avec la propriété. — Paris, *Dumaine*. 1873. Gr. in-8º, 146 p. 3 fr.

Baltzer (Ed.). — Unter dem Kreuz des Kriegs. Betrachtungen über die Ereignisse von 1870-1871 in gleichzeitigen Aufzeichnungen. — Nordhausen, *Förstemann*. 1871. Gr. in-8º, 124 p. 1 m. 20 pf.

Balzan (J.). — Souvenirs de la guerre de 1870, poésie. — Marseille, *Librairie Marseillaise*. 1884. In-16, 7 p. 40 c.

Bamberger (Ludw.). — Die fünf Milliarden — Berlin, *G. Reimer*. 1873. Grand in-8º, 24 p. 40 pf.

Extrait des *Preussische Jahrbücher*.

— Zur Naturgeschichte des französischen Krieges. — Leipzig, *Günther*. 1871. Gr. in-8º, IV-94 p. 1 m. 20 pf.

Bancel (E.). — Relation médico-chirurgicale du siège de Toul (août-septembre 1870). — Paris et Nancy, *Berger-Levrault et Cie*. 1874. In-8º, 117 p.

Extrait des « Travaux de la Société de médecine de Nancy ».

Banniard (J. B) — Guerre de 1870-1871. Considérations militaires — Paris, *Lachaud*. 1872. In-18, 76 p. 1 fr.

Banville (Théodore de). — Idylles prussiennes. — Paris, *Lemerre*. 1871. In-18 j , VIII-173 p. 3 fr.
_{Nouvelle édition. 1891. In-16. 6 fr.}

Barail (Général du). — Souvenirs (3ᵉ partie). — *Revue hebdomadaire*, 1895-1896.

Baratier (Sous-intendant Anatole). — L'intendance militaire pendant la guerre de 1870-1871. Justification, réorganisation. — Paris, *Dumaine*. 1871 In-8º, VIII-155 p 2 fr

— L'intendance prussienne comparée à l'intendance française. — Paris, *Tanera*. 1873. In-12, 36 p. 25 c

Barbat. — Tablettes historiques de Châlons-sur-Marne. — Chalons, *Barbat*. 1879 In-8º, 202 p., pl.

Barbié du Bocage (V. A.). — Rapport sur la guerre de 1870-1871, 1ᵉʳ bataillon de la garde nationale du canton de Conches. — Paris, *Martinet*. 1872. In-8º, 46 p.

Barbier (Jules). — Le franc-tireur. Chants de guerre. — Paris, *Lévy frères*. 1871. In-12. 3 fr.
_{Fait partie de la Bibliothèque contemporaine. C. Lévy. Gr. in-18 3 fr. 50 c.}

Barbou (Alf.). — Les grands citoyens de la France. Gambetta, histoire complète de sa vie. — Paris, *Duquesne*. 1879. In-32, 308 p. 1 fr.
_{Le même. 1883. In-32, 372 p., portr. 1 fr. 25 c.}

— L'amiral Pothuau — Paris, *Jouvet et Cⁱᵉ*. 1882. In-12, portr. 3 fr. 50 c.

Barboux (H., avocat). — Jurisprudence du conseil des prises pendant la guerre de 1870-1871, avec notes et commentaires. — Paris, *Sotheran, Baer et Cⁱᵉ*. 1872. In-8º, 160 p. 4 fr.

Bardin (G.). — *Voir* B. (G.).

Bärensprung (Rittmeister Bernh. von). — Geschichte des Westpreussischen Kürassier-Regiments Nr. 5, 1717-1877. — Berlin, *Mittler*. 1878. Gr. in-8º, 677 p., ill. 13 m.

Barine (Eugène de). — *Voir* BATAILLE.

Barnickel (H.). — *Voir* SELBITZ (H. von).

Baroche (Ernest), commandant du 12ᵉ bataillon de la Seine au Bourget, 28-30 octobre 1870. — Paris, *Amyot*. 1872. In-4º, 46 p. 3 fr.

Barou (Abbé). — Un épisode de l'investissement de Paris en 1870. — Vernon, *Boutle*. 1879. In-8º, 24 p.

Baron (Rich.). — Der Deutschen Krieg und Sieg in Frankreich, 1870-1871. — Oppeln, *Reisewitz*. 1871. In-8º, IV-203 p. 1 m. 20 pf.

Barral (J. A.). — Metz et le maréchal Bazaine. — Paris, *Le Chevalier*. 1870. In-8º, 24 p. 25 c.

Barre-Duparcq (De la). — Des pertes territoriales de la France au XIXe siècle. — Paris, *Dumaine*. 1873. In-8º. 50 c.

Barré (Abbé E.). — Religion et patrie. Le héros de Strasbourg Le commandant du génie Ducrot. — Rouen, *Deshayes*. 1871. In-8º, 28 p.

Barret (J. A.). — *Voir* OPINION.

Barse (Louis). — La Comédie ignoble, épitre en vers à Gambetta sur ses grandeurs et nos malheurs, par un non-sycophante. — Paris, *Mayer et Cie*. 1873. In-8º. 2 fr.

Bartels (Prof. Doct. C.). — Rathschläge zur Behandlung des Typhus im Felde. — Kiel, *Schwers*. 1870. In-8º, 23 p. 50 pf.

Barth (E.) [Clarus]. — Kriegserinnerungen eines deutschen Offiziers. Nach Tagebuchblättern. — Bromberg, *Fischer*. 1878. Gr. in-8º, 301 p. 3 m.

Barthe (C. de la). — Histoire populaire, officielle et anecdotique de la campagne de 1870-1871. — Paris, *Vernay*. 1871-1872. In-8º. 6 fr. 50 c.

Barthélemy (Ch.). — La guerre de 1870-1871. — Paris, *Blériot et Gautier*. 1884. In-18 j., XIX-244 p. 3 fr.

Bartolomæus (Pr. Lieut.). — Der General der Infanterie von Hindersin. Ein Bild seines Lebens und Wirkens. — Berlin, *Mittler*. 1895. In-8º, 44 p., 1 croquis. 60 pf.

Bärwinkel (Past. Doct.). — Der Herr hat Grosses an uns gethan ! Vier Predigten. — Erfurt, *Villaret*. 1870. In-8º, 47 p. 1 m.

Basset de Belavalle. — Le palais de l'Élysée pendant le siège et la commune. Notes d'un témoin, publiées et mises en ordre par M. le président J. Ducreux. — *Le Figaro*, 13-26 juin 1895.

Bast (K.). — Fürst Bismarck. — Langensalza, *Schulbuchhandlung*. 1873. In-8º, 114 p. 90 pf.

— Deutschlands Heldenkaiser Wilhelm der Siegreiche. — *Ib*. 1871. In-8º, 80 p. 60 pf.

Bastard (Georges). — Guerre franco-allemande. Sedan, Bazeilles, dix ans après. — Paris, *Dentu*. 1880. In-18 j., 278 p. 3 fr.

— La défense de Bazeilles. — Paris, *Ollendorff*. 1884. In-18, ill. 3 fr.

— Armée de Châlons. — *Ib*. 1887-1888. 2 vol in-18 j., ill. — T. I. Sanglants combats. 356 p. — T. II. Un jour de bataille. 367 p. Le vol. 3 fr. 50 c.

Bastard (Georges). — Armée de Châlons. — Paris, *Savine*. 1892-1893. 4 vol. in-18 j., ill. — I. Sanglants combats. — II. Un jour de bataille. — III. Charges héroïques. — IV. Défense de Bazeilles, suivi de Dix ans après, au Tonkin. 14 fr.

Bastie (Alfred de la). — Les cinq milliards de la Prusse et le budget de la France. — Lyon. 1871. In-8°, 24 p.

Bataille (Alexandre) et de **Barins** (Eugène). — Nouveau mémorial français, historique et complet, illustré de la guerre de 1870-1871, des deux sièges de Paris et de la Commune. — Paris, *Librairie nationale*. 1882. In-4°, ill., 636 p. 8 fr. 50 c.

— (La) de Sedan, Napoléon III, de Wimpffen, Ducrot. — Paris, *Le Chevalier*. 1872. In-18, 67 p., 1 pl. 75 c.

— (Une) à l'école de Mme Europe, ou comment Guillaume rossa Louis, et comment John les laissa faire. — Lausanne, *L. Meyer*. 1871. In-12, 30 p. 50 c.

— (La) d'Orléans. — *Bulletin*, 1er semestre 1875.

— (La) de Spickeren envisagée au point de vue stratégique, traduit de l'allemand par M. Weil. — Paris, *Tanera*. 1872. In-12, 14 p. 25 c.

— (La) de Frœschwiller dite de Reichshoffen. — Strasbourg, *J. Noiriel*. 1895. Gr. in-8°, 15 p., ill. 60 pf.

Batailles (Les grandes) de Metz du 19 juillet au 18 août 1870. Les derniers jours de l'armée du Rhin, du 19 août au 29 octobre 1870. — Bruxelles, *Mucquardt*. In-8°. 1 fr.

Batard (L. B., engagé volontaire). — Armée de Chanzy (1870-1871). Mobiles de la Mayenne, 3e bataillon. [66e mobiles, 16e corps.] — Alençon, *Thomas*. 1872. In-8°, 443 p. 3 f.

Batifol (H.). — Guerre de 1870-1871. Causes et remèdes de nos désastres. — Toulouse, *Privat*. 1873. In-8°, 179 p. 3 fr. 50 c.
2e éd. *Ib*. 1873. In-18, 352 p.

Battenberg (Stadtpf. F. W.). — Erinnerungen aus grosser Zeit. — Frankfurt-am-M., *Kesselring*. 1895. In-8°, 120 p. 1 m. 20 pf.

Baudach (Hauptmann). — Das 8. Pommersche Infanterie-Regiment Nr. 61, seit seiner Entstehung bis Ende 1873. — Berlin, *A. Bath*. 1878. Gr. in-8°, 101 p. 1 m. 75 pf.

Baude (M.). — Les chemins de fer pendant la guerre 1870-1871. — Paris, *Bouchard-Huzard*. 1873. In-8°, 15 p.

Baudrillart. — Pertes éprouvées par les bibliothèques publiques de Paris pendant le siège par les Prussiens et pendant la domination de la Commune... Rapport à M. le Ministre de l'instruction publique. — Paris, *Techener*. 1872. In-8°, 32 p.
2e édition. 1872.

Baudry (Et.). — Les idées de Jean Chauvin. — Paris, *Dentu*. 1870. In-18 j., 300 p. 1 fr.

— (P.). — La gardienne du logis. — Épisode de la guerre de Prusse. — Rouen, *Cagniard*. 1873. In-8º, 48 p.

Bauer (Henry). — Les mémoires d'un jeune homme (Roman; le Siège, la Commune). — Paris, *Charpentier et Fasquelle*. 1895. In-18. 3 fr. 50 c.

— (Doctor Heinr., Garnisonsprediger). — Erinnerungen eines Feldgeistlichen aus den badischen Feldlazarethen. — Heidelberg, *Winter*. 1872. Gr. in-8º, xi-136 p. 2 m.

— (Ludwig). — Der deutschen Hochschulen Antheil am Kampfe gegen Frankreich. — Leipzig, *Hirth*. 1873. Gr. in-8º, xii-478 p. 7 m. 50 pf.

— (Doctor Max). — Von der Maas-Armee. — Halle, *Pfeffer*. 1870. In-8º, vii-91 p. 1 m. 50 pf.

— Vor zehn Jahren. Aus ungedruckten Tagebüchern eines Zivilisten im Kriege. — Berlin, *Norddeutsche Buchdruckerei*. 1881. In-8º, 75 p. 75 pf.

— Civil im Kriege. Studien und heitere Skizzen zum Versuch einer Reorganisation der freiwilligen Krankenpflege im Felde und Daheim. — Berlin, *C. Heymann*. 1875. Gr. in-8º, vi-194 p. 1 m.

— Unter rothgekreuzten Standarten im Felde und Daheim. Erinnerungen an 1870-1871. — Berlin, *Rosenbaum u. Hart*. 1895. In-8º, 133 p. 2 m.

Bauermeister (M.). — Deutsche National-Couplets für das Kriegsjahr 1870. — Berlin, *Lassar*. 1870. In-8º, 12 p. 75 pf.

— Steh' ich in finstrer Mitternacht! Humoristische militärische Soloscene. — *Ib.* 1870. In-16, 7 p. 50 pf.

Baulmont (Lucien). — Alsace et Bretagne. Légion bretonne, colonel A. Domalain, lieutenant de vaisseau. Réponse au général de Cathelineau. — Paris, *Dentu*. 1871. In-8º, 40 p.

<small>La légion bretonne a fait partie de l'armée de la Loire et de la 1re armée.</small>

Baumann (Oberst-Lieutenant Bernhard von). — Studien über die Verpflegung der Kriegsheere im Felde. Historischer Theil (2. Band). — Leipzig, *C. F. Winter*. 1874. Gr. in-8º, 529 p. 9 m.

<small>Le 1er volume a paru en 1867.</small>

— (Hauptmann). — Geschichte des königlich-bayerischen 1. Feld-Artillerie-Regiments Prinz Regent Luitpold, 1601-1893. — Ingolstadt (München, *Lindauer*). 1892. In-8º, vi-184 p., portr. 80 pf.

— (Pastor Otto). — Sedanfestpredigt, gehalten am 4. September 1892. — Berlin, *Deutsche Evangelische Gesellschaft*. 1893. In-16, 12 p. 10 pf.

Baume-Pluvinel (G. de la). — *Voir* FAITS ET GESTES.

Baumert (L.). — Der Deutschen Heldenkampf im Jahre 1870. Sechszehn patriotische Lieder für den Schulgebrauch. — Görlitz, *Wollmann*. 1871. In-8º, 24 p. 20 pf.

Baumgarten (Herm.). — Wie wir wieder ein Volk geworden sind. — Leipzig, *Hirzel*. 1870. Gr. in-8º, 108 p. 1 m. 20 pf.
2e édition.

— (M.). — Der Krieg und die Reichstagswahlen. — Rostock, *Werther*. 1871. In-8º, 50 p. 60 pf.

Baumgarten-Crusius (Sek. Lieutenant). — Abriss der sächsischen Geschichte mit besonderer Berücksichtigung der Geschichte der einzelnen königlich sächsischen Truppentheile bis einschliesslich des Feldzuges 1870-1871. — Zittau, *Schäffer*. 1883. In-8º, 79 p. 1 m. 25 pf.
3e édition.

Baumstark (Rhold.). — Die katholische Volkspartei in Baden und ihr Verhältniss zum Kriege gegen Frankreich. — Freiburg im Breisgau, *Herder*. 1870. Gr. in-8º, 29 p. 40 pf.
2e édition.

Baunard (Mgr). — Le général de Sonis, d'après ses papiers et sa correspondance. — Paris, *Poussielgue*. 1890. In-8º, xvi-555 p., portr. 4 fr.

Baur. — Die Fahnen des braunschweigischen Infanterie-Regiments Nr. 92. — Braunschweig, *Hafferburg*. 1889. In-8º, 16 p. 50 pf.

— (Professor Doctor G. A. L.). — Das deutsche Volk und das Evangelium. Antrittsvorlesung am 21. December 1870. — Leipzig, *Hinrichs*. 1871. In-8º, 24 p. 40 pf.

— Zur Vorbereitung und zur Feier des Leipziger Friedensfestes. Zwei Predigten am 5. und 6. März 1871. — *Ib*. 1871. In-8º, 24 p. 40 pf.

— Kriegspredigt am 3. August 1870 zu Leipzig gehalten. — Leipzig, *Steinacker*. 1870. In-8º, 14 p. 30 pf.

— Aus ernster Zeit. Vier Predigten. — Leipzig, *Hinrichs*. 1871. In-8º, 46 p. 80 pf.
Voir PREDIGTEN, VORTRAEGE.

— (Pf. K.). — Aus dem Kriegsjahre. Worte der Mahnung und des Trostes. — Friedberg, *Bindernagel und Schimpff*. 1871. Gr. in-8º, v-72 p. 1 m.

— (Wilh.). — Rüstung aus Gottes Wort für Kriegszeit. Vier Predigten gehalten seit der Kriegserklärung. — Hamburg, *Nolte*. 1871. Gr. in-8º, 62 p. 90 pf.

— Die Friedensarbeit des deutschen Volkes. Predigt. — *Ib*. 1871. In-8º, 16 p. 20 pf.

Baur (Wilh.). — Die Friedensgeläute im deutschen Lande. Predigt. — *Ib.* 1871. In-8º, 16 p. 20 pf.

— Geschichts- und Lebensbilder aus der Erneuerung des religiösen Lebens in den deutschen Befreiungskriegen. — Hamburg. 1871. In-8º, 2 vol, 1001 p. 4 m. 50 pf.
_{4ᵉ édition. 1884.}

— Durch Kampf zum Frieden. Durch Saat zur Ernte. Vier Predigten. — Hamburg, *Nolte*. 1870. In-8º, 63 p. 90 pf.

— Strassburg eine deutsche Stadt. Rede. — Hamburg, *Agentur des Rauhen Hauses*. 1870. In-8º, 140 p. 50 pf.

— Der Friede des Christen mitten im Krieg. Predigt gehalten am 1. Sonntag nach der Kriegserklärung am 17. Juli 1870. — Hamburg, *Nolte*. 1870. In-8º, 16 p. 30 pf.

— Im Frieden. Vier Predigten. — *Ib.* 1871. Gr. in-8º, 62 p. 60 pf.

— 1813 und 1870. Ein Vortrag. — Bremen, *Müller*. 1870. In-8º, 39 p. 50 pf.

Bavoux (Évar.). — La Prusse et le Rhin. — Paris, *Dentu*. 1870. In-8º, xx-144 p., 7 cartes, 3 fr.

— Les causes de la guerre. Solution à la crise actuelle. — Paris, *Sauton*. 1871. In-8º, xiv-69 p.

Bayart (H. D.) et **Pannier** (E.). — Lois et décrets parus depuis le commencement de la guerre sur les effets de commerce. — Lille, *Petit*. 1871. In-8º, 36 p.

Baye (Hippol.). — La Frontière, essais de poésie. — Paris, *Librairie internationale*. 1871. In-12. 1 fr. 50 c.

Bayer (Doctor Karl). — Deutschlands Wiedergeburt. Hoffnung und Erfüllung. — Schweinfurt, *Giegler*. 1871. Gr. in-8º, 126 p. 1 m. 50 pf.

Bayern (Die) im deutsch-französischen Kriege 1870. — Augsburg, *Jenisch und Stage*. 1871. In-8º, 32 p. 20 pf.
_{7ᵉ édition.}

Bazaine (Maréchal). — L'armée du Rhin depuis le 12 août jusqu'au 29 octobre 1870. — Paris, *Plon*. 1872. In-8º, 312 p., carte. 8 fr.

— Capitulation de Metz. Rapport officiel. — Lyon, *Lapierre-Brille*. 1871. In-8º, 32 p. 1 fr.

— (Rapport du). — Bataille de Rezonville le 16 août 1870. — Bruxelles, *Decq*. 1870. In-12. 1 fr.

— (Rapport sommaire du) sur les opérations de l'armée du Rhin du 13 août au 29 octobre 1870. — Genève, *H. Georg*. 1870. In-8º, 28 p., carte. 1 fr.
_{Le même. — Paris, 1871. In-8º, 30 p. — Berlin, *Simion*. 1870. In-8º. 2ᵉ édition.}

Bazaine (Maréchal). — Feldzug des Rhein-Heeres vom 12. August bis 28. October 1870. Deutsch übersetzt. — Leipzig, *Luckhardt*. 1872. Gr. in-8º, VII-175 p., cartes, plans. 8 m.

— Summarischer Bericht über die Operationen der Rhein-Armee vom 13. August bis zum 29. October 1870 erstattet. Aus dem Französischen von A. Mels. — Berlin, *Simion*. 1870. Gr. in-8º, 28 p., carte. 75 pf.

— (Ex-maréchal). Épisodes de la guerre de 1870 et le blocus de Metz. — Madrid, *Gaspar*. 1883. In-8º. 10 fr.

— Episoden aus dem Kriege von 1870 und der Belagerung von Metz. Aus dem Französischen übersetzt vom Hauptmann Wevers. — Berlin, *Luckhardt*. 1884. In-8º, 112 p. 2 m. 40 pf.
  Voir DOCUMENTS.

— (Le maréchal) défendu contre ses détracteurs. Réfutation de l'accusation. — Bruxelles, *Mucquardt*. 1874. In-8º, 112 p.

— (Marschall) und die Capitulation von Metz. — *Allg. Mil.-Zeit.* 1ᵉʳ sem. 1872.

— und die Rhein-Armee nach Noisseville.
  Voir ZEIT- UND STREIT-FRAGEN.

/. — et l'armée du Rhin. Souvenirs et journal d'un officier. — Paris, *Sagnier*. 1873. In-12, 103 p. 1 fr.

— dans les trois batailles autour de Metz. — *Défense nationale* (Belgique), mai-juin 1888.

— et la capitulation de Metz. Étude publiée à Berlin en mars 1871 (trad. de l'allem.). — Dijon, *Rabutot*. 1871. In-8º, 47 p.
  D'après les MIL. BLÆTTER.

— (Le maréchal) jugé par les *Militärische Blätter*. — Paris, *Le Chevalier*. 1871. In-8º, 31 p. 75 c.

— et l'armée de Metz. Opérations militaires, par un officier de cette armée. — Bruxelles, *Lebègue*. 1871. In-8º. 1 fr.

— ??? par M***. — Paris, *Westhausser*. 1887. In-16, 14 p. 50 c.

— Procès complet. Rapport du général de Rivières. Interrogatoire de Bazaine. Dépositions des témoins. Réquisitoire. Plaidoirie de Mᵉ Lachaud. Condamnation. Derniers détails. — Paris. 1873. In-8º, 184 p. 3 fr.

— *Voir* ARMÉE.

Bazaine's Rettung (Metz 1870). — *Neue mil. Bl.*, juillet-septembre 1894.

Bazeilles. — Sedan, *Laroche*. 1876. In-12. 60 c.

— et Sedan. — Essais critiques sur les opérations de l'armée de Châlons. — Paris, *Ghio*. 1872. In-18 j., pl.

Bazin (Eugène). — 1870-1871. — Paris, *Sauton*. 1872. In-8º, 140 p.

— (François). — Histoire du 1ᵉʳ bataillon des francs-tireurs de Paris-Châteaudun. — Paris, *Sausset*. 1872. In-18, 36 p.

Beaudemoulin (L. A.). — La guerre s'en va ; preuves nouvelles résultant de la dernière guerre. — Paris, *Bellaire*. 1872. In-18, 36 p. 40 c.

Beauffremont (General Prinz von). Ein Beitrag zur Ehrenwortbruchfrage der französischen Offiziere von 1870. — *Allg. Mil.-Zeitung*. 1894. nº 4.

Beaugency (Histoire de la ville et du canton de) pendant la guerre de 1870. — Beaugency, *Gatineau*. 1872. In-18, 191 p. 1 fr. 50 c.

Beaujan (Eugène). — Les misérables de Paris du 4 septembre 1870 et du 18 mars 1871. — Liège, *Severyns*. 1871. In-8º. 75 c.

Beaujort (Eug.). — L'héroïne d'Alsace, récits en vers. — Paris, *Lachaud*. 1871. In-16. 50 c.

Beaumont (A.). — Croquis d'un carabinier de la 72ᵉ compagnie, été 1870. — Genève. 1871. In-4º, 9 dessins. 3 fr.

Beaune-la-Rolande (Zwei Episoden aus der Schlacht bei) [1870]. — *Schw. Zeitschr. für Art. u. Genie*, février 1894.

— (Zur Schlacht von). Eine Studie. — *Mil.-Wochenbl.* 1894, nº 96.

— (Zur Geschichte der Schlacht von), von F. Hœnig. — *Neue mil. Blätter*, avril 1894.

Beaunis (Docteur H.). — Impressions de campagne (1870-1871). Siège de Strasbourg, campagne de la Loire, campagne de l'Est. — Paris, *Alcan* et *Berger-Levrault et Cⁱᵉ*. 1887. In-18, vii-304 p. 3 fr. 50 c.
    18ᵉ corps.

Beaussire (Professeur Émile). — La guerre étrangère et la guerre civile en 1870-1871. — Paris, *Germer-Baillière*. 1872. In-18, viii-252 p. 3 fr. 50 c.

Beauquier (Ch., ex-sous-préfet de Pontarlier). — Les dernières campagnes dans l'Est. — Paris, *Lemerre*. 1873. In-18, 273 p. 3 fr.

Beauvoir (H. Roger de). — Nos généraux, 1871 à 1884. — Paris et Nancy, *Berger-Levrault et Cⁱᵉ*. In-8º. 531 p., 136 ill. 7 fr. 50 c.
    4ᵉ édition. 1885.

Beck (C. v.). — Predigt am Sedansfeste 1878. — Schw. Hall, *Staib*. 1878. In-8º, 12 p. 40 pf.

— (Doctor Bernhardt). — Chirurgie der Schussverletzungen. Militärärztliche Erfahrungen auf dem Kriegsschauplatze des Werder'schen Corps gesammelt. — Freiburg, *Wagner*. 1873. Gr. in-8º, 923 p. 22 m. 25 pf.

Beck (Major). — Geschichte des grossherzoglich-hessischen Feldartillerie-Regiments Nr. 25 (grossherzoglichen Artillerie-Korps) und seiner Stämme (1460-1883). — Berlin, *Mittler*. 1884. In-8°, 366 p., ill. 7 m. 50 pf.

— (Oberstlieut Eug.). — Die Einmarschkämpfe des deutschen Heeres im August 1870. Taktische Studien. — 1er fascicule : Das Gefecht von Weissenburg und die Schlacht von Wörth. — Wien, *Seidel*. 1872. Gr. in-8°, VII-107 p., cartes, 3 m. — 2e fascicule : Die Schlacht bei Spichern. — Teschen, *Prochaska*. 1873. Gr. in-8°, 64 p., cartes. 2 m.

Becker (A.) — Rede bei der Sedanfeier zu Worms am Rhein am 2. September 1875 gehalten. — Worms, *Kräuter*. 1875. In-8°, 35 p. 50 pf.

— Kriegs- und Siegeslieder aus den Jahren 1870 und 1871. — Leipzig, *Mayer*. 1871. In-8°, 55 p. 1 m.

— Prolog zur Eröffnung der Oldenburger Bühne mit Schiller's « Wilhelm Tell » am 18. September 1870. — Oldenburg, *Schulze*. 1870. Gr. in-8°.

— Wilhelm der Siegreiche, der erste Kaiser nach Deutschlands Wiedervereinigung. — Berlin. 1888. In-8°. 15 pf.

— (Bernh.). — Briefe deutscher Bettelpatrioten an Louis Bonaparte. Eine gründliche Bearbeitung der sämmtlichen im Buche *l'Allemagne aux Tuileries*, französischerseits veröffentlichten Dokumente. — Braunschweig, *Bracke*. 1873. Gr. in-8°, LVI-482 p.

Voir BORDIER (H.).

— (Pr. Lieutenant). — 2. Badisches Grenadier-Regiment (Kaiser Wilhelm) Nr. 110. Geschichte des Regiments. — Berlin, *Mittler*. 1877. In-8°. 369 p., cartes, pl. 7 m.

— (Pr. Lieutenant J.) und **Pauly** (Hauptmann E.). — 2. Ostpreussisches Grenadier-Regiment Nr 3. Geschichte des Regiments. 1685-1800. 1800-1885. — Berlin, *Mittler*. 1885. 2 vol. in-8°, 424, 693 p., ill. 30 m.

— (Sek. Lieut.). — *Voir* ELSHOLZ.

— (Ferd.). — Der Franzosenkrieg im Jahre 1870 oder Deutschlands Feuerprobe. Historisch-romantische Erzählung des deutschen Nationalkampfes gegen Frankreich. — Berlin, *Seebagen*. 1871. 4 vol. gr. in-8°, (30 livr. à 30 pf.), 1456 p., ill., cartes.

— (J. Ph.). — Brandenburgisch-preussische Geschichte. Für Schulen bearbeitet. Mit einem Anhang : Der Krieg des Jahres 1870-1871. — Altona, *Verlagsbüreau*. 1871. Gr. in-8°, 145 p. 1 m.

7e édition.

— (Hauptmann Th.). — Ausunseren Tagebüchern. Geschichte des 2. nassauischen Infanterie-Regiments Nr. 88 während des Feldzuges 1870-1871. — Berlin, *Militaria*. 1875. Gr. in-8°, III-113 p., ill. 2 m. 40 pf.

2e édition. 1876. 111-120 p. — 3e édition. Berlin, *P. Kittel*. 1895. In 8°, 136 p., ill. 1 m. 50 pf.

Becker (Rob.). — Die Erfolge der preussischen Feldartillerie in der Campagne 1870-1871. — Leipzig, *Luckhardt*. 1872. Gr. in-8º, 46 p. 1 m. 20 pf.

Bédarrides (P.). — Chronique de la campagne de 1870. — Paris, *Dumaine*. 1872. In-12. 3 fr.

— (Capitaine F.). — Réorganisation de l'armée française ou morale de l'invasion prussienne. — *Ib.* 1871. In-12. 1 fr. 50 c.

Bedford E. Henslowe. — The Preliminary. Questions of the preliminary examination of the 12 th and 13 th July 1870. With answers. — London. 1871. In-8º, 24 p. 1 sh.

Bédollière (Ém. de la) [Émile Gigaut]. — Bazaine et la capitulation de Metz. — Paris, *Barba* 1873. Gr. in-8º à 2 col., 80 p., ill. 4 fr.

— Histoire de la guerre de 1870-1871. — *Ib.* 1872. In-8º à 2 col., 320 p., ill., en 4 séries. 4 fr.

— Le même, suivi d'un dictionnaire des communes. — Paris, *Rouff*. 1878. In-4º à 2 col., 406 p. 8 fr.

— La France et la Prusse, le traité de Londres. — Paris, 1875. In-8º à 2 col., 48 p. 75 c.

Beer Portugael (J. C. C. den). — Duitschlands leger aanvoering in 1870. — Breda. 1871. In-8º, 36 p. 40 cts.

Beesley (E. S.). — *Voir* DURET (Th.).

Beeton's book of the war. Narrative of the most striking military events and romantic incidents from the declaration of war to the capitulation of Paris. — London. 1871. In-8º, 120 p.

Befestigung (Die) von Bagneux vom 16. October 1870 bis 27. Januar 1871 während der Besetzung durch je 2 Bataillone der königlich-bayerischen 8. Infanterie-Brigade. — Würzburg, *Stahel*. 1872. Gr. in-fol. Chromolith. 1/2,500. 75 pf.

Befestigungs-Plan (Topographischer) von Paris, 1/76,000. — Hildburghausen, *Bibliographisches Institut*. 1870. In-4º en couleurs. 35 pf.

Beghelli (Gius.). — La camicia rossa in Francia, note. — Torino, 1871. In-16, 488 p.

Behrendts-Wirth (R.). — Frauenarbeit im Kriege. Selbsterlebtes aus dem Jahre 1870-1871. — Berlin, *Brachvogel und Ranft*. 1892. Gr. in-8º, V-170 p. 3 m.

— Le même. — Berlin, *Fontane und Co*. 1892. In-8º. 2 m.
Nouvelle édition, 1894.

Behrle (Rud.). — Der Franktireur. Kleines Kriegsbild in einem Aufzuge. — Aachen, *Jacobi und Cº*. 1870. Gr. in-16, VIII-58 p. 60 pf.

Beiche (Ed.). — Der deutsch-französische Krieg im Jahre 1870. Für das deutsche Volk. — Berlin, *Kroschel*. En livr. in-8º à 30 pf.

Beitrag (Ein) zum nutzbringenden Studium der Kriegsgeschichte. (Le Mans 11-12 janvier 1871.) — *Neue mil. Bi.*, Juillet-Août 1892.

— zum Studium der Frage einen wirklichen dauerhaften Frieden herzustellen. — Hamburg, *Hoffmann und Campe*. 1870. In-fol , cartes. 60 pf.

Beiträge zur Orientirung über Einrichtung, Bedienung und Behandlung des französischen Canon à balles (mitrailleuse), sowie über seinen Gebrauch im Feldkriege Nach den französischen Reglements und Vorschriften vom Jahre 1870 bearbeitet. — Berlin, *Voss*. 1871. In-8º, pl. 80 pf.

Bel (Colonel Alexis). — Les mobilisés du Nord. — Lille, *Lefébure-Ducrocq*. 1871. In-8º, 31 p.

Belagerung (Die) von La Fère im November 1870. — Berlin, *Mittler*. 1871. In-8º. 1 m. 60 pf.
10e supplément au *Militär-Wochenblatt*.

— von Strassburg 1870. 20 Blätter photographischer Aufnahme der Breschen, Uebergänge, Thore u s. w. Aufgenommen vom 1-3 October 1870. — Strasbourg, *Trübner*. 1873. In-fol. 48 m.

— (Die) von Strassburg 1870. — *Jahrbücher*, 4e fascicule 1872.

— — Strassburgs. — *Mil. Blätt*., janvier 1871, croquis.

— (Zur) von Belfort. — *Jahrbücher*, 4e fascicule. 1872.

— (Die) von Peronne im Feldzuge 1870-1871. — *Allg. Mil.-Zeit*., 2e semestre 1875.

— — von Paris 1870-1871. — *Organ*, 1887. 34e volume.

Belagerungs-plan (Topographischer) von Paris. — Hildburghausen, *Bibl. Institut*. 1870. Chromol., gr. in-4º. 1/76,000. 35 pf.

Bélenet (Lieutenant de). — Historique du 31e régiment d'infanterie. — Paris, *Charles-Lavauzelle*. 1887. In-32, 64 p. 50 c.

— et **Delisle** (Lieut.). — Précis de l'historique du 31e régiment d'infanterie. — Paris, *Baudoin*. 1895. In-18, 88 p.

Belhomme (Capitaine). — Historique du 90e régiment d'infanterie de ligne, cx-15e léger. — Paris, *Tanera*. 1875. In-8º.

Belfort (Le siège de) en 1870 et 1871. — Porrentruy, *J. Gürtler*. 1870-1871. In-18, 152 p. 80 c.

Belin (Léon). — Le siège de Belfort (siège et bombardement). — Paris et Nancy, *Berger-Levrault et Cie*. 1871. In-18, vi-199 p., portr., carte, 2 fr. 50 c.
4e édition, 1872.

Belin (Léon). — Die Belagerung von Belfort 1870-1871. Uebersetzung der 4. französischen Ausgabe. — Strasbourg, *Berger-Levrault*. 1872. In-8°, portr., carte. 2 m. 10 pf.

— (Colonel). — Bazaine à Metz. — *Revue polit. et litt.*, janv. 1893.

Bellanger (Capitaine F.). — Notice sur le 111e territorial [Garde mobile et légions mobilisées du Rhône et de la Drôme, 1870-1871]. — Paris, *Charles-Lavauzelle*. 1894. In-16, 51 p., ill. 2 fr.

Belle-Croix (Baron de la). — Enthüllungen und Erinnerungen eines französischen Generalstabsoffiziers aus den Unglückstagen von Metz und Sedan. (Aus den hinterlassenen Papieren des...). — Hannover, *Helwing*. 1885. In-8°, 210 p. 3 m.

Une 7e édition a paru en 1894 à Leipzig, chez *Zuckschwerdt und Möschke*. In-8°, IV-210 p. 2 m.

Bellemare (Général de). — Les trois journées du Bourget. — Paris, *Dentu*. 1871. In-8°. N. d. l. c.

Belleval (Comte de). — Campagne de France (1870-1871). Journal d'un capitaine de francs-tireurs. — Paris, *Lachaud*. 1872. In-18, 228 p. 3 fr.

24e corps.

— (Marquis de). — Souvenirs de guerre. — Paris, *Calmann-Lévy*. 1886. In-18, 352 p. 3 fr. 50 c.

Bellier de Villiers (Capitaine A. C. E.). — Siège de Paris. Le 5e secteur ou rempart des Ternes. Notes sur son organisation, son armement, etc. — Paris, *Bachelin-Deflorenne*. 1871. In-8°, 160 p., 13 pl. 5 fr.

Bellin du Coteau. — Les hommes du moment. Notices biographiques. — Paris, *Lachaud*. 1871. In-12. 1 fr.

Bellina (Eug.). — I treno-ospedali della Germania nella guerra de 1870-1871. — Firenze. 1872. In-8°.

Bellou (A.). — Invasion de 1870-1871. Les Prussiens à Beauvais et dans ses environs. Occupation de Beauvais, incendies d'Héricourt, etc. — Beauvais, *Baltazard-Roussel*. 1879. In-12, 56 p. 75 c.

Bellows (John). — The track of the war around Metz. — London. 1871. In-12, 88 p. 6 d.

Belly (Fél.). — Les amazones de la Seine et la police. — Paris. 1870. In-8° à 2 col., 15 p. 15 c.

Beluze (Eugène). — Les martyrs de Paris. — Paris, *Douniol*. 1871. In-8°, 58 p., portr.

Bemmelen (P. van). — De oorlog van 1870. — Nijmegen. 1870. In-8°, VIII-117 p. 1 fl.

Bénard (Ch.). — Alsace-Lorraine. Tribulations d'un prêtre optant. — Paris, *Libr. cathol. de l'Univers*. 1874. In-18. 50 c.

Bender (Rector Ludwig). — Neuestes deutsches Heldenbuch. 37 deutsche Helden des Franzosenkrieges von 1870 dargestellt in Wort und Bild. — Elberfeld, *Püttmann*. 1871. In-8°, 180 p. 1 m.

— Der jüngste Franzosenkrieg und die Wiederaufrichtung des deutschen Reiches. — Essen, *Bädeker*. 1872. Gr. in-8°, 55 p. 30 pf.

— (Doctor Wilh.). — Hessisches Gedenkbuch an den siegreichen Befreiungskampf der Deutschen gegen die Franzosen in den Jahren 1870 und 1871. Mit besonderer Berücksichtigung der grossherzoglichen hessischen Division Nr. 1. — Darmstadt, *G. Lange*. 1871. Gr. in-8°. 75 pf.

— Des Herrn Rath ist wunderbar und führt es herrlich hinaus. Friedenspredigt. — Worms (*Rabke*). 1871. Gr. in-8°, 8 p. 20 pf.

Benedetti (Comte). — Ma mission en Prusse. — Paris, *Plon*. 1871. In-8°. 8 fr.

3e édition.

— Essais diplomatiques. L'empereur Guillaume Ier et le prince de Bismarck. La triple alliance. La paix et ses conséquences. Ma mission. — Paris. 1895. In-8°.

— Studien in Diplomacy. — London, *Heinemann*. 1896. In-8°. 10 sh. 6 d.

Bennier (C.). — Kriegserlebnisse eines vor Le Mans, am 11. Januar 1871, Schwerverwundeten. — Danzig, *C. Hinstorff*. 1895. In-8°. 1 m. 50 pf.

Benedetti's Enthüllungen. Aus seinem berühmten Werke *Ma mission en Prusse*. — Leipzig, *Minde*. 1871. Gr. in-8°. 1 m.

Benedix (Rod.). — Das Franzosenthum. Ein Spiegelbild aus dem letzten Kriege. — Leipzig, *O. Wigand*. 1871. In-16, 135 p. 50 pf.

— Soldatenlieder für den deutschen Krieg 1870. — Leipzig, *Magazin für Literatur*. 1870. In-64, 16 p. 10 pf.

Benoist de la Grandière (A.). — Siège de Paris. L'ambulance des sœurs de Saint-Joseph de Cluny (succursale du Val-de-Grâce). Compte rendu médico-chirurgical. — Paris, *G. Baillière*. 1871. In-8°, 80 p. 2 fr.

Benoit-Lévy (Edm.). — Histoire de quinze ans (1870-1885). — Paris, *Derveaux*. 1885. Gr. in-8°, livr. ill. à 50 c.

— Jules Favre. — Paris, *Picard-Bernheim et Cie*. 1884. In-12, portr., autogr., 9 grav.

Benze von Benzenhofen (O.). — Das hohe Lied vom deutschen Kaiser Friedrich III. Sein Leben und Thaten. Dichtung. — Wiesbaden, *Moritz*. 1889. In-8°, 68 p. 2 m.

3e édition.

Béor (Louis-Joseph). — Une héroïne (1870-1871), poème dédié à Mlle Juliette Dodu. — Toulon, *Revue mérid*. 1879. In-8°, portr. 1 fr. 25 c.

Béraud (Edm.). — Gambetta dictateur. — Poitiers, *Oudin*, 1881. In-12. 50 c.

Bérauld (Gust.). — *Voir* FRANCE.

Berendt (General-Major K.). — Erinnerungen aus meiner Dienstzeit. — Leipzig, *F. W. Grünow*. 1894. In-8º, 158 p. croquis. 1 m. 60 pf.

— (R.). — Erlebnisse bei der Einnahme von Le Mans, 11-13. Jänner 1871. — Berlin. 1892. In-8º. 60 pf.

Sammlung mil.-wissenschaftl. Vorträge.

Béretta (César). — Aux jeunes. Bismarck; Souvenirs de 1870; De garde à Lariboisière ; Aux étudiants de Paris. (Vers.) — Paris, *Dentu*. 1889. In-18. 1 fr.

Berg (Oberst Franz). — Geschichte des königlich-bayerischen 4. Jäger-bataillons, 1795-1875. — Landshut, *Krüll*. 1888. 2 vol. in-8º, XIV-583 et XI-573 p. 16 m.

Extrait du même. *Ib*. 1 m. 50 pf.

— (Moritz von). — Ulanen-Briefe von der I. Armee. Nebst 1 Karte des Kriegsschauplatzes von Amiens. — Bielefeld, *E. Siedhoff*. 1893. In-8º, 253 p., carte. 5 m.

3ª édition. 1895. In-8º, 256 p. 1 m. 50 pf.
Voir SELBITZ

Bergasse du Petit-Thouars (Capit. de vaisseau). — Notes sur le siège de Strasbourg, suivies d'un rapport sur les prisonniers français internés à Rastadt. — Paris, *Douniol*. 1872. In-8º, 47 p.

Berger (H.). — Vor Paris 1870. Schwank. — Dresden (Braunschweig, *Schlegel*). 1887. In-8º, 93 p. 3 m.

— (Max). — Vor 25 Jahren. Erzählungen. — *Unteroffizier-Zeitung*, 2ᵉ semestre 1895.

— (O.). — Wilhelm I., Kaiser von Deutschland. Ein Lebensbild. — Reutlingen, *Ensslin*. 1888. In-8º, 126 p , grav. 50 pf.

Bergerat (Em.). — Poèmes de la guerre 1870-1871. — Paris, *Lemerre*. 1871. In-18 j. 3 fr.

— Les cuirassiers de Reichshoffen. — *Ib*. 1870. In-12. 50 c.

— Le petit Alsacien, poème. — *Ib*. 1871. In-16. 50 c.

— A Châteaudun, poésie. — *Ib*. 1871. In-12. 50 c.

— Le maître d'école, poésie. — *Ib*. 1871. In-12. 50 c.

— Strasbourg, ode. — *Ib*. 1871. In-12. 50 c.

Bergfeldt (Th.). — *Voir* SARCEY.

Berghaus (H.). — Frankreich in seiner Gestaltung zu Anfang December 1870. — Gotha, *J. Perthes*. 1871. 1/3,700,000. In-fol., couleurs.

Bergler (k. k. Oberstlieut.). — Die Belagerung von Belfort (1870-1871). — *Mitth.* 9ᵉ fascicule. 1871.

Bericht des Centralcomites der deutschen Vereine zur Pflege im Felde der verwundeten und erkrankten Krieger über seine Thätigkeit und der Wirksamkeit der mit ihm verbundenen Vereine während des Krieges von 1870-1871. — Berlin, *Th. Enslin*. 1872. In-4°, 216 p., carte. 6 m.

Bericht (Rechenschafts-) der vereinigten Comites für die Verwundeten zu Hamburg. — Hamburg. 1871. In-8°.

— über die Thätigkeit der von militärischen Inspecteurs geleiteten deutschen freiwilligen Krankenpfleger während des Krieges 1870-1871. — Berlin. 1871. In-4°.

Berittenmac...ng (Zur) der Infanterie-Hauptleute (Episode aus dem deutsch-französischen Kriege 1870). — *Allg. Schw. milit. Zeitung*, 1894, n° 26.

Berkeley (Gr. F.). — On the french and prussian war ; written in january 1871. — London. 1871. In-8°, 36 p. 1 sh.

Berleux (J.) [Maurice Quentin-Bauchart]. — La caricature politique en France pendant la guerre, le siège de Paris et la Commune (1870-1871). — Paris, *Labitte*. 1890. In-8°, XVI-319 p., grav. 25 fr.

Berlin in Paris. Topographische Karte. — Berlin, *Schropp*. 1870. 1/100,000. 1 m.

Berlinois (Un). — *Voir* BORCHARDT (A.).

Berlioux. — Organisation de la défense nationale. — Lyon. 1870.

Berlioz (J.). — Les mobilisés de la Savoie. Réponse au général Bordone. — Annecy, *Dépollier*, 1875. In-12, 118 p.

Berlit (Bruno). — Vor Paris und an der Loire, 1870-1871. Feldpostbriefe eines Reserve-Lieutenants (83. Reg.). — Cassel, *Fischer*. 1872. In-8°, XVI-212 p., carte. 1 m. 50 pf.

Bernard (Albert). — Cartes murales historiques. — Paris, *Dentu*. 1893. 5 fr. :

— Guerre contre la Prusse, 1870-1871.

— Siège de Paris.

— (E.). — Leon Michel Gambetta. Vom Krämerssohn bis Dictator. Historisch-romantische Erzählung. — Elberfeld, *Ostdeutsche Verlags-Anstalt*. 1883. In-8°, 17 livraisons à 10 pf.

— (Jos.), ingénieur. — Démonstration graphique des opérations militaires de la guerre franco-allemande de 1870 jusqu'à l'investissement de Paris. — Huy, *De Grâce*. 1873. In-8°.

2ᵉ édition. — Paris, *Baudoin*. 1894. In-8°, carte. 1 fr. 50 c.

— (Abbé Joseph). — L'orpheline de Béthoncourt, épisode de la guerre de 1870-1871, poème. — Paris, *Olmer*. 1877. In-8°. 1 fr. 50 c.

Bernay (Ch) — A propos de la défense de Parmain en septembre 1870. — Pontoise, *Putel et Désableau*. 1887. In-8º, 24 p.

Berneok (Major K. G. von) und **Mohl** (Doctor O. M.). — Glorreiche Tage. Bilder aus der ersten Zeit des deutschen Nationalkrieges gegen Frankreich 1870. Streitkräfte und Heerführer der kriegführenden Parteien. — Leipzig, *Spamer*. 1870. Gr. in-8º, 98 p. 75 pf.
Extrait du *Welt d. Jugend*.

— Die glorreiche Zeit während des deutschen Nationalkrieges gegen Frankreich im Jahre 1870. — *Ib*. 1871. Gr. in-8º, XLII-104 p, ill. 1 m. 25 pf.
Extrait du *Welt d. Jugend*.

Bernhardi (Doctor Karl). — Die Sprachgrenze zwischen Deutschland und Frankreich. — Cassel, *Freyschmidt*. 1871. Gr. in-8º, carte. 80 pf.

Berni (Carl). — Erinnerung an die ruhmreichen Kriegsjahre 1870-1871. Grosses patriotisches Tongemälde. — Hannover, *Louis Oertel*. 1895. In-8º.

Bernot (J. B.). — Châteaudun. Épisodes de la guerre de 1870. — Paris, *Manginot-Hellitasse*. 1872. In-18, IV-122 p., pl.

Berry (Abbé L. C.). — Mac-Mahon. — Paris, *Picard et Kaan*. 1888. In-8º, 160 p. 1 fr. 20 c.

— Le même. — Autun, *De Jeussieu*. 1895. In-8º, 108 p.

Bert (Paul). — *Voir* CLAYTON (A.).

Bertaux (M. J.). — Historique du 114º régiment d'infanterie. — Niort, *imp. Mercier*. 1893. In-8º, 140 p.

Berte. — Les menus d'un restaurant de Paris durant le siège. Préface d'analogie passionnelle sur les malheurs de la France. — Toulon, *imp. Tardy*. 1873. In-8º, 142 p. 2 fr.

Bertezène (A.). — Histoire de la troisième République (1870-1880). L'empire libéral, le siège de Paris, la Commune, Thiers, Mac-Mahon, Grévy. — Paris, *Dentu*. 1880. In-18 j., II-321 p. 3 fr. 50 c.

— Histoire de cent ans, 1792-1892. Révolution française. Siège de Paris. — Paris, *Savine*. 1893. In-8º.

— — 2º série: Le siège de Paris; la Commune; Thiers, Mac-Mahon; Grévy, Carnot. — Paris, *libr. de la Voix de Paris*. 1894 In-12. 3 fr. 50 c.

Berthelot (de l'Académie des sciences). — Un chapitre du siège de Paris. — *Nouvelle Revue*, 15 octobre 1885.

Berthoud (Fritz). — La retraite de l'armée de l'Est en Suisse. — Neuchâtel, *Sandoz*. 1871. In-8º, 59 p. 1 fr. 50 c.

Bertol-Graivil. — *Voir* GAMBETTA.

Bertrand (A.). — Les prisons de la Prusse en 1870 (vers). — Alger, *imp. Pizé*. 1887. In-16, XIV-155 p.

— **de Beuvron (Abbé H.).** — Journal d'un aumônier militaire pendant la campagne du Rhin et la campagne de la Loire (1870-1871). — Paris, *Josse*. 1872. In-18, 156 p. 1 fr 50 c.

Document à consulter pour l'histoire des 1er et 17e corps.

Bertrang (Capit. Alfr.). — *Voir* MÜLLER (Major H.).

Berufung Belgiens auf das ruhige und billige Urtheil Deutschlands. — Bruxelles-Leipzig, *Mayer*. Gr. in-8°. 80 pf.

Attribué au roi Léopold.

Beschiessung (Die) von Paris, nach authentischen Quellen. — *Preussis. he Jahrbücher*. 1891. In-8°.

— von Verdun am 13. bis 15. October 1870 und die Ursachen ihres Misserfolges. — Teschen, *Prochaska*. 1874. Gr. in-8°, 24 p. 1 m.

Extrait de l'*Œst.-ungar. mil. Blätt.* — *Voir* BOMBARDEMENT.

Beschouwingen over de krijgsoperatien van den Fransch-Duitschen oorlog. Naar het Fransch. — Kampen. 1871. In-8°, 70 p., 4 cartes. 1 fl.

Voir CONSIDÉRATIONS.

Beschreibung und Pläne der Schlachten bei Weissenburg, Wörth, u. s. w., zur Darstellung mit Zinn- oder Bleisoldaten auf einem mit Sand nachzubildenden Terrain. — Berlin, *Mittler*. 1874. In-8°. 1 m. 60 pf.

Besser (Hauptmann A. von). — Geschichte des Garde-Schützen-Bataillons während der ersten 75 Jahre seines Bestehens. — Berlin, *Mittler*. 1889. In-8°, 294 p. cartes, pl, portr. 8 m. 50 pf.

— **(General L. von).** — Aus der Campagne 1870-1871. Der Ehrentag der deutschen Cavallerie am 16. August 1870 bei Vionville und Mars-la-Tour. — Berlin, *Schneider und C°*. 1873. In-8°, 63 p., tableaux. 1 m. 50 pf.

Extrait des *Jahrb*.

Besson (Abbé). — *Voir* MOREY.

Besson (Commandant Ch.). — Histoire d'un bataillon de mobiles (3e bataillon de la Seine-Inférieure). Siège de Paris. — Paris, *Lachaud*. 1872. In-18.

— L'armée française, ses vices et sa réorganisation. — Paris, 1871. In-12. 3 fr.

— **(Mgr Louis).** — L'année d'expiation et de grâce (1870-1871); sermons et oraisons funèbres. — Besançon, 1873. In-8°.

Nouvelle édition. Paris, *Bray et Retaux*. 1879. In-22. 3 fr.

Beste (W.). — Kriegsbettagspredigt. — Braunschweig, *Graff*. 1871. In-8º, 8 p.

Beta (Doctor H.). — Das neue deutsche Reich auf dem Grunde germanischer Natur und Geschichte. — Leipzig, *C. F. Winter*. 1871. In-8º, 81 p.

— (O.). Der Geist Bleichröders und der Geist Friedrichs des Grossen. (Ein Nachklang vom Sedanstage.) — Berlin, Nossen, *P. Westphal*. 1893. Gr. in-8º, 8 p. 10 pf.

Betrachtung und taktische Beleuchtung der Schlacht bei Beaune-la-Rolande, am 28. November 1870. — *D. Heeres-Zeit.*, 1887.

Betrachtungen (Kritische) über die Niederlagen der Armee des zweiten Kaiserreichs. — Berlin, *Expedition der mil. Bl.* 1871. Gr. in-8º, 39 p., carte. 1 m. 20 pf.
Extrait des *Mil. Blätt.*

— (Militärische) über den deutsch-französischen Krieg 1870-1871, von einem königlich-sächsischen Offizier. — *Allg. Mil.-Zeit.*, 1871.

— über den Festungskrieg 1870-1871, von einem Artillerieoffizier. — *Jahrb.*, 1871-1872.

— über die Leistungen der deutschen Cavallerie in dem Feldzuge 1870-1871. — *Allg. Mil.-Zeit.*, nos 36-45, 1877.

— (Statistische und taktische) über die drei grossen Schlachten von Metz im August 1870. — *Jahrb.*, 1er semestre 1892.

— über die Formation, Verwendung und Leistungen der Reiterei, angeregt durch die Schrift, *Campagne de 1870. La Cavalerie française*, par le lieut.-col. T. Bonie. — Berlin, *Mittler*. 1872. Gr. in-8º, 84 p. 60 p.
Extrait du *Mil.-Wochenbl*

Betrachtungen über den Krieg in Frankreich 1870 bis zur Entwaffnung der französischen Armee bei Sedan. — Wien, *Gerold*. 1872. 2 fascic. gr. in-8º, II-235 p. 8 m.

— über die Operationen der französischen Ost-, West- und Nord-Armee im Monat Jänner 1871, von dem Verfasser der strategischen Skizze über den Feldzug 1866 in Böhmen (der Feldzeugmeister Freiherr v. Kuhn). — Wien, *Kreisel und Gröger*. 1891. In-8º, cartes. 6 m.

Bettin (Adolf). — König Albert als Feldherr. Sein Wirken im deutsch-französischen Krieg 1870-1871. — Dresden, *Höckner*. 1883. In-8º, portr. 1 m. 25 pf.

— Generalfeldmarschall Prinz Friedrich Karl von Preussen. Militärische Lebensbeschreibung. — Frankfurt a. O. 1882. In-8º, 62 p. 1 m. 50 pf.

— Le même. — Berlin. 1885. In-8º, 60 pf.

Betz (O.). — Aus den Erlebnissen und Erinnerungen eines alten Officiers. — Karlsruhe, *Reiff*. 1894. In-8°, IV-266 p. 2 m.

Beust (Graf). — Œsterreichs Neutralitäts-Politik und das künftige Verhältniss der österreichisch-ungarischen Monarchie zu Deutschland. — Pest, *Aigner*. 1870. Gr. in-8°, 71 p.

— (Comte de). — Mémoires. — Paris, *Westhausser*. 1888. In-8°.

Beuthner (C.). — Victoria-Blätter zum Ruhmeskranze unserer deutschen Rheines-Wacht. — Neusalza a. O., *Lange*. 1871. In-8°, 57 p.

Beutner (Major). — Die königlich-preussische Garde-Artillerie, insbesondere Geschichte des 1. Garde-Feld-Artillerie-Regiments und des 2. Garde-Feld-Artillerie-Regiments. — Berlin, *Mittler*. In-8°. 1re partie. 1889. 426 p., ill., 5 cartes. 10 m.

— 2e partie. 1894. XII-331-172 p., portr., ill., 9 cartes et croquis. 12 m. 50 pf.

Bewer (M.). — Bismarck, Moltke und Goethe. Kritische Abrechnung mit G. Brandes. — Düsseldorf, *F. Bagel*. 1890. In-8°, 58 p. 1 m.

— Gedanken über Bismarck. Politische Aphorismen. — Dresden, *Glöss*. 1890. In-8°, 123 p. 2 m.
   4e édition, 2 m.

Beyer (E.). — Predigt nach Ausbruch des französischen Krieges, am 3. August 1870 zu Plauen gehalten. — Plauen, *Neupert*. 1870. Gr. in-8°, 14 p.

Beyschlag (W.). — Unser Trost in der kommenden Kriegsnoth. Unsere Siegeshoffnung im vaterländischen Kampfe. (2 Predigten.) — Halle, *Barthel*. 1870. In-16, 33 p.

Beziehungen (Die österreichisch-preussischen) und ihre verkehrte Auffassung. Von einem Deutschösterreicher. — Leipzig, *O. Wigand*. 1871. In-8°. 50 pf.

Bibesco (Prince Georges). — Belfort, Reims, Sedan. Campagne de 1870. Le 7e corps de l'armée du Rhin. — Paris, *Plon*. In-8°, 215 p., cartes. 8 fr.

— Feldzug von 1870. Belfort, Reims, Sedan. Das VII. Corps der Rheinarmee. Uebersetzt von G. S. — Leipzig, *Barth*. 1877. Gr. in-8°, VIII-206 p., cartes. 8 m.
   2e édition.

Bible (G. W.). — Great European Conflict. Franco-Prussian War. — New-York. 1870. In-12, 168 p., cartes. 5 sh.

Bibliotheca historica oder systematisch geordnete Uebersicht der in Deutschland und dem Auslande auf dem Gebiete der gesammten Geschichte neu erschienenen Bücher. Herausgegeben von E. Ehrenfechter. — Göttingen, *Vandenhoeck und R.* 1871-1882. In-8°. 13 vol.
   18e à 30e années. Ne paraît plus depuis juillet 1882.

Bidal (M. J.). — Les pèlerins du Capricorne. Souvenirs de la guerre, la Commune, l'Alsace et l'invasion de 1870-1871. — Paris, *libr. du Rosier de Marie*. 1873. In-32, 187 p.

Bleek (R.). — Predigt am 10. Sonntag post Trinitatem, dem 21. August 1870. — Erfurt, *Villaret*. 1870. In-8º, 11 p.

Biedermann (F. K.). — Der letzte Bürgermeister von Strassburg. Vaterländisches Drama in 5 Akten. — Leipzig, *Brockhaus*. 1871. In-8º. 2 m.

Biefel (Doctor R.). — Reminiscenzen aus der Krankenevacuationsstrasse vor Paris 1870-1871, nebst allgemeinen Betrachtungen über Grundlage, Ausführung und Vorbereitung der Krankenevacuation im Kriege. — Breslau, *Maruschke und Berendt*. 1877. Gr. in-8º, 112 p., carte. 2 m.

Bielawski (Capitaine J. M.). — 32º régiment de mobiles. Histoire du bataillon de Riom, campagne de la Loire et de l'Est (1870-1871). — Clermont-Ferrand, *Barot-Duchier*. 1872. In-18, 134 p. 1 fr. 50 c.

Historique des mobiles du Puy-de-Dôme, 15º corps.

Bienengräber (A.). — Aus Krieg und Frieden. — Bernburg, *Schilling*. 1871. In-8º, 103 p. 80 pf.

Bienvenu (Léon). — Au général Trochu. Réponse d'un ex-garde national. — Paris. 1871. In-4º, 7 p.

Voir TOUCHATOUT.

Bierey. — *Voir* MITTHEILUNGEN.

Biermann (Ch.). — La politique prussienne, jugée par un patriote allemand et protestant. Trad. abrégée d'Onno Klopp. — Montauban, *E. Biermann fils*. 1871. In-8º, 46 p.

Bigard. — Le réveil de la France, ou la vérité sur l'armée. Ce que tout militaire pensait ! Ce que personne n'osait dire. — Cambrai, *Deligne*. 1871. In-8º. 3 fr.

Bilder und Scenen aus dem deutsch-französischen Krieg 1870-1871. — Stuttgart, *G. Weise*. 1872. In-fol. 3 m.

Bilimek (k. k. Oberst H., Ritter). — Die Beziehungen zwischen den Operationen und dem Verpflegungswesen im Kriege 1870-1871. — *Organ.*, 1887. 1re livr.

Billebault (A.). — Histoire de l'invasion allemande dans l'arrondissement de Sens en 1870-1871. — Paris, *A. Laporte*. 1871. In-12, 116 p. 1 fr. 25 c.

Billig (Gustav). — 1870. Die Furien des Krieges. Darstellung der Ereignisse auf den deutsch-französischen Schlachtfeldern. — Dresden. 1871. In-4º.

Billroth. — Chirurgische Briefe aus den Kriegslazarethen in Weissenburg und Mannheim. — Berlin. 1872. In-8º, 849 p. 7 m.

Bingham (Captain). — Journal of the siege of Paris. — London. 1871. In-8º, 258 p, carte. 10 sh. 6 d.

Biographie de M. Edmond Lemerre, sous-officier au 46ᵉ régiment de marche (garde mobile du Nord), mort glorieusement à la bataille de Saint-Quentin le 19 janvier 1871. — Paris. 1871. In-8º, 39 p.

Biographien der in dem Kriege gegen Frankreich gefallenen Offiziere der bayerischen Armee. Auf Befehl des Königs Ludwig II. von Bayern verfasst. — Nürnberg, *Soldan*. 1871. Gr. in-8º, 224 p. 2 m. 40 pf.

Biotière (Francisque de). — Paris dans les caves. Épisode du siège de 1870-1871. — Paris, *Sagnier*. 1872. In-12.

Birkholz (Ad.). — Das 2. hanseatische Infanterie-Regiment Nr. 76 im Kriege gegen Frankreich 1870-1871. — Hamburg, *Hoffmann und Campe*. 1871. In-8º, IV-60 p. 60 pf.

Bis auf's Messer. Episoden aus dem deutsch-französischen Krieg. Geschildert von S. G. — Würzburg, *Kressner*. 1876. In-16, 239 p. 1 m.

Bis in die Kriegsgefangenschaft. Erinnerungen aus der Zeit des grossen Kampfes von 1870-1871. Von einem 67er. — Berlin, *K. Siegismund*. 1893. Gr. in-8º, VII-136 p. 2 m.

Bismarck (Le Comte de) et son entourage pendant la campagne de France. — Saint-Quentin, *Poette*. 1879. In-8º, 34 p.

Voir Busch.

— in Versailles. Erinnerungen an Versailles 1870-1871, bearb. von ***. — Leipzig, *Renger*. 1886. In-8º, 1-280 p., ill. 6 m.

— und die deutsche Nation. Von ***. — *Ib.* 1888. In-8º, 300 p.

— Illustrirte Rundschau für Bismarcks- Biographie, deutsche Geschichte, Kunst und Leben. Redactor : Otto Kirmse. — Berlin, *G. Heuer und Kirmse*. 1895-1896. 4 livr. in-4º ill. à 1 m.

— Zum 80. Geburtstag. — Chemnitz, *Hager*. 1895. In-8º, 16 p. ill. 10 pf.

— (Fürst von). — Ein Bild seines Lebens. — Berlin, *Pfenningstorff*. 1895. In-8º. 191 p. 1 m. 25 pf.

— (Unser). — Leben und Schaffen des deutschen Reichskanzlers... — Leipzig, *Spamer*. 1885. In-8º, IV-102 p., ill. 50 pf.

3ᵉ édition. 1895. IV-106 p.

— (Fürst von). — Politische Reden. Historisch-kritische Ausgabe, besorgt von Horst Kohl. — Stuttgart, *J. G. Cotta* 1892-1893 En vol. gr. in-8º à 8 m.

Tome IV, 1868-1870, XXII-458 p.; tome V, 1871-1873, XXVI-447 p.

— (Fürst von). — Der Führer zu Deutschlands Grösse und Einigkeit. — Leipzig, *Kunze*. 1874. In-8º, 90 p. 75 pf.

Bismarck (Fürst). — Leben und Wirken. Nach ihm selbst erzählt von .*. — Leipzig, *Renger*. 1894. In-8º, vi-486 p. portr. 8 m.

— (Fürst von). — Brief an seine Gemahlin vom 3. September 1870 über die Ereignisse von Sedan. — Hamburg, *Strumper u. Co*. 1895. In-8º. 50 pf. (photolithographie).

— Photo-Lithographie des Briefes an seine Gemahlin vom 3. September 1870, dem Tage nach der Schlacht von Sedan. — Leipzig, *M. Grüner*. 1895. Gr. in-fol. 20 pf.

Bismarck-Katalog aus Anlass des 80. Geburtstages des Altreichskanzlers... — Frankenberg i. Sa., *Stange*. 1895. In-16, 32 p., ill. 5 pf.

Bismarck-Literatur. — Bibliographische Zusammenstellung aller bis Ende März 1895 von und über Fürst Bismarck im deutschen Buchhandel erschienenen Schriften. — Leipzig, *Gracklauer*. 1895. In-8º, viii-70 p. 3 m.

Bismarck's (Fürst von) **Briefe**. — I. Familien-Briefe. II. Politische Briefe. Herausgegeben von Bruno Walden. — Berlin, *Fried und Cº*. 1892. In-8º, 376 p. 1 m.

— Biographie. — 1885. In-8º.

— gesammelte Werke Elsass-Lothringen. Reichstagsreden 1871-1879. — Leipzig, *Ziegenbirt*. 1889. In-8º, 92 p. 1 m.

Bismarck und J. Favre. — Ein Wachsfiguren-Scherz. Von Hyosciamus. — Kaiserslautern, *Gotthold*. 1890. In-8º, 8 p. 1 m.

Bitche (6 août 1870-27 mars 1871). — Paris, Bureaux de la *Revue du cercle militaire*. 1888. In-18, 36 p., croquis.
Extrait de la *Revue*, octobre 1888.

Bittard des Portes (René). — Histoire des zouaves pontificaux. — Paris, *Bloud et Barral*. 1894. In-8º, 400 p. 5 fr.

Bittner (W.). — Das glorreiche Jahr 1870. Deutschlands Krieg gegen Frankreich. — Liegnitz, *Cohn*. 1870. In-8º, iii-172 p. 2 m.
2ᵉ édition, sous le titre : Vollständige Geschichte des deutschen Krieges gegen Frankreich. — *Ib*. 1871. In-8º, iii-268 p. 2 m.

Bizzoni (A.). — Souvenirs d'un Garibaldien. Campagne de 1870-1871. Imité de l'italien par René de Maricourt. — Paris, *Firmin-Didot*. 1893. In-8º, 272 p. 3 fr. 50 c.

Bladzijden (Eenige) uit het dagboek van een inwoner van Straatsburg, tijdens de belegering in de maanden Augustus en September 1870. — Gouda. 1871. In-8º, 64 p. 50 cts.
Traduction de l'ouvrage suivant.

Blätter aus dem Tagebuch eines Strassburgers während der Belagerung in den Monaten August und September 1870. — Altona, *Verlagsbureau*. 1870. Gr. in-8º, 74 p. 1 m.

Blätter (Patriotische). — Speyer, *Lang.* 1870. In-8º, 9 livr. à 2 p.

Blairet (Commandant L.). — L'armée des Vosges et les Garibaldiens. — Fécamp, *imp. du Mémorial Cauchois.* 1891. In-12, 176 p.

<small>Publications démocratiques du *Mémorial Cauchois.* Nouvelle édition. La date de la 1re nous est inconnue.</small>

Blanc (Et.). — Radotages d'un vieux républicain sur les hommes et les choses de ce temps (1870-1871). — Paris, *Lachaud.* 1871. In-18.

— (Capit.). — La légion étrangère. — Paris, *Téqui.* 1890. In-12, VI-276 p. 2 fr.

Blanchaud (Charles). — Étapes du 71e mobiles. Impressions et souvenirs. — Limoges, *Ducourtieux.* 1873. In-18, 328 p. 3 fr. 50 c.

<small>Historique des mobiles de la Haute-Vienne, 16e corps.</small>

Blanckarts (M.). — Kriegs- und Siegeslieder 1870 und 1871. — Düsseldorf, *Esser.* 1871. In-8º, 60 p. 75 pf.

Blandeau (H. R.). — La dictature de Gambetta. — Paris, *Amyot.* 1871. In-18 j., 91 p. 1 fr.

— Patriotisme du clergé catholique et des ordres religieux pendant la guerre de 1870-1871. — Paris, *Lecoffre.* 1873. In-18 j., 371 p.

Blaser (Hauptm. Ed.). — Die Zerstörungs- und Wiederherstellungsarbeiten von Eisenbahnen. — Bâle, *Schweighauser.* 1871. 80 pf.

Blatt (Fliegendes). für den Krieger beim Ausmarsch. — Ingolstadt, *Krüll.* 1870. In-8º, 6 p.

Bleibtreu (Carl). — *Dies iræ.* Erinnerungen eines französischen Offiziers an Sedan. — Stuttgart, *Krabbe.* 1884. In-8º, VIII-120 p. 3 m.

<small>Le même. 1888. In-8º, 108 p. 1 m. — 2e édition 1894.</small>

[**Bleuler** (Oberst).] — Artilleristische Notizen über die Belagerung von Strassburg im Jahre 1870, gesammelt von einem schweizerischen Artillerieoffiziere. — Frauenfeld, *J. Huber.* 1871. In-8º, 31 p., pl. 1 fr. 50 c.

— *Voir* ARTILLERIE.

Bliedner (Doct. A.). — Schulfeier zur 25. Wiederkehr des Sedantages. — Langensalza, *H. Beyer.* 1895. In-8º, 16 p. 20 pf.

Bloch (Lieut. E.). — Historique abrégé du 95e régiment d'infanterie (20e léger). — Bourges, *Tardy-Pigelet.* 1888. In-8º, III-92 p. 5 fr.

Bloch's (L.) Militär-Festmappe. Zum Sedansfest. — Berlin, *Lassar.* 1888. In-8º, 26 p. 1 m.

Blocus et bombardement de Verdun. — Verdun, *Laurent.* 1871. In-8º, 31 p.

— (Le) de Metz en 1870. Publication du conseil municipal de Metz. — Metz, *E. Réau.* 1871. In-8º.

Blodhundene eller sandfaerdige Fortaellinger fra den Fransk-tydske krig. — Kjöbenhavn. 1871. In-12, 36 p.

Blois (Général de). — L'artillerie du 15ᵉ corps pendant la campagne de 1870-1871. — Paris, *Dumaine*. 1872. In-8º, 219 p. 3 fr.

Blokade (Die) von Metz im Herbst 1870. Mit Angabe der deutschen und französischen Befestigungen und der Stellungen der einzelnen Corps und Divisionen. — Metz, *Deutsche Buchhandlung*. 1873. 1/50,000. Chromol, in-fol. 3 m.

Blomberg (Hauptmann Freiherr von) und Leszczinski (Hauptmann). — Geschichte des 6. westphälischen Infanterie-Regiments Nr. 55 von seiner Errichtung bis zum 2. September 1877. — Detmold, *Meyer*. 1877. In-8º, 592 p. 12 m.

Blomberg (H. von). — Treu zum Tod. Vaterländische Dichtungen. — Breslau, *Hoffmann*. 1872. In-16, 112 p. 2 m. 40 pf.

Blondeau (A.). — L'odyssée du sergent Hoff. — Paris, *Balitout-Questroy et Cᶦᵉ*. 1880. In-8º, 62 p., portr. 1 fr.

Blondlat (Capitaine). — Des surprises à la guerre. Étude de la campagne du mois d'août 1870 au point de vue des surprises. Conférence. — Paris, *Tanera*. 1874. In-12, 55 p. 1 fr.

Bloy (Léon). — Sueur de sang (1870-1871). [Nouvelles milit.] — Paris, *Dentu*. 1893. In-12, 358 p., 3 dessins. 3 fr. 50 c.

Blücher (Oberstlieut. L. von). — Zwanzig Jahre Ulan, 1855-1875. — Berlin, *v. Decker*. 1884. In-8º, 146 p. 2 m. 20 pf.

Blümel (J.). — Im Kriege oder Erlebnisse in Feindesland. — Wien, *Schönwald*. 1871. In-12, 328 p.

Blum. — Auf dem Wege zur deutschen Einheit. Erinnerungen und Aufzeichnungen eines Mitkämpfers aus den Jahren 1867 bis 1870. — Jena, *Costenoble*. 1893. 2 vol. gr. in-8º, VII-377, 360 p. 10 m.

— (Ernest). — Souvenirs d'un vaudevilliste. Siège de Paris, 1870-1871. — Paris, *Calmann-Lévy*. 1894. In-12. 3 fr. 50 c.

— (Doct. Hans). — Die Wahrheit über die Emser Depesche vom 13. Juli 1870. Entstehung, Wortlaut, Folgen der Depesche. Vortrag. — Leipzig, *C. Herfurth und Cº*. 1893. Gr. in-8º, 24 p. 30 pf.
Extrait des *Leipz. Neueste Nachrichten*.

— Fürst Bismarck und seine Zeit. Eine Biographie für das deutsche Volk. — München, *Beck*. 1894-1895. 6 vol., XII-275-524 p., X-419 p., XIV-462 p., XV-430 p. et XIII-521 p. à 5 m.

— Le même. — Nouvelle édition. 1894. In-8º, 1ᵉʳ vol., 273 p. 2 m. 50 pf.

Blume (Major Wilhelm). — Die Operationen der deutschen Heere von der Schlacht bei Sedan bis zum Ende des Krieges. Nach den Operations-Akten des grossen Hauptquartiers dargestellt. — Berlin, *Mittler*. 1872. Gr. in-8°, vi-268 p., carte. 5 m.

<small>3ᵉ édition. 1872.</small>

— Opérations des armées allemandes depuis la bataille de Sedan jusqu'à la fin de la guerre. Traduit de l'allemand par le capitaine E. Costa de Serda. — Paris, *Dumaine*. 1872. In-8°, viii-432 p., carte. 8 fr.

— Campaigns of 1870-1871. The Operations of the German armies in France from Sedan to the end of the war. Translated by Mr. E. Jones. — London. 1872. In-8°, xi-290 p, carte, 9 sh.

— Campagna de 1870-1871. Le operazioni degli eserciti tedeschi dalla battaglia di Sedan sino alla fine della guerra. Tradutto da D. Tornaghi. — Torino. 1873. In-8°, 272 p. carte.

— Tyska härens operationer under 1870-1871 års fälttåg. Från slaget vid Sedan til krigets slut. Öfversat af O. A. Busch. — Stockholm. 1873. In-8°, 260 p., carte. 3 rd. 50 ö.

Blumer (Oberstlieutenant Oth.). — Erinnerungen an die Grenzbesetzung 1870-1871. — Winterthur (*M. Kieschke*). 1894. In-8°, 107 p. 90 pf.

Bluntschli (Doctor J. C.). — Das moderne Völkerrecht im Kriege von 1870. — Heidelberg, *Bassermann*. 1871. Gr. in-8°, 31 p. 60 c.

Bober (Sek.-Lieutenant). — *Voir* STEINMANN.

Bochelin (A.) — Aux frontières Neutralité, Humanité, 1870-1871. Notes et croquis. — Marin, près Neuchâtel. 1871. In-8°. 5 fr.

— L'armée de l'Est en Suisse. Notes et croquis. — Lauzanne, *Jucer*. 1871. In-fol.

Bock (W.). — Gott war mit uns, Ihm sei die Ehre — Pirna, *Diller u. S.* 1871. In-8°, 12 p. 25 pf.

Bocquillon. — Le siège de Paris. — Paris. 1871. In-16. 10 c.

Bodenhausen (von) 1807-1871. Theilnahme der Anhaltischen Bataillone und des Anhaltischen Infanterie-Regiments Nr. 93 an den Kriegen obiger Zeit. — Berlin. 1872. In-8°. 1 m.

Bodenhorst (Capitaine G., de l'armée belge). — La guerre de siège en 1870. — Paris et Nancy, *Berger-Levrault et Cⁱᵉ*. 1881. In-8°. 6 fr.

— Campagne de 1870-1871. Le siège de Strasbourg en 1870. — Bruxelles, *Spineux*; Paris, *Dumaine*. 1876. In-8°, 168 p., cartes et plans. 5 fr.

<small>*Voir* HOFFBAUER (Major), MOLLIN, WOLFF.</small>

Bodenstedt (Friedr.). — Zeitgedichte. — Berlin, *Lipperheide*. 1871. In-16, 36 p. 50 pf.

— 9 Kriegslieder. — Bielefeld, *Velhagen*. 1870. In-16. 27 p.

Bodillon (Père). — *Voir* PRIEUR.

Boeckh (F.). — Predigt am letzten Abend des Jahres 1870. — Augsburg, *v. Jenisch*. 1871. In-8°, 14 p. 15 pf.

Boeckh (Richardt) und Kiepert (Heinrich). — Elsass und Lothringen (Historische Karte von). — Berlin, *Reimer*. 1871. 1/666,666. 1 m. 20 pf.
<small>2ᵉ édition. 1871. 1 m. 50 pf.</small>

Boekh (C. von der) [C. V. Derboeck]. — Kaiser Wilhelm I. und seine Zeit. — Leipzig, *O. Drewitz*. 1893. Gr in-8°, III-228 p. 4 m. 50 pf.
<small>2ᵉ édition.</small>

Böhm (Sekond-Lieut. E.). — Geschichte des westfälischen Dragoner-Regiments Nr. 7 von seiner Formirung bis zum Schlusse des Jahres 1884. — Berlin, *Mittler*. 1885. In-8°, portr., fig., croquis et cartes 3 m. 60 pf.

— (J.). — Vor Paris. Humoristische Zeitbilder in 1 Akt. — Berlin, *Lassar*. 1870. In-16, 14 p. 4 m.
<small>Nouvelle édition. Berlin, *Bloch*. 1895. In-8°. 2 m.</small>

— (M.). — Sedan, oder : Nach 25 Jahren. Ein Festspiel. — Berlin, *Böhm*. 1895. In-8°, 10 p. 1 m. 50 pf.

— Vor dem Sedantage, oder : Ich habe den Kaiser gesehn ! Humoristisch-patriotisches Genrebild. — *Ib*. 1895. In-8°.

— Sedan, oder : Nach 25 Jahren. Ein Festspiel. — *Ib*. 1895. In-8°. 5 m.

Böhn (Rittmeister von). — Geschichte des westfälischen Ulanen-Regiments Nr. 5. — Düsseldorf, *A. Bagel*. 1890. In-8°, 234 p., cartes, ill., plans. 27 m.

Bönnecken (Julius). — Auf nach Frankreich ! oder der Krieg der Deutschen gegen die Franzosen im Jahre 1870. — Gladbach, *Hoster*. 1871. In-8°, 120 p. 2 parties. 1 m. 20 pf.

— Der Krieg gegen Frankreich in den Jahren 1870 und 1871. — Altona, *Verlagsbureau*. 1871. In-8°. 50 pf.

Börner (Doctor Paul). — Ein preussischer Sanitätszug an der Loire nach dem Abzuge der deutschen Truppen. Vortrag. — Berlin, *Hirschwald*. 1872. Gr. in-8°, 36 p. 1 m.

Boert. — La guerre de 1870-1871, d'après le colonel fédéral suisse Rüstow. — Paris, *Germer-Baillière*. 1872. In-18 j., 288 p. 3 fr. 50 c.

Böttcher (Carl). — Nordhausen während des deutsch-französischen Krieges im Jahre 1870, nebst den wichtigsten Denkwürdigkeiten vom Kriegs-schauplatze gesammelt. — Nordhausen, *Eick*. 1871. In-8°, 375 p. 2 m. 75 pf.

— (Pastor). — Was fordern wir von Frankreich. Eine Krieges- und Friedensschrift. Geschrieben als die Deutschen zum 3. Male vor Paris lagen. — Hannover, *Schmorl u. v. Seefeld*. 1870. Gr. in-8°, 16 p.

Boguslawski (Hauptm. A. von, aujourd'hui General). — Taktische Folgerungen aus dem Kriege 1870-1871 — Berlin, *Mittler*. 1872. Gr. in-8°, VII-175 p. 3 m.
_{2^e édition.}

— Tactical deductions from the War of 1870-1871, translated by colonel Lumby Graham. — London 1872. In-8°, XVIII-184 p. 7 sh.

— Taktiska iaktagelser från 1870-1871 års krig. Oefversat från tyskan. — Stockholm. 1874 In-12, 220 p. 2 rd. 50 ö.

— Vyvody po taktike iz opyta voiny 1870-1871. Perevod iz niemiezk. — San-Peterbourg. 1872. In-8°. 127 p.

— Taktische Darlegungen aus der Zeit von 1859 bis 1890, mit besonderer Beziehung auf die Infanterie. — Berlin, *Mittler*. 1890. In-8°. 1 m.

— Physionomie du combat d'infanterie pendant la guerre 1870-1871, traduit de l'allemand par Couturier. — Paris, *Tanera*. 1872. In-12, 20 p. 50 c.

— Neue Studien über die Schlacht bei Wörth im Anschluss an die letzten Veröffentlichungen über dieselbe. — Berlin, *Mittler*. 1892. In-8°. 1 m.
_{Extrait du *Mil.-Wochenbl.*}

— Nouvelles études sur la bataille de Wörth. Traduit par le capitaine D. Jung, de l'armée belge. — Paris, *Baudoin*. 1892. In-8°. 1 fr. 50 c.

— Die Entwickelung der Taktik seit dem Kriege von 1870-1871. — Berlin, *Luckhardt*. 1885. 3 vol. in-8°, 18 m.

    1er volume : 1re Partie. 1869-1870.
                2e Partie. Die taktischen Lehren von 1870-1871.
    2e volume : 3e Partie. Ueber die Bewegung auf taktischem Gebiete nach dem Kriege 1870-1871.
                4^e Partie. Die Taktik der Waffengattungen.
    3^e volume : 5^e Partie. Ueber Sicherungs-, Aufklärungs- und Marschdienst.
                6^e Partie. Taktische Bemerkungen über den russisch-türkischen Krieg von 1877....
                7^e Partie. Abriss der grossen Taktik.

— Der kleine Krieg und seine Bedeutung für die Gegenwart. — Berlin, *Luckhardt*. 1881. In-8°. 5 croquis. 3 m.

— Die Landwehr von 1813 bis 1893. — Berlin, *Mittler*. 1893. In-8°. 60 pf.

— (Oberst von). — Geschichte des 3. niederschlesischen Infanterie-Regiments Nr. 50 von seiner Errichtung 1860-1886. — *Ib.* 1887. In-8°, cartes, plans. 10 m.
_{Voir PFLUGK-HARTTUNG.}

Bohlmann (Doctor Otto). — Die Friedensbedingungen und ihre Verwerthung. — Berlin, *H. Schindler*. 1870. Gr. in-8º, 25 p. 50 pf.

Bohnstedt (K.). — *Voir* BONIE.

Boillot. — Guerre de 1870-1871. Histoire de douze bœufs et d'une vache, ou l'église de La Madeleine les 20 et 21 octobre 1870. Épisode franc-comtois. — Besançon. 1877. In-8º, 16 p.
Combats sur l'Ognon.

— (Capitaine). — *Voir* CARDINAL VON WIDDERN.

Boinvilliers (E.). — La chute de l'Empire. — Paris, *Dubuisson*. 1887. In-18, 209 p. 2 fr.

Bois (Capitaine Maurice). — Guerre franco-allemande de 1870-1871. La défense nationale sur la Loire; batailles et combats. — Paris, *Dentu*. 1888. In-8º, VI-407 p., cartes. 6 fr.

Boisgobey (Ferdinand du). — La bande rouge. Aventures d'une jeune fille pendant le siège et sous la Commune (roman). — Paris, *Dentu*. 1886. 2 vol. in-18 j., 376 et 418 p. 6 fr.

Boisnard (Abbé). — La France, ses gestes et sa mission. — Marseille, *imp. Olive*. 1871. In-8º, 518 p.

Bois-Reymond (Em. du). — Das Kaiserreich und der Friede. Leibnizische Gedanken in der neuen Naturwissenschaft. Zwei Festreden. — Berlin, *Dümmler*. 1871. Gr. in-8º. 75 pf.

— Ueber den deutschen Krieg. Rede am 3. August 1870 in der Aula der königlichen Friedrich-Wilhelms-Universität zu Berlin. — Berlin, *A. Hirschwald*. 1870. In-8º, 46 p. 80 pf.
2e édition. 1871. In-4º, 33 p.

Boisse-Adrian (Henri). — Le 4e bataillon des mobiles de la Loire (31 août 1870-2 février 1871). Souvenirs d'un officier. — Saint-Étienne, *Freydier*. 1873. In-8º, 82 p., cartes.
Ce document se rapporte à la 3e division du 24e corps, armée de l'Est.

Boissieu (De). — Vie et souvenirs d'un officier de chasseurs à pied (5e de marche, 15e corps). — Paris, *Albanel*. 1873. In-12, IV-391 p.

— (Capitaine de). — *Voir* SOUVENIRS.

Boissonnas (Mme B.). — Une famille pendant la guerre, 1870-1871. — Paris, *Hetzel*. 1873. In-18 j., III-330 p. 3 fr.

— Le même. — *Ib.* 1878. In-8º, III-280 p., ill. 7 fr.

— Le même. — Im Auszuge und mit Anmerkungen zum Schulgebrauch herausgegeben von H. Bretschneider. — Berlin, *R. Gaertner*. 1895. In-8º, VI-116 p., 2 croquis. 1 m. 20 pf.
Schulbibolthek franz. u. englischer Prosaschriften.

Bojanowski (A.) und **Drescher** (K.). — Friedrich III., deutscher Kaiser und König von Preussen. Sein Leben und Wirken. — Strehl, *Gemeinbardt*. 1888. In-8º, 15 p., portr. 10 pf.

Bojanowski (P. von). — Geschehenes und Geschriebenes. Tagebuchblätter eines Journalisten aus den Kriegsmonaten des Jahres 1870-1871. — Weimar, *Böhlau*. 1871. Gr. in-8°, VI-202 p. 2 m.

Bombardement (Le) de Paris, par un rédacteur de l'*Écho français*. — Bruxelles, bureaux de l'*Écho français*. 1871. In-8°, 48 p. 75 c.

— de Verdun, du 13 au 15 octobre 1870, et les causes de son insuccès. Traduit de l'allemand par Daudignac. — Paris, *Tanera*. 1875. In-12, 26 p. 50 c.

<small>Voir BESCHIESSUNG.</small>

— de Verdun. — *Bulletin*. 1875. 2ᵉ sem.

— (Quarante jours du) de Strasbourg — Paris. 1871. In-8°. 2 fr.

Bomel (Henry). — Nos mobiles (poésie). — Annonay, *Ranchon*. 1880. In-18.

Bonacini (E.). — Guerra franco-germanica del 1870-1871. — Firenze. 1895. In-4°.

Bonaparte (Der lezte) auf dem Throne. — Breslau, *Gebhardi*. 1871. Gr. in-8°.
<small>5ᵉ édition.</small>

— (Prince Pierre). — *Voir* GARIBALDI.

Bonapartisme (Le) condamné par l'armée. Protestation des officiers français internés en Allemagne contre la restauration impériale. — Paris, *A. Lacroix et Cⁱᵉ*. 1871. In-12.

Bondois (Paul). — Histoire de la guerre de 1870-1871 et des origines de la troisième République (1869-1871). — Paris, *Picard et Kaan*. 1888. In-8°, XII-468 p. 10 fr.
<small>Nouvelle éd. 1893, grav., portr., cartes. 9 fr.</small>

Bondot-Challaye. — 8 février [Les élections du]. Protestation. — Saint-Étienne. 1871. In-8°. 26 p.

Bonhomme (Abbé Jules). — Souvenirs du fort de l'Est près Saint-Denis. Carnet d'un aumônier de l'armée de Paris (1870-1871). — Paris, *Lecoffre*, 1872. In-18, 157 p. 1 fr. 50 c.

— (F.). — Notes et impressions politiques de septembre 1870 à février 1871. — Paris. 1872. In-8°. 3 fr. 50 c.

Bonie (Lieutenant-colonel, aujourd'hui général). — Campagne de 1870. La cavalerie française. — Paris, *Amyot*. 1871. In-18 j., IV-207 p.

— Feldzug 1870. Die französische Reiterei. Aus dem Französischen von F. von Lindheim. — Königsberg, *Akademische Buchhandlung*. 1872. Gr. in-8°, 2 m. 25 pf.

— Le même. Aus dem Französischen von K. von S. — Berlin, *Mittler*. 1872. In-8°. 1 m. 50 pf.

Bonie (Lieutenant-colonel, aujourd'hui général). — Krieget 1870. Franska Kavallerist. Öfversat af K. Bohnstedt. — Stockholm. 1873. In-8°, 159 p.

— Det franske Rytterie i Felttaget 1870. Översat af F. Hegermann-Lindencrone. — Nyborg, Kjöbenhavn. 1873. In-8°, 124 p.
Voir Betrachtungen.

Bonjean (Joseph). — Emploi de l'ergotine sur les malades et les blessés de l'armée du Rhin, comme hémostatique, cicatrisant et antiputride. — Paris. 1871. In-8°. 1 fr. 50 c.

Bonnard (C.). — 1870-18.... Vichy-Ambulance. Son rôle pendant la prochaine guerre. — Vichy, *imp. Bougarel*. 1890. In-8°, 107 p.

Bonnel (Louis). — Récits patriotiques : loups et vautours, vers. — Paris, *Cerf*. 1887. In-12. 1 fr.

Bonnet des Tuves (Commandant). — Kollin, Austerlitz, Saint-Privat, Leuthen. Étude comparée. — Paris, *Baudoin*. 1892. In-8°. 1 fr. 25 c.
Extrait des *Sciences milit.*

— Iéna et Mars-la-Tour. Étude militaire. — Paris, *Baudoin*. 1891. In-8°. 70 c.
Extrait des *Sciences milit.*

Bonnet (Commandant Félix). — Guerre franco-allemande de 1870-1871. Résumé et commentaires de l'ouvrage du grand état-major prussien. — Paris, *Baudoin*. 1883-1886. 3 vol. in-8°, pl. 22 fr. 50 c.

— (Victor). — Les impôts après la guerre. — Paris. 1871. In-8°. 1 fr. 50 c.

Bonniol (Pierre). — Suzanne Didier, épisode dramatique de la guerre franco-allemande, en un acte, en vers. — Paris, *Tresse*. 1888. In-8°. 1 fr. 25 c.

Bopierre (A.). — Pourquoi la France n'a-t-elle pas trouvé d'hommes supérieurs au moment du péril ? Réponse à M. Pasteur, de l'Institut. — Paris, *V. Masson*. 1871. In-8°, 28 p.

Borbein (Pastor E.). — Napoleon III. Predigt. — Bielefeld, *Velhagen und Klasing*. 1870. In-8°, 16 p.

Borbstädt (Oberst A.). — Der deut~ch-französische Krieg 1870 bis zur Katastrophe von Sedan und der Kapitulation von Strassburg nach dem inneren Zusammenhange dargestellt. — Berlin, *Mittler*. In-8°, cartes et plans.

1re livraison. 1870. 75 pf.
2e livraison. 1870. 1 m. 50 pf.
3e livraison. 1871. 1 m. 80 pf.
4e livraison. 1872. 2 m. 70 pf.
Complet, v-574 p. 6 m. 75 pf.

Borbstädt (Oberst A.). — Opérations des armées allemandes depuis le début de la guerre jusqu'à la catastrophe de Sedan. Traduit de l'allemand par le capitaine E. Costa de Serda. — Paris, *Dumaine*. 1872. In-8°, atlas, VI-784 p. 16 fr.

— Krieget mellan Tyskland och Frankrike 1870. Oefversat af G. Kleen. — Stockholm. 1872-1873. In-8°, cartes. 594 p.

— Étude critique sur l'ouvrage du lieutenant-colonel T. Bonie, intitulé la cavalerie française, campagne de 1870, traduit de l'allemand. — Paris. 1872. In-12.

Voir BETRACHTUNGEN.

— and **Dwyer** (F.). — The Franco-German War to the Catastrophe of Sedan and the Fall of Strasburg. — London. 1872. In-8°, 706 p. 4 cartes, 7 pl. 21 sh.

[**Borchardt** (A.)] — Littérature française pendant la guerre de 1870-1871, par un Berlinois. — Berlin, *Stilke*. 1871. In-8°, VIII-152 p. 1 m. 60 pf.

Borcke (H. von). — Mit Prinz Friedrich Karl. Kriegs- und Jagdfahrten und am häuslichen Herd. — Berlin, *Kittel*. 1893. In-8°, VII-319 p., cartes. 6 m.

2e édition. 1893.

— Auf dem Kriegspfade. Herausgegeben von H. Müller-Bohn. — *Ib.* 1895. In-8°. 5 m.

Bordeaux (L.). — République fédérative et présidence héréditaire. Étude politique sur la guerre et la révolution de 1870-1871. — Genève. 1871. In-8°, 54 p.

Bordée (La dernière) du fort de la Double-Couronne. Souvenirs et anecdotes du siège de Paris. — Paris. 1872. In-12, XI-133 p.

Borderie (De la), député. — *Voir* ACTES.

— Le camp de Conlie et l'armée de Bretagne. Rapport fait au nom de la commission d'enquête.... — Paris, Publications parlementaires du *Petit Journal*. 1874. In-18. 30 c.

— Le même. — Versailles, *Cerf*. 1874. In-4°, 126 p.

— Le même. Édition revue par l'auteur, accompagné de pièces justificatives et de documents nouveaux. — Paris, *Plon*. 1874. In-18, VIII-359 p. 3 fr.

Voir ARMÉE.

Bordier (H.). — L'Allemagne aux Tuileries de 1850 à 1870. Collection de documents tirés du cabinet de l'empereur. — Paris, *Beauvais*. 1872. In-8°. 6 fr.

Voir BECKER (B.), DEUTSCHLAND.

Bordone (Général). — L'armée des Vosges et la commission des marchés. Réponse à M. de Ségur. — Paris, *Le Chevalier*. 1873. In-8°, 134 p. 1 fr. 50 c.

Bordone (Général). — L'armée des Vosges et la Commission d'enquête sur les actes du gouvernement de la Défense nationale. Réponse au rapport de M. U. Perrot. — Paris, *Le Chevalier*. 1875. In-8°, 399 p., carte. 3 fr.

— Garibaldi et l'armée des Vosges Récit officiel de la campagne — Paris, *Libr. internat*. 1871-1872. 3 fasc. in-8°, 454 p., 4 cartes. 7 fr. 50 c.

4 éd., 1874. In-8°, IX-617 p. 4 cartes. 5 fr.

— Réponse à la lettre de M. Victor Pellissier, député, ex-général des mobilisés de Saône-et-Loire. — Avignon, *Gros*. 1874. In-8°, 20 p.

— Garibaldi. Sa vie, ses aventures, ses combats. — Paris, *Dentu*. 1878. In-18, portr., 294 p. 2 fr.

— Garibaldi, drame militaire et historique en cinq actes et sept tableaux. — Paris, *Dentu*. 1881. In-12. 1 fr.

— Garibaldi, 1807-1882. — Paris, *Marpon et Flammarion*. Sans date. In-18. 3 fr. 50 c.

Voir en outre AFFAIRE.

Boreau-Lajanadie (député). — *Voir* ACTES.

Borel d'Hauterive (archiviste-paléographe). — Les sièges de Paris, annales militaires de la capitale depuis Jules César jusqu'à nos jours. 3ᵉ édit. augmentée du *Rhin français*, chant national mis en musique. — Paris, *Plon*. 1871. In-18. 3 fr. 50 c.

Borelly (Capitaine) — Historique du 1ᵉʳ régiment de spahis. — Paris, *Charles-Lavauzelle*. 1887. In-32, 96 p. 50 c.

Bork (Pr.-Lieut. Doct. H.). — Zwei Festspiele aus dem Kriegsjahre 1870-1871. — Berlin, *Mittler*. 1892. Gr. in-8°, IV-63 p. 1 m. 20 pf.

[**Bork** (H.)] — Deutschlands grosse Jahre 1870-1871, geschildert in Liedern von H. B. mit Bildern von C. Speyer. — München, *Beck*. 1890. In-8°, 197 p. 3 m. 50 pf.

Bormann (Hauptmann E.) — Victoria ! Deutschlands Heldenkampf und der Sieg über Frankreich. Politisch-militärisch beleuchtet. — Berlin, *Köppen*. 1870-1871. En livr. in-8° à 30 pf., 384 p. 2 m. 40 pf.

Born (D.). — Der deutsche Krieg von 1870. Mit einem photographischen Tableau. — Berlin, *Gerschel*. 1871. Gr. in-8°, 1 m. 50 pf.

— Deutschlands Vertheidigungskampf gegen Frankreich im Jahre 1870. — *Ib*. 1870-1871. In-8°, en liv. à 50 pf. III-384 p, carte. 2 m. 50 pf.

— (J. H.). — 30 Lieder eines alten Musketiers. Erinnerungen aus dem grossen Kriege 1870-1871. — Wittenberg, *Konetzky*. 1890. In-16, 30 p. 30 pf.

Bornemann (Hauptmann). — Kriegstagebuch eines jungen Offiziers im grossherzoglich-hessischen 2. Jäger-Bataillon aus den Jahren 1870-1871. — Giessen, *J. Ricker*. 1895. In-8°, 144 p. 1 m. 50 pf.

Bornhak (F.). — Fürst Otto von Bismarck. Festschrift. — Berlin, *Fontane und Co*. 1895. In-8°, IV-52 p., ill. 30 pf.

— Le même. — *Ib.* 10ᵉ mille. 55 p., ill. 30 pf.

— (J.). — Generalfeldmarschall Graf Helmuth von Moltke. Ein Lebensbild. — Berlin. *Schorst*. 1890. In-8°, 36 p., ill. 25 pf.
<small>1891. 10 édition.</small>

Borrego (A.). — Diario del sitio de Paris. — Madrid. 1871.

— Le général Trochu devant l'histoire (extrait du *Diario del sitio de Paris*). Traduit de l'espagnol par Louis Gerdebas. — Paris, *Librairie générale*. 1871. In-18, 70 p.

Bosmelet (Baron de). — Les vicissitudes du 2ᵉ bataillon de la 3ᵉ légion (arrondissement de Dieppe), 1870-1871. — Rouen, *Boissel*. 1874. In-8°, 57 p.
<small>Mobilisés de la Seine-Inférieure, corps d'armée du Havre.</small>

Bossaut (Edm.). — Paris pendant le siège. — Valenciennes. 1871. In-8°, 67 p.
<small>Voir FONTAINE.</small>

Bote (Der Lahrer hinkende) auf dem Kriegsschauplatze. Illustrirte Geschichte des Krieges von 1870 Illustrirte Dorfzeitung des *Lahrer hinkenden Boten*. — Lahr, *Schauenburg*. 1871. Gr. in-4°, 20 p. 1ʳᵉ livraison, 1ʳᵉ partie.

Bothe und von Ebart (Rittmeister). — Geschichte des Ulanen-Regiments Kaiser Alexander von Russland (1. brandenburgisches Nr. 3. 2ᵉ partie: 1859-1879. — Berlin, *Mittler*. 1879. Gr. in-8°. 3 m.

— (Oberst Heinrich) und **Klatte** (Rittmeister C. von). — Geschichte des thüringischen Ulanen-Regiments Nr. 6. — Berlin, *Peters*. 1890. In-8°, VIII-423 p., pl. 13 m. 50 pf.

Bottard (E.). — Rôle du capitaine Chance dans la guerre de 1870. — Châteauroux. 1878. In-18, 68 p.

Boucher (Aug.). — Combat d'Orléans (11 octobre 1870). — Orléans, *Herluison*. 1871. In-18, 63 p. 1 fr.
<small>2ᵉ éd. Dunkerque, *Liénard*. 1872. In-18, 68 p. 1 fr.</small>

— Récits de l'invasion. Journal d'un bourgeois d'Orléans pendant l'occupation prussienne. — Orléans, *Herluison*. 1871. In-12. 3 fr. 50 c.

— Bataille de Coulmiers, 9 novembre 1870. — *Ib.* 1871. In-18, 78 p., carte. 1 fr.

Boucher (Aug.). — Bataille de Loigny, avec les combats de Villepion et de Loigny. — *Ib.* 1872. In-18, 96 p. 1 fr.

2ᵉ édit. *Ib.* 1872. 107 p., carte. 1 fr.

— Le prince de Joinville pendant la campagne de France. — Paris, *Douniol.* 1874. In-18 j., VII-148 p. et portr.

Bouchet (E.). — La guerre dans le Nord (1870-1871). — Lille, *Béghin.* 1873. In-8º, 106 p. 1 fr.

Boudin (A.). — *Voir* DAVOUS (A.).

Boué de Villiers. — Les Prussiens à Évreux. Histoire héroïco-comique d'un journaliste français et d'un préfet allemand. Le *Progrès de l'Eure* et le uhlan von Porembski. — Évreux, *chez l'auteur.* 1871. In-8º, 28 p. 1 fr.

Boulanger (Général). — L'invasion allemande. — Paris, *J. Rouff et Cⁱᵉ.* 1888-1890. 3 vol. gr. in-8º, ill. (a paru en livr. à 10 c.). 35 fr.

— Deutschlands Feldzug gegen Frankreich. — Wien, Berlin. 1888-1890. En 62 livr. in-8º à 40 pf. Complet, VII-1144 p. 29 m. 50 pf.

Bouquet (M.). — Souvenirs de l'invasion allemande dans le canton de Bourg-théroulde (1870-1871). — Lisieux, *imp. Pontrel.* 1890. In-18, 64 p.

Bourdereau. — L'hospice Brezin à Garches pendant l'occupation allemande (1870-1871). — Paris, *Debons.* 1879. In-18 j., 69 p.

Bourdier (Émile). — Le siège de Paris à vol d'oiseau. — Paris, *Librairie internationale.* 1871. In-18, 47 p. 1 fr.

Bourgeois (Un) de Paris. — *Voir* CHEVALET (Ém.).

Bourgogne (Abbé). — Souvenirs de l'invasion allemande dans les environs de Montoire. — *Bulletin de la Société archéologique, scientifique et littéraire du Vendômois,* t. XV, p. 364.

— (La) pendant la guerre et l'occupation allemande (1870-1871), d'après la *Gazette officielle* de Carlsruhe. Traduction du Dʳ Louis Marchant. — Dijon, *Manière-Loquin.* 1875. In-8º, XX-262 p. 3 fr.

Bourgoing (P. de). — Souvenirs d'histoire contemporaine. Épisodes militaires et politiques. — Paris, *Dentu.* In-8º. 7 fr. 50 c.

Bourgue (Lieut. Marius). — Historique du 3ᵉ régiment d'infanterie, ex-Piémont, *1569-1891.* — Paris, *Charles-Lavauzelle.* 1893. Gr. in-8º, 448 p. 7 fr. 50 c.

Bourlois (Comm.). — Recherches historiques sur la tactique de l'infanterie prussienne et de l'infanterie allemande depuis 1832 jusqu'en 1870. — *Bulletin,* 2ᵉ semestre 1884.

Bournand (François). — Le clergé pendant la guerre de 1870-1871. — Paris, *Tolra.* 1891. In-8º, ill. 3 fr. 50 c.

Bournand (François). — Le maréchal Canrobert. — Paris, *Sanard-Derangeon*. 1895. In-8°, 344 p., ill., portr.

— Les Sœurs martyres; les Sœurs Augustines; les Sœurs des hôpitaux pendant la guerre (1870-1871); dévouement; témoignages des contemporains; les Sœurs récompensées. — Tours, *Cattier*. 1894. In-8°, ill. 1 fr.

Bourquelot (Em.). — Un épisode de l'invasion de 1870 à Provins. — Provins, *Lebeau*. 1872. In-12, 107 p. 75 c.

Bourras (Colonel). — *Voir* Ardouin-Dumazet.

Bou-Saïd (Capitaine). — Livre d'honneur du 2e bataillon d'infanterie légère d'Afrique. — Paris, *Baudoin*. 1887. In-8°. 2 fr.

Bouscatel (Édouard). — L'impératrice et le 4 septembre. — Paris, *Amyot*. 1872. In-18.

Bousquier (Lieut E.). — Historique du 14e régiment d'infanterie. — Lodève, *Jullian*. 1891. In-8°, 100 p.

Bouteillier (P. de). — *Voir* Armée, Moltke.

Boutié (Capit.). — Extrait de l'historique du 59e régiment d'infanterie. — Pamiers, *Galy*. 1887. In-18, 86 p.

Bouvier (A.). — Les soldats du désespoir. — Paris, *Lachaud*. 1871. In-18 j., 307 p. 3 fr.

Bouvier (F.). — La défense de Rambervillers en 1870. — *Nouvelle Revue*, 1er juin 1886.

— Les Héros oubliés. La défense de Rambervillers en 1870. — Paris, *Berger-Levrault et Cie*. 1895. In-12, 36 p., pl. 1 fr.
    Nouvelle édition.

— Le général Gibon (1813-1870). — *Revue générale*, 1er octobre 1887.

— (Capitaine J. B.). — Historique du 96e régiment d'infanterie. — Lyon, imp. *A. Storch*. 1892. In-8°, v-435 p.

Boyer (Abbé J. B. A.). — Auprès du 25e régiment de marche [provisoire, mobiles de la Gironde, 15e corps] de l'armée de la Loire; une visite au 2e bataillon de la Gironde. Impressions de voyage. — Bordeaux, *Duverdier*. 1871. In-8°, 48 p.

Boyer (Pierre). — Les aventures d'un étudiant (1870-1871). — Paris, *Sauvaitre*. 1888. In-12. 2 fr.

Boyle (G.). — William I., German Emperor and King of Prussia. — Göttingen, *Vandenhoek u. R.* 1887. In-8°, 225 p. 2 m.
    3e édit. Gr. in-8°, IV-176 p. 1 m. 80 pf.

Bowles (Th. G.). — The defence of Paris, narrated as it was seen. — London. 1871. In-8º, 414 p., carte. 16 sh.

Bracht (Théod.). — Ernstes und Heiteres aus dem Kriegsjahre 1870-1871. Erlebnisse eines Studenten und Einjährigen des königlich-sächsischen 8. Infanterie-Regiments Nr. 107, namentlich während der Belagerung von Paris. — Halle a. S., *Buchhandl. des Waisenhauses*. 1892. In-8º, VII-239 p. 2 m. 40 pf.

Brachvogel (A. E.). — Separat-Abdrücke aus *die Männer der neuen deutschen Zeit*: Wilhelm I., deutscher Kaiser. — Friedrich Wilhelm, Kronprinz. — Friedrich Karl, Prinz von Preussen. — Graf von Moltke. — Graf von Roon. — Ludwig II., König von Bayern — Johann, König von Sachsen. — Albert, Kronprinz von Sachsen. — Hannover, C. Rümpler. 1873. In-8º, 8 livr., portr.

— Fürst Bismarck, deutscher Reichskanzler. — *Ib*. 1873. Gr. in-8º, 234 p, ill.

Brachvogel (Udo). — *Voir* SHERIDAN.

Brackenbury (Captain Henry, aujourd'hui general). — The military systems of France and Prussia in 1870. — London. 1871. In-8º, 23 p. 1 sh.

— Les maréchaux de France. Étude de leur conduite dans la guerre de 1870. Lebœuf, Plans et préparatifs. Mac-Mahon, Wœrth et Sedan. Bazaine, Metz. Traduit de l'anglais. — Paris, *Lachaud*. 1872. In-8º, XII-247 p. 6 fr.

Braestrup (T.). — Kampen om Metz in 1870. — Kjöbenhavn. 1872. In-8º, 220 p. 1 rd. 32 sk.

Bräm (Past. A.). — Ein Wort gegen französische Unsitte im deutschen Hause. — Elberfeld-Barmen, *Klein*. 1870. Gr. in-8º, 7 p.

Brauer (F. R.). — Erlebnisse aus Kriegs- und Friedenszeiten. 1. schlesisches Jägerbataillon Nr. 5. — Görlitz, *Köhler*. 1880. In-8º. 1 m. 50 pf.

Braig (J. D.). — La Debonido; scenes, sketches and incidents in France and Germany during the War. — London. 1871. In-12, 284 p. 5 sh.

Brame (Jules). — Enquête parlementaire sur les actes du gouvernement de la Défense nationale. — Paris, *Lachaud*. 1873. In-18, 72 p.

Branchard (Capit. E.). — Les trois batailles sous Metz: Borny, Rezonville, Saint-Privat. — Briey, *Branchard*. 1894. Gr. in-8º, 190 p. 3 fr.

Brandat (Paul). — République et gouvernement en province. — Paris, F. *Lachaud*, 1871. In-18. 75 c.

Brandenburg (Konrad). — Der Krieg gegen Frankreich, zur Erinnerung an 1870 und 1871, in Versen erzählt. — Erlangen, *A. Deichert*. 1880. In-8º, 294 p. 2 m.

Brandenburg I. — *Voir* KIRCHHOF.

Brandes (Doctor Georg). — General-Feldmarschall Graf Moltke. Deutsch von Emil Jonas. — Guben, *Sallis*. 1889. In-8º, 31 p. 75 pf.
Voir Bewer.

Brandrupp (Kriegsrath Ä. H.). — Der Krieg mit Frankreich 1870-1871. — Berlin, *Allg. d. Verlags-Anst.* 1871. Gr. in-8º, III-358 p., ill. 2 m. 25 pf.

— Wilhelm I., König von Preussen, in Wort und Bild. — *Ib.* 1870. En livr. in-8º, 1431 p.

— Das Volksbuch von König Wilhelm. — *Ib.* 1870. In-8º, 302 p. 1 m. 50 pf.

Brasier de Thuy (Lieutenant). — Historique du 103ᵉ régiment d'infanterie. — Mamers, *imp. du 103ᵉ.* 1886. Pet. in-4º, 250 p.

Brau (X.). — La légion du génie et les camps retranchés. Sedan et Metz. Où nous en sommes ! Le présent et l'avenir de la France. — Poitiers, *Oudin.* 1871. In-18 j, VII-100 p. 1 fr.

Brault (E.). — La France devant l'invasion (du 1ᵉʳ juillet 1870 au 1ᵉʳ mars 1871). — Paris, *Thorin.* 1871. In-12, 344 p. 3 fr.

Braumüller (Hauptmann). — 4. Garde-Grenadier-Regiment « Königin ». Gedenkblätter zur Rangliste des Regiments. — Berlin, *Mittler.* 1885. In-8º, 208 p., portr. 6 m.

Braun (H.). — Das Eine, das uns heute noththut ! Kriegspredigt gehalten am 31. Juli 1870. — Ohrdruf, *Stadermann.* 1870. In-8º, 13 p.

— (J. A.). — Lanze und Feder. Ernst und Scherz aus grosser Zeit. Jubiläumsgabe zum 5. November 1891. — Berlin, *P. Stankiewicz.* 1891. In-8º, VI-80 p, portr. 1 m. 50 pf.

— (Doct. Karl). — Während des Krieges. Erzählungen, Skizzen und Studien. — Leipzig, *Duncker und Humblot.* 1871. Gr. in-8º, VI-481 p. 1 m.

— [Wiesbaden] gegen G. G. Gervinus. — *Ib.* 1870. In-8º, III-73 p.
Voir Stoffel.

Braune (Pred. R.). — Sieben Monate unter dem rothen Kreuze. Kriegsbilder für's Volk. — Görlitz, *Wollmann.* 1872. In-16, 110 p. 1 m.

Brawe (Hans Nagel de). — *Voir* Dincklage

Bredau (Lieutenant von). — Geschichte des königlich-preussischen Ulanen-Regiments von Schmidt (1. Pommerschen) Nr. 4, 1815-1890. — Berlin, *Mittler.* 1890. In-8º, 228 p., ill., cartes. 10 m.

— Le même. Mannschaftsausgabe. — *Ib.* 1890. In-8º. N. d. l. c.

Bredow (Pr.-Lieutenant von). — Geschichte des 2. rheinischen Husaren-Regiments Nr. 9. — Berlin, *Mittler.* 1881. Gr. in-8º, 302 p., 4 cartes. 9 m.

Bref från Lappland. 1871. I. Befolkningens uppfattning af ett och annat angående 1870-1871 års krig emellan Frankrike och Tydskland. — Stockholm. 1871. In-8º, 96 p. 75 ö.

Breijding (Oberstlieutenant) und **Kortzfleisch** (Hauptmann von). — Geschichte des Fûsilier-Regiments General-Feldmarschall Prinz Albrecht von Preussen (Hannoversches) Nr. 73, 1866-1891. — Berlin, *Eisenschmidt*. 1891. In-8º, VI-487 p., cartes, pl, croquis, portr. 8 m.

Breitschwert (W. von). — Fritzchen's Kriegsabenteuer in Frankreich. — Stuttgart, *Risch*. 1871. In-4º, ill. 3 m.

Brendicke (Doct. Hans). — Aus meinem Tagebuche. Erlebnisse und Schilderungen aus dem Kriege gegen Frankreich 1870-1871. — Berlin, *Mittler*. 1895. In-8º, VI-60 p. 1 m.

Brennecke (Adolf). — Um Paris. Eine Erzählung aus grosser Zeit. [Roman.] — Zürich, *Schmidt*. 1883. In-8º, 302 p. 3 fr. 75 c.

Breslau in Paris (Carte). — Berlin, *Schropp*. 1871. In-fol. 1/100,000. 1 m.

Breton (L.) — La vérité sur l'affaire du maréchal Bazaine. — Paris. 1873. In-12, 11 p. 60 c.

Bretschneider (Oberl. H.). — *Voir* BOISSONNAS.

Breuillac (Capitaine Georges). — Campagne de la Loire et de la Sarthe pendant la guerre franco-allemande (4e bataillon de la garde mobile des Deux-Sèvres). — Niort, *Clouzot*. 1871. Gr. in-18 j. 3 fr.

_{A consulter pour l'histoire du 21e corps.}

Brialmont (Général). — Le général de Blois, sa vie et ses ouvrages. — Paris, *bur. du Spectateur mil*. 1885. In-8º, 90 p. 2 fr. 50 c.

_{Extrait du Spect. mil. — A consulter pour l'histoire du 15e corps.}

— La défense des États et les camps retranchés. — Paris, *Germer-Baillière*. 1877. In-8º, fig., 2 pl. 6 fr.

— Ce que Bazaine a fait à Metz et ce qu'il aurait dû faire. — *Intern. Revue*, avril 1894.

Briatte-Carlier. — Les exploits d'un guerrier français. — Cambrai. 1871. In-12, 23 p.

Brichard (J.). — L'invasion à Salins. Récit historique. — Salins, *Billet*. 1873. In-18 j., 43 p.

Briefe aus dem Kriege 1870-1871. Festgabe zur 20 jährigen Erinnerungsfeier an den grossen Krieg. — Mannheim. 1890. In-8º. 2 m. 50 pf.

— aus dem deutsch-französischen Kriege 1870-1871. — *Deutsche Heeres-Zeitung*, 1893, nº 80.

— vom Kriegsschauplatz 1870-1871. Aus Correspondenzen des Jünglings-Vereins zu Hamburg. — Hamburg, *J. G. Oncken*. 1871. Gr. in-8º, 96 p. 60 pf.

Briefwechsel (Fragmentarischer) der Kaiserin Eugenie mit ihren Vertrauten und Freunden. — Leipzig, *G. Schulze*. 1870. In-8°, 48 p.

— (Humoristischer) zwischen den beiden Füsilieren Kraus, der jetzt im Himmel, und Kutschke, noch im Weltgetümmel, von Strebesam Holzwurm. — Köln (Leipzig, *Mayer*) 1870. In-8°, 15, 22, 24 p.

Briel (Abbé). — Épisode de la guerre de 1870-1871. Le pillage et l'incendie de Fontenoy. 2° édition, suivie du récit de l'invasion allemande à Charmes-sur-Moselle, par J. Renauld.... — Nancy, *Crépin-Leblond*. 1875. In-12, 94 p. 75 c.

— Épisodes de la guerre de 1870-1871. Le pillage, l'incendie et la restauration de Fontenoy — *Ib*. In-8°, 129 p, ill.
 4° édition. 1896.

Briesen (C. von). — Die Elsässer und die Lothringer peints par eux-mêmes. Vortrag. — Düsseldorf, *Buddeus*. 1871. Gr. in-8°. 1 m.

— (Rittm. von). — *Voir* SCHULENBURG.

Brink (Jan ten). — Haagsche bespiegelingen. Echoos uit den oorlogstijd 1870-1871. — Arnhem. 1871. In-8°, XII-277 p. 2 fl. 40 cts.

Brinkman (Doktor W.). — Ueber vorsorgliche Massregeln zur Verhütung von Epidemien im Kriege. — Berlin, *Th. Enslin*. 1870. In-8°, 10 p.

Brisac (Colonel J.). — Journal de marche du 2° bataillon de la garde nationale mobile de la Meurthe. — Paris, *Dumaine*. 1872. In-8°.
 A consulter pour l'histoire du 58° mobiles, 20° corps.

Brisset (Commandant). — Historique du 80° régiment d'infanterie. — Paris, *Dumaine*. 1876. In-8°. 3 fr.

Broch (L.). — 200 Jahre der Geschichte eines preussischen Reiter-Regiments zur Feier des 200 jährigen Bestehens des königlichen Leib-Kürassier-Regiments (schlesischen Kürassier-Regiments) Nr. 1. — Breslau, *Korn*. 1874. Gr. in-8°. 2 m.

Brockhaus (Pastor Lic.-Doctor). — Clemens, lasset uns Friede halten unter einander. Predigt. — Leipzig, *Quandt u. Händel*. 1870. In-8°, 15 p.
 Voir PREDIGTEN.

Bron (F.). — Histoire d'une ambulance sur le champ de bataille. — Lyon, *Vingtrinier*. 1872. In-8°, cartes.

Brook (A.). — Die Kriegserklärung. Predigt gehalten am Sonntag 17. Juli 1870 in London. Uebersetzt. — Güstrow, *Opitz u. C°*. 1870. In-8°, 15 p.

— Le même — München, *Ackermann*. 1870. In-16, 16 p.

Broutta (E.). — Strasbourg bombardé (1870). Vingt croquis à deux teintes d'après nature, album in-8° obl. — Paris, *Berger-Levrault et C°*. 3 fr.

Brouwen (E. H.). — *Voir* RÜSTOW.

Bruchon (P.) — Souvenirs d'un Chalonnais [32º de marche]. Neuf mois de captivité en Poméranie (octobre 1870-juillet 1871). — Corbeil, *Drevet*. 1886 In-16, 199 p. 1 fr 25 c.

Brückner (B) — Der Herr hat Alles wohl gemacht. Dankespredigt nach dem Siege bei Sedan. — Berlin, *Enslin*. 1870. In-8º, 16 p.

Brühl (Rittmeister Graf). — Uebersicht der Geschichte des königlichen Regiments der Gardes du Corps. — Berlin, *Mittler*. 1890. In-8º, portr., ill., cartes. 3 m. 50 pf.

Brünslcke (A.) — Zwei berühmte Chefs der preussischen Zieten-Husaren. H. J. von Zieten und Prinz Friedrich Karl von Preussen. — Rathenow, *Babenzien*. 1886. In-8º, 91 p., ill. 2 m.

Brugalé (Abbé J. F., curé de Bezons) — Ma captivité en Prusse. Décembre 1870. — Paris, *Goupy*. 1871. In-8º, 69 p. 1 fr. 50 c.

— De la guerre faite à la France et à la papauté. — Rennes, *F. Hauvespre*. 1871 In-8º, 72 p. 1 fr.

Brugnon (Philogène, ancien sous-officier d'artillerie). — Considérations sur la défense de Metz en 1870 avec la brillante armée chargée de repousser l'envahisseur. — Pont-à-Mousson, *Gaulhier*. 1883. In-8º, 66 p.

Brumann (Vice-Wachtmeister Fr.). — Ehrentage und Ehrennamen des königlich-bayerischen 4. Chevaulegers-Regiments « König ». — Augsburg, *Reichel*. 1881. In-8º. 1 m. 50 pf.

Brun (Gust.). — Campagne de France (1870-1871). Souvenirs d'un volontaire de la 1re légion de marche du Rhône, 1er bataillon, 5e compagnie. — Lyon, *Balmonet*. 1874. In-12, 191 p. 2 fr.

<small>A consulter pour l'histoire de la division Cremer et de la 3e division du 24e corps.</small>

— (François). — Les francs-tireurs des Alpes-Maritimes pendant la campagne de 1870-1871. — Nice, *Malvano-Mignon*. 1889. In-8º. 2 fr.

— (Henri Le). — Cinq mois d'invasion aux environs de Paris. — Paris, *Lachaud*. 1871. In-8º.

Bruneck (Otto von) [Otto Elster]. — Fritz Ohlsen, Kaiser Wilhelms Unteroffizier. Eine Erzählung aus zwei Kriegen, 1864, 1870-1871, für die reifere Jugend. — Leipzig, *Geibel und Brockhaus*. 1893. Gr. in-8º, IV-320 p , ill. 3 m.

<small>2 édition.</small>

Brunel (J. M). — Le général Faidherbe. — Paris, *Delagrave*. 1891. In-8º, 356 p., ill. 10 fr.

Brunet (J.). — Défense nationale. Le feu grégeois. Paris sauvé. Conférence et rapport sur la découverte de MM. Decanis et Beaume. — Paris. 1871. In-8º, 16 p. 25 c.

Brunetière (C. V. A. D. de la). — *Voir* SOUVENIRS.

Brunfaut (Jules). — La guerre de 1870 et le corps du génie civil des armées. — Paris, *Butot jeune*. 1871. Gr. in-8º, 50 p. 2 fr.

Brunner (Hauptmann Moritz). — Die Vertheidigung von Strassburg im Jahre 1870. — Wien, *Seidel*. 1871. Gr. in-8º, 73 p. 2 m. 40 pf.

— De la défense de Strasbourg en 1870. Résumé et traduit de l'allemand par H. Roswag. — Paris, *Tanera*. 1875. In-8º, 45 p. 75 c.

Brunier (Ludwig). — Deutschland und Frankreich. — Bremen, *Kühtmann und Cº*. 1873. Gr. in-8º 6 m.

2ᵉ édition, 1883. 432 p. 8 m.

Bruno (Jean) [Vaucheret]. — La femme d'un Prussien. Roman parisien. — Paris. *Dentu*. 1884. In-12. 3 fr. 50 c.

— Les reptiles prussiens en France, ou les crimes des espions. — Paris, *Simon et Cⁱᵉ*. 1888. In-16, ill. 1 fr. 50 c.

Brunold (F.). — Kaiser Friedrich III. von Deutschland. Ein Lebensbild für Jung und Alt. — Reutlingen, *Ensslin und Cº*. 1889. In-8º, 116 p. 50 pf.

Nouvelle édition.

Brunon (Général). — Siège de Paris. Journal de siège du fort de Vanves. — Paris, *Dentu*. 1888. In-8º, IV-115 p., carte. 3 fr.

Brunox (Lieutenant E.). — Le bataillon d'honneur de Versailles, Saint-Cloud et Garches pendant la guerre de 1870-1871, journal rédigé à l'aide des notes recueillies.... — Versailles, *Cerf*. 1882. In-8º, 119 p., pl., carte.

Bruns (C. G.). — Deutschlands Sieg über Frankreich. Rede am 19. October 1870 in der Aula der Universität zu Berlin gehalten. — Berlin, *Puttkammer*. 1870. In-8º, 26 p.

Brutte (Arth.). — Le moyen de débloquer Paris avant huit jours. — Paris. 1870. In-8º, 15 p.

Bruyère (Commandant P.). — Historique du 2ᵉ régiment de dragons (1635-1885). — Chartres, *imp. Garnier*. 1885. Gr. in-8º, 229 p., pl., dessins. 16 fr.

Bruyère (De la) [Fayard]. — Histoire de la guerre de Prusse. — Paris, *Fayard*. 1871. In-4º. 6 fr. 75 c.

— L'affaire Bazaine. Compte rendu officiel et *in extenso* des débats avec de nombreuses biographies. — *Ib*. 1874. In-4º à 2 col., 848 p., ill., cartes, pl. 12 fr.

Voir AFFAIRE.

Bucher (O.). — Unser König Albert. Ein Lebensbild für Sachsens Heer und Volk. — Dresden, *Hackarath*. 1889. In-8º, 48 p. 50 pf.

4ᵉ édition, 1894.

Bucheron (A. M. D. de). — *Voir* SAINT-GENEST.

Buchholtz (F. H.). — Ueber die Thätigkeit der Feldtelegraphen in den jüngsten Kriegen. Vortrag. — Berlin, *Mittler*. 1880. In-8°, 44 p. 2 m.

Buchner (Doct. Wilhelm). — Fürst Bismarck. Ein Lebensbild. — Lahr, *Schauenburg*. 1878. Gr. in-16, v-184 p., portr. 75 pf.

— Graf Moltke. Ein Lebensbild. — *Ib.* 1878. Gr. in-16, 159 p., portr., carte. 75 pf.
  2ᵉ édition. 1894. 111-186 p., portr.

— Kaiser Wilhelm. Ein Lebensbild. — *Ib.* 1879. In-16, 218 p. 75 pf.
  2ᵉ édition. 1894. 111-226 p., portr.

— Der grosse deutsch-französische Krieg 1870-1871, für das Volk und die Jugend erzählt. — *Ib.* 1895. In-12, 148 p., carte, portr. 75 pf.

— Feldmarschall Graf Helmuth von Moltke. Festgabe zum 25. Jahrestage der Schlacht bei Sedan. — *Ib.* 1895. In-8°, v-407 p., ill., portr. 5 m.

Buckenforde (A. von). — Die Grundursachen des gegenwärtigen Krieges und die hieraus zu ergreifenden Massregeln. — Berlin, *Stilke und van Muyden*. 1870. In-8°, 40 pf.

Budde (Lieutenant H.). — Die französischen Eisenbahnen im Kriege 1870-1871 und ihre seitherige Entwickelung in militärischer Hinsicht. — Berlin, *Schneider*. 1877. In-8°, 99 p., 2 cartes, 10 croquis. 3 m. 60 pf.
  Extrait des *Jahrb.* 1876.

Büchlein (Das) der Zukunft oder die wichtigsten und interessantesten Prophezeiungen über Preussen, Bayern, Deutschland und Frankreich, sowie über die Aufgabe des gegenwärtigen Krieges. — Regensburg, *Manz*. 1870. In-8°, 44 p.
  2ᵉ édition.

Büchner (J.). — Kriegs-Erlebnisse 1870-1871. — Grossrudest. (Weimar), *Thelemann*. 1889. In-8°, 150 p. 1 m. 50 pf.
  2ᵉ édition.

Bührmann (F.). — De Fransche-Pruissische oorlog. — Amsterdam. 1872. In-8°, 2 parties, 396 p. 5 fl.

Bülow (Hans von). — Heldenthaten deutscher Offiziere und Mannschaften in den Feldzügen der Jahre 1864, 1866 und 1870-1871. — Leipzig, *J. Brehse*; Hamburg und Berlin, *Brauer und Cº*. 1889-1890. 10 livr. in-8° à 30 pf. 301 p. 3 m.

— Le même. — In dem Feldzuge 1870-1871. — *Ib.* 1890. In-8°, 256 p.
  2ᵉ édition. — *Voir* SCHULENBURG (Gust. von d.).

— (W. von). — Neue Bismarck-Erinnerungen. — Berlin, *H. Steinitz*. 1895. In-8°, 311 p. 3 m. 50 pf.

Bürger (G. A.). — *Voir* IMMORTELLEN.

Bürger (Mich) — Ham und Sedan, oder ein Thron auf Leichen. Grosser histor'sch-politischer Roman aus der jüngsten Vergangenheit. — Wien, *Benedikt*. 1873. 3 vol. gr. in-8º, 242, 223, 273 p.

Bürgerkrieg (Der) in Frankreich. Adresse des Generalraths der internationalen Arbeiter-Association. 3 deutsche Auflage vermehrt durch die beiden Adressen des Generalraths über den deutsch-französischen Krieg.... — Berlin, *Verlag des Vorwärts*. 1891. Gr. in-8º, 71 p. 30 pf.

<small>3e édition. — Cet ouvrage est de Karl Marx.</small>

Bürklein (Hauptmann Gottfried). — Das königlich-bayerische 2. Infanterie-Regiment Kronprinz im Feldzuge 1870-1871. — Berlin, *Mittler*. 1882. In-8º. 5 m.

Buisson (R) — Nouvelles Les Prussiens à Boubigny, épisode de l'invasion; la mort du capitaine Skodyl; la Victoria. — Bordeaux, *Féret*. 1880. In-16. 50 c.

Bulletin officiel du ministère de l'intérieur, délégation de Tours et de Bordeaux, comprenant : 1º les décrets et actes du gouvernement de la Défense nationale et ceux de la délégation du gouvernement à Tours et à Bordeaux qui concernent les attributions du ministère de l'intérieur ; 2º les actes et instructions émanés du ministre de l'intérieur du 4 septembre 1870 au 13 mars 1871. — Poitiers, *A. Dupré*. 1871. In-8º.

Bulot (F.) — Le 75e mobiles [Loir-et-Cher et Maine-et-Loire, 16e corps]. — Blois, *Marchand*. 1873. In-8º, 222 p.

Bund (L.). — Altdeutschland. Eine Sammlung vaterländischer Kriegs- und Soldatenlieder — Düsseldorff, *Baumann*. 1876. In-8º, 219 p. 50 pf.

— Der junge Patriot Eine Sammlung kriegs-patriotischer Dichtungen. — *Ib.* 1877. In-8º, 240 p. 1 m.

Bundesheer (Das norddeutsche) Kurze Charakteristik seiner Organisation der einzelnen Truppengattungen und ihrer Bedeutung im Kriege, seiner Fechtweise, etc. — Berlin, *Mittler*. 1870. In-8º. 1 m.

<small>Voir Armée.</small>

Bunge. — Kurzer Abriss der Geschichte des 1. Magdeburgischen Infanterie-Regiments Nr. 26. 1813-1877. Mannschaftsausgabe. — Berlin. 1877. In-8º. N. d. l. c.

— (R.). — Die letzte Stunde eines Dreiundneunzigers. Dramatische Scene. — Köthen, *Schettlers*. 1880. In-16, 22 p. 50 pf.

Bungener (F.). — Weihnachten und Krieg oder Frieden in Gott. — Hamburg, *Agent. d. R. H.* 1871. In-8º, 36 p. 30 pf.

— Le même. — Chemnitz, *Focke*. 1874. In-8º, 56 p. 80 pf.

Burckhardt (Hauptmann Albrecht, Doctor). — Vier Monate bei einem preussischen Feldlazareth während des Krieges von 1870. Bericht an das schweizerische Militärdepartement — Bâle, *Schweighauser*. 1874. Gr. in-8°, 131 p., ill. 2 m.

Burghausen (Lehr. Alb.). — Das Kriegerdenkmal zu Dessau. Ein Gedenkblatt zu Ehren der in dem ruhmreichen Feldzuge 1870-1871 gebliebenen Helden Anhalts. — Dessau, *R. Kahle*. 1895. In-8°, 19 p. 25 pf.

Burion (Améd.). — La défense de l'Oise (28-30 septembre 1870). Allocution en vers. — Paris, *Vve Ethiou-Pérou et fils*. 1887. In-8°, 4 p.

Burlet (Lucien) — La campagne de 1870, notes d'un caporal du 47e de ligne. — Caen, *Dillet*. 1882. In-12, 87 p. 2 fr.

Burmester (Pr.-Lieutenant L.). — Geschichte des Infanterie-Regiments von der Goltz (7. Pommersches) Nr. 54. — Berlin, *Mittler*. 1895. In-8°, v-211 p., portr., ill., 2 cartes. 5 m.

Burrucker (Major). — 3. ostpreussisches Grenadier-Regiment Nr. 4 Nachrichten zur Geschichte des Regiments. — Berlin, *Mittler*. 1880. In-8°. 50 pf.

Bus (F. de) — La politique contemporaine devant l'histoire. [Guerre de 1870. Gouvernement de Tours. Reddition de Metz. Mission de M. Thiers.] — Paris, *Dentu*. 1879-1880. 2 vol. gr. in-8°. 15 fr.

— Le même, nouv. édit. Tome I seulement. — Paris, *Dentu*. 1882. In-12. 3 fr. 50 c.

Busch (Doctor Moritz). — Graf Bismarck und seine Leute während des Krieges in Frankreich. Nach Tagebuchsblättern. — Leipzig, *Grunow*. 1878. 2 vol. in-8°, vII-397 et 379 p. 12 m.
4e édition. 1879, xI-787 p.

— Le même. — *Ib*. 1889. En livr. in-8° à 60 pf.

— Unser Reichskanzler. — *Ib*. 1884. 2 vol. in-8°, 994 p. 12 m.

— Neue Tagebuchsblätter. — *Ib*. In-8°. 6 m.

— Il conte Bismarck e suoi parenti durante la guerra colla Francia. — Lipsia, 1878.

— Bismarck in the Franco-German War 1870-1871. Translation. — London. 1879. 2 vol. in-8°, 702 p. 1 £. 8 sh.

— Graaf Bismarck en zijne omgeving gedurende den Fransch-Duitschen oorlog. Uit het Hoogduitschen door S. J. Andriessen. — Utrecht. 1879. 2 vol. in-8°, vIII-471 p. 4 fl. 80 cts.

— Le comte de Bismarck et sa suite pendant la guerre de France (1870-1871). Traduit de l'allemand. — Paris, *Dentu*. 1880. In-18 j., 520 p. 3 fr. 50 c.

— Souvenirs de la guerre avec la France. — *Revue de France*, avril-mai 1878.

Busch (O.). — Welche Pflichten erwachsen der deutschen Jugend aus der Erhebung von 1870-1871. Rede. — Chemnitz, *Brunner*. 1875. In-8º, 13 p. 50 pf.

— (O. A.). — *Voir* BLUME (Major W.).

Busnelli (Valerio). — Processo Bazaine colla descrizione dei fatti d'armi avvenuti in Francia nell' anno 1870. — Milano. 1874. In-8º, 560 p. 4 l.

Bussche (E. M. van den). — Sedan, trois jours sur un champ de bataille. — Blankenberghe, *Lambrecht*. 1875. In-8º, 82 p.

Busse (Von). — Geschichte des 2. oberschlesischen Infanterie-Regiments Nr. 23. — Neisse, *Hinze*. In-8º.

— (Pr.-Lieutenant O. von). — Die Heere der französischen Republik 1870-1871, mit einem Rückblick auf die letzte kaiserliche Armee und das französische neue Wehrgesetz. — Hannover, *Helwing*. 1874. Gr. in-8º, 96 p. 2 m.

— Franska republikens Härar 1870-1871. Bearbetning från tyskan. — Stockholm. 1875. In-8, 39 p. 25 ö.

— Erinnerungen des ostfriesischen Infanterie-Regiments Nr. 78 aus den Jahren seiner Formation und des Feldzugs gegen Frankreich. — Emden, *Haynel*. 1873. 2 vol. gr. in-8º v-214 p., cartes. 4 m.
Voir CRANSY (général).

Bussler (Div.-Pfarrer W.). — Aus meinem Kriegsleben. [18. Infanterie-Division.] — Gotha. 1887. In-8º, 175 p. 2 m.

— (Mil.-Oberpfarrer W.). — Die Kriegsdenkmäler um Metz, geschildert und behandelt als Wegweiser..... über die Schlachtfelder. — Metz, *Müller*. 1895. In-12, VII-211 p., croquis et ill. 1 m. 20 pf.
2ᵉ édition. 1896.

— Feldpredigten und Ansprachen in und um Metz während der Gedächtnistage vom 14.-18. August 1895. — Metz. 1896. In-8º, 29 p. 50 pf.

Buxbaum (Sek.-Lieutenant). — Das bayerische 3. Chevaulegers-Regiment Herzog Maximilian, 1724-1884. — München. 1884. In-8º. (1ʳᵉ partie.) 12 m.

Buyat (Abbé). — La vérité à la France, ou cause et remède de nos malheurs. — Lyon, *Josserand*. 1871. In-8º. 3 fr.

C

C. (Doct. von). — Die Genfer Convention im Kriege 1870-1871. Beurtheilung derselben in der praktischen Durchführung. — Karlsruhe, *Braun*. 1871. Gr. in-8°, 25 p. 50 pf.

C. A. K. — *Voir* Rougemont.

C. (Comte Frédér. de, commandant).

— La cavalerie légère en 1870. — Fontainebleau, *Bourges*. 1871. In-8°, 37 p.

— Les chasseurs de France et la réorganisation de l'armée en 1871. — Aix-la-Chapelle, *Mayer*. 1871. Gr. in-8°. 80 pf.

C. (G. de). — Les combats du 9 décembre 1870 sur la rive gauche de la Loire. — *Spectateur militaire*, avril 1876.

C. (M.). — Le commandement et ses auxiliaires. — Paris, *Baudoin*. 1893. In-8°.

C (M.). — *Voir* Tag.

C.... (Capitaine Robert). — Armée de la Loire, histoire d'un régiment. [38ᵉ de marche, 16ᵉ corps]. — Dijon, *Rabutot*. 1871. In-8°, 48 p

Cabrol (Auguste). — Marseille sous la Défense nationale, la Commune, l'état de siège. — Marseille, *Doucet*. 1879.

Cadol (Edouard). — Paris pendant le siège. — Bruxelles, *Office de publicité*. 1871. In-8°. 1 fr.

Cadot (Louis) — La vérité sur le siège de Péronne, réponse au général Faidherbe. — Paris, *Delagrave*. 1871. In-8°, 32 p. 50 c.
2ᵉ édition, 1872.

Caillat (J.). — Réflexions sur la guerre et sur la religion. — Paris, *Lachaud*. 1871. In-18. 50 c.

Caillé. — Les bureaux de la guerre et M. le duc d'Audiffret-Pasquier. — Niort, *Favre*. 1873. In-12.

— Le colonel Denfert et le siège de Belfort, 1870-1871. — Belfort. 1883. In-8°, 1 pl., 1 carte. 8 fr.

Caillé (D., conseiller général). — Le Quatre septembre aux Tuileries. — Niort. 1871. In-8°.
Reproduction d'un article du *Figaro*, 24 novembre 1870.

Caillot (Ernest). — Les Prussiens à Chartres (21 octobre 1870-10 mars 1871). Chartres, *Pétrot-Garnier*. 1872. In-8°.

Caise (Albert). — La vérité sur la garde mobile de la Seine et les combats du Bourget. — Paris, *Lachaud*. 1872. In-32, 149 p. 2 fr.

Calinich. — « Durch Krieg zum Sieg. » Predigt am 3. August 1870. — Chemnitz, *Focke*. 1870. In-8º, 11 p.
4ᵉ édition.

Calisch (S. M. N.) — *Voir* OORLOGSBRIEVEN.

Callet (Aug., ancien député). — Les origines de la troisième République. — Paris, *Savine*. 1889. In-18 j. 3 fr. 50 c.

Cambier (Edmond). — Le siège de Belfort et le colonel Denfert. Conférence. — Lille, *Petit*. 1878. In-8º, 16 p. 25 c.

Cambolas (Lieutenant, comte A. de). — Notice sur le siège de Schlestadt, du 10 au 24 octobre 1870. — Toulouse, *Delboy père*. 1871. In-8º.

Camô (Général). — 2ᵉ armée de la Loire..... Combats du 7 décembre 1870. Bataille de Josnes (8 décembre)..... — Paris, *Dentu*; Marseille, *Librairie marseillaise*. 1888. In-8º, 15 p., croquis. 2 fr.

Camp. — Poésies nationales. — Perpignan, *Falip-Tastu*. 1871. In-8º, 162 p.

Campagne de 1870. — L'armée de Metz et le maréchal Bazaine. Réponse au rapport sommaire du maréchal Bazaine... par un officier d'état-major. — Paris, *Librairie internationale*. 1871. In-8º, VII-159 p. 3 fr.

— (La) de 1870, par un officier de l'armée du Rhin. — Paris, *Taride*. 1871. In-8º, pl.

— de 1870-1871. Historique du bataillon des chasseurs volontaires du Rhône. Combat de Châteauneuf, bataille de Nuits, entrée à Dijon. Notices sur les 1ʳᵉ et 2ᵉ légions du Rhône et sur les mobiles de la Gironde, par un ex-officier. — Lyon, *Jevain et Bourgeon*. 1871. In-18, 53 p.
Document relatif à l'histoire de la division Cremer et du 24ᵉ corps.

— de 1870-1871. Bazeilles et Sedan. Essai critique sur les opérations de l'armée de Châlons. — Bruxelles, *Rozez*. 1871. In-12. 2 fr.

— (La) de 1870. Les causes de nos désastres, par un officier d'état-major. — Paris, *Lachaud*. 1873. In-8º. 3 fr.

— de 1870. Des causes qui ont amené la capitulation de Sedan ...
Voir CAUSES.

— de 1870. Histoire de l'armée de Châlons, par un volontaire de l'armée du Rhin. Campagne de Sedan. — Bruxelles, *A. N. Lebègue*. 1870. In-8º. 1 fr. 50 c.

— (La) jusqu'au 1ᵉʳ septembre 1870, par un officier d'état-major de l'armée du Rhin [7ᵉ corps]. — Bruxelles, *Rozez*. 1871. In-8º, cartes et pl. 3 fr.

— de France (1870-1871). Impressions et souvenirs d'un officier du régiment des Deux-Sèvres [34ᵉ mobiles, 20ᵉ corps]. — Paris, *Dentu*. 1871. In-12, II-137 p.

Campagne de France (1870-1871). Lettres sur la mobile du Lot, par un officier supérieur [70e régiment provisoire, 17e corps] — Cahors, *Plantade*. 1873. 50 c.

— (La) de Metz, par un général prussien. — Bruxelles, *Muquardt*; Paris, *Dumaine*. 1871. In-8º, carte. 1 fr. 50 c.
Voir HANNEKEN.

— du Nord (1870-1871). Le 3e bataillon des mobiles de la Marne, par un mobile du 101e régiment de marche [provisoire, Somme et Marne]. — Reims, *Geoffroy*. 1872. In-8º, 148 p.
2e édition. 1873. In-18, VII-136 p. 1 fr. 25 c.

— (La) du Nord. Opérations de l'armée française du Nord (1870-1871) — Paris, *Tanera*. 1873. In-12, V-321 p., 7 cartes et pl. 3 fr. 50 c.

Campaign (The) of 1870-1871. — London. 1871. In-8º, 292 p. 10 sh. 6 d.
Extrait du *Times*. — *Voir* TIMES.

Campaux (Antoine). — Une visite au général Uhrich. — Bâle, *Georg*. 1871. Gr. in-8º, 48 p.

Camus (Antoine). — Les martyrs du drapeau. — Paris, *E. Lachaud*. 1870. In-18.

Canis (Jean). — Histoire de la République française depuis 1870 jusqu'en 1883. — Paris. 1884. In-12. 3 fr. 50 c.

Canonge (Colonel). — Histoire militaire contemporaine (1854-1871). — Paris, *Charpentier*. 1886. 2 vol in-18 j. 7 fr.
4e mille.

— Atlas d'histoire militaire contemporaine (1854-1871). — Paris, *Charpentier*. 1886. 45 pl., cartes ou croquis. 30 fr.

Cantons (C. des). — La Patrie en danger. — Paris. 1870. In-8º, 24 p.

Capello (V.). — Compendio del rapporto della guerra franco-germanica 1870-1871 redatto della Sezione storica del grande statomaggiore prussiano, con considerazioni. — Roma. 1880. In-8º.
Voir KRIEG.

Capette (Major C.). — *Voir* HOFFBAUER (Major E.).

Capitulation de Metz (La). — Corbeil, *Crété fils*. 1871. In-8º, 32 p.

— (a) devant l'histoire. — Bruxelles, *J. Rozez*. 1870. In-8º. 50 c.
Extrait de l'*Indépendance belge*.

— (La) devant l'histoire. — Paris. 1871. 50 c.

— Le même. — Paris, *Dubuisson*. 1873. In-32, 64 p.
Extrait de l'*Avenir militaire*. — *Voir* ROSSEL.

Capitulations (Les) des places fortes. Rapports du conseil d'enquête ... sur les capitulations de Lichtenberg, Marsal, Vitry-le-François, Toul, Laon, Soissons, Schlestadt, Verdun, Neufbrisach, Phalsbourg, Montmédy, La Fère, Amiens, Thionville, Paris, Guise, Mézières, La Petite-Pierre — Paris, *Librairie centrale*. 1872. In-16. 1 fr.

Cappé (G) — La mobile de Vitry, souvenirs de 1870. — Vitry-le-François, *Tavernier*. In-8º, 300 p. 3 fr. 50 c.

Capper (S. J). — Wanderings in the War time: two journeys in France and Germany in the Autumn of 1870 and the spring of 1871. — London 1871 In-8º, 346 p.

Capron (Em). — Défense de Parmain au passage de l'Oise contre les Prussiens du 23 au 30 septembre 1870 et les tribulations d'un franc-tireur. — Paris, *Librairie générale*. 1871. In-8º, 34 p. 1 fr
2e édition 1872. In-8º, 41 p. 3e édition. 1874.

Caraby (Ach). — Péronne, fortifications et servitudes militaires. — Péronne, 1871 In-8º, 38 p

— Histoire du bombardement de Péronne (1870-1871). — Péronne, *Reconfé* 1874. In-8º, 256 p , 2 pl

Cardevacque (A de) — Histoire de l'invasion allemande dans le Pas-de-Calais, suivie d'une notice historique sur les bataillons et les batteries de la garde mobile et les légions de la garde nationale mobilisée de ce département — Arras, *de Sède*. 1872. In-8º, 302 p. 1 fr 50 c.

— Les Prussiens dans le Pas-de-Calais (souvenirs de la guerre de 1870-1871). — Arras, *Sueur-Charruey*. 1887. In-18, 361 p. 1 fr. 50 c.

Cardinal von Widdern (Hauptmann, Oberst G.). — Belgien, Nordfrankreich, der Niederrhein und Holland als Kriegsfeld — Breslau, *Mälzer* 1870. Gr. in-8º, plan d'Anvers 4 m. 50 pf.

— Vom Gefecht. Studien und Kriegserfahrungen. Befehlsführung über gemischte Truppen. — Berlin. 1872. In-8º. 2 m.
A paru sous les initiales G. C. v. W.

— Zur Geschichte des 4. niederschlesischen Infanterie-Regiments Nr. 51 Der Franzosenkrieg 1870-1871 für alte und junge Einundfünfziger. — Brieg 1872. In-8º, 72 p. N. d. l. c.

— Das Nachtgefecht im Feld- und Festungskrieg. Kriegsgeschichtliche und taktische Studien — Berlin, *Eisenschmidt*. 1889 In-8º, III-154 p., 8 pl , 2 croquis. 3 m. 50 pf.
3 édition. 1894. XV-262 p. 5 m.

— Le combat de nuit dans la guerre de campagne et de siège Traduit de l'allemand par le capitaine C Richert — Paris, *Baudoin*. 1890. In-8º, 225 p , 15 croquis 5 fr.

Cardinal von Widdern (Hauptmann, Oberst G.). — Das Gefecht an Fluss-übergängen und der Kampf an Flusslinien. — Berlin, *Eisenschmidt*. 1890-1891. 2 vol. gr. in-8°. 10 m.

— Der Grenzdetachements-krieg und die Kavallerie. Unternehmungen in Feindesland während der Mobilmachung. — *Ib*. 1892. In-8°, VII-264 pages, cartes et croquis. 5 m. 50 pf.

— Deutsch-französischer Krieg 1870-1871. Der Krieg an den rückwärtigen Verbindungen der deutschen Heere und der Etappendienst nach den Feldacten und Privatberichten. — *Ib*. 1893-1895. 4 vol. in-8°, XI-224 p., 1 pl., 2 croquis; IV-212 p., 7 croquis; XII-287 p., 251 p., 3 croquis, 1 carte. 20 m. 80 pf.

Theil I. Hinter der Front der Maas-Armee.

Theil II. Die Bekämpfung des Volkskrieges im General-Gouvernement Reims....

Theil III. I. Band. Die Ereignisse im Rückengebiete der Armee des Prinzen Friedrich Karl. II. Band. Die Eisenbahnwiederherstellung, der Eisenbahnschutz und die Unternehmungen gegen denselben im Rückengebiet der II. Armee während des Loire-Feldzuges.

Une 4ᵉ partie est annoncée sous le titre : Die Ereignisse im General-Gouvernement Lothringen [an den rückwärtigen Verbindungen der II., III. und Süd-Armee, sowie des Korps Werder].

— Die Infanterie im Gefecht und im kleinen Kriege. — Gera, *A. Reisewiz*. 1888. In-8°.

2ᵉ édition.

— L'infanterie au combat et la petite guerre. Traduit par le capitaine Boillot — Bruxelles, *Muquardt*. 1889. In-8°, 216 p., fig., cartes et croquis. 4 fr.

— Heeresbewegungen und Märsche. Taktische und kriegsgeschichtliche Studien. — Berlin, *Eisenschmidt*. 1892. 2 vol. in-8°, carte et croquis. 7 m.

1ʳᵉ édition.

— Handbuch für Truppenführung und Stabsdienst. — *Ib*. 1884-1885. En 4 parties. 5 vol. in-8°, cartes et croquis. 2 m., 3 m. 60 pf., 3 m., 3 m. 60 pf., 4 m.

— Befehlsorganisation, Befehlsführung, Armee-Aufklärungsdienst. — *Ib*. In-8°. 4 m. 50 pf.

— *Voir* Pelet-Narbonne.

Carette (Mᵐᵉ A., née Bouvet). — Souvenirs intimes de la cour des Tuileries, 1ʳᵉ, 2ᵉ, 3ᵉ séries. — Paris, *Ollendorff*. 1888-1891. 3 vol. in 18 J. ..., 310, ... p. à 3 fr. 50 c.

La 2ᵉ série est surtout consacrée à la guerre de 1870.

Carlyle (T.). — *Voir* LETTERS.

Carnet (Le) d'un franc-tireur (novembre 1870-mars 1871). — Agen, *Lamy*. 1884 In-8°, 40 p.

Carnet d'un officier bavarois (30 juillet-9 novembre 1870). — *Revue politique et littéraire*, juin 1892.

— d'un prisonnier de guerre (les batailles sous Metz, la capitulation, la captivité) — Paris, *Lecène et Oudin*. 1889. In-18, 272 p., grav. 2 fr.

Carneville (Comte de, chef de bataillon). — 16° bataillon de la garde nationale de Paris, 1870-1871. — Caen, *Valin* 1874.

Carnot (Lieutenant) — Le drapeau du 27° régiment d'infanterie — Dijon, *Damidot*. 1891. In-8°, 68 p., cartes. 3 fr. 50 c.

Caro (E., de l'Académie française). — Les jours d'épreuve [1870-1871]. — Paris, *Hachette et C°*. 1872. In-18 j., 308 p.
_{Extrait de la Revue des Deux-Mondes. 1870-1871.}

Carrelet (Colonel) — Aperçu de notre état militaire en 1871 — Paris, *Dumaine*. 1871. In-8°. 50 c.

Carriere (M.) — Die sittliche Weltordnung in den Zeichen und Aufgaben unserer Zeit. Rede gehalten am 3 September 1870 — München, *Ackermann* 1870. In-8°, 15 p

Cartailhac (E.). — Capitain Roliers Ballonreise fra Paris til Norge. — Christiana 1872 12 sk.

Carte de Belfort et de ses environs, pour suivre les opérations du siège. — Paris, *Monrocq*. 1871.

— de la trouée de Belfort pour suivre la marche de l'investissement et les opérations de l'armée de l'Est — *Ib.* 1871

— de France, indiquant les départements occupés par l'ennemi — Bordeaux, *J Moreau* 1871. Lith

— de la garde nationale de la Seine Tableau de l'organisation des bataillons jusqu'à la fin de mars 1871. — Paris, *Lemercier et C°* 1871 Lith

— pour servir à l'intelligence de l'histoire de la défense de Paris, donnant les travaux offensifs et défensifs des Allemands et ceux de la défense, extraite de la carte au 1/40,000 du dépôt de la guerre — Paris, *Dumaine*. 1872. 4 feuilles en couleurs 5 fr.

— du département de la Seine avec courbes concentriques équidistantes indiquant la distance et la portée des feux d'artillerie dirigés sur Paris et de Paris sur les positions prussiennes. — Paris, *Lemercier et C°* 1871 50 c.

— de la frontière nord-est de la France 1870-1871 — Paris, *Dumaine*. 1871 1/320,000 50 c

— du théâtre des opérations de l'armée de Metz — Paris, *Lemercier et C°* 1873. En couleurs 1 fr

Carteron (Capitaine). — Historique sommaire du 1er régiment de zouaves — Paris, *Charles-Lavauzelle*. 1890. In-32, 108 p. 50 c.
   4e édition. 1895.

Cartier (Major A.). — Verdun pendant la guerre de 1870 Étude militaire sur les trois bombardements — Verdun, *Ch. Laurent*. 1872. In-8º, carte.

Carus (Doct. Gust.). — Die geistliche Kriegsbereitschaft eines christlichen Volkes. Predigt am 27 Juli 1870. — Stettin, *v. d. Nahmer*. 1870. In-8º, 16 p.

— (J. V.). — Friedensstimmen aus der Kriegszeit Vier Predigten. — Berlin, *E. Beck*. 1870. Gr. in-8º, 66 p.

Casanova (Lieutenant M) — Historique abrégé du 44e régiment d'infanterie. — Lons-le-Saulnier, *imp. Declume*. 1892. In-16, 103 p.

Casimir (Prosper) — Les pages douloureuses de la guerre. L'hôpital-hospice de Niort en 1870-1871. — Niort, *Favre* 1873 in-8º.

Caspary. — Geschichte des grossherzoglich-hessischen Infanterie-(Leib-) Regiments Nr 117. — Berlin. 1876. In-8º, ill. 2 m.

Cassagnac (P. de). — Histoire populaire abrégée de Napoléon III — Paris, *Lachaud et Burdin*. 1875. In-16, 76 p 50 c

— Histoire de la troisième république. 1re partie : Dictature de M. Gambetta. 2e partie : Principat de M Thiers. — *Ib*. 1875. In-8º, 372 p. 6 fr.
   Voir JOURNÉE.

— (A Granier de). — Souvenirs du second empire Troisième partie : La guerre d'Italie · le prince impérial ; le parlementarisme ; le 4 septembre, la République et la Commune. — Paris, *Dentu*. 1879 In-18 ; , 279 p 3 fr. 50 c

Casseau (C.). — Aus Deutschlands grosser Zeit. Reihenfolge lebendiger Bilder... — Berlin, *Bloch*. 1895. In-12, 16 p. 1 m.
   Bloch's Gallerie lebender Bilder.

Casse (Baron A. du). — *Voir* DUCASSE.

Cassel. — History of the war between France and Germany 1870-1871 — London, *Cassel and Cº*. 1872. 2 vol. in-8º, 582,... p cartes et plans 18 sh.
   7e édition. 1872-1873. — *Voir* KRIEG.

— (P.) — Deutsche Reden — Berlin, *Weile* 1871. In-8º, 156 p. en livr à 50 pf.
   3e édition.

— Deutsche Reden uber Deutschland und Frankreich (2 Cyklus) — Leipzig, *Heinersdorff*. 1871. In-8º, 3 livr, 47 p. 25 pf.

Cassel (Doctor Paulus). — Preussen und Deutschland. Eine Antwort an Ernst Renan. Rede gehalten am 26. September 1870. — Berlin, *Bibliographisches Bureau*. 1870. Gr. in-8°, 16 p. 20 pf.

Castellane (Marquis de). — Essais de psychologie politique : M. Thiers, Gambetta. — *Nouvelle Revue*. 1ᵉʳ juillet-1ᵉʳ novembre 1888.

Castenholz (Hauptmann A.) — Die Belagerung von Belfort im Jahre 1870-1871. Im Auftrage der königlichen General-Inspektion der Artillerie unter besonderer Berücksichtigung der artilleristischen Verhältnisse und mit Benutzung dienstlicher Quellen bearbeitet — Berlin, *Voss*. 4 vol. gr. in-8°, IV-738 p, 8 pl, 2 tableaux. 23 m. 50 pf.

Castéras-Villemartin (De). — Historique du 16ᵉ régiment de dragons [4ᵉ lanciers] (1718-1891). — Paris, *Person*. 1892. In-4°, 213 p, ill.

Castillon de Saint-Victor (De). — Historique du 5ᵉ régiment de hussards. — Paris, *Lobert et Person*. 1890. In-4°, 215 p, pl. 15 fr.

Caston (De). — Les Français sur le Rhin. La France devant l'opinion publique. — Paris 1870. In-8°, 24 p.

Catastrophe (La) de Critot (nuit du 3 au 4 octobre 1870). — Rouen, *imp. Leprêtre*. In-8°, 22 p. 50 c.

Catholineau (Général de) — Le corps de Cathelineau pendant la guerre de 1870-1871. — Paris, *Amyot*. 1871. 2 vol. in-12, 775 p. 6 fr.
A consulter pour l'histoire de l'armée de la Loire et de la 2ᵉ armée. — *Voir* Cugnac (Je).

Cathiau (Doct. Th.). — Der Karlsruher Männerhülfsverein und sein Wirken während des Feldzuges 1870-1871.... Erinnerungsbilder.... — Karlsruhe, *J. J, Reiff*. 1896. In-8°, VIII-216 p. 1 m. 80 pf.
Badener im Feldzug 1870 1871.

Causes célèbres. Tomes VIII et IX (procès Bazaine). — Paris, *Lebrun*. 1874 2 vol in-8° 12 fr.

— (Les) de nos Désastres, par un officier d'état-major.
Voir Cautagne.

— (Les) de nos désastres Réflexions d'un prisonnier de guerre, par un officier supérieur — Paris, *Société bibliographique*. 1872 In-12. 60 c.

— (Les) de nos désastres Projet de réorganisation de l'armée (faisant suite à la *Campagne de 1870 jusqu'au 1ᵉʳ septembre*), par un officier d'état-major de l'armée du Rhin.— Bruxelles. 1871. In-8°, 239 p 3 fr 50 c.

— générales de la guerre de 1870. — *Nouvelle Revue*, 1ᵉʳ octobre 1884.

— qui ont amené les désastres de l'armée française dans la campagne de 1870. — Bruxelles, *Office de publicité*. 1870 In-8° 1 fr.

— (Des) qui ont amené la capitulation de Sedan, par un officier attaché à l'état-major général. — Bruxelles, *Rozez* 1870. In-8°, pl. 2 fr.
Attribué à Napoléon III. *Voir* Campagne, Napoléons, Stimmen, Ursachen.

Cavailhon (Édouard). — Les Sportsmen pendant la guerre ; épisodes de 1870-1871, avec préface d'Armand Silvestre. — Paris, *Dentu*. 1881. Gr. in-18 j. 3 fr. 50 c.

— Les chants d'un Gaulois, poésies vengeresses. — Paris, *Dentu*. 1887. In-12. 3 fr. 50 c.

Cavalerie (La) à la bataille de Vionville-Mars-la-Tour. — *Bulletin*, août-septembre 1881, croquis.

— pendant la guerre de 1870-1871. — Paris, *Palmé*. 1871. In-8º.

— pendant la campagne de France. — *Bulletin*, 2e semestre 1881.

— française et allemande autour de Metz, 16-18 août 1870. — *Revue de cavalerie*, juin-juillet 1892.

Cavallerie vor ! Eine kriegsgeschichtliche Studie. Von der Mosel zur Marne. — *Organ*. 1893. 46e vol. Cartes.

— (Die) an dem Gefechte bei Weissenburg, dem 4. August 1870. — *Neue mil. Bl.*, novembre 1872.

Cavallerie-Division (die 1. deutsche) während der Schlacht von Beaune-la-Rolande am 28. November 1870. — *Militär-Wochenblatt*. 1894, nº 8.

Cavallerie-Divisionen (Die) der deutschen III. und Maas-Armee und die Operationen gegen die Armee von Châlons. — *Neue mil. Blätter*, juillet-novembre 1894.

Cavaniol (Henry). — L'invasion de 1870-1871 dans la Haute-Marne. — Chaumont, *Cavaniol*. 1873. In-8º, xv-469 p. 5 fr.

Cayron (Jules). — *Voir* NORIAC.

Cazaux (Marquis de). — Extrait de la correspondance adressée au ministère des affaires étrangères (1869-1870). — Sens, *Duchemin*. In-8º, iv-175 p.

Cazenove (L. de). — Compte rendu des travaux du comité sectionnaire lyonnais de la Société française de secours aux blessés... Guerre de 1870-1871. — Lyon, *Bellon*. 1873. In-8º, 220 p.

Caziot (Capitaine). — Historique du 1er régiment de pontonniers [16e régiment d'artillerie]. — Paris, *Charles-Lavauzelle*. 1889. Gr. in-8º. 6 fr.

Ce que coûte un César, ou le « Garde à vous » d'un caporal de l'armée du Rhin. — Paris, *Nollet*. 1888. In-18, viii-189 p. 2 fr.

Céard (Henri). — *Voir* ZOLA.

Cebrian (A.). — *Voir* THOURET.

Ceccaldi (Lieutenant-colonel T. C.). — Lettres militaires du siège, avec le tableau des régiments et bataillons de guerre de la garde nationale parisienne et le dispositif de la bataille de Buzenval. — Paris, *Plon*. 1873. In-18, 216 p. 2 fr. 50 c.

Ceccaldi (Lieutenant-colonel T. C.). — Lettres diplomatiques. Coup d'œil sur l'Europe au lendemain de la guerre. — Paris, *Plon*. 1872. In-18. 2 fr. 50 c.

— (J. M). — Projet adressé aux membres du gouvernement de la Défense nationale. — Ajaccio. 1871. In-8°, 8 p.

Cecilia (Giov. La). — Storia politica del la guerra del 1870-1871 trà Francia e Germania — Napoli 1871. 2 vol. in-8°, x-190 et . p.

Ceresa (G. Fr.). — Sguardo cronologico della campagna del 1870, dal 2 luglio al 31 diciembre 1870. — Torino. 1871. In-8°, 48 p. 50 c.

Cernierung (Die) von Peronne im Zusammenhang mit den Operationen der I. Armee. — *Jahrbücher*, 4e trimestre 1874, cartes.

Cernuschi (Henri). — Discours au club de la Porte-Saint-Martin, le 27 octobre 1870. — Paris. 1870. In-8°, 15 p.

Certans. — Le combat de Châtillon, 19 septembre 1870. — *Spectateur militaire*, mai 1893.

Céséna (Amédée de). — Histoire de la guerre de Prusse. — Paris, *Garnier*. 1871 Gr. in-8°. 4 fr.

Ch—l (Jean de). — *Voir* NAPOLÉON

Chabert (F. M.) — Journal du blocus de Metz en l'année 1870 — Paris, C. Guérin. 1871. In-12.

— Histoire de Metz de 1870 à 1871. — Nancy. 1874. In-8°, 291 p.
    4e édition. 1878.

Chabot (Commandant J. de). — Étude historique et tactique de la cavalerie allemande pendant la guerre de 1870-1871. — Paris et Nancy, *Berger-Levrault et Cie*. Gr. in-8°. 1re partie. 1889. carte et pl. 3 fr. 50 c. 2e partie 1890. 3 fr.
    Extrait de la *Revue de cavalerie*.

Chabrol (Ulysse) — Rudes étapes 1870-1871. Armée de Bretagne [4e division du 21e corps] — Paris, *Havard*. 1893 In-18, 340 p. 3 fr. 50 c.

Chadois (Le colonel de) à l'armée de la Loire, par un mobile de la Dordogne — Bergerac, *Roy*. 1875. In-8°, 11 p.
    A consulter pour l'histoire du 22e mobiles, 16e corps.

Chaix. — Souvenirs du siège de Paris. Une page d'histoire de la Défense nationale 1870-1871. — Paris, *imp. Chaix*. 1890. In-8°.

Chalamet (A) — Jean Felber; histoire d'une famille alsacienne ; la guerre franco-allemande ... — Paris, *Picard et Kaan*. 1891. In-12, 372 p , grav. 3 fr. 50 c.

Challemel-Lacour et Ferrouillat — Marchés de Lyon. Discours prononcés à l'Assemblée nationale. — Paris, *Le Chevalier*. 1873 In-18. 50 c.

Chalot (Prosper). — Histoire de notre temps racontée à mes petits-enfants. — Paris. 1874. In-16. 2 fr.

Chalus (Commandant vicomte Adhémar de). — Guerre franco-allemande de 1870-1871. Wissembourg, Frœschwiller, retraite sur Châlons — Besançon, *Marion, Morel et C*^{ie} ; Paris, *Baudoin*. 1882. In-8º, 263 p , croquis, cartes. 7 fr. 50 c.

Chambord (A) — Alsace-Lorraine (en 1870). — Paris, *Amyot*. 1876. In-8º, 35 p.

Champagne (G.). — Les martyrs de Strasbourg, ou l'Alsace en 1870 Drame historique et patriotique en 5 actes et 10 tableaux. — Paris, *Tresse*. 1890. In-12. 2 fr.

Champagny (Comte F. de). — 1870-1871. — Paris, *Douniol*. 1871. In-8º, 38 p.

Extrait du *Correspondant*.

Champval (J. B.). — Sept mois dans la mobile au 90ᵉ régiment de marche [provisoire, Corrèze et Sarthe, 21ᵉ corps]. — Tulle, *Veanson*. 1871. In-8º. 2 fr.

Champré (Abbé). — Les zouaves pontificaux ou volontaires de l'Ouest. Poème dramatique et lyrique. — Guingamp, *Le Goffic*. 1874. In-8º, XVI-71 p.

Champsaur (Félicien). — De la déclaration de guerre à la capitulation de Metz. — *Grande Revue de Paris et de Saint-Pétersbourg*, septembre 1892.

Changarnier (Général). — Discours à l'Assemblée nationale sur la question de la paix et sur la campagne de l'armée du Rhin. — Paris, *Claye*. 1871. In-12, 19 p.

Voir ARMÉE, DOCUMENTS.

Chanloup. — Le blocus de Metz et les événements qui l'ont amené. — Paris, *Bureaux du National*. 1871. In-8º.

Chanonie (C. de la). — Gambetta. — Compiègne, *imp Lefebvre*. 1889. In-8º, 63 p.

Chansons des Allemands contre la France pendant la guerre d'invasion de 1870-1871. Traduites par V. Charlot. — Paris, *Lachaud*. In-8º, 171 p. 2 fr.

Chantrel (J.) — La guerre de Prusse. Histoire militaire et diplomatique de la guerre de 1870. — Paris, *Palmé*. 1870. In-8º, 64 p.

Chants (Les) de guerre en 1870-1871. — Paris, *Lachaud*. 1873. In-18 j. 5 fr.

Chanzy (Général) — La deuxième armée de la Loire Campagne de 1870-1871. — Paris, *Plon* 1ʳᵉ-3ᵉ édit 1871. In-8º cav , 662 p , atlas de 5 cartes en couleurs. 10 fr.

4ᵉ édition. 1871. In-8º. 670 p. 5ᵉ édition. 1872. In-18. 548 p. 4 fr.

Chanzy (Général). — Feldzug 1870-1871. Die II. Loire-Armee. Aus dem französischen von Lieutenant O. von Busse. — Hannover, *Helwing*. 1873. Gr. in-8º, 620 p. 5 cartes. 12 m.
2ᵉ édition.

— L'armée de la Loire. — Paris, *Gautier*. 1895. In-8º, 36 p. 10 c.
Nouvelle Bibliothèque populaire.

Chapelle (Comte de la, correspondant militaire du *Standard*) — La guerre de 1870. Détails et incidents recueillis sur les champs de bataille. — Londres, *Ruelens*. 1870. In-8º, 210 p.
Ouvrage rédigé sur les indications fournies par Napoléon III.

— The war of 1870. Events and incidents of the Battle Fields — London. 1870. In-8º, 210 p. 5 sh.

— Les forces militaires de la France en 1870. — Paris, *Amyot*. 1872. In-8º, 3 fr.
Contient la reproduction d'un ouvrage sorti de l'*Imprimerie nationale* sous le titre de Composition des armées en 1868 et dû à Napoléon III. N. d. l. c.

Chaper (député). — *Voir* ACTES.

Chaperon (Capitaine H.). — Historique du 46ᵉ régiment d'infanterie. — Paris, *Charles-Lavauzelle*. 1893. In-8º, 200 p. 3 fr.

Charakter (Zum) des intensiven Infanterie-Gefechts im französischen Kriege 1870. — *Jahrbücher*, octobre-novembre 1872.

Charakterzüge, Heldenthaten und Anekdoten aus dem deutschen Kriege gegen Frankreich, 1870. — Pyritz, *Backe*. 1870. 48 p. 25 pf.

— aus dem Leben des Kaisers und Königs Friedrich III. — Düsseldorf, *Silbermann*. 1888. In-8º, 31 p. 30 pf.

— aus dem Leben des deutschen Kaisers und Königs von Preussen Friedrich — Langensalza, *Schulbuchhandlung*. 1890. In-8º, 128 p. 90 pf.

Charbonnier (Joseph). — Souvenirs de l'invasion ; l'Alsace en 1872 ; la *Marseillaise*. — Paris, *Quantin*. 1884. In-8º, 93 p. et portr. 2 fr.

— Les Allemands chez eux et chez nous. — Paris. 1872, In-12. 2 fr.

Charette (Lieutenant-colonel, puis général, baron de). — Souvenirs du régiment des zouaves pontificaux. Rome, 1860-1870. France, 1870-1871. Notes et récits réunis. — Tours, *Mame*. 1876. 2 vol. in-fol., grav. N. d. l. c

— Le même. — Paris, *Sauton*. 1877-1878. In-4º. 20 fr.
À consulter pour l'histoire du 17ᵉ corps.

Charles (Léopold). — Notices sur l'invasion allemande à La Ferté-Bernard en 1870-1871, publiées par l'abbé Charles (Rob.). — Paris, *Champion*. 1872. In-8º, 23 p., pl.

Charlot (V.) — *Voir* CHANSONS.

Charot (Médéric) — Le bataillon de Provins (siège de Paris 1870-1871), récit d'un garde mobile. — Paris, *Vanier*. 1873. In-12, XXXVII-279 p. 3 fr. 50 c.

— Croquis et rêver'es, suivi de : Carnet d'un garde mobile, esquisses et impressions (vers). — Paris, *Dentu*. 1884. In-18 j., 158 p. 3 fr.

Charpignon (Docteur J.). — Souvenirs de l'occupation d'Orléans par les Allemands en 1870-1871. Théorie de l'invasion; les effets; les assassinats; les blessés. — Orléans, *Herluison*. 1872. In-8°, 62 p.

Chassagne (Docteur). — Contre le Prussien. — Paris, *Charles-Lavauzelle*. 1895. In-18, 352 p. 3 fr. 50 c.
<small>Se rapporte à l'histoire des Éclaireurs algériens.</small>

Chasteau (Paul). — Recueil des dépêches françaises officielles, circulaires, proclamations, rapports militaires, etc., 6 juillet 1870-27 mai 1871. 1re série : 6 juillet-12 décembre 1870. 2e série : 12 décembre 1870-16 février 1871. 3e série : 16 février-27 mai 1871. — Paris, *Librairie internationale*. 1870-1871. 3 vol. in-12. 1 fr. 50 c. la série.

Châteaudun. Journée du 18 octobre 1870. Rapport du maire de Châteaudun à M. le Ministre de l'intérieur. — Châteaudun, *Lecesne*. 1872. In-4°, 8 p., pl.

— (Die Einnahme von) am 18. October 1870. — *Jahrb.*, 4e trimestre 1874.

Chateaugay (Pierre) [capitaine P. Jaffeux] — Le 4e régiment d'infanterie de marine depuis sa fondation jusqu'en 1880 — Toulon, *imp. Costel*; Paris, *Hurteau*. 1880. In-18, 78 p. 2 fr.
<small>A consulter pour l'histoire du 12e corps.</small>

— Infanterie de marine. 4e régiment. — Versailles, *Cerf*. 1886. In-12. 1 fr.

Chatillon (L. L. de). — L'Allemagne trahie depuis Sedan; scènes de l'occupation prussienne en Alsace. — Paris. 1871. In-8°. 50 c.

Châtillon pendant la guerre. Souvenirs de M. Achille Maitre — Châtillon, *A. Pichat*. 1888. In-8°.

Châtillon-sur-Seine. 1870. — *Neue milit. Blätter*, janvier 1895.

Chaudordy (Comte de). — La France à la suite de la guerre de 1870-1871. La France à l'intérieur; la France à l'extérieur. — Paris, *Plon* 1887. In-8°, 141 p. 3 fr.

Chausson (G.). — Une page d'histoire : le siège et la Commune de Paris en 1871. — Paris, *Ghio*. 1880. In-18 j., 252 p. 2 fr.

Chautard (I.) — Du rôle de la science pendant la guerre de 1870-1871 — Nancy 1871. In-8°, 20 p.

Chauveau (Le R P) [S. J] — Souvenirs de l'école Sainte-Geneviève Notices sur les élèves tués à l'ennemi. — Paris, *Aibanel*. 1872-1873 3 vol. in-18 j , à 3 fr. 50 c.

5e édit. 1880. 3 vol. 9 fr.

— Au service du pays. Souvenirs de Sainte-Geneviève. — Paris, *Palmé* 1879. In-8º, grav. 6 fr.

— Le même, 2e série — *Ib.* 1881 In-8º. 6 fr.

— Le même. — Paris, *V. Retaux*. Gr. in-8º, ill. 4 fr.

— Le vrai patriotisme, notices sur quelques élèves de l'école Sainte-Geneviève tués à l'ennemi. — Tours, *Mame*. 1878. In-8º. 1 fr. 50 c.

— Foi et courage, notices sur quelques élèves de l'école Sainte-Geneviève tués à l'ennemi. — Tours, *Mame*. 1879. In-8º, 337 p., grav. 1 fr. 50 c.

— Foi et courage, notices sur quelques élèves de l'école Sainte Geneviève tués à l'ennemi. — Tours, *Mame*. 1884 In-8º, 239 p , grav. 1 fr. 50 c.

Nouvelle édition. 1894.

— Souvenirs d'un officier de chasseurs à pied. — Tours, *Mame*. 1879. In-8º, 240 p , grav. 1 fr. 50 c.

Extrait des Notices sur les élèves de l'école Sainte-Geneviève tués à l'ennemi.

Chauvier (Ad). — Système de défense et approvisionnement de Paris, projet présenté aux membres de la Défense nationale. — Paris, novembre 1870.

Chauvin (General von). — Organisation der elektrischen Telegraphie in Deutschland für die Zwecke des Krieges. Mit 1 Karte des im Feldzuge von 1870-1871 ausgeführten Kriegstelegraphen-Netzes. — Berlin, *Mittler*. 1884 In-8º 2 m. 50 pf.

Chavane (Capitaine J). — Les grands régiments disparus : Carabiniers, Royal-Roussillon. Histoire du 11e cuirassiers [carabiniers de la garde]. — Paris, *Charavay* 1889. In-8º, 376 p , ill

Chemins de fer (Les) pendant la guerre de 1870-1871. — *Étranger*, 1872, nº 52.

— (Les) pendant la guerre de 1870-1871. — *Bulletin*, 1er semestre 1878.

Chêne (A du). — Choses vues au 29e de mobiles [Maine-et-Loire]. — Angers, *Germain et Grassin*. 1895. In-16, 85 p.

Chenu (Docteur J C , médecin principal en retraite) — Aperçu historique, statistique et clinique sur le service des ambulances et des hôpitaux de la Société française de secours aux blessés des armées de terre et de mer pendant la guerre de 1870-1871. — Paris, *Hachette, Dumaine*. 1874 2 vol in-4º, LXXXVIII-1583 p. 30 fr.

Cherbuliez (Victor). — L'Allemagne politique depuis la paix de Prague, 1866-1870. — Paris. 1870. In-8º.

— Das politische Deutschland seit dem Prager Frieden (1866-1870). Uebersetzt. — Bern, *Haller*. 1870. In-8º, xxviii-316 p.

Cherliez (Mme). — La Versaillaise, chant de la garde nationale de Versailles. — Paris, novembre 1870.

Chesney (Lieutenant-colonel) and Reeve (Henry). — Military Resources of Prussia and France, and recent Changes in the Art of War. — London. 1870. In-8º. 7 sh. 6 d.

— Het Krijgswesen van Pruisen en Frankrijk en de laatste veranderingen in de Kunst van orlogvoeren. Naar het Engelsch door A. Schaade van Westrum. — Delft. 1871. In-8º, 156 p. 1 fl. 50 cts.

Cheva*t (Ém). — Mon journal pendant le siège et la Commune, par un bourgeois de Paris. — Paris, *Librairie des contemporains*. 1871. In-12. 2 fr.
2ᵉ édition.

— La Routine militaire. — Paris, *Ollendorff*. 1880. In-18.

Chevalier (A.) — Les Prussiennes (vers). — Paris, *Ghio*. 1885. In-18 j, 261 p. 3 fr. 50 c.

— (Édouard). — La marine française et la marine allemande pendant la guerre de 1871, considérations sur le rôle actuel des flottes dans une guerre continentale. — Paris, *Plon*. 1873. In-18, 275 p. 3 fr. 50 c.

Chevaux (Les) de la cavalerie allemande pendant la campagne de 1870-1871. — *Étranger*, mai 1895.

Chevilly (Das Gefecht bei) am 30. September 1870. — *Deutsche Heeres-Zeitung*, 1894, nᵒˢ 44-45.

Ch—l (Jean de). — *Voir* NAPOLEON's.

Choiseul-Gouffier (Erard de). — La France avant et après la paix. — Genève, *Jolimay-Desrogis*. 1871. In-8º, 46 p. 1 fr. 20 c.

— La France et la Prusse pendant la guerre de 1870-1871. — Luxembourg, *Brück*. 1871. In-8º.

Choné (Doct.). — Le pont de Fontenoy. — *Revue Alsacienne*, septembre 1880.

Choppin (Capitaine Henri) [Charles Delacour]. — L'armée française (1870-1890). — Paris, *Savine*. 1891. In-18, 307 p. 3 fr. 50 c.
2ᵉ édition.

— Trente ans de la vie militaire. — Paris et Nancy, *Berger-Levrault et Cⁱᵉ*. 1891. In-12, ill. 3 fr.

Chorus (Oberstlieutenant von). — Geschichte des 4. niederschlesischen Infanterie-Regiments Nr. 51. — Brieg, *Lebek und Weigmann*. 1892. In-8, iv-212 p., pl. 3 m. 50 pf.

Choulot (Lieutenant-colonel Paul, comte de). — Journal et notes du 19ᵉ régiment de mobiles (Cher) 1870-1871. — Paris, *Dumaine*. 1872. In-12. 4 fr.

_{A consulter pour l'histoire du 18ᵉ corps.}

Christa und Zech (Pfarrer). — Predigt in der Kriegszeit, gehalten am 7. August 1870. — Kaufbeuren, *Mayr*. 1870. In-8º, 22 p.

Christen (Lieutenant de). — *Voir* SCHELL (Major A. von)

Christian (P.). — Histoire de la guerre de la France avec la Prusse et des deux sièges de Paris (1870-1871). — Paris, *Legrand, Troussel et Ponny*. 1872-1873. 2 vol. gr. in-8º ill., 1159 p. 24 fr.

— (W.). — Unsere zwei Heldenkaiser. Lebensbilder aus Deutschlands jüngster Vergangenheit. Für die Jugend bearbeitet. — Furth, *G. Löwensohn*. 1893. Gr. in-8º, 108-48 p. 2 m.

Christlieb (Professor Doctor Th). — Was thut der Christ im Anblick ernster Entscheidung? Predigt am 17. Juli 1870. — Bonn, *Marcus*. 1870. In-8º, 23 p.

_{2ᵉ édition.}

Christot (Docteur). — Le massacre de l'ambulance de Saône-et-Loire [21 janvier 1871]. Rapport du comité médical de secours aux blessés le 7 juillet 1871 — Lyon, *Vingtrinier* 1871. In-8º, 16 p., pl.

Chronik des deutsch-französischen Krieges 1870-1871. Mit den Reden, Telegrammen, Handschreiben, Erlassen, Armeebefehlen, Proklamationen und Verordnungen des Königs und der Königin von Preussen. — Berlin, *von Decker*. 1870-1871. Gr. in-8º, 481 p. 4 m. 50 pf.

_{4ᵉ édit. 640 p. 5 m. 50 pf. Extrait du *Königlich-Preussischer Staats-Anzeiger*.}

Chronika des deutsch-französischen Riesenkampfes in dem Jahre 1870-1871 in geläufigen Reimen erzählt von Versifex. — Gotha, *J. A. Perthes*. 1871. In-8º, 164 p.

— Le même. — Leipzig. *Siegismund und V*. 1877. In-8º, 164 p. 1 m. 20 pf.

Chronique de la guerre franco-allemande de 1870, avec les discours, télégrammes, lettres, ordonnances, ordres à l'armée, proclamations et arrêtés du roi de Prusse (d'après le *Moniteur royal de Prusse*) du 4 juillet au 4 septembre. — Berlin, *von Decker*. 1871. Gr. in-8º, 107 p. 2 m.

_{*Voir* CHRONIS.}

— du siège de Paris (septembre 1870-janvier 1871) Publication spéciale du *Paris-Journal*. — Paris, imp. *Lefebvre*. 1871 Cartes et pl.

Chuquet (Professeur Arth.). — Le général Chanzy (1823-1883). — Paris, *Cerf* 1884. In-18 j , VII-439 p. 3 fr. 50 c.

— La Guerre (1870-1871). — Paris, *L. Chailley*. 1895. In-8º, 216 p. 5 fr.

— Der Krieg 1870-1871 (La guerre 1870-1871). Uebersetzt von L. A. Hauff. — Zittau, *Pahl*. 1895. In-8º, VIII-318 p. 3 m.

Civry (Le vicomte U. G de) — Épisode de la guerre franco-allemande. Un engagement de cavalerie. Combat de Busancy, 27 août 1870. — Londres, *Andrews*. 1878. In-8º.

— Épisode de la guerre franco-allemande Armée de l'Ouest Souvenirs militaires. La Camisade d'Étrépagny (29 novembre 1870). — Londres, *Alph. Roques*. 1879. In-8º. 2 fr.

— Sedan et Iéna Grands désastres et grands exemples. — Paris, *Baudoin*. 1881 In-8º. 1 fr 25 c.

— Les armées improvisées. — Paris, *Baudoin* 1882. In-8º. 2 fr. 50 c.

Clamageran (J. J.). — Souvenirs du siège de Paris. Cinq mois à l'hôtel de ville. — Paris, *Guillaumin*. 1872. In-8º, 24 p. 1 fr.

Claretie (Jules). — Le champ de bataille de Sedan, 1ᵉʳ septembre. — Paris, *Lemerre*. 1871. In-18, 61 p. 1 fr.

— La France envahie (juillet à septembre 1870), Forbach et Sedan Impressions et souvenirs de guerre. — Paris, *Barba*. 1871. In-18, XVI-384 p. 3 fr.

— La guerre nationale Metz et Strasbourg Châteaudun. Coulmiers Patay. Le Mans. Bitche et Belfort. L'armée du Rhin et l'armée des Vosges. La paix de Bordeaux. — Paris, *Lemerre*. 1871. In-18, XII-410 p. 3 fr.

— Paris assiégé, tableaux et souvenirs. — *Ib.* 1871. In-12, IX-328 p. 3 fr.

— Histoire de la révolution de 1870-1871. — Paris, *Polo*. 1871. 120 livr. in-4º à 2 col., 794 p. ill , à 25 c., cartes, pl.

— Le même. — Paris, *Librairie illustrée*. 1876. 5 vol. in-8º, ill , X-1895 p. 30 fr.

Clark (H.). — *Voir* FAVRE (Jules).

Clarke (Major F. C. H.). — *Voir* KRIEG.

Clarus. — *Voir* BARTH (E.).

Clason (O.). — Deutschland und die Kaiseridee. — Bonn, *A. Marais*. 1870. In-8º, 14 p. 20 pf.

Clayton (A.). — Amour sacré de la patrie ! Épisode de la guerre de 1870-1871. Préface de M. Paul Bert, de l'Institut. — Paris, *Picard-Bernheim et Cⁱᵉ*. 1884. In-18 j., 180 p., ill. 1 fr. 50 c.

Clemen (Past. A.). — Festpredigt am 25 jährigen Sedantage. — Braunschweig, *H. Wollermann*. 1895. In-8º, 15 p. 25 pf.

Clément-Janin (H). — Journal de la guerre 1870-1871 à Dijon et dans le département de la Côte-d'Or. — Dijon, *Marchand*. 1871-1873. 2 vol in-8º, 97 et 229 p. 5 fr.

Clerc (Capitaine J. C. A.). — Historique succinct du 139ᵉ régiment d'infanterie [39ᵉ de marche]. — Paris, *Charles-Lavauzelle*. 1889. In-32, 128 p. 50 c.
  Nouvelle édition. 1893.

Clergier (Alb.). — *Voir* ANTULLY.

Clerval (G de). — Les ballons pendant le siège de Paris Récits de 60 voyages aériens — Paris, *Wattelier*. 1871 In-12, 152 p. 1 fr. 50 c.

Co (L. di). — Guerra franco-prussiana L'esercito italiano e il generale Govone, ministre della guerra. — Firenze. 1870. In-8º, 19 p. 40 c.

Cochard (Abbé Th.). — L'invasion prussienne de 1870. I. Les Bavarois à Orléans. II. Les Prussiens à Orléans. — Orléans, *Séjourné*. 2 vol. in-18, 122 et 220 p. 1 fr. 75 c.

— Premier anniversaire du combat d'Orléans, 11 octobre 1870. — Orléans. 1871. In-12, 8 p.

Cochenhausen (Pr.-Lieutenant von). — Geschichte des hessischen Feldartillerie-Regiments Nr. 11 und seiner Stammtruppentheile. — Berlin, *Mittler*. 1882. Gr. in-8º. 5 m. 50 pf.

Cochin (Auguste, de l'Institut). — Le service de santé des armées avant et pendant le siège de Paris. — Paris, *A. Sauton*. 1871. In-8º, 80 p. 1 fr.
  Extrait de la *Revue des Deux-Mondes*.

Cölln (Pastor D. von). — Sechszehn alte und neue Vaterlandslieder. — Breslau, Leipzig, *Bredt*. 1870. In-32, 24 p.

Coffinières de Nordeck (Général). — Capitulation de Metz. Réponse du général à ses détracteurs. — Bruxelles. 1871. In-8º. 1 fr. 50 c.

— (Le général). Notice biographique. — Saintes, *Hus*. 1887. In-8º, 12 p.

Cognetti (Giampaolo). — L'empereur d'Allemagne et l'Europe. — Napoli, *Androsio*. 1871. In-8º, 62 p.

Cohn (Doctor Docent Hermann). — Schussverletzungen der Augen. — Erlangen, *Enke*. 1872. In-4º, fig. 2 m.
  Extrait des *Fischer's kriegschirurgische Erfahrungen*.

Coipel et Tougard (Abbés). — Moulineaux, près Rouen. Son église, son histoire, le combat du 4 janvier 1871. — Rouen, *Cagniard*. 1875. In-8º, xv-80 p. 1 fr.

Colas (Claude-Charles). — Coqs et vautours. — Paris, *Ghio*. 1884. In-8º, ill. 5 fr.

Colditz (Sek.-Lieutenant von). — Geschichte des Feld-Artillerie-Regiments von Scharnhorst (1. Hannoversches) Nr 10 — Berlin, *Mittler*. 1891. In-8°, 6 m.

— Le même. Mannschaftsausgabe. — *Ib*. 1891. N. d. l. c.

Collet (Émile). — L'occupation allemande dans le Soissonnais — Soissons, *de Chilly*. 1872. In-8°, 128 p. 2 fr.
Nouvelle édition, 1884. In-8°, 177 p.

— Le siège de Soissons en 1870. — Soissons, Ho. ~~~. 1871. In-8°. 2 fr

Collignon (Edmond). — L'armée de Sedan aux environs de Reims. — Reims, *imp. Monce*. 1888. In-16, 63 p. 1 fr.

Colomb (General von). — Aus dem Tagebuch des General-Majors Kommandeur der 3. mobilen Kavallerie-Brigade während des Feldzugs 1870-1871. — Berlin, *Mittler*. 1876. Gr. in-8°, 233 p., cartes. 4 m. 60 pf.

— Beiträge zur Geschichte der preussischen Kavallerie seit 1808. — Berlin, *Th. Hofmann*. 1880. Gr. in-8°. 4 m.

Colombey-Nouilly. — *Milit.-Wochenbl.*, 1894, n°s 49-50.

Colonie (La) suisse à Paris pendant le siège. — Paris. 1871. In-8°, 38 p.

Combat (Le) d'Auvours [11 janvier 1871]. — Saint-Brieuc. 1875. In-8°, 11 p

— (Le) d'Épinal, 12 octobre 1870, par un officier de la garde nationale, ancien élève du lycée de Strasbourg. — Épinal, *Busy*. 1871. In-12, 12 p. 25 c.

— (Le) du 1er décembre 1870 à Autun. — Autun, *imp. Coquengniot*. 1887. In-8°, 8 p.

Combats (Les) de Villiers, Bry, Champigny... 30 novembre-2 décembre 1870. — *Revue militaire française*, avril-juin 1875.

— (Les) de la Bourgonce et de Rambervillers. — Rambervillers, *Ch. Méjeat*. 1881. In-12.

Combe (De la). — Souvenirs de l'invasion, l'occupation d'Orléans. — Paris, *Douniol*. 1871. In-8°.

Combes (François). — Les invasions germaniques en France. — Bordeaux, *Gounouilhou*. 1871. In-8°, 15 p.

— Deuxième leçon sur les invasions germaniques en France. Attila et la bataille de Châlons-sur-Marne. — *Ib*. 1871. In-8°, 13 p.

— Histoire des invasions germaniques, depuis l'origine de la monarchie jusqu'à nos jours. — Paris, *Palmé*. 1873. In-8°. 5 fr.

Comité central de Chartres pour secours aux victimes de la guerre 1870-1871. Département d'Eure-et-Loir. — Chartres. 1873. In-8°, 202 p.

— de secours aux blessés du Nord de la France. Notes sur les caisses de secours des bataillons de mobiles et de mobilisés dans le Nord de la France. — Lille. 1871. In-8°, 59 p., 2 pl.
2e édition. 50 c.

— central des ambulances de la Loire. Rapport général des médecins. — Saint-Étienne, *imp. Théolier.* 1872. In-8°.

Comite (International-) für Kriegsgefangene in Genf 1870-1871. Berichte der Section Basel. — Bâle 1871 In-8°, carte

Commandement (Le) et l'intendance. Réponse à la brochure sur l'administration de l'armée française — Montargis, *Leriche* 1871 In-1°, 70 p

Comment les Français font la guerre. Recueil de faits pour servir à l'histoire des mœurs et de la civilisation au XIXe siècle, par ***. — Berlin, *C. Duncker* 1871. Gr. in-8°, 86 p 75 pf.
Voir WIE.

Commentz (Max). — Wer baute das deutsche Kaiserreich. — Berlin, *Deutsche Sonntagsschul-Buchhandlung.* 1895. In-12, 32 p., ill. 10 pf.
Fait partie des Kinderglocken.

Comminges (Commandant, vicomte Fernand de) — Sept mois de campagne par le 3e bataillon des mobiles de la Haute-Garonne. — Toulouse. 1871. In-8°.

Communal (Marcel) — *Voir* RAPPE.

Compagnie des ouvriers volontaires du génie de Tours, (Indre-et-Loire), 1re armée, 20e corps, 3e division, armée de l'Est Rapport à M. le Ministre de la guerre — Tours, *Juliot.* 1872. In-8°, 75 p.

Conard (Jul) — Lorbeer und Cypresse zur Erinnerung an den glorreichen deutschen Krieg von 1870-1871. — Berlin, *Wohlgemüth.* 1871. In-16, 112 p 1 m. 50 pf.

Conchard-Vermeil. — *Voir* WURTEMBERG.

Condamnation du roi Guillaume et de ses complices, par la Haute-Cour des peuples ; appel à tous les Européens pour fonder la Société d'assurance mutuelle pour la suppression des souverains conquérants. — Paris, novembre 1870.

Condé (Hector de) — La Prusse au pilori de la civilisation (crimes et forfaits des Prussiens en France) — Bruxelles, *Em. Devillé.* 1871. In-8°.

— Le même. — Paris, *Ghio.* 1871. In-18. 3 fr. 50 c.

Conditions (Les) de la paix. Discours prononcé à l'Assemblée nationale de Bordeaux, par le paysan du Danube. — Paris, *imp. Rougé.* 1871. In-8°, 23 p. 50 c.

Conditions (Les) de la paix et les droits de l'Allemagne. — *Voir* Historicus.

Conférence sur les fortifications de Paris, par un ancien élève de l'École polytechnique. — Paris. 1870. In-18, 35 p.

Coninck (Frédéric de). — A l'Assemblée nationale. Guerre ou Paix, février 1871. — Le Havre. In-8°, 16 p. 1 fr.

Conrady (General E. von). — Die Geschichte des 2 hannoverschen Infanterie-Regiments Nr. 77. Die ersten 25 Jahre 1866-1891. — Berlin, *Mittler*. 1892. In-8°, VI-358 p., ill, 7 croquis, 2 cartes. 7 m. 50 pf.

— Das Leben des Grafen August von Werder, königlich-preussischer General der Infanterie. Nach handschriftlichen und gedruckten Quellen bearbeitet. — *Ib*. 1889. In-8°, carte. 6. m.

Conseils hygiéniques aux habitants de Paris pendant le siège, suivis des arrêtés municipaux concernant l'hygiène et la salubrité publiques. — Paris, *Ch. de Mourgues*. 1870. In-8°, 55 p.

Considérations sur les défaites de l'armée du second empire. Traduit de l'allemand par S. X. — Paris, *Dumaine*. 1872. In-8°. 1 fr.
Voir Betrachtungen.

— sur la guerre des places fortes, 1870-1871. Traduit de l'allemand par le lieutenant Couturier. — *Ib*. 1872. In-12, 65 p. 1 fr.
Voir Betrachtungen.

— générales sur la guerre de 1870. Notre défense nationale et la réorganisation de l'armée française, par un officier général de l'artillerie. — Lille. 1871. In-8°, 24 p. 50 c.

Consul (S). — Jack le patriote. Épisodes de la guerre de 1870-1871. — Tours, *Mame*. 1893. In-8°, 240 p., ill. 1 fr. 80 c.

Conte (P. Alfred). — Le uhlan et le raid. Étude sur la cavalerie et sur l'armée nouvelle. — Paris, *Tanera*. 1871. In-8°.

Conversation (Une) avec des Morvandiaux pendant la guerre de Prusse, 1870. — Château-Chinon. 1874. In-16, 86 p.

Converset (Lieutenant), d'après les travaux du capitaine Le Moine. — Historique du 58e régiment d'infanterie. — Paris, *Charles-Lavauzelle*. 1893. In-32, 62 p. 50 c.

Copin (Alfr.) et **Rissler** (L.). — Patrie. Contes et récits de la guerre de 1870. 1re série : la Permission ; Te Deum alsacien. — Paris, *Sausset*. 1882. In-16. 1 fr.

— Le même. 2e série : Jacques Keppler ; le maître d'école de Lembach. — *Ib*. 1882. In-16. 1 fr.

Coppée (François, de l'Académie française) — Une idylle pendant le siège. — Paris, *Lemerre*. 1875. In-18 j , 168 p. 3 fr.
<small>Nouvelle édition, 1891. In-12. 3 fr. 50 c.</small>

— Les Humbles. Écrit pendant le siège. Plus de sang.... — *Ib.* 1891. In-18 j., 156 p. 3 fr.

— Lettre d'un mobile breton. — *Ib.* 1871. In-18 j., 7 p.
<small>13e édition.
Voir Fressel, Riquier.</small>

Coquerel (Athanase, fils). — Libres paroles d'un assiégé. Écrits et discours d'un républicain protestant. — Paris, *Cherbuliez*. 1871 In-12, XI-254 p 2 fr 50 c.

— Des moyens de faire durer la République. — Paris, novembre 1870.

Corbin (Ch.). — Étude sur l'application à la France de l'organisation militaire de l'Allemagne — Paris, *Dentu*. 1871. Gr. in-8°, carte. 3 fr

Cornudet (Michel). — Journal du siège de Paris (18 septembre 1870-29 janvier 1871). — Paris, *Douniol et Cie*. 1872. In-18 j., 486 p. 3 fr.

Corra (Émile). — La bataille de Sedan. Les véritables coupables [d'après le général de Wimpffen]. — Paris. 1887. In-12. 3 fr. 50 c.
<small>Voir Noir, Wimpffen.</small>

Correspondence respecting the imprisonment of Mr. Worth by the Prussians (Parliamentary Papers). — London. 1871. Gr. in-4°. 6 d.

— the alleged violation of the neutrality of the grand Duchy of Luxemburg (Parliamentary Papers). — London. 1871. Gr. in-4°. 6 d.

Corret (A.). — Guerre de 1870-1871. Impressions et souvenirs du siège de Belfort, par un volontaire de l'armée de Belfort. — Paris. 1871. In-12. 5 fr.

Corsi (Carlo). — Sommario di storia militare di 1866 a 1871 (Guerra franco-germanica 1870-1871 e guerra civile di Parigi 1871). — Torino. 1872. In-8°, 500 p., atlas.

— Di alcuni frutti della guerra del 1870-1871. — Firenze. 1874. In-8°, 68 p. 1 l.

Corvin (Otto). — In France with the Germans — London. 1872. 2 vol. in-8°, 730 p. 21 sh.

Corvinus (Guido). — Kriegslieder. — Kattowitz, *Siwinna*. 1870. Gr. in-16, 32 p. 20 pf.

Cosack (H.). — *Voir* Hérisson (Comte M. d'), Sarcey (Francisque).

Cosseron de Villenoisy (Général). — Le siège de Paris. — *Nouvelle Revue*, 15 février 1890.

Costa de Serda (Capitaine E.). — *Voir* Blume (Major W.), Borbstädt (Oberst A.) et Kries.

Coste (E.). — Armée de la Loire (1870-1871). Nos étapes. Journal de l'ambulance de la Haute-Vienne. — Limoges, *Ducourtieux*. 1872. In-18, 273 p. 3 fr.

— (Sous-lieutenant E.). — Historique du 40ᵉ régiment d'infanterie de ligne. — Paris, *Chamerot*. 1887. In-8º.

— (F. de la) — L'armée prussienne en Lorraine. — Paris, *Douniol et Cⁱᵉ*. 1871 In-8º, 39 p.

Coster (Oberstlieutenant). — Geschichte der Stadt und Festung Metz seit ihrer Entstehung bis auf die Gegenwart, unter besonderer Berücksichtigung der kriegsgeschichtlichen Ereignisse, einschliesslich der blutigen Kämpfe in den Monaten August, September und October 1870. — Trier, *Lintz*. 1871. Gr. in-8º, pl 4 m 50 pf.

Cotarelo (A.). — *Voir* VARONA, VIAL.

Coudray (L D) — Défense de Châteaudun dans la journée du 18 octobre 1870. Incendies de Varize et de Civry. — Châteaudun, *Pouillier-Vaudecraine*. 1871. In-18, pl. 80 c.

3ᵉ édit. 1872. In-18, 83 p., pl.

Coulombon (Lieutenant). — *Voir* GRISOT (Général).

Coup d'œil sur le rapport sommaire du maréchal Bazaine sur les opérations de l'armée du Rhin, par un prisonnier de guerre. — Bruxelles, *Office de publicité*. 1871. In-8º. 75 c.

2ᵉ édition.

— sur la politique du second empire. — Regensburg, *Manz*. 1871. Gr. in-8º, 72 p. 1 m. 20 pf.

Coupry. — Grand soulèvement national pour la délivrance de la patrie. Projet. — Nantes, *Etiembre et Plédan*. 1870. In-8º, 16 p.

Courbet (G.). — Lettre du peintre Courbet aux artistes allemands. — Paris, *chez l'auteur*, 32, rue Hautefeuille. Novembre 1870.

Cournier (J. M.) — Une famille en 1870-1871. Histoire contemporaine. — *Calmann Lévy*. In-18 j. 3 fr. 50 c.

Couronnel (Comte de). — Souvenirs de la garde mobile de la Haute-Vienne. — Limoges. 1871.

71ᵉ mobiles, 16ᵉ corps.

Cours martiales (Les) pendant la guerre de 1870-1871. — *Bulletin*, 1ᵉʳ semestre 1875.

Courteline (Georges). — Un souvenir du siège. — *Lecture*, 25 janvier 1896.

Siège de Paris.

Courtil (M.). — La garde mobile du Lot et la 3ᵉ division du 17ᵉ corps, campagne de 1870-1871 [2ᵉ armée de la Loire]. — Cahors, *Girma*. 1879. In-18 j., 281 p., carte.

Courtivron (Comte de). — Voir SHEPPARD.

Cousin (A.). — Ambulances de la presse française, service de M. Demarquay. — Paris. 1872 In-8°, 20 p.

Couteleau (G.). — Éloge funèbre des soldats morts pour la patrie pendant la guerre de 18--1871, prononcé à la fête patriotique du palais de la République, le 2 novembre 1879. — Thouars. 1880. Gr. in-8°.

Couturier. — *Voir* BOGULAWSKI (Hauptm A. von), CONSIDÉRATIONS, ÉTUDES.

Couturier de Vienne (Chef d'escadron). — Épître à M Thiers, historien national. — Paris, *Dumaine*. 1871. In-8°. 1 fr. 50 c.

Coynart (Lieutenant-colonel de). — La guerre à Dijon (1870-1871). — Dijon, *Lamarche*. 1872. In-8°, 90 p., carte. 2 fr

2e édition. Dijon, Paris. 1873. In-8°, 102 p., carte.

— (Arsène de). — La guerre à Dreux (1870-1871). Correspondances, relations, extraits, notes et pièces officielles. — Paris, *Firmin-Didot*. 1872. In-8°, 90 p. 3 fr.

Nouvelle édition. 1873. In-8°, 324 p., carte.

Crambes (G. de) [d'Aigüy]. — Récit d'un soldat. Ma première campagne. Ma captivité. — Lyon, *Josserand*. 1872. In-18 j, 209 p.

Cramm (Burghard). — Erinnerungen eines Delegirten der freiwilligen Krankenpfleger vor Metz 1870. — Gera. 1871. In-8°, III-45 p. 60 pf.

Crammon (Pr.-Lieutenant A. von) — Geschichte des Leib-Kürassier-Regiments Grosser Kurfürst (Schlesisches) Nr. 1, fortgeführt vom Jahre 1843 bis zur Gegenwart. — Berlin, *Mittler*. 1894. Lex. in-8°, VII-240 p., ill., uniformes en couleurs, cartes. 10 m.

Credner (H.). — *Voir* VORTRÄGE.

Cremer (Ex-général). — Quelques hommes et quelques institutions militaires. — Paris, *Dentu*. 1871. In-18 j. 2 fr.

— et **Poullet** (Ex-colonel). — La campagne de l'Est et l'armée de Bourbaki. — Paris, *Librairie des célébrités contemporaines*. In-4°, 336 p. 5 fr.

— (Le général). — Réponse à son panégyrique, par un ex-officier de l'armée de l'Est. — Paris. 1871. In-8°, 16 p.

Crémieux (M.). — Gouvernement de la Défense nationale. 1re partie : Actes de la Délégation à Tours et à Bordeaux, compte rendu. 2e partie : Ministère de la justice. — Tours, *Mazereau*. 1871. 2 vol. in-8°.

Cresson (E., ancien préfet de police). — Les premiers jours de l'armistice en 1871. Trois voyages à Versailles. — *Calmann Lévy*. 1884. In-8°, 36 p.

Extrait de la Revue des Deux-Mondes, 1er avril 1881.

Crevaux (J.). — Wissembourg. — Paris, *Hurtau*. 1873. In-8°, carte, 16 p.

Crise (La) sociale, ou études sur les véritables causes de nos malheurs, par un Vendéen. — Nantes, *Forest et Grimaud*. 1871. In-8º, 56 p.

Crist (Capitaine G.). — Histoire du lieutenant Citi, ou capitulation de l'armée de Metz, 1870-1871. — Cannes, *Robaudy*. 1884. In-18 j, XVI-396 p., portr. 3 fr. 50 c.

Critiques militaires, par un officier inférieur (A. Le Souef) — Paris. 1871. In-18, 101 p. 1 fr. 50 c.

Crochet (Abbé). — Gaston de Murat, capitaine au 4º bataillon des mobiles du Loiret [Siège de Paris] — Orléans, *Jacob*. 1872. In-8º, 101 p.

Crombbrugghe (Baronne de) — Journal d'une infirmière pendant la guerre de 1870-1871. — *Voir* JOURNAL.

Cropp (Past. J.). — Zur Feier des Dank- und Friedensfestes am 22. März 1871. Predigt und Rede. — Hamburg, *Gräning*. 1871. Gr. in-8º, 24 p. 50 pf.

Crousaz (Major A. von). — Kurze Geschichte der deutschen Kriegsmarine nach ihrem Ursprunge, ihrer organischen Entwickelung und ihrer seitherigen Leistungen. — Wriezen, *Riemschneider*. 1873. Gr. in-8º. 4 m.

Crouzat (Général). — La guerre de la Défense nationale. Le 20º corps à l'armée de la Loire. — Paris, *Dumaine*. 1873. In-8º, 18 p. 1 fr.
 Extrait du *Journal des Sciences mil.*

— Le même. — Besançon. 1873. In-8º, 31 p.

— Artillerie française. — Les canons rayés en 1870 et leurs effets en rase campagne et dans les sièges. — Grenoble, *Allier*. 1871. In-8º, 96 p.

— La Guerre et la Défense nationale. — Besançon. 1877. In-8º.

Crown Prince of Germany, a Diary. — London, *Sampson-Low, Marston and Co*. In-8º. 7 sh. 6 d.
 Nouvelle édition. 2 sh. 6 d.

Cucheval-Clarigny. — Les finances de la France de 1870 à 1891. — Paris. *Perrin*. 1891. In-8º, 492 p.

Cudet (Lieutenant François). — Histoire des corps de troupe qui ont été spécialement chargés du service de la ville de Paris depuis son origine jusqu'à nos jours. — Paris, *Pillet*. 1888. Gr. in-8º, grav., portr., cartes. 20 fr.

Cuel (Capitaine F.). — Historique du 18º régiment de dragons [6º lanciers], 1744-1894. — Meaux, *propr. du régiment*. 1894. In-4º, 215-II p., ill., portr., pl. 20 fr.

Cugnac (De). — Les volontaires vendéens à l'armée de la Loire. Roman historique, précédé d'une lettre du général de Cathelineau. — Paris, *Lefort*. 1885. In-8°, 244 p , ill. 1 fr. 50 c.

Cuisinière (La) assiégée, ou l'art de vivre en temps de siège, par une femme de ménage. — Paris, *Laporte*. 1870. In-18 j. 50 c.

Cumming (J.). — The seventh trial, or the time of trouble begun as shown in the great wars, the dethronment of the pope and other collateral events. — London. 1870. In-8°, 210 p. 5 sh.

Curtius (Ernst). — Der Geburtstag des deutschen Kaisers. Festrede am 22. März 1871. — Berlin, *Besser*. 1871. Gr. in-4°, 19 p.

— (G.). — *Voir* VORTRÄGE.

— (J). — *Voir* VORTRÄGE.

Cvitkovié (Hauptmann). — Erfahrungen der deutschen Truppenführung in der Schlacht von Vionville-Mars-la-Tour am 16. August 1870. — *Streffleur's*. 1885. 1ᵉʳ vol., croquis.

Czepansky (F.). — In sturmbewegter Zeit. Eine Erzählung aus dem deutsch-französischen Kriege 1870-1871.... — Wien, *A. Pichler's Wittwe und Sohn*. 1895. In-12, 94 p. 70 pf.
    Jessens (A. Ch.) Volks- und Jugend-Bibliothek.

Czermak (J.) — *Voir* VORTRÄGE.

D

D. (H. v). — Der Krieg Deutschlands gegen Frankreich im Jahre 1870. [1-17 Hefte bis Sedan]. — Berlin, *Cronbach*. 1870-1871. In-8º, 248 p. 1 m. 70 pf.

D. (L.). — Le combat de Wissembourg. — Paris, *Baudoin*. 1889. In-8º. 50 c.
Extrait du *Journal des Sciences milit.*

D. (L.). — Nos vainqueurs. — Nantes. 1871. In-8º, 24 p.

D. (P.). — Souvenirs de captivité d'un mobile de la Somme en Allemagne (Jüterbog, 1871). — Péronne, *Trépant*. 1879. In-18 j., 168 p.

D. (R. F.). — Observations sur le siège de Soissons en 1870 et sur l'avis du conseil d'enquête. — Versailles, *Aubert*. 1872. In-8º, 11 p.
Extrait de l'*Argus soissonnais*.

D. (V., officier d'état-major). — Histoire de la guerre de 1870. — Paris, *Lachaud*. 1871. In-8º, 623 p. 12 pl. 10 fr.
Extrait du *Spectateur mil.* — Attribué à M. le général Derrécagaix par M. A. Schulz.

Da Weissembourg a Metz. — Cagliari. 1877. In-8º, 277 p.
Lettres extraites du *Corriere di Sardegna*.

Dabot (H.). — Griffonnages quotidiens d'un bourgeois du quartier latin, du 14 mai 1869 au 2 décembre 1871. — Péronne, imp. *Quentin*. 1895.

Dähne (Stabsarzt) — Kriegs-Tagebuch eines Truppenarztes vom 36. Regiment aus dem Feldzuge 1870-1871. — Halle, Leipzig, *R. Giegler*. 1893. Gr. in-8º, IV-87 p. 1 m.

Dagneau (Capitaine). — Historique du 13ᵉ régiment d'infanterie. — Paris, *Charles-Lavauzelle*. 1891. In-32, 110 p. 50 c.
Petite Bibliothèque de l'Armée française

Dagron. — La poste par pigeons-voyageurs. Souvenirs du siège de Paris ... Notice sur le voyage du ballon *le Niepce*.... — Paris. 1871. In-12, 24 p.

— The post by travelling Pigeons, a remembrance of the siege of Paris. Notice on the journey of ballon *le Niepce*. — Paris. 1871. In-12, 24 p.

Daguin (Arthur). — Les Prussiens à Nogent en 1870. — Nogent (Haute-Marne), Mᵐᵉ *Mougin*. 1879. In-8º, 52 p.

Dahlinger (Rich.). — Heldenthaten des XII. (sächsischen) Armee-Corps im Kriege 1870-1871. — Leipzig, *K. Weissleder*. 1894. In-8º, 21-IX p. 50 pf.

Dahn (Professor Doctor Felix). — Das Kriegsrecht. Kurze Darstellung für Jedermann, zumal für den Soldaten. — Würzburg, *Stuber*. 1871 In-8°. 75 pf.

— Der deutsch-französische Krieg und das Völkerrecht. — *Jahrbücher*, 1871-1872.

— Macte Imperator ! Heil dem Kaiser. Gedicht. — Berlin, *Mittler*. 1871 In-8°. 25 pf.

— Moltke. Festspiel zur Feier des 90. Geburtstages. — Leipzig, *Breitkopf und H.* 1890. In-8°, 31 p. 50 pf.
 2e édition.

— Moltke als Erzieher Allerlei Betrachtungen. — Breslau, *S. Schottländer*. 1894. In-8°, LXXVI-209 p. 4 m.
 5e édition.

— Zum 80. Geburtstage des Fürsten Bismarck. — Breslau, *Schlesische Buchdruckerei*. 1895. In-12, 84 p. 1 m.

Daily-News. — Correspondence of the war between Germany and France 1870-1871. — London. 1871. In-8°, XIX-594 p., 5 cartes et pl. 6 sh
 Voir DIARY, LABOUCHÈRE, OORLOGSBRIEVEN, SKETCHES, SPECIALBERICHTE, WAR.

Dalichoux (A.). — Les dernières journées de Metz-la-Pucelle. Appréciation de la presse messine sur les événements. — Paris, *Cherbuliez*. 1872 In-12. 1 fr. 25 c.

— Les premières phases d'une décadence, *suivi de* Les dernières journées de Metz-la-Pucelle ! Appréciation de la presse messine sur les événements. Lettres particulières. Documents officiels *et de* Deux meurtriers couronnés. — *Ib.* 1872. In-12, 132 p. 1 fr. 25 c.
 4 édition.

Dalitz (Hauptmann). — Das magdeburgische Füsilier-Regiment Nr. 36 seit seiner Entstehung bis zum Jahre 1886. — Berlin, *Mittler*. 1887. In-8°, X-364 p., 2 pl. et 7 croquis. 7 m. 50 pf.
 2e édition. 1895.

Dallmer (Hauptm.). — Geschichte des 5. brandenburgischen Infanterie-Regiments Nr. 48. — Berlin, *Mittler*. 1886. In-8°, 592 p., cartes et portr. 12 m.

Dalsème (Ach.) — L'affaire Bazaine. — Paris, *Sagnier*. 1873. In-12 3 fr. 50 c.

— Paris pendant le siège et les 65 jours de la Commune. — Paris, *Dentu*. 1871. In-18, 424 p , pl. 3 fr.

— Paris sous les obus (19 septembre 1870 au 3 mars 1871). — Paris, *Chamerot*. 1883. In-8°, 351 p , ill. 6 fr.

Dalsème (Ach.). — Le siège de Bitche (6 août 1870-27 mars 1871). — Paris, *Dentu*. 1874. Gr. in-18, 147 p. 2 fr.
_{7e édition. 1880. — Nouvelle édition. 1885. xii-157 p.}

Dalton (Pastor). — Das Weltgericht. — Predigt am 15. November 1870. — Berlin, *E. Beck*. 1870. In-8º, 24 p.

Damas (Le R. P. de). — Souvenirs de guerre et de captivité (France et Prusse). — Paris, *Téqui*. 1874. In-12, 324 p.

Dambrowski (Hauptmann von). — Neuere Geschichte des Infanterie-Regiments Prinz Friedrich der Niederlande (2. westfälisches) Nr. 15. — Hannover, *Helwing*. 1878. Gr. in-8º, 202 p., cartes. 5 m.

Damé (Fr.). — L'invasion 1792-1870. — Paris, *Lemerre*. 1871. In-18. 50 c.

Damnitz (Lieutenant Erich von). — Geschichte des Ulanen-Regiments Kaiser Alexander II. von Russland (1. brandenburgisches) Nr. 3. — Berlin, *Eisenschmidt*. 1895. In 8º, iv-156 p., portr., croquis. 1 m. 20 pf.

Daner (Ed., ex-zouave au 1er régiment). — Au lâche de Sedan. — Paris, novembre 1870.

Daniel (Mgr). — *Voir* ALLARD.

Danjoutin. Nos mobiles [Saône-et-Loire]. — Chalon-sur-Saône. 1872. In-8º à 2 col., 16 p.
_{Document concernant le Siège de Belfort.}

Dannehl (G.). — *Voir* JANE.

Darien (Georges). — Bas les cœurs [récit de l'occupation de Versailles pendant le siège de Paris] (1870-1871). — Paris, *Savine*. In-18 j. 3 fr. 50 c.
_{2e édition.}

Darier-Châtelain (Lieutenant). — Historique du 3e régiment de tirailleurs algériens. — Constantine, *Heim*. 1888. In-8º, viii-582 p. 10 fr.

Darimon (Alfred). — L'agonie de l'Empire. Notes pour servir à l'histoire de la guerre de 1870. — Paris, *Ollendorff*. 1887. In-18, xviii-304 p. 3 fr. 50 c.

— Beiträge zur Geschichte des Krieges von 1870. Uebersetzt von Rogalla von Biberstein. — Hannover, *Hellwing*. 1888. In-8º, v-268 p. 4 m.
_{2e édition.}

— Histoire d'un jour : La journée du 12 juillet 1870. — Paris, *Dentu*. 1888. In-18, v-187 p. 2 fr. 50 c.

— Les 116 et le ministère du 2 janvier (1869-1870). — *Ib.* In-18 j. 3 fr. 50 c.

— La maladie de l'empereur. — *Ib.* In-18 j. 2 fr. 50 c.

Darlet (A.). — La guerre et la Commune (1870-1871).
Voir GUERRE.

Darstellung. — *Voir* GESCHICHTE.

Darstellungen aus der bayerischen Kriegs- und Heeres-Geschichte. Herausgegeben vom k. b. Kriegsarchiv.
   Livraison 1 : Die Stellung des II. bayerischen Armee-Korps vor Paris, 1870-1871. — München, *Lindauer*. 1892. Gr. in-8°. 3 m.
   L'auteur de cette notice est le baron L. von Gebsattel.
   Livraison 2 : Rückblicke auf die inneren bayerischen Heeresverhältnisse während des deutsch-französischen Krieges 1870-1871. — *Ib.* 1893. 3 m.
   Livraison 3 : ....
   Livraison 4 : Aus dem Kriegsleben einer Feldbatterie, dargestellt an dem Antheile der VI. sechspfündigen Feldbatterie Anselm Bauer, später Jamm, im deutsch-französischen Kriege 1870-1871. — *Ib.* 1895. IV-141 p. 3 m.
   L'auteur de cette notice est le lieutenant-colonel F. Otto.

Daru (député). — *Voir* ACTES.

Daubant (C. A.). — La guerre comme la font les Prussiens. — Paris, *Plon*. 1871. In-8°. 2 fr.

Daudet (Alphonse). — Lettres à un absent (1870-1871). — Paris, *Lemerre*. 1871. In-18. 3 fr.

— Les petits Robinsons des caves, ou le siège de Paris, raconté par une petite fille de 8 ans. — Paris, *Libr. du Petit Journal*. 1872. In-4°. 4 fr.

— Les francs-tireurs (1870-1871). — *Revue politique et littéraire*, 1ᵉʳ décembre 1888.

— Robert Helmont. — Paris, *Dentu*. In-18 j, ill. 3 fr. 50 c.

— Le même. — *Ib.* In-8°, ill. 10 fr.

— Robert Helmont. Eine Erzählung aus 1870-1871. — Frankfurt an der Oder; Berlin, *Gnadenfeld und Co.* 1894. In-8°, 2 livr. à 30 pf. 79 p.

Daudet (Ernest). — Le maréchal de Mac-Mahon. — Paris, *Quantin*. 1883. In-18 j., 32 p., portr. 75 c.

Daudignac. — *Voir* BOMBARDEMENT DE VERDUN.

Dauphiné (V.) et **Humbert** (Louis). — L'invasion allemande dans l'arrondissement de Sens. Journal d'un Sénonais pendant l'invasion, 12 novembre 1870-26 mars 1871. — Sens, *imp. Ch. Duchemin*. In-8°.

Daussy (Président H.). — La ligne de la Somme pendant la campagne de 1870-1871. Étude. — Paris, *Dumaine*. 1875. In-8°, VIII-360 p., 2 cartes

— Souvenirs de l'invasion de 1870-1871. L'entrée des Prussiens à Amiens le 28 novembre 1870. — Amiens, *Jeunet*. 1881. In-32, 55 p.

— D'Amiens à Albert après la bataille de Pont-Noyelles. — *Ib.* 1885. In-32, 63 p.

Daussy (Président H.). — Comment le cheval de Faidherbe ne lui fut pas rendu par les Prussiens. — *Ib.* 1887. In-16, 40 p. 50 c.

— Le lieutenant Schmidt. — Amiens, *Hecquet*. In-16.

— Un vainqueur. — *Ib.* In-16.

<small>Les quatre dernières plaquettes portent comme 1er titre : Souvenirs de l'invasion de 1870-1871.</small>

Davall (Major). — Les troupes françaises internées en Suisse à la fin de la guerre franco-allemande, 1871. Rapport rédigé par ordre du département militaire fédéral... — Berne, *Fiala*. 1873. In-4°, 313 p., carte et pl. 6 fr.

David (Baron Jérôme). — Actualités et souvenirs politiques. — Paris, *Amyot*. 1874. In-8°.

David, Guilbert, Herno, Mieusset, Tailhand. — France ! Recueil de poésies patriotiques. — Paris, *Ollendorff*. In-16. 1 fr.

Davous (A.) et **Boudin** (A.). — Histoire de Napoléon III, empereur des Français, continuée jusqu'à sa mort. — Paris, *Librairie des villes et des campagnes*. 1873. In-12. 1 fr.

Deblaye (Abbé A.). — Les prisonniers français à Kalk et au Gremberg, près Cologne. Journal d'un aumônier des prisonniers français en Allemagne. — Paris, *Sarlit*. 1871. In-8°, 116 p. 1 fr. 75 c.

Debrit (Marc). — La guerre de 1870. Notes au jour le jour par un neutre. — Genève, *Richard*. 1871. In-12, pl. 3 fr. 50 c.

Decaux (P.). — Les œuvres de charité durant le siège. — Paris. 1871. In-16, 30 p.

Decken (C. von der). — Deutsche Fragen. — Hannover, *Brandes*. 1870. Gr. in-8°. 60 pf.

Decker (General H. von). — Mittheilungen über die Anwendung des indirekten Schusses aus den kurzen 15 c. Kanonen zum Zerstören von Mauerwerk bei der Belagerung von Strassburg im Jahre 1870. — Berlin, *Mittler*. 1872. In-8°, 8 tableaux. 1 m.

Decourdemanche (A.). — A la France, à l'Allemagne et aux autres nations. Solutions des questions financières, politiques et sociales posées par le XIXe siècle, donnant les moyens : 1° de réparer promptement et largement les énormes pertes infligées par la guerre à la France et à l'Allemagne ; 2° de faire régner chez toutes les nations une ère de justice et de prospérité inconnues dans le passé. — Paris, *Librairie du Crédit général*. 1871. In-8°, 168 p. 1 fr. 50 c.

Décrets, arrêtés et décisions de la Délégation du gouvernement de la Défense nationale hors de Paris : 1° partie réglementaire (décrets, arrêtés et décisions); 2° nominations et promotions; 3° mutations; 4° nominations dans l'ordre de la Légion d'honneur; 5° médaille militaire; 6° mentions honorables. — Paris, *Baudoin*. 1882. In-8°. 12 fr.

Dedenroth (E. H. von). — Das Gespenst. Eine Episode aus dem letzten Kriege. — Berlin, *Brigl.* 1871. Gr. in-8º, 144 p.

— Der glorreiche Feldzug 1870-1871. Kurze aber vollständige Geschichte des Krieges. — Elbing, *Neumann-Hartmann.* 1871. In-8º. 25 pf.

Défense (La) de Strasbourg, jugée par un républicain. Lettre à un patriote de la Suisse. — Neuchâtel, *Sandoz.* 1870. In-8º, 22 p. 50 c.

— du midi de la France au moyen de l'armée et de la garde nationale mobile. Conférence. — Toulouse. 1871. In-4º, 108 p.

— de Paris ; ses forts, bastions, secteurs, commandants. Nombre et désignation des bataillons de la garde nationale. Siège de Paris, 1870. — Paris. 1871. In-32, 29 p.

— (La première) de Dijon [30 octobre 1870], par un Dijonnais, témoin oculaire. — Dijon, *Carré.* 1872. In-18, 24 p.

Defourny (Curé de Beaumont). — L'armée de Mac-Mahon et la bataille de Beaumont. Lettres à Mme Urquhart. — Bruxelles. 1871. In-8º, carte.
2e édition. Paris, *Demaine.* 1872. In-12. 3 fr.

— Die Schlacht bei Beaumont und die Armee von Mac-Mahon. Uebersetzt vom Hauptmann Reuter. — Kiel, *Universitäts-Buchhandlung.* 1875. Gr. in-8º, 118 p., carte. 2 m. 80 pf.

Deguilhem (Lieutenant-colonel). — Guerre de 1870-1871. Armée du Jura ; division Ochsenbein ; 2e brigade, département de l'Ardèche. — Privat, *Lepice.* 1872. In-8º, 76 p.
Garde nationale mobilisée

Dehais (Sous-préfet Charles). — Guerre de 1870-1871. L'invasion prussienne dans l'arrondissement des Andelys. — Évreux, *Blot.* 1872. In-12, VII-252 p, pl. 2 fr. 50 c.

Dehon-Dahlmann (Capitaine). — Historique du 12e régiment d'infanterie. — Paris, *Tanera.* 1877. In-8º, 195 p. 4 fr.

Deines (Pr.-Lieutenant A. von). — Das Königs-Husaren-Regiment (1. rheinisches) Nr. 7 von der Formation des Stammregiments bis zur Gegenwart — Berlin, *Mittler.* 1876. Gr. in-8º, cartes. 8 m.

Deines (Pr -Lieutenant). — *Voir* EINZELSCHRIFTEN, 4e livr.

Deisch (A.). — Notizen über den Sanitätsdienst in den beiden Militär-Krankenhäusern in Landau während des deutsch-französischen Krieges im Jahre 1870-1871. — Würzburg, *Stahel.* 1872. Gr. in-8º, 31 p. 80 pf.

Dejoux (Étienne). — Souvenirs du siège de Paris. — Paris, *Moulin.* 1871. In-18, 157 p. 1 fr.

Delacour (Ch). — *Voir* CHOPPIN.

Delaforest (G.). — L'Alsace, souvenirs de la guerre de 1870-1871. — Tours, Mame. 1886. Gr. in-8°, 216 p , ill. 1 fr. 20 c.

— La Lorraine, souvenirs de la guerre de 1870. — Ib. 1887. In-8°. 1 fr. 20 c

Delafosse (G.) — Le procès du Quatre septembre. — Paris, Lachaud. 1875 In-18, 71 p. 50 c.

Delagrange (Lieutenant). — Le 2e bataillon de chasseurs à pied. — Paris et Nancy, Berger-Levrault et Cie. 1889. In-12, 238 p., 7 portr., 4 cartes 3 fr. 50 c.

Delahaie (J.). — Dieppe et les Dieppois pendant la guerre de 1870-1871. — Dieppe, Huguet. 1890. In-4°, 102 p. 2 fr.

Delalain (E.). — Le siège de Paris (du 18 septembre 1870 au 28 janvier 1871), journal historique et anecdotique. — Paris, Lefort. 1874. In-8°, 232 p. grav.

Delambre (Capitaine, aujourd'hui général). — Emploi militaire des chemins de fer. — Paris. 1872. In-12. 75 c.

— Étude sur les chemins de fer au point de vue militaire. — Paris. 1874. In-12. 1 fr.

Delaporte. — Historique du 51e de ligne. — Beauvais. 1882. In-18, 32 p. 25 c.

De la Sarre à la Moselle; le haut commandement allemand en 1870. — Nouvelle Revue, 15 mars 1889.

Delaunay (Commandant) et Guittard (Capitaine). — Histoire de l'artillerie de la marine. — Paris, Dumoulin et Cie. 1889. In-8°, ill.

Delaunay (Ferdinand). — Histoire de la campagne de France, 1870-1871. 1er vol. [seul paru] : de l'origine de la guerre jusqu'au 4 septembre. — Bruxelles, A. Lacroix, Verboekhoven et Cie. 1871. In-8°, cartes. 5 fr.

A paru en livraisons de 72 p. à 1 fr.

Delaunay (Gabriel). — Les héros de Wissembourg ; à-propos patriotique en un acte et en vers. — Paris. 1871. In-8°. 50 c.

Delbauve (Capitaine E.). — Historique du 26e régiment d'infanterie. — Paris et Nancy, Berger-Levrault et Cie. 1889. Gr. in-8°, XII-154 p., ill. 5 fr.

Delbrück (Hans). — Friedrich, Napoleon, Moltke. Aeltere und neuere Strategie. — Berlin, Walther. 1892. In-8°, 55 p. 1 m. 60 pf.

— Der Ursprung des Krieges von 1870. Die Militärvorlage. — Berlin, Walther. 1893. Gr. in-8°, 29 p. 30 pf.

Extrait des Preuss. Jahrb.

— Persönliche Erinnerungen an den Kaiser Friedrich und sein Haus. — Berlin, Eisenschmidt. 1888. In-8°. 80 pf.

Delcourt (Ch.). — Guerre de 1870-1871. Journal de la 4e batterie du 3e régiment d'artillerie de la garde nationale mobile du Nord, 2o circonscription de Cambrai. A M. le ministre de la guerre. — Cambrai, *Simon*. 1872. In-8o, 32 p.

Delérot. — *Voir* VERSAILLES.

Deligny (Général). — 1870. Armée de Metz. — Munster, *Theissing*. 1870. Gr. in-8o, VII-83 p. 1 m. 20 pf.

_{2e édition. Paris, *Librairie internationale*. 1871. In-18, 82 p.}

Delisle (Lieutenant). — *Voir* BÉLENET.

Delitsch (O.). — Uebersichtskarte des Kriegsschauplatzes am Rhein. — Leipzig, *Cnobloch*. 1870. In-fol.

Delley de Blancmesnil (Comte). — Monsieur le comte de Bismarck ou le Droit de la force ; étude politique. — Paris. 1871. In-8o.

Delling (H.). — Geschichte des 5. Infanterie-Regiments Prinz Friedrich-August Nr. 104 (1867-1889). — Chemnitz, *Focke*. 1890. In-8o, 104 p., pl. 3 m

Delmas (J.). — Les zouaves pontificaux en France. — Saumur, *Godet*. 1871. In-32, 92 p.

— Le même. — Limoges, *Ardant*. 1875. In-8o, 119 p.

_{Document concernant le 17e corps.}

— Les martyrs de la France (1870-1871). — Limoges et l'Isle. 1873. In-12, 132 p.

_{Nouvelle édition. 1874. In-12, 144 p.}

— (Émile). — De Froeschwiller à Paris, notes prises sur les champs de bataille. — Paris, *Lemerre*. 1871. In-18 j., II-269 p. 3 fr.

Deloffre (J). — Les prisonniers de Voncq, épisode de l'invasion allemande dans les Ardennes (août-septembre 1870). — Landrecies, *Deloffre*. 1874 In-8o, 21 p.

— Relation du bombardement de la ville de Landrecies. — *Ib*. 1871. In-8o, 27 p.

Delondre (Auguste). — Bombardement du Muséum d'histoire naturelle de Paris par l'armée allemande en janvier 1871. — Paris. 1871. In-8o, 8 p.

Delord (Taxile). — Histoire du second empire. — Paris, *Germer-Baillière*. 1875. 6 vol. In-8o, 684, 682, 564, 595, 639, 640 p. à 7 fr.

_{Nouvelle édition illustrée. *Ib*. 1880-1883. 6 vol. in-4o. 48 fr.}

— Le dernier des Napoléon. — Paris, *Lacroix et Cie*. 1875. In-8o, 400 p.

Delorme (Amédée). — Journal d'un sous-officier (1870). — Paris, *Hachette*. 1891. In-16, 333 p., ill. 3 fr. 50 c.

_{Document concernant le 72e de ligne et le 48e de marche, 17e corps. — Nouvelle édition. 1895. In-8 , 191 p., ill. 1 fr. 10 c. [Bibliothèque des écoles et des familles].}

Delorme (Amédée). — Desflandre et Sonis à l'armée de la Loire 1870. — Paris, *E. Dubois*. 1893. In-18, 152 p. 3 fr.

Extrait de la *Nouvelle Revue*, décembre 1892.

— **(H.)** — Les soldats français dans les prisons de l'Allemagne — *Correspondant*, 25 février 1890.

Delpech (A.). — Le scorbut pendant le siège de Paris. Étude sur l'étiologie de cette affection..... — Paris, *J. B. Baillière*. 1871. In-8°, 68 p.

Delpit (Albert). — L'invasion, 1870 (poésie). — Paris, *Lachaud*. 1871. In-18 j, 132 p. 2 fr.

12e édition.

— Les chants de l'invasion. Les dieux qu'on brise (poésie). — Paris, *Ollendorff*. 1891. In-18, 284 p. 3 fr. 50 c.

Delsol (L.). — Essai sur un plan de campagne pour la défense nationale, basé sur les principes de la stratégie. — Toulouse, *imp. Troyes*. 1871. In-3°, 50 p.

— **(député).** — *Voir* ACTES.

Dempwolff (C. A.). — Die Bayern in Frankreich 1870-1871. — Darmstadt, *Literar-artistische Anstalt*. 1871-1873. En livr. gr. in-8°, à 40 pf., VIII-497 p, carte. 6 m.

Denfert-Rochereau (Colonel). — Histoire de la défense de Belfort. — Paris, *Le Chevalier*. 1871. In-8°, cartes et pl.

— (Le colonel) et ses détracteurs, par un officier du génie auxiliaire de la garnison de Belfort. — Langres, Paris. 1873. In-8°, 26 p.

Denhard (Doctor B). — Die Versündigungen der Franzosen an dem deutschen Reiche bis zum Ende des siebenjährigen Krieges. Drei Vorträge. — Leipzig, *Luckhardt*. 1870. Gr. in-8°, 60 p. 1 m.

Deniau (Lieutenant). — Histoire du 5e régiment d'infanterie de ligne (1565-1890). — Caen, *Brulfert*. 1891. Gr. in-8°, 373 p. 5 fr.

Denis. — *Voir* GASPARY.

Denizet (H., ancien sous-officier). — Les dernières journées de l'armée de l'Est. Le 73e mobiles (Loiret-Isère) au combat du fort de Joux. Passage en Suisse. — Paris. 1891.

Document concernant le 18e corps.

Denkmäler (Die) um Metz. Album, 12 photographische Imitationen. — Metz, *G. Scriba*. 1892. In-16. 10 pf.

Denkmäler und Kriegergräber auf den Schlachtfeldern um Metz. — Metz, *Deutsche Buchhandlung*; Leipzig, *G. Lang*. 1880. 1/50,000. Chromolith., imp. in-fol. 1 m. 60 pf.

7e édition 1886. — 12e édition 1891.

Denkwürdigkeiten aus dem Leben des General-Feldmarschalls Kriegsministers Grafen von Roon — Breslau, *E. Trewendt.* 1893. In-8°, XVI-502 p. et XII-764 p. 10 m.

— aus dem Leben des Fürsten Bismarck. Darstellung der gesammten politischen Wirksamkeit des Fürsten Bismarck. Von ***. — Leipzig, *Renger.* Gr. in-8°, 14 livr. à 1 m.

Denkschrift über die Thätigkeit des schlesischen Pionier-Bataillons Nr 6.... 1870-1871. — *Archiv.* 72° vol., 3° liv, tableaux

Denormandie (E.). — Ville de Paris, septembre 1870-février 1871 Le VIII° arrondissement et son administration pendant le siège de Paris — Paris, *Garnier.* 1875. In-18 j., 179 p. 2 fr.

— (Sénateur E.). — Notes et souvenirs. — Paris, *imp. Monillot.* 1895 In-8°. Siège de Paris.

Denti (G.). — *Voir* GUERRA

Dépêches télégraphiques officielles. — *Voir* ACTES.

— de la guerre franco-allemande de 1870-1871. Traduit d'après le texte officiel allemand par C. B. — Bayonne, *Lemaiguère.* 1872. In-8°, 99 p.

Depeschen (Amtliche) vom Kriegsschauplatz. Veröffentlicht durch das königliche Polizei-Präsidium in Berlin. — Berlin, *von Decker.* 1871. Petit in-8°, 103 p. 30 pf.

— (191 amtliche) vom Kriegsschauplatz... — *Ib.* 1895. Gr. in-8°, 74 p. 30 pf. 2 édition.

— (Amtliche) vom Kriegsschauplatz. — Erfurt, *Körner.* 1871. Gr. in-16, 66 p. 40 pf.

— aus dem deutsch-französischen Kriege 1870. Visiten-Karten-Format. — Berlin, *Glück.* 1870-1871. 3 m. 75 pf.

— (Sämmtliche amtliche) und Proklamationen vom deutsch-französischen Kriege 1870-1871, nebst einem Anhang der amtlichen Depeschen vom Kriegsschauplatz 1866. — Berlin, *Weiss.* 1871. In-16. 50 pf.

— (Sämmtliche amtliche) und Proklamationen vom deutsch-französischen Kriege 1870-1871. — Löwenberg. 1871. In-8°, 60 p. 30 pf.

— (Offizielle) aus dem deutsch-französischen Kriege 1870-1871. Genauer Abdruck der an den Strassenecken Leipzigs veröffentlichten Plakate. — Leipzig, *Reusche.* 1871. In-4°, 191 p. 5 m.

— (Sämmtliche offizielle) des deutsch-französischen Kriegs von 1870-1871. Nebst einer Auswahl der beliebtesten Kriegslieder. — Jena, *Brau.* 1871. In-32, 25 p.

— (191) vom Schauplatz des deutsch-französischen Krieges 1870-1871. Nach den Veröffentlichungen des k. Polizei-Präsidiums zu Berlin. — Berlin, *L. Abel.* 1894. In-16, IV-207 p. 50 pf.

Depeschen (Sämmtliche officielle) vom Schauplatz des deutsch-französischen Krieges 1870-1871. — Weinheim, *F. Ackermann*. 1895. In-16, 163 p. 50 pf.

[**Deramey** (curé du Pin).] — Guerre franco-allemande. Notes et souvenirs d'un curé de la banlieue de Paris. — Paris, *Ghio*. 1884. In-8°, 107 p., carte. 2 fr.
_{Voir KRIEG.}

Derboeck (C. V.). — *Voir* BOEKH.

Derély (Capitaine H.). — Le général de Sonis, les volontaires de l'Ouest et le drapeau du Sacré-Cœur. — Lille, *Desclée*. In-8°, 161 p., carte.

Dernier (Le) conseil des ministres (1870). — *Revue de la France moderne*, septembre 1890.

— (Le) des Napoléon. — Paris, *Librairie internationale*. 1875. In-8°, 400 p. 7 fr. 50 c.

— Le même. Nouvelle édition. In-12. 3 fr. 50 c.

— (Le) Empire. — Paris, *Dentu*. 1875. In-8°, 72 p. 30 c.

— (Le) mot sur la charge de Sedan. — *Revue historique*, janvier-février 1885.

Derniers (Les) jours de l'armée pontificale et les zouaves pontificaux en France. — Rennes, *Vatar*. In-8°, 46 p. 60 c.
_{Document concernant le 17e corps.}

Deroulède (Paul). — Monsieur le Hulan et les trois couleurs, conte de Noël. — Paris, *Marpon et Flammarion*. 1884. In-4°, 15 pl. 6 fr.

— La Défense nationale, conférence. — Paris, *Calmann Lévy*. 1882. In-32 50 c.

— Chants du soldat. — *Ib*. In-18. 1 fr.

— *Nouveaux chants du soldat*. — *Ib*. In-18. 1 fr.
_{Ces deux ouvrages ont aussi paru en in-32 à 1 fr.}

Deroux (Abel). — L'invasion de 1870-1871 dans l'arrondissement de Saint-Quentin. — Saint-Quentin. 1871. In-8°, 161 p. 4 fr.

Deroy. — Vue panoramique du théâtre de la guerre de 1870-1871. — Paris, *Nicole*. 1873. 60 c.

Derrécagaix (Colonel). — Histoire de la guerre de 1870-1871 (Cours de l'École de guerre). — Paris, *autogr*. 1886-1887. N. d. l. c.

— (Général). — La guerre moderne. Ire partie : Stratégie. IIe partie : Tactique. — Paris, *Baudoin*. 1890. 2 vol. in-8°, 2 atlas, à 10 fr.
_{Voir D. (V.).}

Désastres (Nos) en 1870. Justice à qui de droit, par un prisonnier de guerre. — Paris, *Tanera*. 1871. In-8°, 48 p. 1 fr.

Desboutin (Marcellin). — Avant et après la guerre, poésie. — Paris 1872. In-4°. 2 fr. 50 c.

Descaves (Capitaine P.) — Historique du 13° régiment de chasseurs et des chasseurs à cheval de la garde (1792-1891). — Béziers, *Bouineau*. 1891. In-4°, VIII-401 p , pl.

Deschamps (Aug.). — Histoire de la chute du second Empire. — Paris, *Lacroix, Verboeckhoven et Cie.* 1871. In-8°. 6 fr.

Deschaumes (Edm.). — Les vrais coupables de Sedan, d'après les papiers inédits du général de Wimpffen. — *Revue générale,* 1er juillet 1887

— Le grand patriote [Gambetta]. — Paris, *Havard.* 1888. In-18, 393 p 3 fr. 50 c.

— La France moderne. La retraite infernale (armée de la Loire, 1870-1871) — Paris, *Firmin-Didot.* 1889. In-4°, 363 p , ill. 8 fr.
Nouvelle édition. 1890. In-8°. 4 fr.

— La France moderne. Journal d'un lycéen de quatorze ans pendant le siège de Paris (1870-1871). — *Ib.* 1889. In-4°, IV-401 p., ill. 8 fr.
Nouvelle édition. 1890. In-8°. 4 fr.

— La France moderne. L'armée du Nord (1870-1871). Campagne du général Faidherbe. — *Ib.* 1894. Gr. in-8°, 299 p., ill., carte. 8 fr.

Descoings (H.). — Historique du 135° régiment de ligne, d'après les documents officiels. — Angers, *Germain et Grassin.* 1891. In-8°, 227 p.

Descoubès (Commandant E) — Historique du 1er régiment de zouaves. — Paris et Nancy, *Berger-Levrault et Cie.* 1882. In-8°, 288 p. 4 fr.

Desoudier (Alfred). — *Voir* AUNAY.

Desdouits (Th.). — Histoire d'un ouvrier. L'internationale et la guerre de 1870-1871. — Paris 1872. In-32, 63 p.

Desgranges. — Les ambulances sédentaires de Lyon pendant la guerre de 1870-1871. — Lyon, *Bellon.* 1872. In-8°.

Desjardins (Gustave). — Tableau de la guerre des Allemands dans le département de Seine-et-Oise (1870-1871). — Versailles, *L. Cerf.* 1882. In-8°, carte. 2 fr.

Desmarets et de Pressensé. — Discours au club de la Porte Saint-Martin, le 17 octobre 1870. — Paris. 1870. In-8°, 19 p.

Desplanques (A.). — Comment, en quinze jours, la France peut devenir invincible chez elle. — Paris. 14 août 1870. In-8°, 14 p.

Després (Docteur A.). — Société française de secours aux blessés. Rapport sur les travaux de la 7e ambulance à l'armée du Rhin et à l'armée de la Loire. — Paris. 1871. In-8°.

Desroziers (Capitaine). — Combats de partisans Récit des petites opérations de la guerre depuis le XIV° siècle jusqu'à nos jours. — Paris, *Baudoin.* 1883. In-8°. 2 fr. 50 c.

Extrait du *Journal des Sciences militaires.*

— Historique du 8° bataillon de chasseurs — Libourne, *Maleville.* 1887. In-8°, 121 p., grav.

Dessolins. — Guerre de 1870-1871. Les Prussiens en Normandie. Occupation de Gournay, Vernon, Évreux, etc. — Rouen, *Le Brument.* 1871 In-18, 144 p.

4° édition. Rouen, Paris. 1873. In-18, 144 p., carte. 2 fr. 50 c.

Destouches (Ernst von). — Vaterlands-Klänge aus grosser Zeit. Dichtungen. — München, *Literar. Institut.* 1895. In-8°, 63 p. 2 m.

Detaille. — *Voir* RICHARD (Jules).

Detloff (Martha). — Germania's Erwachen. Ein patriotisches Festspiel. Mit Schluss-Variante zur Aufführung am Geburtstage des deutschen Kaisers und am Sedantage. — Berlin, *E. Bloch.* 1894. In-8°, 26 p. 60 pf.

— Aus grosser Zeit. — Ein patriotisches Festspiel. — *Ib.* 1894. In-8°, 35 p. 60 pf.

Ces deux ouvrages font partie de la Mädchen-Bühne.

— Nach 25 Jahren ! 1870-1895. Prolog zum 2. September 1895. — *Ib.* 1895. In-8°, 6 p. 50 pf.

Sedanfeier, 1895.

Deutsch (W.). — Die Sedanfeier. Ein Festbüchlein für Schule und Haus. — Landsberg, *Volger und K.* 1876. In-16, 16 p. 15 pf.

3° édition.

Deutsch-französische (Der) Krieg. Chronologische Uebersicht aller Aktenstücke, Erlasse, u. s. w. — Leipzig, *Serbe.* 1870. In-8°, plans, ill.

Deutsche Helden des Krieges von 1870. Eine Kriegsschilderung. — Leipzig, *Dürr.* 1870. Gr. in-4°, 28 p., portr.

— Krieg (Der) 1870-1871. Ein Heldengedicht aus dem Nachlass des seligen F. A. Schartenmayer..... — Nördlingen. 1871. In-12, ill.

— Feldzug (Der) gegen Frankreich unter dem König Wilhelm. Ein Beitrag zur Kriegsgeschichte der Gegenwart. Von einem preussischen Stabsoffizier. — Berlin, *Otto Janke.* 1871-1872. In-8°.

Deutsches Kriegs-Album. Gedenkblätter aus dem ruhmreichen Feldzuge 1870-1871. Nach Originalskizzen von C. Notteler, nebst einer Kriegschronik über die Ereignisse vom Beginn des Krieges bis zum Friedensschlusse. — Stuttgart, *Thienemann.* 1871. In-fol., 8 p. et 15 chromol.

Deutschland in den Tuilerien. Blumenlese aus dem Werke *l'Allemagne aux Tuileries* de 1850-1870, collection de documents tirés du cabinet de l'empereur, par Henri Bordier. — Leipzig, *Minde*. 1872. Gr. in-8º, 1 m. 50 pf.

Voir BORDIER (H.).

— **und Frankreich** nach den Friedensbestimmungen von 1871. — Berlin, *Barthol und Cº*. 1871. In-fol., carte. 75 pf.

— **gegen Frankreich.** Illustrirtes Gedenkbuch..... — *Voir* K. (E.)

— **(Das ganze) soll es sein,** 1870. Ein Gedenkalbum in 50 Photographien. — Leipzig, *Grossmann*. 1870. In-16. 8 m. 25 pf.

8e édition.

— **wie es ist und wie es werden muss.** — Darmstadt. 1870. In-fol.

— **über alles!** Kriegs- und Vaterlandslieder aus Schwaben. — Stuttgart, *Kröner*. 1870. In-8º, 46 p.

2e édition.

Deutschlands Geschichte bis auf den heutigen Tag kurz und schlicht erzählt. — Freiburg im Breisgau, *Herder*. 1871. Gr. in-16. 1 m. 50 pf.

— **erster Sieg gegen Frankreich.** Von Weissenburg nach Wœrth ! Deutsche Siegeslieder für Volk und Heer. — Berlin, *Gräbner*. 1870. In-8º, 8 p.

— **Helden oder der Kampf gegen Frankreich.** Eine Chronik des Krieges im Jahre 1870, von einem früheren sächsischen Militär. — Dresden, *Münchmeyer*. 1871. In-4º, livr. à 30 pf.

— **Krieg und Sieg im Jahre 1870-1871.** In populärer Darstellung. — Elberfeld, *Lucas*. 1871. Gr. in-4º, 120 p., cartes, pl., portr. 1 m. 25 pf.

2e édition.

— **Heldenkampf.** Neue deutsche Kriegs- und Siegeslieder aus den glorreichen Jahren 1870 und 1871. — Landsberg, *Volger und Kl*. 1871. In-8º, en livr. de 8 p. à 10 pf.

— **Krieg gegen Frankreich 1870-1871.** Fürs deutsche Volk kurz erzählt — Stuttgart, *Buchhandlung der evangelischen Gesellschaft*. 1875. In-8º, 94 p., ill. 40 pf.

— **Krieg mit Frankreich im Jahre 1870.** — Minden, *Volkening*. 1870. In-8º, 32 p. 25 pf.

— **Siegesklänge.** — Chemnitz, *Hager*. 1871. In-8º, 8 p.

— **Ruhmestage 1870-1871.** In Schilderungen von Mitstreitern. — Rathenow, *Babenzien*. 1894-1895. En livr. in-8º de 48 p. à 40 pf.

Deutschtum (Das) in Elsass-Lothringen 1870-1895. Von einem Deutschnationalen. — Leipzig, *F. W. Grunow*. 1895. In-8º, VII-300 p. 3 m. 50 pf.

Deux (Les) petits assiégés. Épisode du siège de Paris. — Paris, *Picard et Kaan*. 1887. Petit in-8°. 80 c.

Deuxième armée de la Loire aux environs du Mans (La). — Le Mans, *imp. Beauvais*. 1886. In-8°, 16 p.

Devienne (Alb.). — Les souvenirs d'un mobilisé lillois (campagne de 1870-1871). — Lille, *Petit*. 1873. In-12, 195 p.

Devinat (E.). — Souvenirs d'un écolier. L'invasion. — Paris, *Lecène et Oudin*. 1891. In-8°, 141 p., ill. 50 c.
Nouvelle édition. 1894.

Devoille (A.). — Le siège de Paris. — Paris, *Rigaud*. 1873. In-18 j., 368 p. 2 fr.

Dewailly (Mme Amélie) [Mme Gustave Mesureur]. — Histoire d'un enfant de Paris (1870-1871). — Paris, *Quantin*. 1888. In-16, 300 p., ill. 2 fr. 25 c.

Dezautière (Docteur H.). — Garde mobile de la Nièvre. Historique du 3° bataillon. — Nevers, *Gourdel*. 1872. In-8°, 62 p.
Document relatif au 12° provisoire, 15° corps.

Dhombres (E.). — Foi et Patrie. Discours prononcés pendant le siège de Paris. Avec une préface et des notes résumant l'histoire de ce siège mémorable. — Paris, *Grassart*. 1871. In-18 j. 3 fr.

Dhormois (Paul). — La comédie politique (souvenirs d'un conspirateur). Les débuts d'une République. — Paris, *Dentu*. In-18 j. 3 fr. 50 c.

Diancourt (V.). — Les Allemands à Reims en 1870. — Reims, *Michaud*. 1884. In-8°, pl. 1 fr. 25 c.
2° édition.

Diary of the french campaign of 1870-1871. From 5th July 1870 to 18 th July 1871. — Berlin. 1871. In-8°, 131 p. 3 m.

— of the besieged Resident in Paris. — London. 1871. In-8°, 400 p. 15 sh.
Extrait du *Daily News*.

— of the siege of Paris, taken from *Galignani's Messenger* the english paper published in that capital. — London. 1871. In-12, 176 p. 1 sh. 6 d.

[Dichard (H.)]. — Une page de l'histoire du siège de Paris par les Prussiens. La première affaire du Bourget, par un garde mobile. — Paris, *Rochette*. 1871. In-18.

— Le même. 2° édition. — Paris, *Mauger-Capart et Cie*. 1871. In-8°, 70 p.

Dichterklänge aus Deutschlands grosser Zeit. Patriotische Dichtungen 1813, 1815, 1870-1871. — Langensalza, *Beyer*. 1880. In-8°, 128 p. 1 m.
2° édition. 1886. 196 p. 1 m. 20 pf.

Diekhaut (F.). — Souvenirs de la campagne 1870-1871. Simples récits. — Châlons-s.-Marne, *imp. du Libéral de la Marne*; Paris, *Fischbacher*. 1887. In-8°, II-105 p. 1 fr. 50 c.

Didierjean (Le R. P.) [S. J.]. — Souvenirs de Metz. L'école Saint-Clément, ses élèves, ses derniers jours. — Paris, *Baltenweck*. 1879. 2 vol. in-8º.

— Un jeune volontaire lorrain au siège de Verdun en 1870. Notice sur Paul Bastien. — Paris, *Le Clère*. 1876. In-18, 58 p.

Dieffenbach (Ferd.). — Der Krieg mit Frankreich von 1870-1871. Kriegsgeschichte für das Volk. Mit besonderer Berücksichtigung der grossherzoglich-hessischen Division. — Darmstadt, *Jonghaus*. 1871. Gr. in-8º, IV-124 p. 90 pf.

Dieffenbach (G. C.). — In der deutschen Frühlingszeit. Lieder aus den Kriegs- und Siegesjahren 1870-1871. — Hannover, *Meyer*. 1871. In-16, 32 p. 20 pf.

Diehl (Lehr. J.). — Die Kapitulation von Sedan. Historisches Schauspiel in 22 lebendigen Bildern und 7 Verwandlungen. Mit verbindender Dichtung von Udo Richter. Musik von J. D. — Hamm, *C. Dietrich*. 1894. In-8º, 32 p. 1 m. — Le texte, 24 p. 25 pf.

— Kriegsscenen. Darstellung von lebendigen Bildern aus dem Kriege 1870-1871 mit verbindender Dichtung und Musik. — *Ib.* 1891. In-8º, 32 p. 1 m. — Le texte, 16 p. 25 pf.

Nouvelle édition. 1894.

Dienemann (Pastor). — Predigt am ausserordentlichen allgemeinen Bettage, den 27. Juli 1870..... — Osterburg, *Däger*. 1870. In-8º, 15 p.

Diepenbrock (K. J.). — Deutschlands Sieg und Herrlichkeit in staatlicher, sittlicher und sprachlicher Bedeutung. Patriotische Vorlesung. — Freiburg im Br., *Herder*. 1870. Gr. in-8º, 11 p.

Dies iræ. — *Voir* BLEIBTREU.

Dieskau (Capitaine de). — *Voir* GUERRE.

Diestelkampf (Pfarrer L.). — Freuden und Leiden eines geistlichen freiwilligen Krankenpflegers im Feldzuge des Jahres der Gnade 1870. — Gütersloh, *Bertelsmann*. 1871. In-8º, 80 p. 1 m.

— Der rechte Helfer wider unsere Feinde. Predigt. — Barmen, *Klein*. 1870. In-8º, 9 p.

Dieulevent (J. E.). — Versailles, quartier général prussien. Abrégé historique, commercial et administratif de la ville pendant la période de son occupation, suivi d'une liste nominative des principaux prisonniers incarcérés à Versailles..... — Paris, *E. Lachaud*. 1872. In-18, 297 p.

Dignat (Od.). — 1871. Le vrai coupable et ses victimes. — Toulouse. 1872. In-18, 156 p.

2e édition.

Diguet (Ch.). — L'épopée prussienne. — Paris. 1871. In-12. 1-fr.

Dijon (De) à Brême, 1870-1871. — Paris. 1871. In-12.

Dijonnais (Un). — *Voir* DÉFENSE.

Dilhan (Alph.). — Une page de l'histoire de la guerre avec la Prusse, 1870-1871. Sac, pillage et incendie du village d'Ablis (Seine-et-Oise). — Clichy, *P. Dupont*. 1875. In-8°. 50 p.

Dilke (Sir Charles). — The origin of the War of 1870. — *Cosmopolis*, janvier 1896.

Dillaye (Fréd.). — Lettres sur l'affaire Bazaine. — Paris, *Lemerre*. 1874. In-12, 108 p.

Dinago (F). — L'entrée des Badois à Colmar le 14 septembre 1870. — Paris et Nancy, *Berger-Levrault et Cie*. 1883. Gr. in-8°. 1 fr. 25 c.
Extrait de la *Revue alsacienne*.

Dinckelberg (Hugo). — Kriegserlebnisse eines Kaiser Alexander Garde-Grenadiers [Nr. 1] im Feld und im Lazareth. 1870-1871. — München, *Beck*. 1890. In-8°, IV-252 p. 2 m. 25 pf.

Dincklage (G.). — Erinnerungsblätter des Oldenburgischen Infanterie-Regiments Nr. 91 aus dem Kriege 1870-1871. — Oldenburg, *Schulze*. 1873. Gr. in-4°, 15 photogr. 18 m.

— (F. Freiherr von). [Hans Nagel von Brawe.] — Besiegte Sieger. Kriegserinnerungen. — Dresden, *Reissner*. 1893. In-8°, 125 p. 1 m.
2e édition.

Dincklage-Campe (Generalmajor Fr. Freiherr von). — Kriegs-Erinnerungen. Wie wir unser eisern Kreuz erwarben. — Berlin, *Bong und Co.* 1895. En 15 livr. in-4°, VII-360 p., ill. à 50 pf. Complet, 10 m.

— Le même. Nachtrag. — *Ib.* 1895-1896. 5 livr. in-4° de 24 p. à 50 pf.

Discours (Le) de M. le duc d'Audiffret-Pasquier et l'intendance militaire. — Nantes, *Grinsard*. 1872. In-8°, 15 p.

— prononcé par Mgr l'évêque de Poitiers à la suite du service anniversaire célébré dans l'église de Loigny à l'intention des soldats français... morts... dans la journée du 2 décembre 1870. — Poitiers, Paris. 1872. In-8°, 28 p.

Disproses. — Life in Paris before the War and during the siege. — London. 1871. In-8°, 113 p. 6 d.
2e édition.

Disselhoff (Pastor Julius). — Der grosse Krieg zwischen Frankreich und Deutschland in den Jahren 1870 und 1871. Dem deutschen Volke erzählt. — Kaiserswerth; Berlin, *Beck*. 1872. In-8°, 100 p. 50 pf.
4e édition. 1873. 6e édition. 1892. In-12, 104 p. 30 pf.

— Kaiserbüchlein oder Kaiser Wilhelms Lehr- und Meisterjahre. — Kaiserswerth. 1888. In-8°, 168 p., ill. 40 pf.
4e édition.

Ditfurth (Frhr. Franz W. von). — Historische Volks- und volksthümliche Lieder des Krieges von 1870-1871. — Berlin, *Lipperheide*. Gr. in-8°. 1re partie. 1871. 184 p. 2e partie. 1873. XII-232 p. 4 m. 50 pf.

— Kreuz und Schwert. Zeitklänge aus den Jahren 1870 und 1871. — Berlin, *Lipperheide*. 1871. Gr. in-16, VI-81 p. 1 m.

Ditfurth (Hauptmann Frhr. Max von). — Das kurhessische Leibgarde-Regiment [Nr. 83]. Eine geschichtliche Skizze. — Cassel, *Klaunig*. 1882. Gr. in-8°. 2 m. 50 pf.

Ditte. — La capitulation de Verdun. Lettre. — Verdun, *Autogr. Marsais*. 1872. In-4°, 9 p.

Dittrich (Max). — Erinnerungsblätter an die königlich sächsisch Armee aus dem Feldzuge 1870-1871. — Dresden, *Münchmeyer*. 1871. In-8°, 50 pf.

— Das *Va Banque!* Louis Napoleons III. oder der Kampf mit Deutschlands Erbfeind. — *Ib.* Livr. in-4° à 30 pf.

— Mobile Mannschaft. Soldatengeschichten. — Dresden, *Tittel*. 1888. In-8°, 203 p., ill.

— Beim Regiment des Prinzen Friedrich-August [Nr. 104], 1870-1871. Kriegs-Erinnerungen. — *Ib.* 1886. In-8°, 110 p.

— General-Feldmarschall Graf Moltke, † am 24. April 1891. Ein Lebensbild. — Dresden, *A. Wolf*. 1891. Gr. in-8°, 24 p., portr. 10 pf.

— König Albert und seine Sachsen im Felde 1849, 1866, 1870-1871. — *Ib.* 1893. Gr. in-8°, VII-125 p., 4 portr. 1 m.
2e édition.

— Unser König Albert von Sachsen im Felde 1849, 1866, 1870-1871. — Dresden, *Albanus*. 1888. In-8°, 96 p. 1 m.

— Gedenkblätter deutschen Waffenruhms aus dem Kriege 1870-1871. — Leipzig, *Greiner und Schramm*. 1895. In-8°, III-88 p., ill. 50 pf.
3e édition.

— Deutsche Heldengräber im Reichslande. Wanderstudien über die Schlachtfelder von 1870 in Elsass-Lothringen. — Rathenow, *Labenzien*. 1895. Gr. in-8°, VIII-74 p., 4 tableaux, 1 m.

— Prinz Fr. August, Herzog zu Sachsen. Ein Lebensbild. — *Ib.* 1894. In-12, 54 p., portr. 30 pf.
Soldatenbibliothek.

Dittrich (M.) [und Henze]. — Der deutsch-französische Krieg 1870 und 1871. Gedenkblätter in Wort und Bild ... — Dresden, *Münchmeyer*. 1890. In-fol. En livr. à 1 m.
40e édition. *Ib.* 1895, in-fol., 86 p. 26 pl. en couleurs. 15 m.

— Soldatenschriften. Heft I. General-Feldmarschall Prinz Georg, Herzog zu Sachsen. — Dresden, *Albanus*. 1889. In-8°, 35 p. 50 pf.

**Division (La) du gé‑ al Marguerltte à Sedan. Réponse au général Lebrun, par un an " officier du 3º de chasseurs d'Afrique. — Paris 1884. In-8º.

Dix-huit mois d'histoire, du 15 juillet 1870 au 31 décembre 1871. Nomenclature chronologique de tous les événements..... — Paris, *Administration de la Liberté*. 1872. In-8º, 80 p. 50 c.
Extrait de la *Liberté*.

Djemyl-Ben-Hassi. — L'armée et le siège de Metz. — Rouen, *Mégard*. 1894. In 8º. 85 c.

— La guerre de 1870-1871. — *Ib*. 1894. In-8º. 1 fr. 05 c.

Documents sur les événements de 1870-1871. Bazaine et Changarnier. Lettres, discours, proclamations. — Paris, *Librairie des bibliophiles*. 1871. In-18, 47 p. 1 fr.

— — Trochu et Palikao. Extrait du discours du général Trochu sur les événements de 1870-1871. Lettre du général comte de Palikao. — *Ib*. 1871. In-18 j., 46 p. 1 fr.

— inédits sur la bataille de Sedan. — *Revue historique*, novembre-décembre 1884.

— relatifs à l'organisation de la Société internationale et des comités nationaux de secours aux blessés. — Grenoble. 1872. In-4º, 47 p.

Doedes (J. J.). — Parijs en Rome in den zomer van 1870. — Utrecht. 1870. In-8º, 32 p. 30 pf.

Döhn (Rudolph). — Der Bonapartismus und der deutsch-französische Conflict vom Jahre 1870. Eine historische Studie. — Leipzig, *O. Wigand*. 1870. In-8º, III-76 p. 1 m.

Dömling (Adelbert). — Im Bivouak. Zur Erinnerung an die Siege vom 30. August bis 2. September 1870. — Bamberg, *Buchner*. 1870. In-8º, 7 p. 20 pf.

Döring (Hauptmann von). — Geschichte des 7. thüringischen Infanterie-Regiments Nr. 96. — Berlin, *Mittler*. 1890. In-8º, cartes, 13 m. 50 pf.

— (A.). — Deutsche Kernlieder aus dem Franzosenkriege. — Berlin, *Grote*. 1871. In-8º, 158 p., ill.

— (F.). — Meine Dienstzeit, Kriegs- und Friedenserinnerungen, 1869-1871 [hessisches Jägerbataillon Nr. 11]. — Marburg, 1891. In-8º. 1 m. 40 pf.

— (Hugo von). — Deutschlands Krieg gegen Frankreich im Jahre 1870-1871. — Berlin, *Cronbach*. 1871. Gr. in-8º, 380 p., carte. 2 m. 50 pf.

Dörr (Doctor Fried.). — Der deutsche Krieg gegen Frankreich im Jahre 1870-1871. — Berlin, *Gebrüder Pätel*. 1871. Gr. in-8º, 3 vol., 1447 p., cartes, portr. 12 m.
2º édition. 1872.

Dolivet. — Histoire de la garde nationale et des bataillons mobilisés du 9e arrondissement.... année 1870-1871. — Paris, s. d , in-8º et atlas

Doll (K. W.), — *Voir* HOLTZMANN (J.).

Domalain (Lieut. de vaisseau A.) — Sur les faits et gestes de la légion bretonne. — Paris, *Kugelmann*. 1872. In-8º, 16 p.

_{A consulter pour l'histoire de l'armée de la Loire et de la 1re armée.}

Dombrowsky (J) [général de la Commune]. — Trochu comme organisateur et général en chef. Conférence au club des Révolutionnaires à Paris. — Lyon. 1871. In-8º, 16 p.

Domenech (Emmanuel). — Histoire de la campagne de 1870-1871 et de la deuxième ambulance, dite de la Presse française. — Paris, *Dentu*. 1871. In-18 j., XII-456 p. 3 fr. 50 c.

Domergue (Anatole). — Sortie de Belfort à Bessoncourt et ma captivité. Poésies d'un mobile du Rhône. — Paris. 1873. In-8º. 3 fr.

[**Domergue** (Général)]. — Études de défense nationale. Projets du roi de Prusse à l'égard de la France. Moyens de défense que la France doit opposer aux armées allemandes, par un officier supérieur du génie — Montpellier, *Ricard*. 1870. In-8º. 1 fr.

Dominique (Abbé J). — Souvenir de Lorraine. Espion malgré lui. — Tours, *Cattier*. 1886. In-8º. 90 c.

Donin de Rosières (Commandant). — Historique du 115e régiment d'infanterie. — Mamers, *Presse régim. du 115e de ligne*. 1894. In-8º, ill. 2 fr. 50 c.

Doncourt (A. de). — Souvenirs des ambulances. — Lille. 1873. In-8º.

Dorau (Doct.). — *Voir* SOUVENIRS.

Dorenwell (K.). — Unser Kaiser Friedrich als Kronprinz. Charakterzüge. — Minden, *Bruns*. 1888. In-8º, 92 p., portr. 75 pf.

— Aus dem Leben des Kaisers Wilhelm. — Hannover, *C. Meyer*. 1887. In-8º, 80 p. 1 m.

_{4e édition.}

Dorival (G). — Le 21 janvier 1871. Bernay héroïque, ses martyrs et ses héros, poème. La Bernayenne, chant. A la garde nationale de Lisieux, vers. — Bernay, *Vve Lefèvre*. 1873. In-8º, 51 p.

Dormoy (P. A , ancien officier de francs-tireurs). — Armée des Vosges, 1870-1871. Souvenirs d'avant-garde. — Paris, *Sauvaitre*. 1887-1891. 5 vol. in-64, 127, 265, 259, 210,....p. à 2 fr.

_{I. La surprise de Châtillon. II. Le 30 octobre. III. Le 26 novembre. IV. Les moutons. V. Le drapeau.}

— Les trois batailles de Dijon : 30 octobre, 29 novembre, 21 janvier. — Paris, *E. Dubois*. 1893. In 8º. 5 fr.

Dossier (Le) de la guerre de 1870. Préface de M. Émile de Girardin. — Paris, *Garnier*. 1877. In-8°.
   2ᵉ édition.

— Le même. — *Ib.* In-32. 1 fr.

Doussaint (Léopold). — Souvenirs anecdotiques de la guerre de 1870-1871. Préface de Narcisse Leven. — Paris, *H. E. Martin*. 1885. 2 vol. in-18 j. 7 fr.

Dove (A.). — Kaiser Wilhelms geschichtliche Gestalt. — Berlin. 1888. In-8°. 1 m.

— **(Doct. R.).** — Einige Gedenkblätter historich-politischen Inhalts aus der Geschichte der Georg-August's Universität zu Göttingen von 1837-1887 mit besonderer Berücksichtigung der Kriegsjahre 1870-1871. — Göttingen, *Spielmeyer*. 1887. In-8°, VII-52 p. 1 m.

Doyon (A.). — Notes et souvenirs d'un chirurgien d'ambulance. — Paris, *G. Masson*. 1872. In-8°, 66 p.

Dragoni Edler von Rabenhorst (A.). — Strategische Betrachtungen über den deutsch-französischen Krieg 1870-1871. I. Th. Kampf der Deutschen gegen das französische Kaiserreich und die Kapitulation von Metz. — Temesvar (Wien, *Seidel*). 1885. In-8°, 181 p., carte. 3 m.
   La 1ʳᵉ partie seule a paru.

Drame de Lyon (Le), 20 décembre 1870. Assassinat du commandant Arnaud, d'après des documents authentiques, par un avocat. — Lyon, *Josserand*. 1871. In-8°, 104 p.

Drapeau (Le) du 26ᵉ régiment d'infanterie. — Paris et Nancy, *Berger-Levrault et Cⁱᵉ*. 1892. In-18. 50 c.

Drapeyron (Ludovic). — L'Europe, la France et les Bonaparte. — Paris, *Thorin*. 1871. In-8°, 32 p. 1 fr.

— La géographie et la topographie au service du feldmaréchal de Moltke. — Paris, *Delagrave*. 1892. In-8°, 15 p.
   Extrait de la *Revue de géographie*.

Drapeyron-Seligmann. — Les deux folies de Paris, juillet 1870-mars 1871. — Paris, *C. Lévy*. 1872. In-18. 3 fr. 50 c.

Draudt (Lieutenant A. von). — Die Thätigkeit des Detachements Rantzau im Feldzuge 1870-1871 vom 20. Dezember 1870 bis zum 19. Februar 1871. Ein Beitrag zur Geschichte der grossherzoglich-hessischen (25.) Division. — Darmstadt, *Zernin*. 1874. Gr. in-8°, 59 p., carte, croquis. 1 m. 50 pf.

Draudt. — *Voir* SCHERF.

Drechsler (W.). — Eine Kriegschronik für das kleine Volk. — Barmen, *Klein*. 1873. In-8°, 39 p. 50 pf.
   5ᵉ édition, 1874.

Dreher (Pr.-Lieutenant). — Geschichte des 2. pommerschen Ulanen-Regiments Nr. 9 von seiner Formation 1860-1885. — Berlin, *Mittler*. 1885. In-8°, cartes, portrait. 1 m. 25 pf.

Dréolle (Ern.). — La journée du 4 septembre au Corps législatif. Avec notes sur les journées du 3 et du 5 septembre. Souvenirs politiques. — Paris, *Amyot*. 1871. In-18, 139 p.

Dresky (Lieutenant W. von). — Der Krieg zwischen Deutschland und Frankreich im Jahre 1870. I. Abtheilung. — Potsdam, *Reutel*. 1870. In-8°, 92 p., cartes et plans. 2 m.
5e édition.

Drescher (K.). — *Voir* BOJANOWSKI.

Dressel (A.). — Erinnerungen eines Freiwilligen 1870-1871. Tagebuchblätter aus Frankreich. — Leipzig, *Hinrichs*. 1874. In-8°, VI-71 p. 1 m.

Dreydorff (Pastor Doctor J. G.). — Unser Gebet. Predigt am 3. August 1870. — Leipzig, *Duncker und Humblot*. 1870. In-8°, 16 p.

Dreyfus (Abraham). — Le bombardement de Gomorrhe, strophes. — Paris, *E. Lachaud*. 1871. In-12. 50 c.

Drigalski (Von). — Geschichte des 4. Garde-Regiments zu Fuss. — Berlin, *Mittler*. 1895. In-8°. N. d. l. c.

Drion (Alfr.). — Le calvaire de la patrie ; invasion en France des hordes prussiennes (1870-1871). — Limoges, *Barbou*. 1873. In-8°, 139 p.
Nouvelle édition. *Ib.* 1875. In-8°, XVI-227 p.

Drobisch (T.). — Der alte Fritz und « unser Fritz » [Prince royal de Prusse]. — Dresden, *Kaufmann*. 1875. In-4°, 54 p. 2 m. 50 pf.

Droescher (Emilie). — Rückblick auf das Jahr 1870-1871. Patriotisches Festspiel für die Schuljugend. — Homburg, *F. Schick*. 1895. In-8°, 12 p. 20 pf.

Dronsart (Mme M.). — Le prince de Bismarck, sa vie et son œuvre. — Paris, *Calmann Lévy*. 1887. In-18, IX-390 p. 3 fr. 50 c.
Extrait du *Correspondant*, 1886.

Drost (W.). — Am Lagerfeuer vor Paris. Militärische Declamation. — Berlin, *Bloch*. In-8°. 60 pf.

Drouart (Mne Pauline). — En pays envahi (1870-1871). — Paris, *Savine*. 1890. In-18 j., 280 p. 3 fr. 50 c.
2e édition.

Droz (S.). — Notice historique sur la bataille de Cussey. — Besançon, *Dodivers*. 1872. In-12, VIII-75 p.
Combats sur l'Ognon, octobre 1870.

Druhen (Docteur, professeur). — Étude sur la mortalité de la population civile en Franche-Comté pendant la dernière invasion allemande. Deux époques médicales à Besançon : 1814-1815 et 1870-1871. — Besançon, *Dodivers*. 1882. In-8°, 33 p.

Drumont (Edouard). — La dernière bataille. — Paris, *Dentu*. 1890. In-18 j., 572 p. 3 fr. 50 c.
_{62e mille. 1890. Le livre se traite de la guerre de 1870-1871 (siège de Paris).}

Dryander (K.). — Erinnerungen aus der Kriegszeit (1870-1871). — Halle, *Niemeyer*. 1888. In-8°, 122 p. 1 m. 60 pf.

Duball (Lieutenant M. E.). — Précis d'histoire militaire. 1re partie : Armées contemporaines jusqu'au 2 septembre 1870. 2e partie : Guerre franco-allemande 1870-1871, suite. Guerre d'Orient (1877-1878). — Paris, *Dumaine*. 1879-1880. 2 vol. in-12, atlas. 23 fr.

— (Capitaine E.). — Géographie de l'Alsace-Lorraine avant et depuis 1870. — Paris, *Hetzel*. 1877. In-18, 90 p., carte. 1 fr.

Duboc (Ed). — *Voir* WALDMÜLLER.

Dubois (Capitaine). — Aperçu de géographie militaire sur le littoral de la confédération de l'Allemagne du Nord et étude des mesures de défense prises par les Allemands pendant la guerre de 1870-1871 contre un débarquement de troupes françaises. — Paris, *Tanera*. 1872. In-12. 50 c.

— (Ch.). — Récits d'un Alsacien. — Paris. 1872. In-8°. 1 fr. 50 c.
_{Nouvelle édition. — Tours, Mame. In-8°, 24 p., ill. 1 fr.}

— (Abbé Ernest). — M. l'abbé Charles Morancé, aumônier du 33e mobiles et du 4e corps d'armée. — Le Mans, *Leguicheux*. 1889. In-12. 2 fr.

— (Jul.). — Impressions d'un villageois sur la guerre de 1870-1871. 1re série : du 6 juillet au 15 novembre 1870. — Genève. 1871. In-16, 34 p.

— (Lucien, ex-inspecteur général des halles et marchés). — Chapitres nouveaux sur le siège et la Commune (1870-1871). — Paris, *Le Chevalier*. 1872. In-18, 323 p. 3 fr.

Du Bois-Reymond. — *Voir* BOIS-REYMOND.

Dubos (E.). — La peste bovine dans le département de l'Oise pendant les années 1870, 1871 et 1872. — Beauvais, *Père*. 1874. In-8°, 53 p.

Dubrisay (M. J.). — *Voir* VALMONT.

Dubu (A.). — Lettre à M. Jules Favre. — Lyon, *Bellon*. 1871. In-8°, 19 p.

Dubufe (Guillaume). — *Voir* FRANCFORT.

Duc (L.). — Souvenirs du siège de Belfort. Correspondance et journal d'un mobile du Rhône, 16e régiment de marche [provisoire], 3e bataillon, 8e compagnie. — Lyon, *Méra*. 1871. In-12, VIII-315 p.

Ducasse (Commandant, baron). — Journal authentique du siège de Strasbourg. — Paris, *Librairie internationale*. 1871. In-18, 72 p., 2 cartes. 1 fr. 50 c.

— Étude sur les causes qui ont amené nos désastres en 1870-1871. — *Spect. mil.* 1875.

— La guerre au jour le jour (1870-1871), suivie de considérations sur les causes de nos désastres. — Paris, *Dumaine*. 1875. In-8°, 437 p. 6 fr.
Extrait du *Spect. mil.*

— Les veillées de la brigade, ou la vie d'un soldat de 1814 à 1871. — Paris, *Bouillon*. 1889. In-16. 2 fr. 50 c.
Voir WIMPFFEN.

Duchâteau (Mme P.). — Souvenirs d'un petit Alsacien. — Paris, *Delagrave*. 1885. In-4°, ill. 5 fr.
Nouvelle édition. 1893. In-4°, ill. 2 fr. 75 c.

Duchatel (A.). — La guerre de 1870. La responsabilité de l'empire. — Amiens. 1877. In-8°, 31 p.

— La guerre de 1870-1871. Nos désastres. Causes et responsabilités. — Paris, *Savine, Ghio*. 1889. In-18, 300 p. 3 fr. 50 c.

Duchatelet (Lieutenant). — Historique du 106° régiment d'infanterie de ligne. — Châlons-sur-Marne, *Vve Barbat*. 1891. In-8°, 174 p.

Du Chêne (A.). — *Voir* CHÊNE.

Duchenne (Alphonse). — Siège de Paris. — Paris, Lyon, Draguignan. 1871. In-?°, 8 p.

Ducreux (Président J.). — *Voir* BASSET DE BELAVALLE.

Ducros (Octave, de Sixte). — Chants du Droit et de l'Épée (poésie). — Paris, *Halon*. 1874. In-32, 124 p. 1 fr.

Ducrot (Général). — La journée de Sedan. — Paris, *Dentu*. 1871. In-8°, 159 p., carte. 2 fr.
5°, 6° éditions, augmentées des ordres de mouvement de l'état-major allemand. — *Ib.* 1875. In-18 j., 144 p., pl. 2 fr.

— Discours à la cérémonie anniversaire de la bataille de Champigny. — Paris. 1871. In-8°, 15 p.

— Plan de campagne du général comte de Moltke en 1870 exposé dans une lettre écrite en 1868 par le général Ducrot. — Paris, *Tanera*. 1873. In-8°, 18 p. 50 c.

— Guerre des frontières. Wissembourg. Réponse à l'état-major allemand. — Paris, *Dentu*. 1873. In-8°, carte, 32 p. 1 fr.
2° édition.

— La défense de Paris. — Paris, *Dentu*. 1875-1878. 4 vol. in-8° et 4 livr. d'atlas, IV-508, 455, 428, 636 p. 40 fr.

Ducrot (Général). — Retraite sur Mézières le 31 août et le 1ᵉʳ septembre 1870. Annexe à la *Journée de Sedan*. — Paris, *Baudoin*. 1885. In-8°. 1 fr. 50 c.

Extrait du *Journal des Sciences militaires*.

— (La vie militaire du général) d'après sa correspondance (1833-1871), publiée par ses enfants. — Paris, *Plon*. 1894. 2 vol. in-8°, portr., carte. 15 fr.

2ᵉ édition. 1895.

Dudelsacklieder (Politische) Gediegene poetische Ergüsse unter Mitwirkung namhafter Gelehrter und Künstler mühevoll zusammengetragen und mit feinen Bildern ausstaffirt von Glieb. Kutschke, Füsilier und Dichter. Nebst einer Widmung an Herrn Napolium. — Leipzig, *Klein*. 1870. In-16, 30 p.

Dudevant (Baronne). — *Voir* SAND.

Dufor (Le R. P.). — Mes impressions et confidences d'aumônier des prisonniers en Allemagne et en Suisse. — Toulouse, *Privat*. 1871. In-12. 1 fr. 50 c.

Dufresne (P.). — Les Prussiens à Blois ou trois mois d'occupation (10 décembre 1870-12 mars 1871). — Blois, *Bureaux de l'Avenir*. 1872. In-8°, 48 p. 80 c.

Dugast (Docteur H.). — Souvenirs intimes de l'ambulance mobile de la Côte-d'Or. Campagnes de la Loire et de l'Est (1870-1871). — Dijon, *Marchand*. 1871. In-18. 2 fr.

Dugué (F.). — Les éclats d'obus (poésie). — Paris, *Dentu*. 1871. In-18 j., VII-159 p. 3 fr.

Dugué de la Fauconnerie. — Ce qu'a coûté le 4 septembre. — Paris. 1875. In-fol., 1 p. à 2 col., 4 cartes. 10 c.

Duhamel (P.). — Nos prisonniers en Allemagne. — Lons-le-Saulnier. 1871. In-8°, 14 p.

Dulk (A.). — Patriotismus und Frömmigkeit. — Kaiserslautern, *Rohr*. 1872. In-8°, 53 p. 50 pf.

Dumaine (Alfr.). — *Voir* WARTENSLEBEN.

Dumas (Alexandre, fils) de l'Académie française. — Une lettre sur les choses du jour. — Paris, *M. Lévy*. 1871. In-18. 1 fr.

Extrait du *Nouvelliste de Rouen*.

— Une nouvelle lettre sur les choses du jour. — *Ib*. 1871. In-18. 1 fr.

Voir JUNIUS.

— (Lieutenant-colonel F.). — Historique du 71ᵉ régiment territorial d'infanterie d'après les documents officiels. Les mobiles de Maine-et-Loire (29ᵉ mobiles, 3ᵉ bat. du 75ᵉ mobiles). — Angers, *Germain et Grassin*. 1884. In-8°, cartes. 7 fr.

Dumas. — Le commandant Guzman [officier d'ordonnance de Napoléon III en 1870]. — Paris, *Plon*. 1887. In-8°, 272 p., portr. 7 fr. 50 c.
   2ᵉ édition.

— (Capitaine J. B.). — La guerre sur les communications allemandes en 1870. — Première campagne de l'Est. Campagne de Bourgogne. — Paris et Nancy, *Berger-Levrault et Cⁱᵉ*. 1891. In-8°, cartes. 7 fr. 50 c.

Dumont (A.). — L'administration et la propagande prussiennes en Alsace. — Paris, *Didier*. 1871. In-18 j., 260 p.

— Un mois dans les Ardennes au milieu des armées, en août 1870. — *Revue des Deux-Mondes*, 15 novembre 1870.

Duneau (Capitaine S.). — Historique du 48ᵉ régiment d'infanterie (1610-1878). — Paris, *Rouff*. 1879. In-18 j., 360 p.

Dunker (Lieutenant von). — Das 3. Garde-Regiment zu Fuss. Mannschaftsausgabe. — Berlin, *Mittler*. 1891. In-8°. N. d. l. c.

Dupin (Léon, ex-officier du corps franc des Vosges). — Souvenirs d'un officier de partisans. Guerre de 1870-1871, ou des causes de nos désastres et des moyens de les réparer. — Lyon, *Bonnaire*. 1871. In-8°, 31 p. 80 c.

Dupont. — Notice nécrologique sur l'amiral Jauréguiberry. — Paris, *Baudoin*. 1888. In-8°. 1 fr. 50 c.
   Extrait de la *Revue maritime et coloniale*.

— (Ed.). — La paix est-elle possible? Une solution nouvelle. — Paris, *Le Chevalier*. 1871. In-8°, 22 p. 40 c.

— Du droit que la Lorraine et l'Alsace ont de rester françaises. — Cambrai, *Vᵛᵉ Carion et Cⁱᵉ*. 1871. In-8°, 15 p.

— (Gustave). — L'explosion de la citadelle de Laon, épisode de l'invasion allemande (1870), avec pièces justificatives inédites. — Caen, *Le Blanc-Hardel*. 1877. In-8°, 188 p.
   Extrait des *Mémoires de l'Académie de Caen*.

— (Léonce). — Tours et Bordeaux, souvenirs de la République à outrance. — Paris, *Dentu*. 1878. In-18 j., xiv-424 p. 3 fr. 50 c.
   Extrait de la *Revue de France*, 1876-1877.

Dupuy (Capitaine R.). — Historique du 3ᵉ régiment de hussards de 1764 à 1887. — Paris, *Piaget*. 1887. In-8°, ill., 171 p. 10 fr.

— (Commandant R.). — Historique du 12ᵉ régiment de chasseurs de 1788 à 1891. — Paris, *Person*. 1891. Gr. in-8°, 463 p., ill.

Duquet (Alfred). — L'armée allemande et l'armée française. — *Nouvelle Revue*, 1ᵉʳ mai 1882.

— La bataille de Rezonville. — *Ib.*, décembre 1884.

Duquet (Alfred). — La bataille de Saint-Privat. — *Ib.*, 15 juin-1er juillet 1885.

— La bataille de Noisseville (31 août et 1er septembre 1870). — *Ib.*, 15 septembre 1886.

— Une phase du blocus de Metz (1er-21 septembre 1870). — *Ib.*, 1er mars 1887.

— Fræschwiller, Châlons, Sedan. — Paris, *Charpentier*. 1880. In-18 j., cartes, 441 p. 3 fr. 50 c.

— Guerre de 1870-1871. Les grandes batailles de Metz (19 juillet-19 août). — *Ib.* 1887. In-18 j., VIII-343 p., cartes. 3 fr. 50 c.

— Guerre de 1870-1871. Les derniers jours de l'armée du Rhin (19 août-29 octobre). — *Ib.* 1888. In-18 j., VIII-361 p., cartes. 3 fr. 50 c.

— Les dépêches de Beaugency devant l'histoire. — *Spectateur militaire*, 15 novembre 1888.

— Le blocus de Paris et la première armée de la Loire. — *Ib.*, 1er décembre 1889.

— Guerre de 1870-1871. Paris, le quatre septembre et Châtillon (2 septembre-19 septembre). — Paris, *Charpentier*. 1890. In-18 j., 357 p., 4 cartes, 3 fr. 50 c.
2e mille.

— Guerre de 1870-1871. Paris, Chevilly et Bagneux (20 septembre-20 octobre). — *Ib.* 1891. In-18 j., 337 p., 2 cartes. 3 fr. 50 c.

— Le combat de Bagneux. — *Spectateur militaire*, 1er mai 1891.

— Guerre de 1870-1871. Paris, la Malmaison, le Bourget et le Trente et un octobre (21 octobre-1er novembre). — Paris, *Charpentier et Fasquelle*. 1893. In-18 j., 351 p., cartes. 3 fr. 50 c.
2e mille.

— Guerre de 1870-1871. Paris, Thiers, le plan Trochu, L'Haÿ. — *Ib.* 1894. In-18 j., 368 p., carte. 3 fr. 50 c.
2e mille.

— Guerre de 1870-1871. Paris, les batailles de la Marne. — *Ib.* 1895. In-18 j., 374 p., 5 croquis, 1 carte. 3 fr. 50 c.

Durand (Lieutenant A.). — Historique du 3e régiment de spahis. — Paris, *Charles-Lavauzelle*. In-8o, 232 p. 3 fr. 50 c.

— (Capitaine Ch.). — Historique du 117e régiment d'infanterie de ligne (1794-1872). — Orléans, *Jacob*. 1875. In-8o, 217 p., carte. N. d. l. c.

Durand-Dassier (Abbé E.). — Le blocus de Metz. Souvenirs d'un aumônier volontaire. — Paris, *Meyrueis*. 1872. In-8o, 27 p.

Duret (Théodore). — Histoire de France (1870-1873). — Paris, *Charpentier*. 1876. In-18 j., 2 vol. 7 fr.

— Histoire de quatre ans (1870-1873). — *Ib.* 1893. 3 vol. in-18 j. I. La chute de l'Empire ; II. La Défense nationale ; III. La Commune. 10 fr. 50 c.

Durhône (Valentin). — Neuf-Brisach (1870-1871). Souvenirs et impressions d'un mobile lyonnais. — Lyon, *Waltener*. 1889. In-16, 248 p.

Duroisel (Capitaine G.). — Résumé de l'historique du 93ᵉ régiment d'infanterie (1706-1891). — La Roche-sur-Yon, *Vᵛᵉ Ivonnet*. 1891. In-16. 160 p., grav.

Duroy (Lieutenant). — Extrait de l'historique du 3ᵉ régiment de zouaves. — Paris, *Charles-Lavauzelle*. 1887. In-32, 119 p. 50 c.
6ᵉ édition. 1895. Petite Bibliothèque de l'Armée française.

Duruy (Anatole). — Souvenirs du siège et de la Commune, ou déposition d'un témoin non entendu devant les conseils d'enquête. — Versailles, *chez l'auteur*. 1874. In-18, 108 p.

Dusacq (Le F. Lucien). — Le patriotisme et l'Alsace-Lorraine. — Paris, *Typ. A. Davy*. 1890. In-8º, 20 p.
Extrait de la *Chaîne d'Union de Paris*, journal de la maçonnerie universelle, numéro du 11 novembre 1889.

Dusaert (Colonel Édouard). — Une opinion sur les causes de nos désastres et les moyens de réparer nos maux. — Paris, *Challamel aîné*. 1872. In-8º. 3 fr. 50 c.

Dusolier (A.). — Ce que j'ai vu du 7 août 1870 au 1ᵉʳ février 1871. L'agonie de l'empire. Le 4 septembre. Le dictateur Gambetta. — Paris, *Leroux*. 1874. In-18 j., 131 p. 1 fr.

— Le même — Paris, *Dreyfous*. 1879. In-32, 126 p.

Dussieux (L., professeur à Saint-Cyr). — Histoire générale de la guerre de 1870-1871. — Paris, *Lecoffre*. 1872. In-18, VII-293 p. 2 fr.
2ᵉ édition. *Ib.* 1874. 2 vol. in-18, VII-530 p. 4 fr. 3ᵉ édition. 1881.

— Le siège de Belfort. — Paris, *Cerf*. 1883. In-16, 152 p., portr. 1 fr.

Duval (Capitaine). — Historique du 53ᵉ régiment d'infanterie. — Pau, *Garet*. 1893. In-8º, VIII-121 p. 2 fr.

— (Louis). — Les Allemands dans la Marche. — Limoges, *Ducourtieux*. 1872. In-16, 15 p. 50 c.

— (Raoul). — Comment Rouen n'a pas été défendu. — Rouen, *imp. Lapierre*. 1871. In-16, 29 p. 10 c.

Dwyer (F.). — *Voir* BORBSTÄDT (Oberst A.).

Dynamite (De la) et de ses applications pendant le siège de Paris. — Paris, *Tanera*. 1871. In-12, 15 p. 25 c.

E

E. B. — *Voir* GRANVILLE-STAPPLETON.

E. (H.). — Bazaine und die Rhein-Armee nach Noisseville. — Berlin, *Luckhardt*. In-8°. 75 pf.

E. (J.). — *Voir* THÜRHEIM.

E (K.). — *Voir* DEUTSCHLAND.

Ebart (Rittmeister). — *Voir* BOTHE.

Ebeling (Ad.). — Napoleon III. und sein Hof. Denkwürdigkeiten, Erlebnisse und Erinnerungen aus der Zeit des zweiten französischen Kaiserreichs 1851-1870. — Köln, *Albrecht Ahn.* In-8°, 1er vol. 1891. VII-356 p. — 2e vol. 1893. 327 p. — 3e vol. 1894. 384 p., à 6 m.
  2e édition. 1894.

Ebeling (E.). — Welch eine Wendung durch Gottes Fügung ! Erzählung aus dem Kriege 1870-1871. — Mülhausen, *Bagel.* 1878. In-12, 95 p. 60 pf.

Ebers (Doctor G.). — *Voir* VORTRÆGE.

Eberstein (A. Freiherr von). — Geschichtliche Studien eines vormaligen Offiziers von Metz 1870. — Berlin. 1893. In-8°.

— Erfahrungen eines Truppenführers (3. ostpreussisches Grenadier-Regiment Nr. 4). — Darmstadt, *Zernin.* 1894. In-8°, V-58 p. 1 m. 25 pf.
  Extrait de l'*Allg. Mil.-Zeitung*.

Ebertz (Pr.-Lieutenant von). — Stamm-Liste (Kurze Geschichte) des 2. schlesischen Grenadier-Regiments Nr. 11. — Berlin, *Meidinger*. 1886. In-8°, portr. 3 m.

Ebrard (A.). — Bericht des Erlanger Vereins für Felddiaconie über seine Thätigkeit im Kriege 1870-1871. — Erlangen, *Deichert*. 1871. In-8°, 79 p. 50 pf.

Eck (Rittmeister von). — Geschichte des 2. westfälischen Husaren-Regiments Nr. 11 und seiner Stammtruppen von 1807-1893. — Mainz, *Militär-Verlagsanstalt*. 1893. Gr. in-8°, IX-433 p., 6 cartes, croquis, portr. 15 m.

Eckhart (A.). — Geschichte des königlich-bayerischen Aufnahms-Feldspitals XII im Kriege gegen Frankreich 1870-1871. — Würtzburg, *Stahel*. 1871. In-8°, 43 p. 1 m. 20 pf.

Eckhardt (F.). — Missions-Predigt über den Franzosen-Krieg. — Berlin, *Burmester*. 1871. In-4°, 23 p.
  2e édition.

Éclaireurs à cheval de la Seine Escadron Franchetti. Archives 1870-1871. — Paris, *Kugelmann*. 1871. In-8°, 84 p.

Économie (Une mauvaise). Brochure impériale trouvée aux Tuileries et publiée avec une préface par Amédée Le Faure. — Paris, *Librairie générale*. 1871. In-8°, 16 p.
<small>Voir CHAPELLE, NAPOLÉON III.</small>

Edelg (V., ancien officier du 42e). — Journal de la brigade Guilhem-La Mariouse (35e et 42e). Souvenirs de la guerre et du siège de Paris (1870-1871); opérations du 13e corps d'armée; retraite des Ardennes... Défense de Paris; physionomie intérieure et extérieure; péripéties du siège; récit au jour le jour. — Draguignan, *imp. Olivier et Rourier*. 1888. In-4° à 2 col., xxiv-61 p.

Eder (Hauptmann F.). — Das königlich-bayerische 1. Jäger-Bataillon in 75 Jahren seines Bestehens 1815-1890, mit einer Geschichte seiner Stamm-Abtheilungen 1813-1815. — München (Kempten, *J. Kösel*). 1895. In-8°, x-301 p., ill., croquis, cartes.

— *Voir* UEBERBLICK.

Edwardes (C.). — *Voir* MELENA.

Eelking (Oberstlieutenant Max von). — Der Krieg zwischen Deutschland und Frankreich 1870-1871. — Leipzig, *Grünow*. 1871-1872. 2 vol. in-8°, xv-1055 p. 16 m.
<small>2e édition. Ib. 1872, en livr. gr. in-8°, vii-192 p. à 1 m. 50 pf.</small>

Egelhaaf (Professor Doctor G.). — Kaiser Wilhelm I., 1797-1888. — Stuttgart, *Krabbe*. In-8°, viii-205 p., ill. 1 m.

Eggers (Doctor Karl). — *Voir* SIEGESSTRASSE.

Egler (Ludwig). — Deutschlands Ehrenkampf 1870-1871. Dramatische Bilder. — Sigmaringen, *Tappen*. 1873. In-8°, 131 p.

Ehlers (Pfarrer Doctor R.). — Seligpreisungen in Kriegszeit. Zwei Predigten gehalten am 17. und 27. Juli 1870. — Frankfurt am Main, *Zimmer*. 1870. In-8°, 18 p.

Ehrenberg (Fritz). — Kleine Erlebnisse in grosser Zeit. Aus dem Tagebuche eines Kriegsstudenten von 1870-1871. — Strasbourg, *Heinrich*. 1890. Gr. in-8°, vi-162 p., 1 croquis. 1 m.

Ehrenberg (Hugo). — Feldzugs-Erinnerungen eines Fünfunddreissigers, 1870-1871. — Rathenow, *Babenzien*. 1889. In-8°, iii-116 p., 3 cartes. 2 m.

Ehrenfechter (E.). — *Voir* BIBLIOTHECA.

Ehrenkreutz (Hauptmann A. D. von). — Der gesunde Soldat, oder wie hat der Krieger seine Gesundheit sowohl in der Garnison, auf Märschen, als im Lager zu erhalten. — Coblenz, *Hölscher*. 1870. In-16, 45 p.
<small>2e édition.</small>

Ehrke (W.). — Aus Deutschlands grosser Zeit. Neue Lieder zu vaterländischen Gedenktagen. — Magdeburg, *E. Baensch*. 1890. In-8º, 16 p. 15 pf.

— Die Gedächtniss unserer Kaiser Wilhelm I. und Friedrich. Erinnerungsblätter. — *Ib.* 1888. In-8º, 69 p., ill. 60 pf.

— *Voir* STEGER.

Eichholz (Ehrenreich) — Tagebuch in den Monaten August bis November 1870. — Hannover, *Brandes*. 1874. Gr. in-8º, 251 p.

Eichthal (Louis d'). — Le général Bourbaki, par un de ses anciens officiers d'ordonnance. — Paris, *Plon*. 1885. In-8º, cartes, portrait. 10 fr.

Einfluss (Der) der Capitulation von Peronne am 9. Januar 1871 auf die weiteren Operationen im Norden Frankreichs. — *Jahrbücher*, 1889.

Einiges aus der Vertheidigung der Festung Longwy in dem Jahre 1870-1871. — *Archiv.* 1875. Vol. 77.

— Aus der Belagerung von Paris 1870-1871. — *Jahrbücher*, Vᵉ volume.

Einigung (Die Bundesstaatliche) Süd- und Norddeutschlands unter Preussens Führung als nothwendiges Ergebniss des gegenwärtigen Krieges. — Berlin, *Springer*. 1870. In-8º, 54 p.

Einnahme (Die) von Orleans und die Occupation von Blois im Dezember 1870. — *Allg. Mil.-Zeit.* 1ᵉʳ semestre 1871.

— von Paris und Aufforderung an die Männer und Jünglinge des Mittelrheins zu freiwilligem Kampfe für das alte gemeinsame deutsche Vaterland. — Worms, *Kräuter*. 1870. In-8º, 15 p. 40 pf.

— (Die) von Châteaudun am 18. Oktober 1870. — *Jahrbücher*, XIIIᵉ vol.

Einschliessung (Die) von Metz. — *Organ.*, 1875, tome X.

Einzelschriften (Kriegsgeschichtliche) herausgegeben vom grossen Generalstabe, Abtheilung für Kriegsgeschichte. — Berlin, *Mittler*. In-8º.

    Livr. I. — .... Das Detachement von Boltenstern im Loir-Thal am 26. und 27. Dezember 1870. — 1883. Cartes. 2 m. 50 pf.

    Livr. II. — .... Der Ueberfall von Fontenoy-sur-Moselle am 22. Januar 1871. — 1883. Carte. 2 m. 50 pf.

    Livr. III. — .... Der Zug der 6. Cavallerie-Division durch die Sologne vom 6. bis 15. Dezember 1870. — 1884. 2 m. 50 pf.

    Livr. IV. — Die Thätigkeit der Belagerungs-Artillerie vor Paris im Kriege 1870-1871, von Deines (Pr.-Lieutenant). — 1884. Pl. 3 m.
    2ᵉ édition. IV-155 p. 1895.

    Livr. V......

Livr. VI.....

Livr. VII. — Die Thätigkeit der deutschen Artillerie in der Schlacht bei Loigny-Poupry am 2. Dezember 1870. — 1887. 1 carte, 7 croquis. 2 m.

Livr. VIII. — .... Die Einzelnkämpfe um Failly, Servigny und Noisseville am 31. August 1870. — 1888. 1 carte, 3 croquis. 2 m. 50 pf.

Livr. IX. — .... Die Stärkeverhältnisse im deutsch-französischen Krieg 1870-1871 bis zum Sturze des Kaiserreiches. — 1888. 3 croquis. 2 m. 50 pf.

Livr. X......

Livr. XI. — Infanteriedienst bei Kavallerie-Divisionen (September-November 1870). — Der Vorpostendienst bei dem I. bayerischen Armee-Korps (General der Infanterie Freiherr von und zu der Tann-Rathsamhausen), 12. October bis 8. November 1870. — Die Stärkeverhältnisse im deutsch-französischen Kriege 1870-1871 bis zum Sturze des Kaiserreiches (*Fortsetzung*). — 1889. 1 carte, 4 croquis. 2 m. 50 pf.

Livr. XII. — .... Die Stärkeverhältnisse im deutsch-französischen Kriege 1870-1871 bis zum Sturze des Kaiserreiches (*Schluss*). — 1890. 2 m. 50 pf.

Livr. XIII......

Livr. XIV. — Der Rechtsabmarsch der I. Armee unter General von Gœben auf Saint-Quentin im Januar 1871. — Die Verfolgung der französischen Loire-Armee nach der Schlacht bei Le Mans durch das Detachement des Generals von Schmidt, 13. bis 17. Januar 1871. — 1891. Cartes et plans. 2 m. 25 pf.

Livr. XV. — Die Festung Langres während des Krieges 1870-1871. — 1893. Carte. 1 m. 60 pf.

Livr. XVI.....

Livr. XVII. — Truppenfahrzeuge, Kolonnen und Trains bei den Bewegungen der I. und II. deutschen Armee bis zu den Schlachten westlich von Metz. — 1895. 1 carte et 4 croquis. 2 m.

Livr. XVIII. — Das General-Commando des III. Armee-Corps bei Spichern und Vionville. — 1895. 3 pl. et 3 croquis. 3 m.

Les livraisons dont le titre n'est pas indiqué ne se rapportent pas à la guerre de 1870.

— Monographies publiées par la section historique du grand état-major allemand. Traduit par le commandant Ch. Kussler :

Opérations de la 6ᵉ division de cavalerie en Sologne du 6 au 15 décembre. Le détachement Boltenstern dans la vallée du Loir, les 26 et 27 décembre. — Paris, *L. Westhausser*. 1889. In-8°, cartes, 93 p.

La surprise de Fontenoy-sur-Moselle, 22 janvier 1871. — Combats de Failly, Servigny et Noisseville le 31 août 1870. — *Ib.* 1889. In-8°, cartes.

Einzug der Deutschen in Paris. — Berlin, *Heidemann und Co.* 1871. Gr. in-8°, 8 p.

Eisenbahnen (Die) im deutsch-französischen Kriege 1870. — *Streffleur's.* 1871. 2e livr.

Eisenbahnkarte von Frankreich am 1. März 1871. — Leipzig, (*Refelshöher*). 1871. Gr. in-4°, chromol.

Elm (Hugo). — Die neue Kaiserkrone und ihre Träger. Die Geschichte der drei Kaiser aus dem Zollernhause. — Reutlingen und Stuttgart, *R. Bardtenschläger.* 1891. Lex. in-8°, 164 p., portr. 4 m. 50 pf.

— Bismarckbüchlein. Enthüllung der schönsten Züge und Erinnerungen aus dem Leben unseres Altreichskanzlers. — Dresden, *Friese u. Puttkammer.* 1893. In-12, 36 p., portr.

— Kaiser Wilhelm der Siegreiche. — *Ib.* 1893. In-12, 36 p., portr.

— König Albert Sachsenherz. — *Ib.* 1893. In-12, 51 p., portr.

Ces trois ouvrages font partie de la Deutsche Volksbibliothek.

Ellissen (A.). — Die Bedeutung der Sedanfeier. Festrede. — Leipzig, *Ellissen.* 1874. In-8°, 16 p. 25 pf.

3e édition. 1889.

— **(H.).** — Kriegsstimmungen eines Daheimgebliebenen. Gedichte. — *Ib.* 1870. In-16, 32 p. 50 pf.

Ellmenreich (Alb.). — Acht Kriegslieder zu Schutz und Trutz. Gewidmet dem deutschen Volke, dem deutschen Heere zum begonnenen Feldzuge wider den Franzmann. — Leipzig, *G. Schulze.* 1870. In-16, 29 p.

Elpis Melena. — *Voir* MELENA.

Elpons (Oberst Paul von). — Der Krieg von 1870-1871. Amtliche Depeschen vom Kriegsschauplatz, mit erläuterndem Text. — Berlin, *Funcke und Naeter.* 1892. In-12, 145 p., ill. 50 pf.

— Tagebuch des deutsch-französischen Kriegs 1870-1871. — Neunkirchen, Leipzig, *F. Schneider.* 1892. 50 livraisons in-fol. de 16 p. à 15 pf.

— Tagebuch des deutsch-französischen Kriegs 1870-1871. In Zeitungsberichten aus jenen Tagen. — Saarbrücken, *H. Klingebeil.* 1893-1894. 50 livraisons. gr. in-4° à 20 pf. Complet, 796 p. 12 m. 80 pf.

Elsass im Leid. L'Alsace en deuil. Idyll in der Volksmundart von einem alten Strassburger. — Strasbourg, *Schmidt.* 1875. In-8°, 16 p. 20 pf.

Elsass und Lothringen. — Zwei deutsche Reichsländer geraubt von französischer Ländergier und Hinterlist. — Langensalza, *Verlags-Comptoir.* 1871. In-8°, 44 p.

Elsass und Lothringen. — Statistisch-geographische und historisch-politische Lebensbilder. — Langensalza, *Gressler*. 1870. In-8º, 72 p.

— Unser! Deutscher Gruss zur Rückeroberung Strassburgs. — Berlin, *Uthemann u. Müller*. 1870. Gr. in-8º, 4 p.

— Geschichtlicher Rückblick von einem Schweizer. — Bern, Schaffhausen, *Mann*. 1871. In-8º, 132 p. 1 m. 50 pf.

Eisholz. — Le Bourget, befestigt durch die 2. Garde-Pionier-Compagnie. — Berlin, *Schropp*. 1871. 1/5,000. Chromol., gr. in-fol. 50 pf.

— Dugny, befestigt durch die 2. Garde-Pionier-Compagnie. Nach den Croquis des Lieutenants Wollmar. — *Ib.* 1871. 1/5,000. Chromol., gr. in-fol. 50 pf.

— Stains, während der Besetzung durch die 2. Garde-Infanterie-Division. (Befestigt durch die, u. s. w.) Nach den Croquis der Sek-Lieutenants Schröder und Becker. — *Ib.* 1871. 1/5,000. Chromol., gr. in-fol. 50 pf.

Elsner (O.). — Die Wacht am Rhein. Dramatische Gedichte. — Berlin, *Lassar*. 1870. In-8º, 19 p. 1 m.

Elster (O.). — Nunquam retrorsum. Ein Rückblick auf die Geschichte der braunschweigischen Truppen, insbesondere des herzoglich-braunschweigischen Infanterie-Regiments Nr. 92. — Braunschweig, *Wagner*. 1884. In-8º, 47 p. 60 pf.

— Soldatengeschichten. Kriegserinnerungen aus 1870-1871. — Berlin, *Liebel*. 1894. In-8º, 99 p. 1 m.

— *Voir* BRUNECK (Otto von).

— (Pr-Lieut. O.). — Auf dem Felde der Ehre. Zur Erinnerung an 1870-1871. — Braunschweig, *Rauert und Rocco*. 1896. In 8º, III-158 p. 1 m. 50 pf.

Emmer (Doct. J. E.). — *Voir* HELDEN (Unsere).

Emonts (J. W.). — Unserer Jäger Freude und Leid. Kriegserinnerungen aus dem glorreichen Feldzuge 1870-1871 nach dem Tagebuche eines bayerischen Jägers. — Kaiserslautern, *Gotthold*. 1887. In-8º, III-176 p. 2 m.

Empire (L') jugé et condamné. Discours prononcés par M. le duc d'Audiffret-Pasquier et M. Gambetta, en réponse à M. Rouher. Assemblée nationale, séance du 22 mai 1872. — Paris, *Le Chevalier*. 1872. In-16, 61 p. 20 c.

— (L') et la défense de Paris... — *Voir* TROCHU.

— (L') dévoilé par lui-même. Papiers saisis aux Tuileries avec autographes. — Paris, *A. Bocquet*. 1871. In-32. 25 c.

Encore quelques mots sur la cavalerie allemande en 1870. — Paris et Nancy, *Berger-Levrault et Cie*. 1887. Gr. in-8º. 2 fr.
Extrait de la *Revue de cavalerie*.

Enders (Doctor Joh. N.). — Patriotische Dichtungen im Jahre der deutschen Erhebung 1870. — Neutitschein, *Enders*. 1870. In-8°, 60 p.

Endres (Major K.). — *Voir* HARDEGG.

Enfonce (E , ancien sergent-fourrier au 18e régiment de Paris). — Éphémérides des mobilisés de la Seine pendant le siège de Paris par les armées allemandes en 1870-1871. — Valréas, *Jaberi fils*. 1878. 1re partie. In-12, 72 p.

Engel (Doctor). — Die Verluste der deutschen Armeen an Offizieren und Mannschaften im Kriege gegen Frankreich 1870-1871. — Berlin, *Verlag des kais. statistischen Bureau*. 1872. In-4°, VI-328 p. 10 m.

— Erlebnisse und Wahrnehmungen bei Ueberbringung und Sendung von Liebesgaben des Berliner Hülfsvereins für die deutschen Armeen im Felde an den Belagerungstruppen von Strassburg. — *Ib*. 1870. Gr. in-8°, 71 p. 1 m.

Engler (H) — Zwei Feldpredigten in den Standquartieren des königlichsächsischen Armeecorps vor Paris gehalten. — Leipzig, *Barth*. 1870. In-8°, 31 p. 50 pf.

Enne (Fr.). — *Voir* NOIR.

Enquête sur la conduite des médecins allemands pendant la guerre de 1870-1871. Société de médecine de Paris. — Paris, *Pougin*. 1872. In-8°, 8 p.

— sur le matériel d'artillerie employé pendant la guerre de 1870-1871. Ministère de la guerre. Comité de l'artillerie. — Paris, *Dumaine*. 1871. In-8°, 67 p.

— sur les armes portatives et les munitions pour armes portatives employées pendant la guerre de 1870-1871. (Troupes à cheval.) Ministère de la guerre. — Paris. 1871. In-8°, 21 p.

— Le même. (Troupes à pied.) — Paris. 1871. In-8°.

— (L') sur les armes portatives employées pendant la guerre de 1870-1871. Résumé et conclusions. — *Revue d'artillerie*, 1re semestre 1872.

— (L') sur les armes portatives.... 1870-1871. — *Ib*. 1872-1874.

— parlementaire sur les actes du gouvernement de la Défense nationale. — *Voir* ACTES.

— parlementaire sur l'insurrection du Dix-huit mars. Dépositions des témoins. Rapport de M. de la Rochethulon, député. — Versailles, *Cerf*. 1872. 2 vol. in-4°.

Enslin (Adolph). — Der deutsch-französische Krieg 1870-1871 in Liedern und Gedichten. — Berlin, *Th. Enslin*. 1871. In-8°, 260 p.

Enthüllungen aus den Tuilerien. Die geheimen Papiere des zweiten Kaiserreiches, gesammelt und veröffentlicht von der durch die Regierung der Nationalen Vertheidigung erwählten Commission. — Berlin, *Staude*. 1871. Gr. in-8º, 2 livr. 2 m.

Voir PAPIERS.

Entschädigungsgesetze. — Gesetz betreffend Ersatz von Kriegsschäden und Kriegsleistungen ; Entschädigung der deutschen Rhederei ; Gewährung von Beihülfen an die aus Frankreich ausgewiesenen Deutschen. — Berlin, *v. Decker*. 1871. In-8º, 10 p. 10 pf.

Entwurf eines Gesetzes betreffend die französische Kriegsentschädigung, nebst Motiven. — Berlin, *Kortkampf*. 1872. Gr. in-4º. 80 pf.

Entz. — La force n'est pas le droit *Delenda Germania*. — Paris, *Dentu*. 1871. In-18. 2 fr.

Environs de Paris et ses fortifications. Carte. — Paris, *Monrocq*. 1870.

Éphémérides du 2e bataillon, 29e régiment de mobiles (Maine-et-Loire). Campagnes de la Loire et de l'Est (1870-1871) — Châteaudun, *Lecesne*. 1874. In-18, 83 p , carte.

A consulter pour l'histoire du 15e corps, 2e division.

Épigny (Vicomte de P. d'). — La France. Hier, aujourd'hui, demain. — Paris, *Dentu*. 1871. In-8º. 1 fr. 50 c.

Épine (Ernest L'). — *Voir* QUATRELLES.

Épisode de la bataille de Saint-Privat. — *Cercle mil.* 1887, nº 7.

— de l'invasion prussienne à Charmes (Vosges) pendant l'armistice. — Paris, *Labure*. 1872. In-8º, 17 p.

— (Un) de l'invasion allemande dans les Vosges — Paris, *Madre*. 1871. In-12.

— de la guerre de 1870. La défense de Saint-Quentin, le samedi 8 octobre, par un ancien garde national. — Saint-Quentin, *Conservateur de l'Aisne*. 1882. In-8º, 8 p.

Épisodes de la guerre de 1870-1871. Châteaudun et Loigny. — Chartres, *Garnier*. 1888. In-8º, 31 p , 2 pl.

— du siège de Toul, 1870. — Toul, *Lemaire*. 1871. In-8º, 16 p.

Epoudry (Commandant V.) et **Gigout** (Sous-lieutenant A.). — Monographie du train des équipages militaires. — Paris, *Charles-Lavauzelle*. 1892. 2 vol. in-32, 144 et 184 p. à 50 c.

Equilly (Commandant d'). — La bataille de Buzenval (19 janvier 1871). Souvenirs d'un témoin oculaire. — *Spect. mil.*, 1871.

Eras (Doctor W. H.). — Handelspolitische Aufgaben nach dem Kriege und bei der Annexion des « General-Gouvernements Elsass ». — Berlin, *Kortkampf*. 1871. Gr. in-8º, 48 p.

Erckmann-Chatrian. — Histoire du plébiscite, racontée par un des 7,500,000 oui. — Paris, *Hetzel*. 1872. In-4°, ill., cartes. 2 fr.

— Alsace! drame en cinq actes et huit tableaux. — Paris, *Gauthier-Villars*, 1881. In-12, 86 p. N. d. l. c.

Erdmann (Doctor Heinrich). — Das Kaiserthum des heiligen römischen Reichs deutscher Nation und das neue deutsche Kaiserreich unter Wilhelm I. dem Siegreichen. Eine Parallele. — Hersfeld, *Böttrich und Höbl*. 1871. Gr. in-8°, 27 p.

Ergebniss (Das) des jetzigen Krieges für Deutschlands Handel und Industrie und die Stellung von Elsass und Deutsch-Lothringen. Eine Anschauung aus dem rheinischen Handelsstande. — Berlin, *Puttkammer und Mühlbrecht*. 1871. Gr. in-8°, 25 p.

Erhard. — *Voir* PARIS.

Erhardt (J. J.). — *Voir* ERLEBNISSE, LUTZ.

Erich (Pr. Lieutenant) und Toeppen (Sek.-Lieutenant). — 7. ostpreussisches Infanterie-Regiment Nr. 44. Geschichte des Regiments von 1860-1885. — Berlin, *Mittler*. 1885. In-8°, croquis et pl. 10 m.

Erinnerungen aus dem deutsch-französischen Feldzug 1870-1871, von einem ehemaligen pfälzischen Reserve-Lieutenant (bayerisches 5. Jäger-Bataillon). Ein Beitrag zum 20. Jubiläum der Schlacht bei Sedan. — Kaiserslautern, *Crusius*. 1891. In-8°, VII-283 p., 4 plans. 2 m. 40 pf.

— an Kaiser Wilhelm I (Billige Volks-[Titel]Ausgabe von *Kaiser Wilhelm I.*, politische Correspondenz.) — Berlin, *H. Steinitz*. 1891. Gr. in-8°, XIX-412 p. 3 m.

— aus dem deutsch-französischen Feldzuge 1870-1871, von einem bayerischen Soldaten. — Nürnberg, *von Ebner*. 1872. Gr. in-16, 61 p. 1 m.

— aus dem letzten französischen Kriege von 1870-1871. Zur Unterhaltung und Belehrung herausgegeben von einem damaligen Feldgeistlichen. — Luxemburg, *Hary*. 1882. In-8°. 2 m.

— eines deutschen Offiziers, 1848-1871. — *Voir* HARTMANN.

— an die Belagerung von Diedenhofen (Thionville), November 1870. — *Jahrb.*, 1892.

— (Artilleristische) an den Feldzug gegen Frankreich 1870-1871. — *Allg. Mil.-Zeit.*, 1er semestre 1887.

— an Garibaldi. — *Internationale Revue*, novembre-décembre 1885.

— an den deutsch-französischen Feldzug 1870-1871. — *Streffleur's*, juillet-septembre 1888.

— aus dem Kriege 1870-1871. Die Landwehr vor Metz. — *Jahrbücher*, décembre 1889.

Erinnerungen aus dem Kriege 1870-1871. Die Landwehr vor Metz. — *Neue milit. Blätter*, 2ᵉ semestre 1893.

— aus dem deutsch-französischen Kriege 1870-1871, von einem Griechen in preussischem Dienste. — Leipzig, *Reclam*. 1889. In-32. 60 pf.
<small>Universalbibliothek.</small>

Erinnerungs-Album. 1870-1871 — Zittau, *Horn*. 1871 Gr. in-16, 50 p., pl. 1 m. 50 pf.

Erinnerungs-Blätter. — *Voir* DINCKLAGE.

Erk (L.) und **Jakob** (A.). — Patriotischer Sängerhain. — Berlin, *Stubenrauch*. 1871 In-4°, 44 p. 60 pf.

— Teutonia, Lieder über den deutschen Volkskrieg. — *Ib.* 1871. In-4°, 40 p. 60 pf.

Erkrankungen (Traumatische, idiopathische und nach Infections-Krankheiten beobachtete) des Nervensystems bei den deutschen Heeren im Kriege gegen Frankreich 1870-1871. — Berlin, *Mittler*. 1886. In-8°, grav. 36 m.
<small>Extrait du *Sanitäts-Bericht über die deutschen Heere*.....</small>

Erkrankungen (Typhöse) und Ruhr bei den deutschen Heeren im Kriege gegen Frankreich 1870-1871, unter Berücksichtigung der entsprechenden Verhältnisse bei den französischen Armeen, bei den kriegsgefangenen Franzosen und bei der Civilbevölkerung der kriegführenden Staaten. — Berlin, *Mittler*. 1887. In-8°, grav. 30 m.
<small>Extrait du *Sanitäts-Bericht über die deutschen Heere*....</small>

Erlach (Oberstlieutenant Franz von). — Aus dem französisch-deutschen Kriege 1870-1871 Beobachtungen und Betrachtungen eines schweizerischen Wehrmanns — Leipzig, *Luckhardt*. 1873. Gr. in-8°, 488 p. 10 m.

Erlass vom 18. Oktober 1871 betreffend Ausführungs-Bestimmungen für das Verfahren bei Bewilligungen an die Hinterbliebenen der im Kriege gefallenen Militärpersonen der Unterklassen. — Berlin, *Kortkampf*. 1871. In-8°, 10 p. 15 pf.

— Le même. — Berlin, *von Decker*. 1871. In-8°, 8 p. 10 pf.

Erlebnisse der 3. leichten Batterie des badischen Feld-Artillerie-Regiments im Feldzuge 1870-1871 gegen Frankreich. — Karlsruhe, *Bielefeld*. 1871. In-16, 66 p., carte. 75 pf.

— der 1. schweren Batterie des badischen Feld-Artillerie-Regiments Nr. 14 im Feldzuge 1870-1871 gegen Frankreich. — *Ib.* 1871. In-16, 95 p., carte. 80 pf.

— der 3. schweren Batterie des badischen Feld-Artillerie-Regiments im Feldzuge 1870-1871 gegen Frankreich. — *Ib.* 1871. In-16, 92 p., carte. 75 pf.

Erlebnisse der 4. schweren Batterie des badischen Feld-Artillerie-Regiments Nr. 14 im Feldzuge 1870-1871 gegen Frankreich. — *Ib.* 1871 In-4º, 40 p., carte. 60 pf.

— der 4. leichten Batterie des badischen Feld-Artillerie-Regiments im Feldzuge 1870-1871 gegen Frankreich. — *Ib.* 1872. In-16, 97 p. 60 pf.

— der reitenden Batterie im Feldzuge 1870-1871. — *Ib.* 1871. In-16, 51 p., carte. 60 pf.

— des 1. hannoverschen Ulanen-Regiments Nr. 13 in dem Feldzuge gegen Frankreich, 1870-1871. — Hannover, *Helwing.* 1871. In-8º, VI-130 p. 2 m.

— eines St. Gallischen Freiwilligen der Loire-Armee im Winter 1870 (*Neujahrsblatt des historischen Vereins zu St. Gallen*). — St Gallen, *Huber und C°*. 1871. In-4º, 22 p., carte.
3ᵉ édition. 1872. In-8º, 52 p. 1 m. 20 pf.

— in den Tagen vom 2. bis 9. August 1870 und was denselben vorherging und nachfolgte. Von einem Saarbrücker. — Eckartsberga, Barmen, *Klein.* 1871. In-8º, 48 p. 50 pf.

— während einer Reise..... — *Voir* M. (Doctor).

Ernouf (Baron). — Histoire des chemins de fer français pendant la guerre franco-prussienne. — Paris, *Librairie générale.* 1874. In-12. 4 fr.

— Souvenirs de l'invasion prussienne en Normandie. — Rouen, *Le Brument.* 1872. In-12, 288 p. 2 fr.

— Le combat nocturne d'Étrépagny. — *Revue de France*, 1871, nº 1.

— Un dernier mot sur la retraite de Mézières. — *Ib.*, avril 1872.

— L'invasion sur la ligne du Bourbonnais. — *Ib.*, août 1872.

Ernst (W.). — Vom Rhein bis zum Canal. Erinnerungen aus dem Feldzuge 1870-1871. — Rathenow, *Babenzien.* 1892. In-8º, IV-158 p., carte. 1 m. 50 pf.
33. Infanterie-Regiment.

Ersten Gefechte (Die) der Rhein-Armee. — *Neue mil. Bl.*, 1893. (*Voir* PREMIERS.)

Erzählungen (Patriotische). — *Voir* FREY (W.), HEINRICH (Mart.) et WALDHEIM (R.).

Esboufs (V. d'). — La vérité sur le gouvernement de la Défense nationale. La Commune et les Versaillais. — Genève, *Georg.* 1871. In-8º. 1 fr.

Eschenauer (A.). — Le bombardement de Strasbourg (du 13 août au 27 septembre 1870). — La Haye 1870. In-8º, 39 p 40 c.

Eschwege. — *Voir* KRÄHMER-MÖLLENBERG.

Esmaroh (Professor F.). — Der erste Verband auf dem Schlachtfelde. — Kiel, *Schwers*. 1870. In-8°, 23 p.

— Ueber Vorbereitung von Reserve-Lazarethen. — Berlin, *Th. Enslin*. 1870. In-8°, 24 p.

Esquirou de Parieu (sénateur). — Considérations sur l'histoire du second Empire et sur la situation actuelle de la France. — Aurillac, *Picut*. 1877. In-8°, 70 p.

Essai sur la philosophie de la guerre. Événements de 1870-1871. — Paris, *Amyot*. 1872. In-8°, 231 p. 3 fr.

— sur l'Allemagne à propos de la guerre de 1870-1871, par un ancien diplomate. — Paris, *Albanel*. 1872. In-18 j.

— sur l'historique du 13e régiment d'infanterie. — Nevers, *Gourdes*. 1887. In-16, 62 p., pl.

Essays (Militärische). — I. Untersuchungen über den Werth der Cavallerie in den Kriegen der Neuzeit. Von R. V. — Berlin, *Dümmler's V*. 1880. Gr. in-8°, 44 p. 50 pf.

— II. Kriegseinleitung und Aufmärsche, insbesondere des Krieges 1870-1871. — *Ib*. 1882. Gr. in-8°, 44 p. 50 pf.

— III. Die Taktik der Neuzeit an Kriegsbeispielen erläutert. — *Ib.*, 1889. Gr. in-8°. 2 m.

Estienne (Paul). — Histoire complète du maréchal de Mac-Mahon, président de la République française. — Paris. 1874. In-32.

Estignard (A.). — La République et la guerre à Besançon. — Besançon. 1873. In-12, xx-227 p.

Estorff (Major von). — Taktische Betrachtungen über das Infanterie-Gefecht auf dem Schlachtfelde von Gravelotte-Saint-Privat. — Berlin, *Mittler*. 1880. In-8°. 1 m. 50 pf.

Estrabaut (Capitaine A.). — Éducation du soldat ; le Livre d'or du 8e régiment d'infanterie. — Saint-Omer, *Fleury-Lemaire*. 1881. In-8°, 120 p.

— Le livre d'or du 8e régiment d'infanterie. — Paris, *Charles-Lavauzelle*. 1891. In-32, 128 p. 50 c.
Petite bibliothèque de l'armée française.

État-major prussien. — *Voir* KRIEG.

Étendue (De l') du front pendant la campagne de 1870-1871. — *Revue de l'armée belge*, juillet-août 1894.
Voir FRONTAUSDEHNUNGEN.

Étiévant et Lucipia. — Le cas de M. de Galiffet. — Paris. 1883. In-12.

Étude sur la bataille de Saint-Quentin, janvier 1871 [par Pierre Lehautcourt].
— *Spectateur mil.* 1883-1884.

— sur le siège de Belfort pendant la campagne de 1870-1871. — *Ib.* 1873-1874. Cartes.
    — Appendice à l'étude précédente. — *Ib.* 1874.

— sur la défense de la ville de Salins et de ses forts pendant la retraite de l'armée de l'Est. Guerre de 1870-1871. — Moulins, *Tulez*. 1873. In-8°, 32 p. 50 c.

— sur la landwehr et la formation de la garde nationale mobile. — Paris. 1870. In-8°, 32 p.

— comparée sur l'artillerie allemande et l'artillerie prussienne pendant la campagne de 1870-1871. — *Spectateur mil.*, octobre 1873.

— sur les gardes nationales mobilisées pendant la campagne de 1870-1871. — *Bulletin*, 1876, 1er sem.

Études sur le service des étapes, d'après les renseignements personnels recueillis... 1870-1871 par un officier de l'inspection générale bavaroise des étapes. Traduit de l'allemand par le lieutenant Couturier. — Paris, *Tanera*. 1872. In-8°, 47 p.

— de Défense nationale.... — *Voir* DOMERGUE.

Eugenie (Kaiserin) und Bismarck. — Berlin. 1895. In-8°.

Eugeniens Verzweiflung. Parodie nach « Die nächtliche Heerschau » von Zedlitz. — Berlin, *Streerath*. 1870. In-8°, 4 p.

Europa nach dem letzten Kriege. Von dem Verfasser von « Russland und die Türkei » und « Russland und Deutschland ». — Berlin, *C. Duncker*. 1871. Gr. in-8°, 74 p.

Euvrard (Commandant X.). — Guerre de 1870-1871. La première armée de l'Est. Reconstitution exacte et détaillée de petits combats. — Paris, *Charles-Lavauzelle*. 1894. In-8°, 268 p., cartes et croquis. 6 fr.

Evans (Doct.). — History of the american ambulances in Paris during the siege of 1870-1871. — London. 1873. In-8°.

Evers (Diac. Doctor C.). — Unser gemeinsames Kriegs- und Siegesgebet zu dem Herrn der Heerschaaren. — Rostock, *Stiller*. 1870. In-8°, 14 p.

— (Doct. Edwin). — Der deutsch-französische Krieg im Jahre 1870-1871. — Berlin, *Winckelmann und S.* 1895. In-8°, 95 p., carte, ill. 50 pf.

Evers (M.). — Deutschlands Siegesjahr. 1870-1871. Poetisches Kriegstagebuch. — Oldenburg, *Schulze*. 1872. In-8°, 44 p. 75 pf.

— Vorwärts! Sieben geharnischte Sonette an das deutsche Volk. — *Ib.* 1870. In-8°, 7 p.

— Bismarck und Moltke, Deutschlands Dioskuren. Eine vaterländische Festgabe..... — Düsseldorf, *F. Bagel*. 1895. Gr. in-8°, 124 p, portr. 1 m. 20 pf.

Ewald (A.). — Vor 25 Jahren. Die dreitägige Schlacht bei Belfort am 15., 16. und 17. Januar 1871. Schilderungen und Erlebnisse. — Speyer (Neustadt a. H., *Gottschick-Witter*). 1895. In-12, 79 p. 25 pf.

Ewald (H.). — Fragen zur Wiederherstellung Deutschlands. — Leipzig, *Rossberg*. 1870. Gr. in-8°, 56 p.

— Neue Worte an die Preussen. — *Ib.* 1870. In-8°, 88 p.
2ᵉ édition.

Ewald (J. S.). — Der deutsche Krieg 1870 und seine Helden. — Dresden, *Meinhold*. 1870. In-8°, 239 p. ill , pl , 3 m.

Exécution de la loi du 4 avril 1873, relative aux tombes des militaires morts pendant la guerre de 1870-1871. — Paris, *Imprimerie nationale*. 1879. In-4°, pl.

Extrait de l'historique du 5ᵉ hussards. — Gray, *A. Roux*. 1881. In-16.

— du Journal du commandant du 5ᵉ bataillon des mobiles de la Sarthe. Souvenirs de l'invasion. Un épisode de la retraite du Mans : Combat de Crissé. — Le Mans, *imp. Ch. Maréchal et J. Montorier*. 1880. In-12, 16 p. 75 c.

Eyre (Vinc). — A Fortnight's Tour among French Ambulances. — London. 1870. In-8°, 68 p.

Eysselein (Adolph). — Patriotische Gedichte aus den Kriegsjahren 1870-1871. — Nürnberg, *Schrag*. 1871. In-8°, 224 p.

Ezerville (Abbé T. J. d'). — Nos bonnes religieuses françaises, leurs états de services dans les classes, dans les hôpitaux pendant la guerre de 1870..... — Paris, *Halon*. 1878. In-18, 36 p.

F

F. (A.). — Journal d'un patriote. Novembre-décembre 1870, janvier-février 1871. République et liberté. — Angers, *Lemesle*. 1871. In-18, 246 p.

— (A.). Organisation et service des chemins de fer dans l'armée allemande pendant la guerre de 1870-1871. — *Spectat. milit.*, 1872.

— (A. von). — Gedenktafel der königlich-preussischen Armee. — Berlin. 1871. In-4°, 95 p. 2 m. 50 pf.

— (B. von). — *Voir* VOR.

— (Pr.-Lieutenant B. von). — Vor Paris. Vorposten-Skizzen. — Hannover, *Helwing*. 1873. In-4°, 23 chromolith. 7 m. 50 c.

— (J. D. de). — La cavalerie allemande dans sa marche sur Rezonville. — Paris, *Baudoin*. 1892. In-8°. 60 c.
Extrait du *Journal des Sciences militaires*.

— S. (Lieutenant L. von). — Drei Monate bei Armee-Lieferanten. Aus meinem Kriegstagebuch. — Berlin, *A. Kühling*. 1872. In-8°.

Fabre-Massias de Navacelle (Colonel H.). — Précis de la guerre franco-allemande. — Paris, *Plon*. 1875. In-18, 362 p., cartes. 4 fr.
2e édition. 1876. 372 p. — 6e édition. 1881.

— Précis des guerres du second Empire. — *Ib.* 1887. In-12. 3 fr. 50 c.

Fabricius (Hauptmann). — 4. Thüringisches Infanterie-Regiment Nr. 72. Geschichte des Regiments 1860-1878. — Berlin, *Mittler*. 1879. In-8°, 5 cartes. 13 m.

— Ricciotti Garibaldi's Streifzug im Departement Côte-d'Or im Dezember 1870 und Januar 1871. — *Jahrb.* 1878. Croquis.

Facsimile der Capitulation Strassburgs im Jahr 1681 nebst urkundlichem Bericht über Wegnahme der Stadt durch Ludwig XIV. — Strasbourg, *Schauenburg*. 1871. In-fol. 5 fr.

Faidherbe (Général). — Campagne de l'armée du Nord en 1870-1871. — Paris, *Dentu*. 1871. In-8°, carte. 2 fr.

— Feldzug der französischen Nord-Armee 1870-1871. Deutsch von C. von B. — Leipzig, *Luckhardt*. 1872. Gr. in-8°, carte. 2 m.

— Note supplémentaire adressée à la commission d'enquête du 4 septembre sur les opérations de l'armée du Nord. — Paris, *E. Leroux*. 1873. In-8°, 16 p.

— Armée du Nord. Réponse à la relation du général v. Goeben, pour faire suite à la *Campagne de l'armée du Nord*. — Paris, *Dentu*. 1873. In-8°, 30 p.
Voir Almanach.

Faidherbe (Le général). — Paris, *Baudoin*. 1887. In-8°. 30 c.
Extrait de la *Revue maritime et coloniale*.

— (Le général). — *Revue du génie militaire*, novembre-décembre 1893.

Failly (Général de). — Campagne de 1870. Opérations et marches du 5ᵉ corps jusqu'au 31 août. — Bruxelles, Paris, 1871. In-8°. 1 fr.

Fairfax-Ellis (C. H.). — *Voir* M. (A.).

Faits et gestes d'un bataillon de mobiles pendant le siège de Paris [par G. de la Baume-Pluvinel]. — Paris, *Dentu*. 1871. Gr. in-18 j. 1 fr.

Faivre (Abbé). — Portefeuille d'un aumônier militaire. — Lyon, *bureaux de l'Écho de Fourvières*. 1872. In-12. 3 fr.

Faivre d'Arcier (Capitaine) et **Royé** (Lieutenant). — Historique du 37ᵉ régiment d'infanterie, ancien régiment de Touraine, 1587-1893. — Paris, *Delagrave*. 1895. In-8°, 367 p., ill. 7 fr. 50 c.

Falcke (A.). — Alldeutschlands Jubelfeier. Festgabe zum 2. September. — Hilchenberg, *Wiegand*. 1889. In-8°, 16 p. 15 pf.

Falckenheimer (W.). — Wie sind die Helden so gefallen im Streite! Predigt. — Cassel, *Luckhardt*. 1870. In-8°, 8 p.

Falican (Ern.). — Les ballons pendant le siège de Metz. — Paris, *Douniol et Cⁱᵉ*. 1872. In-8°, 15 p.

Faligan (E.). — *Voir* Meier (Pr.-Lieutenant).

Fallot (Ulric). — Le maréchal Bazaine jugé par un officier prussien et par un officier français fait prisonnier de guerre à Metz. — Paris, *Dentu*. 1879. In-8°, 90 p. 2 fr.

— Des causes de nos désastres et de la réorganisation de l'armée française. — Paris, 1871. In-8°. 1 fr. 50 c.

Falvert (Cl. de). — La mère du franc-tireur. Épisode de l'invasion en Bourgogne. — Paris, *F. F. Ardant*. 1874. In-12, 143 p., grav.

Fanet (Lieutenant V.). — Historique du 36ᵉ régiment d'infanterie. — Paris, *Charles-Lavauzelle*. 1890. In-32, 128 p. 50 c.
Petite Bibliothèque de l'Armée française.

Farcy (Camille, ancien commandant du 2ᵉ bataillon des mobiles de la Nièvre, 12ᵉ régiment provisoire, 15ᵉ corps) — Histoire de la guerre de 1870-1871. — Paris, *Dumaine*. 1872. In-8°, vi-506 p. 7 fr. 50 c.

Farlot (E.). — Voyage du ballon *le Louis-Blanc*, par son aéronaute. — Paris, *Le Chevalier*. 1874. In-8°.

Farret (Lieutenant de vaisseau Étienne). — Étude sur les opérations de guerre maritime de 1860 à 1883. — Paris et Nancy, *Berger-Levrault et Cⁱᵉ*. 1884. Gr. in-8°. 2 fr.
Extrait de la *Revue maritime et coloniale*.

Fastenrath (Joh.). — Den deutschen Helden von 1870. Kriegs- und Siegeslieder. — Leipzig, *Mayer*. 1870. In-8º, 175 p. 1 m. 80 pf.

Fauchée (Amédée). — Montereau-fault-Yonne. Journal de l'occupation prussienne. — Montereau, *Zanote*. 1871. In-8º.

Fauconneau-Dufresne (V. A). — Le 1ᵉʳ bataillon de la garde nationale mobile de l'Indre sous le commandement du lieutenant-colonel Armand d'Auvergne. — Châteauroux. *Nuret*. 1871. In-18, 130 p, portr., pl.

Siège de Paris.

Faure (Amédée Le). — Histoire de la guerre franco-allemande (1870-1871). — Paris, *Garnier*. 1874. 2 vol. in-4º, 442 p. 15 fr.

Nouvelle édition. 1895. 2 vol. in-8º, ill., cartes, portr. 15 fr. A paru en 30 livraisons à 50 c.

— Atlas de la guerre (1870-1871). Carte des batailles et sièges, précédée d'un résumé historique de la guerre. — *Ib.*. 1874. In-4º, 49 pl 5 fr.

— Procès du maréchal Bazaine. — *Ib.* 1874. In-4º, cartes, 728 p. 12 fr.

— Les fautes stratégiques des Prussiens. — Versailles, *Bernard*. 1872. In-12, 50 p. 1 fr.

— Aux avant-postes. Juillet 1870-janvier 1871. — Paris, *Lemerre*. 1871. In-18, VI-257 p. 3 fr.

Voir Économie.

— (Émile). — *Voir* AUNAY.

— (Architecte P.). — Paris place forte, vue perspective exacte de Paris et ses environs, d'après la carte de l'état-major. — Paris, *Lemercier et Cⁱᵉ*. 1871.

Fautes de la guerre contre la Prusse. Années 1870-1871. — Vannes. 1873. In-12, 18 p.

Fautras (Gustave). — Guerre de 1870-1871. Cinq mois de captivité, récits d'un prisonnier civil en Prusse. — Orléans, *Séjourné*. 1873. In-18, XIII-192 p.

Favatier (Lieutenant). — *Voir* ITIER.

Favé (Général). — Deux combats d'artillerie sous les forts de Paris, Champigny, Villa-Evrard. — Paris, *Dumaine*. 1874. In-8º, 90 p., carte. 2 fr. 50 c.

Extrait du *Spectateur militaire*.

— Nos revers. — *Ib.* 1871. In-8º, 98 p. 1 fr. 50 c.

— M. le duc d'Audiffret-Pasquier et la réforme administrative du département de la guerre. — *Ib.* 1874. In-8º. 2 fr. 50 c.

— L'armée française depuis la guerre. — Paris, *Douniol*. 1875. In-8º. 1 fr. 50 c.

Favre (Jules, de l'Académie française). — Gouvernement de la Défense nationale. Simple récit. 1re partie : du 30 juin au 31 octobre 1870 ; 2e partie : du 31 octobre 1870 au 28 janvier 1871 ; 3e partie : du 29 janvier au 22 juillet 1871. — Paris, *Plon*. 1871-1875. 3 vol. in-8º, 467, 530, 597 p. 24 fr.

— The government of national defence from the 30th of June to the 31th of October 1870. Translated by H. Clark. — London. 1873. In-8º, vii-328 p. 10 sh. 6 d.

— Rome et la République française. — Paris, *Plon*. 1871. In-8º, 8 fr.

— (Mme Vve Jules). — La vérité sur les désastres de l'armée de l'Est et sur le désarmement de la garde nationale. — Paris, *Plon*. 1883. In-8º, 107 p. 2 fr.

— die Wahrheit über die Niederlage der Ost-Armee 1870-1871 und über die Entwaffnung der Nationalgarde. — *Neue mil. Bl.*, juillet-août 1884.

Favre (Monsieur Jules), ministre de la République française, septembre-octobre 1870. — Paris, *Jouaust*. 1870. In-8º, 69 p.

Favre (L.). — Histoire de la guerre de la France et de l'Allemagne en 1870-1871. — Niort, *bureaux de la Revue de l'Ouest*, 1871. In-8º, xxix-384 p.

Fay (Lieutenant-colonel Charles). — Journal d'un officier de l'armée du Rhin. — Paris, *Dumaine*. 1871. In-8º. 5 fr.

— Le même. 5e édition, revue et augmentée. — Paris et Nancy, *Berger-Levrault et Cie*. 1889. 410 p., carte. 5 fr.

— Tagebuch eines Offiziers der Rhein-Armee. Deutsch von O. Schmidt. — Posen, *Merzbach*. 1871. Gr. in-8º, carte, viii-276 p. 4 m.

— Le même, traduit en polonais. — Paznán. 1871. In-8º, viii-282 p. 4 m. 50 pf.

— (Général). — Marches des armées allemandes du 31 juillet au 1er septembre 1870. — Paris, *Berger-Levrault et Cie*. 1889. Album portefeuille gr. in-4º, 40 p. texte, 20 p. tableaux et 3 cartes gr. in-fol. en coul. 10 fr.

Fayard. — *Voir* Bruyère (de la).

Faye (J. de la) [Mme Marie de Sardent]. — Histoire du général de Sonis. — Paris, *Bloud et Barral*. 1890. In-8º, xii-344 p., ill. 4 fr. 50 c.
15e édition.

— Le général Ambert. Sa vie et ses œuvres. — *Ib.* 1894. In-8º, portr. 3 fr. 50 c.
Nouvelle édition.

— Cinquante ans de vie militaire. Le général de Laveaucoupet. — *Ib.* 1894. In-8º, 368 p., port. 4 fr.

Fechenbach (Friedrich Carl, Freiherr von). — Deutschland und Frankreich oder eine deutsche Antwort auf die französischen Herausforderungen. — München, *Fritsch*. 1870. Gr. in-8°. 60 pf.

Fechner (Doctor Hermann). — Der deutsch-französische Krieg von 1870-1871. — Berlin, *G. Grote*. 1870-1871. In-8°, III-518 p., cartes et pl.
2e et 3e édit. 1872. 748 p. 10 m. — 4e édit. 1886. 1068 p. 13 m.

Feddersen (F. A.). — 1870-1880. Kornblume und Eichenblatt. Ein Kaisergedenkkranz. — Hamburg, *J. F. Richter*. 1880. In-8°, 66 p. 1 m.

Fehleisen (Egm.). — Der deutsch-französische Krieg 1870-1871 in Wort und Bild. — Reutlingen, *Ensslin und Laiblin*. 1893-1895. 2 vol. in-fol , en 39 livraisons à 50 pf. 432, 504 p. 12 et 13 m.

— Generalfeldmarschall Graf Moltke. Deutschlands Schwert und Schild. Sein Leben, seine Thaten und sein Tod, für das Volk geschildert. — *Ib.* 1891. In-12, 16 p. 10 pf.

Feilitsch (Pr.-Lieutenant F., Freiherr von). — Die Befestigung von Bourg-la-Reine während der Besetzung durch 2 Bataillone der königlich-bayerischen 7 Infanterie-Brigade vom 11. October 1870 bis 27. Januar 1871. — Erlangen, *Krische*. 1872. Chromol. Imp. fol. 80 pf.

Feill (Pr.-Lieutenant). — Das 3. badische Infanterie-Regiment Nr. 111 im Feldzuge 1870-1871, nebst einer kurzen Vorgeschichte der badischen Truppen von 1604 bis 1850 und von der Errichtung des Regiments 1852 bis 1870. — Berlin, *Mittler*. 1885. In-8°, 344 p., croquis, cartes et pl. 6 m.
2e édition.

— Das 3. badische Infanterie-Regiment Nr. 111 von 1852 bis 1888. Mannschaftsausgabe. — *Ib.* 1888. In-8°. N. d. l. c.
2e édition. 1895.

Feiss (Oberst). — Das Verpflegungswesen der deutschen Armee. Bericht über eine militärische Mission zu der deutschen Occupations-Armee in Frankreich. — Bern, *Jent und Reimer*. 1872. In-8°.

Feldbrief an deutsche Soldaten vom Verfasser des *Kreuzzug gegen den Welschen* [Alban Stolz]. — Freiburg-im-Breisgau, *Herder*. 1870. Gr. in-8°, 4 p.
2e édition.

Feldpost (Die norddeutsche) während des Krieges mit Frankreich 1870-1871. — *Jahrb.*, octobre-novembre 1885.

— (Die), ihre Geschichte, Organisation und Leistungen von 1870-1871. — *Allg. Mil.-Zeit.*, 1894, n° 56.

Félix (G.). — Le maréchal Canrobert. — Tours, *Cattier*. 1895. In-8°, 240 p., ill.

— Le général Chanzy. — *Ib.* 1895. In-8°, 240 p , ill.

Feldpostbriefe im Kriege gegen Frankreich zur Wiederherstellung von Deutschland's Unabhängigkeit, von einem Bürger Hamburg's. — München. 1871. In-8°, 64 p., cartes. 1 m. 20 pf.

Feldzug (Der) von 1859. Das Vorspiel zu den Ereignissen von 1866 bis 1870. — Berlin, *Mittler*. 1871. In-8°. 1 m. 60 pf.

— 1870. Bilderbuch für Knaben. — Ohrdruff, *Stadermann*. 1870. In-4°, 24 chromolithographies. 3 m.

— 1870-1871. Vollständige Verlustliste der bayerischen Armee nach amtlichen Mittheilungen..... — München, *Ebegârtner*. 1871. In-8°.

— (Der) von 1870. I. Vom Rhein bis Châlons. Herausgegeben von G. von Glasenapp. Aus der *Kriegszeitung*. — Berlin, *Expedition der Militärischen Blätter*. 1870. In-4°. 7 m. 50 pf.

— (Der deutsche) gegen Frankreich unter dem Könige Wilhelm. Ein Beitrag zur Kriegsgeschichte der Gegenwart von einem preussischen Stabsoffizier. — Berlin, *Janke*. 1871-1872. 2 vol. gr. in-8°, cartes, xv-442 p. 7 m.
I. Th. : Die Ereignisse bis zum 8. August 1870.
II. Th. : Ereignisse vom 8. August bis zur Einschliessung von Metz.

— (Der) der I. deutschen Armee im Norden und Nordwesten Frankreich's. — *Neue mil. Blätter*, 1890-1891.

— (Der französische) an der Loire bis zur zweiten Räumung von Orleans. — *Mil. Blätter*, 5e livraison. 1871.

— (Der) von Bourbaki gegen den General von Werder. — *Jahrbücher*, avril-mai 1876.

Feldzugs-Erinnerungen eines Kriegsfreiwilligen der 25. hessischen Division. Aus Tagebuchblättern und Briefen zusammengestellt von Doct. M. — Augsburg, [*Reichel*]. 1895. In-8°, vii-158 p., 2 cartes. 3 m.

Feldzugsplan (Ein französischer) 1870-1871. — *Streffleur's*, septembre 1888.

Feldzugstagebuch (1870-1871er) für das II. mobile Bataillon des 6. Thüringischen Infanterie-Regiments Nr. 95. — Hildburghausen, *Gadow und Sohn*. 1887. Gr. in-8°, 32 p. 20 pf.

Feller (F. E.). — Nouveau dictionnaire de poche français et allemand, « Wohlfeile Krieger-Ausgabe ». — Leipzig, *Teubner*. 1870. In-32, 735 p. 1 m. 50 pf.
20e édition.

— (Jos.) — Kutschke in Nanzig und Dresden. Zeitgemälde in 2 Aufzügen. — Chemnitz, *Ernesti in Com*. 1871. In-8°, iv-50 p.

Fernique (Alb.). — Un voyage en ballon pendant le siège de Paris (novembre 1870). — Saint-Quentin, *imp. J. Moureau*. 1871. In-8°, 18 p.

Ferrer (Colonel J. P.). — Histoire de la 2ᵉ légion du Rhône. — Lyon, *Regard*. 1871. In-8°. 1 fr.

<small>A consulter pour l'histoire de la division Cremer et du 24ᵉ corps.</small>

Ferrier (Major). — *Voir* SCHEIBERT.

Ferrouillat. — *Voir* CHALLEMEL-LACOUR.

Ferry (Charles). — Nécrologie des Spinaliens morts pour la défense de la patrie (1789-1871). — Paris et Nancy, *Berger-Levrault et Cⁱᵉ*. 1875. Gr. in-8°, 91 p. 6 fr.

Fervel (Colonel). — Études stratégiques sur le théâtre de la guerre entre Paris et Berlin..... Mémoire présenté le 1ᵉʳ juin 1869 et le 31 janvier 1870 aux deux derniers ministres de la guerre du second Empire. — Paris, *Dumaine*. 1873. In-8°. 4 fr.

<small>Extrait du *Spectateur militaire*, 1872.</small>

Festungswerke (Die) von Paris mit erläuterndem Texte. — Berlin, *Schlingmann*. 1870. Gr. in-fol., lith., col. 75 pf.

Féval (Paul). — L'homme du gaz [roman, 1870-1871]. — Paris, *Dentu*. 1872. In-18 j. 3 fr.

<small>Nouvelle édition. Paris, *Ollendorff*. In-18. 2 fr.</small>

Feydeau (Ernest). — L'Allemagne en 1871. Impressions de voyage. — Paris, *M. Lévy*. 1873. In-12. 3 fr. 50 c.

<small>Nouvelle édition. Paris, *C. Lévy*. In-18. 1 fr.</small>

Fiahlo (A., ancien officier brésilien). — Le maréchal Bazaine défendu contre ses détracteurs. Réfutation de l'accusation. — Bruxelles, *Muquardt*. 1874. In-8°, 112 p. 2 fr.

Fiaux (Louis). — Hygiène militaire. Esquisses historiques et médicales à propos d'un bataillon de la garde mobile de l'armée de Paris. Seconde campagne de France (1870-1871). — Paris. 1871. In-8°.

Fidus [Eugène Loudun]. — Journal de dix ans, souvenirs d'un impérialiste. La révolution de septembre. Paris assiégé. La capitulation de Paris. La Commune. — Paris, *Fetscherin et Chuit*. 1885-1886. 2 vol. in-18 j., de 367 p, à 3 fr. 50 c.

Fiedler (H.). — Alldeutschlands Krieg gegen den deutschen Erbfeind 1870 und 1871. — Halle, *Lippert*. 1871. In-16, 72 p. 30 pf.

Figuier (Docteur Louis). — Les deux invasions (1806-1870), drame en un acte. — Paris, *Tresse et Stock*. 1893. In-12. 1 fr.

Filauxpattes (Agénor de). — Le 15ᵉ provisoire (mobiles du Calvados). Souvenirs humoristiques de la campagne. — Caen, *Le Blanc-Hardel*. 1872. In-18 j., 52 p.

<small>A consulter pour l'histoire du 21ᵉ corps.</small>

Filippi (W.). — La guerre de 1870-1871. Documents officiels allemands. Collection des dépêches télégraphiques du quartier général allemand... du 31 juillet 1870 au 5 février 1871. — Paris, *Lachaud*. 1871. In-8°. 131 p. 2 fr.
Voir ROSOLLET.

Finances (Les) de la France sous le gouvernement de la Défense nationale. — Paris, *Noblet*. 1873-1874. 2 vol in-32, 121 p. 1 fr.

Finkh (Major von) — Oldenburgisches Infanterie-Regiment Nr. 91. Geschichte des Regiments 1813-1880. — Berlin, *Mittler*. 1881. In-8°, portr., fig., cartes, pl. N. d. l. c.

Fiquet (E.). — Récit du combat d'Hébécourt..... 27 novembre 1870 (Bataille d'Amiens). — Amiens, *Yvert*. 1873. In-8°. 15 p.

Firckhs (Freiherr A. von). — Feldmarschall Graf Moltke und der preussische Generalstab. — Berlin, *G. von Glasenapp*. 1879. In-8°, portr.
2e édition, 1887. 122 p. — Extrait de la 2e partie des *Biographische Blätter aus deutscher Geschichte*.

— Die Vertheidigung von Metz im Jahre 1870, nebst einer Uebersicht der Operationen der französischen Rhein-Armee. — Berlin, *Bath*. 1872. In-8°. — Leipzig, *Lang*. 1893. In-8°, iv-477 p. 6 m.
3e édition.

Fisch (Oberstlieutenant K.). — Die preussische 11. Infanterie-Brigade bei Vionville am 16. August 1870. Nach unseren gegenwärtigen Vorschriften. — Aarau, *Sauerländer und Co*. 1894. In-8°, iii-35 p. 2 cartes. 1 fr.

Fischbach (G.). — Krieg von 1870. Die Belagerung und die Beschiessung von Strassburg. — Strasbourg. 1871. In-8°, iv-185 p. 2 m.

— Guerre de 1870. Le siège et le bombardement de Strasbourg. — *Ib*. 1871. In-8°, iv-175 p. 2 m.
4e édition.

— Le même. — Paris, *Cherbuliez*. 1871, In-12, portr., vues, pl. 4 fr.

— Siège de Strasbourg. Guerre de 1870. Album du siège et du bombardement de Strasbourg. Texte publié par A. Münch. — Strasbourg, s. d. In-4°, avec 20 vues teintées.

Fischer (Major). — Die 17. Infanterie-Division im Feldzuge 1870-1871. — Berlin, *Schneider und Co*. 1872. Gr. in-8°, vi-166 p., cartes, pl. 3 m.
2e édition. — Extrait des *Jahrbücher*, vol. II.

Fischer (Doctor G.) — Dorf Floing und Schloss Versailles. Kriegschirurgische Erfahrungen. — Leipzig, *F. C. W. Vogel*. 1872. Gr. in-8°, 114 p. 2 m. 40 pf.
Extrait de la *Zeitschrift für Chirurgie*.

Fischer (Doctor G.). — Statistik der in dem Kriege 1870-1871 im preussischen Heere..... Verwundungen und Tödtungen. — Berlin, *von Decker*. 1876. In-4º, 64 p. 4 m.

— (Past. G. E.). — Bilder aus dem grossen Kriege 1870 und 1871. Ein Jubelbüchlein. — Herborn, *Nassauis. ber Colportagerverein*. 1895. In-8º, 64 p., ill. 20 pf.

— (H.). — Die Sedanfeier in den Volksschulen. Festrede mit Declamation. — Minden i. W., *M. Holle*. 1892. In-8º, 12 p. 20 pf.

— (Professor Doctor H.). — Kriegschirurgische Erfahrungen. 1. Th.: Vor Metz. — Erlangen, *Enke*. 1872. In-4º, 218 p., fig. 13 m. 20 pf.

— (J. G.). — *Voir* KAMERADEN.

— (Hauptmann R. A). — Friedrich Wilhelm, Kronprinz des deutschen Reichs und von Preussen. — Stuttgart, *Hänselmann*. 1888. In-8º, 88 p. 1 m.

— (Pr.-Lieutenant Th.). — Geschichte des königlich-bayerischen 5. Infanterie-Regiments Grossherzog von Hessen. Von 1868 bis 1877. — Bamberg, *Schmidt*. 1877. 2 livr. gr. in-8º, 152 p. 3 m.

Fitz-George. — Plan of the battle of Sedan, accompanied by a short memoir. — London. 1871. In-8º, 109 p., 2 cartes, 9 vues. 12 sh.

Fitze (A.). — Kriegstagebuch eines einjährig-freiwilligen Ulanen im Feldzuge 1870-1871. — Rathenow, *Babenzien*. 1887. In-8º, vii-184 p. 3 m.

Ce volontaire appartenait au 10e ulans.

Fitzner. — Kaiser Wilhelm als Freimaurer in Wort und That. — Freiburg, *Kiepert*. 1875. In-8º, 98 p. 2 m.

2e édition.

Fix (Capitaine, colonel Th.). — Des rapports de l'armée avec la société. Lettre d'un prisonnier de guerre. — Paris. 1871. In-8º. 1 fr. 50 c.

— (W.). — 1870. Des Vaterlandes Kampf und Sieg. Historisches Bilderbuch. — Lippstadt, *Staats*. 1870. In-4º, 38 p., 18 chromol. 5 m. 50 pf

Flach (Jacques). — Strasbourg après le bombardement, 2 octobre 1870-30 septembre 1872. Rapports sur les travaux du comité de secours strasbourgeois pour les victimes du bombardement. — Paris, *Thorin*. 1873. Gr. in-8º, 160 p. 4 fr.

— Strassburg nach der Beschiessung, 2. October 1870-30. September 1872. Uebersetzt von Professor Fr. Walther. — Strasbourg, *Noiriel*. 1873. Gr. in-8º, 179 p. 2 m. 40 pf.

Flagy (Aymar de). — *Voir* MIRABEAU.

Flammarion (Docteur A.). — Le livret du docteur. Souvenirs de la campagne contre l'Allemagne et contre la Commune de Paris (1870-1871). — Paris, *Le Chevalier*. 1873. In-12. 1 fr. 50 c.

Flaxland (F.) — La tante Gertrude. Épisode de la guerre franco-prussienne. — Lahr, *Schauenburg*. 1873. In-16, 441 p. 2 m.

Fleck (Chrétien, volontaire, prisonnier de guerre à Rastadt) — Siège et bombardement du fort Mortier près Neuf-Brisach (Haut-Rhin). — Paris, *Debons*. 1873 In-12, 105 p.

Fleurigny (H de). — Metz, 1870. Eaux-fortes par Lepic. — Paris, *Librairie des Bibliophiles*. 1877. In-8°. 1 fr. 50.

Fleuriot (Mme Zénaïde). — Les mauvais jours, notes d'un bourru sur le siège de Paris. — Paris, *Dillet*. 1873. In-18, 288 p. 2 fr.

— Siège de Paris. Entre absents. Réponse à la lettre d'un mobile breton. — Paris. 1871. In-12, 9 p. 50 c.

— Une Parisienne sous la foudre. — Paris, *Plon*. 1871. In-12. 2 fr. 50 c.

Fleury (Édouard). — Éphémérides de la guerre de 1870-1871 dans le département de l'Aisne. — Laon, *imp. du Journal de l'Aisne*. 1871. In-4° à 2 col., 80 p.

Extrait du *Journal de l'Aisne*.

— (Louis) — Occupation et bataille de Villers-sur-Marne et de Plessis-Lalande Un état-major prussien-wurtembergeois, contribution à l'histoire de l'invasion de 1870-1871. — Paris, *Librairie internationale*. 1871. In-8°, XVI-259 p. 3 fr.

Flobert (F.). — La coalition et Bismarck dévoilés. Si la France était vaincue, que deviendrait l'Europe? — Angers, *imp. Lemesle*. In-8°, 16 p.

Extrait du journal *l'Ouest*, 18 août 1870.

Flotte allemande (La) en 1870. Traduit de l'allemand. — Oran, *Perrier*. 1871. In-12.

Flottille (Die französische) auf der Seine bei der Belagerung von Paris. — *Jahrbücher*, vol. VI, p. 165.

Flourens (Gustave, major de rempart). — Paris livré. — Paris, *Garnier*. 1871. In-18, 232 p. 1 fr. 25 c.

4e édition. 1872.

— Parigi caduta. Tradutto de A. Palladino. — Napoli. 1871. In-16, 300 p.

Flugblätter (Nrn. 1-38) herausgegeben von Matthis. — Elberfeld, *Löwenstein und C°*. 1870. Lithogr. in-4°.

Flügel (G.). — Sechs dreistimmige patriotische Chorlieder. — Leipzig. *Brandstetter*. 1870. In-8°, 15 p.

Förster (C.). — *Voir* KRIEG.

Förster (Ch.). — *Voir* KRIEGSALBUM.

— (F.). — Deutschland's Kriegs- und Friedenshelden. Geschichte der Einigungskriege 1864, 1866, 1870. — Berlin, *Hempel*. 1885. In-8°, livr. ill., cartes, à 50 pf. Complet 288 p. 4 m.
<small>A paru ensuite sous le nom de A. Trinius.</small>

— (Rittmeister von). — Geschichte des Ulanen-Regiments Graf zu Dohna (ostpreussisches) Nr. 8. — Berlin, *Mittler*. 1890. In-8°, 759 p. ill., cartes, 26 m.

Fogowitz (A. H.) [M. Wirth]. — « Unser Fritz » ein deutscher Held und Sieger. — Berlin, *Liebau*. 1889. In-12, 101 p.

Folgerungen (Organisatorische und taktische) aus dem Feldzug 1870-1871. — *Deutsche Heereszeitung*, n°ˢ 13-16. 1876.

— (Taktische) aus der Schlacht bei Wörth. — *Militär-Wochenblatt*, 2ᵉ semestre. 1893.

Folkrats (B.). — Die Brautfahrt eines deutschen Husaren. Eine Soldatengeschichte aus dem Kriegsjahre 1871. — Bremen. 1876. In-16, 109 p. 50 pf.

Fons (Commandant J.). — Historique du 212ᵉ bataillon de la garde nationale de la Seine (bataillon de l'Ile-de-France) pendant le siège de Paris. — Paris, *Debons*. 1874. In-12, 48 p.

Fontaine et Bossaut. — La Commune de Paris. — Paris. Novembre 1870.

Fontane (Theodor). — Der Krieg gegen Frankreich 1870-1871. — Berlin, *von Decker*. 1873-1882. 4 vol. in-8°, VII-362 p., 32 pl.; VIII-491 p., 35 pl.; VII-428 p., 44 pl.; XII-599 p., 104 pl. Complet, 33 m. 50 pf.

— Kriegsgefangen. Erlebtes, 1870. — *Ib*. 1871. In-8°, VII-336 p. 4 m. 50 pf.
<small>2ᵉ édition. 1892. F. Fontane und Cᵒ. In-8°, VIII-286 p. 3 m. 3ᵉ édition. 1895</small>

— Aus den Tagen der Occupation. Eine Osterreise durch Nordfrankreich und Elsass-Lothringen, 1871. — Berlin, *von Decker*. 1871. In-8°, VIII-655 p. 9 m.
<small>2ᵉ édition. 1872.</small>

— La citadelle de Besançon en 1870. — *Revue politique et littéraire*, 12 décembre 1891.

— Souvenirs d'un prisonnier de guerre allemand en 1870. Introduction par T. de Wyzewa. — Paris, *Perrin*. 1892. In-16, XXII-270 p. 3 fr. 30 c
<small>Traduit de l'allemand.</small>

Fontenay (Louis de). — Derniers jours de campagne et de captivité d'un volontaire de Cathelineau. — Nontron. 1871.

Fontenoy (Le pont de). Récit des opérations du corps franc *Avant-garde de la Délivrance*. — Paris, *Bureaux de l'Armée territoriale*, 1886. In-8°.

Fontugne. — *Voir* Sigrist.

Fonvielle (Wilfrid de) — Les ballons pendant le siège (Bibliothèque populaire). — Paris, *Bureaux de l'Éclipse*. 1871. In-32. 25 c.

— L'obélisque d'Épineuse. — *Spectat. mil.*, 1889.
  Voyage de Gambetta en ballon.

— Le siège de Paris vu à vol d'oiseau. — Paris, *Hetzel*. 1895. In-18 j., VI-292 p. 3 fr.
  2e édition.

Forbes (Arch.). — My experiences of the war between France and Germany. — London. 1871. 2 vol. in-8°, 972 p. 2 £.

— Le même. — Leipzig. 1871. 2 vol. in-8°, 783 p. 3 m. 20 pf.

— Le même. Auswahl. Für den Schulgebrauch erklärt von W. Heymann. — Leipzig, *Renger*. 1895. In-8°, XII-132 p., carte. 1 m. 30 pf.
  Schulbibliothek (französische und englische).

— Défense de Bazaine. Traduit de l'anglais, de la *Fortnightly Review*. — London, *Escott*. 1872. In-8°.

— William of Germany. A succinct Biography of William I. — London, *Cassel and Co*. In-8°. 3 sh. 6 d.

— Kaiser Wilhelm. (Nach dem Englischen.) — Gotha, *F. A. Perthes*. 1888. In-8°, 365 p. 8 m.

Foris (G.). — L'âme de la patrie, ode. — Paris, *Ghio*. 1882. In-12. 50 c.

Formanoir (A. de, capitaine de l'armée belge). — Des chemins de fer en temps de guerre. 2e édition, revue et augmentée des événements de 1870. — Bruxelles, *Muquardt*; Paris, *Dumaine*. 1871. In-8°, grav. 1 fr. 75 c.
  2e édition. 1872. In-16, 90 p. 1 fr. 50 c.

Forneron (H.). — La garde nationale de Paris. — *Correspondant*, 25 mars 1883.

Forstner (Major von). — Kurze Darstellung der Geschichte des 6. ostpreussischen Infanterie-Regiments Nr. 43. — Berlin. 1884. In-8°. 80 pf.

Fort (Freiherr Major Le). — Kritische Blicke auf die deutsche Kavallerie nach den letzten Feldzügen. — Berlin, *Mittler*. 1873. In-8°. 1 m. 60 pf.

— Kritische Blicke auf die deutsche Kavallerie nach dem Kriege 1870-1871. — *Ib.* 1883. In-8°. 1 m. 60 pf.

Fossé d'Arcosse (René). — Le siège de Soissons en 1870, pièces justificatives, dessins et plan. — Soissons, *imp. Fossé d'Arcosse*. 1881. In-8°, 135 p.
  Nouvelle édition. 1893. In-8°, XXX-120 p.

Fosse (H. de la). — A bâtons rompus. Tableaux de Paris depuis la déclaration de guerre jusqu'à la signature de la paix. — Paris, *P. Dupont* 1871. 3 vol. in-18, 1220 p. 9 fr.

Foubert (Auguste). — Vandales et vautours, ou l'invasion, par un franc-tireur du corps de Lipowski. — Rennes, *Leroy fils.* 1871. In-18 j., 257 p.

Foudras (Comte de). — Une page d'histoire. Les francs-tireurs de la Sarthe. Journal d'un commandant. — Chalon-sur-Saône et Le Mans. 1872. In-8º.

— Le même. — Nouvelle édition. Paris, *Plon.* 1875. In-18 j.
  Nouvelle édition. Paris, *Ollendorff.* 1886. In-18 j., xiv-318 p. 3 fr. A consulter pour l'histoire du 16º corps.

Fouqué (Frdr., Baron de la Motte). — Ein kriegerisches Idyll. — Gotha, *F. A. Perthes.* 1870. In-8º, vii-79 p. 1 m.
  3º édition.

Fouquet (Abbé). — Balan pendant la guerre de 1870. — Charleville, *imp. Anciaux.* 1891. In-16, 54 p.

Fourès (Docteur). — Mobiles de l'Aude. Le 3º bataillon. — Limoux, *Salins.* 1875. In-8º, 135 p.
  A consulter pour l'histoire du 21º corps.

Fournier (Docteur). — Une commune de la Sarthe pendant l'invasion [1870-1871]. — Brest, *Hudon.* 1875. In-12, 70 p.

— (Édouard). — Les Prussiens chez nous. — Paris, *Dentu.* 1871. In-12, 407 p. 3 fr.

Fradet (Commandant P. A.) et **Robert** (Capitaine J. E. A.). — Campagne de 1870-1871. — Récit des opérations militaires auxquelles a pris part le régiment des mobiles de la Charente-Inférieure (8º provisoire) au 16º corps de l'armée de la Loire. — Rochefort, *Thèze.* 1872. In-8º, 40 p.

Frage (Die) der englischen Waffenausführung. — Gotha, *F. A. Perthes.* 1871. Gr. in-8º. 80 pf.

— (Die Deutsche). Deren Entwickelung und Lösung. — Leipzig, *Serig.* 1871. Gr. in-8º, iv-45 p.

— (Die Luxemburger). — Trier, *Lintz.* 1871. In-8º, 26 p.
  Extrait de la *Trier'sche Zeitung.*

France (La) et la Prusse devant l'histoire. — Le Havre, *imp. A. Lemale ainé.* 1871. In-12.

— (La) et la Prusse devant l'histoire; guerre de 1870-1871. — *Voir* BÉRAULD.

France (La) et son armée en 1870, par un officier général de l'armée de Metz. Novembre 1870. — Paris, *P. M. Laroche*. 1871. In-8°. 2 fr.

— (La) républicaine. Souvenirs de 1830, de 1840 et de 1870. — Paris, *Le Chevalier*. 1875. In-8°. 2 fr.

Francfort (Commandant). — Historique du 11e régiment d'artillerie. — Paris, *Charles-Lavauzelle*. 1892. In-8°, 288 p., croquis, ill. de Guillaume Dubufe. 5 fr.

Francia y Prusia ó Corónica de la guerra de 1870. — Madrid. 1870-1871. In-8°.

Franck (Adolphe, membre de l'Institut). — Lettres sur la guerre de 1870 A Sa Majesté le roi Guillaume. Aux populations allemandes. Aux puissances neutres — Milano, *Dumolard*. 1871. In-8°, 48 p.

François-Émile. — Amertumes et pain noir. Siège de Paris (1870-1871) [poésies]. — Paris. 1871. In-12. 50 c.

Frank. — Chants de colère : l'Empire, l'Invasion, les Épaves. — Paris, *Lemerre*. 1872. In-12, 108 p. 2 fr.

— (Edm.). — Histoire de l'Assemblée nationale de 1871 depuis le 4 février 1871 jusqu'au 24 mai 1873. — Paris, *Le Chevalier*. 1873. In-18.

— (Félix). — La horde allemande. — Paris, *Lemerre*. 1871. In-18. 50 c.

Franke (Major O.). — Das 5. Thüringische Infanterie-Regiment Nr. 94 (Grossherzog von Sachsen) [22. Division] im Feldzuge gegen Frankreich 1870-1871. — Weimar, *Böhlau*. 1872. Gr. in-8°, carte et plans, XI-372 p. 7 m.

Franklin-Berger (von). — Études physiologiques contemporaines. Avant, pendant et après la guerre. — Paris, *P. Dupont*. 1871. In-18 j., 140 p 1 fr. 50 c.

Franklyn (H. B.). — The great Battles of 1870 and the Blokade of Metz. — London, *Trübner and C°*. 1887. In-8°, cartes, plans, 318 p. 15 sh.

Frankreich und seine Stellung zu den andern europäischen Mächten vor Ausbruch des Krieges im Jahre 1870. — Wien. *Gerold's Sohn*. 1871. Gr. in-8°, 49 p. 1 m.

Frankrike-Preussen, eller twenne Minnesblad ur twå stora måns lefnad, öfvers. — Lund. 1871. In-16, 114 p. 90 ö.

[**Franquet (Franc.)**]. — Sedan en 1870. La bataille et la capitulation, par un Sedanais, ouvrage inédit. — Paris, *Dentu*. 1872. In-8°, 144 p., carte. 3 fr. 50 c.

— Les armées allemandes à Sedan. Souvenirs et enseignements, par un Sedanais. — Sedan, *Tellier*. 1874. 1re livr., seule publiée. In-8°, XIV-27 p. 1 fr.

Fransecky (Hauptmann von). — Rheinisches Infanterie-Regiment Nr. 25. Geschichte des Regiments von 1857 bis 1883. — Berlin, *Mittler*. 1884 In-8°, ill , croquis, carte. 7 m. 50 pf.

Frantz (C.). — Was soll aus Elsass-Lothringen werden ? — München. 1874. In-8°, 32 p. 40 pf.

Franz (A) — Der deutsche Krieg von 1870 gegen den Erbfeind. — Berlin, *E. Beck*. Gr. in-8°, 580 p. 3 m. 50 pf.

— (J.). — *Voir* KRIEGSCHRONIK, ŒSER (H.).

Französische Regierungs-Depeschen und Nachrichten während des Krieges von 1870 bis 1871. Im Zusammenhange dargestellt. — Leipzig, *Minde*. 1871. Gr. in-8°, 112 p.

Franzose (Der) im Tornister oder : so lernt man französisch ohne Kopfbrechen — Münster, *Fable*. 1870. In-64, 32 p.

Franzosen (Die) in Deutschland. — München, *Fritsch*. 1870. In-8°, 60 p. 40 pf.

Franzosencultus und Deutschenhass von XXXX. — Berlin, *Behr*. 1871. In-8°, 32 p. 75 pf.

Franzosen-Feldzug (Der). Illustrirte Kriegs-Chronik 1870-1871. — Ulm, *J. Ebner*. 1892. Gr. in-4°, 12 livraisons, 40 p. à 40 pf.
_{Nouvelle édition. 1895. In-4°, iv-480 p. 6 m. 30 pf.}

Franzosenkrieg (Der) von 1870. 1. Buch : Der wahre *casus belli* oder das Geheimniss des Unterrocks. Vom Homer des Jahres. — Berlin, *Thiele*. 1870. In-16, 15 p

Franzosenpeter (Der). — Barmen, *Klein*. 1870. In-8°. 81 p.
_{4° édition.}

Frauenarbeit im Kriege. — Berlin, *Lipperheide*. 1870. In-fol.
_{Supplément du *Modenwelt*.}

Frédéric III. — Le *Tagebuch*, mémoires authentiques rassemblés et complétés. Traduction extraite de la *Deutsche Rundschau*. — Paris, *imp. Faustin-Gaudois*. 1888. In-18 j.

Frédéric (l'Impératrice). — *Voir* RODD.

Frédéric-Charles (Prince) de Prusse. — L'art de combattre l'armée française, traduit par William Reymond. — Paris, *Dentu et Dumaine*. 1871. In-18. 34 p. 50 c.
_{Nouvelle édition. La 1re avait paru en 1860. — *Voir* FRIEDRICH KARL.}

Frégier. — Les fonctionnaires publics et la guerre (1870-1871). — Lyon, *Mougin-Russon*. 1876. In-8°, XI-100 p.

Freiheitslieder (Deutschlands) 1870. Herausgegeben von H. Hoffmeister. — Osterwald, *Zickfeldt*. 1871. In-16, 51 p. 1re livr , seule parue. 20 pf.

Freiheit (Die deutsche christliche) in dem welthistorischen Kriegskampf gegen den staatlichen und kirchlichen Absolutismus Paris und Rom. — München, *L. Finsterlin.* 1870. Gr in-8º, 15 p.

Freimund (Lehr R.). — Die Wiederaufrichtung des deutschen Kaiserreichs. — Leipzig, *F. Richter.* 1894. In-8º, III-59 p. 80 pf.
Beiträge zum Geschichtsunterricht.

Freimuth (Doctor Philalethes). — Der deutsch-französische Krieg und die Katholiken. — Luxembourg, *Heinze.* 1871. Gr. in-8º, VII-148 p.

Freitag (B F.). — *Voir* HILDEBRAND.

Fremdenführer (Illustrirter) für die Besucher des Spickerer Schlachtfeldes... — Saarbrücken, *H. Klingebeil.* 1895. In-8º, 43 p., carte, plan.

Frémin (Gonsalve, mécanicien à Montebourg). — Chants divers, politiques-philosophiques, etc. Tous les grands événements contemporains, matière principale. 1871. — Caen, *typ. C. Hommais.* 1871. In-8º.

French (A.) — Histoire d'un soldat de 1870. — Paris, *Lachaud.* 1872. In-18 j, 325 p. 3 fr.

Frenzel (Karl). — Deutsche Kämpfe. — Hannover, *Rümpler.* 1873. Gr. in-8º. 7 m. 50 pf.

Fresnel (Capitaine du). — Résumé de l historique du 76ᵉ régiment d'infanterie. — Paris, *Charles-Lavauzelle.* 1890. In-32, 129 p. 50 c.
Petite Bibliothèque de l'Armée française.

— (Commandant du) — Un régiment à travers l'histoire. Historique du 76ᵉ régiment d'infanterie, ex-1ᵉʳ léger. Préface de F. Coppée. — Paris, *Marpon et Flammarion.* 1893. In-4º, 720 p., ill, cartes et croquis. 25 fr.

Freudenfeldt (H) — Erwerbungen Preussens und Deutschlands. — Berlin, *Seehagen.* 1872. In-fol. 30 pf.
Nouvelle édition.

Freund (Prediger Doctor L). — Predigt am Grabe eines den Anstrengungen des Feldzuges gegen Frankreich erlegenen deutschen Kriegers, gehalten auf dem judäischen Friedhofe zu Cottbus. — Cottbus, *Heine.* 1870. In-8º, 4 p.

— (S) — Predigt gehalten am Dank- und Friedensfeste des 18. Juni 1871. — Görlitz, *Koblitz.* 1871. In-8º, 16 p. 30 pf.

Frey (E). — Le camp des prisonniers de guerre français de Carthaus près Coblenz 1870. — Coblenz, *Deukert und Groos.* Gr. in-fol., lith. col. 50 pf.

— (W). — Die Flucht im Feindesland. Eine Erzählung aus dem deutsch-französischen Kriege 1870-1871. — Styrum, *A. Spaardam.* 1893. In-12, 48 p. 25 pf.

Freycinet (Charles de), de l'Académie française. — La guerre en province pendant le siège de Paris (1870-1871). Précis historique. — Paris, *M. Lévy*. 1871. In-8°, IV-447 p. cartes. 7 fr. 50 c.
8e édition. 1872. In-8°, 489 p., 3 cartes. 3 fr. 50 c.

— Der Krieg in den Provinzen während der Belagerung von Paris 1870-1871. Uebersetzt. — Gera, *Reisewitz*. 1872. Gr. in-8°, x-298 p., cartes 6 m.
3e édition. 1876. Nouvelle édition 1893. In-8°. 3 m.
Voir Ardouin-Dumazet.

Freydank (F.). — *Voir* Hirsch.

Freytag (G.). — Der Kronprinz und die deutsche Kaiserkrone. Erinnerungsblätter. — Leipzig, *Hirzel*. 1889. In-8°, 126 p., 1 m. 80 pf.
10e édition. — *Voir* Schrader.

— (L.). — Kampf und Sieg. Kriegslieder. — Berlin, *Schweiger*. 1870. In-16, 55 p.

Freytag-Loringhofen (A.). — Zwei Schwestern. Erzählung in Briefen Erlebnisse aus dem deutsch-französischen Kriege — Riga, *Jonck u. P.* 1887. In-8°, 112 p. 2 m.

Fricke. — Rede bei Weihung der drei mit eisernem Kreuze decorirten Fahnen des königlichen 8. Infanterie-Regiments Prinz Johann Georg Nr. 107. — Leipzig, *Hinrich's*. 1872. In-8°, 8 p. 20 pf.

— (G.). — Mit Gott wollen wir Thaten thun ! 4 Kriegs- und Trostpredigten. — Leipzig, *Kohlmann*. 1870. In-8°, 75 p.
Voir Predigten.

— (W.). — Was ist des Deutschen Vaterland ? 62 deutsche Vaterlands- und Kriegslieder. — Minden, *Volkening*. 1871. In-16, 72 p. 30 pf.

— Schulfeier vaterländischer Gedenktage (Kaiser Wilhelm I, Kaiser Friedrich III. Der Tag von Sedan). — Bielefeld, *Helmich*. 1889. In-8°, 68 p. 75 pf.

— Friedrich Wilhelm, Kronprinz von Preussen und von dem deutschen Reiche. — Leipzig, *Siegismund*. 1872. In-8°, 224 p. 1 m. 50 pf.
4e édition. 1874. 232 p. 2 m.

Fried (A. H.). — Elsass-Lothringen und der Krieg. Ein Friedenswort (deutsch und französisch). — Leipzig, *A. Dieckmann*. 1895. In-8°, 165 p. 2 m.

Friede. — Unser Recht und unsere Pflicht in Bezug auf Elsass und Lothringen. Rede. — Schweidnitz, *Heege*. 1870. Gr. in-8°, 20 p.

Friede (Der) von Paris 1870 zwischen Deutschland und den Mitgliedern der provisorischen Regierung. — Leipzig, *Minde*. 1870. In-8°, 16 p.

Friedensfeier (Die) des Henneberg-Gymnasiums zu Schleusingen am 17. Juni 1871. — Schleusingen, *Glaser*. 18,1. In-8º, 16 p. 25 pf.

— zu Neustadt a. d. H. am 4. und 5. März 1871. — Neustadt, *Gottschick*. 1871. In-8º, 30 p.

— (Unsere). Kurzer Bericht über die festlichen Märztage des Jahres 1871 in Halle. — Halle, *Buchh. d. Waisenh.* 1871. In-8º, 40 p.

Friedensfest (Das) im Gotteshause. Fünf Predigten. — Dresden. 1871. In-8º, 40 p. 50 pf.

Friedenskarte. — Das deutsche Reich in seiner Grösse nach dem Friedensschluss von 1871, nebst Chronik des Krieges mit Angabe sämmtlicher Eisenbahnen. — Breslau, *Priebatsch*. 1871. Imp. fol. 50 pf.

Friedenslieder. — Krieg dem Kriege. — Hannover, *Bauer*. 1871. In-16, 31 p. 30 pf.

Friedens-Vertrag zwischen dem deutschen Reiche und Frankreich vom 10. Mai 1871 mit dem Präliminar-Frieden und den Schluss-Protokollen (deutsch und französisch) nebst Gesetz betreffend Vereinigung von Elsass und Lothringen mit dem deutschen Reiche vom 9. Juni 1871. — Berlin, *Kortkampf*. 1871. In-8º, 59 p. 50 pf.

Friedfertige (Die) Politik der Regierung Preussens gegenüber Frankreich vor dem Ausbruch des deutsch-französischen Krieges. Ein Beitrag für den defensiven Charakter der deutschen Politik. Aus den Papieren eines verstorbenen Staatsmannes. — Hamburg, *Boyer und Geisler*. 1871. Gr. in-8º, 78 p.

Friedländer (Geo.). — Aus den Kriegstagen 1870. — Berlin, *Hertz*. 1887. In-8º, 121 p. 1 m. 60 pf.

— (Leo). — Vor 25 Jahren! Gedichte aus der Kriegszeit von 1870-1871 — Prenzlau, *A. Mieck*. 1895. In-8º, 24 p., portr. 50 pf.

Friedreich (N.). — Die Heidelberger Baracken für Kriegsepidemien während des Feldzuges 1870-1871. — Heidelberg. 1871. In-4º, 24 p , 7 tableaux. 3 m. 60 pf.

— Der Eisenbahn-Unfall des Sanitätszuges des XII. sächsischen Armeecorps. — Dresden. 1871. In-8º.

Extrait de la *Dresdner Zeitung*.

Friedrich, deutscher Kaiser und König von Preussen. Erinnerungsblatt. —. — Mannheim, *Bensheimer's Verlag*. 1888. In-fol , 8 p., ill. 15 pf.

— deutscher Kaiser, König von Preussen. — Berlin, *Mittler*. 1888. In-8º, portr. 1 m.

Extrait du *Soldatenfreund*, juillet 1888.

— Ein Gedenkblatt aus Bayern. — München, *Buchholz*. In-8º, 19 p. 50 pf.

Friedrich. — Sein Leben und Wirken als Kronprinz, Feldherr und Kaiser. — Leipzig, *Minde.* 1888. In-8°, 32 p. 20 pf.

— III., deutscher Kaiser und König von Preussen. Ein Lebensbild treuer Erinnerung. — Stuttgart, *Deutsche Verlags-Anstalt.* 1888. In-8°, portr.
Extrait de *Ueber Land und Meer.*

— Kaiser, in Versailles. Vom 20. September 1870 bis 7. März 1871. Erinnerungen eines Diplomaten. — Leipzig, *Renger.* 1888. Gr. in-8°, 80 p. 2 m.
Voir Frédéric.

Friedrich Karl (Prinz von Preussen). — Ueber die Kampfweise der Franzosen. Eine militärische Denkschrift. — Frankfurt-am-Main. 1860. In-8°.
Conférence faite à Stettin. A paru sous les initiales P. F. C. — *Voir* Frédéric-Charles.

Friedrich (Pastor M. O.). — Demüthigt euch unter der gewaltigen Hand Gottes. Predigt. — Limburg, *Alt.* 1870. In-8°, 13 p.

Friederichsen (L.). — Die Märsche der Hanseatischen Regimenter Nrn. 75 und 76 im Kriege gegen Frankreich vom 10. October 1870-25 Januar 1871. — Hamburg, *Friedrichsen und C°.* 1871. 1/500,000. Lith. col , gr. in-fol. 60 pf.

Friederici (Berthold). — Sedansgedanken. — München, *A. Schupp.* 1895. Gr. in-8°, 15 p. 30 pf.

Fries (Pastor N.). — Die Frau des Ulanen. Eine kleine Erzählung aus der grossen Gegenwart. — Itzehoe, *Nusser.* 1871. In-8°, 115 p.

Friessem (Hauptmann). — Kurzer Abriss der Geschichte des 1. nassauischen Infanterie-Regiments Nr. 87. — Mainz, *von Zabern.* 1881. In-16. 15 pf.

Fritsch (Capitaine). — *Voir* Götze.

Fritsch (Guido). — Feldpost-Skizzen und Reisebilder aus Frankreich 1870-1871. — Breslau, *Schletter.* 1872. Gr. in-16, 156 p. 1 m. 50 pf.

Fritz (K) — Kleine Geschichten aus grosser Zeit. Skizzen und Bilder aus Deutschlands Volkskriege 1870-1871. — Berlin, *Liebau.* 1888. In-8°, 141 p. 2 m.

Fritz (Unser). Patriotische Erzählungen aus unsern Tagen. — Dresden, *Münchmeyer.* 1888. In-8°, 24 p. 10 pf.

Froese (Hauptmann A.). — *Voir* Heyde.

Frohberg (Doctor M. H.). — Leben des ex-Kaisers Louis-Napoleon III. von der Wiege bis Chislehurst. — Quedlinburg, *Basse.* 1879. In-8°, IV-64 p. 1 m.

Fröhlich und Neu. — Sedanfeier. Ein historisches deklamatorisches musikalisches Gedenkblatt..... — Kassel, Dresden, *Bleyl und K.* 1879. In-8°, 32 p. 30 pf.

Frohnmeyer (L.). — Kaiser Wilhelm (1797-1888). — Stuttgart, *Paulus*. 1888. In-8°, 48 p. 50 pf.

Froment (Monsieur), son rôle à Vernon et dans l'Eure pendant la guerre franco-allemande, par un garde mobile. — Vernon 1875. In-8°, 44 p. 50 c.

Frommel (E.) — Rede, gehalten bei dem Einzug der deutschen Truppen in Strassburg, den 30 September 1870. — Strassburg, *Vomhoff*. 1870. In-8°, 8 p.

— O Strassburg, du wunderschöne Stadt !.... Erinnerungen eines Feldpredigers vor Strassburg im Jahre 1870. — Stuttgart, *Steinkopf*. 1872. In-16, 128 p. 75 pf.

— (Pfarrer M.). — Wehe der prächtigen Krone der Trunkenen ! Predigt nach dem Falle von Paris. — Pforzheim, *Flammer*. 1871. Gr. in-8° 8 p
2ᵉ édition.

Frontausdehnungen (Ueber) im Kriege 1870-1871. — Mil.-*Wochenbl.*, 1893, nᵒˢ 101-107.
Voir ÉTENDUE.

Frossard (Général). — Rapport sur les opérations du deuxième corps de l'armée du Rhin dans la campagne de 1870. 1ʳᵉ partie : depuis la déclaration de guerre jusqu'au blocus de Metz. — Paris, *Dumaine*. 1872. In-8°, cartes. 4 fr.
La 2ᵉ partie n'a pas paru.

— (Der General) und das Gefecht bei Spicheren. — *Jahrb.*, août 1872.

Fuchs (C. F.). — Friedensfeier am 18. Juni 1871 in der Johanniskirche zu Hanau. — Hanau, *König*. 1871. In-8°, 16 p. 20 pf.

Führer auf dem Kriegsschauplatze. — Leipzig, *Spamer*. 1870. Gr. in-4°, cartes, livr. à 25 pf. Complet, 48 p. 1 m. 50 pf.

— zum Spicherer Schlachtfelde durch Saarbrücken, St. Johann und Umgebung. — Saarbrücken, *Moellinger*. 1884 In-8°, 45 p., 1 carte. 1 m.
2ᵉ édition.

— durch Metz und die Schlachtfelder. — Metz, *Scriba*. 1895. In-12, 11-18 p. 50 pf.

— über das Weissenburger Schlachtfeld. — Wissembourg, *C. Burckardt's N.* 1895. In-8°, 24 p., carte, 50 pf.

Fülleborn (Georg). — Der vollständige deutsch-französische Krieg 1870-1871. — Berlin, *Grosse*. 1871. In-8°, 80 p. 25 pf.

— Friedrich Wilhelm, Kronprinz des deutschen Reiches, Kronprinz von Preussen. Ein Lebensbild. — *Ib.* 1871. In-8°, 64 p. 25 pf.

— Kaiser Wilhelm. — *Ib.* 1871. In-8°, 63 p. 25 pf.

Fünfundsiebenzig Jahre der Regimentsgeschichte des Infanterie-Regiments Prinz Friedrich der Niederlande (2. Westfälisches Nr. 15), 1813 bis 1888. — Minden, *Hüseland*. 1888. In-8°, 16 p. 20 pf.

Fürst (Rabbin, Doctor Julius). — Siehe wie schön, wie lieblich, wenn Brüder wohl zusammen wohnen. Predigt am 12. März 1871. — Bayreuth, *Grau*. 1871. In-8°, 10 p.

Fulerand (Colonel). — Le général Faidherbe. — Paris, *Baudoin*. 1886. In-8°. 75 c.
Extrait du *Journal des Sciences mil.*

Fundament und Krone des deutschen Krieges von 1870. Vom Verfasser der Biographie « Marschall Vorwärts ». — Barmen, *Langewiesche*. 1871. In-8°, 128 p. 1 m.

Funk. — Wie wollen wir uns bereiten für die ernste Zeit, die uns bevorsteht? Predigt. — Würzburg, *Stuber*. 1870. In-8°, 11 p.

Furcy-Reynaud. — *Voir* SCHELL.

Furley (John). — Struggles and Experiences of a Neutral Volunteer. — London. 1872. 2 vol. in-8°, 670 p. 1 £ 4 sh

— Épreuves et luttes d'un volontaire neutre. Traduit de l'anglais par Mme E. de Villers. — Paris, *Dumaine*. 1874. In-8°. 6 fr.

Fustec (Le). — Un patriote. Édouard Thiers. Belfort. Chambre des députés. Mexico. — Paris, 1891. Gr. in-8°, portr.

Fustel de Coulanges (ancien professeur à Strasbourg). — L'Alsace est-elle allemande ou française? Réponse à M. Mommsen, professeur à Berlin. — Paris, *Dentu*. 1871. In-32, 16 p. 50 c.

Fuzier-Hermann (Capitaine Édouard). — La province au siège de Paris, garde mobile du Tarn. — Paris, *Dumaine*. 1871. In-18, 96 p. 1 fr. 50 c.

G

G. (A., ancien élève de l'École polytechnique) [lieutenant-colonel Grouard]. — L'armée de Châlons, son mouvement vers Metz (1870). — Paris, *Baudoin*. 1885. In-8°, cartes. 5 fr.

Extrait du *Journal des Sciences militaires*.

— La perte des États et les camps retranchés. — *Ib.* 1888. In-8°. 2 fr.

Extrait du *Journal des Sciences militaires*.

— La perte des États et les camps retranchés. Réplique au général Brialmont. — *Ib.* 1889. In-8°. 1 fr. 25 c.

Extrait du *Journal des Sciences militaires*.

— Le blocus de Paris et la première armée de la Loire. 1re partie : Depuis la capitulation de Sedan jusqu'à la capitulation de Metz.
2e partie : Coulmiers et ses suites.
3e et dernière partie : Champigny, Loigny, Orléans, résumé et conclusions. — *Ib.* 1889-1893. 3 vol. in-8°. 145, 165, 201 p. 3, 3 et 4 fr

Extrait du *Journal des Sciences militaires*.

— Fallait-il quitter Metz en 1870 ? — *Ib.* 1893. In-8°. 50 c.

Extrait du *Journal des Sciences militaires*.

G. (A.). — Die Gefechtsfelder von Weissenburg und Wörth. — Godesberg. 1874. In-8°, 89 p., croquis. 1 m.

G. (A. von). — *Voir* Krömer.

G. (E.). — Les Prussiens dans les Ardennes (1870-1871). Pillage et incendie de Falaise, Voncq, Beaurepaire et Chestres, villages de l'arrondissement de Vouziers. — Reims, *Matot-Braine*. 1873. In-8°, 55 p.

G. (G.) [Capitaine G. Gilbert]. — Essais de critique militaire. I. Étude sur Clausewitz. II. Septembre et octobre 1806, juillet et août 1870. — Paris, *Librairie de la Nouvelle Revue*. 1890. In-8°, VIII-378 p., cartes, et tabl. 10 fr.

Extrait de la *Nouvelle Revue*.

G. (J.). — Six mois de drapeau rouge à Lyon. — Lyon, *P. N. Josserand*. 1871. In-18.

G. (L.). — Études comparatives entre l'artillerie française et l'artillerie prussienne pendant la campagne de 1870-1871. — *Spectateur mil.*, 1873.

G. (L.). — Souvenirs de l'invasion en Picardie. Anatole de la Forge à Saint-Quentin. — Amiens. 1880. In-8°, 27 p.

G. (R.). — *Voir* LEHREN.

G. (S.). — *Voir* BIBESCO.

Gaboriau (Émile). — La Dégringolade (roman, 1870-1871). — Paris, *Dentu*. 1873. 2 vol. in-18 j. 6 fr.

— Journal d'un garde national mobilisé pendant le siège de Paris. — Paris, *Dentu*. 1871. Gr. in-18. 3 fr. 50 c.

Gabriac (Marquis de). — Souvenirs diplomatiques. — *Revue des Deux-Mondes*, janvier-février 1896.

Gabriel (Abbé). — Histoire du 12e régiment de dragons. — Verdun, *Renvé-Lallemant*. 1883. In-8º, 352 p.

— Journal du blocus et du bombardement de Verdun. — Verdun. 1872. In-8º.

Gædeke (Hugo). — In Kampf und Sieg. Gedichte. — Rostock, *Stiller*. 1871. In-16, v-43 p.

Gärstringer (Rittmeister Freiherr Hiller von) und Schirmeister (Sek.-Lieutenant von). — Kürassier-Regiment von Seydlitz (Magdeburgisches) Nr. 7. Geschichte des Regiments. — Berlin, *Mittler*. 1890. In-8º, ill., cartes, croquis. 6 m. 50 pf.

Gärtner (Oberst). — Die Belagerung von Soissons im September und Oktober 1870. — Berlin, *Mittler*. 1874. In-8º. 2 m.
Supplément du *Militär-Wochenblatt*, 1874.

— (Hauptmann). — 3. Magdeburgisches Infanterie-Regiment Nr. 66. Die ersten 15 Jahre des Regiments. — Berlin, *Mittler*. 1876. In-8º, cartes. 6 m.

Gaillot (Docteur). — Un petit-fils d'Attila, invasion de 1870-1871, poème. — Paris, *Godet*. 1873. In-12. 3 fr.

Gaisenberg (Albr. von). — Bei Sedan. Vaterländisches Lustspiel in 3 Aufzügen. — Liegnitz, *C. Seyffarth*. 1893. In-12, 47 p. 60 pf.

Galati (Dom.). — Dopo Sedan. — Firenze. 1874. In-16, 344 p. 3 l. 50 c.

Galembert (Baron de). — Une des causes de nos malheurs. La politique unitaire du second empire. — Nevers, *Fay*. 1871. In-8º, 70 p.

Galiffet (Général de). — *Voir* YVERT.

Galignani's Messenger. — *Voir* DIARY.

Gallandi (Hauptmann). — Grenadier-Regiment Kronprinz (1. ostpreussisches) Nr. 1. Geschichte des Regiments. III. Band, 1859-1882. — Berlin, *Mittler*. 1882. In-8º, portr. 7 m. 50 pf.
Voir OELSNITZ, OERTEL.

Gallard (Doct. Th.). — Malades et blessés de l'armée de la Loire. Services médicaux supplémentaires créés pendant la guerre. Rapport au ministre. — Paris. 1871. In-8º. 1 fr. 25 c.

Galli (H.). — Les Anniversaires de 1870, d'après *Français et Allemands*, avec préface, notes et documents par H. Galli. — Paris, *Garnier*. 1895. In-8°, ill. 3 fr.

— *Voir* LONLAY.

Gallus. — Deux sièges : Ennemis, Frères (1870-1871). — Amiens, *imp. Piteux*. 1893. In-8°, 67 p.

Gambetta (Léon). — Discours au banquet commémoratif de la défense de Saint-Quentin. — Paris, *Leroux*. 1871. In-16, 32 p.

— Dépêches, circulaires, décrets, proclamations… — *Voir* REINACH.

— Souvenirs (1838-1882). Publié sous la direction de MM. Bertol-Graivil et Eugène Plantié. — Paris. 1883. In-8°, ill., 115 p. 1 fr. 50 c.

— Enquête parlementaire sur les actes du gouvernement de la Défense nationale. Déposition. — Paris. 1873. In-16, 63 p. 15 c.

— Ministre de la guerre en 1870-1871. — Saint-Omer, *D'Homont*. 1881. In-12, 46 p. 1 fr.

— 1869-1879. — Paris. 1879. In-12. 4 fr.
Voir AUDIGANNE, EMPIRE.

Gansauge (Hauptmann von). — Die Antheilnahme des Jäger-Bataillons von Neumann (1. schlesisches) Nr. 5 an den kriegerischen Ereignissen von 1870-1871. — Berlin, *Mittler*. 1895. In-8°, IV-149 p. 2 m. 50 pf.

Gansen (J.). — Kaiser Wilhelm und seine Bedeutung für das deutsche Volk. — Rheydt, *Langewiesche*. 1878. In-8°, 16 p.
2ᵉ édition.

Ganze Deutschland (Das) soll es sein! 1870-1871. Ein Gedenk-Album in 50 Photographien. — Weissensee, *Grossmann*. 1871. Gr. in-16.

Gardane (De). — Le 4 septembre et M. Thiers. — Paris. 1871. In-18, 139 p.

— La défense nationale. — Paris, *Sauton*. 1873.

Garde mobile de l'Ain (40ᵉ régiment). Souvenirs d'un officier du 4ᵉ bataillon. Siège de Paris, 1870-1871. — Lyon, *Jevain et Bourgeon*. 1872. In-12, 111 p.

— du Calvados (15ᵉ régiment). Historique et récits historiques. — Caen. 1872. In-8°.

— de la Dordogne. Historique du 3ᵉ bataillon (commandant Marty), détaché au corps Cathelineau 1870-1871, rédigé sur les notes de plusieurs officiers. — Périgueux, *Bounet*. 1872. In-8°, 150 p.

Garde mobile de la Nièvre. Historique du 12ᵉ régiment de mobiles, 1ᵉʳ, 2ᵉ et 3ᵉ bataillons (Nièvre). Campagne de 1870, armée de la Loire; 1871, armée de l'Est. — Nevers, *Barthe et Brulfert*. 1872. In-8º, 68 p.

15ᵉ corps.

— de la Seine-Inférieure. Historique du 2ᵉ bataillon pendant la campagne de 1870-1871. — Le Havre, *Santallier et Cⁱᵉ*. 1871. Gr. in-8º, 62 p.

— (La) nationale mobile du département de la Haute-Marne à Langres, 1870-1871. — Paris, *Manginot-Hellitasse*. 1872. In-8º, 15 p.

— nationale mobile de la Côte-d'Or; bataille de Champigny, 2 décembre 1870. Rectification au rapport présenté à l'Assemblée nationale. — Dijon, *Darantière*.

— nationale mobilisée des Alpes-Maritimes. — Antibes. 1871. In-16, 8 p.

— nationale de Bernay (Histoire de la). Son héroïsme au 18 frimaire an X et au 21 janvier 1871, par un volontaire. — Brionne, *Daufresne*. 1873. In-8º, 16 p.

Garde-Füsilier-Regiment (Das) von seinem Ursprung bis zur Gegenwart. — Berlin, *Meidinger*. 1881. In-8º, 36 p. 1 m.

Nouvelle édition. 1889. Gr. in-8º, 42 p. 75 pf.

Garde-Regiment (Das 3.) zu Fuss, 1860-1890. — Berlin, *Mittler*. 1891. In-8º. 14 m.

— (Das 3.) zu Fuss, 1860-1891. Mannschaftsausgabe. — *Ib.* 1891. In-8º. N. d. l. c.

2ᵉ édition. 1895.

Garel (Louis). — La révolution lyonnaise depuis le 4 septembre. — Paris. 1871. In-8º, 50 c.

Garibaldi en France. — Grenoble, *Rigaudin*. 1882. In-32, 59 p.

— in Francia. — Le pretensioni di conquista; la quistione di Nizza. Atrocità Prussiane. — Bellinzona. 1871. In-16. 1 fr.

— et la campagne de l'Est en 1870-1871. Extrait du rapport officiel présenté à l'Assemblée nationale par M. Perrot, député. — *Voir* PERROT.

— et la légion garibaldienne. Lettres de Garibaldi et de Pierre Bonaparte. — Paris. 1871. In-8º, 8 p. 10 c.

— Memorie autobiografiche. — Roma, *Luigi*. In-8º. 3 l.

— (G.). — Le mie Memorie. — Firenze, *G. Barbera*. 1888. In-8º.

Garlepp (B.). — Die Paladine Kaiser Wilhelms I. Lebensgeschichtliche Erzählungen. — Breslau, *Woywod*. 1890. In-8º à 1 m.

— Der rote Prinz (Prinz Karl von Preussen). — *Ib.* 180 p.

Garlopp (B.). — Kronprinz Albert und Prinz Georg, Herzoge zu Sachsen, Feldmarschälle des deutschen Reiches. — *Ib.* 178 p.

— Fürst Bismarck, Kanzler des deutschen Reiches. — *Ib.* 191 p.

— Graf Helmuth von Moltke, Generalfeldmarschall des deutschen Reiches. — *Ib.* 190 p.

Garnier (A.). — Le lycée du Mans pendant la guerre contre la Prusse. — Le Mans. 1872. In-8º, 24 p.

— (Commandant Francis). — Le siège de Paris. Journal d'un officier de marine. — *Voir* Siège.

— (Commandant Jules). — Les volontaires du génie dans l'Est, campagne de 1870-1871. — Paris, *Plon*. 1872. In-18, 316 p., carte. 4 fr.

Garnier-Pagès (député). — L'opposition et l'empire, 1870. Dernières années du Corps législatif. Dernières séances. — Paris, *Librairie de la Bibliothèque démocratique*. 1873. In-32, 2 vol.

Garreau (Abbé). — Les quarante otages de la Prusse à Beaune-la-Rolande. Épisode sanglant de la bataille du 28 novembre 1870. — Orléans, *Herluison*. 1874. In-8º, 65 p.

Gartner (Oberst). — Die Belagerung von Soissons im September 1870. Aus den Kriegstagebüchern und eigener Anschauung. — Wien, *Seidel*. 1879. In-8º.

Gartz (F.). — 1870. 12 Kriegslieder. — Salzwedel, *Franzen und G.* 1870. In-8º, 8 p.

Nouvelle édition. 1877.

Gasparin (Comte Agénor de). — La déclaration de guerre. — Paris, *M. Lévy*. 1870. In-18. 50 c.

— Appel au patriotisme et au bon sens. — Bâle, *Georg*. 1870. Gr. in-8º, 48 p. 1 fr.

— La république neutre d'Alsace. — *Ib.* 1870. Gr. in-8º. 1 fr. 50 c.

— La France, nos fautes, nos périls, notre avenir. — Paris, *M. Lévy*. 1872. 2 vol. in-18 j. 7 fr.

Gaspary und Denis. — Karten der Kriegsgräber um Metz. 1/20,000. 13 Blätter. 1/40,000. 1. Blatt. — Metz, *Scriba*. 1873. 18 fr. 50 c.

Gasselin (Capitaine). — L'artillerie allemande pendant les combats de Wissembourg et de Wœrth, août 1870. — Paris et Nancy, *Berger-Levrault et Cie*. 1877. In-8º, fig. 2 fr.

Extrait de la *Revue d'artillerie*. — *Voir* Muzeau.

Gastineau (B.). — L'impératrice du Bas-Empire. — Paris. 1870. In-12. 3 fr.

Gattier (M.). — Louis-Jules Trochu, gouverneur de Paris, découvert et mis à nu. — Paris. 1871. In-8º à 2 col., 8 p.

Gaudelette (L.). — Histoire de la guerre en Bourgogne. — Paris, *Lecène et Oudin.* 1887. In-8°, 159 p., ill. 1 fr. 45 c.
Nouvelle édition. 1895.

— Histoire de la guerre de 1870-1871 dans la Côte-d'Or. — Dijon, *Ropiteau.* 1886. In-16, pl., grav. 1 fr. 25 c.

— La patrie à l'école (guerre de 1870-1871). — Paris, *Garnier.* 1895. Gr. in-8°, ill. 2 fr. 50 c.

Gaulois (Le), journal. — *Voir* JOURNAL, JOURNÉE.

Gaume (Mgr). — Où en sommes-nous ? Étude sur les événements actuels, 1870 et 1871. — Paris, *Gaume frères et Duprey.* 1871. In-8°, 384 p. 6 fr.

Gautier (Théophile). — Tableaux de siège [Paris, 1870-1871]. — Paris, *Charpentier.* 1871. Gr. in-18, 376 p. 3 fr. 50 c.

Gautrelet (Abbé). — Oraison funèbre prononcée... pour le repos du colonel de Grancey et de ses compagnons d'armes tombés sur les champs de bataille de Chevilly, Bagneux et Champigny. — Dijon. 1872. In-8°, 14 p.

Gavard (Ch.). — Le général Margueritte. — *Correspondant,* 10 janvier 1883.

— Un officier de zouaves [le général Galland]. — Paris, *J. Gervais.* 1886. In-8°, 23 p. [1er zouaves, 75e de ligne, 6e et 117e de marche.]
Extrait du *Correspondant.*

Gavoy (E.). — Étude de faits de guerre. Le service de santé militaire en 1870, hier, aujourd'hui, demain. — Paris, *Charles-Lavauzelle.* 1894. In-8°. 1 fr 25 c.

Gayl (Pr.-Lieutenant Freiherr von). — Auszug der Geschichte des preussischen Leib-Grenadier-Regiments. — Frankfurt a. O. 1883. In-8°.

Gazan de la Peyrière (Comte). — L'Église de France devant l'invasion prussienne. — Paris, *Ruffet.* 1874. In-8°, 33 p.

Gebete (7) in Kriegesnoth. — Barmen, *Klein.* 1870. In-16, 16 p.

Gebhardt (Rabbin Doctor). — Unsere Ehre. Ansprache gehalten am Bettage den 27. Juli 1870. — Bromberg, *Carow.* 1870. In-8°, 8 p.

Gebrattel (Pr.-Lieutenant Freiherr von). — Die Stellung des 2. bayerischen Armeecorps vor Paris 1870-1871. — *Voir* DARSTELLUNGEN.

Gedanken über die Kavallerie der Neuzeit, zugleich Widerlegung einiger Angriffe des Generals Faidherbe gegen die preussische Kavallerie, von Fr. von Sch. — Die Bresche von Soissons. — Berichte des General-Komitees der deutschen Vereine zur Pflege der im Felde verwundeten und erkrankten Krieger über seine Thätigkeit... während des Krieges von 1870-1871. — Ein Rückblick auf die freiwillige Hilfsthätigkeit im Kriege 1870-1871. — Berlin, *Mittler*. In-8°.

<small>3e supplément au *Militär-Wochenblatt*, 1873.</small>

Gedanken eines Civilisten. Kleine Knüttelverse aus der grossen Knüttelzeit 1870-1871. — Grosswardein, *Hügel*. 1871. In-16, 128 p. 1 m. 20 pf.

— und Betrachtungen (Militärische) über den deutsch-französischen Krieg des Jahres 1870-1871, vom Verfasser des *Krieg um Metz*. — Mainz, *von Zabern*. 1871. Gr. in-8°, 256 p. 4 m.

Voir HANNEKEN.

Gedenkblatt aus Deutschlands Geschichte. Vollständige Sammlung der offiziellen Kriegs-Depeschen. — Altona, Hamburg, *Grüning*. 1870-1871. Gr. in-16, livr à 15 pf.

— der Schlachten und Gefechte des Jahres 1870-1871 für das Pommersche [II.] Armee-Corps. — Neustettin. 1872. In-4°, 16 p.

Gedenkblätter. — *Voir* R.

Gedenkbuch an den Einzug unseres siegreichen Heeres und den Enthüllungs-Feierlichkeiten des Denkmals Friedrich Wilhelm III. in Berlin am 16. Juni 1871. — Berlin, *Grosser*. 1871. In-8°, 48 p. 50 pf.

— des Krieges 1870-1871 und der Aufrichtung des deutschen Reiches. Facsimiles der Denksprüche und Original-Handschriften der deutschen Fürsten, Feldherren und Staatsmänner im germanischen Nationalmuseum zu Nürnberg. — Nürnberg, *Soldan*. 1872. 2 vol. in-fol., 100 planches. 5 m. 40 pf.

— an den ruhmvollen deutsch-französischen Krieg 1870-1871. — Stuttgart, *G. Weise*. 1871. In-fol. 4 m.

— Kaiser Wilhelm's 1797-1873. — Berlin, *Hertz*. 1874. In-8°, 396 p. 7 m.

Gedenktafel der königlich-preussischen Armee nach der glorreichen Beendigung des deutsch-französischen Krieges 1870-1871. — Berlin, *Stilke und van Muyden*. 1871. In-4°, ill. 2 m. 50 pf.

Gedichte (Vaterländische) aus dem Sommer 1870. Herausgegeben von G. Heine. — Cöthen, *Heine*. 1870. In-8°, 52 p.

— (Patriotische). — Speyer, *Laug*. 1870. In-8°, 8 p. 1re livr.

— (Vaterländische) für Schulen und Vereine, insbesondere zum Andenken an die glorreichen Erfolge des Krieges von 1870-1871. Ausgewählt von Doct. E. Goebel. — Köln, *Bachem*. 1895. In-8°. 1 m.

<small>2e édition.</small>

Gefecht (Das) bei Spicheren am 6. August 1870. — *Internat. Revue*, juillet-août 1893.

— von Weissenburg. — *Neue mil. Blätter*, octobre 1887.

Gefecht (Das) bei Spicheren. — *Mil. Blätter*, mars 1872.

— von Coulmiers am 9. November 1870. — *Allg. Mil.-Zeit.*, nos 23-35, 1875.

— (Das) bei Nuits am 18. Dezember 1870. — *Ib.*, nos 48-56, 1876.

— (Das) der Infanterie gegen Kavallerie nach den Erfahrungen des Krieges von 1866 und 1870-1871. — Berlin, *Luckhardt*. In-8°, 2 pl. 1 m.

Gefechte (Die) über den Ognon am 22. Oktober 1870. — *Internationale Revue*, février-mars 1893, carte.

— und Züge des IX. Armee-Korps im Feldzuge 1870-1871. Aufzeichnungen eines Offiziers des IX. Armee-Korps. — Flensburg, *Expedition der Flensburger norddeutschen Zeitung*. 1872. Gr. in-8°, III-104 p., cartes. 1 m. 60 pf.

— (Die) des III. Armee-Korps bei Le Mans am 6. bis 12. Januar 1871. Schlacht bei Amiens. — Berlin, *Mittler*. 1873. In-8°. 1 m. 20 pf.
<small>5e supplément au *Militär-Wochenblatt*, 1873.</small>

— zwischen der Seine und der Marne, 30. November-4. Dezember 1870. — *Allg. mil. Zeit.*, nos 48-52, 1875.

Gefechtsfelder (Die) von Weissenburg und Wörth. Ein Wegweiser und Erklärer für ihre Besucher. — Elberfeld, *Langewiesche*. 1874 Gr. in-8°, croquis. 1 m 50 pf.
<small>Annexe s'appliquant également à Spicheren et à Borny.</small>

Gefechts-Kalender des deutsch-französischen Krieges 1870-1871. Herausgegeben vom grossen Generalstabe, Abtheilung für Kriegsgeschichte. — Berlin, *Mittler*. 1886. In-8°. 4 m. 50 pf.

— des XII. königlich-sächsischen Armeekorps im Feldzuge 1870-1871. — Dresden, *Meinhold*. 1871. Gr. in-4°, 12 p. 50 pf.

Geifelieder (Osk.). — Voienno khirourgitscheskiia nablioudeniia vo vremia niemiezko-franzousskoi voiny 1870-1871 g. — San Peterbourg. 1873. In-8°, 128 p.

Geispitz (C.). — Discours prononcé à Gauchy le 19 janvier 1872 à l'occasion du service anniversaire pour les soldats morts à la bataille de Saint-Quentin. — Saint-Quentin. 1872. In-8°, 15 p.

Geissler (Carl) — Geschichte des königlich-bayerischen 16. Infanterie-Regiments vakat König Alfons von Spanien und seiner Stamm Abtheilungen des 2, 7. und 9. Jäger-Bataillons, 1813-1888. — Passau, *Abt*. 1889. In-8°, XVII-416, V-145, IV-109 et III-149 p. 24 m.

Geissler (H.) und **Schöne** (G.). — Trennungsstunden der deutschen Krieger von ihren Heimathsangehörigen am 21. und 22. Juli 1870. — Bischofswerda, *May*. 1871. Gr. in-4°, 2 p.
<small>3e édition.</small>

— **Goldern** (Hauptmann Graf Gustav von). — Zur Geschichte der Belagerungen von Belfort und Paris (1870-1871). Militär-technische Studie. — Wien, *Seidel und Sohn*. 1872. Gr. in-8°, VI-165 p., ill., pl. 15 m.
Extrait des *Mittheil.*, 1872.

— Les sièges de Paris et de Belfort. Étude militaire publiée par le *Mémorial de l'artillerie et du génie autrichiens*. Traduit de l'allemand par le capitaine V. Grillon. — Paris, *Dejey et Cie*. 1873. In-8°, VII-174 p. 4 fr.

Gelobet sei der Herr, der hat seinem Volke Ruhe gegeben. Predigt. — Langensalza, *Klinghammer*. 1871. In-8°, 15 p. 30 pf.

Gemminger (Pfarrer Ludwig). — Der Kriegsdiens* und der Samariterdienst. Vorträge. — Regensburg, *Pustet*. 1871. Gr. in-8°, 68 p.

Generalstab (Preussischer). — *Voir* EINZELSCHRIFTEN, GEFECHTS-KALENDER, KRIEG.

Generalstabskarte von Mittel-Frankreich. — Berlin, *Falk*. 1871. 1/864,000. Imp. fol., lith. und color.

— von Ostfrankreich. — *Ib*. 1871. 1/864,000. Imp. fol., lith. col. 1 m. 50 pf.

— (Französische) von Paris und Umgegend. — *Ib*. 1870. 1/80,000. Chromol. imp. fol. 1 m. 50 pf. la feuille.

— La même. — Photographirte Reduction in 6 Blättern. — Hamburg, *Friederichsen und C°*. 1870. 1/80,000.

Genée (Rudolph). — Deutsche Sturmlieder gegen die Franzosen. — Dresden, *Schulbuchhandlung*. 1870. In-8°, 16 p.

Génevois (H.). — Les dernières cartouches. Janvier 1871. Villersexel, Héricourt, Pontarlier. — Paris, *Le Soudier*. 1893. In-8°.

— Les coups de main pendant la guerre. — Paris, *Chamuel*. 1896. Gr. in-8°. 3 fr.

Gensichen (O. F.). — 6 Kriegslieder. — Berlin, *Grosser*. 1870. In-8°, 8 p.

— Vom deutschen Kaiser. Zeitgedichte. — *Ib*. 1871. Gr. in-8°, 31 p.

Gensoul (Louis). — Un bataillon de mobiles (44e provisoire, Gard) pendant la guerre de 1870-1871. Souvenirs de l'armée du Nord. — Nîmes, *Jouve*. 1879. In-8°, 56 p., carte.

Gentil (Abbé). — Journal de l'émigration paroissiale de Billancourt-lès-Paris. Épisode de la guerre 1870-1871. — Billancourt, *chez l'auteur*. 1871. In-8°, 84 p. 1 fr.
2e édition. Le Mans. 1871. In-8°, 104 p. 1 fr.

— Un orphelinat de jeunes filles pendant la guerre 1870-1871, suivi du Journal de Billancourt pendant la Commune. — Paris, *Retaux*. 1879. In-18 j., 224 p.

Gentz (Hauptmann). — 8. Brandenburgisches Infanterie-Regiment Nr. 64 (Prinz Friedrich Karl von Preussen). Geschichte des Regiments von seiner Errichtung bis zum Jahre 1873. — Berlin, *Mittler*. 1878. In-8º, portr., pl. 9 m.

Gepner (K. F.). — Ob oupotrebitelneischikh v kampaniou 1870 g. melkikh ognestrelnykh snariadakh i svoisvtakh pritschinïaïemykh imi ran (au sujet des blessures faites par les projectiles de petit calibre). — San Peterbourg. 1871. In-8º, 23 p.

— Voïenno-khirourgitscheskïie nablioudeniia vo vremïa franko-germanskoï voïny 1870 g — San Peterbourg. 1872. In-8º, 254 p.

Gerardi (E.) e Alburno (G. R). — La guerra franco-germanica ; considerazioni. — Venezia. 1872. In-8º, 24 p. 1 l.

Géraud (Louis). — Les étapes d'un chasseur à pied. Souvenirs de la 1re armée de la Loire, 1870. — Paris, *Broussois et Cie* 1872 In-18 j., 280 p. 3 fr.

Géray. — Prise et incendie de Châteaudun. — Paris, *Lecesne*. 1872. In-8º; 15 p.

Gerbet (Ph.). — Un mot sur les catastrophes des armées françaises en 1870-1871. — Arbois, *Javel*. 1872. In-8º, 8 p.

Gerdebas (Louis). — *Voir* BORREGO (A.).

Gerhard (Diak. P.). — Feldpredigt fünf Meilen vor Paris gehalten am 15. September 1870 (VI. Armee-Corps). — Breslau, *Morgenstern*. 1870. In-8º. 12 p.

Germania. — Vaterländische Lieder. — Nieuw, *Heuser*. 1870. In-16, 83 p. 50 pf.

— Statistische Tabelle des geeinigten Deutschlands. — Berlin, *Königmann*. 1870. In-fol.

Germanus. — *Voir* STERNSCHNUPPEN.

Gerok (K. von). — Ein Friedensgruss unsern heimkehrenden Kriegern. — Leipzig, *Ameland*. 1874. In-8º, 4 p. 40 pf.

— Eichenlaub. Deutsche Gedichte aus dem Jahre 1870. — Berlin, *Lipperheide*. 1871. In-16, 43 p.
2e édition.

— Zum Gedächtniss unserer gefallenen Krieger. Abendgottesdienst. — *Ib*. 1871. In-8º, 10 p. 25 pf.

— (Prälat von). — Worte am Grabe der Grafen Erich und Axel von Taufe, Einjährigdienender (2. Württembergisches Jäger-Bataillon). — Stuttgart, *Greiner*. 1870 Gr. in-8º, 8 p.

Gérôme (Capitaine). — Historique du 75ᵉ régiment d'infanterie (1674-1890). — Paris, *Charles-Lavauzelle*. 1891. In-8º, 288 p. 4 fr.

Gersdorff (Hauptmann H. von). — Vor 20 Jahren. Erinnerungen an den Feldzug 1870-1871. — Rathenow, *Babenzien*. 1893. In-8º, IV-171 p. 1 m. 80 pf.

Gerspach (E.). — Études sur la Commune. Le colonel Rossel, sa vie et ses travaux, son rôle pendant la guere et la Commune. Son procès. — Paris. 1872. In-8º. 4 fr.

Gerstäcker (F.). — Kriegsbilder eines Nachzüglers aus dem deutsch-französischen Kriege. — Jena, *Costenoble*. 1871. Gr. in-16, V-176 p. 1 m. 50 pf.

— Schetsen van het oorlogs tooneel. Uit het hoogdutsch. — Haarlem. 1871. In-8º, IV-124 p. 90 cts.

Gerthoffer (Lieutenant G.). — Historique du 52ᵉ régiment d'infanterie. — Paris et Nancy, *Berger-Levrault et Cⁱᵉ*. 1890. Gr. in-8º. 6 fr.

Gervais (A.). — En captivité. Récit du sergent François. — Paris, *Charavay et Mantoux*. 1892. In-8º, 93 p., grav. 55 c.

— (Ed.). — Der Tag von Sedan, oder die neuen Brüder aus dem Elsass. Lustspiel in 5 Akten. — Leipzig, *Webel*. 1877. Gr. in-8º, 99 p.

Gescher (Hauptmann). — Geschichte des 1. westfälischen Infanterie-Regiments Nr. 13 während des Feldzuges gegen Frankreich 1870-1871, nebst einer kurzen Uebersicht über die Jahre 1872-1879. — Münster, *Coppenrath*. 1880. Gr. in-8º, 81 p. 1 m. 20 pf.

Geschichte (Zur) des Feldzugs im nordwestlichen Frankreich. — *Allg. Mil.-Zeit.*, 1872.

— (Illustrirte) des deutsch-französischen Krieges in dem Jahre 1870-1871. — Reutlingen, *Ensslin und Laiblin*. 1871. In-16, 96 p. 30 pf.

— (Illustrirte) des deutsch-französischen Krieges in dem Jahre 1870-1871. — Stuttgart, *Schönlein*. 1870-1871. In-4º, 476 p., carte. 5 m.

— (Illustrirte) des deutsch-französischen Krieges.... — Stuttgart, *Union*. 1894. En 30 livr. in-4º, ill, cartes, à 25 pf.

— des Garde Füsilier-Regiments von seinem Ursprung bis zur Gegenwart. Eine kurze Darstellung zur Erinnerung für alle Garde-Füsiliere. — Berlin, *Meidinger*. 1881, Gr. in-8º. 75 pf.

— des Kaiser Franz-Garde-Grenadier-Regiments Nr. 2. Auszug. — Berlin. 1882. In-8º. 15 pf.

— Le même. — Berlin, *Mittler*. 1886. In-8º, 20 p. N. d. l. c.
6ᵉ édition. 1888.

Geschichte (Zur) des 3. Garde-Grenadier-Regiments Königin Elisabeth im deutsch-französischen Krieg 1870-1871. — Nebst Angaben aus der Zeit von 1871 bis 1880..... — *Ib.* 1881. Gr. In-8°, cartes, portr. 9 m.

— Le même. Kurzer Abriss der Geschichte des Regiments. Mannschaftsausgabe. — *Ib.* 1885. In-8°, portr., croquis. N. d. l. c.
2e édition. 1894.

— des 2. Garde-Regiments zu Fuss. Auszug Mannschaftsausgabe. — Berlin. 1883. In-8°. 50 pf.

— (Kurze Darstellung der) des 2. Garde-Regiments zu Fuss, 1813-1893. Mannschaftsausgabe. — Berlin. 1893. In-8°. 1 m.

— (Zur) des 3. Garde-Regiments zu Fuss. 1860-1890. — Berlin, *Mittler*. 1891. In-8°, ill., cartes, plans. 14 m.

— des 2. ostpreussischen Grenadier-Regiments Nr. 3.
Voir BECKER.

— des Grenadier-Regiments König Friedrich Wilhelm I. (2. ostpreussisches) Nr. 3. Abriss, Mannschaftsausgabe. — Berlin, *Mittler*. 1891. In-8°, ill. 70 pf.

— des 2. schlesischen Grenadier-Regiments Nr. 11. Für alle « Elfer ». — Berlin, *Meidinger*. In-8°. 3 m.

— des 3. westfälischen Infanterie-Regiments Nr. 16. — Berlin, *Mittler*. 1881. In-8°, pl. 9 m.

— des 3. westfälischen Infanterie-Regiments Nr. 16. Die Hacketauer im Kriege 1870-1871. Auszug der Geschichte des Corps. — *Ib.* 1892. In-8°. N. d. l. c.

— des 1. oberschlesischen Infanterie-Regiments Keith Nr. 22 von seiner Gründung bis zur Gegenwart. — *Ib.* 1884. In-8°, pl. 8 m.

— Le même. Mannschaftsausgabe. — *Ib.* 1886. In-8°, 5 croquis, 1 carte. N. d. l. c.
2e édition. 1894. 54 p , 1 portr., 5 croquis, 1 carte. 60 pf.

— des 1. rheinischen Infanterie-Regiments Nr. 25, 1813-1886. Kurze Darstellung. Mannschaftsausgabe. — *Ib.* 1884. In-8°, croquis. N. d. l c.

— (Vaterländische) nebst einem Abriss aus der Geschichte des 3. rheinischen Infanterie-Regiments Nr. 29. Mannschaftsausgabe. — Berlin. 1880. In-8°. N. d. l. c.

— des Füsilier-Regiments Fürst K. Anton von Hohenzollern [Hohenzollernsches] Nr. 40. Kurz zusammengestellt von W. H. — Köln, *Warnitz und C°*. 1890. In-8°, 56 p. 60 pf.

— des 6. ostpreussischen Infanterie-Regiments Nr. 43, 1860-1885. Kurze Darstellung. Mannschaftsausgabe. — Berlin, *Mittler*. 1885. In-8°, portr , croquis. 80 pf.

Geschichte des 6. pommerschen Infanterie-Regiments Nr. 49, 1860-1885. Mannschaftsausgabe. — *Ib.* 1885. In-8°, portr., croquis. 80 pf.
3e édition. 1894. IV-77 p.

— des 6. brandenburgischen Infanterie-Regiments Nr. 52. — *Ib.* 1886. In-8°.

— (Kurzer Abriss der brandenburgisch-preussischen) und der Geschichte des 7. westfälischen Infanterie-Regiments Nr. 56. — Berlin. 1879. In-8°. 10 pf.

— der ersten fünfundzwanzig Jahre des 7. westfälischen Infanterie-Regiments Nr. 56, 1860-1885, für Unteroffiziere und Mannschaften. — Berlin, *Mittler*. 1885. In-8°, portr., croquis. 1 m. 20 pf.

— Le même. Nouvelle édition. *Ib.* 1895. VII-130 p., 4 portr., 6 croquis. 1 m.

— des 7. brandenburgischen Infanterie-Regiments Nr. 60 von 1859-1871. — Berlin. 1872. In-8°. N. d. l. c.

— (Kurze Darstellung der) des 7. brandenburgischen Infanterie-Regiments Nr. 60 für alle jetzt und ehemals *Sechziger*, von einem Offizier des Regiments — Berlin, *Meidinger*. 1884. Gr. in-8°. 75 pf.

— des 5. rheinischen Infanterie-Regiments Nr. 65. — Köln, *Du Mont-Schauberg*. 1876. Gr. in-8°, 240 p., cartes. 6 m.

— (Kurze) des magdeburgischen Infanterie-Regiments Nr. 67. Mannschaftsausgabe. — Metz, *Scriba*. 1894. In-8°, 47 p., portr., 4 croquis, 40 pf.

— (Abriss der) des Füsilier-Regiments von Gersdorff (hessisches) Nr. 80. Mannschaftsausgabe. — Berlin, *Mittler*. 1892. In-8°. N. d. l. c.

— (Kurzer Abriss der brandenburgisch-preussischen) und der Geschichte des Infanterie-Regiments von Manstein (schleswigsches) Nr. 84. — — Schleswig, *Detleffen*. 1895. In-8°, 16-3 p., portr., croquis. 20 pf.

— des Infanterie-Regiments Herzog von Holstein (holsteinsches) Nr. 85. Fortsetzung der *Ersten fünf Jahre des holsteinschen Infanterie-Regiments* von Hedicke (Major). — Berlin, *Mittler*. 1891. In-8°, 53 p., ill. 2 m. 50 pf.
Voir STRAM (Pr.-Lieut.).

— der beiden königlich-sächsischen Grenadier-Regimenter, 1. Leib-Grenadier-Regiment Nr. 100, 2. Leib-Grenadier-Regiment Nr. 101 Kaiser Wilhelm, König von Preussen. — Leipzig, 1877. In-8°. 6 m.

— des königlich-sächsischen 6. Infanterie-Regiments Nr. 105 und seine Vorgeschichte, 1701-1887. — Leipzig, *Giesecke und Devrient*. 1887. In-8°, XI-603 p.

— der königlich-sächsischen Jäger-Brigade und des daraus hervorgegangenen königlich-sächsischen Schützen-(Füsilier-) Regiments Prinz Georg Nr. 108 von 1859 bis 1871. — Dresden, *Höckner*. 1875. Gr. in-8°, pl. 8 m.

Geschichte des 2. grossherzoglich-hessischen Infanterie-Regiments (grossherzogliches) Nr. 116. — Berlin, *Mittler*. 1889. In-8º, cartes et croquis. 1 m. 50 pf.

— des 3. württembergischen Infanterie-Regiments Nr. 121, 1716-1891. — Stuttgart, *Kohlhammer*. 1891. In-8º. 5 m. 50 pf.

— des 3 Infanterie-Regiments Alt-Württemberg (Nr. 121). Mannschaftsausgabe. — *Ib*. 1893. Gr. in-8º, 104 p. 60 pf.

— des 8. württembergischen Infanterie-Regiments Nr. 130, 1716-1891. — *Ib*. 1891. Gr. in-8º, XII-512 p., portr. 5 m. 50 pf.

— des grossherzoglich-badischen Leib-Grenadier-Regiments, 1803-1871. (2. Th. : Im Feldzuge 1870-1871, vom Major Trapp von Ehrenschild.) — Karlsruhe, *C. F. Müller*. 1893. Gr. in-8º, 480 p , plans, ill., tabl. 6 m.

— des königlich-bayerischen Infanterie-Leib-Regiments von seiner Errichtung bis zur Rückkehr aus dem Feldzuge 1870-1871. — München, *Oldenbourg*. 1882. In-8º. 1 m.

— des königlich-bayerischen Infanterie-Leib-Regiments von der Errichtung bis zum 1. Oktober 1891. — Berlin, *Mittler*. 1892. In-8º, ill , cartes, pl. 12 m.

— (Abriss der) des pommerschen Jägerbataillons Nr. 2. Mannschaftsausgabe. — *Ib*. 1895. In-8º, portr. 60 pf.

— des brandenburgischen Jäger-Bataillons Nr. 3 während des Feldzuges 1870-1871. — *Ib*. 1877. Gr. in-8º, 74 p. 2 m.
2ᵉ édition. 1882. 1 m.

— des hannoverschen Jäger-Bataillons Nr. 10. — Gosslar, *Jacobs*. 1889. In-8º, II-51 p. 20 pf.

— des 1. westfälischen Feld-Artillerie-Regiments Nr. 1. — Berlin, *Mittler*. 1886. In-8º.

— (Auszug aus der) des badischen Feldartillerie-Regiments Nr. 14 und seiner Stammtruppentheile. Mannschaftsausgabe. — Berlin. 1886. In-8º. 2 m. 70 pf.

— des grossherzoglich-hessischen Feld-Artillerie-Regiments Nr. 25 (Grossherzogliches Artillerie-Corps), 1790-1890. Mannschaftsausgabe. — Berlin, *Mittler*. 1890. In-8º, portr., cartes. N. d. l. c.

— des Regiments der Gardes du Corps von 1740 bis 1890. Uebersicht. — *Ib*. 1890. In-8º, ill , croquis. 5 m. 50 pf.

— (Kurze Darstellung der) des 2. Garde-Dragoner-Regiments 1860-1884. Für die Unteroffiziere und Mannschaften. — *Ib*. 1885. In-8º, portr., cartes. 1 m.

Gesohiohte des 2. königlich-sächsischen Ulanen-Regiments Nr. 18. — Leipzig; Rochlitz, *Regimentsbureau*. 1887. Gr. in-8º, IV-140 p., carte. 8 m.

— des 1. Leib Husaren-Regiments Nr. 1 und des 2. Leib-Husaren-Regiments Nr. 2, von einem ehemaligen Offizier. — Berlin. 1891. In-8º. N. d. l. c.

— des 1. Leib-Husaren-Regiments Nr. 1. Mannschaftsausgabe. — Berlin, *Mittler*. 1891. In-8º, ill. N. d l. c.
Nouvelle édition. 1893. In-8º, 5 portr., ill. 1 m.

— des 2. Leib-Husaren-Regiments Nr. 2 von 1741 bis 1886. Mannschaftsausgabe. — Berlin. 1886. In-8º, portr., ill. 1 m. 20 pf.

— des 2. Leib-Husaren-Regiments Kaiserin Nr. 2. Mannschaftsausgabe. — Berlin, *Mittler*. 1891. In-8º, ill. N. d. l. c.

— des Zieten-Husaren-Regiments Nr. 3. Mannschaftsausgabe. — Rathenow, *Babenzien*. 1892. In-8º, VII-64 p., 2 portr. 75 pf.

— des 1. westfälischen Husaren-Regiments Nr. 8. — Berlin, *Mittler*. 1882. Gr. in-8º. 3 m. 50 pf.

— des königlich-preussischen 2. hessischen Husaren-Regiments Nr 14...... — *Voir* KOSSECKI.

— des hannoverschen Husaren-Regiments Nr. 15. — Berlin, *Mittler*. 1892. In-8º, ill N. d. l. c.

— Le même. Mannschaftsausgabe. — *Ib*. 1892. N. d. l. c.

— des ostpreussischen Pionier-Bataillons Nr. 1, 1780-1888. — *Ib*. 1889. In-8º. N. d. l. c.

— des rheinischen Pionier-Bataillons Nr. 8, für Unteroffiziere und Mannschaften. — *Ib*. 1883. In-8º. 1 m 50 pf.

— des schleswig-holsteinschen Pionier-Bataillons Nr. 9. Mannschaftsausgabe. — 1887. In-8º. N. d. l. c.

— des hessischen Pionier-Bataillons Nr. 11. — Berlin, *Mittler*. 1895. In-8º, IV-188 p., portr., unif., cartes et plans. 2 m. 75 pf.

Gesetz betreffend die Pensionirung und Versorgung der Militärpersonen des Reichsheeres und der kaiserlichen Marine, sowie die Bewilligung für die Hinterbliebenen solcher Personen. Vom 27. Juni 1871. — Berlin, *Decker*. 1871. In-8º. 32 p. 25 pf.

Gesetze über Kriegsschäden und deren Vergütung vom 14. Juni 1871, betreffend Ersatz von Kriegsschäden, Kriegsleistungen, Entschädigung der deutschen Rhederei, Gewährung von Beihülfen an die ausgewiesenen Deutschen, etc, vom 22. Juni 1871. — Berlin, *Kortkampf*. 1871. In-8º. 25 pf.

Gesky (Th). — Der Rhein soll deutsch verbleiben ! Kampflieder und Zeitgedichte. Eine Mitgabe für Deutschlands brave Krieger auf dem Marsche nach Frankreich. — Halle, *Hermann*. 1870. In-8º, 14 p.

Gessler (Fr.). — Sonette eines Feldsoldaten. — Stuttgart, *Metzler*. 1871. In-8º, 48 p.

Gevangenneming (De) van Napoleon III. — Schoonhoven. 1871. In-8º, 10 cts.

Geyer (G. B). — Hoch Kaiser und Reich ! 24 Sedanlieder. — Meissen, *Schlimpert*. 1889. In-8º, 32 p. 25 pf.

Geyor (Karl). — Erlebnisse eines württembergischen Feldsoldaten im Kriege gegen Frankreich und im Lazareth zu Paris, 1870-1871. — München, *Beck*. 1889. In-8º, v-240 p., carte. 2 m. 25 pf.

Gielmester (Ferd). — Kaiser oder König ? Beitrag zur Klargestaltung einer Tagesfrage. — Hamburg, *Grüning*. 1870. Gr. in-8º. 75 pf.

Giesebrecht (Wilh. von). — Deutsche Reden. — Leipzig, *Duncker und Humblot*. 1871. Gr. in-8º. 2 m. 40 pf.

Giessler (Oscar). — Die Poesie im Dienste der Barmherzigkeit (2 Gedichte). — Altenberg, *Selbstverlag*. 1870. In-8º, 4 p.

Gigaut (Émile). — *Voir* BÉDOLLIÈRE.

Gigl (Alex). — Illustrirte Geschichte des deutsch-französischen Krieges 1870. Für das Volk bearbeitet. — Wien, *Hartleben*. 1870-1871. Gr. in-4º, 503 p. 12 m. 50 pf.

Gigout (Sous-lieut. A.). — *Voir* ÉPOUDRY.

Gilardin (A). — Pendant le siège, réflexions politiques et morales. — Paris, *Pedone-Lauriel*. 1883. In-8º, 69 p.
  Extrait du *Correspondant*, avril mai 1883.

Gilbert (Capitaine G.). — *Voir* G. (G.).

— (Jules). — Siège de Paris (1870-1871). Notes d'un mobile breton (Jules Gilbert). — Saint-Brieuc, *Prud'homme*. 1894. In-16. 2 fr.

Girard (Capitaine Alfred). — Carnet d'étapes du 2ᵉ bataillon du 4ᵉ régiment de marche [mobilisés du Nord] à l'armée du Nord. — Lille, Paris. 1871. In-18, carte.
  Voir ALMANACH.

— (Henri). — Histoire illustrée de la troisième République. — Paris, Librairie contemporaine. 1884. In-12. 5 fr. 50 c.

Girardin (Émile de). — La guerre fatale, prévue et annoncée en 1868. — Paris, *Plon*. 1870. In-8º, IV-180 p.

— Le gouffre, question des années 1870 et 1871. — *Ib*. 1871. In-8º, VIII-534 p. 6 fr.

Girardin (Émile de). — Hors Paris (novembre 1870). — Bordeaux, *Féret et fils*. 1871. In-8°, XVIII-146 p. 50 c.
  Voir Dossier.

Giraudeau (Fern.) [André Raibaud]. — Les papiers secrets de la Défense nationale. — Paris, *Amyot*. 1875. In-32. 50 c.

— La vérité sur la campagne de 1870, examen raisonné des causes de la guerre et de nos revers. — Marseille. 1871. In-8°, 239 p.
  4ᵉ édition. Paris, *Amyot*. 1872. In-18, 143 p. 1 fr.

— Napoléon III intime. — Paris, *Ollendorff*. In-8°. 7 fr. 50 c.

Giraux (aîné, lieutenant au 159ᵉ bataillon de la garde nationale de guerre). — Siège de Paris. — Constantine, *Beaumont*. 1875. In-8°, 44 p. 50 c.

— Le même. — Dijon, *imp. Carré*. 1876. In-12, 40 p. 50 c.

Giron (Aimé). — Les cordes de fer (1870-1871), poèmes et poésies. — Paris, *Lemerre*. 1873. In-18 j., 367 p.

Gisevius (Pr.-Lieutenant). — Das hohenzollernsche Füsilier-Regiment Nr. 40 im Kriege 1870-1871 gegen Frankreich. — Berlin, *Mittler*. 1875. Gr. in-8°, cartes, VIII-435 p. 9 m.

Glayski (V.). — Bazaine in Metz. — *Militär-Zeitung*, 1878, n°ˢ 2 à 17.

— Die Ursachen der Katastrophe von Sedan. — *Ib.* 1879, n°ˢ 26 à 52.

— Die Armee Bourbaki's 1870-1871; ihre Ziele und Schicksale. — *Ib.* 1880, n°ˢ 16 à 28.

Gioubenet. — Franko-germanskaia voina 1870-1871. Russkaia mejdounarojnaia pomotch raneuym i bolnym voinam [Participation de la Russie à la Société internationale de secours aux blessés]. — Kiev. 1871. In-8°, 157 p.

Gladstone. — *Voir* Scrutator.

Gläser (E.). — Weihnachtsgruss. Neue Lieder und bekannte Melodien im Kriege von 1870. — Breslau, *Priebatsch*. 1871. In-8°, 15 p. 25 pf.

Glagau (O.). — Das Lied vom neuen deutschen Kaiser. — Berlin, *Vahlen*. 1871. Gr. in-16, 16 p.

Glais-Bizoin (Al.). — Dictature de cinq mois, mémoires pour servir à l'histoire du gouvernement de la Défense nationale à Tours et à Bordeaux. — Paris, *Dentu*. 1873. Gr. in-18 j. 3 fr. 50 c.

Glasenapp (G. von). — Der Feldzug von 1870-1871. I. Der Feldzug von 1870. II. Der Feldzug von 1871. — Berlin, *Luckhardt*. 1870-1871. In-8°, VIII-391 p., cartes, pl., croquis; VIII-87 p., croquis. 4 m. 50 pf.

— Die Generale der deutschen Armee. Zehn Jahre deutscher Heeres-Geschichte, 1854-1874. — Berlin, *Militaria*. 1878. In-fol., ill. 402 m.

Glasenapp (G. von). — Ergänzung zum Generalstabswerk 1866 und 1870-1871. Biographien, Portraits und Facsimiles der Führer der deutschen Heere bis einschliesslich der Führer einer Division in den Feldzügen von 1848, 1849, 1864, 1866 und 1870-1871. (Kleinere revidirte Ausgabe des Werkes : *Die Generale der deutschen Armee.*) — *Ib.* 1880. In-8°. 70 m.

— Bayern's Generale. — *Ib.* 1877. Gr. in-fol., ill. 50 m.
Extrait de *Die Generale der deutschen Armee.*

— Sachsen's Generale. — *Ib.* 1876. Gr. in-fol. 20 m.
Extrait de *Die Generale der deutschen Armee.*
Voir FELDZUG, KRIEGS-ZEITUNG.

— (Pr.-Lieutenant). — Geschichte des schleswig-holsteinschen Ulanen-Regiments Nr. 15 von seiner Stiftung bis zum Tage des 25 jährigen Bestehens. — Berlin, *Mittler.* 1894. In-8°, VII-238 p., portr., cartes. 9 m.

Glottbei (H.). — Deutschland. Ein Gedicht. — Wien, *Gerold.* 1871. In-16, VII-54 p. 2 m.

Glück (J.). — Predigt am 2. September 1876 in der Synagoge zu Oldenburg gehalten. — Oldenburg, *Schulze.* 1876. In-8°, 8 p.

Glücklich (J. Chr.). — Kriegers Abschied und Wiedersehen. Episoden aus Deutschlands schwerer, trüber Zeit bis zu seiner Erhebung, Einigung und Sieg. — Wiesbaden, *Brems und Plaum.* 1894. In-8°, 14 p. 50 pf.

Godefring (F.). — Fontenoy-sur-Moselle, 22-27 janvier 1871. — Nancy. 1871. In-8°, 8 p.

Godefroy (Ars.). — Notes d'un volontaire au siège de Paris (1870-1871). — Tours, *imp. Ribaudeau et Chevalier.* 1877. In-8°, 163 p.

Godins de Souhesmes (Gaston des), attaché à l'armée du Rhin. — Blocus de Metz, 1870. Bazaine, Coffinières, avec pièces et documents à l'appui. — Verdun-sur-Meuse, *Ch. Laurent.* 1872. In-8°, cartes. 3 fr. 50 c.

Goebel (Doct. E.). — *Voir* GEDICHTE.

Göbelbecker (L. F.). — Gedenkblatt aus Deutschlands siegreichem Vertheidigungs-Kriege 1870-1871. — Emmendingen, *A. Döller.* 1895. In-4°, 8 p., carte. 30 pf.

Goeben (General von). — Geschichte des Feldzuges 1870-1871 in dem nordwestlichen Theile von Frankreich. — *Allg. Mil.-Zeit.*, 1873-1874.

Goedsche (H). — *Voir* HOCH.

Goepp (E.). — Paris en armes. Siège et batailles sous Paris et environs depuis 52 avant Jésus-Christ jusqu'à la guerre 1870-1871. — Paris, *Ducrocq.* 1894. In-8°, ill. 3 fr. 50 c.

Görlach (Doctor G. Wilhelm). — Fürst Bismarck. Eine Lebensbeschreibung. — Stuttgart, *Levy und Müller*. 1875. Gr. in-16, 128 p., grav.

— Nouvelle édition. — Stuttgart, *Kohlhammer*. 1885. In-8°, 113 p. 1 m.

Görwitz (H). — Das erste kaiserliche deutsch-lothringische Jäger-Bataillon im Lager, oder das Jahr nach dem Tage von Ems. Dramatischer Triumphzug durch die Ruhmes-Walhalla 1870-1871. — Ellrich. 1873. In-8°, 88 p. 1 m.

Goessel (Hauptmann von). — Marsch-Routen-Karte für die Armee-Korps, respective Infanterie- und Kavallerie-Divisionen der deutschen Armeen im Kriege gegen Frankreich 1870-1871. Nach amtlichen Quellen bearbeitet. — Berlin, *Mittler*. 1873. Chromol., imp. fol. 7 m.

Gössmann (Jos.). — Der deutsch-französische Krieg in den Jahren 1870 und 1871. — Fulda, *Maier*. 1871. In-8°, 94 p. 1 m. 20 pf.

Goetz (Th.). — Le pacte entre Napoléon et Bismarck. — Genève, 1871.

Götz von Berlichingen (Freiherr A.). — Lazarethfahrten im deutsch-französischen Kriege. Einbegleitet und herausgegeben von Doct. M. Kronfeld. — Wien, *M. Merius*. 1894. In-8°, XVI-236 p., 2 portr. 2 m. 50 pf.

Goetze (Hauptmann Adolf). — Die Thätigkeit der deutschen Ingenieure und technischen Truppen im deutsch-französischen Kriege 1870-1871. — Berlin, *Mittler*. In-8°.

> I. Theil. Operationen der deutschen Armeen bis zur Cernirung von Metz, respective Paris; Cernirung von Metz; Operationen der I. Armee von der Kapitulation von Metz bis zum Waffenstillstand. 1872. Cartes. 7 m.
>
> II. Theil. Cernirung und Belagerung von Paris; die Operationen im Süden und Westen von Paris; Belagerung der Festungen Toul, Soissons und Longwy. 1873. Cartes. 10 m.

— Campagne de 1870-1871. Opérations du corps du génie allemand. Traduit par les capitaines Grillon et Fritsch. — Paris, *Dumaine*. 1873-1874. 2 vol. in-8°, VII-739 p., cartes, fig. 14 fr.

— The Campaign of 1870-1871 : Operations of the German Engineers and Technical Troops during the Franco-German War of 1870-1871. Translated by G. Graham. — London. 1875. In-8°, 1er vol., 248 p., 6 cartes, 21 sh.

Götzinger (Doctor Ernst). — Wahrhafftige nuwe Zittung des jungst vergangnen tutschen Kriegs (poésie). — St-Gallen, *Scheitlin und Zollikofer*. 1871. Gr. in-8°, 20 p. 1 m.

2e édition. Zurich, *E. Speidel*. 1874. 24 p., ill. 60 pf.

Goeverneur (J.-J.-A.). — 1870. Tooneelen uit den oorlog tusschen Frankrijk en Duitschland. — Arnhem. 1871. In-4°, 25 p., pl. 75 cts.

Gohler (G.). — L'invasion allemande à Mondoubleau et la bastonnade d'Épuisay. — Vendôme. 1875. In-8º, 10 p.

Goll (H.). — Aus den Kriegstagen 1870-1871. — Karlsruhe. 1871. In-8º.

Goldbeck (Lieutenant Ed.). — General-Oberst von Pape Kaisers Wilhelm I. liebster Waffengefährte. Ein Lebensbild. — Berlin, *Fussinger*. 1895. In 8º, 24 p., portr. 25 pf.

Goldschmidt (Rabbin Doctor A. M.). — Predigt am allgemeinen Bettage (3. August 1870), im israelitischen Gemeinde-Tempel zu Leipzig gehalten. — Leipzig, *Leiner*. 1870. In-12, 64 p.

— « Gott hat seinem Volke den Sieg verliehen. » Predigt am 6 März 1871. — *Ib*. 1871. In-8º, 16 p. 50 pf.

Gollnisch (A.). — Quelques documents sur Sedan pendant la guerre et l'occupation (1870-1873). — Sedan, *imp. Laroche*. 1889. In-8º, 68 p.

Golowin (J.). — Frankreich's Verfall (1870-1871). — Leipzig. 1872. In-8º, 320 p. 4 m.

Goltz (Hauptmann, General Colmar Freiherr von der). — Die Operationen der II. Armee. Vom Beginn des Krieges bis zur Kapitulation von Metz. Dargestellt nach den Operations-Akten des Oberkommandos der II. Armee. — Berlin, *Mittler*. 1873. In 8º, carte, pl., 340 p. 9 m.

— Die Operationen der II. Armee an der Loire. Dargestellt nach den Operations-Akten des Oberkommandos der II. Armee. — *Ib*. 1875. In-8º, v-579 p., 3 cartes. 9 m.

— Die sieben Tage von Le Mans, nebst einer Uebersicht über die Operationen der II. Armee gegen den Loir im Dezember 1870. Vom Standpunkte des Oberkommandos der II. Armee und nach dessen Akten dargestellt. — *Ib*. 1873. In-8º, carte, 120 p. 2 m. 40 pf.

— Leon Gambetta und die Loire-Armee. — *Preuss. Jahrb.*, 1873, t. XXXIV.

— Leon Gambetta und seine Armeen. — Berlin, *Schneider und Co.* 1877. Gr. in-8º, VIII-296 p., carte. 6 m.

5e édition. — A paru en partie sous le titre de Bourbaki's Feldzug... dans les *Jahrbücher*. 1876.

— Gambetta et ses armées. Traduit de l'allemand. — Paris, *Sandoz et Fischbacher*. 1877. In-18, carte, x-468 p. 4 fr.

— Die letzten Tage von Metz während der Cernirung im September und Oktober 1870. — *Jahrbücher*, 1873, 1er trim.

— Die Schlacht von Orléans. — *Ib.*, 1874, 1er trim., carte.

— Bourbaki's Feldzug gegen General von Werder. — *Ib.*, 1876, 2er trim., carte.

Goltz (Hauptmann, General Colmar Freiherr von der). — Vendôme. Eine Skizze aus dem Loire-Feldzuge der II. Armee im Dezember 1870. — *Jahrbücher*, 1874, 3º trim., carte.

— Das Volk in Waffen. Ein Buch über Heerwesen und Kriegführung unserer Zeit. — Berlin, *von Decker*. 1883. In-8º. 5 m.
4º édition. 1890.

— La nation armée. Organisation militaire et grande tactique modernes. Traduit par Ernest Jaeglé. — Paris, *Hinrichsen*. 1884. In-8º, 472 p.

— La Nacion en Armas. Libro que trata de la organisacion de los ejércitos y de la guerra de nuestro tiempo. — Madrid, *Administracion de los Estudios militares*. 1894. In-8º, 7 p.

— La Nazione armata. Libro sull' organizzazione degli eserciti e la condotta della guerra dei tempi nostri. Traduzione del capitano P. Meomartini. — Roma, *Casa Editrice Italiana*. 1895. In-8º. 6 l.

— Militärische Plaudereien. — *Mil.-Zeitung*. 1884, nº 50.

— Eine Etappenerinnerung aus dem deutsch-französischen Kriege 1870-1871. — Berlin, *Mittler*. 1885. In-8º, croquis. 1 m. 40 pf.
Supplément du *Militär-Wochenblatt*.

— Kriegführung. Kurze Lehre ihrer wichtigsten Grundsätze und Formen. — Berlin, *von Decker*. 1895. In-8º, xi-204 p.

— (Pr.-Lieutenant Freiherr Georg von der). — Kurze Geschichte des 1. Garde-Regiments zu Fuss von 1806 bis auf die Gegenwart. — Berlin, *Mittler*. 1881. In-8º. 50 pf.

— (Pr.-Lieutenant) — Kurzer Abriss des Infanterie-Regiments Herzog Karl von Mecklenburg-Strelitz (6. Ostpreussisches) Nr. 43. Mannschaftsausgabe. — Berlin, *Mittler*. 1892. In-8º, ill., portr., croquis, 64 p. 1 m.

Gomber (A.). — Notes sur la dictature de Gambetta. — Antibes, *Marchand*. 1872. In-8º, 32 p.

Goncourt (les frères Huot de). — Journal des Goncourt. Mémoires de la vie littéraire. 2ᵉ série. 1ᵉʳ vol. (1870-1871). — Paris, *Charpentier*. 1890. In-18, 381 p. 3 fr. 50 c.
Siège de Paris.

Gondry du Jardinet (J.). — Œuvres. Les francs-tireurs des Vosges. — Paris, *Librairie de l'Ami des campagnes*. 1881. In-12, 288 p. 2 fr.

Gordon (Doctor). — The Siege of Paris, a medical and chirurgical study. — London, 1871.

— Le siège de Paris au point de vue de l'hygiène et de la chirurgie. Traduit de l'anglais par Decaisne. — Paris, *Germer-Baillière*. 1872. In-8º, 19 p.

Gosen (Doct. J. von). — *Voir* HIRTH (Doct. G. von).

Gossler (Major von). — Graf Albrecht von Roon, königlisch-preussischer General-Feldmarschall. — Berlin, *Mittler*. 1879. 80 pf.
Supplément du *Militär-Wochenblatt*.

Gott mit Dir, Barbarossa, Du bringst zu dieser Zeit dem deutschen Volke wieder die deutsche Herrlichkeit! — Breslau, Leipzig, *Bredt*. 1871. Gr. in-fol.

Gottes Freund, Trutz dem Feind! Deutsche Gedichte von O. S. — Erfurt. 1871. In-8°, 16 p.

Gottlieb (C. J.). — Der Kriegsreservist, oder die Heimkehr in's Vaterhaus. Eine Erzählung. — Berlin, *E. Beck*. 1871. In-16, 36 p. 50 pf.
8: édition.

Gottschalck (Hauptmann M.). — Theilnahme des 1. Thüringischen Infanterie-Regiments Nr. 31 am Feldzuge 1870-1871. — Berlin, *Mittler*. 1874. In-8°, x-202 p., pl., croquis. 6 m.

— (General-Major Max). — Geschichte des I. Thüringischen Infanterie-Regiments Nr. 31. — Berlin, *Mittler*. 1894. In-8°, ix-589 p., pl. 12 m. 50 pf.

— (Major). — Kurzgefasste Geschichte des Feld-Artillerie-Regiments Generalfeldzeugmeister (1. Brandenburgisches) Nr. 3 und seiner Stammtruppentheile. Mannschaftsausgabe. — Berlin, *Liebel*. 1893. In-8°, iv-76 p. 1 m.

Gottschall (Rudolph). — Napoleon III. Eine biographische Studie. — Liegnitz, *Kuhlweg*. 1871. In-8°, viii-183 p.

— Kriegslieder. — Berlin, *Lipperheide*. 1870. In-16, 42 p. 50 pf.

Gottschling (Hauptmann). — Geschichte des 1. Hanseatischen Infanterie-Regiments Nr. 75 von seiner Gründung im Jahre 1866 bis zum Ende des deutsch-französischen Krieges 1870-1871. — Berlin, *Mittler*. 1886. In-8°, cartes. 4 m. 50 pf.
2e édition. 1891.

Gottvertrauen (K. von). — Vade-Mecum für Soldaten im Kriege und Frieden. Im August 1870. — Innsbruck, *F. Rauch*. 1870. In-12, 64 p.

Goudée (Léon). — *Voir* LETTRE.

Gougeard (capitaine de vaisseau, général au titre auxiliaire). — Deuxième armée de la Loire. Division de l'armée de Bretagne (4e du 21e corps). — Paris, *Dentu*. 1872. In-8°, 107 p. 2 fr.

Goujon (A.). — Rapport sur la défense de Bernay le 21 janvier 1871. — Bernay, *imp. Lefèvre*. 1888. In-8°, 28 p.

Goulette (L.). — L'entrevue de Saint-Ail et d'Amanvilliers (17 juin 1893). — Nancy, *Sidot*. 1893. In-8°, phototyp. 1 fr. 50 c.

Gounod (Charles). — Lettres de 1870-1871. — *Revue de Paris*, février 1896.

Gourju (Antonin). — La Côte-d'Or au siège de Paris. — Dijon, *Colin*. 1872. In-12, 35 p.

Gouvernement (Le) de la Défense nationale et le département de l'Isère. Histoire locale. Dépêches télégraphiques officielles. — Grenoble, *Maisonville*. 1871. In-8°, 64 p.
<small>Extrait de l'*Enquête parlementaire*. Voir ACTES.</small>

Graaff (Pr.-Lieutenant de). — Das Posensche Ulanen-Regiment Nr. 10, von seiner Stiftung im Jahre 1860 bis zum 1. Januar 1883. — Berlin, *Mittler*. 1883. In-8°, portr., fig., cartes. 7 m.

Grabowski (Graf St). — Der Krieg am Rhein im Jahre 1870. Historisch-romantisch dargestellt. — Berlin, *Grosse*. 1871. Gr. in-8°, 3 vol. 1437 pages.

Grabstätten und Denkmäler mecklenburgischer Krieger aus den Jahren 1870 und 1871. — Wismar, *Hinstorff*. 1874. In-8°, III-79 p. 1 m.

Grad (Charles). — L'Alsace, sa situation et ses ressources au moment de l'annexion. — Paris, *Delagrave*. 1872. In-8°, 69 p.

Graf (E.). — Die königlichen Reserve-Lazarethe zu Düsseldorf während des Krieges 1870-1871. — Elberfeld, *Lucas*. 1872. In-8°, 72 p. 2 m.

— **(M.)** — Das sächsische Heer (nunmehr XII. deutsches Armee-Korps). Chronologische Uebersicht aller Feldzüge und Ereignisse desselben von 1618-1871. — Leipzig, *Winckler*. 1875. Gr. in-8°. 50 pf.

Graham (G.). — *Voir* GÖTZE (Hauptmann A.).

Gramont (Duc de). — La France et la Prusse avant la guerre. — Paris, *Dentu*. 1872. Gr. in-18, 426 p. 6 fr.
<small>Voir MEMOR.</small>

— **(Le général de division de), duc de Lesparre.** — Paris, *imp. Schiller*. 1877. In-8°, 7 p.
<small>Extrait du *Moniteur de l'armée*.</small>

Gramming (M.). — *Voir* HILARIUS.

Grancey (le vicomte de), 1831-1870 [Mobiles de la Côte-d'Or]. — Paris, *Plon*. 1873. In-8°.
<small>Notice due au contre-amiral Ribourt.</small>

Grand (C. J.). — Nos prêtres et nos religieux pendant la guerre de 1870-1871. Patriotisme et dévouement. — Paris, *Grand*. 1876. In-32, 94 p. 30 c.

— **(Capitaine Le).** — Historique du 71ᵉ régiment d'infanterie de ligne. — Paris, *Charles-Lavauzelle*. 1887. In-32, 72 p. 50 c.
<small>Petite Bibliothèque de l'Armée française.</small>

Grand-Didier (Capitaine). — Exacte vérité sur la trouée tentée à Balan, le 1ᵉʳ septembre 1870 (bataille de Sedan). — *Ib.* 1880. In-8°, 32 p. 75 c.

Grand État-Major prussien. — *Voir* EINZELSCHRIFTEN, GEFECHTS-KALENDER, KRIEG.

Grandeffe (A. de). — Mobiles et volontaires de la Seine pendant la guerre et les deux sièges. — Paris, *Dentu*. 1871. Gr. in-18 j., 324 p. 3 fr.

— Le 7e bataillon des mobiles de la Seine. Campagne de 1870-1871. Dessins d'A. Normand... — *Ib.* 1874. In-4º obl, 72 p. et 72 pl.

Grandin (Commandant). — Frédéric III, roi de Prusse, empereur d'Allemagne. — Paris, *Bureaux du Spectateur militaire*. 1888. In-8º, portr. 2 fr.

— Le maréchal de Mac-Mahon. — *Nouvelle Revue*, 15 septembre-1er octobre 1892.

— Le maréchal de Mac-Mahon. — Paris, *R. Haton*. 1893. 2 vol. in-12, 302 et 401 p., portr. 6 fr.

— Dans le passé. Chanzy. — Paris, *Tolra*. 1896. In 8º, 364 p., ill.

— Le dernier maréchal de France, Canrobert. — *Ib.* 1895. In-8º, ill.

— Histoire d'un marin, le vice-amiral Jurien de la Gravière. — *Ib.* 1895. In-8º, 367 p., ill.

Grandlieu (Ph. de) [Léon Lavedan]. — M. Gambetta et la guerre. — Paris, *Gervais*. 1881. In 8º. 50 c.

Grandmougin (Ch.). — Ode au colonel Denfert-Rochereau, défenseur de Belfort en 1870-1871. — Paris, *Sandoz et Fischbacher*. 1879. In-12.

Grands cadres, petits tableaux, 1870-1871. Gravelotte, Sedan, campagne de la Loire, par un chirurgien. — Coulommiers, *Brodard*. 1877. In-18 j., cartes. 3 fr. 50 c.

Grange (Docteur J.). — Société française de secours aux blessés. Compte rendu du service funèbre célébré à Notre-Dame... — Paris, *A. Chaix et Cie*. 1872. In-8º, 7 p.

— Rapport à M. le Président de la Société sur l'ambulance de Bougival. — Paris. 1872. In-8º, 39 p.

Gransard (Charles). — L'année maudite, 1870-1871, poésies. — Paris, *Librairie du Petit Journal*. 1871. In 8º, 172 p. 3 fr.

Grant-Duff (Mst. E.). — Remarks on the Present political Situation : a Speech delivered at Elgin on the 15th November 1870. — Edinburg. 1871. In-8º, 26 p. 1 sh.

Granville-Stappleton (Augustus). — The true causes of the War. — London. 1871. In-8º.

— Les véritables causes de la guerre. Traduit de l'anglais par E. B. — Bruxelles, Paris, *Lebègue*. 1871. In-8º. 1 fr.

— The French case, truly stated. — London. 1871. In-8º, 20 p. 6 d.

Graser (Sek.-Lieutenant Oscar). — Geschichte des königlich-bayerischen X. Jäger-Bataillon bis zum Jahre 1874. — Aschaffenburg, *Krebs*. 1877. Gr. in-8º, 135 p. 2 m.

Grassmann (R.). — Der Krieg von 1870-1871 zwischen Frankreich und Deutschland. — Stettin, *Grassmann*. 1873. In-16, 300 p. 1 m. 20 pf.
2e édition.

Gratiolet (L.). — Souvenirs d'un artilleur de l'armée du Rhin. — Paris, *Baudoin*. 1892. In-8°. 3 fr. 50 c.

Gratiot (Amédée). — La nuit du 6 novembre. — Paris, *Librairie nouvelle*. 1871. In-18 j., 36 p.

— Le châtiment de l'Angleterre. — *Ib.* 1871. In-12, 71 p.

— Les petits livres du siège, 7 cahiers... VII. Conclusion, la carte à payer. — *Ib.* 1871. In-18, 72 p.

Grécourt (marquis de), sénateur. — Des relations de la France avec l'Allemagne sous Napoléon III. — Bruxelles, s. d. (1870). In-8°.
Attribué à Napoléon III.

— Die Beziehungen Frankreichs zu Deutschland unter Napoleon III. Aus dem Französischen von A. Mels. — Cassel. 1870. In-8°, 34 p. 75 c.
Voir Mels.

Greef (W.). — Vaterlandslieder. — Essen, *Bädeker*. 1871. In-8°, 36 p.

Gregorovius (Oberstlieut.). — Theilnahme der 2. Fuss-Abtheilung des Ostpreussischen Feld-Artillerie-Regiments Nr. 1 an dem Feldzuge gegen Frankreich 1870-1871. — *Jahrbücher*, 1871, t. I.

Greiner (Pfarrer Th.). — Unsere Hilfe kommt vom Herrn. Predigt. — Mannheim, *Löffler*. 1870. Gr. in-8°, 14 p.

Grellois (E., ex-médecin en chef). — Histoire médicale du blocus de Metz. — Paris, *J. B. Baillière*. 1872. In-8°, grav.

Grenest (Commandant Sergent). — L'armée de la Loire. Relation anecdotique de la campagne de 1870 1871, d'après de nombreux témoignages oculaires et de nouveaux documents.
    1re partie : Toury, Orléans, Coulmiers, Beaune-la Rolande, Villepion, Loigny.
    2e partie : Beaugency, Vendôme, Le Mans, Sillé-le-Guillaume, Alençon. — Paris, *Garnier*. 1892-1893. 2 vol. in-8° carré, ill., 618 et 456 p. à 3 fr. 50 c.

— Le même. — *Ib.* 1893. 1 vol. in-8°, 120 dessins, cartes, plans. 12 fr.
A paru en livraisons illustrées à 50 c.

— L'armée de l'Est. Relation anecdotique de la campagne de 1870-1871.
    1re partie : La Bourgonce, Rambervillers, Cussey, Dijon, Châtillon-sur Seine, Autun.
    2e partie : Nuits, Villersexel, Héricourt, Dijon, Fontenoy, La Cluse. — *Ib.* 1893-1895. In-8°, ... 589 p. ill. cartes et pl. à 3 fr. 50 c.

Grenest (Commandant Sergent). — Le même. — *Ib.* 1895. 1 vol. in-8°, 120 dessins, cartes et plans. 12 fr.

Grenier (Alphonse). — Journal d'un mobile de Seine-et-Marne à la défense de Paris. — Meaux, *Le Blondel*. 1874. In-8°, 79 p. 1 fr.

Grenier (Général). — Mes souvenirs de l'armée du Rhin. Mes réflexions. La défense de l'armée contre ses détracteurs. — Grenoble, *Maisonville*. 1871. In-8°, 45 p.

Grenville-Murray (E. C.). — Les hommes de la Trois.ème République. Traduit de l'anglais par Henri Testard. — Paris, *Sandoz et Fischbacher*. 1873. In-18.

Grenzgebiete (Die deutsch-französischen) nebst Angabe der ehemaligen Grenze Deutschlands gegen Frankreich und der Sprachgrenze beider Völker nach Professor Guthe. — Hannover, *Schmorl*. 1870. In-fol.

Gressler (F. G. L.). — Elsass und Lothringen. Geschichtliches und Geographisches. — Langensalza, *Gressler*. 1871. In-8°, 112 p.

3e édition.

Greuelthaten (Die blutigen) der französischen Armee, oder die Hyänen des Schlachtfeldes. — Berlin, *Gräbner*. 1870. In-8°, 16 p.

Grey (W. R.). — The great Duel; its meaning and issue. — London. 1871. In-8°, 96 p. 2 sh. 6 d.

Grieben (H.). — Zeitstimmen. — Berlin, *Lipperheide*. 1870. In-16, 26 p.

Grieben's Reise-Bibliothek. Neue Karte von Deutschland und den angrenzenden Ländern. — Berlin, *Goldschmitt*. 1871. 1/3,000,000. gr. in-fol., chromol.

12e édition. — Carte dessinée par Leop. Kraatz.

Griesinger (Pr.-Lieutenant). — Geschichte des Ulanen-Regiments König Karl (1. Württembergisches) Nr. 19. - Stuttgart, *Metzler's Sort.* 1883. Gr. in-8°. 8 m.

— (Theodor). — 1870. Der grosse Entscheidungskampf zwischen Deutschland und Frankreich. — Stuttgart, *Vogler und Beinhauer*. 1870-1871. In-4°, dessins, 578 p. 8 m.

Grillon (V.). — *Voir* Geldern, Gotze.

Grimaud (E.) et **de Laprade** (Victor). — Strophes patriotiques. Deux eaux-fortes par O. de Rochebrune. — Nantes, *Forest et Grimaud*. 1871. In-4°. 20 p.

— **de Caux** (G.). — De septembre 1870 à février 1871. L'Académie des sciences pendant le siège de Paris. — Paris, *Didier*. 1871. In-18 j., XXXII-244 p. 3 fr.

Grimm (A. Th. von). — Vaterländische Erinnerungen und Betrachtungen über den Krieg von 1870-1871. — Berlin, *von Decker*. 1871. Gr. in-8º, vii-181 p. 3 m. 75 pf.

— **(J.).** — Die Familie von Brion. Novellen aus den Jahren 1869-1871. — Leipzig, *Dürr'sche Buchhandlung*. 1875. In-8º, 238 p.

— **(R.).** — Kriegsdenkmünzen in Gedichten. — Potsdam, *Cabos*. 1872. In-8º, 82 p. 2 m.

Grindon (Ch.). — Les combats de l'honneur, souvenirs de la guerre de 1870. — Paris. 1883. In-8º. 3 fr.
3ᵉ édition.

Grisanowski (E. G. F.). — *Voir* MELENA.

Grisot (Général) et Coulombon (Lieutenant). — La légion étrangère de 1831 à 1887. — Paris et Nancy, *Berger-Levrault et Cⁱᵉ*. 1887. In-8º. 10 fr.

Grönvall (E.). — *Voir* WALTER-WALDHOFFER.

Grosdidier. — Carte de l'occupation et du démembrement du Nord-Est de la France d'après les préliminaires de la paix. — Paris, *Grosdidier*. 1871.

Gros (A.) et de Strada (E.). — Demain. Pensées politiques pour la régénération de la France, écrites pendant le siège de Paris, 1870-1871. — Paris, *Dentu*. 1872. In-8º, 95 p.

Gross (Fr.). — Notice sur l'hôpital civil de Strasbourg pendant le siège et le bombardement. — Paris, *Germer-Baillière*. 1872. In-8º. 2 fr.

— **(Feldgeistlicher G.).** — Vier Soldaten-Predigten. — Kempten, *Kösel*. 1871. Gr. in-8º, 19 p.

— **(H.).** — Badinguet (Napoléon III); fantaisie dramatique en 3 actes. — Paris, *Savine*. In-18 j. 4 fr.

Grosse (Jul.). — Wider Frankreich. Altes und Neues. — Berlin, *Lipperheide*. 1870. In-16, 76 p. 50 pf.

Grote (G.). — Germania in Freud und Leid. Ein Gedenkbüchlein zur 25 jährigen Jubelfeier des deutschen Reiches. — Wald-Solingen, *Vossen*. 1895. In-8º, 19 p. 25 pf.

Grotzfeld (J.). — Sieges- und Friedensfeier in den Volksschulen. — Aachen, *Jacobi und Co*. 1871. In-16, 24 p. 10 pf.

Grouard (Lieutenant-Colonel). — *Voir* G. (A.).

Grovestins (C. F., baron Sirtéma de). — Avant et après. Guillaume III. Jules César. — Saint-Germain, *Toinon*. 1871. In-8º, 218 p.

Grube (A. W.). — Der Welsche Nachbar. Lebensbilder aus dem grossen Kriege von 1870 1871. — Stuttgart, *Steinkopf*. 1871. In 8º, 134 p. 1 m. 50 pf.

Grube (A. W.). — Le même. — *Ib.* 1895. In-12, 128 p. 75 pf.
3e édition. Jugend- und Volks-Bibliothek (Deutsche).

Grünewald (T.). — Der Tag von Sedan. Ein Festbüchlein. — Hannover, *Helwing.* 1876, In-8°, 32 p. 25 pf.

Grüning (Doctor E.). — Volkslieder im Kriegs-Jahre 1870. — Hamburg, *Grüning.* 1870. In-8°.

Gruppe (O. F.). — *Voir* KRIEGS- UND HELDENLIEDER.

Grützmacher (Pfarrer). — Die Bedeutung des Lobgesanges : « Ehre sei Gott in der Höhe, Friede auf Erden und den Menschen ein Wohlgefallen. » — Bromberg, *Mittler.* 1871. In 8°, 16 p.

Gruwelen, diefstallen en wreedheden van de Duitsche legers in Frankrijk gedurende den oorlog van 1870 en 1871. — Zwolle. 1871. In-8°, VIII-70 p. 70 cts.
Voir TYSKA, TYDSKE.

Guarnieri (Arm.). — La campagna de 1870 in Germania e in Francia. — Firenze. 1871. In-8°.

Gümbel (T.). — Erinnerungen eines freiwilligen Krankenpflegers vom Kriegsschauplatz 1870, nebst : Fahrten eines Nichtkombattanten auf dem Kriegsschauplatz in den Augusttagen 1870. Herausgegeben von J. Zeitz. — Aus den Tagen der Schlacht von Wörth am 6. August 1870. Ungedruckte Skizzen vom Verfasser der « Fröschweiler Chronik » [K. Klein]. — München, *Beck.* 1890. In-8°, 225 p. 2 m. 25 pf.

Guérard (Lieutenant de vaisseau M. Alfr.). — La marine française jugée après les désastres de 1870-1871. — Paris, *Lacroix, Verboekhoven et Cie.* 1877. In-8°, XI-316 p. 6 fr.

Guern (H. Le). — I. La guerre. II. La paix. Souvenir néfaste des années 1870-1872 (vers). — Paris, *Dentu.* 1873. In-8°. 1 fr.

Guéronnière (Comte Alfred de la). — L'âge de fer ou l'ère du sang. — Bruxelles, *A. N. Lebègue et Cie.* 1871. In-18, 108 p. 1 fr.

— La Prusse devant l'Europe. Lettre de S. E. le comte de Bismarck au comte Alfred de la Guéronnière. La réponse. — Bruxelles, *Office de publicité.* 1870. In 8°. 1 fr.

— L'homme de Sedan. — *Ib.* 1870. In-8°.

— La Commune sanglante ou le Legs incendiaire. Complément de l'homme de Sedan. — Bruxelles, *Puissant.* 1871. In-12.

— La catastrophe de la France. L'anarchie démagogique. — Paris, *Ghio.* 1871. In-8°. 1 fr. 50 c.

— L'homme de Metz. — Bruxelles, *Lebègue et Cie.* 1871. In-8°. 1 fr.
Suite à l'*Homme de Sedan.*

Guéronnière (Comte Alfred de la). — La rançon de l'homme de Sedan. Les deux abîmes. — Bruxelles, *Office de publicité*. 1871. In-8°. 1 fr. 50 c.

— L'homme de Sedan devant l'histoire. — Paris, *Taride*. 1872. In-12. 1 fr.

— M. Thiers et sa mission. — Paris, *Dentu*. 1871. In-8°. 1 fr. 50 c.

— Le même. — Paris, *Balitout, Questroy et C*^{ie}. 1872. In-18 j. 108 p.

— et **Nogent** (Comte de). — Histoire de la guerre de 1870-1871. — Charleville, *Collé Louis*. 1871. In-8° grav. cartes.

— (Vicomte Arthur de la). — Comment finira la guerre ? — Bordeaux, *Lanefranque*. 1871. In-18, 19 p. 50 c.

Guéroult (A.) — *Voir* OPINION.

Guerra (La) tra Francia e Prussia 1870-1871 e la Commune di Parigi. Testo Armeno. — Venezia. 1871. In-8°, 3 vol. 1106 p.

— del 1870-1871 illustrata. Cronaca della guerra. — Milano. 1871. In-4°, 688 p. 6 l.

— franco-germanica (avvenimenti marittimi fino al 31 Luglio 1870). Traduzione di G. Denti, capitano di fregatta. — *Rivista Marittima*. 1872. T. II, p. 266.

Guerre de 1870-1871. M. Gambetta : de son rôle à Tours et à Bordeaux. — Paris, *Cherbuliez*. 1871. Gr. in-8°. 2 fr.

— (La). Étude militaire par l'auteur de *la Guerre autour de Metz*. Traduit de l'allemand. — Paris et Nancy, *Berger-Levrault et C*^{ie}. 1873. In-12. 4 fr.
Voir HANNEKEN.

— — (La). Résumé historique, traduit de l'allemand. — *Ib*. 1888. In-12. 2 fr. 50 c.

— (La) autour de Metz, par un général prussien. Traduit et annoté par un officier de l'état major général de l'armée du Rhin. — Cassel. 1871. In-8°, IV-67 p. 1 m.
Voir HANNEKEN.

— de 1870-1871 (La). — Documents officiels allemands.... — *Voir* FILIPPI.

— franco-allemande de 1870-1871 (La) sous le roi Guillaume, par un officier d'état-major prussien. Traduit de l'allemand par le capitaine L. de Dieskau et le lieutenant G. Prim, de l'armée belge. — Bruxelles, *Merzbach*. 1873-1874. 2 vol. in-8°. 12 fr.

— franco-allemande de 1870-1871 (La), rédigée par le grand état-major prussien. — *Voir* KRIEG.

— Journal de marche d'un officier de cavalerie à l'armée du Rhin, à l'armée de la Loire, à l'armée de l'Est [15e corps] (11e régiment de chasseurs, 6e régiment de dragons). — Aire-sur-la-Lys, *imp. Guillemin*. 1893. In-8°, 52 p.

Guerre (La) comme la font les Prussiens. — Paris, *Plon*. 1871. Gr. in-12, 128 p. 1 fr.

— de 1870. Avant la lutte, après la défaite, à l'Italie, à la France, à l'Allemagne. — Livorno, *Meucci*. 1871. In-8°, 74 p.

— de 1870 Lichtenberg, La Petite-Pierre, Phalsbourg. — Strasbourg. 1872. In 8°, 76 p., 4 pl.

— (La) de 1870. Observations critiques sur l'ouvrage du maréchal comte de Moltke. — Paris, *Baudoin*. 1892. In-8°.
  Extrait du *Journal des Sciences militaires*.

— (La) franco-allemande illustrée en 1870-1871. — Stuttgart, *G. Weise*. 1871. 16 livr. in-fol. 3 m.

— (La) illustrée et le siège de Paris. — Paris, *Adrien Marc*. 1871. In-4°, 2 vol.

— (La) du Rhin sur les bords de la Moselle de 1870 à 1871, par un témoin oculaire. — Bruxelles. 1871. In-12.

— (La) et la Commune. 1870-1871. Dessins par les principaux artistes. Texte par A. Darlet. — Paris, *M. Lévy*. 1871. In-fol , 16 p., 79 dessins. 20 fr.

— (La) de masses. 1re étude : préparation stratégique des actions décisives. — Paris, *Baudoin*. In-8°. 1re partie : Guerres napoléoniennes. 1890. 3 fr. 50 c. 2e partie : Guerre de 1870. Plan d'opérations français. 1893. Croquis. 2 fr. 50 c.

Guers (Chanoine E.). — Récits et souvenirs de 1870-1871. Les soldats français dans les prisons d'Allemagne. — Paris, *Bloud et Barral*. 1890. In-8°, x-378 p. 4 fr. 50 c.

Guerzoni (G.). — Garibaldi, con documenti editi e inediti. — Roma, *Luigi*. 2 vol. in-8°, pl., fac-sim. 8 l.

Guette (L.). — Campagne de France, 1870-1871. Relation d'un officier du 34e régiment de mobiles (Deux-Sèvres) [20e corps]. — Niort, *Clouzot*. 1871. In-8°, 95 p.

Guetton (Joannès). — Six mois de drapeau rouge à Lyon. — Paris. 1871. In-12. 2 fr.

Gueydon de Dives (Sous-lieutenant). — Histoire du 2e régiment de zouaves, 1830 à 1887. — Oran, *Collet*; Paris, *Charles-Lavauzelle*. 1887. In-8°, 297 p., grav. 3 fr. 50 c.

Guibal (Georges). — Le siège et le bombardement de Strasbourg. Conférence faite... les 15 et 22 octobre 1870. — Toulouse, *Chauvin*. 1871. In-8°, 31 p.

Guide du touriste sur le champ de bataille de Froeschwiller, avec cartes, notice historique, vues d'ensemble et croquis. — Strasbourg, *Treuttel et Wartz*. 1871. Gr. in-8°, 32 p., 22 lith.

Guilbaud (Commandant F.). — Les mobilisés d'Ille-et-Vilaine. La vérité sur l'affaire de la Tuilerie à la bataille du Mans en 1871. — Redon, *Monfort*; Angers, *Lachèse et Dolbeau*. 1881. In-12, 62 p., pl. 75 c.

Guilbert. — *Voir* DAVID.

— (Stanislas). — Invasion des Prussiens. — Vernon, *Catillon*. 1873. In-8°, 102 p. 12 numéros à 10 c.

Guilin (Commandant Max-Dumas). — Par qui? Pourquoi? Comment? Essai d'étude historique. (Dédié à M. Gambetta.) — Limoges, *V. Charles père*. 1872. In-8°.

— Souvenirs de la dernière invasion. Épisodes de la guerre de sept mois sous Metz et dans le Nord. — *Ib.* 1873. In-8°. 1re partie : Sous Metz. XV-113 p. 2 fr. 25 c. — 2° partie : Dans le Nord. 296 p., carte.

Guillemin (Edouard). — Les héros de la décadence nationale. — Besançon, *Bouvalot*. 1876. In-12, VIII-171 p.

— Le même. 3e édition. — Paris, *Guérard*. 1879. In-16, 220 p. 3 fr.

Guillery (Docteur). — Du champ de bataille de Sedan et de la partie de la Meuse qui le traverse. — Bruxelles, *Muquardt*. 1871. In-8°. 2 fr.

— Compte rendu raisonné de l'assainissement du champ de bataille de Sedan. — *Ib.* 1873. In-8°. 2 fr. 40 c.

Guittard (Capit.). — *Voir* DELAUNAY (Command.).

Guizot (M.). — A MM. les membres du gouvernement de la Défense nationale. — Lisieux, *Piel*. 1870. Gr. in-8°, 23 p.

Gunsett. — *Voir* ARMÉE, MOLTKE.

Guntermann (A.). — Mit Badens Wehr für deutsche Ehr. Die badischen Truppen und ihre Antheilnahme am Einigungs-Kriege. — Freiburg im B., *Lorenz und Waetzel*, 1895. En livraisons in-8° à 25 pf., VII-337 p., portr., cartes. 3 m. 50 pf.

Gusmann (Hauptmann von) und du Plat (Pr.-Lieutenant). — Schleswigsches Infanterie-Regiment Nr. 84. Geschichte des Regiments. — Berlin, *Mittler*. 1884. In-8°. 4 m.

Gutzkow (Karl). — Das Duell wegen Ems. Gedanken über den Frieden. — Berlin, *Puttkammer*. 1871. Gr. in-8°. 50 pf.

Guyau (L.). — Situation et moyens de défense contre les envahisseurs. — Cognac. 1871. In-8°, 16 p. 20 c.

Guyon (C.). — Histoire d'un annexé (souvenirs de 1870-1871). — Paris, *Hachette*. 1885. In-8°, 96 p., grav. 1 fr.

— Souvenirs de 1870-1871. Le franc-tireur Kolb; l'Espion; l'Évasion. — Paris, *Lecène et Oudin*. 1888. In-18, 252 p., ill. 2 fr.

Guyot (B.). — Campagne de France, 1870-1871. Les feux liquides proposés à M. Gambetta... au gouvernement de la Défense nationale, à la Commission d'étude des moyens de défense, au général Le Flô, ministre de la guerre. — Nancy, *Sordoillet*. 1871. In-8°, 50 p.

— (P.). — Les femmes du peuple de Nancy et les prisonniers français. — Nancy. 1873. In-8°, 15 p.

Gyvès (Capitaine de). — Historique du 122° régiment d'infanterie (1794-1888). — Montpellier, *imp. Hamelin*. 1891. In-8°, XIV-396 p. grav.

H

H. — *Voir* MOLTKE.

H. (Doct.). — *Voir* HALÉVY.

H. (Mme). — *Voir* SÉE.

H. (A.). — Guerre de 1870. Les belligérants. Notice sur les forces militaires de la France et de l'Allemagne. — Arlon, *Poncin*. 1870.

H. (C. von). — Die Gefechtstechnik in den Schlachten bei Metz im August 1870. — *Organ*, 1892, XLV.

— Von Metz nach Sedan. — *Organ*, 1893, XLVII, 4 pl. (suite du précédent).

— Der Feldzug 1870 bis an die Mosel. — *Organ*, 1894, XLIX, 2e livr., 1 carte.

— Aus dem deutsch-französischen Kriege 1870-1871. Von Sedan bis Paris. — *Organ*, 1895, LI, 4e livr., cartes.

H. (E.). — Bazaine und die Rhein-Armee nach Noisseville. — Leipzig, *Luckhardt*. 1873. In-8°, 23 p. 75 pf.
Militärische Zeit- und Streitfragen. 12^e livraison.

H. (F. C. von). — *Voir* SKIZZEN.

H. (S.). — Krigen mellen Frankrig og Tydskland 1870. — Kjöbenhaven, 1871. In-8°, 320 p. 12 d. 24 sk.
Voir KRIEG.

H. (W.). — *Voir* GESCHICHTE.

Haagen (Georg). — Fest-Chronik über die Feier des 200 jährigen Bestehens des Ulanen-Regiments König Karl (1. Württembergisches) Nr. 19. — Stuttgart, *Metzler's Sort*. 1883. Gr. in-8°. 1 m.

Haar (H. G. ter). — Zes weken in Frankrijk, in dienst van het roode Kruis. — Purmerende. 1870. In-8°, 24 p. 25 cts.
Extrait du *Purmerende Courend*, 27 nov. 1870.

Haas (F.). — Étude historique. Passé, présent, avenir. L'Alsace-Lorraine martyre, attentat à la morale internationale. — Paris, *Lazarus*. 1872. In-8°. 2 fr.

— Französische Stossseufzer und deutsche Reflexionen eines Ausgewiesenen. Antwort an Georges Sand. — Mainz, *von Zabern*. 1871. In-8°, 64 p. 1 m.

Habeneck (Ch.). — Les régiments martyrs, Sedan, Paris. — Paris, *Pagnerre*. 1871. In-18, 201 p. 2 fr.

Haberlin (E., ex-capitaine des francs-tireurs). — Le capitaine Rends toi. Souvenirs d'un soldat. — Paris, *Lalouette*. 1881. In-12. 3 fr.

— Le capitaine Girard, souvenirs. — Paris, *Lemerre*. 1885. In-18 j., 337 p. 3 fr. 50 c.

Hackenschmidt (K.). — Vaterlandslieder eines Elsässers. — Lahr, *Schauenburg*. 1871. In-16, 31 p. 60 pf.
  2e édition.

Hadelbach (Divisions-Pfarrer H.). — Bilder und Erinnerungen aus dem Kriegsleben von 1870-1871. — Leipzig, *Dörffling und Franke*. 1871. Gr. in-8º, IV-222 p. 2 m.

Häbler (Carl Ghelf). — Wie sollte das deutsche Volk nach dem Siege von 1870 und 1871 auf das Drama der Vergangenheit blicken? Wie sollte es das seiner eigenen Zukunft gestalten? — Leipzig, *Mätze*. 1873. In-8º, 23 p.

Hähnel (C. L.). — Bei den Fahnen des XII. königlich-sächsischen Armee-Corps im Feldzug 1870-1871. Aufzeichnungen eines Angehörigen des 107. Infanterie-Regiments. — München, *Beck*. 1889. In-8º, 3 plans. 2 m. 20 pf.

Hänisch (General von). — August von Gœben, königlich-preussischer General der Infanterie und kommandirender General des VIII. Armee-Korps. Eine Lebensskizze. — Berlin, *Mittler*. 1881. In-8º. 1 m. 80 pf.
  Supplément du *Militär-Wochenblatt*.

Hänle (S.). — Bemerkungen eines deutschen Juristen zum Prozess Bazaine. — Berlin, *Weidmann*. 1874. Gr. in-8º. 1 m.

Hänssler (Ernst). — Erlebnisse eines Soldaten des 4. badischen Infanterie-Regiments Prinz Wilhelm im Feldzuge 1870-1871. — Karlsruhe, *J. J. Reiff*. 1895. In-8º, VII-148 p., carte. 1 m. 20 pf.
  Badener im Feldzug 1870-1871.

Häring (O.). — Geschichte der preussischen Garde. — Berlin, *Brachvogel*. 1891. In 8º. 6 m.

Hätte man im Jahre 1870 Metz verlassen sollen? — *Deutsche Heeres-Zeitung*, 1894, nº 6.

Häuffer (Pr.-Lieutenant). — Geschichte des königlich-bayerischen 9. Infanterie-Regiments Wrede von seinem Ursprung bis zur Gegenwart. — Würzburg, *Hertz*. 1888. In-8º, portr., cartes.

Häussler (Oscar). — König Albert von Sachsen und die sächsische Armee. — Leipzig, *Ruhl*. 1884. In-8º, portr. 60 pf.
  2e édition. 1886. 2 m.

Hævernlck (Pr.-Lieutenant). — *Voir* WROCHEM.

— Grossherzoglich-mecklenburgisches Füsilier-Regiment Nr. 90. Kurze Darstellung der Geschichte des Regiments 1788-1892. — Berlin, *Mittler*. 1892. In-8º, ill., carte et croquis. N. d. l. c.

Haffner (Lieutenant). — Belfort et ses environs pendant le siège de 1870-1871. — Belfort, *Pélot*. 1871.

Hafner (T.). — Der deutsch-französische Krieg 1870-1871 in Liedern. — Nördlingen, *Beck*. 1875. In-16, 36 p.

— Zur Sedan-Feier. Deklamationen und Lieder für die deutsche Jugend. — Stuttgart, *Rupfer*. 1873. In-8º, 4 p.

Hagemann (P.). — Kaiser Friedrich der Edle. Ein Gedenkbuch, dem deutschen Volke gewidmet. — Berlin. 1888. In-8º. 50 pf.

Hagen (Pr.-Lieutenant E. von). — Geschichte des neumärkischen Dragoner-Regiments Nr. 3. — Berlin, *Mittler*. 1885. In-4º. 27 m.

— (Pr.-Lieutenant von). — Geschichte des 5. Thüringischen Infanterie-Regiments Nr. 94 (Grossherzog von Sachsen). — Berlin, *Mittler*. 1894. Gr. in-8º, v-81 p., 2 portr., 4 croquis. 60 pf.

— (R.). — Friedensgruss. — *Voir* STURM (J.).

— (General-Major von). — Beitrag zu den Erinnerungen 1870-1871. Prinz Friedrich Heinrich Albrecht von Preussen. — Berlin, *Mittler*. 1896. In 8º. 60 pf.

<small>4ᵉ division de cavalerie prussienne.</small>

Hager (Mᵐᵉ Nelly). — La branche de verveine, récit d'un patriote. — Paris, *l'Auteur*. 1881. In 16, 210 p.

Halmann (G.). — Eine Siegesfeier der Schlacht bei Sedan. — Reudnitz, *Selbstverlag*. 1870. In-8º, 16 p.

— Der Vater im Himmel wird's lohnen..... — Reudnitz, *Schmidt*. 1871. Gr. in 4º.

Hahn (C. U.). — Die deutschen Frauenvereine unter dem rothen Kreuze. — Reutlingen, *Rupp*. 1870. Gr. in-8º, IV-104 p. 1 m. 20 pf.

— (Doctor Ludwig). — Der Krieg Deutschlands gegen Frankreich und die Gründung des deutschen Kaiserreichs. Die deutsche Politik 1867 bis 1871. In Actenstücken, amtlichen und halbamtlichen Æusserungen.— Berlin, *W. Hertz*. 1871. Gr. in-8º, 866 p. 10 m.

— Duitschlands Krijg tegen Frankrijk. Naar het hoogdutsch. — Doesborgh. 1871. In-8º.

— Geschichte des preussischen Vaterlandes bis zur Gründung des deutschen Kaiserreichs. (1871), mit einer Geschichte des Krieges gegen Frankreich. — Berlin, *Hertz*. 1872. Gr. in-8º, 222 p. 6 m.

Hahn (C. U.). — Fürst Bismarck. Sein politisches Leben und Wirken urkundlich in Thatsachen und des Fürsten eigenen Kundgebungen dargestellt. — *Ib.* Gr. in-8º. 1ᵉʳ vol. : bis 1870. 1878. XVI-910 p. 2º vol. : bis 1877. 893 p , à 11 m. Complet. 1891. 5 vol. 55 m.

— Wilhelm, der erste Kaiser des neuen deutschen Reiches. — *Ib.* 1888. In-8º. 2 m.

— Kaiser Wilhelm-Gedenkbuch :797-1877. Lebens- und Charakterbild des Kaisers aus eigenen Æusserungen und amtlichen Kundgebungen. — *Ib.* 1877. Gr. in-8º, x-318 p.

3ᵉ édition.
Édition populaire, 4ᵉ tirage, 2 m. 10 pf.

— (Werner). — 1870 und 1871. Der Krieg Deutschlands gegen Frankreich mit Abbildungen. — Bielefeld, *Velhagen und Klasing.* 1870 1871. In 4º, 590 p , ill , cartes. 6 m.

A paru en livraisons.

Hahnke (Major W. von). — Die Operationen der III. Armee. 1. Theil : Bis zur Kapitulation von Sedan. — Berlin, *Mittler.* 1873. Gr. in-8º; 197 p., cartes. 4 m.

— Campagne de 1870-1871. Opérations de la IIIᵉ armée. Traduit de l'allemand par les capitaines G. Niox et Savari. — Paris, *Dumaine.* 1874. In-8º, 285 p., cartes, croquis. 7 fr.

Hale (A.). — Tactical studies of the battles of Colombey-Nouilly and Vionville. — London. 1877. In-8º. 4 sh. 6 d.

Halévy (Ludovic, de l'Académie française). — L'invasion, souvenirs et récits. — Paris, *C. Lévy.* 1872. In-18, 333 p. 3 fr. 50 c.

— Récits de guerre (1870-1871). — Paris, *Boussod et Valadon.* 1892. In-4º, 252 p., ill. Livraisons I à IV à 5 fr.

— Der Feind im Land! Erinnerungen aus dem Kriege 1870-1871. Deutsch von Doctor H. — Altona, Braunschweig, *O. Salle.* 1892. In-8º, IV-124 p. 1 m. 50 pf.

3ᵉ édition. 1893.

— L'invasion. Souvenirs et récits. Im Auszug zum Schulgebrauch herausgegeben von Doct. R. Ackermann. — München, *J. Lindauer.* 1895. In-8º, IV-115 p. 1 m. 20 pf.

— L'invasion. Souvenirs et récits. In Auszügen herausgegeben von Emil Tournier. — Bielefeld, *Velhagen u. Klasing.* 1894. In-12, IV-128-36 p. 90 pf.

Collection des Prosateurs français.

— L'invasion. Souvenirs et récits. Mit 3 Kartenskizzen. Im Auszuge herausgegeben von Jos. Vict. Sarrazin. — Leipzig, *Renger.* 1894. In-8º, VIII-95 p. 1 m.

Französische und englische Schulbibliothek.

Halévy (Ludovic, de l'Académie française). — Le même. — *Ib.* 1894. In-8°, 15 p. 20 pf.

Halfmann (C.) — Kriegs- und Siegeslieder. — Ruhrort, *Andreæ*. 1871. In 8°, 15 p. 25 pf.

— Le même. — Nouvelle édition. 1879. 28 p. 30 pf.

Hall (H.) — *Voir* SOUVENIRS.

Halt (Robert). — *Voir* PAPIERS.

Haltaus (Ernst). — Des badischen Bauern Johann Adam Müller merkwürdige Prophezeiungen auf das Haus Hohenzollern und das Geschick Frankreichs. Eine Erinnerung an den Krieg von 1870. Auf Grund glaubwürdiger Zeugnisse herausgegeben. — Stuttgart, *Ch. Belser*. 1871. In-16, 68 p.

— Das Kriegsbuch. Sammlung der einzelnen Erlebnisse, Stimmungen, Thaten und Leiden des deutschen Kriegsheeres... 1870-1871. Für's deutsche Christenvolk bearbeitet. — *Ib.* 1873-1875. 3 vol. in-8°.

Hamel (Ernest) — Histoire illustrée du second empire. T. 1er. L'empire personnel (1852-1860). T. II. L'empire libéral (1860-1870). — Paris, *Librairie de l'Écho de la Sorbonne*. 1875. 2 vol. in-4° à 2 col.

Hamilton (H.). — Några betraktelser i anledning af Kriget mellan Frankrike och Tyskland, år 1870. — Stockholm. 1871. In-8°, 20 p. 40 öre.

— Frankrike och Tyskland åren 1856-1874. — Stockholm. 1877. In-8°, 345 p. 4 kr. 50 öre.

Hamm (Hauptmann) und **Möwes** (Pr.-Lieutenant). — Geschichte des 1. Westfälischen Feld-Artillerie-Regiments Nr. 7. — Berlin. 1891. In-8°. 8 m.

Hammon (G.). — Einiges aus dem Tagebuche eines Feldgeistlichen im Kriege 1870-1871. Kempten, *Dannheimer*. 1887. In-12, 175 p. 1 m. 80 pf.

Hancke (Major). — Kurzer Abriss der Geschichte des 3. magdeburgischen Infanterie-Regiments Nr. 66. — Magdeburg. 1885. In-8°. 30 pf.
2e édition. 1891. 40 pf.

— Gedenkbuch des 3. magdeburgischen Infanterie-Regiments Nr. 66, 1860-1890. — Magdeburg, *W. Niemann*. 1892. In 8°, 190 p. 2 m. 50 pf.

Hand (Die gewaltige) Gottes. 2 Predigten am 24. und 27. Juli gehalten zu Langensalza. — Langensalza, *Klinghammer*. 1870. In-8°, 16 p.

Handtke (F.). — Karte von Elsass-Lothringen. — Berlin, *D. Reimer*. 1871. 1/600,000. 50 pf.

— Karte des deutsch-französischen Kriegsschauplatzes. — Glogau, *Flemming*. 1870. In fol.

Handtke (F.). — General-Karte von Frankreich. 1/1,700,000. Mit Specialplänen von Paris, Metz, Strassburg u. s. w. im Maassstabe von 1/200,000. — *Ib.* 1870. In-8°, in-fol.

Hannecken (General H. von). — Der Krieg um Metz, von einem preussischen General. — Berlin, *Mittler.* 1871. In-8°, 37 p. 50 pf.
2ᵉ édition. 1871.

— La guerre autour de Metz, par un général prussien Traduit de l'allemand et annoté par un officier de l'état-major général de l'armée du Rhin. — Cassel, *Th. Kay.* 1871. Gr. in-8°, 67 p. 1 m.
Voir GEDANKEN, GUERRE, MÉMOIRES, OPÉRATIONS.

— Marschall Bazaine und die Kapitulation von Metz. — Darmstadt, *Zernin.* 1872. Gr. in-8°. 1 m.
Extrait de l'*Allgemeine Militär-Zeitung*. Nouvelle édition. 1894.

Hanquet (E.). — Rapport sur le combat de Tréon, soutenu par le 2ᵉ bataillon mobile d'Eure-et-Loir, 17 novembre 1870. — Châteaudun, *Lecesne.* 1873. In-8°, 23 p.

Hanrion (Général L.). — Guerre de 1870-1871. Le Bourget, journée du 30 octobre. Réponse à M. Alfred Duquet. — Besançon, *imp. Paul Jacquin.* 1893.

Hans (Alb.). — Souvenirs d'un volontaire versaillais. — Paris, *Dentu.* 1873. In-12, 184 p. 3 fr.

Hantel (Doctor Georg). — Aus dem Kriegsjahre 1870-1871 [X Armee-Korps]. — Elbing. 1885. In-8°. 5 m.

Happich (Commandant H.). — Note sur la campagne de 1870. — Paris, *Dumaine.* 1877. In-8°. 25 c.
Extrait du *Journal des Sciences militaires.*

H[ardegg] (Generallieutenant J. von) und **Troschke** (Generallieutenant Th. Freiherr von). — Anleitung zum Studium der Kriegsgeschichte. *Paru également sous le titre* Geschichte der Kriege der Neuzeit. Als Anleitung zu deren Studium bearbeitet. — Ergänzungsband (4. Hauptabschnitt, von 1866 bis 1880). I. Heft : Beispiele aus dem deutsch-französischen Kriege von 1870-1871.... bearbeitet von Major K. Endres. — Darmstadt, *Zernin.* 1894. XII-154 p. carte, 4 m. 80 pf. — II. Heft :..... — *Ib.* 1895. 95 p., carte, fig., plans. 3 m. 20 pf.
L'ouvrage principal coûte 45 m. 30 pf.

Hardegg (Major). — *Voir* SCHEMPP.

Harder (Pasteur H.). — Predigt gehalten am Bettage des 27. Juli 1870. — Heide, *Pauly.* 1870. In-8°, 15 p.

Hardouin (G.). — *Voir* LONLAY.

Harig (Diak., Pf.). — Wie feiert ein dankbares Volk sein Jubiläums Siegesfest. Festpredigt zur 25. Sedanfeier. — Schneeberg, *B. F. Goedsche.* 1895. In-8°, 12 p. 25 pf.

Harless (Doct. G. C. A. von). — *Voir* LUTHER.

Harlfinger (Pr.-Lieutenant) — Vaterländisches Gedenkblatt aus der Geschichte des 4. badischen Infanterie-Regiments Nr. 112. — Mulhouse, *Bufleb's Sort*. 1886. In-8º, 68 p. 2 m. 40 pf.

Harriet (G.). — Marschall Bazaine. Eine Episode aus der Schlacht bei Vionville. — Styrum, *Spaarmann*. 1895. In-12, 48 p. 25 pf.
<small>Patriotische Erzählungen.</small>

Harry-Harry et Porié (Isa). — Guerre de 1870-1871. Paris berné. Soixante-sept jours sur le Rhin (ordres du 5ᵉ corps inédits) et six mois dans l'Ouest. — Paris, *Sandoz*. 1872. In-18, 400 p. 3 fr. 50 c.

Hart (Heinrich). — Sedan. Eine Tragödie in 5 Akten. Mit einem Prolog — Leipzig, *O. Wigand*. 1882. Gr. in-8º, v-124 p. 2 m.

Hartmann (F. E.). — Ein Sturm im deutschen Lande. Volksschauspiel. Gedichtet zur Erinnerung an 1870-1871. — Kötzschenbroda; Dresden, *O. Damm*. 1895. In-8º, IV-53 p. 50 pf.

— (Godfr.). — Sedan-Festgabe. — Wesel. 1874. In-8º, 20 p. 25 pf.

— (General J. von). — Lebenserinnerungen, Briefe und Aufsätze. — Wiesbaden, *Bergmann*. 1882.

— Erinnerungen eines deutschen Offiziers (1848-1871). — *Ib*. 1885. In 8º, X-337 p. et v-307 p. 10 m. 60 pf.

— Erlebnisse aus dem Kriege 1870 1871. — *Ib*. 1885. Gr. in-8º. 5 m. 60 pf

— Kritische Versuche. 1. Der deutsch-französische Krieg 1870-1871, redigirt von der kriegsgeschichtlichen Abtheilung des grossen Generalstabes. 1. Theil : Geschichte des Krieges bis zum Sturze des Kaiserreichs. — Berlin, *Pätel*. 1876. Gr. in 8º, VI-119 p. 3 m.
<small>Extrait de la *Deutsche Rundschau*, 1876.</small>

— Briefe (an seine Gattin) des Führers der I. Cavallerie-Division aus dem deutsch-französischen Kriege 1870-1871. — Kassel, *A. Freyschmidt*. 1893. In-8º, III-180 p. 3 m. 50 pf.

Hasbach. — Zum Sedanfeste 1875 und zur Einweihung der Gedenktafel, welche den in den letzten Kriegen gefallenen Helden... gewidmet ist. — Wesel, *Kühler*. 1876. In-8º, 16 p. 50 pf.

Hasenclever (S.). — Aus der Kriegszeit von 1870 1871. — Braunschweig, *Zwissler*. 1877. In-8º, 128 p.
<small>Familien-Bibliothek.</small>

Hassel (Doctor Paul). — Von der dritten Armee. Kriegsgeschichtliche Skizzen aus dem Feldzuge von 1870-1871. — Leipzig, *Brockhaus*. 1872. Gr. in-8º, ill, XVI-561 p. 14 m.

Hasselbach (H.). — Festrede gehalten am 2. September 1875 [Sedan-Feier] — Schmalkalde, *Wilisch*. 1875. In 8º, 14 p.

Hauff (L. A.). — *Voir* CHUQUET.

Haugwitz (E., Graf.). — Erinnerungslieder 1870-1895. — Berlin, *Liebel.* 1895. In-8°, 32 p. 50 pf.

Haupt (K.). — Deutschlands grosse Stunde. 1870. Lieder und Gedichte. — Liegnitz, *Cohn.* 1870. In 16, 16 p. 25 pf.

— (Prediger W.). — Erlebnisse unter den Verwundeten aus der Schlacht bei Gravelotte. — Hamburg, *Oncken.* 1870. In-8°, 56 p. 30 pf.

Hauptübersichtskarte des Kriegsschauplatzes im Jahre 1870. — Stuttgart, *E. Hallberger.* 1871. 1/2,000,000. Gr. in-fol.

Supplément de *Ueber Land und Meer.*

Hauschel (Feldkap. F.) — Feldpredigt gehalten in der Kirche zu Chennevières und Ormesson. — Tübingen, *Fues.* 1871. Gr. in-8°, 16 p.

2e édition.

Hausser (Pfarrer). — Predigt zur Feier der Uebergabe von Paris und des Waffenstillstandes. — Pforzheim, *Flammer.* 1871. In-8°, 8 p.

Haussonville (Comte d'). — La France et la Prusse devant l'Europe, lettre adressée aux journaux de Paris. — Paris, *Sauton.* 1870. In-8°, 32 p.

Hazel (H. de). — Le général Gaston de Sonis (1825-1887). — Lille et Paris, *Taffin-Lefort.* 1892. In-8°, 187 p., grav. 2 fr. 50 c.

Hazelius (General J.-A). — Krieget emellan Tyskland och Frankrike, dess orsaker och närmaste följder. — Stockholm. 1870. In-8°, 48 p.

— Le même. — 2e édition. 1870. In-8°, 55 p.

— Eine Stimme aus Schweden über den Krieg zwischen Deutschland und Frankreich, seine nächsten Ursachen und Folgen. Aus dem Schwedischen. — Berlin, *Allgemeine deutsche Verlags-Anstalt.* 1871. Gr. in-8°, 48 p. 75 pf.

Voir REPLIK.

Hazen (W. B.). — The School and the Army in Germany und France with a Diary of Siege Life at Versailles. — New-York, London. 1873. In-8°, 408 p. 10 sh. 6 d.

Hecke (Docteur van). — Les ballons et les pigeons ont été funestes à la France! Détails inconnus du siège de Paris. — Paris, *Dupont.* 1883. In-4°, 16 p.

Heckel-Zwingenberg (Fr. Wilhelm I.). — Das Leben Kaiser Wilhelm's des Siegreichen dem deutschen Volke erzählt. — Stuttgart, *Hänselmann.* 1888. In-8°, ill. 1 m.

Hecker (A.). — Ernstes und Heiteres aus dem Kriegstagebuche eines sächsischen Oberjägers 1870 1871. Nach eigenen Erlebnissen.... — Dresden, *Warnatz und Lehmann.* 1896. In-8°, 110 p. 2 m. 20 pf.

Hedicke (Major). — *Voir* GESCHICHTE, STERN.

Hédin. — Description des champs de bataille de Borny, Rezonville, Gravelotte, Saint-Privat et du blocus de Metz. — Briey; Metz, *Deutsche Buchhandlung.* 1877. In-8°. 80 pf.

— Metz et ses fortifications. — *Ib.* 1/20,000. Chromol. imp. in-fol. 2 m.

— Plan de la bataille de Borny (14 août 1870). — *Ib.* 1/50,000. Chromol. imp. in-fol. 1 m. 20 pf.

— Plan de la bataille de Rezonville (16 août 1870). — *Ib.* 1/50,000. Chromol. imp. in fol. 1 m. 20 pf.

— Plan de la bataille de Gravelotte (18 août 1870). — *Ib.* 1/50,000. Chromol. imp. in-fol. 1 m. 20 pf.

— Plan du blocus de Metz (août octobre 1870). — *Ib.* 1/50,000. Chromol. imp. in-fol. 1 m. 60 pf.

— Plan des trois batailles de Borny-Colombey, Rezonville-Mars la-Tour, Gravelotte Saint-Privat. — *Ib.* 1/50,000. Chromol. imp. in-fol. 2 m. 40 pf.

— Tombes et monuments funèbres élevés sur les champs de bataille autour de Metz. — *Ib.* 1/50,000. Chromol. imp. in-fol. 1 m. 60 pf.

Heerführer (Preussen's) in den glorreichen Feldzügen 1866 und 1870-1871. — Altona, *Verlagsbuchhandlung.* 1873. En livr. in-8°.

Heerwesen (Das französische) während den Jahren 1865-1870. — Leipzig, *Luckhardt.* 1872. In-8°.

Hegel (Doctor C.). — Die deutsche Sache und die deutschen Hochschulen. Rede am 4. September 1870 gehalten. — Erlangen, *Besold.* 1870. In-8°, 21 p.
   3e édition.

Hegermann-Lindencrone (F.). — *Voir* BONIE (colonel T.).

Heigel (K.). — Des Kriegers Frau. Scene aus der Gegenwart. — Berlin, *Lassar.* 1871. Gr. in 8°, 12 p. 2 m.

Heilmann (Oberstlieutenant). — Antheil des II. bayerischen Armeekorps am Feldzuge 1870-1871 gegen Frankreich. — München, *Th. Riedel.* 1872. In-8°, VIII-156 p., plans. 4 m. 50 pf.

Heim. — Geschichte des 4. grossherzoglich-hessischen Infanterie-Regiments Prinz Karl Nr. 48 und seiner Stämme 1699-1878. — Darmstadt, 1879. In-8°. 7 m.

— (W.). — Vor 25 Jahren. Erinnerungen eines Konstanzer Füsiliers. — *Bâle,* W. Heim. 1896. In-8°, 74 p. 80 pf.

Heimweh (Jean). — La question d'Alsace. — Paris. 1889. In-12.

— La dépêche d'Ems [12 juillet 1870]. — *Vie Contemporaine,* 13 septembre 1893.

Heimweh (Jean). — L'Alsace-Lorraine et la paix. La dépêche d'Ems. — Paris, *Colin*. 1895. In-16. 1 fr.

— La guerre et la frontière du Rhin. La solution. 1° Réponse à Pan-Aryan et à M. Love; 2° Réponse à M. Franz Wirth. — Paris, *Colin et Cie*. 1895. In-16, III-121 p. 1 fr. 50 c.

[**Heimweh (Jean)**]. — Lösung der elsässisch-lothringischen Frage. Antwort auf die Schrift des Herrn Wirth: das Elsass und Frankreich. — Bâle, *Ch. Krüsi's Wwe*. 1895. In-8°, 44 p. 50 pf.

Heine (Gerhard). — Vaterländische Gedichte aus dem Kriege der Deutschen gegen die Franzosen, 1870 und 1871. — Cöthen, *Heine*. 1873. Gr. in-8°, IV-88 p. 75 pf.

2e édition. — *Voir* GEDICHTE.

— **(H.).** — Frankreich. Ein deutscher Neujahrsgruss 1871. — Dessau, *Weniger n. Co*. 1871. Gr. in-8°, 4 p.

— Warum uns Gott den bösen Krieg geschickt. — *Ib*. 1870. In-4°, 4 p.

Heinemann (G. W. F.). — Der dütsch-französische Krieg 1870-1871, in 59 plattdütschen Gedichten wiss und wahrhaft vörstellt för Heer, Schaul und Volk. — Braunchweig, *H. Wollermann*. 1892. In-8°, 55 p. 60 pf.

Heinke (Pr.-Lieutenant F.). — Kaiser Friedrich III. als Soldat. — Berlin, *Liebel*. 1888. In-8°, 32 p. 15 pf.

Heinrich (G. A.). — Les invasions germaniques en France, avec deux cartes des frontières françaises et allemandes avant 1789 et 1870. — Lyon, *P. N. Josserand*. 1871. In-8°, 142 p.

Heinrich (Hauptmann J.). — Die ersten 25 Jahre des 4. magdeburgischen Infanterie-Regiments Nr. 67. — Berlin, *Mittler*. 1885. In-8°. 7 m. 50 pf.

— **(Martin).** — Patriotische Erzählungen. — Styrum, *A. Spaarmann*. 1893. In-12 à 48 p. 25 pf.

Vor und in Paris. Eine Erzählung aus dem deutsch-französischen Kriege 1870-1871.

Vor Belfort gefangen. Eine Erzählung aus dem letzten Kriege.

Die geraubte Uhr. Eine Erzählung aus den Tagen der Kämpfe vor Metz.

Der verhängnissvolle Brief. Eine Erzählung aus den Kriegsjahren von 1870 1871.

Der Ueberfall von Châtillon. Eine Erzählung aus dem deutsch-französischen Kriege.

— **(Pastor).** — Erinnerungen aus dem Baracken-Lazareth auf dem Tempelhofer Felde bei Berlin, 1870-1871. — Brandenburg, *Wiesike*. 1872. In 8°, 63 p. 60 pf.

Heiteres und Ernstes aus der Zeit des Krieges 1870-1871. — Reutlingen, *Enslin.* 1871. In-8º, 64 p. 20 pf.

Held (Alexis). — Der Antheil der bayerischen Armee an dem Nationalkriege gegen Frankreich in den Jahren 1870 und 1871. — München, *Merhoff.* 1870-1871. Gr. in-8º, IV-883 p. 7 m. 20 pf.

A paru en livraisons.

Helden (Deutsche) des Krieges von 1870. Eine Kriegsschilderung. — Leipzig, *Dürr.* 1871. Gr. in-4º, portr. 3 m.

— (Den) von Metz. Erinnerungen an die Schlachten-Denkmäler. — Metz, *G. Lang.* 1888. In-12, 12 tabl. 1 m.

Nouvelle édition. 1890.

— (Unsere) und Siegesdepeschen 1870-1871. — Berlin, *F. Huldschinsky.* 1895. In-8º. 50 pf.

Helden- und Ehrenbuch (Bayerns). — Dekorirte und Belobte der nach Frankreich ausmarschirten bayerischen Armee. Anlass der empfangenen Auszeichnungen. Ein Gedenkbuch. — München, *Huber.* 1872. In-8º, XL-280 p. 4 m. 90 pf.

Heldengallerie (Deutsche). — Ein Prämienheft zur Sedanfeier. — Bielefeld, *Velhagen und Klasing.* 1877. In-4º. 50 pf.

Heldengräber (Deutsche) im Reichslande. Wanderstudien über die Schlachtfelder von 1870 im Elsass. — Rathenow, *Babenzien.* 1895. In-8º, 74 p., ill. 1 m.

Heldenthaten (Die) und Auszeichnungen der bayerischen Armee im Kriege von 1870-1871. — Ingolstadt, *Krüll.* 1871. In-32, VI-195 p. 60 pf.

— Le même. — 2ᵉ édition. 1871. 2 vol. in-32, XII-398 p. 1 m. 40 pf.

Heldenwerk (Der deutschen Frauen). Zum Gedächtnis der Jahre 1870 und 1871. — Karlsruhe, *J. J. Reiff.* 1895. In-8º, ill. 30 pf.

Heldwein (Pfarrer J.). — Anrede an die bayerischen Soldaten beim Abschied von ihrer Heimath. — Ingolstadt, *Krüll.* 1870. In 8º 4 p.

— Worte des Trostes für die Hinterlassenen der im Kriege gefallenen Soldaten.— *Ib.* 1871. Gr. in-8º, 8 p.

Hellfeld (Oberstlieutenant von). — Die Cernirung und Beschiessung von Verdun im Jahre 1870. Im Auftrage der königlichen General-Inspektion der Artillerie unter besonderer Berücksichtigung der Artillerie-Verhältnisse und mit Benutzung dienstlicher Quellen bearbeitet. — Berlin, *Voss.* 1875. In 8º, pl. 3 m. 50 pf.

Helmore (Heinrich). — Am Tage von Sedan. Ein Festspiel zur deutschen National Siegesfeier am 2. September. — Bremen, *Kühtmann.* In 8º, 16 p.

Helmuth (Major Arnold). — Die Schlacht von Vionville und Mars la-Tour. Die preussischen Garden am 18. August 1870. 2 Vorträge. — Berlin, *Mittler*. 1873. Gr. in 8°. 1 m. 50 pf.

— Sedan. Vortrag. — *Ib.* 1873. Gr. in-8°, 54 p., carte. 1 m.

— Das Schlachtfeld von Gravelotte-Saint-Privat.
Voir Lübess.

Helvig (Hauptmann, Oberstlieutenant Hugo von). — Das erste bayerische Armee-Korps von der Tann im Kriege 1870-1871. — München. 1874. In-8°, 410 p., cartes. 9 m. 60 pf.
Extrait des *Jahrbücher*, 1873.

— Campaign of 1870-1871. Operations of the 1rst Bavarian Army Corps general von der Tann. Translated by G. S. Schwabe — London. 1874. In-8°, IV-396 p. 1 £. 4 sh.

— Der erste Theil des Loire-Feldzugs im Spätherbste 1870. Eine Studie. — *Jahrbücher*, 1875, 4e trim.

— Ludwig Freiherr von der Tann-Rathsamhausen, königlich-bayerischer General der Infanterie und kommandirender General des königlichen bayerischen I. Armee-Korps. Eine Lebensskizze. — Berlin, *Mittler*. 1882. In-8°. 3 m. 50 pf.
Suppléments 7-9 du *Militär-Wochenblatt*. 1882.

Henderson (Major). — The battle of Spickeren, august 6th 1870, and the events that preceded it. A study in Practical tactics and War training. — Chatham, *Gale and Polden*. 1893. In-8°, 6 sh.

Hengelsbach (Oberl., Doct. J.). — *Voir* HÉRISSON.

Hengst (Hermann). — Friedrich Wilhelm, Kronprinz des deutschen Reiches und von Preussen. Ein Fürsten- und Heldenbild. — Berlin, *Pätel*. 1883. In-8°, 255 p. 5 m.

— Le même. — Nouvelle édition. Berlin, *Nagel*. 1889. In-8°, VIII-206 p.

Hengstenberg (W. von). — Predigt über Jesaias... am 17. Juli 1870, vor dem drohenden Ausbruch des Krieges mit Frankreich, zu Berlin gehalten. — Berlin, *W. Schultze*. 1870. In-8°, 16 p.

Henkel (A.). — Die patriotischen Feste in der Schule. Das Sedanfest. — Breslau, *F. Hirt*. 1889. 32 p. 35 pf.

Henkel (I. R.). — Rückblick auf das Jahr 1813 mit seinen Helden, Thaten und Liedern. Ein Scherflein zu dem jetzigen Kampfe der Deutschen mit den Franzosen. — Cassel, *Freyschmidt*. 1870. In-8°, 72 p.

Hennebert (Lieutenant-colonel). — *Voir* SARREPONT (Major de).

Hennet (Louis). — Le maréchal de Mac-Mahon. — Paris, *Baudoin*. 1894. In-8°, 60 c.

Extrait du *Journal des sciences mil.*

— Le maréchal Canrobert. — *Ib*. 1895. In-8°, 27 p.

Extrait du *Journal des sciences mil.*

Hennique (Léon). — *Voir* ZOLA.

Henning (E.). — *Voir* KRIEGS-POESIE.

— **(Hauptmann P.)** — Geschichte des 8. pommerschen Infanterie-Regiments Nr. 61. — Berlin, *Mittler*. 1888. In-8°, 333 p., ill., cartes, plans. 8 m. 50 pf.

Hennings (Hauptmann A. von). — Geschichte des Infanterie-Regiments Herzog Friedrich Wilhelm von Braunschweig (Ostfriesisches) Nr. 78... — Berlin, *Mittler*. 1895. In-8°, XII-278 p., portr., croquis et plans. 6 m.

Henrychowsky (Doctor Ign.). — Napoleon III. und der Tag von Sedan. Festvortrag. — Inowraclaw, *Olawski*. 1876. Gr. in-8°, 27 p. 60 pf.

Henryot (Arnold). — Paris pendant le siège. — Paris, *Le Chevalier*. 1871. In-18, 181 p. 1 fr. 50 c.

Henschel (Pfarrer A.). — Kriegslieder aus der *Kreuz-Zeitung* gesammelt. — Posen, *Heine*. 1871. In-16, III-83 p.

— **Henty (G. A.).** — The young Franc-Tireur und their adventures in the franco-prussian War. — London. 1872. In-8°, VII-376 p.

— Les jeunes francs-tireurs. Ouvrage traduit de l'anglais par Mᵐᵉ L. Rousseau. — Paris, *Hachette*. 1873. In-8°, ill.

7ᵉ édition. 1895. In-8°, 302 p., grav. 2 fr. 60 c.

Hepp (Edgard). — Wissembourg au début de l'invasion de 1870. Récit d'un sous préfet. — Paris et Nancy, *Berger-Levrault et Cⁱᵉ*. 1887. Gr. in-8°. 3 fr.

Hepp (Eugène). — Du droit d'option des Alsaciens Lorrains pour la nationalité française. — Paris. 1872. In-12. 2 fr.

Hérault (Lieut. O.), — Reichshoffen, poème. — Poitiers, *Martireau*. 1883. In-18, 95 p.

Herbelot (Colonel d'). — Les chemins de fer pendant la guerre de 1870-1871, — *Revue militaire française*, février 1875.

Herbst (Paula). — Jena und Strassburg. Novelle. — Altona, *Verlagsbüreau*. 1871. 2 vol. in-8°, 216 et 197 p.

Hercé (J.). — *Voir* ANGLAIS.

Herchenbach (W.). — Die Hyänen des Schlachtfeldes. Erzählung aus dem deutsch-französischen Kriege im Jahre 1870. — Mülheim, *Bagel*. 1870. In 8°, 78 p.

Hérichard. — Compte rendu administratif et historique de l'invasion allemande à Saint-Valery-sur-Somme. — Amiens, *Jeunet*. 1873. In-8°, 32 p.

Hering (W.). — Der Sedanstag. Eine Festgabe zum 2. September. — Hannover, *Helwing*. 1879. In-8°, 31 p. 20 pf.

Hérisson (Comte Maurice d'Irisson d'). — Deux souvenirs du siège de Paris. — *Nouvelle Revue*, 15 janvier 1885.

— Journal d'un officier d'ordonnance (juillet 1870-février 1871) [4 septembre, siège de Paris]. — Paris, *Ollendorff*. 1885. In-18, VI-384 p. 3 fr. 50 c.

41° édition.

— Tagebuch eines Ordonnanz-Offiziers (Juli 1870 Februar 1871). Uebersetzt. — Augsburg, *Gebrüder Reichel*. 1885. In-8°. 4 m.

4° édition. 1895. 429 p. 3 m.

— Journal d'un officier d'ordonnance. Im Auszuge und mit Anmerkungen zum Schulgebrauch herausgegeben von Oberlehrer Doct. J. Hengelsbach. — Berlin, *R. Gaertner*. 1894. In-8°, VIII-134 p., carte. 1 m. 50 pf.

Schulbibliothek französischer und englischer Prosaschriften.

— Journal d'un officier d'ordonnance. Auswahl. Für den Schulgebrauch bearbeitet von U. Cosack. — Leipzig, *Renger*. 1894. In-8°, VIII-138 p. 1 m. 30 pf.

Französische und englische Schulbibliothek.

— La légende de Metz. — Paris, *Ollendorff*. 1888. In 18, VIII-316 p. 3 fr. 50 c.

— Die Legende von Metz. Aus dem Französischen übersetzt von O. T. Alexander. — Berlin, *Ullrich und C°*. 1888. In-8°, 304 p. 3 m.

— Le même, nouvelle édition. — Augsburg, *Gebrüder Reichel*. 1895. In-8°, XI-320 p. 3 m.

— Les responsabilités de l'année terrible. — Paris, *Ollendorff*. 1891. In-18. 3 fr. 50 c.

— Nouveau journal d'un officier d'ordonnance. — *Ib.* 1892. In-18. 3 fr. 50 c.

Herling (Pastor C.). — Predigt gehalten am sächsischen Bettage des 3. August 1870. — Altenberg, *Kuntzsch*. 1870. In-8°, 16 p.

Hermann (Conrad). — Die Invasion der Franzosen in Saarbrücken im August 1870. Lokal-Chronik von der Zeit der Kriegserklärung an bis zum Friedensschlusse. — Sanct Johann-Saarbrücken, *Bock und Seip*. 1890. In-12, VII-144 p. 1 m. 50 pf.

2° édition.

— **(Ernst).** — Der Franzosenkrieg von 1870-1871 in kurzer Darstellung. — Berlin, *Grote*. 1870. In-8°, 96 p., ill. 50 pf.

Hermann (Paul). — Das Leben des Fürsten Bismarck. Eine Geschichte der Wiedergeburt der deutschen Nation. — Chicago, New-York. 1894. In-8°, 382 p., port., ill. 2 m.

Herno. — *Voir* DAVID.

Herold (Pfarrer M.). — Kriegsgebet. — Erlangen, *Deichert*. 1870. In-8°, 4 p.

— Da pacem ! Formular für Kriegsbetstunden. — *Ib.* 1870. In-8°, 32 p.

Herr, erbarme dich unser ! Andachtsübungen und Gebete der katholischen Christen in Kriegszeiten. — Reutlingen, *Fischbaber*. 1870. In-32, 32 p.

— (Der) ist unser Panier. 3 Predigten gehalten beim Ausbruch des Krieges gegen Frankreich am 24. und 27. Juli zu Unterbarmen. — Barmen, *Klein*. 1870. In-8°, 32 p.

Herres (en neutral) resa til kriegsstädeplatsen 1870 af Lulle. — Stockholm. 1871. In-4°, 17 pl. 2 rd.

Herrmann (E.). — Das neue deutsche Reich. Akademische Festrede. — Marburg, *Elwert*. 1871. Gr. in-8°, 15 p.

Hertwig-Behringer. — Heil Dir, mein Bismarck ! Gedenkschrift zum 80. Geburtstag. — Dresden, *F. Tittel Nachfolger*. 1895. In-8°, 40 p., portr. 30 pf.

Hervieu (Capit.). — Historique du 21e régiment d'infanterie (1610-1875). — Paris, *Dutemple*. 1876. In-8°, 322 p.

Herwarth von Bittenfeld (L.). — Französische Skizzen und Bilder. — Berlin, *Levit*. 1877. In-8°. 3 m.

Hesekiel (Doct.). — *Voir* HOCH.

— (Georg). — Deutsche Kriegs- und Siegeschronik 1870-1871. — Berlin, *Jancke*. 1872. Gr. in-8°, 300 p., carte, ill. 3 m.

— Das Buch vom Fürsten Bismarck. — Bielefeld, *Velhagen und Klasing*. 1873. Gr. in-8°, 335 p., ill

— Gegen den Franzosen. Preussische Kriegs- und Königslieder. — Berlin, *Schweigger*. 1870-1871. In-16, 2 part., 67-56 p. 2 m.

— (Ludovika). — Barackenleben. Skizzen aus dem Berliner Militär-Lazareth 1870-1871. — Berlin, *Janke*. 1871. In-8°, 232 p. 3 m.

Hesse (Pastor B.). — Predigt am ausserordentlichen allgemeinen Bettage des 27. Juli 1870 gehalten. — Breslau, *Hirt*. 1870. In-8°, 18 p.

— (Pastor F.). — Unsre Sache eine gerechte Sache. — Rostock, *Stiller*. 1870. In-8°, 14 p.

Hessen (Die) in der Schlacht bei Gravelotte-Saint Privat. Ein Gedenkblatt. — Darmstadt, *Zernin*. 1879. Gr. in-8°, III-37 p., carte. 50 pf.

Hessert (Ferd. von). — Betrachtungen über die Leistungen der französischen Gewehre M/74 und M/66. Erläutert an der Theilnahme des IX. Armee-Korps an der Schlacht bei Gravelotte vom 18. August 1870. — Darmstadt, *Zernin*. 1879. Gr. in-8°, v-169 p , 4 pl. 2 m. 50 pf.

Hesslein (Bernh.). — Anno 1870. Der gefangene Franzosenkaiser oder Deutschlands Siegeszug gegen die Rothhosen und Turcos. Die Demüthigung des stolzen Frankreichs, als historischer Roman nach wahrhaften Erlebnissen eines deutschen Kriegers. — Berlin, *Köppen*. 1871-1872. 2 vol. gr. in-8°, 656, 542 p.

— Der rothe Husar oder das Gespenst von Sanct Helena. Historischer Roman. — *Ib*. 1871. En 11 livr. gr. in-8°.

— 5 Milliarden. Sozial-politischer Roman. — Berlin, *A. Schindler*. 1875-1876. In-8°, en 8 livr. à 50 pf.

Hetzer (Doctor). — Rede zur Friedensfeier am 6. März 1871. — Leipzig, *Friese*. 1871. Gr. in-8°, 12 p.

Heu (J.). — Les pertes de la France par l'effet du traité de paix. — Paris. 1871. In-8°, 16 p., carte. 50 c.

Heure (La question de l') pendant la guerre franco-allemande de 1870-1871. — *Revue militaire suisse*, août-novembre 1893.

Heurley (Ambr.). — Avallon ancien et moderne... notices historiques sur le bombardement d'Avallon en 1871... — Avallon, *imp. Barré*. 1881. In-8°, 14 pl. 3 fr.

Heusel (Séb.). — *Voir* RODD.

Heuser (C. W.). — Die Siegesfreudigkeit in der Gemeinde des Herrn. — Elberfeld. 1870. In-8°, 24 p.

Heusinger (G.). — Deutsches Sieges- und Friedensfest. Charakteristische Bilder aus dem deutsch-französischen Kriege 1870-1871. Cyclus von 16 Gesängen.... — Hildburghausen, *Gadow u. S.* 1871. In-16, 53 p. 60 pf.

— Le même. — *Ib*. 1895. In-12, IV-27 p. 15 pf.

— Victoria! Germania! Alldeutschlands Sieges- und Friedenswerk im Jahre 1870, dargestellt in einem Cyklus von 14 Gesängen mit Declamation. — Hildburghausen, *Kesselring*. 1871. In-8°, 36 p. 1 m. 75 pf.

Hevesi (Ludwig). — Sie sollen ihn nicht haben. Heiteres aus ernster Zeit. — Leipzig, *Pest-Lauffer*. 1871. In-8°, 160 p.

Heyde (Hauptmann Ed.) und **Fröse** (Hauptmann Ad.). — Geschichte der Belagerung von Paris im Jahre 1870-1871. Auf Befehl der königlichen General-Inspektion des Ingenieur-Korps und der Festungen, unter Benutzung amtlicher Quellen bearbeitet. — Berlin, *Schmid und Co.* 1874. In 8º, 3 parties, XVIII-678-23 p., 25 cartes et pl. 39 m.

Heydt (Friedrich von). — Alldeutschlands Kriegs- und Siegeszug gegen die Franzosen 1870-1871. Volksthümlich erzählt. — Wesel, *Bagel*. 1871. Gr. in 8º, III-235 p., ill., carte. 1 m. 50 pf.

Heye (Lieutenant). — Das See-Bataillon 1852-1886. Ein Beitrag zur Geschichte der kaiserlichen Marine. — Berlin, *Mittler*. 1887. In-8º, ill. 1 m.

Heyfelder (O.). — Bericht über meine *ärztliche* Wirksamkeit am Rhein und in Frankreich während des deutsch-französischen Krieges 1870-1871. — Sanct P -burg, *Böttger*. 1871. Gr. in-8º, v-96 p., 2 planches.

Heylli (Georges d') [**Poinsot** (Antoine-Edmond)]. — Dix mois à la Comédie-Française. Siège et Commune. — Paris, *Gervais*. 1885. In 8º. 43 p.

— Documents sur la guerre de 1870-1871 et sur la Commune :
  I. Jules Favre et le comte de Bismarck (Entrevue de Ferrières). — Paris, *Librairie générale*. 1871. In-18 j., 68 p. 75 c.
  II. M. Thiers à Versailles. L'armistice. — *Ib.* 1871. In-18 j., 35 p. 50 c.
  III. Journal d'un habitant de Neuilly pendant la guerre. Le Château — Les Habitants — Les Ruines. — *Ib.* 1872. In-18 j.

— Les tombes royales de Saint-Denis... Les Prussiens dans la Basilique en 1871. — *Ib.* 1872. In-12.

— La guerre dans la province. Télégrammes militaires de M Léon Gambetta (du 9 octobre 1870 au 6 février 1871). Documents officiels. — Paris, *Beauvais*. 1871. In-18, 179 p. 2 fr.

— Le Moniteur prussien de Versailles. Reproduction des 13 numéros du *Nouvelliste de Versailles* et des 108 numéros du *Moniteur officiel du gouvernement général du Nord de la France*, parus à Versailles pendant l'occupation prussienne. — *Ib.* 1872. 2 vol. in-8º, ... 688 p. 20 fr.

— Journal du siège de Paris. Décrets, proclamations, circulaires, rapports, notes, renseignements, divers, officiels et autres. — Paris, *Librairie générale*. 1873. 3 vol. gr. in-8º, ..., 719, ... p.
  A paru en livraisons à 25 c.

Heym (Pr.-Lieutenant). — Das reitende Feldjäger-Korps. — Berlin. 1850. In-8º. 10 m.

Heymann (W.). — *Voir* FORBES.

Heyn (H.). — Königgrätz die Ursache eines preussisch-französischen Krieges. — Wien, *Hügel*. 1867. In-8°, 32 p.

— Beweis eines europäischen Doppelkrieges im Laufe der Jahre 1868-1870. — Schleiz, *Hübscher*. 1868. In-8°, 20 p.

Heyse (P.). — Der Friede. Ein Festspiel. — München, *Oldenbourg*. 1871. Gr. in-8°, 27 p. 50 pf.

Hilarius (Fr.) und Gramming (M.). — Der deutsche Volkskrieg gegen die Franzosen in den Jahren 1870 und 1871. — Darmstadt, *G. G. Lange*. 1871-1872. En livr. à 50 pf., gr. in-8°, ill , cartes et plans. 2 vol. 248, 338 p.

Ouvrage non terminé.

Hild (J. A.), volontaire au 4° bataillon de la Haute-Saône. — Campagne de 1870-1871. Belfort et les bataillons mobiles de la Haute-Saône. Examen critique des opérations du siège. — Paris, *E. Lachaud*. 1871. In-8°, carte.

Hildebrand (E.). — Im Lager von Paris oder Füsilier Kutschke. Militärischer Schwank mit Gesang. Musik von B. F. Freitag. — Erfurt, *F. Bartholomäus*. 1895. In-8°, 24 p. 75 pf.

Walner's Allgemeine Schaubühne. 2° édition.

— (S. M.). — *Voir* PUAUX.

Hildebrandt. — Gebt unserm Gott die Ehre! Predigt am 4. September 1870. — Stettin, *Nabmer*. 1870. In-8°, 8 p.

Hilder (Hauptmann). — Die Mitrailleuse. Populär bearbeitet. — Danzig, *Saunier*. 1871. In-8°, fig. 75 pf.

Hülfsthätigkeit (Die freiwillige) im Grossherzogthum Baden im Kriege 1870-1871. Rechenschaftsbericht. — Karlsruhe, *Braun*. 1872. Gr. in-4°, 253 p., carte, pl. 6 m.

— im Königreich Bayern in dem Jahre 1870-1871. Rechenschaftsbericht. — München, *Liter.-art. Anstalt*. 1872. Gr. in-4°, 364 p., carte. 3 m.

Hilken (Hauptmann). — Kurzgefasste Geschichte des 8. westphälischen Infanterie-Regiments Nr. 57. Für Unteroffiziere und Mannschaften. — Wesel, *Kühler*. 1881. In-8°, 75 pf.

— Le même. — 2e édit. 1889. 119 p. 1 m.

Hiller von Gärstringer (Rittmeister Freiherr von). — *Voir* GÄRSTRINGER.

Hilmar (J.). — Die Braut aus Frankreich. Erzählung aus dem Feldzuge von 1870. — Berlin, *Behrend*. 1871. In-8°, 236 p. 1 m.

Hiltl (Georg). — Der französische Krieg von 1870 und 1871. — Bielefeld, *Velhagen und Klasing*. 1872-1873. Gr. in 8°, 742 p. ill., cartes. 12 m.

Hiltl (Georg). — Le même. — 5ᵉ édition. 1888, IV-754 p. — 6ᵉ édition. 1892. 15 m.

— Le même. — 7ᵉ édition. *Ib.* 1895, 25 liv. in-8º de 32 p. à 50 pf. IV-844 p. 15 m.

— Unser Kronprinz, Friedrich Wilhelm Nicolaus Karl, Kronprinz des deutschen Reiches... Eine Festschrift. — Berlin, *Militaria*. 1879. In-8º, 60 p., portr. 1 m.

2ᵉ édition. — *Voir* MÜLLER-BOHN, NATIONALKRIEG.

— Unser Fritz, Kronprinz des deutschen Reiches und von Preussen. 3. Auflage von H. Müller-Bohn. — Berlin, *Kittel*. 1887. In-8º, 200 p., ill. 1 m. 75 pf.

— Unser Fritz, Deutscher Kaiser und König von Preussen. 4. Auflage von H. Müller-Bohn. — *Ib.* 1888. In-8º, 275 p., ill. 2 m.

Hinterleitner (G. A.). — Eine wahrhaftige Kriegsgeschichte so sich zugetragen hat anno 1870-1871. — Pottsville; Philadelphie, *Schäfer und Co.* 1871. In-16, 24 p.

Hippeau (Edmond). — Histoire diplomatique de la troisième République (1870-1889). — Paris, *Dentu*. 1890. Gr. in-8º, 680 p. 7 fr. 50 c.

Hirsch (Franz). — Vom deutschen Elsass. Briefe an einen Freund. — Leipzig, *Payne*. 1871. In 8º. 50 pf.

Hirschberg (Rhold.). — Die bayerischen Spitalzüge im deutsch-französischen Kriege 1870 1871. — München, *Ackermann*. 1872. Gr. in-4º, 364 p., carte. 3 m.

Hirsche (Hauptpastor G. K.). — Die Weihe der Herzen für die schweren Tage des Krieges. Predigt am 27. Juli 1870 gehalten. — Hamburg, *Kittler*. 1870. In-8º, 14 p.

— Das hat Gott gethan. Predigt am 22. März 1871. — *Ib.* 1871. Gr. in 8º, 16 p.

Hirschfeld (Hermann). — Novellen aus dem deutsch-französischen Kriege 1870-1871. — Leipzig, *Litter Institut*. 1871. In 8º, 228 p.

Hirschfeld (Ludwig von). — Friedrich Franz II., Grossherzog von Mecklenburg-Schwerin, und seine Vorgänger. — Leipzig, *Duncker und Humblot*. 1891. Gr. in-8º, VIII-416, VI-394 p., portr. 15 m. 60 pf.

Hirschfeld (L. von). — Die Finanzen Frankreichs nach dem Kriege von 1870-18.1. — Berlin, *Puttkammer*. 1875. In-8º, 132 p. 2 m. 80 pf.

Hirth (Doctor Georg von) und **Gosen** (Doctor Julius von). — Tagebuch des deutsch-französischen Kriegs 1870-1871. Eine Sammlung der wichtigeren Quellen. — Leipzig, *Hirth*; Berlin, *Stilke und van Muyden*. 1871-1873. Gr. in-4º, 5376 p., cartes, pl. Register, 90 p., 1876. 37 m. 20 pf.

Hirthe (E.). — Auf Vorposten bei Metz. Militärischer Schwank mit Gesang in 1 Akt. — Berlin, *Lassar.* 1870. Gr. in-16, 11 p.

— Le même. — Berlin, *E. Bloch.* 1895. In-8°. 2 m.

— Ein Tag in Saarbrücken oder : der Franzose in der Mausefalle. Humoristisches Kriegsbild mit Gesang in 1 Akt. — Berlin, *Lassar.* 1870. Gr. in-16, 16 p.

— Le même. — Berlin, *E. Bloch.* 1895. In-8°. 2 m.

Histoire anecdotique de l'armée du Rhin, par un officier de cavalerie. Borny, Gravelotte, Grimont, Servigny, Mercy, Les Maxes, Peltre, Ladonchamp, Saint-Privat, Sainte-Barbe. — Moulin, *Desroziers.* 1872. In-18 j., 127 p.

— abrégée de la guerre d'Allemagne en 1870 et 1871, à l'usage de la jeunesse allemande, par un Allemand. — Wittenberg, *Herrosé.* 1882. In-8°. 75 pf.

— Le même. — 2e édition. 1891. III-114 p.

— classique de la guerre franco-allemande 1870-1871, par un professeur d'histoire. — Paris, *Delagrave.* 1889. In-12. 1 fr.

— critique du siège de Paris, par un officier de marine ayant pris part au siège. Récit des événements depuis le 4 septembre 1870 jusqu'à l'évacuation de Paris par les Allemands. Origine de l'insurrection communeuse. — Paris, *Dentu.* 1871. In-18, carte. 3 fr. 50 c.

— de l'armée de Châlons. Campagne de Sedan, par un volontaire de l'armée du Rhin [7e corps.] — Paris, *Gbio.* 1871. In-8°. 1 fr. 50 c.

— de la capitulation de Metz. Enquête sur la trahison de Bazaine et de Coffinières. Trente-neuf pièces historiques annotées, entre autres cinq récits du siège et de la capitulation de Metz. — Bruxelles, *J. H. Buard.* 1871. In-8°. 1 fr.

— de la guerre (juillet 1870-janvier 1871). — Paris, *Bureaux de l'Éclipse.* 1871. In-32, 127 p., carte. 25 c.
Bibliothèque populaire.

— de la révolution du 4 septembre et de l'insurrection du 18 mars. Déposition de M. Thiers devant les commissions d'enquête parlementaire. — Paris, *Garnier.* 1873. In-18 j., XII-163 p. 3 fr.
Nouvelle édition. 1882. XI-368 p.

— populaire de la guerre de Prusse. — Lyon. 1871. In-4° à 2 col. 6 fr.

— contemporaine. Armée française, période du 4 septembre 1870 au 8 février 1871. Enquête de l'Assemblée nationale (1870-1871). — Paris, *Jouaust.* 1876. In-8°, 32 p.

— de la guerre de 1870-1871, du siège de Paris et de la Commune. — Paris, *Noblet.* 1872. In-18, 107 p., ill.

— illustrée de 6 ans de guerre et de révolutions (1870-1876). — Paris, *Librairie illustrée.* 1877. In-4°, 30 livr. 3 fr.

Histoire de la guerre de 1870-1871. Relation illustrée de la campagne franco-allemande. — Bruxelles. 1872. In-fol., ill., cartes et portr.

— de la bataille de Bapaume et de l'invasion prussienne dans cette ville et les environs. — Arras, *E. Bradier.* 1872. In-8º, carte.

— d'un soldat, par un ex-sous-officier de l'armée du Rhin. Bazaine, sa vie, son procès. Lettre autographe de S. M. l'Empereur. — Paris, *Lachaud et Burdin.* 1874. In-16, 64 p. 25 c.

— du 1ᵉʳ régiment de cuirassiers. — Angers, *Lachèze et Dolbeau.* 1889. In-8º, XVI-414 p., grav. 10 fr.

— du 13ᵉ régiment de dragons. — Paris, *Hachette.* 1891. In-8º, 334 p., pl.

— du bataillon mobilisé d'Elbeuf, 5ᵉ bataillon de la 1ʳᵉ légion de la Seine-Inférieure, par un officier du bataillon. — Caudebec-les-Elbeuf, *Guibert.* 1871. In-12, 118 p.

— des mobiles du Finistère, 2ᵉ bataillon, à Brest et au siège de Paris, par un capitaine. — Brest ; Paris, *Delagrave.* 1873. In-8º, 55 p.

— du siège de Paris (19 septembre 1870-28 janvier 1871). Memorandum journalier donnant d'après les documents officiels le résumé des actes du gouvernement..... — Paris, *Moronval.* 1871. In-8º, 24 p.

Historicus. — Les conditions de la paix et les droits de l'Allemagne. — Genève, Bâle, *Georg.* 1871. Gr. in-8º, 29 p. 60 c.

— Le même. — 2ᵉ édition. 1871. In-8º, 32 p. 1 fr.

Historique du 5ᵉ régiment d'artillerie (Extraits de l'). Récits et souvenirs pour les canonniers. — Paris et Nancy, *Berger-Levrault et Cⁱᵉ.* 1895. In-32, 62 p.

— du 12ᵉ régiment d'artillerie, 1834-1890. — *Ib.* 1890. In-8º. 5 fr.

— du 15ᵉ régiment d'artillerie. — Paris, *Tanera.* 1875. In-8º, 235 p. 5 fr.

— du 1ᵉʳ bataillon de chasseurs à pied. — Paris, *Charles-Lavauzelle.* 1889. In-32, 56 p. 50 c.

_{2ᵉ édition. 1895.}

_{Les historiques publiés par l'éditeur Charles-Lavauzelle dans le format in-32 font partie de la Petite Bibliothèque de l'Armée française.}

— du 7ᵉ bataillon de chasseurs à pied. — *Ib.* 1883. 2 vol. in-32, 128 et 123 p. 1 fr.

— du 8ᵉ bataillon de chasseurs à pied, de 1840 à 1892. — Paris, *Colin.* 1892. In 8º, 71 p., grav. 40 c.

— du 9ᵉ bataillon de chasseurs à pied (Résumé de l'). — Alger, *Fontana.* 1881. In-8º, 78 p.

— du 10ᵉ bataillon de chasseurs à pied. — Paris, *Charles-Lavauzelle.* 1886. In-32, 80 p. 50 c.

Historique du 11e [bata]illon de marche de chasseurs à pied (2e armée de la Loire, 17e corps, 1re division, 2e brigade). — Lyon, *Bonnaire*. 1871. In-8°, 17 p.

— du 11e bataillon de chasseurs à pied (1854-1879) [Résumé de l']. — Alençon, *Marchand-Saillant*. 1879. In-12, 24 p.

— du 11e bataillon de chasseurs à pied. — Paris, *Charles-Lavauzelle*. 1890. In-32, 112 p. 50 c.
  2e édition. 1895.

— du 12e bataillon de chasseurs à pied. — Paris, *Baudoin*. 1887. In-12. 1 fr.

— du 12e bataillon de chasseurs à pied. — Paris, *Charles-Lavauzelle*. 1893. In-32, 64 p. 50 c.

— du 14e bataillon de chasseurs à pied. — Grenoble, *Baratier et Dardelet*. 1887. In-8°, 48 p.

— du 18e bataillon de chasseurs à pied. (Résumé de l') (1er janvier 1879). — Saint-Dié, *Humbert*. 1879. In-16, 64 p., grav.

— du 20e bataillon de chasseurs à pied, 1854-1879. — Rouen, *Deshays*. 1880. In-12.

— du 20e bataillon de chasseurs à pied, 1854-1884. Mexique, Saint-Privat, Servigny, Bapaume, Saint-Quentin. — Rouen, *Cagniard*. 1884. In 8°, 50 p.

— du 20e bataillon de chasseurs à pied. — Paris, *Charles-Lavauzelle*. 1890. In-32, 95 p. 50 c.
  4e édition. 1895.

— du 27e bataillon de chasseurs à pied. — Montpellier, *Hamelin*. In-8°, 49 p.

— du 27e bataillon de chasseurs à pied. — Paris, *Charles-Lavauzelle*. 1890. In-32, 128 p. 50 c.

— du 28e bataillon de chasseurs à pied. — Bordeaux, *imp. Mauran*. 1887. In-8°, 37 p.

— du 3e régiment de chasseurs (1788-1879). — Abbeville, *Retaux*. 1879. In 8°, 88 p.

— du 4e régiment de chasseurs (abrégé). — Saint-Cloud, *imp. Belin*. 1890. In-18, 168 p., grav.

— du 5e régiment de chasseurs. — Paris, *Baudoin*. 1888. In-8°. 4 fr.

— du 7e régiment de chasseurs. — Valence, *imp. Céas*. 1892. In-8°, 195 p.

— du 3e régiment de cuirassiers (1635-1875). — Paris, *imp. Dutemple*. 1875. In 8°, 64 p.

Historique du 7ᵉ régiment de cuirassiers (1659-1880). — Paris, *Baudoin*. 1881. In-8°, 40 p. 1 fr.

— du 8ᵉ régiment de cuirassiers (1665-1874). — Paris, *Tanera*. 1875. In-8°, 110 p. 2 fr. 50 c.

— du 6ᵉ régiment de dragons pendant la guerre de 1870-1871. — Lyon, *Joly*. 1871. In-8°, 67 p.

— du 13ᵉ régiment de dragons (ex-dragons de la garde). — Lille. 1883. In-8°.

— du 2ᵉ régiment du génie. — Paris, *Charles-Lavauzelle*. 1893. In-18, 416 p., ill. 5 fr.

— du 2ᵉ régiment du génie. — *Ib*. In-32, 80 p. 50 c.

— du 3ᵉ régiment du génie. — *Ib*. 1885. 3 vol. in-32. 1 fr. 50 c.
2ᵉ édition.

— du 4ᵉ régiment de hussards. — Fontainebleau, *imp. Bourges*. 1891. In-8°, 119 p.

— du 8ᵉ régiment de hussards. — Paris, *Charles-Lavauzelle*. 1894. In-32, 88 p. 50 c.

— du 2ᵉ régiment d'infanterie (Précis de l'). — *Ib*. 1886. In-32, 128 p. 50 c.
4ᵉ édition. 136 p.

— du 4ᵉ régiment d'infanterie. — *Ib*. 1894. In-32, 128 p. 50 c.

— du 6ᵉ régiment d'infanterie. — *Ib*. In-32, 128 p. 50 c.
2ᵉ édition.

— du 7ᵉ régiment d'infanterie (1569-1890). — Cahors, *Girma*. 1890. In-18, XIII-484 p., pl. 3 fr. 50 c.

— du 8ᵉ régiment d'infanterie — Paris, *Charles-Lavauzelle*. In-32, 128 p. 50 c.

— du 11ᵉ régiment d'infanterie. — *Ib*. 1892. In-32, 76 p. 50 c.

— du 12ᵉ régiment d'infanterie. — *Ib*. 1891. In-32, 61 p. 50 c.
2ᵉ édition. 64 p.

— du 13ᵉ régiment d'infanterie. — *Ib*. In-32, 112 p. 50 c.

— du 17ᵉ régiment d'infanterie. Résumé tiré du manuscrit complet conservé aux archives du corps. — Paris et Nancy, *Berger-Levrault et Cⁱᵉ*. 1892. In 8°. 75 c.

— du 25ᵉ régiment d'infanterie. — Paris, *Charles-Lavauzelle*. 1887. In-32, 125 p. 50 c.

— du 30ᵉ régiment d'infanterie. — *Ib*. 1887. In-32, 128 p. 50 c.

Historique du 31ᵉ régiment d'infanterie. — *Ib.* In-32, 64 p. 50 c.

— du 32ᵉ régiment d'infanterie (Précis de l'), depuis sa création en 1615 jusqu'à nos jours. — Tours, *Juliot.* 1885. In-12, 31 p.

— du 33ᵉ régiment d'infanterie. — Paris, *Charles-Lavauzelle.* 1890. In-32, 107 p. 50 c.

— du 34ᵉ régiment d'infanterie (Abrégé de l'). — Mont-de-Marsan, *Vᵛᵉ Dupeyron.* 1879. In-18, 14 p.

— du 34ᵉ régiment d'infanterie. — Mont-de-Marsan, *imp. Régis.* 1894. In-8°, 342 p.

— succinct du 35ᵉ régiment de ligne, depuis son origine jusqu'au 1ᵉʳ janvier 1872, suivi de l'historique sommaire du 35ᵉ régiment de marche pendant la guerre de 1870-1871. — Montbéliard, *Barbier.* 1874. In-8°, 242 p., plans.

— du 35ᵉ régiment d'infanterie. — Paris, *Charles-Lavauzelle.* In-32, 112 p. 50 c.

— du 36ᵉ régiment d'infanterie. — *Ib.* 1890. In-32, 128 p. 50 c.

— du 39ᵉ régiment d'infanterie (Sommaire). — Rouen, *imp. du 39ᵉ.* 1889. N. d. l. c.

— du 42ᵉ régiment d'infanterie. — Montbéliard, *Barbier.* 1875. In-8°, 476 p.

— du 43ᵉ régiment d'infanterie. — Paris, *Charles-Lavauzelle.* 1894. In-32, 144 p. 50 c.

— du 44ᵉ régiment d'infanterie. — Autographié au corps. 1876. In-fol. N. d. l. c.

— du 47ᵉ régiment d'infanterie. (Abrégé.) — Autographié au corps. 1875. N. d. l. c.

— du 49ᵉ régiment d'infanterie. — Paris, *Tanera.* 1875. In-8°. 75 c.

— (Petit) du 49ᵉ régiment d'infanterie. — Paris, *Charles-Lavauzelle.* 1895. In-32, 61 p. 50 c.

— du 50ᵉ régiment d'infanterie. (Précis de l'). [1651-1880]. — Périgueux, *Dupont et Cⁱᵉ.* 1881. In-8°, 46 p.

— du 54ᵉ régiment d'infanterie. — Compiègne, *autogr. au corps.* N. d. l. c.

— du 56ᵉ régiment d'infanterie. — Nevers, *Fay.* 1875. In 8°, 88 p.

— du 56ᵉ régiment d'infanterie. — Paris, *Charles-Lavauzelle.* In-32, 120 p. 50 c.

— du 58ᵉ régiment d'infanterie. — *Ib.* 1894. In-32, 62 p. 50 c.

— du 62ᵉ régiment d'infanterie (Résumé de l'). — *Ib.* In-32, 96 p. 50 c. 2ᵉ édition.

Historique du 64ᵉ régiment d'infanterie. — Nantes, *imp. de l'Ouest*. 1881. In-8º, 240 p.

— du 64ᵉ régiment d'infanterie. — Paris, *Charles-Lavauzelle*. 1886. In-32, 64 p. 50 c.
2ᵉ édition. 1895.

— du 65ᵉ régiment d'infanterie. Extrait du registre des marches et opérations du régiment. — Paris, *Tanera*. 1875. In-8º, 87 p. 1 fr. 50 c.

— du 65ᵉ régiment d'infanterie. — Paris, *Charles-Lavauzelle*. 1886. In-32, 125 p. 50 c.

— du 67ᵉ régiment d'infanterie. — *Ib.* In-32, 40 p. 50 c.

— (succinct) du 68ᵉ régiment d'infanterie. — *Ib.* 1891. In-32, 83 p. 50 c.
4ᵉ édition. 1895.

— du 69ᵉ régiment d'infanterie. — *Ib.* 1887. In-32, 127 p. 50 c.

— du 69ᵉ régiment d'infanterie. — Paris et Nancy, *Berger-Levrault et Cⁱᵉ*. 1895. In-18, 164 p., 14 pl., 4 portr. 1 fr.

— du 70ᵉ régiment d'infanterie. — Paris, *Dutemple*. 1875. In 8º, 63 p.

— du 71ᵉ régiment d'infanterie. — Paris, *Charles-Lavauzelle*. 1887. In-32, 72 p. 50 c.

— du 72ᵉ régiment d'infanterie. — *Ib.* 1890. In-32, 128 p. 50 c.
3ᵉ édition.

— du 76ᵉ régiment d'infanterie. — *Ib.* In 32, 144 p. 50 c.

— du 78ᵉ régiment d'infanterie. (Résumé succinct, 1684-1878.) — Limoges, *Charles*. 1879. In-8º, 16 p.

— du 78ᵉ régiment d'infanterie. (Résumé, 1684-1887.) — Guéret, *Pouan*. 1887. In-18, 32 p.

— du 78ᵉ régiment d'infanterie. — Paris, *Charles-Lavauzelle*. 1890. In-32, 59 p. 50 c.

— du 85ᵉ régiment d'infanterie. — *Ib.* In 32, 64 p. 50 c.

— du 86ᵉ régiment d'infanterie. — *Ib.* 1886. In-32, 96 p. 50 c.

— du 89ᵉ régiment d'infanterie pendant la guerre de 1870. — Paris, *Autographie Jutean*. 1872. In-8º, 16 p.

— du 89ᵉ régiment d'infanterie. — Paris, *Charles-Lavauzelle*. In 32, 144 p. 50 c.

— du 90ᵉ régiment d'infanterie, ex-15ᵉ léger. — Paris, *Tanera*. 1875. In-8º, 292 p. 6 fr.

— du 92ᵉ régiment d'infanterie. — Paris, *Charles-Lavauzelle*. In 8º, 400 p, ill. 20 fr.

Historique du 92ᵉ régiment d'infanterie. (Résumé.) — *Ib.* In-32, 96 p. 50 c.
4ᵉ édition.

— du 93ᵉ régiment d'infanterie. — *Autogr. au corps.* N. d. l. c.

— du 94ᵉ régiment d'infanterie depuis sa formation jusqu'à nos jours (1791-1876). — Paris et Nancy, *Berger-Levrault et Cⁱᵉ.* 1877. In-18, VII-207 p.

— du 94ᵉ régiment d'infanterie. (Résumé.) — Paris, *Charles-Lavauzelle.* S. d. In-32, 128 p. 50 c.
3ᵉ édition. 1895.

— du 98ᵉ régiment d'infanterie depuis l'année 1840. — Le Puy, *imp. Marchesson.* 1877. In-8°, 78 p.

— du 98ᵉ régiment d'infanterie (Résumé de l'). — Paris, *Charles-Lavauzelle.* 1893. In-32, 118 p. 50 c.

— du 102ᵉ régiment d'infanterie. — Paris, *Tanera.* 1875. In-8°, 48 p. 1 fr.

— du 103ᵉ régiment d'infanterie. — *Ib.* 1875. In-8°, 60 p. 1 fr. 25 c.

— du 103ᵉ régiment d'infanterie. — Mamers. 1886. In-8°, 250 p.

— du 104ᵉ régiment d'infanterie. — Paris, *Baudoin.* 1887. In-12. 3 fr.

— du 106ᵉ régiment d'infanterie. — Paris, *Tanera.* 1875. In-8°, 115 p. 2 fr. 50 c.

— du 106ᵉ régiment d'infanterie. — Paris, *Charles-Lavauzelle.* In-32, 144 p. 50 c.

— du 107ᵉ régiment d'infanterie (1772-1884). — Angoulême, *Lugeol et Cⁱᵉ.* 1885. In-18, 36 p.

— du 112ᵉ régiment d'infanterie. — Paris, *Dutemple.* 1875. In-8°, 170 p.

— du 118ᵉ régiment d'infanterie (1714-1890). — Paris, *Charles-Lavauzelle.* 1893. In-8°, 100 p., grav. 3 fr.

— du 121ᵉ régiment d'infanterie. — Saint-Étienne, *imp. Théolier.* 1886. In-16, II-49 p.

— du 128ᵉ régiment d'infanterie. — Paris, *Charles-Lavauzelle.* 1890. In-32, 128 p. 50 c.

— du 134ᵉ régiment d'infanterie. — *Autogr. au corps.* 1875. N. d. l. c.

— du 135ᵉ régiment d'infanterie. — Paris, *Charles-Lavauzelle.* In-32. 50 c.

— du 138ᵉ régiment d'infanterie. — *Ib.* In-32, 64 p. 50 c.

— du 139ᵉ régiment d'infanterie. — *Ib.* In-32, 128 p. 50 c.

— du corps des pontonniers [en 1870, 16ᵉ régiment d'artillerie]. — *Ib.* 1891. In-32, 128 p. 50 c.

Historique du 1er régiment de zouaves. — *Ib.* In-32, 104 p. 50 c.
 4e édition.

— du 2e régiment de zouaves (Précis de l'). — Oran, *Perrier*. 1877. In-8°, 62 p.

— du 3e régiment de zouaves. — Paris, *Charles-Lavauzelle*. In-32, 120 p. 50 c.
 5e édition.

— du 2e régiment de tirailleurs indigènes. — Mostaganem. 1879. In-18.

— du 1er régiment de spahis. — Paris, *Charles-Lavauzelle*. In-32, 96 p. 50 c.
 2e édition.

— du 1er bataillon de la garde mobile de la Manche. Bataillon d'Avranches. Campagne de 1870-1871. — Avranches, *imp. Durand*. 1891. In-8°, 36 p.

— de la 1re légion du Rhône.... par un officier supérieur de cette légion [colonel Valentin]. [Division Cremer, 24e corps.] — Lyon, *Méra*. 1871. In-8°, 69 p., pl. 2 fr.

History of the Franco-Prussian War. — London. 1871. In-32, 320 p.

Hochschulen (Die deutschen) im Kriege 1870-1871. — *Grenzbote*, livr. 15-16. 1873.

Hoch Deutschland! Hurrah Preussen! Herausgegeben von H. Goedsche und Doctor Hesekiel. Redaktor H. Goedsche. — Berlin, *Goedsche*. 1870. In-4°. Nos 1-10 à 8 p.

Hock (J.). — Meine Erlebnisse als Kriegsfreiwilliger bei den badischen schwarzen Dragonern im Feldzuge 1870-1871. — Karlsruhe, *J. J. Reiff*. 1895. In-8°, VII-161 p., carte. 1 m. 20 pf.
 Badener im Feldzug 1870-1871.

Höcker (Gustav). — 1870 und 1871. Zwei Jahre deutschen Heldenthums. — Glogau, *Flemming*. 1871. In-8°, ill., IV-392 p., cartes et plans. 5 m. 25 pf.

— Le même. — 2e édition. 1888. 338 p., ill, 4 cartes. 4 m. 50 pf.
 4e édition. 1895. VIII-364 p., ill., 4 cartes. 5 m.

— (Doctor Nic.). — Das Kaiserthum der Hohenzollern. — Köln, *Bädeker*. 1871. Gr. in-8°. 1 m. 50 pf.

— Das deutsche Vaterland. Patriotische Dichtungen. — Weimar, *Voigt*. 1875. In-8°, 352 p. 4 m.

— Das Buch vom Kaiser Wilhelm und seinem Reichskanzler. Ein Denkmal grosser Thaten in Krieg und Frieden. — Darmstadt, *Litter.-art. Anstalt*. 1872. In-8°. 6 m.

— Kaiser Wilhelm und Fürst Bismarck. Eine Geschichte ihres Lebens und ihrer Politik. — Berlin, *Grieben*. 1879. Gr. in-8°, 15 livraisons, 722 p.

— Le même. — Édition de luxe, 2 vol. in-8°, de 362 p.

Höcker (Doctor Nic.). — Geschichte des Krieges Deutschlands gegen Frankreich im Jahre 1870-1871. Dem deutschen Volke erzählt. — Köln, *Bädeker*. 1871. Gr. in-8º, 511 p., cartes. 2 m.

— Preussens Heer — Preussens Ehr! Militär- und kulturgeschichtliche Bilder aus drei Jahrhunderten. Eine Erzählung aus den Jahren 1864 bis 1871. — Leipzig, *Hirth*. 1889. In-8º, 176 p., ill. 3 m. 50 pf.

— (Oskar) — Fürs Vaterland! Eine Geschichte aus Deutschlands grössten Tagen. — Stuttgart, *Schmidt und Sohn*. 1888. In-12, 96 p. 75 pf.

— Fürst Bismarck, der eiserne Kanzler. Ein Vorbild deutscher Treue und Vaterlandsliebe. — Berlin, *Neufeld und Henius*. 1888. Gr. in-8º, IV-228 p. 4 m. 50 pf.

— Der Nationalkrieg gegen Frankreich in den Jahren 1870 und 1871. — Leipzig, *Spamer*. 1895. In-8º, x-445 p., ill. 4 m. 50 pf.

  6 édition. IIIe vol. du *Vaterländischen Ehrenbuch*.

— (Oskar) [und Otto (Franz)]. — Das grosse Jahr 1870 Neues vaterländisches Ehrenbuch. — Leipzig, *Spamer*. 1871. In-8º, x-464 p., ill. 4 m.

  La 5e édition a paru sous le nom de Höcker (Oskar) und Otto (Franz). — *Voir* Otto (F.).

Hodenberg (Oberst Freiherr von). — Das königlich-sächsische 1. (Leib-) Grenadier-Regiment Nr. 100 in seinen hervorstehenden Erlebnissen und Thaten (für die Mannschaften) — Dresden. 1883. In-8º. 1 m.

Höfer (Hauptmann). — Geschichte des schleswig-holsteinschen Pionier-Bataillons Nr. 9. — Berlin, *Mittler*. 1888. In-8º, carte, pl. N. d. l. c.

— Le même. Mannschaftsausgabe. — *Ib.* 1888. In-8º. N. d. l. c.

Höftmann (F. W.). — Das eiserne Kreuz und die Kriegs-Denkmünze für den Feldzug gegen Frankreich 1870-1871. — Berlin, *Mittler und Röstell*. 1872. In-4º. 1 m. 50 pf.

— Das Verdienstkreuz für Frauen und Jungfrauen. Gestiftet am 22. März 1871. — *Ib.* 1872. In-8º. 2 m.

Höhenschichten-Karte des Seine-Departements. — Berlin. *Autographirt in der geographischen statistischen Abtheilung des grossen Generalstabes*. September 1870. 1/30,000.

Höhne (Doctor). — Der Romanismus gegenüber dem Germanismus. Rede. — Zwickau, (*Richter*). 1871. In-8º, 24 p.

Hoenig (Hauptmann Adolf). — Die Ehrentage des königlich-bayerischen 13. Infanterie-Regiments Kaiser Franz-Joseph von Oesterreich im Feldzuge 1870 1871. — Berlin, *Mittler*. 1881. Gr. in-8º. 2 m.

— (Hauptmann Fritz). — Prinz Friedrich Karl von Preussen, General-Feldmarschall. — Berlin, *Luckhardt*. 1885. In-8º, 35 p. 1 m.

Hoenig (Hauptmann Fritz). — Gefechtsbilder aus dem Kriege 1870-1871.
I. Band: Die Gefechte von La Garionnière und Villechauve am 7. Januar 1871. — *Ib.* 1891. In-8°, VII-136 p., pl. 3 m.
II. Band: Die Gefechte von Boiscommun und Lorcy, den 24. und 26. November 1870. — *Ib.* 1893. In-8°, cartes. 2 m. 40 pf.

Extrait de la *Deutsche Heeres-Zeitung*. 1893, n°° 57-64.

III. Band: Die Gefechte von Ladon und Mézières, am 24. November 1870. — *Ib.* 1894. In-8°, XII-128 p., pl. 3 m.

Extrait de la *Deutsche Heeres-Zeitung*. 1893. 4° édition.

— 24 Stunden Moltkescher Strategie entwickelt und erläutert an den Schlachten von Gravelotte und Saint-Privat am 18. August 1870. Erste eingehende Studie der Kämpfe der 1. Armee an der Manse-Schlucht. — *Ib.* 1891. In-8°, 2 cartes. 7 m. 50 pf.

— Der Kampf um die Steinbrücke von Rozerieulles in der Schlacht von Gravelotte am 18. August 1870. — *Ib.* 1892. In-8°, 40 p., carte. 1 m.

— Das grosse Hauptquartier und die Oberkommandos am 17. und 18. August 1870. — *Ib.* 1892. In-8°, 56 p., carte. 1 m. 50 pf.

Extrait de la *Deutsche Heeres-Zeitung*. 1892. 4° édition.

— Der Volkskrieg an der Loire im Herbst 1870. Nach amtlichen Quellen und handschriftlichen Aufzeichnungen von Mitkämpfern dargestellt. — Berlin, *Mittler*. 1893-1894. In-8°. — 1ᵉʳ vol. : XII-419-36 p., 3 cartes, 1 croquis, 10 m. — 2ᵉ vol. (Schlacht bei Beaune-la-Rolande): XIV-378 p., 1 pl., 5 croquis. 8 m. 50 pf.

2° édition du 1ᵉʳ vol. 1894.

— Zur Geschichte der Vertheidigung des Kirchhofes von Beaune-la-Rolande. Ergänzungsheft zum *Volkskrieg an der Loire*. — Berlin, *Luckhardt*. 1894. In-8°, VIII-77 p. 1 m. 20 pf.

Extrait de la *Deutsche Heeres-Zeitung*. 1894, n°° 71-80.

— Zwei Brigaden [28. Infanterie-Brigade bei Königgrätz und 38. Infanterie-Brigade bei Vionville]. — *Ib.* 1881. In-8°, croquis, fig. 4 m.

— Untersuchungen über die Taktik der Zukunft. 2. umgearbeitete Auflage von *Zwei Brigaden*. — *Ib.* 1890. In-8°, 1 croquis, 3 pl. 6 m.

Extrait de la *Deutsche Heeres-Zeitung*. 1893. 4° édition. 1894. XV-339 p. 7 m. 50.

Hönika (O. von). — Ein Beitrag zur Beurtheilung der Thätigkeit der freiwilligen Krankenpflege während des deutsch-französischen Feldzuges 1870-1871. — Berlin, *Hirschwald*. 1871. Gr. in-8°, 51 p., fig. 80 pf.

Hoppel (Doct. G.). — Durch Kampf zum Sieg. Sedan-Festspiel. — Berlin, *Buchh. des Ostdeutschen Jünglingsbundes*. 1895. In-8°, 23 p. 50 pf.

Hörmann (C.). — Ein Lorbeerzweig auf das Grab des John Abt, verwundet bei Sedan, gestorben in Augsburg den 14. September 1870. — Augsburg, *von Jenisch*. 1871. In-8°, 7 p.

Hörnig (M. von). — *Voir* SÜSSMILCH.

Hösslin (G. A. von). — Kriegserinnerungen eines Bayern als Freiwilliger im I. Württembergischen Jägerbataillon aus dem Jahre 1870-1871. — Stuttgart, *Kohlhammer*. 1889. In-16, VII-168 p. 1 m. 20 pf.

Hoeven (F. H. G. van der). — Een blik op den toestand van Europa ten gevolge van den Fransch-Pruisischen oorlog. — Doesburgh. 1871. In-8°, 27 p.

Hofmann (F.). — Das Vaterlandsfest. Dichtung in zwei Theilen. Der Krieg um den Rhein und der Krieg um Paris. — Leipzig, *Bibl. Institut*. 1875. In-16, 56 p. 1 m. 25 pf.

Hoff (Le sergent). — Copenhague, *Trier*. 1874.
Extrait de la *Revue des Deux-Mondes*.

Hoff (E.). — Die Empörung Korach's und die der « Grossen Nation ». Zeitpredigt. — Wien, *Winter*. 1871. In-8°, 14 p. 40 pf.

— (H. V.). — *Voir* NOTT.

Hoffbauer (Major E.) und Leo (Hauptmann). — Die deutsche Artillerie in den Schlachten und Treffen des deutsch-französischen Krieges 1870-1871. Auf Grund des Generalstabswerkes und der offiziellen Berichte und Tagebücher der deutschen Artillerie. Auf dienstliche Veranlassung zusammengestellt. — Berlin, *Mittler*. 1872-1878. In-8°, cartes et pl.
T. I*er*. Das Treffen von Weissenburg am 4. August 1870, von E. Hoffbauer (Major). 1876. III-64 p. 2 m.
T. II. Die Schlacht bei Wörth am 6. August 1870, von Leo (Hauptmann). 1876. 3 m. 60 pf.
T. III-VI. Die deutsche Artillerie in den Schlachten bei Metz, mit Berücksichtigung der allgemeinen Verhältnisse in denselben, unter Benutzung der offiziellen Berichte der deutschen Artillerie, vom Major Hoffbauer.
I. Th. Borny-Courcelles. 2 m. 40 pf.
II. Th. Vionville-Mars la-Tour. 3 m. 20 pf.
III. Th. Gravelotte-Saint-Privat. 5 m. 50 pf.
IV. Th. Cernirung von Metz und Noisseville. 4 m. 25 pf.
Complet (T. I-IV). 1872-1876. 15 m. 35 pf.
T. VII. Die Kämpfe am 29., 30., 31. August 1870, von Leo (Hauptmann). 1876. 6 m.
T. VIII. Die Schlacht bei Sedan, von Leo (Hauptmann). 1878. 6 m.

Hoffbauer (Major E.). — Les opérations de l'artillerie allemande dans les batailles livrées aux environs de Metz. Traduit de l'allemand par le capitaine Bodenhorst, de l'armée belge.
Bataille de Borny. — Bruxelles, *Landsberger*. 1874. In-18, 118 p.
Le même. — Paris et Nancy, *Berger-Levrault et C*ie. 1881. In-8°, pl. 3 fr. 50 c.

Bataille de Vionville. — *Ib.* 1881. In-8°, pl. 4 fr. 50 c.
2 édition, 1885.
Bataille de Gravelotte. — *Ib.* 1881. In-8°, pl. 7 fr.
Bataille de Noisseville. — *Ib.* 1881. In 8°, pl. 5 fr.

Hoffbauer (Major E.). — Tyska artilleriets deltagande i striderna kring Metz. Oefvers. af R. Silfnersvärd. — Stockholm. 1874-1875. 3 livr. in 8°, 399 p., cartes. 5 kr.

— Campaign of 1870-1871. The German artillery in the battles near Metz. Translated by captain Hollist. — London. 1874. In-8°, 380 p., cartes et pl. 21 sh.

— Taktik der Feld-Artillerie, unter eingehender Berücksichtigung der Erfahrungen der Kriege von 1866 und 1870 1871..... — Berlin, *Schneider und Co.* 1876. In-8°, 246 p. 5 m.

— Tactique de l'artillerie de campagne mise en rapport avec l'expérience des guerres de 1866 et de 1870-1871..... Trad. par le major C. Capette. — Bruxelles, *Muquardt.* 1877. In-8°. 6 fr.

Hoffmann. — Sieges- und Friedenslieder für das deutsche Volk. — Berlin, *Kastner.* 1870. In-16, 16 p.

Hoffmann (E.). — Die Schwaben an der Marne — Stuttgart, *Steinkopf.* 1873. In-16, 122 p.

— (F.). — Am Wachtfeuer. Eine Erzählung. — Stuttgart, *Schmidt und Sp.* 1871. In-16, 79 p. 75 pf.

— (Pastor H.). — Predigt über Lucas... am 17. Juli gehalten. — Halle, *Fricke.* 1870. In-8°, 11 p.

— Predigt zum Landes-, Bet- und Busstage beim Beginn des Krieges 1870 über Daniel. — *Ib.* 1870. In-8°, 11 p.

— Predigt am 21. August 1870 gehalten. — *Ib.* 1870. In-8°, 12 p.

— (Jos.). — Der deutsch-französische Krieg 1870-1871. Der Jugend und dem Volke erzählt. — Stuttgart, *Bardtenschläger.* 1892. In-12, 80 p. portr. 60 pf.
Vaterländische Bücherei.

— (Major). — Geschichte des westfälischen Pionier-Bataillons Nr. 7. — Berlin, *Mittler.* 1888. In 8°, portr. N. d. l. c.

— (Th.). — Von Weissenburg bis Sedan. — München, *F. Braunbeck.* 1890. In-16, 32 p. 10 pf.
Volksbücher.

— (W.). — Deutschland über alles! oder der Leibhusar und der Zuavenoffizier. Eine Erzählung. — Langensalza, *Schulbuchhandlung.* 1875. In-8°, 92 p. 60 pf.

— (Doctor W.). — Predigt zur Eröffnung des Landtages. Gehalten am 14. December 1870. — Berlin, *Stilke und van Muyden.* 1871. Gr. in-8°, 11 p.

Hoffmann-Merian (T.). — Giuseppe Garibaldi. Ein Liedercyklus. — Basel, *Schwabe*. 1886. In-16, 128 p. 2 m. 40 pf.

Hoffmann von Fallersleben (A. H.). — Vaterlandslieder. — Hamburg, *Niemeyer*. 1871. In-4º, 66 p. 1 m. 80 pf.

Hoffmeister (H.). — Deutschlands Freiheitslieder 1870. — Osterwieck, *Zickfeldt und Jörn*. 1870. In-8º, 1re livr. 52 p.

<small>*Voir* Freiheitslieder.</small>

— Das National-Siegesdenkmal der deutschen Kaiserstadt. — Berlin, *Lichtwerk*. 1875. In-32, 270 p. 75 pf.

<small>2e édition.</small>

— Wilhelm der Einzige. Ein Sang auf Deutschlands ersten deutschen Kaiser. — Minden, *Bruns*. 1886. In-8º, 292 p. 5 m. 50 pf.

— Luther und Bismarck als Grundpfeiler unserer Nationalgrösse. — Berlin, *Maurer-Greiner*. 1884. In-8º, 87 p. 1 m. 50 pf.

<small>4e édition.</small>

— (Jac.). — Im Feld-Lazareth, oder : unter'm rothen Kreuz. Charakterbild in 1 Akt. — Berlin, *Lassar*. 1870. Gr. in-16, 20 p.

Hofman (Diac. Karl). — Erinnerungen aus dem deutsch-französischen Feldzug 1870-1871. — Limbach, *Alt*. 1872. In-16, 144 p. 1 m.

Hofman von Wellenhof (Intendant). — Die Feldverpflegung im deutschen Heere dargestellt nach den Erfahrungen im Feldzuge 1870-1871 und im Vergleiche zu unserer Einsicht. — Wien, *Seidel*. 1878. In-8º, 65 p.

Hohenlohe-Ingelfingen (General Prinz Kraft zu). — Militärische Briefe. — Berlin, *Mittler*. 1884-1887. In-8º.

    I. Ueber Kavallerie. 1884. 3 m.

<small>2e édition.</small>

    II. Ueber Infanterie. 1884. 3 m.

<small>2e édition.</small>

    III. Ueber Feld-Artillerie. 1885. 4 m.

<small>2e édition.</small>

— Strategische Briefe. — Berlin, *Mittler*. 1887. 2 vol. in-8º, cartes et croquis. 7 m., 5 m. 50 pf.

— Gespräche über Reiterei. — *Ib*. 1887. In-8º. 5 m.

— Ideen über Belagerungen. Ein Vortrag. — Berlin, *Voss*. 1872. Gr. in-8º, 54 p. 1 m.

— Entretiens sur la cavalerie. Traduit de l'allemand par H. Monet. — Paris, *Westhausser*. 1889. In-8º. 2 fr. 50 c.

Hohenlohe-Ingelfingen (General Prinz Kraft zu). — Lettres sur l'infanterie. Traduites de l'allemand par E. Jaeglé. — *Ib.* 1886. In-8°, 259 p. 4 fr.
3 édition. 1895.

— Lettres sur l'artillerie. Traduit par E. Jaeglé. — *Ib.* 1886. In-8°. 6 fr.

— Lettres sur l'artillerie. Supplément. — *Ib.* 1888. In 8°. 1 fr. 50 c.

— Lettres sur la stratégie. Traduit par A. Véling. — *Ib.* 1887-1888. 2 vol. In-8°, carte et pl. 20 fr.

— Conversazioni di cavalleria. Sunto e note di Fortunato d'Ottone. — Fano. 1892. In-16. 50 c.

— Seguito delle conversazioni sulla cavalleria. Sunto e note di F. d'Ottone. Fano. 1892. In-16. 50 c.

— Letters on Infantry. — Chatham, *Gale and Polden.* In-8°. 6 sh.

— Letters on Cavalry. — *Ib.* In-8°. 6 sh.

— Letters on Artillery. — *Ib.* In-8°. 7 sh. 6 d.
Voir Loza.

Hohenthal (Graf Löwenbalk). — Vollständige Geschichte des deutsch-französischen Krieges von 1870-1871. — Leipzig, *R. Schäfer.* 1871. In-8°, 2 part., 672 p., ill., cartes, plans. 4 m.

Hollist (Captain). — *Voir* HOFFBAUER (Major), SCHELL.

Hollnack (Pr.-Lieutenant Max). — Kriegserinnerungen eines alten 37ers. — Hannover, *Helwing.* 1890. In-8°, 166 p. 2 m.

Holsbeek (Doctor H. van). — Souvenir de la guerre franco allemande considérée au point de vue hospitalier et chirurgical. — Bruxelles, *C. Muquardt.* 1872. In-8°.

Holtei (K. von). — Lieder eines Alten. — Berlin, *Lipperheide.* 1870. In-16, 20 p.

— Königslieder — alt und neu. — Berlin, *Pätel.* 1871. Gr. in-8°, 59 p.
2e édition.

Holtzmann (J.) und Doll (K. W.). — Predigten am Friedensdankfeste des 18. Juni 1871 gehalten. — Karlsruhe, *Braun.* 1871. In-8°, 28 p. 30 pf.

Homann (Karl). — Kriegstagebuch eines deutschen Reservemannes. — Nürnberg, *von Ebner.* 1879. In-8°, 273 p. 2 m.
Nouvelle édition.

Homer (der) des Jahres. — *Voir* FRANZOSENKRIEG.

Hooper (Georges). — The campaign of Sedan. The Downfall of the second Empire. August-september 1870. — London, *George Bell and Sons.* 1887. In-8°, carte, 6 plans. 14 sh.

Hopf (A.). — Offen geschriebener Schreibe-Brief von Isaak Mauses Hersch an Herrn Louis aus Paris, Aufenthalt zur Zeit unbekannt. — Berlin, *Prager*. 1870. In-8º, 7 p.

— Der Gefangene auf Wilhelmshöhe. Humoristisch-satirisches Zeitbild. — Berlin, *Prager*. 1871. Gr. in 8º, 51 p.

— Katechismus der deutschen Soldaten. — Berlin, *Burmester und Stampell*. 1871. In-8º, 8 p.

— (Jos.). — 's eiserne Kreuz der Stromhartl anno 1870. Oberbayerisches Volksstück mit Gesang. — Regensburg (*A. Riempp*). 1895. In-8º, 47 p. 1 m. 25 pf.

Hopp (Fr.). — Das Grenadier-Regiment Kronprinz (1. Ostpreuss.) Nr. 1, jetzt Grenadier-Regiment König Friedrich III..... im Kriege gegen Frankreich 1870-1871. — Königsberg, *Hartung*. 1894-1895. In-8º, 2 vol., 111, 179 p., 8 croquis. 2 m. 50 pf.

D'après le journal et les lettres d'un volontaire d'un an.

Horn (Édouard, député au parlement hongrois). — La grande nation 1870-1871. Préface de Jules Simon. — Paris, *Plon*. 1891. In-12. 3 fr. 50 c.

Extrait du *Neuer freier Lloyd* de Budapest (1870-1871). Traduction d'Émile Horn.

— Le bilan de l'Empire. — Paris. In-8º.

5ᵉ édition.

— (Georg). — Bei Friedrich Karl. Bilder und Skizzen aus dem Feldzuge der zweiten Armee. — Leipzig, *Keil*. 1872. 2 vol. gr. in-8º, 634 p. 9 m.

— (Hauptmann). — *Voir* SCHEMPP.

— (O.). — Aus zwei Feldzügen. Drei bayerische Geschichten. — Leipzig, *Dege*. 1876. 2 vol. in-8º, 363 p. 9 m.

— Im Siegesheimzug. Festspiel. — München, *Rieger*. 1871. In-8º, 30 p. 40 pf.

Horning (Pf. F.). — Das Schlachtfeld bei Wörth-Fröschweiler im Elsass in Bildern. — Fröschweiler; Nördlingen, *Beck*. 1890. In-8º, 56 p., ill., carte. 1 m.

Nouvelle édition. 1895. 55 p., 38 ill., carte. 80 pf.

Horst (Sek.-Lieutenant Freiherr A. von der). — Garde-Schützen-Bataillon. Ein kurzer Abriss der Geschichte des Bataillons von der Stiftung bis zur Jetztzeit. — Berlin, *Mittler*. 1882. In-8º, ill. 1 m. 20 pf.

2ᵉ édition. 1891.

— (Walt.). — Im Feuer! Bilder aus dem deutsch-französischen Kriege 1870-1871. Nach den Aufzeichnungen eines deutschen Schlachtenmalers erzählt. — Dresden, *M. Fischer*. 1895. In-8º, 127 p. 50 pf.

— Le même. — *Ib*. 1895. In-8º, 207 p. ill. 2 m. 50. pf.

Hottinger (Doctor Christ. Gotth.). — Der deutsch-französische Krieg 1870-1871. — Strasbourg, *Volksblatt-Verlag*. 1876. In-8°, 164 p., ill., carte. 1 m. 60 pf.

— Le même. — *Ib.* 1887. In-32, 160 p. 30 pf.

— Friedrich Wilhelm, Kronprinz des deutschen Reiches und Kronprinz von Preussen. — Strasbourg. 1888. In-8°, 31 p. 40 pf.

Houdayer (Édouard). — Les martyrs de Rahay en 1870. — Paris, *Dentu*. 1876. In-8°, 15 p.

Houzé de l'Aulnoit. — Histoire et mode de fonctionnement des caisses de secours des bataillons de mobiles et de mobilisés de l'armée du Nord pendant et après la guerre de 1870-1871. — Lille. 1871. In-8°, 31 p., 2 pl., 50 c.

How the French make War. A contribution to the history of civilization and moral progress in the 19th century. — Translated from the German. — Berlin. 1871. In-8°, 76 p. 1 m.
Voir Wis.

Hoyer (Doctor). — Die Grabstätten der Kämpfer des oldenburgischen Infanterie-Regiments Nr. 91, des oldenburgischen Dragoner-Regiments Nr. 19, und der 1. Feld-Abtheilung des Hannoverschen Feldartillerie-Regiments Nr. 10 aus den Jahren 1870 und 1871, welche auf deutschem Boden sich befinden. — Oldenburg, *Schulze*. 1875. Gr. in-8°, 50 p. 1 m.
2ᵉ édition. 1876.

— Die Grabstätten der bayerischen Kämpfer 1870-1871 in Norddeutschland. — Hannover, *Cruse*. 1876. Gr. in-8°, 60 p. 1 m.

— Die Grabstätten der deutschen Kämpfer aus dem Jahre 1870-1871 in Belgien. — Oldenburg, *Schulze*. In-8°. 60 pf.

Hoyns (Doctor Georg). — Die Zurücknahme von Elsass und Lothringen. Ein Wort über den Charakter der Franzosen und seine Entwickelung an dem Gegner jener Zurücknahme. — Hannover, *Schmorl und von Seefeld*. 1871. Gr. in-8°. 25 pf.

Hozier (H. M.). — The Franco-Prussian War. An Account of Paris during the siege, inclusive Rise and Fall of the Commune, by a resident. — London. 1871-1872. 2 vol. In-4°, 890 p. 2 £. 10 sh.

Hubard (Gustave). — Lettre d'un volontaire. — Paris, *Hennuyer*. 1871. In-16. 16 p.

Huber (Doctor J.). — Das Verhältniss der deutschen Philosophie zur nationalen Erhebung. Vortrag. — München, *Fritsch*. 1871. Gr. in-8°, 24 p. 50 pf.

Huber (M. C. U.). — De reuzen strijd van 1870-1871. Beschrijving van den oorlog tuschen Frankrijk en Pruissen. — Arnhem. 1872. In-4° à 2 col., 252 p., 14 pl., 18 cartes. 7 fl. 60 cts.

Hubl (Hauptmann, Major Anton). — Le Mans. Vorträge und applicatorische Besprechungen. — Prag, *F. Ehrlich*; Graz, *F. Peckel*. 1892. In-8°, 95 p., 4 pl. 1 fl. 25 kr.
2ᵉ édition.

— Die Unternehmung des Detachements von Boltenstern im Loir-Thale, 26. und 27. December 1870. — *Organ*, XLV. 1892.

Hubler (Th.). — 1813-1871. Extrait d'une brochure allemande. — Bordeaux, *Féret*. 1872.

Hudig (M. S.). — In the ambulance van het roode kruis. — Rotterdam. 1871. In-8°, 46 p.

Hue (F.). — Les Françaises en 1870; le fiancé de Claudine; la femme du Bavarois; pauvre mère. — Paris, *Lecène et Oudin*. 1888. In-8°, 155 p. 1 fr. 25 c.

— Histoire du 1ᵉʳ régiment de chasseurs d'Afrique. — *Ib*. 1888. In-18, ill , 159 p. 2 fr.

Hübner (J.). — Zeitspiegel. Des deutschen Reiches Krieg, Sieg und Frieden. Sonette und Lieder. — Dresden, *Meinhold und Sohn*. 1871. In-8°, 85 p. 1 m. 20 pf.

— (P.). — Von Ems bis Paris. Rückblicks-Couplets. — Berlin, *Bloch*. 1895. In-8°. 60 pf.

Hüll (J.). — Schwert und Harfe. Gedichte. — Berlin, *Lipperheide*. 1871. In-16, 180 p.

Hufeland (Alfr.). — 10 Festreden zur Sedanfeier in der Volksschule. Herausgegeben von A. H. — Minden in Westphalen, *A. Hufeland*. 1872. Gr. in-8°, 56 p. 80 pf.

Hugo (Victor). — Napoléon le Petit. — Londres, *Nutt*. 1869. In-18, 272 p. 1 sh.

— Le même. — Paris, *Hetzel*. 1870. In-18 j.
A paru également chez *Calmann Lévy* en vol. in-8°, à 6 fr.

— Napoleon der Kleine. Aus dem Französischen. — Brem, *Kühtmann*. 1870. In-8°, VIII-314 p.
3ᵉ édition.

— L'année terrible. — Paris, *M. Lévy*. 1872. In-8°, 435 p. 7 fr. 50 c.
D'autres éditions ont été publiées par *M. Lévy* (in-18 j. et grand in-8° ill.) 1873; par *Lemerre* (petit in-12), par *Hetzel*, in-8° et in-18, etc.

Hugonnet (Paul). — Les champs de bataille de 1870. I. Frœschwiller (1870-1883). — Paris, *Bayle et Cⁱᵉ*. 1883. In-8°. 50 c.

Hugonnet (Paul). — II. Orléans (11 octobre 1870-11 octobre 1884) — Orléans, *Herluison*. 1884. In-8°, 25 p., eau-forte. 2 fr.

— III. Coulmiers. — *Ib.* 1884. In-8°. 1 fr.

Huguenin (O.). — Épisodes de l'internement en Suisse de l'armée de Bourbaki en 1871. — Zurich. 1874. Croquis, 6 feuilles. 5 fr.

Huitième (Le) bataillon de chasseurs à pied. — Amiens, *imp. Delattre Lenoël*. 1883. In-8°, 82 p.

Humann (Doct. A.). — Die Sedans-Jubelfeier im Herzogthum Sachsen-Meiningen am 1. und 2. September 1895 und die grosse Zeit von 1870-1871. — Hildburghausen, *Kesselring*. 1895. In-8°, 112 p. 2 m. 50 pf.

29e livraison des *Schriften des Vereins für meiningische Geschichte und Landeskunde*.

Humbel (Capit. F. X.). — *Voir* STIELER VON HEYDEKAMPF.

Humbert (Louis). — *Voir* DAUPHINÉ.

Humor im Felde. — Heiteres aus dem deutsch-französischen Kriege von 1870. — Leipzig, *Hartknoch*. 1870. 2 fasc. in-8°, 62 et 64 p.

5e édition.

— und Ernst des deutschen Krieges. — Wittenberg, *Herrosé*. 1870. In-16, 64 p.

Humoristika über Louis Napoleon. — Berlin, *Hamburg und Co.* 1870. In-8°, Nos 1 à 6, à 6-8 p.

Hundert officielle Kriegs- und Siegestelegramme von 1870. — Ruhrort, *Andreæ*. 1871. In-32, 64 p.

Hundt von Hafften-Turowo. — Militär-politische Berichte über die französische Armee und das französische Volk. — Berlin, *Weber*. 1870. Gr. in 8°, xx-234 p. 1 m. 50 pf.

Nouvelle édition.

Huot (F.). — Réfutation. Colonne mobile de Tours. [Division Camó.] — Melun. 1871. In-8°, 12 p.

Huot de Goncourt. — *Voir* GONCOURT.

Hupin (E.). — Nouveaux souvenirs. Larmes et sourires, 1870-1875. — Sedan, *Sarrasin et Tellier*. 1875. In-8°, 208 p.

Huré (A.). — L'invasion (vers). — Paris, *Librairie des bibliophiles*. 1888. In-18, 76 p. 2 fr.

— Bazaine. — *Ib.* 1889. In 18. 2 fr.

Hurrah! De Jungs vun de Waterkant! Lieder und Erinnerungsbilder für Feldzugskameraden von der 17. und 18. Division, von einem Hanseaten. — Hamburg, *C. Boysen*. 1895. Gr. in-8°, 48 p. 60 pf.

9. Jägerbataillon.

Hurrah Germania! Deutsche Kriegslieder und Gedichte 1870. — Tilsen. 1870. In-16, 123 p.

Hussenot (Professeur). — Album des deux sièges de Paris, 1870 1871. Croquis militaires. — Paris, *Lejeune et Cie*. 1872. In-fol. obl.

Husser (E.). — Erlebnisse eines badischen Trainsoldaten im Feldzuge 1870-1871. — Karlsruhe, *J. J. Reiff*. 1895. In-8°, VIII-156 p., carte. 1 m. 20 pf.
 Badener im Feldzug 1870 1871.

Husson (F.). — Paris bombardé pendant vingt jours (1871). Récits journaliers. — Tours, *imp. Arrault*. 1892. In-18, 260 p.

Huter (Capit.). — *Voir* MUZEAU.

Hutter (H.). — Das königlich-bayerische 1. Chevaulegers-Regiment Kaiser Alexander von Russland, 1682-1882. — München, *Oldenbourg*. 1882. In-8°. 9 m. 30 pf.

Hutzelmann (C.). — Angriffe Frankreichs auf Elsass und Lothringen. Ein Beitrag zur Geschichte dieser beiden Reichslande. — Nürnberg, *J. L. Schmid*. 1872. In-8°, 54 p. 1 m. 60 pf.

Huysmans (J. K.). — *Voir* ZOLA.

Huyssen (Mil.-Oberpf. G.). — Bilder aus dem Kriegsleben eines Militär-Geistlichen. Ein Beitrag zur Culturgeschichte des deutsch-französischen Krieges von 1870-1871. — Kreuznach, *Maurer*. 1872. In-8°, XVI-416 p. 4 m.

— Le même. — 6e édition. 1893. VIII-340 p. 6 m.
 7e édition. Berlin, *Maurer-Greiner*. 1894.

— Preussens und Deutschlands Kriegsherr Kaiser Wilhelm I. und sein Kriegsheer. — *Ib.* 1894. In-8°, 112 p., portr. 1 m.
 11e édition.

— 8 Feldpredigten. — Frankfurt, *Maurer*. 1871. In 8°, 83 p. 1 m.

— Patriotische Feierklänge zu deutschen Nationalfesten für höhere Schulen. — Schwelm, *Scherz*. 1876. In-8°, 72 p. 75 pf.
 2e édition.

— Ein Wort der Ermuthigung in drohender Kriegsnoth, am..... 27. Juli 1870. — Kreuznach, *Maurer*. 1870. Gr. in 8°, 16 p.

— Die Poesie des Krieges und die Kriegs-Poesie. — Berlin, *Maurer-Greiner*. 1883. Gr. in-8°. 6 m.

Huz (Louis). — 2e bataillon des mobiles de la Drôme. Campagne de 1870-1871, siège de Paris. Rapport à M. le Ministre de la guerre. — Grenoble, *Drevet*. 1872. In-8°, 56 p. 1 fr.

Hyosciamus. — *Voir* BISMARCK.

I

Iconographie des batailles de Saint-Quentin (1557, 1870-1871). — Saint-Quentin, *Poette*. 1876. In-8º, 19 p.

Idee del principe Hohenlohe intorno alla fanteria. — Roma. 1885. In-8º, 24 p. 60 pf.

Ideville (H. d'). — Les petits côtés de l'histoire. Notes intimes et documents inédits (1870-1884). — Paris, *C. Lévy*. 1885. In-18 j., 358 p. 3 fr. 50 c.

Iken (Pastor J. F.). — Die evangelische Kirche Frankreichs. Vortrag am 3. März gehalten. — Bremen, *Müller*. 1871. Gr. in-8º, 32 p. 50 pf.

Iessie (W. Mario). — Garibaldi e i suoi tempi. — Milano, *Treves*. 1884. In-4º, ill., 17 l. 50 c.
3º édition.

Ilex (F.). — Vor Strassburg. Erinnerungen aus dem Jahre 1870. — Strasbourg, *Schmidt*. 1895. In-8º, 129 p. 1 m.

Ille-et-Vilaine (Le premier bataillon de mobilisés d') à la 2º armée de la Loire, par l'état-major du bataillon. — Rennes, *Leroy et fils*. In-18, 64 p. 25 c.

Illing (Hauptmann). — Geschichte des königlich-bayerischen Leib-Infanterie-Regiments. — Berlin, *Mittler*. 1890. In-8º. 1 m. 20 pf.
Mannschaftsausgabe. — 2 édition.

— Le même. — Von der Errichtung bis zum 1. Oktober 1891. — *Ib.* 1895. In-8º, portr., cartes, ill., pl. 12 m.

Im Felde. Erfahrungen und Bilder aus dem täglichen Leben im Kriege. Von einem activen älteren Offizier. — Berlin, *Eisenschmidt*. 1890. In-8º, 462 p. 7 m. 50 pf.

Imbert (Mᵐᵉ Vᵉ, émissaire durant le siège de 1870, témoin entendu au procès Bazaine). — Siège de Metz. Mémoire. — Tours, *Rouillé-Ladevèze*. 1879. In-18, 40 p. 80 c.

Imbert de Saint-Amand. — Les femmes des Tuileries. — Paris, *Dentu*. 1880. In-18 j., 357 p. 3 fr. 50 c.
3º édition. — L'Impératrice au 4 septembre.

Im Bivouak. Humoristische Erzählungen und Anekdoten aus den Feldzügen 1866 und 1870. — Berlin. 1871. In-16, 92 p. 60 pf.

Im Feldlazareth während des deutsch französischen Krieges 1870. Erlebnisse eines Freiwilligen unter dem Johanniter-Orden. — München, *Huber*. 1870. In-8°. 50 pf.

— **Lazareth** und auf dem Verbandplatze. Erinnerungen einer freiwilligen Pflegerin aus dem deutsch-französischen Kriege 1870. — Trier. 1872. In-8°, III-78 p. 1 m.

Immer druff! Was man sich im Bivouak erzählt .. — Elberfeld, *Pullmann*. 1870. In-8°, 48 p., ill.

Immortellen des Schlachtfeldes. Nrn. 1-4. — Darmstadt, *Zernin*. 1870. Gr. in-8°.

Dû au Major M. von Ploonies.

Impératrice (L') et l'enquête sur le 4 septembre. — Paris, *Lachaud*. 1873. In-8°, 16 p.

— **Notes et documents.** — Paris, *Librairie générale*. 1877. In 8°, 44 p. 2 fr.

Impressions et souvenirs du siège de Belfort, par un volontaire de l'armée de Belfort. — Paris, *Cherbuliez*. 1871. In-18 j. 2 fr.

— par un volontaire strasbourgeois. — Strasbourg, *Treuttel et Würtz*. 1871. In 8°, VIII-171 p., carte. 2 fr. 50 c.

In der zwölften Stunde. Ein ernstes Wort in ernster Zeit. — Wien, *Gronemeyer*. 1871. Gr. in-8°. 1 m.

In Feindesland. Ein Stück aus dem Kriege 1870. — Weimar, *Geographisches Institut*. 1871. In-16. 50 pf.

In Frankreich 1870-1871. Erinnerungen eines königlich-preussischen Cavallerie-Offiziers. — Darmstadt, *Zernin*. 1882. Gr. in-8°. 1 m. 50 pf.

Extrait de l'*Allgemeine Militär-Zeitung*. 1873.

In Frankreich. Erlebnisse eines nicht ausgewiesenen Deutschen während des Krieges. — Darmstadt, *Jongbaus*. 1872. Gr. in 8°, XVI-84 p. 1 m. 40 pf.

Indiscretionen. — Aus den Erinnerungen eines patriotischen Reptils. — Berlin, *Hofmann und Co.* 1883. In-8°, 451 p. 7 m.

Indultgesetz (Das französische) vom 13. August 1870 und seine Nichtanwendung auf deutsche Wechselverpflichtung. — Berlin, *Guttentag*. 1871. In-8°, 18 p. 30 pf.

Indy (Vincent d'). — Histoire du 105ᵉ bataillon de la garde nationale de Paris en 1870-1871. — Paris, *Douniol et Cⁱᵉ*. 1872. In-18, 220 p. 1 fr. 25 c.

Infâmes (Les). — Louis Napoléon Bonaparte depuis sa naissance jusqu'à son exil à Chislehurst. Les complices. — Bruxelles, *bureaux du Petit Journal*. 1871. In-8°. 1 fr.

Infanterie-Brigade (Die 49.) in der Schlacht von Vionville-Mars-la-Tour am 16. August 1870. Eine kriegsgeschichtliche Studie aus dem deutsch-französischen Kriege 1870-1871 nach der applicatorischen Methode. — Berlin, *Mittler*. 1895. In-8°. 3 m.

Infanterie de marine. — Le 5ᵉ bataillon de marche. — Saint-Nicolas-Varangéville. 1872. In-12, 20 p.

Infanterie-Division (Die 17. preussische) während des Feldzuges 1870-1871. — *Jahrbücher*, 1872, livr. 4-5.

Infanterie-Regiment Nr. 60 (Das 7. brandenburgische) von seinem Ursprung bis zur Gegenwart. — Berlin, *Meidinger*. 1884. In-8°, 48 p. 1 m.
2ᵉ édition.

Inneck (Karl). — Der deutsch-französische Krieg 1870-1871. — Leipzig, *Brockhaus*. 1876. In-8°.

Inside Paris during the siege. — London. 1871. In-8°, 343 p.

Instructions tactiques pour l'armée du Rhin. — Metz, *imp. J. Verronais*. 1870.

Intendantur (Die französische Militär-) während des Feldzuges 1870-1871. — *Neue milit. Blätter*, 1877.

Invasion prussienne 1870-1871. Eure-et-Loir, rapports des maires sur les événements qui se sont passés dans leurs communes. — Chartres, *Pétrot-Garnier*. 1873. In-8°, IV-330 p.

Irle (Hermann). — Die Festung Bitsch. — Strasbourg, *Heitz*. 1888. In-8°, 48 p. 1 m.

Isambert (Gustave). — Documents pour servir à l'histoire de la guerre de 1870-1871. IX. Combat et incendie de Châteaudun (18 octobre 1870), notes et pièces justificatives. — Paris, *Lacroix, Verboeckhoven et Cⁱᵉ*. 1871. In-8°, 107 p. 1 fr. 50 c.

— La défense de Châteaudun (18 octobre 1870). — Paris, *Charavay*. In-18. 1 fr.
Nouvelle édition.

Isenburg (Hauptmann L.). — Das brandenburgische Füsilier-Regiment Nr. 35 in Frankreich 1870 1873. — Berlin, *Mittler*. 1875. Gr. in-8°, 355 p., pl. 6 m.

— (L.). — 1870-1871. Feldpostbriefe eines Mitgliedes der 22. Division. Mit einigen Kartenskizzen. — Hersfeld, *Höhl*. 1882. Gr. in-8°. 2 m. 50 pf.

Iskraut (Rektor J. G.). — Sedanfeier für Schule und Haus. — Barmen, *Klein*. 1878. In-8°, 36 p. 40 pf.
4ᵉ édition. 1895. 32 p., ill.

Issaurat (Cyprien). — Notes et impressions politiques de Paul-Jacques Bonhomme. Son journal de septembre 1870 à février 1871. — Paris, *Sandoz*. 1872. In-12. 3 fr. 50 c.

Issleib (W.). — Das rechte und linke Rheinufer von Basel bis Köln nebst angrenzenden Ländern. — Gera, *Issleib und Rietzchel*. 1870. Gr. in-4°, chromol. (carte).

Italo-Florentino. — Francia e Prussia. Album della guerra del 1870. — Milano. 1871. 2 vol. in-8°, 1304 p. 8 l.

Itier (Capitaine) et **Favatier** (Lieutenant). — Résumé de l'historique du 57e régiment d'infanterie. — Libourne, *Malleville*. 1892. In-8°, ill.

Iunck (Capitaine A.). — Les pionniers allemands en 1870. — Paris et Nancy, *Berger-Levrault et Cie*. 1896. In-8°, 128 p., 2 cartes. 2 fr.

Iung (Général). — *Voir* Jung (Général).

Izarny-Gargas (Capitaine d'). — 38e régiment d'infanterie. Historique des corps qui ont porté le n° 38. Origines, campagnes, souvenirs. — Saint-Étienne, *imp. Théolier*. 1889. In-8°, 784 p., pl. 20 fr.

A consulter pour l'histoire des 15e et 16e corps.

J

J. (E.) [Commandant E. Jourdy], ancien élève de l'École polytechnique. — Les vaincus de Metz. — Paris, *Librairie internationale*. 1871. In-8°, 327 p., cartes. 6 fr.

J. (F.) — *Voir* SEDAN.

J. (L. B.). — De oplossing van het geheim van den oorlog tusschen Frankrijk en Duitschland aangevangen door Napoleon III in Julij 1870. — Utrecht. 1871. In-8°, 30 p. 15 cts.

Jacobi (F.). — Der Tod im Kampfe für's Vaterland. Rede. — Augsburg, *Kranzfelder*. 1871. In-8°, 15 p.

Jacot (Curé Auguste). — Vingt ans après ! — Strasbourg, *K. J. Trübner*. 1894. In-8°, IX-93 p. 1 m.

2° édition.

Jacqmin (F.). — Les chemins de fer français pendant la guerre de 1870-1871. — Paris, *Hachette*. 1872. In-8°. 8 fr.

— Le même. — 1874. In-12. 3 fr. 50 c.

Jacquelot de Boisrouvray (Commandant). — La retraite du 13° corps de Mézières à Laon.... — Paris, *E. Dubois*. 1889. In-12, 47 p., croquis. 1 fr.

Extrait de la *Revue du Cercle*.

Jacquemont (L.). — Guerre de 1870. Les Prussiens à Versailles et dans le département de Seine-et-Oise. — Paris. 1871. In-8°, 16 p.

— **(Capitaine S.).** — La campagne des zouaves pontificaux en France sous les ordres du général baron de Charette (1870-1871). — Paris, *Plon*. 1871. In-18, 203 p. 2 fr. 50 c.

2° édition. 1871. 3 cartes.

— La campagna degli zuavi pontifici in Francia sotto gli ordini del generale barone di Charetta 1870-1871, volgarizzata da un caporale Modenese. — Bologna. 1873. In-32, 224 p.

— **(V.)** — La France et la Prusse devant l'Europe. Nécessité d'un congrès. — Fribourg (Suisse). 1871. In-8°. 1 fr.

Jacques (Doctor Heinrich). — Oesterreichs äussere Politik in und nach dem Kriege. — Wien, *Manz*. 1871. Gr. in-8°. 1 m. 20 pf.

Jacquot (G.). — Kampf mit Frankreich und dem deutschen Heere 1870-1871. — Mohrungen; Leipzig. 1871. In-12, 768 p. 3 m.

Deutsche preussische Volksbücher, n°s 61-66.

Jacquet (G.). — Die Heerführer und Helden des deutsch-französischen Kriegs 1870 und 1871. — *Ib.* 1872. In-12, 264 p., en 2 part. à 60 pf.
Deutsche preussische Volksbücher, nos 68-69.

— (J.). — Les Espions à Paris. — Paris, 1871. In-8°, 8 p.

Jädicke (Ad.). — Bismarck und das deutsche Vaterland im zeitgenössischen Lied. Ein Gedenkbuch..... — Dresden, *Henkler*. 1894. In-8°, VII-263 p. 2 m. 40 pf.

— Le même. Édition populaire. — *Ib.* 1894. In-8°, VII-177 p. 1 m.
3e mille.

Jäger (Georg). — Bis vor Paris 1870-1871. Tagebuchblätter eines württembergischen Offiziers (1. württembergische Feld-Brigade). — Stuttgart, *Aue*. 1873. In-8°, 48 p. 75 pf.

— Le même. — 3e édition. Stuttgart, *Verlag der Lieler-Chronik*. 1879. In-8°, 80 p. 1 m. 20 pf.

— (H.). — Gedichte. — Tübingen, *Osiander*. 1870. Gr. in-16, VII-174 p.

— (O.). — Der deutsch-französische Krieg 1870-1871 (Gedichte). — Bonn. 1876. In-8°, 164 p. 50 pf.

Jähnichen (F.). — Prolog zur Sedan-Jubelfeier am 2. September 1895. — Frankenberg, *C. Stange*. 1895. In-8°, 4 p. 1 m.

— Zum Sedan-Jubelfeste am 2. September 1895. — *Ib.* 1895. In-8°, 4 p. 1 m.

Jähns (Hauptmann, Oberstlieutenant Max). — Deutsche Feldzüge gegen Frankreich. Vortrag. — Leipzig, *Grunow*. 1871. Gr. in-8°. 1 m. 20 pf.
Extrait des *Grenzboten*.

— Zur Heimkehr. Ein preussisches Festspiel. — Berlin, *Pätel*. 1871. In-8°, 12 p.

— Das französische Heer von der grossen Revolution bis zur Gegenwart. Eine kultur-historische Studie. — *Ib.* 1873. Gr. in-8°. 13 m.

— Feldmarschall Moltke. I. Th. Lehr- und Wanderjahre. — Berlin, *C. Hofmann*. 1894. In-8°, XVI-251 p. 3 m.

Jaeglé (J.). — *Voir* HOHENLOHE-INGELFINGEN, MOLTKE, SCHEIBERT.

Jaffeux (Capitaine P.). — *Voir* CHATEAUGAY.

Jaguin (Lieutenant). — Historique du 137e régiment d'infanterie. — Fontenay-le-Comte, *Gouraud*. 1890. In-8°, 176 p. 3 fr. 50 c.

— Le même. — *Ib.* In-12. 2 fr.

Jagwitz (Hauptmann von). — Kurze Darstellung der Geschichte des Infanterie-Regiments von Lützow (1. Rheinisches) Nr. 25, 1813-1889. — Berlin, *Mittler*. 1889. In-8°, croquis. N. d. l. c.

Jahn (A.). — In französischer Gefangenschaft. Genrebild in 1 Akt. — Berlin, *Lassar*. 1870. Gr. in-16, 12 p.

Nouvelle édition. Berlin, *Bloch*. 1895. 2 m.

— (F.). — Kriegslieder aus dem Siegesjahre 1870. — Stettin, *Brandner*. 1871. In-16, 58 p. 50 pf.

— (Gustav). — Der Krieg von 1870 und 1871 dem deutschen Volke erzählt. — Halle, *Mühlmann*. 1872. In-8°, 617 p., carte. 3 m. 60 pf.

— (H.) — Erinnerungsblätter aus eiserner Zeit. — Spandau, *Jürgens*. 1873. In-8°, 114 p. 2 m.

— (Hauptmann, Doct. H.). — Aus Deutschlands grossen Tagen. Erlebnisse eines 24ers im deutsch-französischen Kriege. I. Band. — Braunschweig, *Limbach*. 1895. In-8°, v-382 p. 4 m.

— (Doct. Ludwig). — Deutschlands Streben und Ringen nach Einheit. Eine Festgabe. — Hannover, *C. Meyer*. 1895. In-8°, 64 p., ill. 50 pf.

Jahnke (Hermann). — Fürst Bismarck, sein Leben und Wirken. — Berlin, *Kittel*. 1891. In-8°, III-616 p., ill. 10 m. 50 pf. A paru en 16 livraisons à 50 pf.

4° édition. 1895. 20 livr. ill. à 50 pf.

— Kaiser Wilhelm der Siegreiche. — Berlin. 1888. In-8°. 2 m.

Voir MÜLLER-BOHN.

Jahr (Das) 1870 und die Wehrkraft der Monarchie. — Wien, *Faesy und Frick*. 1871. Gr. in-8°. 1 m. 60 pf.

— (Das) 70, und das Jahr 1870, beleuchtet auf Grund des göttlichen Worts und der Geschichte von den 3 Predigern des Evangeliums zu Cöln. — Cöln. 1873. In-16, 64 p.

Jahre (25) aus Napoleon's III. Leben. Eine vollständige Geschichte dieses merkwürdigen Usurpators und seiner Zeit. — Wien, *Wenedikt*. 1870. Gr. in-8°, 140 p. 3 m. 50 pf.

A paru en livraisons.

— (Die ersten 25) des 7. westfälischen Infanterie-Regiments Nr. 56. — *Voir* GESCHICHTE.

— (75) der Regimentsgeschichte des Infanterie-Regiments Prinz Friedrich der Niederlande. — *Voir* FÜNFUNDSIEBENZIG.

Jaime (J. T.). — Guerre de 1870. Les Prussiens à Versailles et dans le département de Seine-et-Oise. Protestation contre les assertions du *Moniteur officiel prussien*. — Paris, *Lachaud*. 1871. In-8°. 50 c.

— (fils). — *Voir* KOCK.

Jakob (A.) — *Voir* ERK (L.), RICHTER (E.).

Janolgny (A. de). — Le vice-amiral baron de la Roncière-le-Noury, notice biographique. — Evreux, *Hérissey*. 1882. In-8º, 79 p., portr. N. d. l. c.

Jane (Paul [A. van Soust de Borckenfeld]). — L'année sanglante (1870-1871). — Bruxelles, *Muquardt*. 1872. In-8º. 2 fr.

— Das blutige Jahr. Uebersetzt von G. Dannehl. — Breslau, *Max*. 1874. In-8º, 48 p. 1 m.

Janicke (K.). — Das deutsche Kriegslied. Eine literar-historische Studie. — Berlin, *Lipperheide*. 1871. In-8º, VII-105 p.

Janin (Clément). — Journal de la guerre (1870-1871) à Dijon. — Dijon, *Manière-Loquin*. 1871. In-8º, 1re partie, 14 juillet-31 octobre 1870, 97 p. — 2º partie, 1873.

Jaraczewsky (Doctor A.). — Rede am allgemeinen Bettage, den 27. Juli gehalten. — Erfurt, *Villaret*. 1870. In-8º, 8 p.

Jarras (Général, chef d'état-major général de l'armée du Rhin). — Souvenirs, publiés par Mme Jarras. — Paris, *Plon*. 1892. In-8º, carte. 7 fr. 50 c.
Voir SCHIRMBECK.

Jastram (H.). — Kaiser und Reich. Lebensbilder und Dichtungen aus der Geschichte der Jahre 1864 bis 1871. — Wittenberg, *Herrosé*. 1874. In-8º, 48 p. 75 pf.

Jaubert (Mme Anna). — Eyrielle, épisode du siège de Paris. — Paris, *Ollendorff*. 1882. In-18 j. 3 fr. 50 c.

Jauvion (Victor). — Autour de Metz, scènes de la vie militaire en campagne. — Paris, *Téqui*. 1879. In-18 j., 194 p. 1 fr. 50 c.

Jay (Aimé, ancien officier d'état-major auxiliaire). — L'armée de Bretagne (22 octobre-27 novembre 1870). Ouvrage publié par Watel (Louis Jos.), ancien commissaire aux vivres. — Paris, *Plon*. 1873. In-8º, 423 p. 2 fr. 50 c.

Jeannel (Charles de). — De Dijon à Brême, 1870-1871. — Paris, *Colin*. 1872. In-18 j., 334 p. 2 fr. 50 c.

Jeanroy (Victor). — Le combat d'Épinal. — Épinal. In-8º.

Jelesnyia v kampaniou 1870-1871 gg. — San Peterbourg. 1873. In-8º, 787 p.
Chemins de fer.

Jellinek (Doctor A.). — Die Segnungen der Religion besonders in kriegerischen Zeiten. — Wien, *Herzfeld und Bauer*. 1870. Gr. in-8º, 14 p.

Jenner (F.). — Französische Absichten und deutsche Erfolge im Jahre 1870. Vortrag. — Neuwied, *Heuser*. 1871. Gr. in-8º, 25 p. 40 pf.

— (Major Hermann). — Zur Geschichte des 6. königlich-sächsischen Infanterie-Regiments Nr. 105 vom 9. März 1867 bis zum Juni 1871. — Strasbourg, *Schultz und Co*. 1877. Gr. in-8º, 135 p. 3 m.

Jensen (N. P.). — Sedan. — Kjöbenhavn. 1873. In-8°, 240 p., 4 cartes.

Jensen (W.). — Lieder aus dem Jahre 1870. — Berlin, *Lipperheide*. 1870. In-16, 50 p.

Jezlersky (Louis). — Combats et batailles du siège de Paris (septembre 1870 à janvier 1871). — Paris, *Garnier*. 1871. In-18, 466 p. 2 fr. 50 c.

— Le même. — Nouvelle édition. 1873. In-4°, 388 p., ill. 6 fr.
Voir Opinion.

Jhering (Marie). — Vaterlands-, Kriegs- und Siegesgedichte 1856 und 1870. — Leipzig, *Sigismund und Volkening*. 1871. Gr. in-16, 107 p.

Joanne (A.). — Atlas de la Défense nationale, cartes des 17 départements envahis par l'ennemi. — Paris, *Hachette*. 1870. In-fol.

Job (Docteur). — Malades et blessés. Ambulance de l'hôpital Rothschild pendant le siège de Paris, 1870-1871. — Paris, *Delahaye*. 1871. In-8°, 53 p.

Joël (Rabbin Doctor M.). — Religiöse Vorträge gehalten am Bettage des 27. Juli 1870 und am 22. März 1871. — Breslau, *Schletter*. 1891. Gr. in-8°, 16 p.

Joguet-Tissot. — Les armées allemandes sous Paris. — Paris, *Perrin*. 1890. In-8, VII-503 p. 7 fr. 50 c.

John (F. A.) und **Meyer** (J.). — Zum Sedansfeste. Gedenkbüchlein für brave Kinder..... — Leipzig, *Dürr*. 1880. In-8°, 43 p. 40 pf.

Joliet (Charles). — Les romans patriotiques. La Frontière. L'occupation. — Paris, *Librairie internationale*. 1871. In-18 j. 3 fr.

— Trois uhlans, odyssée du capitaine Karl Syffer. — Paris, *Dentu*. 1872. In-18 j., XI-288 p. 3 fr.

— Almanach de la guerre pour 1871. — Lyon. 1873. In-16, 128 p. 50 c.

Joly (A.). — Code complet des lois, décrets, arrêtés, circulaires d'intérêt général promulgués par le gouvernement de la Défense nationale à Paris et à Tours — Lyon, *Evrard*. 1876. In-12. 2 fr.

Jolly (H.). — La Commission d'enquête sur les actes du gouvernement de la Défense nationale. — *Revue de France*, 1875.

Jonas (Émile). — *Voir* Brandes (Doct. G.).

Jones (E.). — *Voir* Blume (Major W.).

Jordan (S.). — Souvenirs du siège de Paris. Notes diverses à propos de la fabrication des projectiles de l'artillerie. — Paris, *Lacroix*. 1871. Gr. in-8°, 4 pl. 7 fr.
Extrait des *Mémoires de la Société des Ingénieurs civils*.

Jordan (S.). — Notes sommaires pour servir à l'étude de la fabrication des canons. — *Ib.* 1871. Gr. in-8°, 6 pl. 7 fr.
Extrait des mêmes *Mémoires*.

— (Divisions-Pfarrer Theodor). — Ist Gott für uns, wer mag wider uns sein! Gedenkblätter aus der Geschichte der 2. Garde-Infanterie-Division während des Feldzuges 1870-1871. — Berlin, *Wiegand und Grieben*. 1871. Gr. in-8°, IV-145 p. 1 m.

Joséfa (M. T.). — Le général de Sonis, le héros de Patay. — Paris. 1893. In-8°. 5 fr.

Joseph (Le R. P.). — La captivité à Ulm. Suivi d'une liste des décès. — Tours, *Cattier*. 1872. In-12, XXIII-215 p.

— Le même. — 3e édition. Tours, Lons-le-Saulnier. 1872. In-12, 285 p.

Joseph Charbonnier — Souvenirs de l'invasion; l'Alsace en 1872; la Marseillaise. — Paris, *Quantin*. 1884. In-8°, portr. 3 fr.

Josephus (Pater). — *Voir* PROPHEZEIUNG.

Josephy (J.). — Uns' Krieg mit den Franzos' 1870-1871. Plattdütche Riemels. — Stralsund, *Bremer*. 1871. In-16, 23 p. 30 pf.

Jost (Eduard). — Vor 25 Jahren. Wahre Geschichten aus dem ruhmreichen Jahre 1870. — Frankfurt a. O., *H. Andres u. Co.* 1895. In-8°. 75 pf.

Jouancoux (J. B.). — Souvenirs de l'invasion. Le combat de Cachy (27 novembre 1870) [bataille d'Amiens]. — Amiens, *Jeunet*. 1884. In-18, 53 p. 75 c.

Jouaust (D.). — Tablettes quotidiennes du siège de Paris, raconté par la *Lettre-Journal*. Réimpression, suivie d'une table analytique. — Paris, *Librairie des Bibliophiles*. 1871. In-8°. 3 fr.

Joubert (Léo). — La bataille de Sedan, histoire de la campagne de 1870 depuis le 23 août jusqu'au 2 septembre. — Paris, *Librairie du Moniteur Universel*. 1873. In-18, III-228 p., carte. 3 fr.

— (T. Ch.). — *Voir* ARNAULD DE VRESSE.

Joulin (Docteur). — Les caravanes d'un chirurgien d'ambulance pendant le siège de Paris et sous la Commune. — Paris, *Dentu*. Gr. in-18 j., 121 p. 2 fr.

Jourdy (E.). — *Voir* J. (E.).

Journal de l'invasion de 1870. Lettres d'un père à son fils. — Tours, *Mame*. 1872. In-12, 72 p.

— de l'insurrection du 18 mars et des événements qui l'ont précédée, par un spectateur philosophe. — Paris, *Taride*. 1871. In-12, 255 p.

Journal d'un prisonnier de guerre en Prusse, par un officier de marine. Paris, *Bureau de l'Éclipse*. 1871. In-32, 126 p. 25 c.
<small>Bibliothèque populaire.</small>

— d'une infirmière pendant la guerre de 1870-1871. Sarrebrück, Metz, Cambrai. — Bruxelles, *Claessens*; Paris, *Plon*. 1872. In-12. 3 fr.
<small>Dû à la baronne de Crombbrugghe. 4ᵉ édition.</small>

— d'un Parisien pendant la révolution de septembre et la Commune. *Voir* LOUDUN.

— du siège, par un bourgeois de Paris. — Paris, *Dentu*. 1872. In-18 j., XVIII-915 p. 5 fr.

— historique du 18ᵉ bataillon de chasseurs à pied (1854-1878). — Paris, *Soussens*. 1880. In-18 j., XII-343 p. 3 fr.

— pour servir à l'histoire de l'invasion allemande dans l'Orléanais, canton de Châteauneuf-sur-Loire. — Lagny, Orléans. 1872. In-18, IV-285 p.

— du siège de Paris, publié par le *Gaulois*. — Paris, mars 1871. Gr. in-8º à 2 col., 476 p. 6 fr.

— de Marie Edmée [Pau]. Introduction de M. Antoine de Latour. — Paris, *Plon*. 1876. In-8º, XXXI-571 p., portr. 3 fr. 50 c.
<small>Nouvelle édition. 1891. In-18 j.</small>

— des marches et combats de la 2ᵉ division du 18ᵉ corps. — *Voir* PENHOAT.

Journaux (Les) de Paris du 4 septembre 1870, page d'histoire contemporaine. — Paris, *Librairie illustrée*. 1875. In-4º, 32 p. 1 fr.

Journée (La) de Sedan devant la Cour d'assises de la Seine. Audiences des 12, 13 et 15 février 1875. Procès Paul de Cassagnac. Publié par le *Gaulois*. — Paris, *E. Lachaud*. 1875. In-18, 128 p. 50 c.

— du 6 août 1870. Froeschwiller, Forbach, par un Lorrain. — Paris, *Dentu*. 1887. In-8º, 47 p. 1 fr.

Jousselin (H.). — Les enfants pendant la guerre (poésies). — Paris, *Hachette*. 1871. In-8º, ill., 108 p. 4 fr.

Jousset (Docteur). — Bellême; les Prussiens en 1870-1871. — Mamers, *Fleury et Dangin*. 1881. In-8º, 51 p.

Jouvencel (Paul de). — Récits du temps. Siège de Paris. Campagne de 1870. — Paris, *Dentu*. 1871. In-18. 3 fr. 50 c.

Judicis de Mirandol (Louis) [Paul Lagarde]. — Mémoires d'un enfant de troupe. Épisode de la guerre franco-allemande. — Paris, *Lemerre*. 1873. In-18, 263 p. 3 fr. 50 c.

Judlin (A.). — Chants d'Alsace-Lorraine; la guerre. — Paris et Nancy, *Berger-Levrault et Cⁱᵉ*. 1881. In-12, 134 p. 3 fr.

Jüchtzer (C. Julien). — Verzeichniss der im deutsch-französischen Kriege von 1870-1871 bis zum Präliminarien-Friedensschlusse gefallenen und verstorbenen Offiziere und Mannschaften des XII. (königlich-sächsischen) Armeekorps...... — Dresden, *Arnold*. 1871. In-fol., 51 p. 1 m. 50 pf.

Jüngken (Doctor J. C.). — Der Krieg und die Mittel seine feindlichen Folgen... zu bekämpfen... Nebst einer Beschreibung der Barackenstadt auf dem Tempelhofer Felde in Berlin. — Berlin, *von Decker*. 1870. Gr. in-8, 35 p.

Julian-Perry (A.). — La levée d'octobre 1870, poésie. — Paris, *Ollendorff*. In-18. 1 fr.

Julien (Lieutenant de vaisseau Félix). — L'amiral Bouët-Wuillaumez et l'expédition dans la Baltique. — Paris, *Plon*. 1872. In-18, 164 p. 2 fr.

Jullien (Capitaine). — Mémoires et études sur : 1º la guerre de 1870 ; 2º l'organisation de l'armée ; 3º les moyens de reprendre l'Alsace et la Lorraine. — Tours, *Mazereau*. 1875. In-8º, VIII-406 p. 5 fr.

Julliot. — Les Prussiens à Melun (1870-1871). Notes quotidiennes prises pendant leur séjour et durant l'occupation de la ville de Melun. — Melun, *Hérisé*. 1872. In-8º, 122 p. 1 fr. 50 c.

Junck (Major Karl). — Der deutsch-französische Krieg 1870-1871. — Leipzig, *Brockhaus*. 1876. 2 vol. gr. in-8º, LII-1224 p , cartes, pl. 16 m.

— Krieg Deutschland's gegen Frankreich 1870-1871. — *Unsere Zeit*. 1872-1873.

— (Rittmeister). — Die Bewegungen und das Entkommen des XIII. französischen Korps (Vinoy) 1870. — Berlin, *Eisenschmidt*. 1893. Gr. in-8º, VIII-90 p , carte. 2 m.

Jung (Capit. D.), de l'armée belge. — *Voir* BOGUSLAWSKI (Hauptm. A.).

— (Général Th.). — M. de Moltke et ses mémoires sur la guerre de 1870. Conférence. — Paris, *Charpentier*. 1892. Gr. in-18 j. 1 fr.

— Stratégie, Tactique et Politique. — *Ib*. 1890. In-18 j. 3 fr. 50 c.
3º mille.
Voir ARMÉE (L') de Metz, ARMÉE (L') française.

Junius (Nouvelle lettre de) à son ami A. D. [Alexandre Dumas]. Révélations curieuses et positives sur les principaux personnages de la guerre actuelle. — Londres, *Rascol*; Paris, *M. Lévy*. 1870. In-8º, VIII-95 p. 2 fr.
Voir DUMAS.

Junk (Rittmeister). — Gedenkblätter der im Kriege 1870-1871 gefallenen und gestorbenen Offiziere und Offiziersaspiranten der deutschen Kavallerie. — *Jahrbücher*, février 1896 et suiv.

Jurgensen (Jules F. U.). — Pendant la guerre. Trois poèmes : le soir du combat, Paris assiégé, la Revanche. — Genève, *F. Richard*. 1871. In-12. 2 fr.

— Le soir du combat. Récit d'une infirmière. Poème dramatique. — Genève, *J. Duraford*. 1871. In-8°. 50 c.

Jusselain. — De la reproduction des cartes topographiques en province pendant la guerre de 1870-1871. — Paris, *Dumaine*. 1873. In-18. 50 c.

Juste (Théodore). — 1757-1871. La rivalité de la France et de la Prusse, d'après les nouveaux documents. — Bruxelles, *C. Muquardt*. 1877. In-8°, 166 p. 3 fr.

— M. de Bismarck et Napoléon III, à propos des provinces belges et rhénanes. — *Ib*. 1871. In-8°. 1 fr.

Justice, par un officier d'artillerie de l'armée de Paris [Borgella]. — Paris. 1871. In-18.

Justice! Égalité! Récit de la campagne de France. — Paris, *Maison de la Bonne Presse*. 1895. In-32, 48 p.

Justification (Ma), par Bazaine. Réponse aux broc... tulées : L'homme de Metz. — Bruxelles, *imp. E. Wittmann*. 187. °, 16 p. 50 c.

Juteau (Avocat, chargé d'une mission dans l'Est). — Rapport sur la campagne de l'Est (1870-1871). — Paris, *Lachaud*. 1871. In-8°, 71 p., cartes. 1 fr.

Juzancourt (Capitaine G. de). — Notice historique sur le corps des carabiniers français. — Paris, *Tanera*. 1877. In-8°, 88 p. 1 fr. 50 c.

— Historique du 7e régiment de cuirassiers (1659-1886). — Paris et Nancy, *Berger-Levrault et Cie*. 1887. Gr. in-8°, ill., portr. 7 fr. 50 c.

— (Commandant G. de). — Historique du 10e régiment de cuirassiers (1643-1891). — *Ib*. 1893. Gr. in-8°. 6 fr.

K

K. — Das königlich-bayerische 9. Jäger-Bataillon im deutsch-französischen Kriege 1870-1871.. — Passau, *Keppler*. 1872. In-16.
Extrait du Journal d'un officier.

K. (E.) — Die Entwickelung des nationalen Heerwesens und ihre Bahn. Eine politisch-militärische Studie. — München, *Gummi*. 1872. Gr. in-8°. 60 pf.

— Deutschland gegen Frankreich. Illustrirtes Gedenkbuch der Vertheidigungs-Kämpfe unseres Vaterlandes im Jahre 1870. — Löbejun, *Walde*. 1873. In-4°, en livr. à 25 pf.

K. (M.). — *Voir* ZUR.

K. (W.). — Die französischen Panzerwagen 1870-1871. — *Jahrbücher*, t. VI, p. 95.

K. (Y.). — Le combat de Châtillon et l'investissement de Paris au sud. — Paris, *Baudoin*. 1893. In-8°. 2 fr.
Extrait du *Journal des Sciences militaires*.

Kadelbach (H.). — Bilder und Erinnerungen aus dem Kriegsleben von 1870-1871. — Leipzig, *Dörffling*. 1871. In-8°, 222 p. 2 m.

Kähler (Major). — Die Reiterei in der Schlacht bei Vionville und Mars-la-Tour am 16. August 1870. — Berlin, *Mittler*. 1874. In-8°, 69 p., carte. 1 m. 50 pf.
3ᵉ édition.

Kahl (Archidiak.). — Ansprache an das Eisenachische Bataillon vor seinem Abmarsch am 24. Juli 1870. — Eisenach, *Kahle*. 1870. In-8°.

Kahnis (K. F. A). — Der Kampf der Christen. Kriegspredigt am 7. August gehalten. — Leipzig, *Dörffling*. 1870. In 8°, 14 p.

Kaiser (Oberstlieut. C. von). — Zur 25jährigen Wiederkehr der Ehrentage der Württemberger, 30. November und 2. Dezember 1870. — Stuttgart, *W. Kohlhammer*. 1895. In-8°, v-93 p., croquis, plan. 75 pf.

— (Ernst). — Die Banditen von Paris oder die heldenmüthige Marketenderin. Eine historische Erzählung. — Berlin, *Burmester und Stempel*. 1870. Gr. in-8°, en liv. de 48 p.

— Deutschlands Heldenkampf 1870. Ein patriotisches Gedenkbuch für Jung und Alt. — Elberfeld, *Püttmann*. 1871. Gr. in-8°, ill., III-192 p., carte. 1 m.
7ᵉ édition. 1871. III-256 p.

Kaiser (K.). — Drei Fragen über die deutsch-französische Kriegsbeantwortung. — Tilsen, *Loesch*. 1870. In-8°, 22 p.

Kaiser (Der), der Kaiser gefangen. Parodie nach « Die zwei Grenadiere » von Heinrich Heine. — Berlin, *Streerath*. 1870. In-8°, 4 p.

Kaiser (Die beiden ersten) des deutschen Reiches. Wilhelms I. Leben, Tod und Bestattung. Friedrichs III Regierungsantritt. — Stuttgart, *Deutsche Verlagsanstalt*. 1888. In-8°, 71 p., ill. 1 m.

Extrait de *Ueber Land und Meer*.

Kaiser-Büchlein. — Kaiser Wilhelm als Christ. — Heilbronn; Berlin, *Reuther*. 1887. In 8°, 48 p. 10 pf.

36e édition.

Kaiser Friedrich in Versailles. Vom 20. September 1870 bis 7. März 1871. Erinnerungen eines Diplomaten. — Leipzig, *Renger*. 1889. In-8°, 80 p. 2 m.

Kaiser Friedrichs-Buch. Lebensbeschreibung, Charakterzüge und Anekdoten. — Braunschweig, *Schlegel*. 1888. In-8°, 94 p. 50 pf.

Kaiser Wilhelm I. — *Voir* ERINNERUNGEN.

Kaiser Wilhelm. Ein Umriss seines militärischen Lebens. — Berlin, *Mittler*. 1888. In-8°. 50 pf.

Supplément du *Militär-Wochenblatt*.

— — Ein Abriss aus seinem Leben und Wirken. — Stuttgart, *Schmitt*. 1877. In-16, 129 p. 80 pf.

— — Berlin, *Mittler*. 1888. In-8°. 1 m.

Extrait du *So'datenfreund*.

— — der Siegreiche, sein Leben und Wirken, 1797-1838. — Lahr, *Kaufmann*. 1888. Lithograph.

Kaiserin (Die schöne) von Frankreich im Boudoir und hinter den Gardinen. — Leipzig, *Minde*. 1871. In-8°, 32 p.

2e édition.

Kaiserlieder. Herausgegeben von E. Wachsmann. — Berlin, *Liebheit und Th.* 1871. In-16, 64 p.

Kaiser-, Kriegs-, Sieges- und Jubellieder aus 1870 und 1871. — Mülhausen, *Bagel*. 1871. In 32, 96 p. 30 pf.

Kaiserreich (Das) im Kuckkasten oder : Bonaparte's Leben, Thaten und Höllenfahrt. — Altona, *Verlagsbüreau*. 1870. In-8°, 16 p.

Kaiserreich (Das neue deutsche) und seine Gegner. Ein Mahnruf an den deutschen Patrioten und Conservativen. — Gütersloh, *Bertelsmann*. 1871. Gr. in-8°, 28 p.

Kamerad (Der). — Ein Lesebuch zum Unterhalt und Belehrung für bayerische Soldaten. 2. Lieferung : Illustrirter deutsch-französischer Krieg in dem Jahre 1870-1871. Chronologische Skizze, von Major Fried. Münnich. — München, *J. A Finsterlin*. 1872. In-8°. 1 m.

Kameraden (Drei). — Zeitlieder, herausgegeben von J. G. Fischer, F. Löwe und Karl Schönhardt. — Stuttgart, *Kröner*. 1870. In-8°, iv-84 p. 1 m.

Kämmel (H. J.). — Die Tage von Sedan nach ihrer Bedeutung für unser Nationalgefühl. — Zittau, *Wohlauer*. 1873. In-8°.
<small>Bildungs-Blätter für unser Volk.</small>

— (Doctor Otto). — Der deutsche Volkskrieg gegen Frankreich 1870 und 1871. — Zwickau, *Döbner*. 1871-1872. 3 livraisons in-8°, iv-190 p. 1 m. 50 pf.

— Was hat uns der Krieg gebracht. — Plauen. 1871. In-8°, 24 p. 30 pf.

Kärtchen der Schlachtfelder bei Weissenburg und Wörth. — Wissembourg, *C. Burkhardt's Nachfolger*. 1895. 2 feuilles. 20 pf.

Käselitz (F. E. von dem). — Bei Erbswurst und Feldzwieback. Kriegsgeschichten nach dem Tagebuche eines ehemaligen « Feldzüglers » sowie nach den Feldpostbriefen von 1870-1871.... — Hagen, *H. Risel und Co*. 1886. In-8°.

Käuffer (Hauptm). — Geschichte des königlich-bayerischen 9. Infanterie-Regiments Wrede. — Würzburg, *Hertz*. 1888. In-8°, 194 p , cartes, portr. 3 m. 50 pf.
<small>2e édition. Würzburg, *Ballhorn und Cramer*. 1895. viii-226 p., 3 portraits, 5 cartes, 3 croquis. 4 m.</small>

Kamp (Doctor Jos.). — Bei den französischen Kriegsgefangenen. Mittheilungen aus rheinischen Lagern. — Stuttgart, *Kirn*. 1874. Gr. in-8°, 95 p. 1 m 50 pf.

Kämpfe (Die) vor Belfort im Januar 1871. — *Neue mil. Blätter*. Avril 1876.

— (Einleitungs- und Vorbereitungs-) in der Schlacht von Vionville und Mars-la-Tour bis Nachmittags 5 Uhr. — *Deutsche Heeres-Zeitung*. 1886. n°s 58-67.

Kampfgenossen-Album. — Selbsterlebtes in Humor und Ernst während des Feldzuges 1870-1871. Herausgegeben von den freien vereinten Kampfgenossen von 1870-1871 zu Dresden. — Dresden, *Staub, Morchel*. 1895-1896. 50 livr. gr. in 8°, de 16 p. à 10 pf.

Kanappe (Commandant). — Sans armée 1870-1871. Souvenirs d'un capitaine [Armée du Nord]. — Paris, *Charles-Lavauzelle*. 1893. In-18, 336 p. 3 fr. 50 c.

Kannengiesser (C.). — Für Deutschlands Krieger. 12 Gedichte. — Neubrandenburg, *Brünslow*. 1871. In-8°, 24 p.

Kanonier (Der deutsche) vor Strassburg. Erzählung. — Stuttgart, *Rupfer*. 1871. In-16, 120 p. 40 pf.

Kapff (S. C von). — 4 Kriegs- und Sieges-, Buss- und Trauer-, Trost- und Mahnungs-Predigten. — Stuttgart, *Steinkopf*. 1870. In-8°, 56 p.

Karcher (Th.). — Impressions recueillies dans les départements français occupés par l'armée prussienne. — Sedan, *Sarrasin*. 1871. In-8°.

Karta teatra prousko-frantzouzskoï voiny 1870 g. — San Peterbourg. 1870.

— Parij, s okrestnostiami, s obosnatscheniem oukrièpliènii, na frants. îaz. illiouminovana na 2. kh. listakh. — San Peterbourg. 1870.

Karte der Befestigungswerke von Paris (Aus der Vogelschau). — Cleve, *Knipping*. 1870. Chromol. in-fol. 1 m.

— der deutsch-französischen Grenzländer mit Angabe der seit dem 17. Jahrhundert von Deutschland abgerissenen Landtheilen und der deutschfranzösischen Sprachgrenze. — Berlin, *Nicolai*. 1870. In-fol.

— der deutsch-französischen Grenzländer von Köln bis Bern und von Metz bis Ulm. — Gotha, *J. Perthes*. 1870. In-fol.

— vom Kriegsschauplatz. — Berlin, *J. Abelsdorff*. 1870. 3 feuilles in-fol.

— des Kriegsschauplatzes. — Berlin, *Janke*. 1870. In-fol.

— vom Kriegsschauplatz. 1870. — Würzburg, *Stuber*. 1870. In-fol.

— vom Kriegsschauplatz am Rhein. — Stuttgart, *Hallberger*. 1870. In-fol.

— des Kriegsschauplatzes vom Rhein bis Paris. — Berlin, *Barthol*. 1870. In-fol.

— vom Kriegsschauplatz des deutsch-französischen Krieges im Jahre 1870. — Braunschweig, *Wasserkampf*. 1870. In-fol.

— des deutsch-französischen Kriegsschauplatzes. — Glogau, *Flemming*. 1870. In-fol.

— des deutsch-französischen Kriegsschauplatzes am Rhein und an den Küstenländern. — Dessau, *Barth*. 1870. In-fol.

— des französisch-deutschen Kriegsschauplatzes. — Berlin, *Wruck*. 1870. In-fol.

— (Topographische) der Umgebung von Metz. Die Kriegsoperationen um Metz im Jahre 1870. — Leipzig, *G. Lang*. 1891. 1/50,000.
6e édition. 2 m.

— der Umgebung von Metz. — Metz. 1/50,000.
5e édition. 1895.

— des Kriegsschauplatzes von Metz und Umgegend. — Berlin, *Eisenschmidt*. 1870. 105 feuilles au 1/6,250e, en couleurs, 75 pf.; en noir, 65 pf.

Karte des Kriegsschauplatzes von Paris. Nordfront. — *Ib.* 1870. 77 feuilles au 1/5,000ᵉ, en couleurs, à 75 pf.

— des Kriegsschauplatzes von Sedan, zum Gebrauch für das Kriegsspiel bearbeitet. — *Ib.* 25 feuilles au 1/6,250ᵉ, en couleurs à 1 m , en noir à 75 pf.

— (Humoristische) von Europa im Jahre 1870. (Durch die französische Brille gesehen.) — Berlin, *Schlingmann.* 1870. In-fol.

— (Neueste komische) von Europa für das Jahr 1870. Nach Pariser Origin. — Augsburg, *Schmid.* 1870. In-fol.

— des deutschen Reiches mit den neuen Grenzen : Oesterreich, Holland, Belgien. Schweiz, Nord-Italien und den angrenzenden Ländern. — Stuttgart, *Nitzschke.* 1871. In-fol. 2 m. 40 pf.

— der deutsch-französischen, deutsch-belgisch-holländischen Grenzländer von Braunschweig bis Paris und von Flensburg bis Constanz. — Breslau, *Priebatsch.* 1870. In-fol. chromol.
6ᵉ édition.

— vom Kriegsschauplatz. Nach der französischen Generalstabskarte. — Berlin, *J. Abelsdorff.* 1870. 3 feuilles gr. in-fol.

— vom Kriegsschauplatz des deutsch-französischen Krieges im Jahre 1870. — Braunschweig, *Wasserkampf.* 1870. Gr. in-fol., chromol.

— des Kriegsschauplatzes am Rhein. — Stuttgart, *E. Hallberger.* 1870. 1/1,000,000. Imp. fol. chromol.

— der Rheingrenze und Eisenbahnkarte von Mittel-Europa. — Leipzig, *Weber.* 1870. In-fol. color.

Karten des Kriegsschauplatzes. — Leipzig, *Kormann.* 1870, 1-3, in-fol. à 50 pf.

Karty otnosiaschiasia k. franko-prouskoï voiné 1870 g. — San Peterbourg. 1870.

Kartographische Uebersicht des deutsch-französischen Krieges 1870-1871. — Berlin, *S. Schropp.* 1871. 1/800,000. 1 m. 20 pf.

Karve (Rob.). — Heitere Kriegslieder für Militär und Civil, nach bekannten Melodien, aus dem Kriegsjahr 1870. — Pönneck, *Latendorf.* 1870. In-8°, 20 pf.

Kasten (Doct. W.). — *Voir* MOLTKE.

Kathen (Hauptmann von). — Das 3. Garde-Regiment zu Fuss, 1860-1890. — Berlin, *Mittler.* 1891. In-8°, car.es et pl. 14 m.

Katsch (Adolph). — Auf der Wacht am Rhein zu Kehl. Zeitgedicht aus dem Jahre 1870. — Karlsruhe, *Bielefeld*. 1874. Gr. in-8º, VIII-120 p. 2 m.

Katzer (Diak. E.). — Ein Wort an deutsche Männer. Ein Wort an deutsche Frauen. Zwei Zeitpredigten. — Pirna, *Verlags-Comptoir*. 1870. In-8º, 201 p. 50 pf.

Kauffmann (Alfr.). — *Voir* MARCHAND (A.).

Kaulfuss (Major) und Schönfeld (Hauptmann). — Geschichte des Feld-Artillerie-Regiments von Podbielski (Niederschlesisches) Nr. 5. — Berlin, *Mittler*. 1890 In-8º, 139 p. 3 cartes. 4 m. 35 pf.

Kaupert. — Situations-Plan des Schlachtfeldes bei Metz für die Gefechte am 14., 16., 18. und 31. August und September 1870. — Berlin, *Geographisch-statistische Abtheilung des grossen Generalstabes*. 1870. 1/40,000. Autogr. imp. in-fol.

Kavallerie-Division (Die 2.) im Feldzuge 1870-1871. Die Artillerie der französischen Nord-Armee. Zur Festungsfrage. — Berlin, *Mittler*. 1871. In-8º, 60 pf.

Supplément au *Militär-Wochenblatt*.

Kaven (A. von). — *Voir* ADENAW.

Kayser (A.). — Erlebnisse eines rheinischen Dragoners im Feldzuge 1870-1871. — Nördlingen, *Beck*. 1889. In-8º, v-216 p. 2 m.

Kayser-Langerhanns (Agnes). — Bausteine für Strassburg. Lieder von 1870. — Dresden, *Schulbuchhandlung*. 1870. Gr. in-8º, 16 p. 50 pf.

5ᵉ édition.

Kayssler (Doctor L.). — Aus dem Hauptquartier und der Kriegsgefangenschaft — Berlin, *Nicolas*. 1871. Gr. in-8º, IV-328 p. 5 m.

Keck (R. H.). — Leben des General-Feldmarschalls Edwin von Manteuffel. — Bielefeld und Leipzig, *Velhagen und Klasing*. 1889. In-8º. 6 m.

Kehding (F. W.). — Der Franzosen-Krieg Anno 1870. — Wiesen. 1871. In-8º, 24 p. 50 pf.

Kehrig (H.). — Le 5ᵉ bataillon des mobiles de la Gironde (1870-1871). — Bordeaux, *Féret*. 1889. In-8º, 23 p. 1 fr.

Keim (Hauptmann). — 4. grossherzoglich-hessisches Infanterie-Regiment (Prinz Karl) Nr. 118. Geschichte des Regiments und seiner Stämme. — Berlin, *Mittler*. 1879. In-8º, 492 p., 2 pl. 7 m.

— **(Major).** — Die Schlacht bei Wörth. Eine taktische Studie. Berlin, *Mittler*. 1892. 75 pf.

Supplément du *Militär-Wochenblatt*, 1892.

Keller (E.). — Crischon Ballermann, Garde-Landwehrmann von't Stettiner Batteljohn. Plattdütsche Vertelzels ut'n franzö'schen Krieg. — Stettin, *Dannenberg*. 1872. In-8º, III-82 p. 1 m.

Keller (Em.). — Erinnerungs-Blatt für das Bataillon Nr. 11 (Graf). Seine Märsche, Kantonnements, u. s. w. während der eidgenössischen Grenzbesetzung 1871. — Zürich. 1871. In-8º, 8 p.

— (Ernst). — Der deutsch-französische Krieg 1870-1871. Festschrift zur 25jährigen Jubelfeier. — Emmendingen, *A. Dölter*. 1895. In-8º, IV-104 p. 50 pf.

Keller (G.). — Het beleg van Parijs. — Arnhem. 1871. In-4º, 324 p., pl.

Kemmler (G.). — Deutsche Lieder. — Stuttgart, *Lindemann*. 1870. In-8º. 32 p.

Kempner (D.). — Ems und Paris. Ein historischer Roman aus dem Jahre 1870. — Breslau, *Bürkner*. 1893. In-8º, 272 p. 3 m.

Kenneth Mac Queen. — Bietigheim oder der Krieg von 1870-1871, seine Ursachen, Kosten und Folgen. Nach dem amerikanischen Original. — Zürich. 1886. In-8º.

Keppel (Pfarrer Aug.) — Kehre wieder, deutsches Volk, kehre wieder! Predigt. — Nürnberg, *Löhe in Comm.* 1870. Gr. in-8º, 18 p.

Kepper (G. L.). — *Voir* KRIEG.

Kératry (Comte de). — Le 4 septembre et le gouvernement de la Défense nationale. Déposition devant la commission d'enquête de l'Assemblée nationale. Mission diplomatique à Madrid, 1870. — Paris, *Librairie internationale*. 1872. In-8º, 244 p. 5 fr.

— Armée de Bretagne (1870-1871). Dépositions devant les commissions d'enquête de l'Assemblée nationale. — *Ib.* 1873. In-8º, 362 p., carte. 7 fr.

— Armée de Bretagne 1870-1871. MM. Gambetta et de Kératry devant l'opinion publique. Déposition devant les commissions d'enquête..... Rapport de la commission d'enquête. — *Ib.* 1873. In-8º, carte.

Kerneu (Paul de). — Journal d'un mobile. Paris, 14 septembre 1870-25 janvier 1871. — Paris, *Ghio*. 1880. In-18 j., VIII-243 p. 3 fr. 50 c.

Kessel (Hauptmann von). — Geschichte des 1. Garde-Regiments zu Fuss von 1857 bis 1871. — Berlin, *Mittler*. 1881. In-8º, portr. et cartes. 10 m. 50 pf.

— (Pr.-Lieutenant C. von). — Der Krieg Deutschlands gegen Frankreich im Jahre 1870. — Berlin, *F. Schulze*. 1870-1871. Gr. in-8º, 624 p., cartes, pl. 4 m. 10 pf.

Keysser (Doctor A.). — Frieden im Kriege. Erinnerungen eines vormaligen preussischen Offiziers aus dem Feldzuge 1870-1871. — Köln, *Kölner Verlagsanstalt und Druckerei*. 1893. In-8º, 86 p. 1 m.

Khuon-Wildegg (Oberstlieutenant A. von). — Antheil der grossherzoglich-badischen Festungs-Artillerie an der Belagerung von Belfort im Jahre 1870-1871 und an der Vertheidigung des Schlosses zu Montbéliard während der Schlacht von Belfort im Jahre 1871. — Karlsruhe, *Braun*. 1875. Gr. in-8°, VII-72 p., pl. 1 m. 50 pf.

Kiepert (H.). — Karte über den Gebietaustausch an der deutsch-französischen Grenze in Folge des zu Frankfurt am 10. Mai 1871 geschlossenen und am 20. Mai ratificirten Friedensvertrags. — Berlin, *D. Reimer*. 1871. 1/120,000. In-fol. Autogr. 1 m. 50 pf.

— Uebersichtskarte von Frankreich und der Departements-Grenzen. Carton: Paris und Umgebung. — *Ib.* 1870. 1/2,500,000. Gr. in-fol.

— Karte der norddeutschen Küstenländer von der holländischen bis zur russischen Grenze. — *Ib.* 1870. 1/1,000,000. 2 feuilles gr. in-fol.

— Karte der neuen deutschen Reichsgrenze gegen Frankreich nach den Friedenspräliminarien von Versailles, mit Angabe der sprachlichen und historischen Grenze. — *Ib.* 1871. In-fol. 50 pf.

— Vom Rhein bis Paris. Uebersichtskarte vom nördlichen Frankreich, Belgien..... — *Ib.* 1870. In-fol.

— Special-Karte von Elsass und Lothringen nach ihrer gegenwärtigen Eintheilung seit der deutschen Besitzergreifung. — *Ib.* 1870. 1/666,666. In-fol.

— Deutsches Reich 1870. Karte von Deutschland in seiner Neugestaltung nach dem Frieden von Versailles 1871. — *Ib.* 1871. In-fol. 50 pf. 9e édition.

— Special-Karte der deutsch-französischen Grenzländer mit Angabe der Sprachgrenze. — *Ib.* 1871. 75 pf.

— Specialkarte von Ost-Frankreich. Mit Bezeichnung der General-Gouvernements unter deutscher Verwaltung und Demarcations-Linie. — *Ib.* 1871. 1/250,000. Lith. color. Gr. in fol. 1 m.

— Specialkarte von West Deutschland in 2 Blättern. — *Ib.* 1870. 1/666,666. Gr. in fol.
Voir BORCKH (R.).

Kiesgen (L.). — Der deutsch-französische Krieg 1870-1871 der deutschen Jugend erzählt. — Münster, *A. Russell*. 1895. In-8°, 109 p., ill. 1 m. 80 pf.

Kiesling (Sek.-Lieutenant). — Hessisches Train-Bataillon Nr. 11. Geschichte des Bataillons und der vormaligen grossherzoglich-hessischen Train-Compagnie. — Berlin, *Mittler*. 1892. In-8°. 3 m. 25 pf.

— (A.). — Die königlich-sächsische Armee als XII. Armee-Korps des deutschen Reichs-Heeres. — Dresden, *Müchler und B.* 1872. In-8°, 66 p. 50 pf.

Kiessling (F.). — Tornister-Geschichten. Erzählung aus Krieg und Frieden. — Leipzig, *Grünow.* 1871. In-16, 207 p. 1 m. 60 pf.

— (Fr.) — Unter deutschen Fahnen. Bilder aus dem Soldatenleben. — Leipzig, *Wölfert.* 1876. Gr. in 8°, 79 p. 1 m.

Kindermann (Carl). — Sedan. Reihenfolge 6 lebendiger Bilder mit Prolog und begleitendem Text. — Berlin, *E. Bloch.* 1894. In-8°, 19 p. 1 m.
Bloch's L. Damen-Bühne.

Kinzenbach (Pfarrer F.). — Mein Kriegsjahr 1870-1871. Erinnerung eines ehemaligen Kriegsfreiwilligen im rheinischen Jägerbataillon Nr. 8. — Bremen, *Müller.* 1881. In-8°, 271 p. 2 m.
2e édition.

Kirchhof (Major) und Brandenburg 1. (Pr.-Lieutenant) — 3. brandenburgisches Infanterie-Regiment Graf Tauentzien von Wittenberg Nr. 20. Das Regiment in den Feldzügen 1866 und 1870-1871. — Berlin, *Mittler.* 1881. Gr. in-8°, VI-435 p., portr. 7 m. 50 pf.
2e édition. 1895.

Kirchner (Doctor Oberstabsarzt C.). — Aerztlicher Bericht über das königlich-preussische Feld Lazareth im Palast zu Versailles während der Belagerung von Paris vom 19. September 1870 bis 5. März 1871 von seinem Chef-Arzte. — Erlangen, *Enke.* 1872. Gr. in-8°, 103 p, fig. 3 m.

— (F.). — Durch Kampf zum Sieg. Gedichte. — Berlin, *Kamlah.* 1875. In-16, 245 p. 2 m.

Kirmse (Otto). — *Voir* BISMARCK.

Kirn (G. M.) — Die deutschen Helden im Siegesjahre 1870. Ein Soldaten-Bilderbuch für deutsche Knaben. — Stuttgart, *Nitzschke.* 1870. In-fol. 2 m. 50 pf.

Kirwan (M. W.). — La compagnie irlandaise. [Légion étrangère.] Reminiscences of the Franco German War. — Dublin. 1873.
— Le même — Montreal, *Dawson.* 1878. In-8°, v-298 p.

Kist (Leopold). — Erlebnisse eines deutschen Feldpaters während des deutsch-französischen Krieges 1870-1871. — Innsbruck, *Vereinsbuchhandlung.* 1889. In-8°, 407 p.

Kladderadatsch auf dem Siegesmarsche nach Paris. — Leipzig, *R. Schaefer.* 1870. In-8°, 96 p.

— *Voir* ALLUMBLATT, KRIEGSNUMMERN, LEHMANN.

Klänge (Deutsche). — Langensalza, *Klinghammer.* 1870. In-32, 15 p.

Klaiber (J.). — Der Krieg gegen Frankreich vom Jahre 1870-1871. — Stuttgart, *Rupfer.* 1878. In-8°, 60 p. 30 pf.

Klatte (Rittmeister C. von). — *Voir* BOTHE (Oberst H.).

Klebs (Prof., Doct. Edwin). — *Voir* Socin.

Klee (H.). — Fürst Bismarck und unsere Zeit. — Berlin, *C. Duncker*. 1879. In-8°, 171 p. 3 m.

— Das preussische Königsthum unter Kaiser Wilhelm I. Historisch-politische Studie. — Berlin, *Mæser*. 1888. In-8°, 68 p. 3 m.

Kleen (G.), **Mahnberg** (A.) och **Uggla** (G.). — Kriget mellan Tyskland och Frankrike 1870 och 1871. — Stockholm 1872. 2 vol. in-8°, 496 p., 9 cartes. 6 rd.

— (G.). — *Voir* Borbstädt (Oberst. A.).

Klein (Pfarrer Karl). — Fröschweiler-Chronik. Kriegs- und Friedensbilder aus dem Jahre 1870. — Nördlingen, *Beck*. 1871. In-8°, vi-241 p. 2 m. 25 pf. 10° édition. 1892. — *Voir* Günzel.

— (Kath.). — Fröschweiler-Erinnerungen. Ergänzungsblätter zu « Pf. Klein's Fröschweiler-Chronik ». — München, *C. H. Beck*. 1895. In-8°, vi-87 p. 80 pf.

— (Doktor Johann). — Aus dem Kriege... — Neisse, *Graveur*. 1872. In-8°, 84 p. 75 p.

— (J. H.). — Der Stern von Sedan. Festgedichte. — Wald-Solingen, *Bossen*. 1895. In-12, 13 p. 1 m.

Kleinert (J.) — Gedenkbuch des Krieges von 1870-1871. Ein Bild der grossen Zeit und ihrer Ereignisse. — Görlitz, *Wollmann*. 1871. In-16, iv-216 p. 1 m. 50 pf.

Kleinsteuber (Doktor Herrmann). — Deutsche Helden des Krieges von 1870. Eine Kriegsschilderung. — Leipzig, *Dürr*. 1871. Gr. in-4°, portr. 3 m.

Kleist (Pr.-Lieutenant von). — 2. ostpreussisches Grenadier Regiment Nr. 3. Kurzer Abriss der Geschichte des Regiments. Mannschaftsausgabe. — Berlin, *Mittler*. 1885. In-8°, portr. N. d. l. c.

— (Oberst B. von). — Die Generale der preussischen Armee von 1840 bis 1890.... — Hannover, *Helwing's Verlag*; Leipzig, *Zuckschwerdt und Möschke*. 1891. Lex. in-8°, xviii-1105 p. 20 m.

— I. Folge. 1893. v-92 p. 3 m.

— II. Folge. 1895. v-101 p. 3 m. 50 pf.

— (Hauptmann Hermann von). — Die Gefechtstage von Le Mans vom 5. bis 12. Januar 1871. — Hannover, *Helwing*. 1880. Gr. in-8°, 254 p. 4 m.

— Die Schlacht bei Loigny-Poupry am 2. December 1870. — *Jahrbücher*, 1875, 4° trim , carte.

Kleist (Hauptmann Herrmann von). — Die Schlacht bei Amiens am 27. November 1870. — Berlin. 1877. In-8°, carte.

Extrait des *Jahrbücher*, 1877.

Klenck (Rittmeister W. von). — 1870-1871. Kriegstagebuch der 1. Escadron des k. sächsischen Garde-Reiter-Regiments. — Dresden, *W. Baensch*. 1895. In-8°, IV-103 p., ill., 2 cartes. 3 m.

Klette (A.). — Zur Erinnerung an Kaiser Friedrich III. Mit der Proklamation vom 12. März 1888 und einem Auszuge des Tagebuches von 1870-1871. — Leipzig, *Findel*. 1890. In-8°, 47 p. 80 pf.

Klinck (F.). — Der eiserne Abbé, oder von Metz nach Orleans. Roman. — Leipzig, *Kollmann*. 1872. Gr. in-16, 204 p.

— Die Franzosen nach Berlin. Komisches Heldengedicht. — Hamburg; Celle, *Schulze*. 1870. In-16, 48 p.

Klingelhöffer (Hauptmann). — Geschichte des grossherzoglich-hessischen Infanterie-Regiments (Grossherzog) Nr. 116. — Berlin, *Mittler*. 1888. In-8°, cartes. 1 m. 50 pf.

Klingender (Hauptmann). — *Voir* WOIDE

Klopp (Doctor Otto). — *Voir* BIERMANN (Ch.).

Klüçel (A.). — Predigt am deutschen Dankfeste, den 18. Juni 1871 gehalten. — Braunschweig, *G. C. E. Mayer*. 1871. In-8°, 16 p.

Kläpfel (K.). — Geschichte der deutschen Einheitsbestrebungen bis zu ihrer Erfüllung 1848-1871. — Berlin, *Springer*. 1873. 3 vol. gr. in-8°. 16 m.

Klüwert (W. J. C.). — Kampen om Orleans og Felttoget i Landskabet Beauce i October, November og December 1870. — Kjöbenhavn. 1874. In-8°, 205 p., 5 cartes. 1 rd. 48 sk.

Klutschack (E.). — Comparaison entre le canon de campagne et la mitrailleuse. Traduit de l'allemand par de la Roque. — Paris, *Tanera*. 1872. In-12. 25 c.

Knab (K.). — Zur Nationalfeier am 2. September. Festrede. — Nürnberg, *Raw*. 1876. In 8°, 8 p. 15 pf.

Knapp (I.). — Kaiserlieder. Zum Gedächtniss Kaiser Wilhelms. — Stuttgart, *Buchh. der Ev. Gesellschaft*. 1888. In-8°, 32 p. 30 pf.

Knauth (F.). — Der deutsche Krieg gegen Frankreich im Jahre 1870-1871. — Langensalza, *Verlags-Comptoir*. 1871. 2 vol. gr. in-8°, ill., VIII-359 p., cartes, pl. 2 m. 80 pf.

— Alldeutschland. Dichtergrüsse am Auferstehungsmorgen des geeinigten Deutschlands. — *Ib*. 1870. In-16, IV-52 p. et IV-52 p.

Knauth (F.). — Von Ems bis Paris. Musikal-declamatorische Gedenkfeier des heiligen Krieges Deutschlands wider Frankreich. — Braunschweig, *H. Bruhn*. 1872. In-8°, 12 p.

— Le même. — Nouvelle édition. 1887. In-8°, 32 p. 50 pf.

Knebel-Döberitz (Rittmeister von). — Die ersten 60 Jahre des 2. Garde-Ulanen-Regiments. — Berlin, *Mittler*. 1882. Gr. in-8°, ill., cartes. 8 m.

Knechtel (Otto). — Erinnerungen eines 75ers aus dem Feldzuge 1870-1871. — Bremen, *C. Schünemann*. 1894. In-8°, VIII-206 p. 2 m. 50 pf.

Knesebeck (Major von der). — Das Garde-Schützen-Bataillon in dem Feldzuge 1870 1871. — Berlin, *Mittler*. 1882. Gr. in 8°, cartes, pl. 3 m.

Knispel (Pr.-Lieutenant). — Geschichte des 2. oberschlesischen Infanterie-Regiments Nr. 23. — Neisse, *Hinze*. 1874. In 16, 70 p. 50 pf.

— Le même. — 2e édition. 1888. In-12. 52 p.

Knollys (Captain Henry). — From Sedan to Saarbrü k. — London. 1871. In 8°.

Knox (T. W.). — Decisive Battles since Waterloo [Gravelotte, Sedan]. — London, *G. P. Putnam's*. In-8°, 59 pl. 10 s. 6 d.

Kobell (Fr. v.). — Der Türken-Hansl, a' Geschichtl aus'm Krieg vo' 1870 [Oberbayerisch]. — Stuttgart, *Hoffmann*. 1870. Gr. in-8°, 8 p.

Koblinski (Rittmeister von). — Aufzeichnungen aus der Geschichte des altmärkischen Ulanen-Regiments Nr. 16. — Berlin, *Mittler*. 1882. Gr. in 8°. 6 m.

Koch (F.). — Geschichte des königlich-bayerischen 10. Infanterie-Regiments Prinz Ludwig. — Landsberg a. L., *Verza*. 1885. In-8°, 44 p. 80 pf.

— (Karl). — Alldeutschlands Sedansfeier. Geschichte des Krieges von 1870 bis 1871. — Minden, *Köhler*. 1878. In-8°, 100 p. 50 pf.

— Stimmungs-Bilder aus dem grossen Kriege 1870-1871. — Minden, *W. Köhler*. 1895. In-8°, VI-112 p, ill. 1 m.

3e édition de l'ouvrage précédent.

— (Hauptmann G.). — Bei den Fahnen des III. (brandenburgischen) Armee-Corps von Metz bis Le Mans. Tagebuchblätter eines Kompagnieführers. — München. 1890. In-8°, 243 p, carte. 2 m. 25 pf.

— (Lieutenant O. F.). — Von der Ostsee bis zum Kanal. Die 17. Division während des Feldzuges gegen Frankreich 1870-1871 unter specieller Berücksichtigung des mecklenburgischen Grenadier-Regiments Nr. 89. — Neustrelitz, *Barnevitz*. 1874. Gr. in-8°, 203 p. 2 m. 50 pf.

Koob (Past, Doct. R.). — Zum Sedanstage 1888. Festrede. — Bützow, *Berg*. 1888. In-8°, 6 p. 20 pf.

2e édition. 1895. 8 p. 30 pf.

Koob-Breuberg (Friedrich). — Drei Jahre in Frankreich. Erinnerungen eines Truppen-Offiziers aus dem Feldzuge 1870-1871 und der Occupation (1870 1873). — München, *C. H. Beck*. 1891. In-8°, IV 172 p. 2 m.

Kook (Henry de). — La fille d'un de ces messieurs, petits mystères du siège de Paris. — Paris *Dentu*. 1872. In-12. 3 fr.

— et **Jaime** (fils). — *Voir* SOUVENIRS.

Kooks (Doctor W.). — Der deutsch-französische Krieg 1870-1871. Mit Genehmigung des Generalstabes nach dessen Darstellung erzählt. — Berlin, *Mittler*. 1877-1878. Gr. in 8°, cartes. 5 m. 20 pf.

    I. H. Vom Beginn der Feindseligkeiten bis zu den Schlachten bei Metz. 1877. 1 m. 20 pf.

    II. H. Die Schlachten von Colombey-Nouilly, Vionville-Mars-la-Tour und Gravelotte-Saint-Privat. 1877. 1 m. 20 pf.

    III. H. Von der Einschliessung der französischen Rhein-Armee bis zum Sturze des Kaiserreiches. 1878. 2 m. 80 pf.

— Das Lob der Treue. Predigt am 7. August 1870 — *Ib*. 1870. In-8°, 15 p.

— Wider Ueberhebung und Bangigkeit! Predigt am 24. Juli 1870. — *Ib*. 1870. In-8°, 14 p.

Köberle. — Das 4. württembergische Infanterie-Regiment Nr. 122 in den Feldzügen von 1806 bis 1870-1871. — Stuttgart, *Kohlhammer*. 1889. In-8°, 160 p., 1 croquis. 1 m. 50 pf.

2e édition.

Köberle (Geo.). — Deutsche Antwort auf wälsche Projekte. — Stuttgart, *Vogler und Beinhauer*. 1870. In-8°, VII-163 p. 1 m. 50 pf.

Kögel (Pred. R.). — Kirchliche Gedenkblätter aus der Kriegszeit 1870-1871. — Berlin, *Rauch*. 1871. In-8°, 101 p. 1 m. 40 pf.

Köhler (Ferd.). — Der Krieg von 1870. — Tübingen. 1871. In-8°, 30 p. 15 pf.

— (K.). — Predigten aus der Kriegszeit 1870-1871. — Friedberg, *Bindernagel*. 1871. In-8°, 82 p. 1 m.

— (Pfarrer Paul). — Wilhelm I., deutscher Kaiser und König von Preussen. — Eisleben, *Christlicher Verein*. 1890. Gr. in-16, 275 p. 1 m. 15 pf.

— (W.). — Fürst Bismarck. Sein Leben und sein Wirken. — Minden, *Köhler*. 1890. In-8°, 126 p., ill. 60 pf.

4e édition.

Költzsch (Diak., Doct. F.). — Blühe, deutsches Vaterland. Zum Gedächtniss der Kriegs- und Siegeszeit 1870. 3 Reden. — Dresden, *F. Sturm*. 1895. In-8°, 6 p. 20 pf.

Köhne (A.). — Patriotische Erzählungen für Deutschlands Volk und Jugend. Die Rosen von Gorzen. Die Waisenknaben. 1870-1871. — Leipzig, *Wöller*. 1872. In-8°, 121 p. 1 m. 50 pf.

Köllsch (C.). — Ein geistliches und weltliches deutsches Lied für den Feldzug 1870. — Holzminden, *Müller*. In-8°, 4 p.

Könemann (Hauptmann). — Geschichte des Infanterie-Regiments von Wittich, 3. hessisches Nr. 83. Mannschaftsausgabe. — Berlin, *Mittler*. 1891. In-8°, ill. 1 m. 25 pf.

König (Emil). — Deutschlands Feldpost. Ein Gedenkblatt an den deutschfranzösischen Krieg 1870-1871. — Gera, *Issleib und R*. 1871. Gr. in-8°, 1 m. 50 pf.

— (Ew. Aug.). — Die Tochter des Franc-tireurs. Roman. — Jena, *Costenoble*. 1873. 3 vol. In-8°, 246, 224, 201 p.

— (Rob.). — Der grosse Krieg gegen Frankreich im Jahre 1870-1871. Der deutschen Jugend erzählt. — Bielefeld, *Velhagen und Klasing*. 1870-1871. Gr. in-8°, pl., ill., XIV-704 p. 10 m.
2e édition. 1871. VIII-488 p., pl. 5 m.

— Meister Schott und seine Familie. Eine Erzählung aus der Belagerung von Strassburg im Jahre 1870. — *Ib*. 1872. In-8°, 260 p. 3 m.
2e édition. 1877. 4 m.

— Schetsen uit den grooten strijd 1870-1871. Naar het hoogduitsch door J. H. van Linschoten. — Zutphen. 1871. In-8°, 358 p. 2 fl.

— (T.). — Karte des Kriegsschauplatzes von Paris bis Frankfurt. — Berlin, *Cronbach*. 1870. In-fol.

— Wilhelm sass heiter (1870)...... Soldatenlied. — Hamburg, *Boyer und Geisler*. 1871. In-16, 14 pl., lith.

Königlich-sächsisches (1.) Ulanen-Regiment Nr. 17. Aufzeichnungen über das Regiment. — Berlin, *Mittler*. 1891. In-8°, cartes, pl. 6 m.

Köppel (Hauptmann). — 4. oberschlesisches Infanterie-Regiment Nr. 63. Geschichte des Regiments. — Berlin, *Mittler*. 1885. Gr. in-8°, cartes, pl. 5 m.

— Le même. Mannschaftsausgabe. — *Ib*. In-8°. N. d. l. c.

— (Pr.-Lieutenant). — Preussens letzte Kriege. Für Unteroffiziere und Soldaten. — Neisse, *Hinze*. 1871. In-8°. 25 pf.

Köppen (F. von). — Helmut von Moltke. — Glogan, *Flemming*. 1888. In-8°, 248 p., portr. 4 m. 50 pf.

Köppen (F. von). — Fürst Otto von Bismarck. — Leipzig, *Spamer*. 1875. In-8°, 730 p. 11 m. 25 pf.

— Le même. Volksausgabe. — 1889. In-8°, 470 p., ill. 2 m.

— Der deutsche Reichskanzler Otto von Bismarck. — Leipzig, *Titze*. 1889. In-4°, 259 p., ill. 10 m.

— Fürst Bismarck, der deutsche Reichskanzler. Ein Zeit- und Lebensbild für das deutsche Volk. Volks-Ausgabe. — *Ib*. 1895. In-8°, x-470 p., ill., portr. 4 m. 50 pf.

— Graf Helmuth von Moltke. Ein Lebensbild. — Leipzig, *Geibel und Brockhaus*. 1895. In-12, VIII-131 p. ill. 1 m.

— Fürst Bismarck und seine Zeit. Ein Volksbuch. — *Ib*. 1895. In-12, IV-270 p. ill. 1 m.

— König Albert und das Haus Wettin. — *Ib*. 1895. In-12, III-148 p. ill. 1 m.
Ces trois ouvrages font partie de la *Neue Jugendbibliothek*.

— Vor 25 Jahren. Eine vaterländische Denkschrift. — Leipzig, *Abel und Müller*. 1895. In-8°, VIII-150 p. 1 m.

Körner (M.). — Predigt zur Friedensfeier am 18. Juni 1871. — Zwickau, *Werner*. 1871. In-8°, 14 p.

Köstler (Major K.). — Geschichte des deutsch-französischen Krieges 1870-1871, für die deutschen Soldaten bearbeitet. — München, *Lindauer*. 1881. In-8°, pl., cartes. 1 m.

Köstlin (Doct. H. A.). — Im Felde. Bilder und Erinnerungen aus dem Jahre 1870-1871. — Darmstadt, *J. Waitz*. 1895. In-8°, 63 p. 50 pf.
3e édition.

Kohl (Doctor Horst). — Fürst Bismarck. Gedenkbuch. — Chemnitz, *Bülz*. 1890. In-8°, XII-284, 311 p.

— Fürst Bismarck. Regesten zu einer wissenschaftlichen Biographie des ersten deutschen Reichskanzlers. 1. Band. 1815-1871. — Leipzig, *Renger*. 1891. Lex. in-8°, XIV-419 p. 18 m. — 2. Band. 1871-1890. 1892. VII-503 p. 22 m.

— *Voir* BISMARCK.

Kohlbrügge (Pastor Doctor H. F.). — Sechs Predigten, gehalten vor der Eröffnung der Kriegsläufte im Jahre 1870. — Elberfeld, *Langewische*. 1870. In-8°, 74 p.

— Eine Weckstimme vor, in und nach dem Kriege. — *Ib*. 1870. In-8°, 34 p.

— Le même. — Godesberg, *Langewiesche*. 1871. In-8°, 34 p.

Kohler (X.). — Alsaciennes, poésies. — Porrentruy, *chez l'auteur*. 1871. In-12. 1 fr.

Kolb (Fr.). — *Voir* VOGT.

Kolb-Bernard (Député). — Une page de l'histoire du 4 septembre 1870. — Paris, *Jules Leclère et C*^{ie}. 1873. In-8°, 39 p.

Koller (Doktor A.). — Archiv des Norddeutschen Bundes über den Krieg gegen Frankreich. Sammlung aller Gesetze, Aktenstücke und Verträge den Krieg gegen Frankreich betreffend. — Berlin, *Kortkampf*. 1871. 5 vol. in-8°.

Koneberg (Pfarrer Hermann). — Der deutsch-französische Krieg in dem Jahre 1870-1871. — Augsburg, *Schmid*. 1875. In-8°. 75 pf.

Kopp (Doctor W.). — Lorbeer und Cypresse. Neue poetische Gedenkblätter an 1870-1871. — Freienwalde a. d. O., *Dräschke*. 1875. In-8°, 38 p. 1 m.

— Der Krieg Kaiser Wilhelms 1870-1871. — Berlin, *van Muyden*. 1872. Gr. in-8°, cartes, XI-214 p. 2 m. 50 pf.

Kortzfleisch (Hauptmann von). — Der Feldzug am Loir und die Einnahme von Vendôme am 15. und 16. Dezember 1870. — Berlin, *Mittler*. 1892. In-8°, cartes, pl. 3 m. 60 pf.

— Vaterländische und Regimentsgeschichte für die Mannschaften des braunschweigischen Infanterie-Regiments Nr. 92. — Braunschweig, G. C E. Meyer. 1893. Gr. in-8°, 15 p. 30 pf.
Voir BASTJURG (Oberstlieut.).

Koschwitz (Professor Doctor Ed.). — Die französische Novellistik und Romanlitteratur über den Krieg von 1870-1871. — Berlin, *G. Gronau*. 1893. In-8°, III-220 p. 4 m. 50 pf.
Extrait de la *Zeitschrift für französische Sprache und Litteratur*.

— Französische Volksstimmungen während des Krieges 1870-1871. — Heilbronn, *E. Salzer*. 1894. In-8°, VIII-132 p. 1 m. 50 pf.
2ᵉ édition. 1895.

Kosel (Emil von). — Die Müllerstochter. Geschichte aus den Franctireurkämpfen 1870. — Styrum, *Spaarmann*. 1895. In-8°, 48 p. 25 pf.
Patriotische Erzählungen.

Kossecky (Rittmeister C. von) und Wrangel (Rittmeister R. von). — Geschichte des königlich-preussischen 2. hessischen Husaren-Regiments Nr. 14 und seiner hessischen Stammtruppen, 1706-1886. — Leipzig, *Dürr*. 1887. In-8°, VIII-511 p., cartes. 11 m.
Voir GESCHICHTE.

Kottmeier (Pastor A.). — Christenbekenntniss und Christenbitte im Angesichte der Kriegsnoth. Predigt am 27. Juli gehalten. — Harburg, *Elkan*. 1870. In-8°, 14 p.

— Der Christen Samariterdienst in der Kriegszeit. Predigt. — *Ib*. 1870. In-8°, 14 p.

Kottwitz (Rittmeister Freiherr von). — Das königlich-preussische Garde-Husaren-Regiment im Feldzuge gegen Frankreich 1870-1871. — Berlin, *Mittler*. 1878. Gr. in-8°, IV-141 p. 2 m.

Kotze (Major von). — Die Thätigkeit der 5. Kavallerie-Division in den Tagen vom 10. bis 16. August 1870. — Berlin, *Mittler*. 1892. In-8°. 1 m. 75 pf.
_{6° et 7° suppléments au *Militär-Wochenblatt*.}

Kowalek (H.). — Festrede am 22. März 1871. — Stolp, *Schrader*. 1871. In-8°, 16 p.

Kraatz (L.). — *Voir* GRIEBEN'S.

Kraatz-Koschlau (Rittmeister M. T. von). — Geschichte des 1. brandenburgischen Dragoner-Regiments Nr. 2. — Berlin, *Mittler*. 1878. Gr. in-8°, 2 portr. et 1 dessin en couleurs. 6 m. 50 pf.

Krämer (C. E.). — Was hat Preussen, was haben Preussens Könige für Deutschland gewirkt ? Festrede. — Weilburg, *Appel.*, 1876. In-8°, 24 p. 25 pf.

— Von Teutoburg bis Sedan. Sammlung von Gedichten...... — Wiesbaden, *Limbarth*. 1878. In-8°, 351 p. 1 m. 60 pf.

Kræmer (Hans). — *Voir* ALLERS.

Krætzig (Sek.-Lieutenant). — Geschichte des 1. rheinischen Feld-Artillerie-Regiments Nr. 8. — Berlin, *Mittler*. 1877. Gr. in-8°, cartes. 4 m. 50 pf.

Krafft-Ebing (Doctor R. von). — Beobachtungen und Erfahrungen über Typhus abdominalis während des deutsch-französischen Krieges 1870-1871, in den Lazarethen der Festung Rastatt. — Erlangen, *Enke*. 1872. Gr. in-8°.

Krähmer-Mollenberg (Hauptmann) und **Eschwege** (Pr.-Lieutenant von). — Hannoversches Jägerbataillon Nr. 10. Geschichte des Bataillons. — Berlin, *Mittler*. 1892. In-8°, carte, croquis. 1 m. 25 pf.

Krahn (A.). — Waffenerfolge des Prinzen Friedrich Karl. Ein Stück preussisch-deutscher Geschichte. — Leipzig, *Milde*. 1885. In-8°. 30 pf.

Krahnest (Hermann). — Beim Auszug. 1870. Ein Tonbild. — Berlin, *Raabe und Plothow*. 1895. In-8°. 1 m.

Krals (Julius). — Den Kämpfern im Krieg und Sieg der deutschen Einheit 1870-1871. Vaterländische Gedichte. — Tübingen, *Fues*. 1877. In-8°, 230 p. 3 m.

Krane (F. von). — Aus der Säbeltasche eines alten Kavalleristen. Erzählung. — Berlin, *Trewendt*. 1875. In-8°, 386 p.
2e édition.

Krause (Doct. A.). — *Voir* SARCEY.

— (C.). — Der deutsche Siegeszug durch Frankreich 1870 und 1871. — Berlin, *Heymann*. 1871. In-8°, 96 p.
En livr. à 30 pf.

— Deutschlands Volkskrieg gegen Frankreich. — *Ib.* 1871. In-8°, 96 p.
En livr. à 30 pf.; 2 livr. parues.

— (Wilh.). — Gedächtnisshalle für die im Feldzuge 1870-1871 gefallenen und nachträglich verstorbenen deutschen Krieger. — Berlin, *Cronbach*. 1872. In-8°, 568 p. 3 m. 60 pf.
A paru en livr. à 30 pf. 1874.

— Mit Sang zum Sieg. Kriegslieder. — Berlin, *Kastner*. 1870. In-32, 16 p.

Kraushaar (Hauptmann). — Geschichte des Grenadier-Regiments Prinz Karl von Preussen (2. brandenburgisches) Nr. 12. Bearbeitet als Leitfaden zum theoretischen Unterricht für die Mannschaft. — Guben, *König*. 1877. In-8°, 21 p. 30 pf.

— Was fordert Gott in gegenwärtiger Zeit von uns? Predigt. — Marburg, *Elwert*. 1870. In-8°, 12 p.
3e édition.

— Gottes Thaten unter uns in dieser Zeit. Predigt gehalten in der reformirten Kirche zu Marburg den 14. August 1870. — Marburg, *Elwert*. 1870. Gr. in-8°, 12 p.
2e édition.

Kraussold (L.). — Predigt am Friedens-Dankfest des 12. März 1871. — Bayreuth, *Grau*. 1871. In-8°, 16 p.

— (Consist. R. Doctor). — Herr! Hilf deinem Volk und segne dein Erbe! Predigt am 7. August 1870. — Bayreuth (Erlangen, *Deichert*). 1870. In-8°, 16 p.

— Predigt am Friedesdankfest des 12. März 1871. — Bayreuth, *Grau*. 1871. Gr. in-8°, 16 p.

Krebs (Hauptmann). — Kriegsgeschichtliche Beispiele der Feld-Befestigung und des Festungskriegs [1864, 1866, 1870-1871, 1877-1878]. — Berlin, *Mittler*. 1886. In-8°, XII-144 p., croquis, pl. 5 m. 50 pf.

Kremer (H.). — Deutschlands Einigung. — Wickrath, *Kremer*. 1883. In-8°, 16 p. 50 pf.
2e édition.

Kreppel (F.). — Zur Nationalfeier. Festrede. — Nürnberg, *Raw*. 1879. In-8°, 11 p.
2e édition.

Kretschmann (General von). — Unser Heer in den Kriegen 1864, 1866 und 1870-1871. — Berlin, *K. Siegismund*. 1895. In-12, 461 p., portr. 1 m. 60 pf.
Extrait du *Deutscher Soldatenhort*.

Kretschmar (Hauptmann von). — Geschichte der Kurfürstlichen und königlich-sächsischen Feld-Artillerie von ihrer Errichtung bis zur Gegenwart, 1620-1878. 1. Theil..... 2. Theil. A. : Geschichte des königlich-sächsischen Feld-Artillerie-Regiments von 1821-1878. — Berlin, *Mittler*. 1879. In-8°, 146-360 p. 12 m. 50 pf.

— (A.). — Geschichte Ludwig Napoleon's des Dritten, Kaiser der Franzosen. Dem deutschen Volke erzählt. — Salzkotten, *von Sobbe*. 1877. 5 vol. gr. in-16.

Kreyenberg (G.) — *Voir* SCHMITZ.

Krieg (Der) 1870. — Die neueste europäische Krisis verursacht durch die spanische Thron-Kandidatur des Prinzen Leopold von Hohenzollern. — Leipzig, *Lissner*. 1870. In-8°. 25 pf.

— von 1870-1871. Grotesk-komische Darstellung in alt-ägyptischer Manier mit Hieroglyphen und humoristischem Text in Versen. — Berlin, *Lichtwerk*. 1872. In-fol. 25 pf.
4e édition.

— in Bildern. Erinnerung an den ruhmvollen Feldzug 1870-1871 für die deutsche Jugend. — Stuttgart, *G. Weise*. 1871. In-fol. 3 m.

— (Der deutsche) 1870-1871. Ein Heldengedicht aus dem Nachlass des seligen P. U. Schartenmayer. — Nördlingen, *Beck*. 1878. In-8°, 105 p. 1 m. 40 pf.
5e édition.

— (Der gegenwärtige). Die neutralen Mächte und ihre Interessen. — Berlin, *Springer*. 1870. Gr. in-8°, 24 p. 30 pf.

— von 1870-1871. — Amberg, *Pohl*. 1871. In-32, 78 p. 25 pf.

— von 1870-1871 zwischen Deutschland und Frankreich. Uebersichtlich nach authentischen Akten. — Frankfurt a. M., *Winter*. 1870-1871. Gr. in-8°, III-287 p. 3 m.

— Der (deutsch-französische). Kurz aber vollständig dargestellt in offiziellen Telegrammen. — Leipzig, *Bænsch Gebrüder*. 1871. In-8°. 1 m. 20 pf.

Krieg (Der deutsch-französische), redigirt von der kriegsgeschichtlichen Abtheilung des grossen Generalstabes. — Berlin, *Mittler*. 1872-1881. In-8°. 118 m. 40 pf.

<small>Complet en 2 parties, 5 volumes ou 20 livraisons, 3041 et 1508 pages, 107 cartes hors texte.</small>

— La guerra germano-francese de 1870-1871. Redactada por la seccion de historia del gran Estado Mayor da Prussia. Tradutto por una comision del cuerpo de Estado Mayor del Ejercito. — Madrid. 1872-1881. In-8°, cartes et plans.

— Krigen mellem Frankrig og Tyskland. Oefwersat af H. S. — Stockholm. 1872-1881. In-8°.

— der fransch-duitsche Oorlog van 1870-1871. Door de kriegsgeschiedkundige afdeeling van den pruisischen grooten generalenstaff. Uit het hoogdutsch door G. L. Kepper. — Amsterdam. 1872-1881. In-8°.

— Franko-niémetskaïa voïna 1870-1871 [Sostavlena voenno-istoritcheskim otdiéleniem prousskavo generalnavo chtaba, s'kartami, planami i prilojeniami.] Pérévod s'niémetskavo (deviat vypouskov). (Traduit de l'allemand par Ritter et Maslov). — San Peterbourg, *Bérézovski*. 1873-1881. 9 livr. in-8°. 14 r. 40 k.

— Germano-Frantsouzskaïa Voïna 1870-1871 [Sostavlena voenno-istoritcheskim otdiéleniem bolchavo generalnavo chtaba] perevod s'niémetskavo pod redaktsieï i s'primiétchaniami generalnavo chtaba general mayor Soukhotine. Vypouski 10, 11, 12, 13 s'otdiélnym atlasom kart i planov (21 listov ijdanié 1890 goda). (Traduit de l'allemand par le gén.-major Soukhotine). — *Ib*. 1890. In-8°, 4 livr. Tom I, 5 r.

— Tojé. Vypouski 14, 15, 16 u 17, izdanié voenno outchenavo komiteta glavnavo chtaba, Tom II. — *Ib*. 1893. v' 8 d, 324 str. t 9 listov, planov i kroki. 3 r. (Même ouvrage. — Édition du comité d'instruction militaire du grand état-major. Livr. 14, 15, 16 et 17).

— The Franco-German War 1870-1871. Translated from the german official account by major F. C. H. Clarke. 2 parts or 20 sections. — London, *W. Clowes and Sons*. 1872-1881. In-8°, cartes, plans et croquis. 131 sh. 6 d.

— Analytical Index, compiled by colonel Lonsdale Hale. — *Ib*. In-8°. 1 sh. 6 d.

— La guerra franco-germania del 1870-1871, compilata dalla sezione storico-militare del grande Stato Maggiore Germania. Versione italiana. — Roma, 1875-1883. 5 vol., 21 fasc. in-8°, cartes, esquisses, plans. 126 l.

— La guerre franco-allemande de 1870-1871, rédigée par la section historique du grand état-major prussien. Traduit par le commandant

E. Costa de Serda. — Paris, *Dumaine-Baudoin*. 1872-1883. In-8°, plans, croquis, etc. 2 parties en 20 livr., 2887-1360 p. 144 fr. 70 c.

1re PARTIE : *Histoire de la guerre jusqu'à la chute de l'Empire.*

1re livr. : Événements du mois de juillet. 4 fr.
2e livr. : Événements militaires jusqu'à la veille des batailles de Wœrth et de Spickeren. 4 fr. 50 c.
3e livr. : Batailles de Wœrth et de Spickeren. 6 fr.
4e livr. : Marche de la 3e armée sur la Moselle, les événements militaires jusqu'au soir du 14 août. 4 fr. 50 c.
5e livr. : Opérations autour de Metz, les 15, 16 et 17 août. Bataille de Vionville-Mars-la-Tour. 10 fr. 25 c.
6e livr. : Bataille de Gravelotte-Saint-Privat. 10 fr. 25 c.
7e livr. : Marches contre l'armée de Châlons. Bataille de Beaumont. 8 fr. 25 c.
8e livr. : Bataille de Sedan. 6 fr. 75 c.
9e livr. : Événements divers. Bataille de Noisseville. Coup d'œil général sur la campagne jusqu'au commencement de septembre. 8 fr.

2e PARTIE : *Histoire de la guerre contre la République.*

10e livr. : Investissement de Paris. Prise de Toul et de Strasbourg. 7 fr. 50 c.
11e livr. : Opérations devant Paris et sur la partie occidentale du théâtre de la guerre jusqu'à la fin d'octobre. 9 fr. 40 c.
12e livr. : Derniers engagements avec l'armée du Rhin. Suite des événements depuis la chute de Strasbourg et de Metz jusqu'au milieu de novembre. 8 fr. 75 c.
13e livr. : Opérations dans la France centrale jusqu'à la reprise d'Orléans par les Allemands. 10 fr.
14e livr. : Opérations destinées à couvrir le blocus de Paris, jusqu'à mi-décembre. 8 fr.
15e livr. : Opérations destinées à couvrir le blocus de Paris et continuation du blocus jusqu'au commencement de 1871. 5 fr. 50 c.
16e livr. : Opérations de la IIe armée depuis le commencement de 1871 jusqu'à l'armistice. 8 fr.
17e livr. : Opérations de la Ire armée depuis le commencement de 1871 jusqu'à l'armistice. 4 fr. 50 c.
18e livr. : Opérations sur le théâtre sud-est de la guerre jusqu'au milieu de janvier 1871. Opérations devant Paris depuis le commencement de 1871 jusqu'à l'armistice. 15 fr.
19e livr. : Opérations sur le théâtre sud-est de la guerre depuis le milieu du mois de janvier 1871 jusqu'à l'armistice. Événements sur les derrières des armées allemandes et sur le littoral, depuis le mois de novembre 1870 jusqu'à l'armistice. 18 fr. 75 c.
20e livr. : Coup d'œil général sur la guerre franco-allemande depuis le commencement de septembre 1871 jusqu'à la cessation des hosti-

lités L'armistice et la paix préliminaire. Marche rétrograde de l'armée allemande et paix de Francfort. Coup d'œil rétrospectif sur la télégraphie, le service des postes, le remplacement des munitions, l'alimentation, le service de santé, l'aumônerie, la justice militaire, le recrutement de l'armée allemande, les événements de l'intérieur et les résultats de la guerre. 22 fr. 50 c.

Krieg (Der) in Deutschland in dem Jahre 1870-1871. Mit Genehmigung des grossen Generalstabes. — *Voir* KRIEGE.

— von 1870 zwischen Deutschland und Frankreich. — Frankfurt am Main, *Winter*. En livr. in-8°, à 32 p.

— von 1870-1871, dargestellt von Mitkämpfern. — Nördlingen, München, *Beck*. In-8°, à 2 m.

    I. Band, von Hauptmann Carl TANERA : Weissenburg, Wörth, Spickeren. — 1889. VII-242 p., 4 cartes.
    4e édition, 10e-12e mille. 1893.

    II. Band, von Doctor K. STEINBECK : Um und in Metz 1870. — 1889. VII-204 p.

    III. Band, von Hauptmann TANERA : Die Schlachten von Beaumont und Sedan. — 1889. VII-235 p., cartes.
    4e édition, 10e-12e mille. 1893.

    IV. Band, von BOTHO VON PRESSENTIN : Strassburg unser ! Bis ans Meer. — 1889.

    V. Band, von Hauptmann TANERA : An der Loire und Sarthe. — 1889. 268 p., carte.
    3e édition. 1892.

    VI. Band, von Doctor STEINBECK : Belfort, Dijon, Pontarlier. — 1890. V-202 p., carte.
    3e édition, 7e-9e mille.

    VII. Band, von Hauptmann TANERA : Belagerung von Paris. — 1890. VI-213 p., cartes.

— mit Frankreich! Aufruf an das deutsche Volk. — Berlin. *Gräbner*. 1870. In-8°, 15 p.

— (Der) des Jahres 1870. Vom militärischen Standpunkt dargestellt. Von *** (Verfasser der *Heeresmacht Russlands*). — Berlin, *C. Duncker*. 1870-1871. Gr. in-8° en 2 parties, 297 p. 3 m. 75 pf.

— (Der deutsch-französische). Eine romantische Tragödie. 44 Bilder mit Text aus Schiller's *Jungfrau von Orleans*. — München, *Braun und Sch*. 1871. In-4°, 19 p. 50 pf.

— (Der deutsch-französische) im Jahre 1870. — Langensalza, *Beltz*. 1870. 1 livraison in-8°, 88 p. 60 pf.

— (Der deutsch-französische) 1870 1871. — Stuttgart, *Levy und M.* 1875. En livraisons in-8° à 20 pf.
    Jugend- und Volks-Bibliothek (Neue illustrirte).

Krieg (Der deutsch-französische). Chronologische Uebersicht aller Aktenstücke, Erlasse, politischen und strategischen Berichte, der verschiedenen Aeusserungen der Presse, etc. — Leipzig, *Serbe*. 1871. In-8° en
2 parties, 617 p. 4 m.

— (Der) von 1870 für Schule und Haus. — Ballenstedt. 1871. In-16, 40 p.
20 pf.

— (Der) im Jahre 1870. — Stuttgart, *Fischhaber*. 1870. In-8°. 30 pf.

— (Der deutsch-französische) 1870 in offiziellen Kriegsnachrichten. — Oldenburg, *Schulze*. 1871. In-32, 64 p. 50 pf.

— Le même. — *Ib.* 1871. In-8°, VIII-128 p. 60 pf.

— (Der deutsch-französische) im Jahre 1870. Eine Zusammenstellung von
Zeitungsnachrichten und Circular-Depeschen. — Langensalza, *Beltz*.
1870. In-8°. 1 m. 20 pf.

— (Der). Portraits- Theil. 27 Stahlst. Portraits der deutschen Heerführer. —
Berlin, *Bohn*. 1873. Gr. in-8°. 6 m.

— (Der französisch-deutsche). [Die Sachsen vor Paris] 1870 1871. Notizen
und Erinnerungen eines katholischen Priesters aus der Umgegend von
Paris. Aus dem französischen übersetzt. — Grossenhain, *Baumert und
Rouge*. 1885. In-8°, 115 p. 1 m.

Voir DERANBY.

— (Der) Deutschlands gegen Frankreich, 1870-1871. — Berlin, *Schlesier*.
1873. In-8°. 15 pf.

— (Der) gegen die Franzosen im Jahre 1870. Eine gereimte Missions-
predigt gehalten im Sack und in Asche. — Berlin, *Kiessling*. 1870.
In-8°, 23 p. 75 pf.

— (Der deutsch-französische) 1870. Mit den Schlachten von Saarbrücken,
Sedan. — Dresden, *Wecker*. 1870. Gr. in-8°, 16 p.

— (Der) zwischen Deutschland und Frankreich 1870-1871. Von einem Land-
wehrmanne. — Minden, *Volkening*. 1871. In-8°, 2 parties, 81-224 p.
1 m.

— (Der) von 1870 in Depeschen. Zusammenstellung sämmtlicher amtlichen
Depeschen nebst Beigabe in patriotischen Gedichten. — Berlin, *Prager*.
1870-1871. In-8°, 4 livraisons de 24 p. à 50 pf.

— (Der heilige) 1870. — Leipzig, *Payne*. 1870-1871. In-4°, 256 p., ill.,
cartes. 8 m.

— (Der deutsch-französische) im Jahr 1870. Beschreibung der Schlachten
bei Weissemburg, Wörth, Metz, Gravelotte, Mars-la-Tour, Beaumont,
Sedan. — Stuttgart. 1870. In-16, 40 p. 20 pf.

Krieg Preussens gegen Frankreich im Jahre 1870. — Leipzig, *Hartmann*. 1871. In-8º, 80 p. 50 pf.

— zwischen Frankreich und Deutschland in dem Jahre 1870-1871. — Berlin, *Pauli*. In-8º, en livraisons illustrées.

— (Der) um Metz. Von einem preussischen General. — *Voir* HANNECKEN.

Kriege (Die deutschen) von 1864, 1866, 1870-1871, in wohlfeiler Ausgabe bearbeitet nach den Generalstabswerken. — Berlin, *Pauli*. 1889. 3 vol. gr. in-8º. — Tome III. Der Krieg zwischen Frankreich und Deutschland in dem Jahre 1870-1871. Unter Zugrundelegung des grossen Generalstabswerkes bearbeitet von Major J. Scheibert. — 1891, IX-428 p. 44 cartes, 22 portr. 4 m. 80 pf.

2º édition.

— Le même. — *Ib*. 1895. En 2 vol. in-8º à 1 m. 65 pf.

Le 2º volume se rapporte à la guerre de 1870-1871.

Krieger-Denkmal (Das) zu Barmen und seine Einweihung am 15. Oktober 1874. — Barmen, *Wiemann*. 1875. In-8º, 16 p.

Kriegersang (Deutscher) aus Pommern gewidmet dem deutschen Heere. — Danzig, *Kafemann*. 1870. In-16, 24 p.

Kriegs-Album (Deutsches). — Gedenkblätter aus dem ruhmreichen Feldzuge 1870-1871. Nach Originalskizzen von G. Notteler. Nebst einer Kriegschronik. — Stuttgart, *Thienemann*. 1871. In-fol., 8 p., 15 grav. 4 m. 50 pf.

— (Humoristisches) in Federzeichnungen von C. Förster. — Hamburg, *Groedener*. 1870. In-fol. 1 m. 50 pf.

Kriegs-Album-Blätter (Fliegende). — Ernste und heitere Episoden und ein Schatz von Anecdoten aus dem Kriegsjahre 1870. — Danzig, *Berling*. 1870. Nºs 1-6, gr. in-8º.

Kriegsberichte (Französische). Nebst Anweisung wie dieselben gelesen werden müssen. Herausgegeben von Baron de Münchhouse, Chauvinist an Disposition. — Hamburg, *Boyer und Geisler*. 1870. In-16.

— (Die amtlichen) der Jahre 1870 und 1871. — Leipzig, *A. Dürr*. 1871. In-4º, ill., VI-130 p. 6 m.

Kriegsbilder (Humoristische) und Anekdoten aus dem diesjährigen französischen Krieg. — Berlin, *Plahn*. 1870. In-16, 80 p.

— (Humoristisch-satirische). — Berlin, *Kiessling*. 1870. 2 livr. in-8º.

Kriegsbilderbuch (Neuestes) für Deutschlands Jugend. — Stuttgart, *G. Weise*. 1871. In-fol. 3 m.

Kriegsbilderbogen. — Dresden (*Am Ende's B*). 1870-1871. In-4º. Nºs 1-11, Lith.

Kriegsblätter (Deutsche), Red. O. Lehmann. — Dresden, *Schulbuchhandlung*. Gr. in-8°, livraisons à 10 pf.

Ont paru aussi sous le titre de *Kriegstagebuch* vom 4. Juli 1870 bis 22. März 1871.

— (Fliegende). Die neuesten Nachrichten vom Kriegsschauplatze. — Dresden, *Wolf*. 1870-1871. En livr. in-4° à 30 pf., 224 p. 4 m. 20 pf.

— des *Daheim*. — Leipzig, *Daheim*. 1870. En livr. in-4°, 104 p.

Kriegsbotschaften (Sämmtliche telegraphische) aus den deutschen Hauptquartieren 1870-1871. — Breslau, *Korn*. 1871. In-8°, VI-140 p. 50 pf.

Kriegsbriefe eines Feldgeistlichen 1870-1871. Olim meminisse juvabit. — Berlin, *Mittler*. 1895. In-8°, VI-161 p. 2 m. 50 pf.

Se rapporte au ve corps prussien.

Kriegschronik 1870-1871. — Leipzig, *Polz*. 1871. Gr. in-8°, IV-100 p. 50 pf.

Extrait du *Leipziger Tageblatt*.

— in officiellen Depeschen. Eine Geschichte des Feldzuges gegen Frankreich 1870-1871. — Elberfeld, *Bädeker*. 1871. In-8°, 87 p. 1 m.

2e édition.

— Eine Geschichte des Feldzuges 1870-1871 gegen die Wälschen. — Leipzig, *Klein*. 1871. In-32, 94 p. 25 pf.

3e édition.

— 1870-1871. — Leipzig, *Pfefferhorn*. 1871. In-32, 28 p. 25 pf.

— (Illustrirte) 1870-1871. — Ulm, *Ebner*. 1870-1875. Gr. in-4°, ill. 5 m.

Nouvelle édition. 1892. En 12 livr. à 40 pf.

— Gedenkbuch an den deutsch-französischen Feldzug von 1870. — Leipzig, *Weber*. 1870-1871. Gr. in-fol., ill., 476 p., cartes, pl. 15 m.

— 1870. Berichte vom deutsch-französischen Kriegsschauplatz. Unter Mitwirkung von C. Adolf und J. Franz, herausgegeben von H. Oeser. — Langensalza, *Oeser*. 1871. In-4°, 144 p. 2 m. 70 pf.

A paru en livr. à 30 pf.

— des Jahres 1870. — Nürnberg, *Sichling*. 1870. In-fol., 8 p. N°. 1.

Kriegsdepeschen (Sämmtliche) des deutsch-französischen Krieges 1870 nach der amtlichen Bekanntmachung vom königlichen Polizei-Präsidium zu Berlin. — Berlin, *Köppen*. Gr. in-8°, livraisons à 50 pf.

— von 1870 und 1871. Nach der amtlichen Bekanntmachung des königlichen Polizei-Präsidiums in Berlin. — Strasbourg, *Schauenburg*. 1871. In-16, en livraisons à 70 pf.

— — Berlin, *Grieben*. 1871. In-32, 158 p. 1 m. 50 pf.

— (191 officielle) des deutsch-französischen Krieges 1870-1871. — Berlin, *O. Dreyer*. 1895. In-16, 229 p. 50 pf.

Kriegsdienste der freiwilligen Liebesthätigkeit. Bericht über die vom Doctor Wichern begründete Felddiakonie in den Kriegen von 1864, 1866 und 1870-1871. — Hamburg; Verlag des *Rauhen Hauses*. 1874. Gr. in-8°. 2 m.

Kriegserinnerungen eines Sanitäts-Offiziers der Landwehr 1870-1871. Von W. von St. — Berlin, *Gebr. Paetel*. 1893. In-8°, x-181 p. 4 m.

— eines bayerischen Jägers aus dem Jahre 1870-1871. — Nürnberg, *Gross*. 1894. In-8°.

_{Ce chasseur appartenait au 6° bataillon bavarois, aujourd'hui 17° régiment d'infanterie. — 2° édition.}

Kriegsfahrten eines Civilisten. Nach den Aufzeichnungen des ungenannten Verfassers bearbeitet und herausgegeben von Johs. Zeitz. — Meiningen; Hildburghausen, *Kesselring*. 1871. In-8°. 1 m. 50 pf.

Kriegsgeschichte von 1870 und 1871 in offiziellen Depeschen. — Altona, *Mentzel*. 1870-1871. In-8°, 116 p. 1 m. 80 pf.

Kriegsjahr (Das) 1870-1871. Erinnerungsfeier des Gymnasiums zu Torgau am 2. November 1871. — Torgau. 1871. In-8°, 46 p. 50 pf.

Kriegskalender (Bayerischer) für das Jahr 1871. — München, *Ebegartner*. 1871. In-4°, 48 p. 40 pf.

— (Deutscher), 1870-1871. — Erlangen, *Besold*. 1871. 1 m.

— 1870-1871. — Bruchsal, *O. Katz*. 1875. In-fol., 1 feuille en couleur, 1 feuille de texte. 4 m.

Kriegskarte. — Karte des deutsch-französischen und deutsch-belgisch-holländischen Grenzlandes. — Breslau, *Priebatsch*. 1870. In fol.

— vom nordöstlichen Frankreich und den westdeutschen Grenzländern. — Elberfeld, *Neumann*. 1870. In-fol.

— von Würzburg bis Paris, von Basel bis zur Nordsee. — Berlin, *Rauch*. 1870. In-fol.

Kriegslage (Über die) am 15. August 1870. — *Mil.-Wochenbl.*, 1894, n°s 32-33.

Kriegslaterne (Deutsche). — Berlin, *Thiele*. 1870. En livr. in-8°.

Kriegslieder (Deutsche), 1870. — Würzburg, *Stahel*. 1870. In-32, 16 p.

— (Fliegende). — München, *Ackermann*. 1870. In 8°.

— Neue und alte, lustige und ernste, gegen die Franzosen 1870. — Breslau, *Gebhardi*. 1870. In-64, 32 p.

— aus den Liedern zur Ehre des Herrn. — Barmen. 1871. In-8°, 24 p.

— (Komische und ernste) der Deutschen gegen die Franzosen im Jahre 1870. — Mügeln. 1871. In-32, 96 p.

— (19) aus den Jahren 1870 und 1871. — Breslau, *Dülfer*. 1871. In 16, 24 p.

Kriegslieder (Patriotische) für 1870 von den bedeutendsten Dichtern der Gegenwart. — Leipzig, *Poenicke*. 1870. In-16, 16 p.

— (Sechs neue) vom Füsilier Kutschke. — Landsberg, *Hartmann*. 1870. In-8°, 8 p.

Kriegsmappe. Bilder aus den Jahren 1870 und 1871 in Albertotypie. — Lahr, *Schauenburg*. 1871. Gr. in-fol. 9 m.

— Ofïcielle des deutsch-französischen Krieges 1870. — Hamburg, *Seippel und Leopoldt*. 1870. In-8°. 2 livr.

Kriegsmittel (Zwei moderne) der Neuzeit (*Militär. Zeit- und Streitfragen*, Nr. 22). — Leipzig, *Luckhardt*. 1872. In-8°. 75 pf.

Kriegs-Nachrichten (Officielle) aus dem deutsch-französischen Kriege im Jahre 1870. — Glatz, *Hirschberg*. 1870. In-16, 2 livraisons de 24 p. à 15 pf.

— des deutsch-französischen Krieges 1870. — Hamburg, *Seippel*. 1870-1871. In-8°, 198 p. 1 m. 20 pf.

— (Officielle) von 1870-1871 nebst den wichtigsten Aufrufen, Erlassen, Thronreden..... — Berlin, *A. W. Hayn's Erben*. 1895. In-12, 96 p. ill. 50 pf.

Kriegs-Nummern (Die) des Kladderadatsch 1870-1871. — Berlin, *A. Hofmann und Co*. 1895. In-4°, 172 p., ill. 4 m.

Kriegs-Operationen (Die) des königlich-bayerischen I. Armee-Corps vom Gefechte bei Coulmiers bis zur Schlacht von Bazoches les-Hautes. — *Allgem. Mil.-Zeit.*, 1875, n°s 44-48.

— (Die) um Metz im Jahre 1870. — Metz. 1888. 1/50,000e. 2 m.
6e édition. 1891.

Kriegs-Poesie (Die) des Jahres 1870 1871 geordnet zu einer poetischen Geschichte von E. Henning, F. Metzger, Münch und Schneider. — Mannheim, *Schneider*. — 1872-1874. 6 vol. gr. in-16. 3264 p. 20 m.

Kriegs-Romantik. Novellen aus dem deutsch-französischen Kriege des Jahres 1870-1871. — Leipzig, *Serbe*. 1871-1872. In-8°, 1329 p. 10 m. 40 pf.

Kriegs-Scenen aus dem Jahre 1870 1871. — Dresden, *Tittel*. 1872. In-8°.

Kriegsschauplatz (Der). Separat-Ausgabe des *Omnibus*. — Leipzig, *Omnibus-Expedition*. Gr. in-4°. 30 pf.

— 1870. Nr. 1. Belgien, Frankreich, Rheinpreussen. — Stuttgart, *Hoffmann*. 1870. In-fol., lith. color.

— Le même. — Nrn. 2 und 3. Saarbrücken, Saargemünd, Trier, etc., Speyer, Landau, etc. — *Ib*. 1870. In-8°, lith. color.

Kriegsschauplatz (Deutsch-französischer) [westlich von Paris]. Anschlussblätter an Reymann's und Handtke's Karten. — Glogau, *Flemming*. 1870. In-fol. 1/320,000. 2 feuilles. 3 m.

— (der fliegende) des *Daheim*. — Leipzig, *Bureaux du* Daheim. 1870-1871. In-4°, 104 p., en livraisons à 40 pf.

— Die neuesten Nachrichten vom Kriegsschauplatze. — Dresden, *A. Wolf*. 1870-1871. In-4°, livraisons à 30 pf., 224 p. 4 m. 20 pf.

— (Deutsch-französischer) [westlich von Paris] — Glogau, *Flemming*. 1870-1871. In-fol., 8 feuilles. 11 m. 50 pf.

— **und Operationsplan**, nebst einem Ueberblick der Begebenheiten im deutsch-französischen Kriege 1870-1871, von einem österreichischen General. — Wien, *Literar-artistische Anstalt*. 1872. Gr. in-8°, 67 p. 1 m. 60 pf.

Kriegsschiffe (Die norddeutschen) in Ost-Asien während des deutsch-französischen Krieges. — Berlin, *Mittler*. 1871. Gr. in-8°, 25 p. 40 pf.

Kriegsschriftstellerei (Die) zum Andenken an die Ereignisse der Jahre 1870 und 1871. — *Mil.-Wochenblatt*, 1895.

Kriegstagebuch eines deutschen Reservemannes. Von Weissenburg bis Sedan. — Nürnberg, *von Ebner*. 1875. In-8°, VIII-190 p. 2 m.

— vom 4. Juli 1870 bis 22 März 1871.
Voir Kriegsblätter.

— des Rheinischen Dragoner-Regiments Nr. 5 von 1870-1871. — In-8°. N. d. l. c.

Kriegs-Telegramme (Hundert officielle) von 1870. — Ruhrort, *Andreæ und Co*. In-32. 60 pf.

Kriegs- und Heldenlieder (Deutsche). Tornister-Ausgabe. Ausgewählt von O. F. Gruppe. — Berlin, *Duncker*. 1870. In-16, 48 p.
2e édition.

Kriegs- und Marschlieder (Deutsche). — Hamburg, *Richter*. 1870. In-32, 64 p.

Kriegs- und Schlachtenalbum (Grosses) für Deutschlands Jugend. — Stuttgart, *G. Weise*. 1871. In-fol. 3 m. 75 pf.

Kriegs- und Schlachtenbilder aus dem Feldzuge 1870-1871 für deutsche Knaben. — *Ib*. 1871. In-fol. 1 m. 50 pf.

Kriegs- und Siegespanorama (Deutsches). Ein Triumphzug aus dem Jahre 1870-1871. Zum bleibenden Gedächtniss für Jung und Alt dargestellt in einer Reihenfolge von 12 m:'erischen Compositionen von B. A. Küchle. In lithographischem Farbendruck nebst Text. — Esslingen, *Schreiber*. 1871. In-8°, 14 p. 3 m.

Kriegs- und Vaterlandslieder (Deutsche). — Stuttgart, *Hallberger*. 1870. In-16, 64 p.

Kriegsverluste (Die französischen) 1870-1871. — *Streffleur's*, déc. 1874.

Kriegs-Zeitung. Tagesbericht de *Militärischen Blätter* vom Kriegsschauplatz. Redigirt von G. von Glasenapp. — Berlin, *Expedition der Militärischen Blätter*. 1870-1871. 61 numéros à 25 pf. 15 m. 25 pf.

Suite : Voir *Zeitung* (*Deutsche*).

— (Illustrirte). Originalberichte vom Kriegsschauplatze 1870. — Leipzig, *Minde*. 1870-1871. In-4°, en livr. à 15 pf.

— (Deutsche). Illustrirte Blätter vom Kriege 1870. Mit Kriegsgeschichte von W. Zimmermann. — Stuttgart, *G. Weise*. 1870. In-fol., 16 numéros à 50 pf. 8 m.

Kries (Hauptmann A. von). — Geschichte des Kaiser Alexander Garde-Grenadier-Regiments Nr. 1. — Berlin, *Peters*. 1889. In-8°, VIII-480 p., pl. 16 m.

Krig (Den fransk-tydske) 1870 og 1871. Oversat efver 5:te oplag af Cassel's *History of the War between France and Germany* af F. C. Sörensen. — Kjöbenhavn. 1871-1873. In-8°, 1680 p., cartes et plans. 7 rd.

Kriget (Fransk-tyska) 1870-1871. Kronologisk öfversigt af händelserna ifrån krigsförklaringen intill fredsslutet. — Stockholm. 1871. In-8°, 60 p. 35 öre.

— 1870. De förfärende händelser som tim at under august och september månadar detta år. — Westervik. 1871. In-8°, 128 p. 40 öre.

2: édition.

Krigs-Bibliothek. Skildringer fra den fransk-tydske krig. — Kjöbenhavn. 1870-1872. In-8°, 1200 p., cartes. 4 rd. 48 sk.

Krömer (Max), oder die Belagerung von Strassburg. Von dem Verfasser von Jessica's erstem Gebet u. s. w. Uebersetzt von A. v. G. — Frankfurt am Main, *Zimmer*. 1872. Gr. In-16. 1 m. 80 pf.

— Berättelser från Strassburgs belägring 1870. Ofvers. — Stockholm. 1871. In-16, 117 p., 1 rd.

— Épisode du siège de Strasbourg. Traduit de l'anglais. — Lausanne, *Blanc, Imer et Lebet*. 1871. In-12, 100 p. 1 fr.

— Histoire d'une famille enfermée à Strasbourg pendant le siège. Trad. de l'anglais. — *Ib*. 1871. In-12. 1 fr.

Krohn (K. Baurath F.). — Kriegserinnerungen 1870-1871. — Berlin, *Mittler*. 1895. In-8°.
V. Feld-Eisenbahn-Abtheilung.

Krohne (Divisions-Pfarrer). — Das Denkmal der Oldenburger bei Vionville. Eine Erinnerung an den 16. August 1870. — Oldenburg, *Schulze*. 1873. In-8°. 80 pf.

Kronauge (F.). — Die deutsche Kaiserwahl. Patriotische Lieder. — Frankfurt a. M., *Selbst-Verlag*. 1871. In-8°.

Kronfeld (Doct. M.). — *Voir* GÖTZ VON BERLICHINGEN.

Kronmayer (Doct. Karl). — (Reichsland). Elsass-Lothringen. — Leipzig, *Voigtländer*. 1891. In-8°, 16 p., carte. 20 pf.
Landes- und Provinzialgeschichten.

Kronprinz (Der) von Preussen. Ein Bild seiner Thaten und seines Wirkens. Für das deutsche Volk von einem Wehrmann. — Bielefeld, *Thiele*. 1871. In-8°, 171 p. fig., 1 m.

Kropatschek (Hauptmann von). — Ueber das Schiessen aus Gewehren auf grosse Distanzen.... 1870-1871. — *Organ*, 1874.

Krosigk (H. von). — Geschichte des 1. schlesischen Dragoner-Regiments Nr. 4 von 1815-1872. — 1873. In-8°. N. d. l. c.

Krück (M.). — Zur Sedan-Feier. Festrede. — Nürnberg, *Zeiser*. 1874. In-8°, 12 p.

Krüger (Rekt. Carl A.). — Drei Kaiser. Lebensbilder von Wilhelm I., Friedrich III. und Wilhelm II. — Leipzig, *J. Bädeker*. 1889. In-8°, 225 p., portr. 1 m.
3° édition.

— (H.). — Gottes That und des deutschen Volkes Dank. Predigt. — Bautzen, *Rühl*. 1872. In 8°, 12 p.

— (Pr.-Lieutenant). — Geschichte des hessischen Jäger-Bataillons Nr. 11, 1866-1891. — Berlin, *Mittler*. 1893. In 8°, VI-114 p., pl., croquis. 1 m. 50 pf.

Krummacher (H.) und **Krummacher** (C.). — Zwei Predigten aus der Kriegszeit 1870. — Elberfeld, *Friderichs*. 1871. In-8°, 26 p.

Kuby (Doctor W.). — Bericht eines Arztes der freiwilligen Krankenpflege im Kriege von 1870-1871. — Göllheim; München, *Ackermann*. 1871. Gr. in-8°, 47 p. 75 pf.

Küchle (B. A.). — *Voir* KRIEGS- UND SIEGESPANORAMA.

— (Geo.). — Aus dem heiligen Kriege 1870. Deutsche Lieder. — Eichstädt, *Krüll*. 1870. Gr. in-16, 16 p.

Kühne (Major). — Die Geschichte der braunschweigischen Artillerie von ihrer Entstehung bis auf die heutige Zeit. — Berlin, *Mittler*. 1875. Gr. in-8°, 80 pf.

Kühner (C.). — Der deutsch-französische Krieg im Jahre 1870-1871. — Hildburghausen, *Gadow und S.* 1871. In-8°, 15 p.

Kürassierbriefe eines Kriegsfreiwilligen. — Leipzig, *Breitkopf und Härtel*. 1895. In-8°, VIII-136 p.
8e cuirassiers prussien.

Küsel (Doctor E.). — Das historische Volkslied von 1870-1871. Festrede. — Gumbinnen, *Sterzel*. 1877. Gr. in-8°. 1 m.
Extrait des *Herrig's Archiv f. d. Stud. d. Neueren Sprachen und Literat.*

— Die Schlacht von Sedan im deutschen Liede. Festrede. — *Ib.* 1880. In-8°, 32 p. 1 m.

— Volkslied und Drama von 1870-1871. Vier Vorträge. — *Ib.* 1882. Gr. in-8°. 3 m.

Küster (Doctor Conrad). — Ueber die Truppenärzte im Felde. Nach eigenen Erlebnissen und Erfahrungen. — Berlin, *Stilke*. 1872. Gr. in-8°, 36 p. 75 pf.

— (Hauptmann). — Geschichte des anhaltischen Infanterie-Regiments Nr. 93. — Berlin, *Mittler*. 1894-1895. 2 vol. in-8°, x-206 p. et x-280 p. ill., carte. 8 m. et 7 m. 50 pf.

— Le même. Mannschaftsausgabe. — *Ib.* 1895. N. d. l. c.

Kugler (Professor Doctor Bernhard). — Kaiser Wilhelm und seine Zeit. — München. 1888. 30 livr., gr. in-4°, ill. à 50 pf.

Kuhn (Feldzeugmeister Frhr. von). — *Voir* BETRACHTUNGEN.

Kulemann (R.). — Germania. — Nürnberg, *Korn*. 1870. Gr. in 16, 13 p.

Kulicke (August). — *Voir* SCHREIBERBRIEF.

Kunel (Pfarrer Chr. Kl.). — In schwerer Zeit. Drei Predigten. — Nürnberg, *Löhe*. 1870. In-8°, 36 p.

— Siegesfreude und Siegesfrucht. Drei Predigten. — *Ib.* 1870. In-8°, 40 p.

— Willkommen, Friede ! Zwei Predigten. — *Ib.* 1871. In-8°, 27 p.

Kunz (Major Hermann). — Der Feldzug der ersten deutschen Armee im Norden und Nordwesten Frankreichs 1870-1871. — Berlin, *Luckhardt*. 1889. In-8°, III-234 p., 6 cartes, 4 m.
Extrait de la *Deutsche Heeres-Zeitung*.

— Die Schlacht von Wörth am 6. August 1870. — *Ib.* 1891. In-8°, pl. 3 m.
Extrait de la *Deutsche Heeres-Zeitung*, 1890.

Kunz (Major Hermann). — Einzeldarstellungen von Schlachten aus dem Kriege Deutschlands gegen die französische Republik vom September 1870 bis zum Februar 1871. — Berlin, *Mittler*. In-8°.

   I. Heft: Der grosse Durchbruchversuch der zweiten Pariser-Armee in den Tagen vom 29. November bis 3. Dezember 1870. — 1891. 1 carte, 2 croquis. 3 m.

   II. Heft: Die Kämpfe der preussischen Garde um Le Bourget während der Belagerung von Paris 1870-1871. — 1891. 1 plan. 2 m. 25 pf.

   III. Heft: Das Gefecht bei Nuits am 18. Dezember 1870 — 1892. 44 p., 1 pl. 1 m. 30 pf.

   IV. Heft: Die Schlacht von Loigny-Poupry am 2. Dezember 1870. — 1893. x-207 p., 1 plan. 4 m. 50 pf.

   V. Heft: Die Schlacht von Orléans am 3. und 4. Dezember 1870. — 1894. xii-247 p., carte et plans. 5 m.

   VI. Heft: Die Entscheidungskämpfe des Generals von Werder im Januar 1871. I. Theil: Von Dijon über Vesoul nach Villersexel und zur Lisaine. — II. Theil: Die Schlacht an der Lisaine am 15., 16., 17. und 18. Januar 1871. — 1895. iv-216 p. 3 pl.; vi-192 p., cartes. 5 m. et 4 m. 50 pf.

— Die Schlacht von Noisseville am 31. August und 1. September 1870. — Berlin, *Mittler*. 1892. In-8°, 1 plan 3 m.

— Die Zusammensetzung der französischen Provincial-Armeen im Kriege 1870-1871. — *Ib.* 1892. In-8°. 1 m. 20 pf.

   Extrait du *Militär-Wochenblatt*.

— Die Schlacht vor dem Mont-Valérien am 19. Januar 1871.... — *Ib.* 1891. In-8°. 1 m. 20 pf.

   Supplément du *Militär-Wochenblatt*, 1891.

— Die Thätigkeit der deutschen Reiterei in den Tagen vom 15. bis 18. August 1870 vor Metz. — Berlin, *R. Eisenschmidt*. 1891. In-8°, 60 p. 1 m.

   Extrait de la *Militär-Zeitung für die Reserve- und Landwehr-Offiziere*.

— Die Thätigkeit der deutschen Reiterei vom 19. August bis zum 1. September 1870, während des Vormarsches gegen die Armee von Châlons. — *Ib.* 1892. In-8°, 59 p., pl. 1 m.

   Extrait de la *Militär-Zeitung*.

— Sind der deutschen Reiterei im August 1870 Unterlassungen nachzuweisen? — *Ib.* 1892. In-8°, 53 p. 90 pf.

   Réponse aux 6e et 7e suppléments du *Militär-Wochenblatt*.

— Wanderungen über die Schlachtfelder von Saarbrücken und von Metz. Ein Reisebericht. — *Ib.* 1896. In-8°, 72 p. 1 m. 20 pf.

— Das Gefecht von La Bourgonce am 6. Oktober 1870. — *Internationale Revue*. Janvier-février 1892.

Kunz (Major Hermann). — Statistische und taktische Betrachtungen über die drei grossen Schlachten vor Metz im August 1870. — *Jahrbücher*, avril-septembre 1892.

— Die deutsche Reiterei in den Schlachten und Gefechten des Krieges von 1870-1871. — Berlin, *Mittler*. 1895. In-8°, xii-423 p. 7 m. 50 pf.

Kupsch (E.). — Unter dem rothen Kreuz. Reiseskizzen vom Kriegsschauplatze über Liebesgaben-Vertheilung, Krankenpflege und Geheimnisse der Hülfsvereine. — Berlin, *Kortkampf*. 1870. Gr. in-8°. 1 m.

Kurz (J. B.). — Unsere Pflichten in dem gegenwärtigen Kriege. Predigt. — Friedberg, *Bindernagel und Schimpff*. 1870. In-8°, 16 p.

Kusenberg (Lieutenant). — Geschichte des rheinischen Ulanen-Regiments Nr. 7. 1815-1890. — Berlin, *Mittler*. 1890. In-8°, ill., cartes, pl. 4 m.

Kussler (Commandant Ch.). — Voir EINZELSCHRIFTEN.

Kutschke (A.). — Napolium-Lieder, zu singen nach der bekannten Weise : « Ich bin der Doctor Eisenbart. » — Bremen, *Tannen*. 1871. In-8°, 15 p.
7° édition.

— (Füsilier). — *Voir* DUDELSACKLIEDER.

— (Des Füsiliers) Leben und Thaten. Herausgegeben von seinem Freunde Wutschke. — München, *Wagner*. 1871-1873. In-8°, 917 p. 7 m. 60 pf.

— (Der wahrhaftige). — Lieder und Unterhaltungen aus dem deutschen Reichskriege. Vom alten Sechsundzwanziger. — Schwerin, *Stiller*. 1871. In-16, 106 p. 50 pf.

— Eine echt deutsche Landsknechtfigur. — Aus dem Franzosenkriege im Jahre 1870. — Wittenberg, *Herrosé*. 1870. In-8°, 16 p.
Voir KAISERLIEDER.

Kutschke's Kriegs-Memoiren. — Berlin, Leipzig, *Fest*. 1871. In-8°, 150 p. 1 m. 50 pf.

— Ausgewählte Gedichte, ein patriotisches Liederbuch für alte und junge Krieger. — Breslau, *Schottländer*. 1895. In-8°.

Kutzner (J. G.). — Kriegsalbum, Bilder, Szenen und Skizzen aus dem deutsch-französischen Kriege im Jahre 1870. — Liegnitz. 1870. In-8°.

— Der deutsch-französische Krieg im Jahre 1870, mit besonderer Rücksicht auf die Waffenthaten der schlesischen Corps. — Liegnitz, *Kuhlmey*. 1871. In-8°, iii-156 p. 1 m.

L

L. — Rendez vos comptes. Le gouvernement de la Défense nationale jugé au point de vue du droit. — Firenze. 1871. i n-8°, 16 p.

L. (A. von). — Die Leistungen der Aufgebote Gambetta's im Kriege 1870-71. — *Intern. Revue,* octobre 1895.

L. (E.). — Projet présenté à M. le général Trochu le 5 septembre 1870, par un bourgeois de Paris. Système de défense de Paris basé sur l'emploi des chemins de fer, des locomotives et des wagons blindés. — Paris, *Lacroix.* 1871. In-4°, 16 p. 1 fr. 25 c.

L. (G.). — Souvenirs de l'invasion en Picardie. Anatole de la Forge à Saint-Quentin. — Amiens, *Jeunet.* 1880. In-8°, 27 p.
Extrait du *Journal d'Amiens*.

L. (O.). — *Voir* VERZEICHNISS.

Laacke (A.). — Humor in ernster Zeit. Anecdoten, ernste und launige Gedichte. — Berlin, *Janke.* 1871. In-8°.

La Baume Pluvinel (G. de). — *Voir* FAITS ET GESTES.

Labes (E.). — Zeitgedichte. — Rostock, *Stiller.* 1870. In-16, 40 p.
2ᵉ édition.

Labienus (Pauper). — Strophes césariennes. — *Lachaud.* 1871. In-12. 2 fr.

Labitte (Alexandre), sous-officier au 115ᵉ bataillon. — Code du garde national. — Paris, novembre 1870. In-18.

Laborde (De). — La commune d'Yvré-l'Évêque avant et pendant l'occupation prussienne. — Le Mans, *Leguicheux.* 1871. In-8°, 18 p.

— **(C. E.).** — Guerre à outrance! Discours au club des Folies-Bergères, 22 novembre 1870. — Paris. 1871. In-8°, 16 p. 15 c.

— **(Louis).** — Chants patriotiques. — Paris, *Ghio.* 1888. In-18 j. 80 p. 1 fr. 50 c.

Laborgne. — Le franc-tireur des Vosges. — Paris, *Bureau sténographique Duployé.* 1879. In-8°, 128 p., ill. 1 fr. 50 c.

Labouche (Lieutenant). — Historique du 18ᵉ régiment d'infanterie de ligne. — Pau, *imp. Garet.* 1891. In-8°, 105 p., pl. 4 fr.

Labouchère (Henry). — Diary of the besieged Resident in Paris. — London. 1871. In-8°, 391 p. 6 sh.
Extrait du *Daily News*. — 3ᵉ édition. 1872. *Voir* DIARY.

Labouchère (Henry). — Paris während der Belagerung. Aus dem Tagebuch eines Belagerten. — Leipzig, *Webel*. 1871. In-8°, IV-68 p. 50 pf.

— Tagebuch während der Belagerung von Paris. Deutsch übersetzt. — Leipzig, *Löwe*. 1871. In-8°. 3 m.
<small>Traduit et extrait du *Daily News*.</small>

Lacaussade (Auguste). — Cri de guerre! *Væ Victoribus* (vers). — Paris, *Lemerre*. 1870. In-18. 50 c.

— Le siège de Paris (vers). — *Ib.* 1871. In-18, 31 p. 50 c.

La Cecilia. — Voir CECILIA.

Lachaud (avocat). — *Voir* AFFAIRES, PROCÈS.

Lachemair (Pfarrer A. von). — Rede auf den allgemeinen Buss- und Bettag, 9. August 1870. — Lindau, *Stettner*. 1870. In-8°, 9 p.

Lachèze (Pierre), de Paris. — Le cataclysme annoncé par les apparitions de la Vierge en France. — Bruxelles. 1871. In-12, III-95 p. 1 fr. 50 c.

Lackner (M.). — Sedanpredigt. — Königsberg, *Gräfe und U.* 1887. In-8°, 16 p. 20 pf.

Lackowitz (W.). — Aus dem grossen Jahre 1870-1871. Ernste und heitere Erlebnisse eines Knaben. Erzählung für die reifere Jugend. — Leipzig, *O. Drewitz*. 1893. Gr. in-8°, III-252 p. 4 m. 50 pf.
<small>4° édition.</small>

Lacombe (Hilaire de). — Souvenirs de l'invasion; l'occupation d'Orléans, M. Thiers, Mgr Dupanloup. — Paris, *Douniol et C*ie. 1871. In-8°, 32 p.

— (Ferdinand de). — Le siège de Toul en 1870. — Fontainebleau, *imp. Bourges.* 1875. In-8°, 35 p.
<small>Extrait de l'*Abeille de Fontainebleau*.</small>

Lacroix (C. de). — Les morts pour la patrie. Tombes militaires et monuments élevés à la mémoire des soldats tués pendant la guerre. Chronologie historique des événements de 1870-1871. — Paris, *chez l'auteur.* 1891. In-fol., pl.

— (Désiré). — Le général de brigade Tripard (Élie-Joseph). — Paris, *imp. Laloux fils et Guillot.* 1879. In-8°, 8 p.

— Notice sur le régiment de Champagne [2e de ligne] 1561-1877. — Paris, *imp. Schiller.* 1877. In-8°, 45 p.

— (Sous-lieut. Eugène). — Le 5e bataillon de marche du 2e régiment d'infanterie de marine. Armée de la Loire et armée de l'Est. Combat de Neuville, 1,200 soldats d'infanterie de marine contre une brigade prussienne, par un bourgeois de Paris, ancien officier du bataillon. — Paris, *Lacroix.* 1871. In-12. 2 fr.
<small>Document pour l'histoire du 15e corps.</small>

Lacroix (Sous-lieutenant Eugène). — L'infanterie de marine pendant la 2ᵉ invasion (1870-1871). Histoire du 5ᵉ bataillon de marche du 2ᵉ régiment. Armée de la Loire, armée de l'Est (15ᵉ corps, 1ʳᵉ brigade, 1ʳᵉ division). — *Ib.* 1875. In-8°, 71 p. 1 fr.

<small>3ᵉ édition. 1877. In-18, xxxii-9; p. — 4ᵉ édition. 1880. in-18, xxxiii-100 p.</small>

— (E.). — Système de défense de la ville de Paris basé sur l'emploi des chemins de fer, des locomotives et des wagons blindés, par un bourgeois de Paris. — *Voir* L.

— (Jules). — L'année infâme 1870-1871. L'invasion, Paris pendant la Commune, Paris après la Commune. N'oublions pas ! — Paris, *Librairie des Bibliophiles*. 1872. In-16, 196 p. 5 fr.

— (Professeur Louis). — Journal d'un habitant de Nancy pendant l'invasion de 1870-1871. — Nancy, *Vagner*; Paris, *Lecoffre*. 1873. In-12, xi-523 p. 3 fr. 50 c.

Lähm up! Wat de Trängsoldat Mattigges Pappstoffel, dei met synem Pasteser im Franssessenlanne widsen is anplatz köster, vom grauten Krige to vertelem weit. Erlebnisse im Feldzug 1870-1871, im Paderborner Dialekt mitgetheilt.... — Celle, *Litt. Anstalt*. 1877. In-8°, 158 p. 1 m. 20 pf.

La Faye (J. de). — *Voir* FAYE.

Lafenestre (Georges). — La poésie française en 1870-1871. — *Revue de France*, avril 1872.

Laffitte (J.). — Gambetta intime, sa vie et sa fortune. — Paris, *Charpentier*. 1879. In-18 j., 38 p. 50 c.

Laforgue (J. P.). — Les prisonniers français en Allemagne. — Toulouse. 1871. In-12, 23 p. 25 c.

Lafosse (H. de.). — *Voir* FOSSE.

Lagarde (Paul). — *Voir* JUDICIS.

Laguerre (J. J.). — Les Allemands à Bar-le-Duc et dans la Meuse (1870-1873). — Bar-le-Duc, *Comte-Jacquet*. 1874. In-8°. 3 fr.

Lahure (Baron Aug.). — La cavalerie et son armement depuis la guerre de 1870. — Paris. 1873. In-16. 2 fr. 50 c.

<small>2ᵉ édition.</small>

Laien-Vorträge zur Zeit des Krieges in einem preussischen Landhause gehalten. Vorwort von Wichern. — Berlin. 1872. In-8°, 79 p.

Laire (H. de). — *Voir* PERSIGNY.

Laisean (D., maire). — L'occupation de la commune des Bordes (Loiret) par les armées allemandes. Récits de l'invasion (1870-1871). — Orléans, *Puget et Cⁱᵉ*. 1871. In-8°. 1 fr.

Lallemand (De). — Précis des actes de la diplomatie impériale et de ses principales fautes pendant les dix dernières années de l'empire. — Paris, *Dentu*. 1871. In-8°, 66 p.

Lallié (Député). — *Voir* ACTES.

Lamache (H.). — Souvenirs de casemates, par un franc-tireur de Strasbourg. — Paris. 1871. In-8°, 32 p.

Lamarche. — Journal de la défense de Dijon. — Dijon. In-8°.

Lamarquerouge (C. de). — Prusse et France. Tyrannie et liberté ou les souverains sanguinaires du xixe siècle. Appréciation de la guerre franco prussienne et de la politique de l'Europe pendant cette guerre. — Bruxelles, *Viceroy*. 1873. In-12.

Lambel (Comte de). — Biographie du général de Sonis. — Lille, *Taffin-Lefort*. 1893. In-12. 60 c.

Lamber (Juliette) [Mme La Messine, puis Edmond Adam]. — Le siège de Paris, journal d'une Parisienne. — Paris, *M. Lévy*. 1873. In-18, IX-442 p. 3 fr. 50 c.

Lambert (Alexandre). — Précis comparé de la guerre franco-allemande. Exposé des opérations des deux armées. Les campagnes de la Loire. — Paris, *Lachaud*. 1872. In-8°, VIII-323 p., 5 pl. 3 fr.

— **(Eugène).** — Les mobiles bretons à Rennes. — Nantes. 1876. In-8°, 74 p.

Lamé-Fleury. — Prémisses et conclusions psychologiques de la guerre de 1870-1871. — *Journal des Économistes*, avril 1871.

Lamiraux (Général). — Études pratiques de guerre. — Paris, *Charles-Lavauzelle*. 1891. In-8°, 264 p., atlas. 6 fr.

Nouvelle édition. 1894. 314 p., 20 croquis.

Lammers (A.). — Deutschland nach dem Kriege. — Leipzig. 1871. In-8°.

Lamothe (A. de). — Aventures d'un Alsacien prisonnier en Allemagne. — Paris, *Blériot*. 1872. In-18 j., 261 p. 3 fr.

— L'orpheline des carrières de Jaumont; le Taureau des Vosges; le Prisonnier de guerre en Allemagne; le journal de l'orpheline de Jaumont (roman). — *Ib.* 1872. 4 vol. in-18 j. 10 fr.

Voir MARGUERITE (M.).

Lamotte (De). — Historique du 8e régiment de hussards. — Valence, *imp. Céas*. 1892. In-4°, VI-186 p., pl.

La Motte-Fouqué. — *Voir* FOUQUÉ.

La Motte-Rouge. — *Voir* MOTTE-ROUGE.

Lampadius (Diac., Doctor W. A.). — Die Grundlagen auf welchen sich die Einigung eines christlichen Volkes vollziehen soll. Predigt. — Leipzig, *Pernitzsch*. 1870. Gr. in-8°, 16 p.

Lampert (Friedrich). — Kriegs- und Siegeschronik 1870-1871. Für die Dank- und Ehrentage des deutschen Volkes erzählt. — Nördlingen, *Beck*. 1873. In-8°, 40 p. 25 pf.

— Für's Vaterland. Aus dem Leben eines bayerischen Trompeters. — *Ib.* 1874. In-8°, 84 p. 75 pf.

Lamprecht (G.). — Eine Bauernstube während der Schlacht bei Sedan. Militärische Scene. — Chemnitz, *B. Richter*. 1890. In-8°, 15 p. 75 pf

— Weihnachten 1870. Militärische Scene. — *Ib.* 1890. In-8°, 16 p. 75 pf.

Land (Unser wiedergewonnenes). Beitrag zur Kenntniss der deutschen Gebiete in Elsass und Lothringen. — Berlin, *Dümmler*. 1870. In-8°, 75 p.

Landais (Capitaine L.). — Honneur et patrie! Histoire du 76e régiment d'infanterie depuis 1677 jusqu'en 1873. — Paris, *Dutemple*. 1874. In-18 j., 419 p.

Landau (Abbé E.). — Six mois en Bavière, par l'aumônier militaire de Munich. — Paris, *Douniol*. 1872. In-12. 200 p. 2 fr.

Landau (Doct. M.). — *Voir* LUSKINA.

Lande (Lucien Louis). — *Voir* LOUIS LANDE.

Lande (Roger de la). — La paix. — Genève. 1871. In-8°, 22 p.

Landolt (H. M. F.). — *Voir* RÜSTOW.

Landon (M. D.) — The Franco-Prussian War in a nutshell. — New-York. 1871. In-8°, 468 p., 14 cartes.

Landsberg (Rabbin Doctor M.). — Schwert Gottes! wie kannst du ruhen, da Gott dich entbunden hat? Predigt. — Liegnitz, *Cobn*. 1870. In-8°, 11 p.

Landwehr (Die) vor Strassburg. — *Jahrbücher*, janvier-mars 1891.

— während des Krieges 1870-1871. — *Militär-Zeitung*, 1878, nos 29 et suiv.

Lang (H.). — Karte von Deutschland und Frankreich nach den Friedensbestimmungen von 1871. — Berlin, *Barthol*. 1871. In-fol. 75 pf.

— (Heinrich). — Aus den Erinnerungen eines Schlachtenbummlers im Feldzuge 1870-1871. [II. bayer. Armee-Corps.] — München. 1887. In-8°, 159 p. 3 m. 50 pf.

— Aus den Erinnerungen eines Schlachtenbummlers im Feldzuge 1870-1871. Neue Folge. II. bayerisches Armee-Corps. — München, *Verlags-Anstalt*. 1890. In-8°, VIII-174 p., ill. 3 m. 50 pf.

3e édition. 1895. 326 p., ill., 3 m.

Lang (Georg). — Die Kriegsoperationen um Metz im Jahre 1870. Nach den besten Quellen bearbeitet. — Metz, *Deutsche Buchhandlung;* Leipzig, G. *Lang.* — 1881. In-8°. 80 pf.

— Le même. — *Ib.* 1888. In-8°, 83 p. 1 m.

<small>5e édition. 1895. 83 p. 60 pf. Avec 2 cartes, 3 m.</small>

— Die Schlachten vom 14, 16. und 18. August 1870. — *Ib.* 1875. In-8°, 28 p., carte. 2 m.

— The battles around Metz on the 14., 16. and 18. August 1870. Translated by A. R. Purves. — *Ib.* 1875. In-8°, carte, 30 p. 3 m.

— (L.). — Réflexions sur les prétendus traîtres de Sedan. — Grenoble. 1872. In-8°, 6 p.

— (von). — Rede bei der National-Feier des 2. September 1873. — Ulm, *Frey.* 1873. In-8°, 8 p.

Langbein (Doctor A.). — Rechte Jünger Christi müssen Lastträger sein. Predigt. — Dresden, *Naumann.* 1870. Gr. in-8°, 15 p.

Lange (E.). — Eine Einquartierung bei Sedan. Genrebild in 1 Akt. — Berlin, *Bloch.* 1895. In-8°, 1 m.

— Zwei lebende Bilder : Das erste Opfer des Krieges 1870. Die Fahne der 107er bei Saint-Privat. — *Ib.* 1895. In-8°. 1 m.

— (G. de). — M. de Freycinet, délégué général à la guerre (1870-1871). — *Revue de la France moderne*, 1888. n° 3.

— (H.). — Karte des deutsch-französischen Kriegsschauplatzes. — Leipzig, *Brockhaus.* 1870. In-fol.

— Karte der deutschen Nord- und Ostsee-Küsten. — *Ib.* 1870. 1/3,100,000. chromol., in-fol. 2 feuilles.

— Die deutsch-französischen Grenzen, historisch-politisch-sprachlich in fünf verschiedenen Farben dargestellt. — *Ib.* 1870. 1/1,880,000. In-8°, lith.

— Karte von Frankreich. — *Ib.* 1871. In-fol., chromol.

Langermann (Lieutenant Carl, Freiherr von). — Geschichte des thüringischen Ulanen-Regiments Nr. 16 vom Jahre 1864 bis 1872. — Berlin, *von Decker.* 1872. Gr. in-8°, 118 p., carte. 2 m.

— (Sek. Lieutenant Freiherr von). — Geschichte des 3. Posenschen Infanterie-Regiments Nr. 58 von der Gründung bis Juni 1888. — Berlin, *Mittler.* 1889. In-8°. N. d. l. c.

<small>2e édition. 1892. 131 p., 4 portr. 80 pf.</small>

— und **Erlenkamp** (Hauptmann Freiherr von). — Geschichte des grossherzoglich-mecklenburgischen Jäger-Bataillons Nr. 14, vom 1. Juni 1821 bis 1. Juni 1881. — Schwerin, *Stiller.* 1882. Gr. in 8°, cartes. 5 m.

Langheld (E.). — Rede auf das deutsche Kriegsheer vom Jahre 1870-1871. — Kiel, *Lipsius und Tischer*. 1884. In-8°, 15 p. 30 pf.

Langres pendant la guerre de 1870-1871, d'après les documents officiels français et allemands recueillis par un officier de l'armée régulière. — Paris, *Hurteau*; Langres, *Sommier*; Chambéry, *Perrin*. 1873. In 8°, 105 p. 1 fr. 25 c.

<small>Attribué au lieutenant-colonel Meyère, général au titre auxiliaire.</small>

— (Die Festung) während des Krieges 1870-1871. — *Deutsche Heeres-Zeitung*, avril 1893.

Lano (Pierre de). — L'impératrice Eugénie. — Paris, *Havard*. 1891. In-18, 285 p. 3 fr. 50 c.

<small>7ᵉ édition.</small>

— Le secret d'un empire. L'empereur [Napoléon III]. — *Ib*. 1893. In-18. 3 fr. 50 c.

— La Cour de Napoléon III. — *Ib*. In-18. 3 fr. 50 c.

<small>9ᵉ édition.</small>

— La Société parisienne sous le second empire. — *Ib*. In-18. 3 fr. 50 c.

Lanusse (Abbé, aumônier de Saint-Cyr). — L'heure suprême à Sedan. — Paris, *Flammarion*. 1892. In-18, XIII-382 p. 3 fr. 50 c.

— Vingt minutes dans la vie d'un peuple [Reichshoffen]. — *Ib*. 1893. In-18, VIII-377 p. 3 fr. 50 c.

Laperrine (Colonel). — Campagne de France 1870-1871. La 1ʳᵉ légion des mobilisés de la Seine-Inférieure du 26 novembre 1870 au 7 mars 1871. — Montpellier, *Boehm et fils*. 1871. In-8°, 28 p.

La Pierre (Lieutenant). — *Voir* AURELLE.

Laprade (Victor de). — Pendant la guerre, poèmes. — Lyon, *Girard*. 1871. In-12, 51 p.

— *Voir* GRIMAUD (E.).

Larchey (Lorédan). — Almanach des assiégés. — Paris, *Librairie du Moniteur universel*. 1870. In-16. 50 c.

— Mémorial illustré des deux sièges de Paris. — *Ib*. 1871. In-4° à 2 col., 398 p., 320 grav.

<small>3ᵉ édition. 1874-1875. 14 fr.</small>

Larègle (M. de). — Campagne du 34ᵉ régiment de mobiles [Deux-Sèvres]; Vosges, Loiret, Est. — Niort, *Clouzot*. 1871. In-12, 143 p.

<small>20ᵉ corps.</small>

La Rive (A. C. de). — *Voir* RIVE.

Larivière (Ch. de). — Les origines de la guerre de 1870. — Paris, *Alcan*. 1893. In-16, 192 p. 60 c.

Larocque (Jean). — 1871. Souvenirs révolutionnaires [1869-18 mars 1871]. — Paris, *Savine*. 1888. In 18 j. 3 fr. 50 c.

Larrass (General). — Geschichte des königlich-sächsischen 6. Infanterie-Regiments Nr. 105 und seine Vorgeschichte 1701-1886. — Strasbourg. 1887. In-8°, 603 p. 9 m.

Larroumet (Gustave). — Henri Regnault (1843-1871). — Paris, *Quantin*. 1890. In-8°, 71 p., portr. 3 fr.

Larzillière (P.). — *Voir* ARTILLERIE, BLEULER.

Lasalle (A. de). — La musique pendant le siège de Paris, impressions du moment et souvenirs anecdotiques sur la *Marseillaise*, le *Rhin allemand*, les *Girondins*, le *Chant du départ*, etc. — Paris, *Lachaud*. 1871. In-18, v-136 p. 2 fr.

Lassus (Lieutenant H. de). — Historique du 11e régiment de hussards. — Valence, *imp. Céas*. 1891. In-8°, XXXII-259 p.

Latour (Ant. de). — *Voir* JOURNAL.

Latrille (G.). — Considérations sur la guerre et particulièrement sur la dernière guerre. — Paris. S. d. In-8°.

Lattorf (Von). — Denkmäler und Erinnerungszeichen auf den Schlachtfeldern bei Saarbrücken. — Saarbrücken. 1877. In-8°.

Lau (Hauptmann). — 2. Hannoversches Infanterie-Regiment Nr. 77. Kurzer Abriss der Geschichte des Regiments. Mannschaftsausgabe. — Berlin, *Mittler*. 1882. In-8°, portr., croquis. 1 m. 50 pf.

Laudien (T.). — Mit Gott für König und Vaterland. 4 Aquarellen. Mit Dichtungen. — Leipzig, *Arnold*. 1872. In-4°. 12 m.

Laure (Colonel). — La guerre, étudiée d'après le caractère national et les ressources matérielles des deux peuples en présence. — Paris, *Plon*. 1870. In-8°. 5 fr.

Laurencie (Capitaine S. de la). — Service de l'artillerie dans la place de Belfort pendant le siège de 1870-1871. Étude technique écrite sur l'invitation du colonel Denfert-Rochereau. — Paris et Nancy, *Berger-Levrault et Cie*. 1872. In-8°, VII-132 p., 8 pl. 5 fr.
Voir THIERS.

Laurent (Ch. M.). — De Paris à Dantzig. Récit d'un prisonnier. — Paris, *Lemerre*. 1871. In-18, VI-123 p. 2 fr.

— Von Paris nach Danzig. Erzählung eines französischen Gefangenen. Uebersetzt. — Danzig, *Bertling*. 1872. In-8°, 133 p. 1 m. 50 pf.

Laurent-Athalin (G.). — *Voir* RISLER.

Laurent-Chirlonchon (Sous-intendant V.). — Les vraies causes de la supériorité de la Prusse en 1866 et en 1870. — Paris, *Dumaine*. 1876. In-8°. 1 fr.
Extrait du *Journal des Sciences militaires*.

Laurent-Chirlonchon (Sous-intendant V.). — Historique du corps des officiers de santé de l'armée. — Paris, *Dumaine*. 1876. In-8°. 75 c.

Laurillard (E.). — Een tocht naar Sedan. — Leiden. 1871. In-8°, 42 p., carte. 15 cts.

Lauroy (Pascal). — Metz et le joug prussien. — Paris, *Savine*. 1890. In-18 j. 3 fr. 50 c.
    2ᵉ édition.

Lausch (E.). — Die Feier des Tages von Sedan [2. September]. Zum Gebrauch in Volks- und Bürgerschulen. — Wittenberg, *Herrosé*. In-16, 32-75 p.
    22ᵉ édition.

— Le même. Zum Gebrauch in Vereinen. — Quedlinburg, *Huch*. 1873. In-16, 28-14 p.

— Kurze Geschichte des deutsch-französischen Krieges 1870 bis 1871. — Leipzig, *Siegismund und V.* 1874. In-16, 16 p. 20 pf.

Laussac (E.). — Journal d'un volontaire. — Paris, *Alcan-Lévy*. 1874. In-12, 108 p. 2 fr. 50 c.

Lauxmann (Pfarrer Richard). — Gedenkblätter aus dem Heldenkampfe Deutschlands mit Frankreich 1870-1871. — Heilbronn, *Scheurlen*. 1871-1872. Gr. in-8°, 3 vol., XXXII-538 p. 3 m. 50 pf.

— Le même. — Stuttgart, *Evangel. Gesellschaft*. 1895. In-8°, 224 p. 1 m. 50 pf.

Lavedan (Léon). — *Voir* GRANDLIEU.

Lavenay (A. de). — Hommage d'un Français à la Suisse hospitalière. Guerre de 1870-1871. — Genève, *H. Georg*. 1871. In-8°, 56 p.

Laverrenz (Victor). — Ulanenstreiche. Kriegs- und Friedensbilder aus dem Ulanenleben. — Berlin, *Neufeld und H.* 1894. In-8°, 127 p. 1 m.

Lavisse (Ernest, de l'Académie française). — L'invasion allemande dans les départements du Nord de la France. — *Revue des Deux-Mondes*, 1ᵉʳ septembre 1871.

— L'invasion dans le département de l'Aisne. — Laon, *Coquet et Cⁱᵉ*. 1872. In-8°, 96 p.
    A été reproduit dans un autre ouvrage du même auteur, *Les Essais sur l'Allemagne impériale*.

— Trois empereurs d'Allemagne : Guillaume Iᵉʳ, Frédéric III, Guillaume II. — Paris, *Colin*. 1888. In-12. 3 fr. 50 c.

Lavollée (Ch.). — Les chemins de fer pendant la guerre. — *Revue des Deux-Mondes*, 15 octobre 1871.

Layrle (Capitaine de vaisseau, amiral J.). — Les opérations maritimes dans la Baltique et la mer du Nord. — Paris, *Claye*. 1872. In-8°, 24 p.
    Extrait de la *Revue des Deux-Mondes*.

Layrolles (Vicomte de, commandant). — Historique du 1er bataillon des mobiles de Tarn-et-Garonne, 1870-1871. — Montauban, *imp. Bertuot*. 1874. In-8°, 71 p., carte.

Lazareth-Büchlein. — Karlsruhe, *Braun*. 1870. In-16. 80 pf.

Lazareth-Gespräche (Deutsch-französische). — Wien, *Manz*. 1870. Gr. in-16, 127 p.

Leander (Reich.). — Träumereien an französischen Kaminen. Märchen. — Leipzig, *Breitkopf und Härtel*. 1871. Gr. in-16, 165 p.

Leben (Deutsches) im Kampf und Sieg. — [ ]emen. 1870. In-4°, 147 p., 28 m. 50 pf.

— Napoleons III. — Wien, *Benedikt*. 1872. In-4°, 180 p. 4 m. 20 pf.

Lebensbeschreibung des Feldmarschalls Grafen Moltke. Aus dem französischen bearbeitet von dem Lieutenant von Scriba. — Minden in Westphalen. 1889. In-8°. 3 m.

Lebensbilder für Soldaten. — Barmen. 1870. In-8°, 32 p.

Leblanc (A.). — Nos malheurs, leurs causes, leurs remèdes. — Dieppe, *Leblanc*. 1871. In-8°, 54 p. 1 fr.

Leblois (Louis). — Strasbourg avant et pendant le siège. — Paris, *Cherbuliez*. 1871. In-12, 80 p. 1 fr.

— Le même. — Toulouse. 1872. In-12. 1 fr.

Lebœuf und die französische Mobilmachung 1870. — *Jahrbücher*, octobre 1895.

Leboucq (Le P.). — Le vicomte Georges Douglas, lieutenant au 2e chasseurs à pied, blessé de quatre coups de feu le 18 août 1870, à Saint-Privat, mort le 25 à Montigny-la-Grange. — Lyon, *Albert*. 1881. In-8°, x-117 p. N. d. l. c.

Lebrun (Général). — Guerre de 1870. Bazeilles, Sedan, opérations du 12e corps d'armée. — Paris, *Dentu*. 1891. In-8°, xvi-304 p., cartes. 6 fr.

— Le même. — *Ib*. 1892. In-18 j., 336 p., carte. 3 fr. 50 c.

— Souvenirs militaires 1866-1870. Préliminaires de la guerre. Mes missions à Vienne et en Belgique. — *Ib*. 1895. In-8°, 332 p. 6 fr.
Cet ouvrage est la 3e partie du précédent.

Lechler (G. V.). — Die Gemeinde in banger Zeit, wie sie stille ist.
Voir PREDIGTEN.

Leclaire (Paul). — Les Prussiens à Montmorency. Journal d'un prisonnier de guerre des Prussiens pendant la campagne de 1870-1871. — Montmorency, *Huard*. 1875. In-12, 31 p.

Leclerc (Ch.), volontaire au 63e. — Souvenirs de 1870-1871. Le siège de Toul. — Verdun, *Freschard*. 1872. In-8°, 15 p. 40 c.

— (Capitaine D. H.). — Campagne de 1870 1871. Tableaux statistiques des pertes des armées allemandes assemblées chronologiquement dans l'ordre des opérations (batailles, combats, sièges, etc.) et réparties par compagnies, bataillons, escadrons et régiments, d'après les documents officiels allemands.

    1re partie : Événements militaires du 24 juillet au 3 septembre ;

    2e partie : Événements et pertes diverses du 3 septembre 1870 au 31 mai 1871. — Paris, *Dumaine*. 1873. 2 vol. in-4° oblong, XVI-1986 p. 12 et 18 fr.

— (Eugène). — Combat de Courcebœufs, tiré des souvenirs d'un mobile. — Argentan, *Cognant*. 1878. In-8°, 116 p.

— (Louis). — La garde nationale à cheval pendant le siège de Paris. Souvenirs de la légion. — Paris, *Bonaventure*. 1871. In-8°, 163 p.

Leclercq (Em.). — La guerre de 1870, l'esprit parisien produit du régime impérial. — Bruxelles. 1871. In-12. 3 fr. 50 c.

— De la prison de Ham aux jardins de Wilhelmshöhe. — Paris, *Le Chevalier*. 1871. In-18.

— De la prison de Ham aux jardins de Wilhelmshöhe. Régime de l'ordre. — Bruxelles, *Claassen*. 1871. In-8°.

— La guerre de 1870. — Paris. 1871. In-12. 4 fr.

Lecomte (Colonel, de l'armée suisse). — Relation historique et critique de la guerre franco-allemande en 1870-1871. — Paris, *Tanera*. 1872-1874. 4 vol. gr. in-8°, cartes. 40 fr.

— (Maxime). — Souvenirs de la campagne du Nord (1870-1871).

    1re partie....

    2e partie : Formerie, Villers-Bretonneux, Pont-Noyelles.

    3e partie : Bapaume, Saint-Quentin. L'armistice. Le retour. Épilogue. — Avesnes, *Eliet-Lacroix*. 1871-1872. In-8°, 212 p. 3 fr.

— *Voir* ALMANACH.

Leconte (O. P.). — La guerre franco-allemande de 1870-1871, avec notes biographiques. — Bruxelles, *Kiessling*. 1871. In-12, carte, pl. 3 fr. 50 c.

Lecour (Charles Jér.). — La prostitution à Paris et à Londres, 1789-1871. 2e édition augmentée de chapitres sur la prostitution à Paris pendant le siège et sous la Commune.... — Paris, *Asselin*. 1872. In-12. 4 fr. 50 c.

Lecoy de la Marche. — Notes d'un assiégé. — Paris, *Bray et Retaux*. 1872. In 12, III-244 p.

Ledersteger (Doctor). — Des deutschen Reiches Ausbau. — Berlin, *Mahlo*. 1875. Gr. in-8°, VI-210 p.

Ledeuil (Edouard). — Campagne de 1870-1871. Châteaudun, le 18 octobre 1870. — Paris, *Sagnier*. 1871. In-8°. 3 fr.

— Parallèle de la défense sur la Loire et à Paris. Campagne de 1870-71. — *Ib*. 1871. In-8°, 32 p. 1 fr.

— Les volontaires français. — Paris, *Lachaud*. 1872. In-18 j., 51 p. 50 c.

Ledeuil d'Enquin (J.). — Guerre franco-allemande de 1870-1871. Les drapeaux prussiens des 16e et 61e régiments d'infanterie pris à Rezonville et à Dijon. — Paris, *E. Dubois*. 1890. In-8°, 48 p., carte.

— Armée des Vosges. Le général Bosak, comte de Hauké. — *Ib*. 1893. In-8°, 73 p. 1 fr.

— L'armée des Vosges en 1870. Combat de Crépand (Côte-d'Or). — *Revue du Cercle*, août 1893.

— Épisode du château de Pouilly [Dijon, 23 janvier 1871]. — Beaune, *Lambert fils*. 1894. In-8°.

Leduad (J., officier de cavalerie) [pseudonyme]. — Nos désastres étudiés dans leurs sources, moyens d'y remédier. — Paris, *Lachaud*. 1871. In-8°, 200 p. 3 fr.

Leeder (E.). — Wandkarte von Deutschland und Frankreich nach den Friedensbestimmungen von 1871. — Essen, *Bædeker*. 1875. In-fol. 5 m.

7e édition.

Leer (Général-lieutenant, professeur). — Srajénié pri Vertié.... (Le combat de Wœrth). — San Peterbourg, *Bérézovski*. 1885. In-8°. 1 r. 25 k.

2e édition.

— Poublitchnyia lektsii o voïné 1870 g. mejdou Frantsieïou i Germanieïou do Sedana vklioutchitelno. — San Peterbourg. 1871. In-8°, 268 p.

Le Faure (Amédée). — *Voir* FAURE (Le).

Lefebvre (Capitaine G.). — Campagne de France 1870-1871. Relevé journalier des opérations du 2e bataillon du 14e régiment d'infanterie provisoire [mobiles de l'Yonne]. — Avallon, *Barré*. 1874. In-8°, 42 p. carte.

— (G.). — Les combats de Villiers, Brie et Champigny. — *Revue militaire française*, mai-juin 1875.

Leffler (Pfarrer H.). — Predigt am Kriegs-, Buss- und Bettag, dem 7. August 1870. — Nürnberg, *Löhe*. 1870. Gr. in-16, 16 p.

Leflon (Abbé). — Tableau des derniers jours, de la fin désastreuse et du rétablissement de Bazeilles. — Charleville, *Pouillard*. 1876. In-18 j., XXIII-143 p.

— Les derniers jours de Bazeilles. — Paris, *Téqui*. 1880. In-12, 142 p.

Le Fort (Major Freiherr). — *Voir* FORT (Major Frhr. Le).

Lefrançais (G.). — Aux Parisiens. Le 31 octobre ! Sa cause, son but, sa nécessité, publié sous forme de lettres dans le journal *le Combat* du 28 novembre au 8 décembre 1870. — Paris, *imp. Dubuisson*. 1871. In-12, 48 p. 20 c.

Le Fustec. — *Voir* FUSTEC (Le).

Legay (H.). — Les mémoires d'une pendule prisonnière de guerre en 1870-1871. — Paris. 1872. In-18, 48 p.

Legde (Rittmeister). — Geschichte des 2. badischen Dragoner-Regiments Nr. 21. — Berlin, *Mittler*. 1893. Gr. in-8°, vi-282 p., ill., 2 cartes. 7 m.

Léger (Louis). — *Voir* RASCH.

Legge (E.). — Killed at Saarbrück : An Englishman's adventures during the War. — London. 1871. In-12, 124 p. 3 sh. 6 d.

Le Goff (F.). — *Voir* STEENACKERS.

Legouvé (Ernest, de l'Académie française). — De l'alimentation morale pendant le siège. Conférence faite au Théâtre-Français et au Collège de France. — Paris, *Hetzel*. 1870. Gr. in-16, 34 p. 25 c.

— Le même. — Lille. 1871. In-32, 41 p.

— Les épaves du naufrage. Conférence. — Paris, *Hetzel*. 1871. In-12. 1 fr. 50 c.

Legoyt (A.). — L'alimentation et les prix pendant le siège de Paris. — *Journal des Économistes*, mai 1871.

Legrand (Louis). — Le 4e régiment mobilisé [Nord] à la bataille de Saint-Quentin. — Valenciennes, *Prigné*. 1873. In-8°.

Legrand (Max.). — Le siège de Longwy en 1870. — *Spectateur militaire*, décembre 1875.

— Le siège de Verdun en 1870. — Paris, *Dumaine*. 1878. In-8°, 75 p. 1 fr. 50 c.

Extrait du *Journal des Sciences militaires*.

[**Legrelle** (Docteur Ars.)]. — La Prusse et la France devant l'histoire. Essai sur les causes de la guerre. — Gand, *Snoeck-Ducayer et fils*; Paris, *Amyot*. 1874-1875. 2 vol. In-8°. 14 fr.

— La Prusse et la France devant l'histoire. Essai sur les conséquences de la guerre. — Paris, *A. Cotillon et Cie*. 1879. In-8°. 7 fr. 50 c.

Legris (Ferdinand). — Les Prussiens en France 1870-1871. Souvenirs de leur séjour à Lagny (Seine-et-Marne) et dans les environs. — Meaux, *Cochet*. 1872. In-4° à 2 col., 40 p.

Le Guern (H.). — *Voir* GUERN.

Lehautcourt (Pierre) [Commandant X.]. — Campagne de l'armée du Nord 1870-1871. Péronne et Bapaume. — *Spectateur militaire*. 1884.

— La défense nationale dans le Nord. Laon et Soissons. Septembre et octobre 1870 dans le Nord. — *Ib*. 1885.

— La défense nationale dans le Nord. Bataille d'Amiens. — *Ib*. 1886.

— Campagne du Nord en 1870-1871. Histoire de la défense nationale dans le nord de la France. — Paris, *Charles-Lavauzelle*. 1887. In-8°, 270 p., 6 cartes. 6 fr.

— Le général Faidherbe et la défense nationale en 1870-1871. — *Ib*. 1890. In-8°, 24 p. 50 c.
Extrait de la *Revue d'infanterie*.

— Le lieutenant Mauclerc. Mœurs militaires (1869-1871). — *Ib*. 1891: In-18, 220 p. 3 fr.

— La marche sur Fontainebleau et la bataille de Beaune-la-Rolande. — *Spectateur militaire*. 1892.

— Études sur la campagne de la Loire en 1870-1871. Retraite de Chanzy sur le Loir. — *Ib*. 1893.

— Campagne de la Loire en 1870-1871. Coulmiers et Orléans. — Paris et Nancy, *Berger-Levrault et Cie*. 1893. In-8°, 472 p., cartes. 7 fr. 50 c.

— Campagne de la Loire en 1870-1871. Josnes, Vendôme, Le Mans. — *Ib*. 1895. In-8°, 444 p., 13 cartes. 7 fr. 50 c.

— Le rôle stratégique de la cavalerie en 1870-1871. — *Revue de cavalerie*, janvier 1895.

— La cavalerie allemande et l'armée de Châlons. — *Ib*. Juillet-octobre 1895.

— *Voir* ÉTUDE.

Lehfeldt (Pr.-Lieutenant). — Ostpreussisches Füsilier-Regiment Nr. 33. Geschichte des Regiments. — Berlin, *Mittler*. 1877. In-8°, 7 cartes. 10 m.

Lehmann. — Ihm hat lange die Nase nicht geblutet. Illustrirter Kladderadatsch. — Lindsberg, *Hartmann*. 1870. In-8°, 8 p.

— (H.). — Deutschlands Heldenkampf. Neue deutsche Kriegs- und Siegeslieder aus dem glorreichen Jahre 1870. — Woldenberg, *Hartmann*. 1870. 2 livr. In-8°, 15 p.

— (Max). — Die Schlacht von Vionville und Mars-la-Tour. — *Preussische Jahrbücher*, juin-juillet 1872.

Lehmann (O.). — Deutsche Kriegsblätter. — Dresden. 1870-1871. In 8°, 96 p.

— *Voir* KRIEGSBLÄTTER.

— (Rich.). — Kriegserinnerungen eines 20er Füsiliers aus dem Felde 1870-1871. — Rathenow, *Babenzien*. 1891. In-8°, IV-113 p. 1 m. 20 pf.

Lehnhard (Paul R.). — Unser Bismarck 80 Jahre. Humoristisch patriotisches Festspiel in 1 Akt. — Mülhausen i. Th., *Danner*. 1895. In-8°, 20 p. 2 m.

— Aus Deutschlands grösster Zeit. Lebende Bilder aus dem Kriege 1870-1871.... — *Ib.* 1895. In-8°, 14 p. 1 m.

— Festprolog zur Jubelfeier des Sedanfestes 1895. — *Ib.* 1895. In-8°, 3 p. 50 pf.

— Festrede zur Jubelfeier des Sedanfestes 1895. — *Ib.* 1895. In-8°, 3 p. 75 pf.

— Nach 25 Jahren. Patriotisches Festspiel in 1 Akt zur 25 jährigen Jubelfeier des glorreichen Krieges 1870-1871. — *Ib.* 1895. In-8°, 23 p. 2 m.

Lehren (Die taktischen) des Krieges 1870-1871. — *Voir* R. (G.).

— (Die taktischen) des Krieges 1870-1871. — *Streffleur's*, 1872, 4° vol.
Voir WESTERGAARD.

— aus einigen Kavallerie-Angriffen auf Infanterie im ersten Theile des Krieges 1870-71. — *Militär-Zeitung*, 1887, n°s 6 à 47.

Leib-Husaren-Regiment (Das 2.) von 1741 bis 1886, von einem ehemaligen Leib-Husaren. Mannschaftsausgabe. — Berlin. 1886. In-8°, portr. ill. 1 m. 20 pf.

Leibig (D.). — Erlebnisse eines freiwilligen bayerischen Jägers im Feldzuge 1870-1871. — Nördlingen, *Beck*. 1887. In-8°, 242 p. 2 m. 25 pf.
II. bayer-Armee-Corps. — 3e édition. 1893.

Leibing (Fr.). — Deutscher Frühling 1871. Politische Dichtungen. — Berlin, *Lipperheide*. 1871. In-16, 32 p.

Leier und Schwert für 1870. Patrontaschen-Liederbuch des Feld-Soldaten-Freundes. — Berlin, *Mittler*. 1871. In-8°. 2 m. 80 pf.

Leistner (Ernst). — Das deutsche Volk in Waffen im zweiten Franzosen-Kriege. Heldenthaten, hervorragende Erlebnisse und Abenteuer einzelner Soldaten ... — Leipzig, *O. Voigt*. 1870. 1re livr. In-8°, IV-56 p. 50 pf.

— Zum Rhein! Ueber'n Rhein! Alldeutschland in Frankreich hinein! Lieder. — Leipzig, *Lissner*. 1870. In-8°, en livraisons.

— Deutsche Hiebe! Geschichte des Siegeszuges der Deutschen in Frankreich 1870 bis 1871. Unserer Jugend erzählt. — Berlin, *Schotte und Co.* 1872. Gr. in-8°, IV-340 p. 5 m.

Leistner (Ernst). — Soldatenerzählungen aus dem Feldzuge Deutschlands gegen Frankreich 1870-1871. Heldenthaten und Erlebnisse einzelner Soldaten von ihnen selbst erzählt. — Berlin, *Nicolai*. 1871. Gr. in-8°, VIII-352 p. 1 m.

2ᵉ édition. *Ib.* 1871. VIII-360 p. 1 m.

— Was unsere heimkehrenden Krieger erzählen. Neue Folge der Soldaten-Erzählungen. — Berlin, *R. Lesser*. 1871. In-8°. 2 m.

Leistungen (Die) des IX. Armee Corps von der Capitulation von Metz bis zur Einnahme von Orléans. — Flensburg, *Expedition der Flensburger Norddeutschen Zeitung*. 1871. In-8°, 32 p. 30 pf.

Extrait de la *Flensburger Norddeutsche Zeitung*.

Lelotte (Oberpfarrer). — Zwei Reden gehalten am 18. September und 17. October 1870. — Gladbach, *Hoster*. 1871. Gr. in-8°, 8 p.

Lemaître (Lieutenant L.). — Historique du 4ᵉ régiment de dragons (1672-1894). — Paris, *Charles-Lavauzelle*. 1894. In-8°, 376 p. 6 fr.

Le Maître (Lieutenant-colonel). — *Voir* MAÎTRE (LE).

— (Commandant L.). — *Voir* WITZLEBEN.

Lemas (Th. S.). — Souvenirs de 1870. — Beauvais, *bureau de l'Indépendant de l'Oise*. 1884. In-18 j., 99 p. 2 fr.

— Un département pendant l'invasion, 1870-1871. [Oise.] — Paris, *Fischbacher*. 1884. In-8°, 215 p. 3 fr. 50 c.

— Histoire d'un patriote. — *Ib.* 1885. In-8°.

Lemelle (Jules). — Le siège de Paris 1870-1871. Déclaration de guerre, mouvements de troupes, provinces envahies. — Orléans, *Maillet*. 1871. In-8°, 320 p. 3 fr.

Lemerre (Édouard). — *Voir* BIOGRAPHIE.

Le Moine (Capitaine). — *Voir* CONVERSET (Lieutenant).

Lemonnier (Camille). — Sedan. — Bruxelles, *Muquardt*. 1875. In-12, 244 p. 2 fr. 50 c.

— Les charniers (Sedan). — Paris, *Lemerre*. 1881. In-12. 3 fr. 50 c.

Lenoir (Aug.). — Provins pendant la guerre. Petit calendrier historique. — Provins, *Le Hériché*. 1874. In-8°, 64 p. 1 fr.

Lens (G.). — Die alten Reichslande Elsass und Lothringen und ihre Stellung zum neuen Reiche. — Greifswald, *Bamberger*. 1870. In-8°, 69 p. 1 m.

— (O.). — Verzeichniss der anlässlich des Krieges von 1870 in Deutschland erschienenen Bücher und Karten. — Berlin, *Luckhardt*. 1871. In-8°, 53 p., 2 fasc. 75 pf.

— (Ph.). — Soldaten-Freud' und Leid. Neue Militär-Humoresken. — Leipzig, *Wölfert*. 1876. Gr. in-8°, 104 p. 1 m.

Lens (W.). — Das zehnte Armee-Corps im Kriege gegen Frankreich 1870-1871. — Bremen, *C. Schünemann*. 1872. In-8°, VIII-116 p., cartes. 2 m. 50 pf.

Leo (Hauptmann). — Die Schlacht bei Wörth. — Berlin, *Mittler*. 1876. In-8°, III-151 p., cartes, pl. 3 m. 60 pf.
Voir ARTILLERIE, HOFFBAUER.

Leontiev (D.). — Oborona Parija. Zapiski otchevitsa. — San Peterbourg. In-8°, 131 p.

Léontin (Le frère). — Les Prussiens à Dampierre-sur-Loire (Loiret) et aux environs. — Orléans, *Colas*. 1871. In 8°, 76 p.

Léopold II, roi des Belges. — *Voir* BERUFUNG.

Léopold (H. W.). — *Voir* NAUNDORFF.

— (Maréchal des logis). — Campagne de 1870. Les Français au bagne allemand. Souvenirs d'un hussard. — Baume-les-Dames; Paris, *Baudoin*. 1885. In 8°. 75 c.

Lepage (Henri). — Les prétentions de la Prusse. La Lorraine allemande; sa réunion à la France, son annexion à l'Allemagne, 1766-1871. — Nancy, *Wiener*. 1873. In-8°, 51 p., carte. 1 fr. 50 c.

— Le tableau d'honneur de la Meurthe. — Nancy, *Collin*. 1871. In-8°. 2 fr.

— Supplément au tableau d'honneur de la Meurthe. — *Ib.* 1872. In-8°. 1 fr.

Lepic. — *Voir* FLEURIGNY (H. de).

Lépine (E.). — Recueil des noms des douaniers mobilisés pendant la guerre 1870-1871. — Paris, *Balitout, Questroy et C*ⁱᵉ. 1872. Gr. in-18, 71 p.

L'Épine (Ernest). — *Voir* QUATRELLES.

Leprince (A.). — 1870-1871. L'invasion allemande à Boisville-la-Saint-Père. — Chartres, *Garnier*. 1873. In-8°, 22 p.

Lèques (Sous-intendant L.). — Histoire de la gendarmerie. — Paris, *Léauley*. 1874. In-8°.

Lermina (J.). — La France martyre, documents pour servir à l'histoire de l'invasion de 1870. — Paris, *Kugelmann*. 1887. In-18, 320 p. 3 fr. 50 c.

Leroux (A.). — Les mobiles de la Loire-Inférieure à Étrépagny (Eure), nuit du 29 au 30 novembre 1870. — Nantes. 1879. In-8°, 15 p.

— Étude sur les antécédents historiques de la question allemande. — Paris, *A. Picard*. 1886. In-8°. 2 fr.

Le Roy (A.), Le Roy de Kéraniou. — *Voir* ROY.

Leroy (Oswald). — Mars-la-Tour (16-18 août 1870). — Paris, *Fischbacher*. 1887. In-8°, 67 p., pl. 1 fr. 50 c.

— Notre histoire au jour le jour. Première partie. Années 1870 à 1874 inclus. — Nancy, *imp. départementale*. 1889. In-8°, carte. 3 fr.

Le Sage (M.). — *Voir* SAGE.

Le Saint (L.). — *Voir* SAINT.

Lesezinski (Hauptmann). — *Voir* BLOMBERG (Hauptmann Freiherr von).

Leseigneur (L.). Guerre de 1870-1871. Les Prussiens à Barentin (Seine-Inférieure). Compte rendu sommaire de l'occupation de cette commune par les troupes allemandes. — Rouen, *Deshays et Cie*. 1872. In-12, VI-123 p.

Le Sergeant de Monnecove. — *Voir* SERGEANT.

Lesfargues-Lagrange (Adhémar). — Souvenirs d'un capitaine de la 1re légion de la Gironde [mobilisés]. — Bordeaux, *imp. Duverdier et Cie*. 1871. In-18, 72 p.

Le Souef (A.). — *Voir* CRITIQUES.

Lessel I (Pr.-Lieutenant von). — Das 2. magdeburgische Infanterie-Regiment Nr. 27 im Kriege gegen Frankreich 1870-1871. — Berlin, *Mittler*. 1875. In-8°, VI-278 p. 6 m.

— (Hauptmann von). — Gedenkblätter des Offizier-Corps des Infanterie-Regiments Prinz Louis Ferdinand von Preussen (2. magdeburgisches) Nr. 27. — Berlin, *Eisenschmidt*. 1890. In-4°, IV-240 p. 10 m.

Lesseps (Ferdinand de). — Après la guerre de 1870-1871. — *Nouvelle Revue*, 1er janvier 1880.

Letters on the War between Germany and France, by T. Mommsen, D. F. Strauss, F. Max Müller and T. Carlyle. — London, *Trübner and Co*. 1871. In-8°, 130 p. 2 sh. 6 d.

— on the international relations before and during the War of 1870. By the *Times* Correspondent at Berlin. Reprinted with additions. — London. 1871. 2 vol. in-8°. 1 £. 16 sh.

Lettre à M. le général Trochu. La vérité sur la poste pendant le siège, sur la mission confiée par le gouvernement de la Défense nationale à MM. P. Delort, E. Robert, J. Vonoven, pour le service des dépêches.... — Paris, *imp. Schiller*. 1871. In-8°, 30 p.

— de Mgr l'évêque de Nîmes au clergé de son diocèse sur les enseignements et les consolations attachés par la Providence à nos derniers désastres. — Nîmes, *Soustelle*. 1871. In-8°, 83 p.

— d'adieu d'un zouave pontifical au citoyen B. Robidou (par de Goudée [Léon]). — Rennes. 1871. In-8°.

— à M. le baron Gorsse au sujet de la guerre de 1870-1871. — Albi. 1875. In-16, 16 p.

Lettres d'une Parisienne pendant la guerre, 15 juillet 1870-2 juin 1871. — Compiègne, *Valliez*. 1876. In-12.

— d'un Messin sur la capitulation de Metz. — Paris. 1871. In-8°.

— sur l'armée française et sur les causes de nos revers. — Annecy. 1871. In-12.

— de Mgr Plantier sur nos derniers désastres. — Paris, *F. Giraud*. 1872. In-8°.

— d'un aumônier militaire en 1870 et 1871. — Rodez, *Carrère*. 1891. In-16, VII-539 p.

— sur le bombardement de Strasbourg en 1870 par un témoin oculaire. — Tours, *Mame*. 1871. In-18, 107 p. 75 c.

— diplomatiques. Coup d'œil sur l'Europe au lendemain de la guerre par ***.
Voir CECCALDI.

Leurs (Capitaine), de l'armée belge. — L'artillerie de campagne prussienne de 1864 à 1870, son rôle dans les grandes batailles autour de Metz. — Bruxelles, *Muquardt*. 1874. In-8°, 105 p., 2 cartes. 4 fr.

Leven (Doct.). — Une épidémie de scorbut observée à l'hôpital militaire d'Ivry pendant le siège de Paris. — Paris, *Delahaye*. 1872. In-8°, 3 pl. 2 fr.

— (Narcisse). — *Voir* DOUSSAINT.

Leverdays (E.). — La résistance à outrance et la ligue républicaine. — Paris. 1871. In-8°, 23 p.

— Œuvre posthume. Politique et barbarie, concernant la révolution parisienne de 1871. — Paris. 1894. In-12.

Levin (M.). — Zur Nationalfeier am 2. September. Festrede. — Nürnberg, *Raw*. 1878. In-8°, 8 p. 15 pf.
4e édition.

Lévis-Mirepoix (A. de). — Le général Bataille (1816-1885). — Orléans, *Herluison*. 1887. In-8°, 63 p , portr.

Levot (Prosper). — Participation du deuxième arrondissement maritime [Brest] à la guerre de 1870-1871. — Brest, *Lefournier*; Paris, *Challamel*. 1873. In-18, 112 p. 2 fr.

Lévrier (Antonin). — Campagne de France (1870-1871). Impressions et souvenirs d'un officier du régiment des Deux-Sèvres [34e mobiles]. — Niort, *Clouzot*. In-12, II-137 p. 2 fr.
20e corps.

Lévy (Isaac). — Adieux à l'Alsace. — Paris. 1872. In-12. 50 c.

— Alsatiana. Échos patriotiques de la chaire israélite. — Paris. 1874. In-12. 1 fr.

Lévy (Docteur Michel), inspecteur du service de santé de l'armée. — Notes sur les hôpitaux-baraques du Luxembourg et du Jardin des Plantes. — Paris, *G. Baillière*. 1871. In-8°. 1 fr.

Lewal (Général). — Le maréchal de Moltke organisateur et stratège. — Paris, *Baudoin*. 1891. In-8°. 1 fr.
Extrait du *Journal des Sciences militaires*.

Lewetzow (F. von). — Aus den Erinnerungen eines schleswig-holsteinschen Offiziers. — Berlin. 1890. En livr. in-8° à 1 m. 20 pf.

Leyssenne (P.). — Un journaliste improvisé, recueil des articles publiés dans les... journaux démocratiques de Limoges pendant l'invasion prussienne, octobre 1870-janvier 1871. — Paris. 1872. In 18, x-180 p. 2 fr.

Lichtenberger (Félix). — Le protestantisme et la guerre de 1870. — Strasbourg, *Treuttel et Würtz*. 1871. In-8°, 40 p. 1 fr.
3e édition. — Extrait de la *Revue chrétienne*.

— L'Alsace en deuil. Sermon. — Paris. 1873. In-8°. 75 c.
9e édition.

— L'Alsace pendant et après la guerre. Conférence. — Paris. 1873. In-8°. 60 c.

Lichtenstein (Major). — Leib-Grenadier-Regiment (1. brandenburgisches) Nr. 8. Geschichte des Regiments 1859-1882. — Berlin, *Mittler*. 1883. In-8°, portr., croquis et plans. 12 m.

— (J.). — Die rechte Sieges- und Friedensfeier. Predigt. — Kulmbach, *Wanderer*. 1871. In-8°, 17 p.

Liebach (Hauptmann). — Taktische Wanderungen über die Schlachtfelder um Metz vom 14, 16. und 18. August 1870. — Berlin, *Mittler*. 1894. In-12. 1 m. 60 pf.

— 18 photographische Aufnahmen der Schlachtfelder um Metz. — *Ib*. 1894. 12 m. 50 pf.

Lieb (Missionär K. F.). — Die Zeichen der Zeit und unsere Aufgaben. — Basel, *Spittler*. 1870. In-8°, iv-68 p.
3e édition.

Liebbach (H.) [J. Wood]. — Ein Hochstappler oder Wahnsinn und Verbrechen. Original-Roman aus der Zeit des deutsch-französischen Krieges 1870-1871. — Leipzig, *Thiele und Co.* 1876. 3 vol. in 8°, 1220 p. 26 livr. à 45 pf.

Liebe (Die) ist stärker als der Tod. Zwei Briefe von dem Schlachtfelde von Gravelotte. — Barmen, *Klein*. 1871. In-8°, 8 p.

Liebe, Leid, Lust und Freud des deutschen Kriegers, in Liedern. — Zittau, *Horn*. 1872. In-16, 216 p. 30 pf.

Liebenow (W.). — Karte der Provinzen Elsass und Lothringen. — Hannover, *Oppermann*. 1870. 1/300,000. In-fol. 2 feuilles. 3 m.

— Frankreich südlich bis Bordeaux. — Berlin, *Lith. Institut*. 1871. 1/250,000. Chromol. in-fol. 2 m.

Liebmann (Otto). — Vier Monate vor Paris 1870-1871. Belagerungs-Tagebuch eines Kriegsfreiwilligen im Garde-Füsilier-Regiment. — München, *Beck*. 1895. In-8°, XVI-289 p., carte. 3 m. 50 pf.
3ᵉ édition.

Liebner (T. A.). — Predigt am 13. Sonntag nach Trinitatis, den 11 September 1870 gehalten. — Dresden, *am Ende*. 1870. In-8°, 21 p.

Lied (Das hohe) von 1870. Patriotische Dichtungen eines deutschen Offiziers. — Ulm, *Stettin*. 1870. In-16, 48 p.

Lieder (30 schöne alte) wider den Franzmann, neu aufgelegt im Jahre 1870. — Berlin, *Mittler*. 1870. In-8°. 20 pf.

— zu Schutz und Trutz. Gaben deutscher Dichter aus der Zeit des Krieges in den Jahren 1870 und 1871. Gesammelt von Fr. Lipperheide. — Berlin, *Lipperheide*. 1871. In-8°, 222 p.

— Le même. Nouvelle édition. — 1879. In-16, 244 p. 30 pf.

— für das deutsche Volk. — Gladbach, *Hoster*. 1870. In-16, 16 p.

— (Alte und neue deutsche). — Hannover, *Meyer*. 1871. In-16, 193 p.
9ᵉ édition.

— (Deutsche) zum singen. — München (*Kaiser*). 1871. Gr. in-16, 134 p.

— für das deutsche Volk in Waffen. — Darmstadt, *G. G. Lange*. 1870. In-8°, 48 p.
5ᵉ édition.

— Le même. Nouvelle édition. — 1871. In-16, 64 p. 40 pf.

— zur Belebung des Volksgeistes. (Der Deutschen Freiheitskampf 1870.) — Leipzig, *Dürr*. 1870. In-16, 32 p.

— aus Frankreich von einem deutschen Soldaten. — Berlin, *Paetel*. 1871. In-16, 120 p. 2 m.

— des Trostes. Oelzweige auf Soldatengräber. — Stuttgart, *Nitzschke*. 1871. In-16, 142 p. 3 m.

— (Deutsche) aus der Zeit des Freiheitskrieges. — Heidelberg, *E. Mohr*. 1870. In-32, 30 p.

— (50 deutsche). — Hannover, *Meyer*. 1870. In-32.

— (50 deutsche). Mit einem Anhang von 40 neuen Liedern. 6. Auflage der « 50 deutsche Lieder ». — Hannover, *Meyer*. 1870. In-32, 160 p.

Liederbuch für den bayerischen Soldaten. — Ingolstadt, *Krüll*. 1870. In-32, III-155 p.

Liederheft. — Deutschlands Kriegern bei ihrem Durchzuge durch Leipzig im Juli 1870. — Leipzig, *Friedlein*. 1870. In-32, 16 p.

Liederkranz (Patriotischer). — Sommerfeld, *Mertsching*. 1870. In-32, 36 p.

Liégeard (Stephen). — Trois ans à la Chambre. — Paris, *Dentu*. 1873. In-18. 3 fr. 50 c.

Quatre septembre.

Lieres und Wilkau (Sek.-Lieutenant Theodor von). — Das Leib-Kürassier-Regiment (schlesisches) Nr. 1 im Feldzuge 1870-1871. — Breslau, *Hainauer*. 1874. Gr. in-8°, 59 p. 2 m.

Liliencron (A. von), geborene Freiin von Wrangel. — Die Fahne des 61. Regiments. — Nördlingen, *Soltau*. 1885. In-12, 60 p. 25 pf.

Familien-Bibliothek.

Lill (J.). — Zur Geschichte des 4. Garde-Grenadier-Regiments Königin. Erinnerungen und Aufzeichnungen eines freiwilligen Grenadiers aus dem Feldzuge 1870-1871. — Leipzig, Berlin, *Spamer*. 1889. In-8°, portr. 1 m. 20 pf.

Nouvelle édition. 1895.

— Das Königin-Augusta-Garde-Grenadier-Regiment Nr. 4. Beiträge zur Geschichte des Regiments von seiner Errichtung bis zur Gegenwart. — Frankfurt am Mein, *Fösser Nachfolger*. 1894. In-8°, VIII-119 p. 2 m. 40 pf.

— Kleine Chronik der preussischen Garde. Eine Zusammenstellung denkwürdiger Tage aus der Geschichte des Garde-Corps. — Berlin, *S. Gerstmann*. 1893. Gr. in-8°, 44 p. 75 pf.

Lilliehöök (F.). — Marskalk Bazaine fålld eller frikänd ? Efter franska arbetet: *Metz, fälltäg och underhandlingar*. — Oerebro. 1873. In-8°, 224 p. 2 rd. 75 öre.

Voir ANDLAU.

Limon (J. M.), juge de paix. — Chant patriotique dédié aux bataillons mobiles de la Bretagne. — Nantes, *imp. Vve Mellinet*. 1870. In-8°. 20 c.

Lindau (Rud.). — Die preussische Garde im Feldzuge 1870-1871. — Berlin, *Mittler*. 1872. Gr. in-8°, III-147 p. 2 m. 50 pf.

Lindemann (K. B). — Kriegstagebuch eines freiwilligen Füsiliers des 5. badischen Infanterie-Regiments Nr. 113, 1870-1871. — Karlsruhe, *Reiff*. In-8°.

2e édition. 1892. — 4e édition. 1893. 199 p., carte. 1 m. 20 pf. — Badener im Feldzug 1870-1871.

Linde. — Predigt am Friedens-Dankfeste des 12. März 1871 gehalten. — Kempt, *Dannheimer*. 1871. In-8°, 16 p. 20 pf.

Linder (R.). — Plan von Paris und Umgegend. — Berlin, *Stein*. 1871. 1/40,000. Gr. in-fol. Lith. col. 1 m.

2e édition.

Linder (R.). — Plan von Strassburg und Umgegend. — *Ib.* 1871. 1/40,000. Lith., fol.

3e édition.

— Operations-Uebersicht der deutschen Armeen im Feldzuge gegen Frankreich. Nach den besten Materialien gezeichnet mit genauer Angabe der Hauptquartiere, sämmtlicher Märsche der Armeen, Armee-Abtheilungen und Armee-Corps, sowie der Schlacht- und Gefechtsfelder, nach Angabe des *Staats-Anzeigers* und anderer zuverlässiger Quellen bearbeitet. — Leipzig, *Heinrich's*. 1871. 1/100,000. Chromol. imp. in-fol. 2 m.

Lindheim (F. von). — *Voir* BONIE.

Lindner (H.). — Die Sedanfeier in Wort und Lied der Jugend. — Gütersloh, *C. Bertelsmann*. 1895. In-8°, 40 p. 30 pf.

— (Prof. Th.). — Der Krieg gegen Frankreich und die Einigung Deutschlands.... — Berlin, *A. Asher und Co.* 1895. In-4°, VII-163 p., ill., 5 cartes. 4 m.

— (R.). — *Voir* MEYER'S.

Lingg (H.). — Zeitgedichte. — Berlin. *Lipperheide*. 1870. In-16, 17 p.

Lingk (Major Freiherr von). — Das Etappenwesen im Kriege, speziell bei der III. Armee und bei der Okkupationsarmee in Frankreich 1870-1873. — Breslau, *Lingk* (Rathenow, *Babenzien*). 1888. In-8°, 131 p., carte. 1 m. 50 pf.

Linneweber (D.). — Friedrich III., deutscher Kaiser und König von Preussen. — Hagen i. W., *Stracke*. 1888. In-12, 80 p. 30 pf.

2e édition.

Linschoten (J. H. van). — *Voir* KÖNIG.

Lipowski (Général, comte Ernest de), ancien capitaine de chasseurs à pied. — La défense de Châteaudun, suivi du rapport officiel. — Paris, *Lacaze*. 1871. In-8°, 30 p. 50 c.

Lipperheide (Fr.). — *Voir* LIEDER zu Schutz und Trutz.

Lippold (A.). — Im Kampf um Ehre und Leben. Kriegsroman. — Dresden, *R. K. Lippold*. 1895. 5 livr. in-8° à 10 pf.

Lissagaray, ancien membre de la Commune. — Geschichte der Commune von 1871. Mit einem Nachtrag : Die Vorgeschichte und die inneren Triebkräfte der Commune, von St. Mendelson. — Stuttgart, *Dietz*. 1894. En livr. in-8° à 20 pf. Complet, 550 p. 2 m. 80 pf.

Listes des blessés français recueillis par les troupes allemandes, publiées par le comité international de Genève. — Bâle, Genève, *Georg*. 1871. In-4°, 6 listes, 325 p. 6 fr. 50 c.

Litre (Chef d'escadron E.). — Les régiments d'artillerie à pied de la garde, le régiment monté de la garde et le 23ᵉ régiment d'artillerie, 1808-1895. Notice historique. — Toulouse, *imp. E. Privat*; Paris, *Plon*. 1895. In-8°, 740 p., ill. 8 fr.

Littmann (H.). — *Voir* WILHELMSHAFEN.

Littré (E.), de l'Institut. — De l'établissement de la troisième République. — Paris, *Bureaux de la Philosophie positive*. 1880. In 8°, x-599 p. 9 fr.

Livonius (Hauptmann W.). — Chronik des Füsilier Bataillons (2. hanseatisches Infanterie-Regiment Nr. 76) von der Errichtung bis zur Rückkehr aus dem Feldzuge 1870-1871. — Lübeck, *Nöhring*. 1891. In-8°, III-77 p. 2 m.

— (Korvetten-Kapitaine O.). — Unsere Flotte im deutsch-französischen Kriege. — Berlin, *Mittler*. 1871. Gr. in-8°, 49 p. 80 pf.

Livre d'honneur du 2ᵉ bataillon d'infanterie légère d'Afrique : Europe, Asie, Afrique, Amérique. Précis de l'historique du bataillon, 1832-1887. — Paris, *Baudoin*. 1887. In-8°. 2 fr.

— d'or (Le) du 56ᵉ régiment d'infanterie. — Paris, *Charles-Lavauzelle*. 1883. In-32. 50 c.
Petite Bibliothèque de l'armée française.

— — des tirailleurs indigènes de la province d'Alger, devenus le 1ᵉʳ régiment des tirailleurs indigènes. — Alger, *A. Jourdan*. 1879. In-8°.

Livret explicatif des tableaux historiques représentant les épisodes civils et militaires du siège de Paris, 1870-1871. — Paris. 1873. In-8°, 84 p.

Lix (Tony). — Tout pour la patrie (roman, 1870-1871). — Paris, *Bray et Retaux*. 1884. In 18 j. 2 fr. 50 c.

Lobet (J.). — Souvenirs de 1870 (dans l'Yonne). — Joigny, *Fraineau*. 1877. In-32, 128 p.

Lochau (Major H. von der). — Deutschlands Siege 1870-1871. — Berlin, *R. Kühn*. 1895. In-8°, 68 p., 3 cartes. 1 m. 60 pf.

Lockroy (Ed.), député. — Monsieur de Moltke, ses mémoires et la guerre future. — Paris, *Dentu*. 1891. In-18 j. 3 fr. 50 c.

Loë (Fr. O. von). — Fürst Bismarck. Urkundliche Beiträge zum Ruhme eines grossen Mannes. — Bâle, *M. Bernheim*. 1887. In-8°, 269 p. 7 fr. 50 c.

Löbell (Hauptmann A. von). — Kurzer Abriss der preussischen Geschichte und Lebensbeschreibung des Kaisers Wilhelm I. — Berlin, *Mittler*. 1889. In-8°. 25 pf.

Löchner's humoristisch-satirische Kriegsbilder. — Berlin, *Löchner*. 1870. Gr. in 8°. 4 livraisons.

Löfen (Hauptmann von). — Geschichte des 3. thüringischen Infanterie-Regiments Nr. 71. — Berlin, *Mittler*. 1883. In-8°, p., 6 m. 50 pf.

Löffler (General Emil von). — Geschichte des königlich-württembergischen Pionier-Bataillons Nr. 13. — Ulm, *Wagner*. 1885. Gr. in 8°. 10 m.

Löhbach (R.). — Kaiser Wilhelm der Siegreiche. Ein Lebensbild. — Neuwild, *Sträder*. 1872. In-8°, 143 p. 1 m. 50 pf.

Löher (Fr.). — Aus Natur und Geschichte von Elsass-Lothringen. — Leipzig, *Duncker und Humblot*. 1871. Gr. in-8°, v-228 p.

— (Franz von). — Abrechnung mit Frankreich. — Hildburghausen, *Bibliographisches Institut*. 1870. Gr. in-8°. 30 pf.
  Extrait des *Ergänzungsblätter zur Kenntniss der Gegenwart*.

Löhlein (Hauptmann Ludwig). — Feldzug 1870-1871. Die Operationen des Korps des Generals von Werder nach den Akten des General-Kommandos dargestellt. — Berlin, *Mittler*. 1874. Gr. in-8°, 316 p., cartes, pl. 7 m.

— Campaign of 1870-1871. The operations of the corps of general von Werder. Translated by Fred. T. Maxwell. — Chatham, London. 1876. In-8°, 180 p. 5 sh. 6 d.

Loeillot de Mars (Major, Oberst von). — Abriss der Geschichte des 8. brandenburgischen Infanterie-Regiments Nr. 64 für Unteroffiziere und Soldaten. — Berlin, *Mittler*; Angermünde, *C. Windolff*. 1883. In-8°, 50 pf.
  4e édition. 1893. 70 p. 75 pf.

Lösung der elsässisch-lothringischen Frage..... — *Voir* HEIMWEH.

Löwe (Doctor F. A.). — Ueber den Fall von Paris und die heutige Weltlage. Zwei Vorträge. — Zurich, *Meyer*. 1871. Gr. in-8°, 37 p.

— (Ferdinand). — *Voir* KAMERADEN.

Loewenthal (Ed.). — Das preussische Völker-Dressur-System und die europäische Föderativ-Republik der Zukunft. — Zurich, *Schröter*. 1871. In-8°, 38 p.

Lohmann (B.). — Dankpredigt nach dem Siege bei Sedan. Der 41. Infanterie-Brigade gewidmet. — Wiesbaden, *Nielmer*. 1870. Gr. in-8°, 8 p.

Lohmeyer (J.). — *Voir* TROJAN.

Loigny (Zur Schlacht von). — *Mil.-Wochenbl.*, 1894, n°s 65-66.

Loigny-Poupry (Zur Schlacht von). — *Militär-Wochenbl.*, 1893, n°s 105-106.

Loire-Armee (Die I.). — *Streffleur's*, 1877.

Long (Xavier). — Rapport au sujet de la répartition des secours faite par la Société anglaise des Amis (Quakers) aux victimes innocentes de la guerre en France [1870-1871]. — Paris. 1872. In-4°, 68 p., carte.

Lonlay (Dick de) [G. Hardouin]. — Français et Allemands, histoire anecdotique de la guerre de 1870-1871. — Paris, *Garnier frères.* 6 vol. in-18, ill., cartes, à 3 fr. 50 c.

T. Ier. Niederbronn, Wissembourg, Froeschwiller, Châlons, Reims, Busancy, Beaumont, Mouzon, Bazeilles, Sedan. — 1887. 720 p.

T. II. Sarrebrück, Spickeren, la retraite sur Metz, Pont-à-Mousson, Borny. — 1887. 652 p.

T. III. Gravelotte, Rezonville, Mars-la-Tour, Saint-Marcel, Flavigny. — 1888. ... p.

T. IV. Les lignes d'Amanvillers, Saint-Privat, Sainte-Marie-aux-Chênes, Moscou et Leipsick, Saint-Hubert et Point du Jour. — 1889. 514 p.

T. V. L'investissement de Metz, la journée des Dupes, Servigny, Noisseville, Flanville, Nouilly, Coincy. — 1890. 450 p.

T. VI. — Le blocus de Metz, Peltre, Mercy-le-Haut, Ladonchamp, la Capitulation. — 1891. 858 p.

— Le même. Tomes I à IV. — *Ib.* 1888-1889. Gr. in-8° j., dessins, plans, grav. Le vol. 12 fr.

<small>Nouvelle édition. 1896. En livr. ill. à 10 c.</small>

— La cavalerie française à la bataille de Rezonville. — *Ib.* 1889. In-18, ill. 1 fr. 50 c.

— La défense de Saint-Privat par le maréchal Canrobert (18 août 1870). — *Ib.* 1890. In-16, 180 p. 1 fr. 50 c.

— Les zouaves à l'armée du Rhin. Août et septembre 1870. — *Ib.* 1890. In-16, 90 p. 1 fr. 50 c.

— et **Galli (H.).** — 1870-1871. Les souvenirs de Frédéric III. Examen critique et commentaires. — *Ib.* 1888. In-18. 1 fr. 50 c.

<small>Voir GALLI.</small>

— **(Marquis Eug. de).** — Les drames de la guerre (poésies). — Paris, *A. Lévy.* 1872. In-12. 1 fr.

Lonsdale A. Hale (Major). — Tactical Studies of the Battles of Colombey-Nouilly and Vionville. — London, *W. Clowes and Sons.* 1877. In-8°. 4 sh. 6 d.

<small>Voir KRIEG.</small>

Loos (E.). — Unter deutschen Fahnen. Bilder aus dem Soldatenleben. — Berlin. 1891. In-8°. 3 m. 60 pf.

— **(P. von).** — Zur Geschichte des 1. rheinischen Infanterie-Regiments Nr. 25. 1. Gefecht bei Villersexel, 9., 10. Januar; 2. Gefecht bei Arcey-Sainte-Marie und Aibre. 13. Januar 1871. — Wesel, *Bagel.* 1875. Gr. in-8°, 66 p., 2 pl., carte. 1 m. 20 pf.

— Kurze Darstellung der Geschichte des Regiments, 1813-1886. Mannschaftsausgabe. — 1886. In-8°. N. d. l. c.

Lord (J.). — Two german Giants: Frederick the Great und Bismarck. — New-York. 1893. In-8°.

Lorenz (Doctor Ottok.) und **Scherer** (Doctor Wilh.). — Geschichte des Elsasses von den ältesten Zeiten bis an die Gegenwart. Bilder aus dem politischen und geistlichen Leben der deutschen Westmark. — Berlin, *F. Duncker*. 1872. In-8°. 4 m.

Lorin de Chaffin. — Histoire de la ville et du canton de Beaugency pendant la guerre de 1870. — Beaugency, *Vve Gatineau et Masson*. 1871.

Lort-Sérignan (Lieutenant de). — Le blocus de Montmédy en 1870. — Paris, *Bureaux de la Réunion des officiers*. 1873. In-8°, 184 p., 2 cartes. 5 fr.

Louandre (Ch.). — La France du Nord. [1870-1871]. — *Revue des Deux-Mondes*, juillet 1873.

Loudun (Eug. Balleyguier dit). — Journal d'un Parisien pendant la révolution du 4 septembre et la Commune. — Paris, *Lachaud*. 1872-1873. 2 vol. in-18, 428, ... p. 6 fr.
Voir FIDUS.

— Souvenirs de 1871. L'entrée des Allemands dans Paris. — *Samedi-Revue*, 12 octobre 1889.

Louis [Napoléon III] am Asyl für Obdachslose. — Berlin, *Grübner*. 1870. Gr. in-8°, 8 p.

— als Leichenbitter. — *Ib.* 1870. Gr. in-8°, 8 p.

— in der neuen Wohnung. — *Ib.* 1870. Gr. in-8°, 8 p.

Louis-Lande (L.) [Lucien-Louis Lande]. — Les fusiliers marins au siège de Paris. Trois mois dans la tranchée. — *Revue des Deux-Mondes*, 15 juillet 1871.

— Récits d'un soldat. Les fusiliers marins au siège de Paris; un invalide; le sergent Hoff; la hacienda de Camaron. — Paris, *Lecène et Ouain*. 1886. Gr. in-8°, 239 p. 3 fr.

— Souvenirs d'un soldat. — *Ib.* 1891. In-8°, 239 p., ill. 1 fr. 25 c.

Louvat (Capitaine). — Historique du 7e hussards. — Paris, *Pairault*. 1889. In-8°, VIII-205 p., ill. 15 fr.

Louvet (Doct.). — Contribution à l'histoire médico-chirurgicale de la campagne du Nord (1870-1871). — Paris, *Parent*. 1871. In-8°, 46 p.

Lowe (Ch.). — Prince Bismarck. An historical biography. — London, *Cassel and Co*. 1890. 2 vol. in-8°, portr. 10 sh. 8 d.
Nouvelle édition. 1895.

Lowe (Ch.). — Prince Bismarck, an historical biography. — Leipzig, *Heinemann und Balestier*. 1892. In-12, IX-330 p.
The englisch Library.

— Fürst Bismarck. Eine historische Biographie, übersetzt von Doct. E. A. Witte. — Leipzig, *G. Wigand*. 1892. In-8º, III-315 p., portr. 4 m. 50 pf.

Lubojatzky (Franz). — Illustrirte Geschichte des Krieges von 1870-1871. — Dresden, *A. Wolf*. 1871-1872. Gr. in-8º. En livr. à 30 pf. 1040 p. 10 m.

— Die Kriegschronik von 1870-1871. Auf Grund authentischer Quellen bearbeitet. — *Ib.* 1870. Gr. in-8º, ill. En livr. à 50 pf., XIII-1040 p. 11 m.

Lucas (Capitaine André) — L'artillerie allemande pendant les combats des 29, 30 et 31 août 1870. — Paris et Nancy, *Berger-Levrault et Cie*. 1878. In-8º, 66 p., fig. 2 fr.
Extrait de la Revue d'artillerie, 1877.

— **(A.).** — Licht aus Finsterniss. Erzählung aus dem deutsch-französischen Kriege. Aus dem Englischen von M. Morgenstern. — Leipzig, *Böhme*. 1890. In-8º, 258 p. 2 m. 75 pf.

Lucie's Diary of the siege of Strasbourg. By a young Lady of Alsace. — London. 1871. In-12, 78 p. 1 sh.

Lucipia. — *Voir* ETIÉVANT.

Ludre (G. de). — Bagneux, le 13 octobre 1870. — Paris, *Jouaust*. 1872. In-18 j., 31 p.

Ludwig (Karl). — Der Krieg zwischen Deutschland und Frankreich in den Jahren 1870 und 1871. Eine wahrheitsgetreue Erzählung und Schilderung. — Berlin, *Winckelmann*. 1871. In-8º, 602 p., fig., pl. 5 m. 50 pf.

Lücke (C. H.). — Der gegenwärtige deutsche Krieg ist ein heiliger Krieg. Predigt. — Nordhausen, *Haacke*. 1870. In-8º, 11 p.

Lüders (H.). — Anno 70 mitgelaufen. Erlebnisse eines Berliner Jungen im deutsch-französischen Kriege. — Quedlinburg, *Ch. F. Vieweg*. 1892. Gr. in-8º, IV-96 p., 40 ill. 1 m. 50 pf.

— **(Hermann).** — Ein Soldatenleben in Krieg und Frieden. — Stuttgart. 1887. In-8º, ill. 5 m.
Preuss. Garde-Schützen.

— und **Helmuth (Hauptmann A.).** — Das Schlachtfeld von Gravelotte-Saint-Privat in 24 Ansichten nach Original-Zeichnungen in Holzschnitt. Darstellung der am 18. August 1870 gelieferten Gefechte. — Berlin, *C. Pfeiffer*. 1874. In-fol., 68 p., carte, 24 dessins. 15 m.

Lüdingshausen (Pr.-Lieutenant Freiherr von), genannt Wolff. — Die Geschichte des königlich-preussischen 2. Garde-Regiments zu Fuss, 1813-1882. — Berlin, *Mittler*. 1882. In-8°, cartes, ill. 16 m.

— Le même (1813-1892). — *Ib.* 1892. In-8°, cartes, ill. 17 m. 50 pf.

— Kurze Darstellung der Geschichte des Regiments, 1813-1883, bearbeitet für Unteroffiziere und Mannschaften. — *Ib.* 1883. In-8°, ill., croquis. 50 pf.

— Die Ausbildung und Taktik der französischen Armee. — Posen, *Rehfeld*. 1870. In-8°. 1 m. 50 pf.

Luftballons (Die) der Loire-Armee. — *Jahrbücher*. 1872.

Luger (F.). — Aus der Zeit und für die Zeit. 10 Predigten. — Göttingen, *Vandenhoeck*. 1871. Gr. in-8°, v-78 p.

Lugli (Ol.). — Servizio strategico della cavalleria nelle ultime guerre. — Roma. 1882. In-8°, 22 p. 50 c.

Lulu-Bilderbuch für Jung und Alt. — Zur Erinnerung an den Siegeszug der Deutschen in Frankreich 1870-1871. — Würzburg, *Stahel*. 1872. In-4°. 2 m. 10 pf.

Lumby Graham (Colonel). — *Voir* BOGUSLAWSKI.

Lunke (W.). — Sang und Klang aus vaterländischen Gedenktagen. — Elberfeld, *Lucas*. 1871. In-8°, 84 p. 75 pf.

Luskina (W.). — Das grosse Jahr. Ein Fragment aus dem Polnischen übersetzt von Doct. A. Landau. I. Buch: Die Kriegserklärung. — Tarnopol (Leipzig, *Litterar. Anstalt*). 1895. In-8°, 39 p. 1 m.

Lustig (Doctor Adolf). — Erfahrungen und Erlebnisse auf dem Kriegsschauplatze in Frankreich. — Teplitz, *Pörzler*. 1871. In-8°, 24 p. 50 pf.

Luther (Martinus). — Ob Kriegsleute auch in seligem Stande sein können. Wittenberg, 1526. Neu durchgesehen und bevorwortet von Doctor G. C. A. von Harless. — Leipzig, *Fritzsche*. 1870. In-8°, 43 p.

Luthéranisme (Le) en Alsace. — Réponse aux articles de M. Lichtenberger dans la *Revue chrétienne* 1869 et 1870. — Strasbourg, *Vomhoff*. 1871. Gr. in-8°, 1er et 2e partie, 19-17 p.

Lutz (J. G.). — Erlebnisse eines badischen Bibelboten im Feldzuge 1870-1871. Nebst einem Anhang von J. J. Erhardt. — Karlsruhe, *Reiff*. 1896. In-8°, VII-145 p. 1 m. 20 pf.
Badener im Feldzug 1870-1871.

— (Hauptmann Luitpold). — Geschichte des königlich-bayerischen 3. Feld-Artillerie-Regiments Königin Mutter, von seiner Errichtung bis zur Gegenwart (1848-1890). — München, *Th. Ackermann*. 1891. In-8°, XXII-514 p., pl. 16 m.

Lux (Adam). — Procès historique des auteurs de la guerre de 1870. — Paris, *Plataut*. 1871. In-18, 35 p.
 24° édition. 1872.

— Thiers unmasked; or the war of 1870 and its authors. From the French. — London. 1872. In-8°, 32 p. 1 sh.

— Sedan. Conversation à table d'hôte. — Paris, *Cb. Noblet*. 1871. In-18, 36 p.

M

M. (A.). — Der Krieg nach den besten Quellen vom Militär-Standpunkte dargestellt von einem Artillerie-Offizier. — Mainz, *von Zabern*. 1872. In-8º, 2 vol., 304 et 616 p., cartes et plans. 9 m.

— The War of 1870-1871. By M. A., a Prussian military officer. Translated by C. H. Fairfax Ellis, with comparative Extracts from the various French and German Works on the War. — London. 1873. In-8º, VIII-448 p. 7 sh. 6 d.

M. (A.). — *Voir* SEDAN.

M. (Doct.). — Erlebnisse während einer Reise zu unsern Truppen vor Paris im November und Dezember 1870, Tagebuch. — Dresden, *Burdach*. 1871. In-8º, VI-63 p. 1 m.

M. (Doct.). — *Voir* FELDZUGS-ERINNERUNGEN.

M. (Lieut., Doct. F.). — *Voir* MÖLLER.

M. (F. K.). — Versailler Briefe, nebst einer Sammlung vaterländischer Aufsätze und Gedichte. — Berlin, *Hertz*. 1872. Gr. in-8º, 107 p. 3 m.

M. (G.). — Souvenirs d'un mobile lyonnais. Épisodes du siège de Belfort. — Lyon, *Jevain et Bourgeon*. In-8º, 64 p.

M[arées] (Hauptmann G. von). — Streiflichter auf die französische Heeresleistung während des Krieges 1870-1871. I. Theil: Die Armee des Kaiserreichs. — Leipzig, *Luckhardt*. 1873. In-8º, VIII-119 p., pl. 2 m.
<small>Mil.-Bibl. für Offiziere aller Waffen.</small>

M. (H.). — 4. königlich-bayerisches Chevaulegers-Regiment König. Kurze Darstellung der Geschichte des Regiments von 1744 bis zur Gegenwart. Mannschaftsausgabe. — Berlin, *Mittler*. 1895. In-8º, 5 portr. N. d. l. c.

M. (Lieutenant-colonel, de l'état-major général). — Considérations sur les défenses naturelles et artificielles de la France, en cas d'une invasion allemande. Traduit de l'allemand par A. Bacharach. — Paris. 1870. In-8º.

M. (M.). — Artilleristische Erinnerungen aus dem Feldzuge gegen Frankreich 1870-1871. — *Allgem. Mil.-Zeit.* 1887.
<small>V⁕ corps.</small>

M. (Roger de). — Huit mois de service, journal d'un jeune officier de l'armée de Chanzy. — Paris. 1871. In-8º.

— Eight Months on Duty. Diary of a young officer in Chanzy's Army. From the French of Roger de M... With a preface by J. C. Naughan. — London. 1872. In-12, 425 p. 5 sh.

M. (Sergent S.). — Deuxième régiment d'infanterie de marine. Le 8º bataillon à l'armée du Nord, 1870-1871. Étapes et récits. — Le Blanc, *Saint-Thibault*. 1876. In-8º, 84 p.

M. (Z. J.). — *Voir* HILFE.

Mac-Cabe (J. D.). — History of the late War between Germany and France. — Philadelphia. 1871. In-8º, 815 p. 3 sh.

Macchi (M.). — I doctrinari d'Alemagna. Considerazioni istorico-critiche sulla guerra franco-prussiana. — Milano. 1871. In-16, 108 p. 1 l.

Macchiavelli (Antonio). — Die Heldin von Saint-Remy. Historisch-romantische Erzählung aus der Zeit des deutsch-französischen Krieges 1870. — Berlin, *Heidemann und Co.* 1871. Gr. in-8º, en livr.

Mac-Cormac (Doct. Will.). — Notizen und Erinnerungen eines Ambulanz-Chirurgen während des Feldzuges von 1870. Aus dem Englischen von Doctor Louis Stromeyer. — Hannover, *Hahn*. 1871. Gr. in-8º, 183 p., fig., pl. 5 m.

— Souvenirs d'un chirurgien d'ambulance. Relation médico-chirurgicale des faits observés et des opérations pratiquées à l'ambulance anglo-américaine (Sedan-Balan-Bazeilles) et remarques du chirurgien général Louis Stromeyer (de Hanovre). Traduit par le docteur G. Morache. — Paris, *Baillière et fils*. 1872. In-8º, fig. 6 fr.

Macdowall (C. H.). — Parisiana, or a volunteer with the besieged armies, 1870-1871. — London. 1871. In-8º, 150 p. 3 sh. 6 d.

Maclaughlin (L. E.). — *Voir* PEARSON.

Mackensen (Lieutenant). — Das 2. Leib-Husaren-Regiment Nr. 2 im Kriege gegen Frankreich 1870-1871. — Berlin, *Mittler*. 1878. Gr. in-8º, VII-388 p. 7 m.

— Gemeinsame Waffenthaten der Leib-Husaren und Zieten-Husaren. Vortrag. — Berlin, *Liebel*. 1883. In-8º, 32 p. 30 pf.

— Schwarze Husaren. Geschichte des Leib-Husaren-Regiments Nr. 1 und des 2. Leib-Husaren-Regiments Kaiserin Nr. 2. — Berlin, *Mittler*. 1892. 2 vol. in-4º, ill., portr., pl., cartes. 50 m.

— Geschichte des Leib-Husaren-Regiments Nr. 1. Mannschaftsausgabe. — *Ib.* 1887. In-8º.

2ª édition. 1895. 78 p. 1 m.

— Leib-Husaren-Regiment Nr. 2 (Das 2.) von 1741 bis 1886. Mannschaftsausgabe. — *Ib.* 1887. In-8º, portr., ill. 1 m. 20 pf.

Märsche (Die) der französischen Armee von Wörth bis Châlons und von Reims bis Sedan. — *Neue mil. Bl.*, 1872, 3ᵉ livr., cartes.

Magdeburg in Paris. — Berlin, *Schropp*. 1871. 1/100,000. Imp. in-fol. 1 m.

Magen (Hippolyte). — Histoire du second Empire, 1848-1870. — Paris. 1878. In-12.

Magg (Doctor C.). — Kriegskalender des deutsch-französischen Feldzugs 1870-1871. — Karlsruhe, *Macklot*. 1871-1872. Gr. in-8°, 928 p. 7 m. 50 pf.
A paru en livraisons à 30 pf.

Magnant (Ernest). — Angéla ou l'Alsace enchaînée. — Paris, *Ghio*. 1884. In-8°. 3 fr.

Magon de la Giclais (Chef d'escadrons H.). — Historique du 15e régiment de chasseurs à cheval. — Paris et Nancy, *Berger-Levrault et Cie*. 1895. Gr. in-8°, XII-283 p., 6 pl., 9 portr., 11 cartes. 15 fr.

Maguire (T. M.). — General Chanzy's Campaign; Loire to Sarthe. December 1870 to january 1871. — *Proceedings of the R. Artillery Institution*, 1894, XXIe vol.

Mahalin (Paul). — Montretout, 19 janvier 1871. — Paris, *Decaux*. 1877. In-32, 171 p. 1 fr.

— Les Allemands chez nous: Metz, Strasbourg. — Paris, *Boulanger*. 1884. In-18 j., 371 p. 3 fr. 50 c.

Mahnberg (A.). — *Voir* KLEEN (G.).

Maier (Doctor von). — Predigt am Friedensfeste gehalten in der Synagoge zu Stuttgart am 7. März 1871. — Stuttgart (*Metzler*). 1871. In-8°, 16 p.

Maillard (Abbé Edouard). — Campagne de France (1870-1871). Les soldats du Christ. — Bordeaux, *F. Girard*. 1871. In-12, 118 p. 2 fr.

— Le clergé et les militaires catholiques sur les champs de bataille (1870-1871). — Tournai, *Casterman*. 1874. In-8°.

— Les Frères des Écoles chrétiennes sur les champs de bataille (1870-1871). — *Ib*. 1874. In-8°.

— Histoire populaire des Garibaldiens pendant la campagne de France 1870-1871. — *Ib*. 1871. In-12.

— Histoire des zouaves pontificaux (volontaires de l'Ouest) pendant la campagne de France 1870-1871. — *Ib*. 1871. In-12.
17e corps.

— **(Firmin).** — Les publications de la rue pendant le siège et la Commune. Satires, canards, complaintes, chansons, placards et pamphlets. Bibliographie pittoresque et anecdotique. — Paris, *Aubry*. 1874. In-12. 3 fr.

— Histoire des nouveaux journaux publiés à Paris pendant le siège et sous la Commune, du 4 septembre 1870 au 28 mai 1871. — Paris, *Dentu*. 1871. Gr. in-18 j., 267 p. 3 fr.

Maillard (Firmin). — Les affiches et professions de foi pendant le siège et la Commune. — Paris. 1871. In-12.

Maillot (T. Jules R.). — *Voir* RICHARD.

Maindreville (Colonel de). — Historique du 132e régiment d'infanterie. — Reims, *Michaud*. 1891. In-18, 62 p., ill.

Mainz (M. A.). — Der Krieg 1870-1871. — Berlin. 1871. In-8°, cartes.

Maire (A.). — Les pontonniers au siège de Strasbourg en 1870. — Paris. 1889.
<small>16e régiment d'artillerie.</small>

Maires (Les) et les écoles pendant le siège. — Paris, *V. Goupy*. 1871. In-8°, 15 p.

Maistre de Roger de la Lande. — La Paix. — Genève, *de Montrésor*. 1871. In-8°. 50 c.

Maître (Achille), ancien maire de Châtillon. — Châtillon pendant la guerre. Souvenirs. — Châtillon-sur-Seine, *imp. Pichat*. 1889. In-18, 39 p.

— (Lieutenant-colonel Le). — Historique de la gendarmerie. — Paris, *Réunion des officiers*. 1879. In-12.
<small>Extrait du *Bulletin*.</small>

Malachowski (Oberstlieutenant D. von). — Frontalschlacht und Flügelschlacht. Betrachtungen über die deutsche Gefechtsführung in den Schlachten bei Amiens und an der Hallue. — Berlin, *Eisenschmidt*. 1893. In-8°, 2 pl. 2 m.

Malaguti (Capitaine). — Historique du 87e régiment d'infanterie de ligne. (1690-1892). — Saint-Quentin, *imp. Moureau*; Paris et Nancy, *Berger-Levrault et Cie*. 1893. In-8°, XII-650 p. 10 fr.

Malarce (A. de). — La gestion financière de la délégation de Tours et de Bordeaux. — *Le Correspondant*, mai 1874.

Malartic (Comte de). — Le siège de Strasbourg pendant la campagne de 1870. Souvenirs d'un témoin oculaire. — Paris. 1872. In-12.

Malfatti (Bart.). — Notizie intorne al campo della guerra sul medio e basso Reno. — Milano. 1870. In-16, 11 p., carte.

— Le nuove frontiere delle Francia. — Milano. 1871. In-16, 96 p., carte. 1 l. 50 c.

Malh (Georges). — Le siège de Paris, 1870-1871. — Paris, *Lacroix, Verboeckhoven et Cie*. 1871. In-8°, 31 p. 1 fr.

Malheur au vaincu. Finis Galliæ. — Paris, *Ghio*. 1875. In-8°. 1 fr.

Mallet (Dominique). — La bataille du Mans. — Le Mans, *Champion*. 1873. In-18, XI-334 p. 2 fr. 50 c.

Mallet (Dominique). — Les Prussiens au Mans. — Le Mans, *imp. Monnoyer*. 1874. In-18, XI-252 p. 2 fr.

Malmberg (A.). — *Voir* KLEEN.

Malo (Charles), rédacteur m... ...ux *Débats*. — M. de Moltke. — Paris et Nancy, *Berger-L...* ... 1891. In-8°. 2 fr.

Malon (B.), de l'Internatio... e. — L... sième défaite du prolétariat français. — Neuchâtel. *Guillaume*, ... 1871.

Maltzahn (Lieutenant ... ...herr von). — Kurzer Abriss der Geschichte des 1. Garde-Regiments zu Fuss (für die Mannschaft). — Potsdam, *Döring*. 1886. In-8°, 48 p., 3 croquis, 3 portr. 60 pf.

Mamelin (Auguste). — Le siège de Paris 1870-1871. Journal d'un assiégé, basé sur les documents officiels. — Boulogne, *Delahodde*. 1872. Gr. in-16, 150 p.

Mampel (F.). — Erlebnisse eines badischen Kriegsfuhrmanns im Feldzuge 1870-1871. — Karlsruhe, *Reiff*. 1895. In-8°, VII-115 p. 1 m. 20 pf.
_{De la collection dite : Badener im Feldzug 1870-1871.}

Manchot (Doctor C.). — Wie sollen wir jetzt Geduld beweisen ? 9. October 1870. Predigt. — Bremen, *Gesenius*. 1870. Gr. in-8°, 16 p.

Mangeot (H.). — Des causes de nos revers de 1870-1871 au point de vue de notre armement. — Nancy, *imp. Christophe*. 1890. In-8°, 63 p.

Manicus (E.). — Dagbog eller chronologisk oversigt over Begivenhederne i Europa fra 1. Juli 1870 til 30. April 1871. — Kjöbenhaven. 1871. In-8°, 79 p. 48 sk.

Mann (W. J.). — Der deutsch-französische Krieg. Eine Zeitbetrachtung. — Philadelphie, *Schäfer und Konradi*. 1871. Gr. in-8°, 30 p. 1 m.

Manteuffel (Aus dem Leben des General-Feldmarschalls Edwin Freiherr von). — Berlin, *Mittler*. 1874. In-8°. 1 m. 50 pf.

— (General Freiherr von) und seine Gegner. Ein deutsches Wort *non sine ird*. — München, *Manz*. 1871. Gr. in-8°, 52 p. 1 m.

Manuel (Eugène). — Pour les blessés, scène. — Paris, *M. Lévy*. 1870. In-8°. 50 c.

— Henri Regnault, poésie. — *Ib.* 1871. In-18 j., 12 p. 50 c.

— Pendant la guerre, poésies. — *Ib.* 1872. In-18 j., 189 p. 3 fr. 50 c.

Maquest (Pierre). — La France et l'Europe [1870-1871] (18 septembre 1870-28 janvier 1871). Encyclopédie politique, militaire et anecdotique. — Siège de Paris, Bazaine, Thiers, Gambetta. Avec une préface de E. Spuller. — Bruxelles, *Muquardt*; Paris, *Ghio*. 1873. Gr. in-8°, 852 p. 12 fr.

Marais (Auguste), ancien sous-préfet d'Autun. — Garibaldi et l'armée des Vosges. — Paris, *G. Baillière*. 1872. In-18, vii-24 p.

— Un Français : le colonel Denfert-Rochereau. — Paris, *H. E. Martin*. 1885. In-8°, grav., cartes. 1 fr. 40 c.
Nouvelle édition.

Maraschi (Fr.). — La pia, episodio dell' assedio di Parigi nella guerra franco-prussiana 1870-1871. — Milano. 1872. 2 vol. in-32, 200 p.

Marbach (Osw.). — Das Halbjahr Deutschlands. Klänge und Lieder. — Berlin, *Lipperheide*. 1870. In-16, 111 p. 1 m.

Marbeau (F.). — Le désastre et ses enseignements. — Paris, *Laporte*. 1871. In-8°, 16 p. 25 c.

Marcano (M.). — Visite aux militaires blessés dans les départements de Seine-et-Marne et de la Haute-Garonne. — Paris. 1875. In-8°, 54 p.

Marcard (H. F.). — Das schwarze Buch von Frankreich. Eine geschichtliche Darstellung. — Berlin, *Heinersdorff*. 1871. In-8°, 22 p. 50 pf.

Marchal (de Calvi). — La guerre de 1870, formule du Communalisme. — Pau, *Véronèse*. 1871. In-8°, 346 p. 3 fr. 50 c.

— (Gust.). — La France moderne. Le drame de Metz. — Paris, *Firmin-Didot*. 1891. In-4°, 388 p., grav., cartes. 8 fr.

— Le même. — *Ib*. 1890. In-8°. 4 fr.

— (Le R. P.), aumônier de la garde. — Le drame de Metz, 31 juillet-31 octobre 1870. — Lyon, *Josserand*. 1870. In-8°, 36 p.

Marchand (Alfred) [Kauffmann]. — Le siège de Strasbourg, 1870. La bibliothèque, la cathédrale. — Paris, *Cherbuliez*. 1871. In-18 j., xii-212 p. 3 fr.

Marchant (Docteur Louis). — La Bourgogne pendant la guerre et l'occupation allemande, 1870-1871. Traduit de la *Gazette officielle de Carlsruhe*. — Dijon, *Manière-Loquin*. 1875. In-8°, xx-262 p. 3 fr.

Marcille (Capitaine E.). — Étude sur l'emploi des chemins de fer avant et pendant la guerre. Entretien fait à la Réunion des officiers. — Paris, *Tanera*. 1874. In-12, 95 p.

Marées (Hauptmann G. von). — Siège de Péronne, d'après les publications faites dans l'*Annuaire militaire allemand (Jahrbücher)*. Traduit par M. Schoch. — Péronne, *Trépant*. 1876. In-18 j., 112 p.
Voir BELAGERUNG. — Attribué à tort par le traducteur au capitaine von Marées, qui en a répudié la paternité dans les *Jahrbücher*.

— *Voir* M.

Marées (Ludwig de). — Kreuz- und Trostlieder. — Zerbst, *Luppe*. 1870. Gr. in-16, vii-27 p.

Marfori. — Biographie de Napoléon III, Badinguet, empereur des Français. — Paris, *chez l'auteur*. 1870. In-32. 50 c.

Marfori. — Biographie de l'impératrice. — *Ib.* 1870. In-32. 50 c.

Margaine (M. C.). — A propos des armées française et allemande. — Châlons-sur-Marne, *Martin*. 1871. In-8°, 52 p. 1 fr.

Margerie (A. de). — Garibaldi et la campagne de l'Est. — Paris. 1882. In-8°.

Marggraff (Rod.). — Das ganze Deutschland soll es sein! Deutsche Kampf- und Freiheitslieder von der Mitte des vorigen Jahrhunderts bis zur Gegenwart. — München, *Merhoff*. 1870. In-16, x-384 p. 1 m.

Margon (Chef d'escadrons, comte de). — Le général Abdelal. — Paris, *C. Lévy*. 1887. In-18, IV-334 p. 3 fr. 50 c.

— Historique du 8e régiment de chasseurs de 1788 à 1888. — Verdun, *imp. Renvé-Lallemant*. 1888. In-8°, IX-324 p., pl. 10 fr.

Margot (G.). — Mein Friedrich. Erinnerung an Sedan. Das Feuer des Landwehrmannes bei Sedan. — Berlin, *E. Bloch*. 1895. In-8°, 8 p. 5 m.
   Collection dite : *Sedanfeier*. 1895.

Marguerite (M.). — Romans nationaux. Journal de l'orpheline de Jaumont, publié par A. de Lamothe. — Paris, *Blériot*. 1879. In-18 j., 173 p. 1 fr. 50 c.

Margueritte (Paul). — Mon père (le général Margueritte). — Paris, *Schmidt*. 1884. In-18 j., VIII-119 p. 2 fr.

— Le même ; édition augmentée des lettres du général Margueritte. — Paris, *Librairie illustrée*. 1887. In-18, VI-316 p. 3 fr. 50 c.

— Le cuirassier blanc. Nouvelles. — Paris, *Lecène et Oudin*. 1892. In-12. 3 fr. 50 c.

Marial (W.) [A. Waille]. — Les Algériens en France. Étapes d'un franc-tireur oranais. — Oran et Paris, *Challamel*. 1873. In-12, 166 p. 2 fr.

Maricourt (De). — Histoire de la mobile de Vendôme. — Vendôme. In-12.

— (Baron de). — Casquettes blanches et croix rouges. Souvenirs de 1870. — Paris, *Firmin-Didot*. 1892. In-8°, 302 p. 3 fr. 50 c.

— (René du Mesnil de). — Souvenirs d'un Garibaldien. Campagne de 1870-1871. — Paris. 1892. In-12. 3 fr. 50 c.
   Voir BIZZONI.

Marina (La) francese, nell' ultima guerra dei Francesi co i Prussiani. — *Rivista marittima*, 1872. T. I, p. 320.

Marine (La) française pendant la guerre de 1870-1871. — Paris, *Dumaine*. 1872. In-8°.
   Extrait de la *Revue maritime et coloniale*.

Mario (Jessie W.). — Garibaldi et son temps. Traduit de l'italien par Ivane de Marvelay. — Paris, *Librairie internationale*. 1884. Gr. in-4°, ill. 15 fr.

Marival (Em.). — Anna, épisode de la guerre franco-allemande. — Pont-Audemer, *imp. de l'hospice*. 1887. In-4°, 42 p., grav.

Marivault (Général de). — Déposition. Extrait des documents parlementaires sur les actes du gouvernement de la Défense nationale. — Toulon. 1874. In-8°, 48 p.
Armée de Bretagne.

Marjoulet (Lieutenant A.). — Historique du 3ᵉ régiment de zouaves. — Paris, *Charles-Lavauzelle*. 1887. In-8°. 6 fr.

Marketenderin (Die). — Berlin, *Crosbach*. 1870. In-4°, 4 livr.

Marlini (Aug.). — Dei grandi avvenimenti in Francia. — Cremona. 1870. In-16, 500 p. 5 l.

Marotte. — Bataille de Beaune-la-Rolande, le 28 novembre 1870, et récit sommaire des faits de l'occupation allemande dans les communes du canton de Beaune-la-Rolande pendant la guerre de 1870-1871. — Paris, *Dentu*. 1872. In-8°, 66 p. 1 fr. 50 c.

Marques (P.). — Le 34ᵉ bataillon de la garde nationale au siège de Paris. Souvenirs d'un sergent-major. — Carentan, *Mouchel*. 1877. In-8°, 62 p.

Mars-la-Tour (Combat de) [16 août 1870]. — *Bulletin*, 8 novembre 1873.

Marschall (O. von). — In Bitsch gefangen. — Bremen, *Kühlmann und Co.* 1871. In-8°, 174 p. 1 m. 60 pf.

Marschmann (Doct. Fr.). — *Voir* ROUGEMONT.

Marschroute, Schlachten und Gefechte des königlich-sächsischen (XII.) Armee-Corps im Feldzuge gegen Frankreich 1870-1871. — Weimar, *Geogr. Institut.* 1871. 1/200,000. Chromol. imp. in-fol. 75 pf.

— — der grossherzoglich-badischen Truppen im Feldzuge gegen Frankreich. — *Ib.* 1871. 1/1,200,000. 80 pf.

Marsch- und Kriegslieder (Deutsche) gegen den Wälschen. — Leipzig, *Lissner*. 1870. In-16, 32 p.

Marselli (Capit. Nic., aujourd'hui général). — Gli avvenimenti del 1870-1871. — Torino, Firenze e Roma. 1871. In-8°, 2 fasc., 290 p., carte et plans. 4 l.
2ᵉ édition.

Marsperger (Doctor B. W.). — Gute Gedanken über die böse Zeit. — Stuttgart, *Rupfer*. 1871. In-8°, VIII-92 p.
5ᵉ édition.

Marteau (Amédée). — Le Droit prime la Force. Page d'histoire de l'empire d'Allemagne. — Paris, *Librairie internationale*. 1876. In-18 j. 3 fr. 50 c.

Martens (Heinrich). — Die schleswig-holsteinsche Landwehr im Kriege gegen Frankreich 1870-1871. — Altona, *Uflacker*. 1873. Gr. in-8°, VII-115 p. 1 m. 20 pf.

Marthold (Jules de). — Memorandum du siège de Paris (1870-1871). — Paris, *Charavay*. 1884. In-16, 331 p., cartes. 3 fr. 50 c.

Martimprey (Capitaine A. de). — Historique du 9ᵉ régiment de cuirassiers. — Paris, *Berger-Levrault et Cⁱᵉ*. 1888. Gr. in-8°. 7 fr. 50 c.

Martin (Alf.). — Sept heures cinquante minutes en ballon, souvenirs du siège de Paris. — Paris, *Librairie internationale*. 1871. In-12, 31 p. 50 c.

— (A. F.). — Les dernières cartouches, drame historique en cinq actes et six tableaux. — Bordeaux, *de Lanefranque*. 1875. In-8°, 146 p. 2 fr.

— (Colonel Charles). — Les assises de Trianon. Guide pour les débats du procès Bazaine (recueil de documents à l'appui). — Paris, *Le Chevalier*. 1873. In-18, 197 p. 2 fr.

— (E.). — Souvenirs de deux volontaires à l'armée de la Loire. — Châlons (Marne), *F. Martin*. 1871. In-8°, 92 p.

— (Henri). — Histoire de France depuis 1789 jusqu'à nos jours… — Paris, *Furne, Jouvet et Cⁱᵉ*. 1885. In-8°.
 2ᵉ édition. 1890.

— (Laurent). — Histoire complète de la guerre contre les Prussiens en 1870-1871. La guerre dans les départements : Strasbourg, Metz, Sedan, etc. Le siège de Paris. Crimes, vols, pillages, viols, assassinats, incendies commis par les Prussiens…. — Paris, *Duquesne*. 1872. In-16. 1 fr. 25 c.

— (Lieutenant E.). — Le 55ᵉ régiment d'infanterie (1644-1888). — Avignon, *Seguin*. 1889. In-16, 144 p.

— (Lieutenant). — Historique du 2ᵉ régiment de tirailleurs algériens. — Paris, *Charles-Lavauzelle*. 1894. In-8°, 552 p. 10 fr.

— (Louis). — Le maréchal Canrobert. — Paris, *Charles-Lavauzelle*. 1895. In-18, 340 p. 3 fr. 50 c.
 2ᵉ édition.

— (P.). — Guerre de 1870. Batailles sur la Lauter, la Sauer et la Sarre. Wissembourg, Reichshoffen, Forbach. — Paris, *Bureaux du Spectateur militaire*. 1891. In-8°, cartes.
 Extrait du *Spectateur militaire*.

Martin des Pallières (Général). — Orléans. — Paris, *Plon*. 1872. In-8°, 444 p., 3 cartes. 8 fr.

Martin du Mans. — Simples récits d'un volontaire. — Gannat, *Didier-Danbourg*. 1873. In-8°, 210 p. 2 fr. 50 c.
 Campagnes de la Loire et de l'Est.

Martinet (Lieutenant). — Historique du 9° régiment de dragons. — Paris, *Hamel*. 1888. In-4°, 177 p., ill. 30 fr.

Martini de Ries (G.). — Histoire illustrée de la guerre de 1870-1871 et de la guerre civile à Paris. République, Monarchie, Commune. Réflexions morales et politiques. — Laon, *Denauville*. 1871. In-8°, III-488 p., portr., cartes. 6 fr.

Martinien (A.). — Corps auxiliaires créés pendant la guerre 1870-1871. Garde nationale mobilisée. — Paris, *E. Dubois*. 1896. Gr. in-8°, 33 p.

Martiny (Ludovic). — Le 25° mobiles [Gironde]. — Bordeaux, *Crugy*. 1872. In-8°, 48 p.

15° corps.

Martner (Capitaine). — L'exploitation des chemins de fer français par les armées allemandes, d'après des documents officiels allemands. — Paris, *Tanera*. 1872. In-8°, 23 p.

Marty (Rudolph, Priester P.). — Friedensbilder aus dem deutsch-französischen Kriege 1870-1871. — Amberg, *Pustet*. 1871. In-8°, IV-144 p. 75 pf.

3° édition. *Ib.* 1872. In-8°, 168 p. 75 pf.

Marvelay (l. de). — *Voir* MARIO.

Marx (Hauptmann). — Geschichte des Infanterie-Regiments Kaiser Friedrich König von Preussen (7. württembergisches) Nr. 125, 1809-1895. — Berlin, *Mittler*. 1895. In-8°, VII-287 p., portr., cartes, croquis. 6 m.

Mary (Jules). — Pantalon rouge. I : Bazeilles-le-Maudit. II : Barbe blonde. — Paris, *Chailley*. 1894. 2 vol. in-12. 7 fr.

Maschke (Oberst). — Die Operationen mit Massenheeren in den Kämpfen zu Anfang und in der zweiten Hälfte des 19. Jahrhunderts. — *Jahrbücher*, octobre-décembre 1895.

Maslov. — *Voir* KRIEG.

Massacre des mobiles de la Marne à Passavant, le 25 août 1870. — Bar-le-Duc, *Schorderet*. 1888. In-8°, 94 p.

Massaroli (Lieutenant-colonel). — La défense de Longwy devant le Conseil d'enquête et l'opinion publique. — Paris, *Lachaud et Burdin*. 1874. In-12, 97 p. 2 fr.

Massillon-Rouvet, secrétaire de Viollet-le-Duc pendant le siège de Paris. — Viollet-le-Duc et Alphand au siège de Paris. — Paris, *Librairies et Imprimeries réunies*. 1892. In-8°.

Masson (Capitaine A.). — *Voir* VERDY.

— **(Georges).** — Souvenirs de captivité (1870-1871). — Alençon, *imp. Renaut de Broise*. 1890. In-8°, II-101 p. 2 fr.

Massow (Sek.-Lieutenant von). — 1. niederschlesisches Infanterie-Regiment Nr. 46. Das Regiment von 1860-1882. — Berlin, *Mittler*. 1882. In-8°. N. d. l. c.

Matthaï (Doct. W.). — Ein Gang über das Schlachtfeld von Wörth.... — Strasbourg, *J. H. E. Heitz*. 1895. In-12, IV-115 p., carte. 1 m.

Matthes (Doctor). — Im grossen Hauptquartier. Feldbriefe. — München. 1892. In-8°. 2 m. 50 pf.

Matthies (P.). — Ein patriotisches Gedenkblatt aus dem Jahre 1870. Vier Zeitgedichte. — Berlin, *Matthies*. 1871. In-8°, 4 p.

Matthis. — *Voir* FLUGBLÄTTER.

Matuszewics (Capitaine). — La capitulation de Paris. Prédictions d'un officier républicain. — Paris, *Librairie internationale*. 1871. In-8°, 48 p. 1 fr.

Matz (J.). — Immortellen. Ein Erinnerungskranz für die Gräber unserer gefallenen Brüder 1870-1871. — Königsberg, *Bon's*. 1876. In-32, 16 p. 50 pf.

Mauer-Anschläge (Französisch-politische) während der Zeit von September 1870 bis zum Mai 1871. In's Deutsche übersetzt von Otto Simon. — Amsterdam ; Leipzig, *A. Dieckmann*. 1895. In-8°, 419 p. 4 m.
Voir MURAILLES.

Mauerhof (C. G. A.). — Kriegs-Erinnerungen eines vor dem Feinde verwundeten deutschen Kriegers aus dem deutsch-französischen Feldzuge vom Jahre 1870 bis 1871. — Eilenburg (*Becker*). 1887. In-8°, 217 p.
4ᵉ édition. 1895. 2 m. 50 pf.

Maugny (Comte de). — Souvenirs du second empire. La fin d'une société. — Paris, *Kolb*. 1890. In-18, VII-309 p. 3 fr. 50 c.
A paru dans le *Figaro*.

Mauksch (J.). — Der Erbfeind oder Revanche und Liebe. Patriotisch-romantische Erzählungen aus unserer Zeit. — Neusalza, *Oeser*. 1887-1888. In-8°, 4 vol., 2896 p. En livr. à 10 pf.

Mauméné (Ch.). — Histoire du 3ᵉ régiment de cuirassiers, ci-devant du Commissaire général (1645-1893). — Paris, *Boussod et Valadon*. 1893. In-4°, ill. 50 fr.

Mauni (Capitaine R. de). — Mémoires sur l'armée de Chanzy. Journal du bataillon des gardes mobiles de Mortain [Manche], 24 août 1870-26 mars 1871. — Paris, *Dentu*. 1871. In-18.
21ᵉ corps.

Maupassant (G. de). — Mˡˡᵉ Fifi. Nouveaux contes. — Paris, *Havard*. 1885. In-18 j. 319 p. 3 fr. 50 c.
9ᵉ édition. 1885.

— Le même. Nouvelle édition. — Paris, *Ollendorff*. 1896. In-18 j. 3 fr. 50 c.

— *Voir* ZOLA.

Maurenbrecher (W.). — Elsass, eine deutsche Provinz. — Berlin, *Weber*. 1870. Gr. in-8°, 23 p.

Maurer (Ch. F.). — Der deutsch-französische Krieg 1870-1871. — Kaiserslautern, *Crusius*. 1889. In-8°, VII-360 p., pl. 2 m. 80 pf.

— Le même. — Leipzig, *G. Fock*. 1895. In-8°, VIII-357 p., cartes, ill. 4 m.
3e édition.

— (Franz). — Deutsches Heldenbuch. Illustrirte Geschichte des deutschfranzösischen Krieges 1870-1871. — Stuttgart, *Julius Hoffmann*. 1871-1872. In-4°, 252 p., ill., 12 m.

— Deutschlands strategische Grenze gegen Frankreich. — Hildburghausen, *Bibliographisches Institut*. 1871. Gr. in-8°, cartes. 40 pf.
Extrait des *Ergänzungsblätter zur Kenntniss der Gegenwart*.

Maurin (Albert). — Histoire de deux ans. — Paris. 1873. 4 vol. in-8°, ill.

— Histoire des capitulations et des trahisons célèbres. — Paris. 1873. In-4°. 6 fr.
Voir AUKAY.

Maurize (A.). — La France envahie et la guerre sainte. Opuscules et écrits de circonstance.... — Tours, *Ladevèze*. 1872. In-8°, 124 p.

Max (Karl). — *Voir* BÜRGERKRIEG.

Max-Thomas (Commandant). — Guerre de 1870. Metz, siège et capitulation. — Poitiers. 1871. In-8°, carte.

Maxwell (F. T.). — *Voir* LÖHLEIN.

May (Major A.). — Geschichte der Kriegstelegraphie in Preussen 1854-1871. — Berlin, *Mittler*. 1875. Gr. in-8°, 88 p. 1 m. 60 pf.
Extrait des *Archiv für die Artillerie und- Ingenieur-Offiziere des deutschen Reichsheeres*.

— (E.). — Mobil! Erinnerungen eines Veteranen aus dem Kriege 1870-1871. — Zittau, *Oliva*. 1894. In-12, 108 p. 1 m.

Mayer (Hauptmann J.). — Relief-Karte des Schlachtfeldes Spichern. — Zurich, *Hofer und Bürger*. 1895. 1/50,000. Texte, croquis, portr. 2 fr. 50 c.

— Relief-Karte des Schlachtfeldes Wörth. — *Ib*. 1895. 1/50,000. Texte, croquis, portr. 2 fr. 50 c.

— (Ludwig). — Sturmboten und Sturmböcke der Weltgeschichte oder Gedanken über den deutsch-französischen Krieg von 1870. — Wien, *Gerold's Sohn*. 1871. In-8°. 1 m.

Mayer (Sigm.). — Politische Briefe eines A-B-C-Schützen. — Wien, *Herzfeld und Bauer*. 1871. Gr. in-8°, 15 p.
2e édition.

Mayerfels (C., Ritter von). — Doppeladler und Schwarz-Gold-Roth, als Wappen und Farben des neuen deutschen Reiches. Zum denkwürdigen Jahre 1870. — München, *J. A. Finsterlin*. 1871. In-fol. 35 p. 1 m.

Mayländer (A.). — Skizze chirurgischer Erfahrungen während der letzten Jahre. — Leipzig, *Schwabe*. 1872. Gr. in-8°, III-138 p. 1 m. 50 pf.

Mazade (Charles de), de l'Académie française. — L'enquête sur le 4 septembre. — *Revue des Deux-Mondes*, 1er avril 1875.

— La guerre de France (1870-1871). — Paris, *Plon*. 1875. 2 vol. in-8°, VI-1003 p., carte. 16 fr.
Extrait de la *Revue des Deux-Mondes*.

— Monsieur Thiers. Cinquante années d'histoire contemporaine. — *Ib*. 1884. In-8°. 7 fr. 50 c.

— Guerre de France. — Paris, *Gautier*. 1895. In-18 j., 36 p. 10 c.
Nouvelle Bibliothèque populaire.

Mazères (J. B.). — Les mobiles de Rennes au siège de Paris. — Rennes, *Leroy fils*. 1872. In-8°, 85 p. 1 fr.

Méa. — Carte de l'invasion et de l'occupation du territoire français par l'armée allemande en 1870-1871. — Paris, *Andriveau-Goujon*. 1871.

Meding (Osk.) [Samarow, Greg.]. — De Sadowa à Sedan, mémoires d'un ambassadeur secret aux Tuileries, publiés par V. Tissot. — Paris, *Dentu*. 1875. In-18 j., XIX-326 p. 3 fr. 50 c.

— L'écroulement d'un empire : mines et contre-mines (Mentana). — Paris, *Nouvelle Librairie parisienne*. 1887. 2 vol. in-18 j. 7 fr.

— Ein und neunzig Jahre in Glaube, Kampf und Sieg. Ein Menschen- und Heldenbild unseres unvergesslichen Kaisers Wilhelm I. — Stuttgart, *Deutsche Verlagsanstalt*. 1888. In-4°, 171 p., ill. 2 m. 50 pf.

— Le même. — 1889. In-4°, 187 p. 3 m.

Meffray (Colonel de). — Les fautes de la défense de Paris, notes et rapports aux membres du gouvernement de la Défense nationale. — Paris, *Librairie internationale*. 1871. In-8°, 64 p. 2 fr.
2e édition. 1871. In-18, 87 p. 1 fr. 25 c.

Meichner (H. F. L.). — Hurrah! die Artillerie. Erlebnisse des Kanoniers M. im schleswig-holsteinschen Feld-Artillerie-Regiment Nr. 9 während des Krieges 1870-1871. Nacherzählt von S. Steinberg. — Güstrow (*Opitz und Co.*). 1895. In-8°, IV-192 p. 3 m.

Meier (Pr.-Lieutenant). — Die Belagerung Strassburgs. — Berlin, *Exped. der mil. Bl.* 1871. Gr. in-8°, 31 p., 1 fig. 1 m. 20 pf.
Extrait des *Milit. Blätt*.

— Le siège de Strasbourg. Traduit de l'allemand par E. Faligan. — Paris, *Dumaine*. 1875. In-8°, 31 p., pl. 1 fr. 25 c.

Meier (Stadtprediger Doctor E. J.). — Kriegspredigt den 3. August 1870 gehalten. — Dresden (Leipzig), *Teubner*. 1870. Gr. in-8°, 16 p.

— Zwei Zeitpredigten am 8. und 10. Sonntag nach Trinitatis gehalten. — Dresden, *Naumann*. 1870. In-8°, 28 p.

Meillac (Jean). — Les mobiles de la Seine au siège de Paris. Campagne du 8ᵉ bataillon 1870-1871. — Paris, *Kugelmann*. 1871. In-8°, 67 p.

Meinhardt (R.). — Panorama-Karte der deutsch-französischen Grenzländer. — Berlin, *Heymann*. 1870. In-fol.

— Zur Erinnerung an Paris 1870. Panorama von Paris. — Berlin, *Abelsdorff*. 1870. In-fol.

— Kriegspanorama von Ost-Frankreich, südlicher und nördlicher Theil. — *Ib*. 1870. In-fol., chromol.

— Panorama der deutschen Nord- und Ostsee-Küsten. — *Ib*. 1870. In-fol., chromol. 2 feuilles.

Meissas (Abbé de). — Journal d'un aumônier militaire. Campagne de 1870-1871. — Paris, *Douniol et Cⁱᵉ*. 1872. In-18, 376 p. 3 fr.

3ᵉ division du 3ᵉ corps.

— Le même. — Paris, *Garnier*. 1891. In-8°, XIV-513 p., 30 ill. 3 fr. 50 c.

Meissner (Alfred). — Zeitklänge 1870. — Berlin, *Lipperheide*. 1870. In-16, 22 p.

Meissonnier. — *Voir* RICHARD.

Méjécaze (Capitaine). — Historique du 6ᵉ régiment d'infanterie. — Paris, *Charles-Lavauzelle*. 1891. In-32, 127 p. 50 c.

Mejer (Doctor O.). — Der Freiherr von Stein über deutsche Einheit und deutsches Kaiserthum. Ein Vortrag. — Rostock, *Stiller*. 1871. In-16, 88 p. 1 m.

Melena (Elpis) [E. G. F. Grisanowski]. — Garibaldi, souvenirs de sa vie publique et privée, avec plus de cent lettres du général à l'auteur. — Paris, *Leroux*. 1886. In-18 j., v-472 p. 4 fr.

— Garibaldi. Mittheilungen aus seinem Leben. — Hannover, *Schmorl und von Seefeld*. 1884. In-8°, VIII-236 et 203 p. 6 m.

— Le même. 2ᵉ édition. — 1885. 1 vol. in-8°. 3 m.

— Garibaldi: Recollection of his Public and Private Life. English version by C. Edwardes. — London, *Trübner and Co*. 1886. In-8°, 346 p. 10 sh. 6 d.

Melleville (Maximilien). — Le dernier chapitre de l'histoire de Laon, récit de ce qui s'est passé dans cette ville et ses environs avant et pendant l'occupation allemande (décembre 1871). — Paris, *Dumoulin*. 1872. In-8°, 141 p. 2 fr.

Mels (A.). — Wilhelmshöhe. Souvenirs de la captivité de Napoléon III. — Paris, *Librairie du Petit Caporal*. 1880. Gr. in-8°, 220 p., ill.

<small>*Voir* BAZAINE, GRÉCOURT, URBACHER.</small>

Memerty (von). — Das Offizierkorps des Füsilier-Regiments von Gersdorff (hessischen) Nr. 80. 1866-1870. — Berlin. 1891. In-8°. 5 m.

Memor (Andréas) [Duc de Gramont]. — Passé et présent, étude d'histoire contemporaine. — Paris, *Plon*. 1875. In-8°, 196 p. 3 fr.

— Les alliances de l'Empire en 1870. — *Revue de France*, avril 1878.

Mémoire sur la vie et la mort de Paul Odelin, lieutenant de mobiles (1847-1871), par un ancien professeur. — Paris, *Albanel*. 1874. In-12, VIII-297 p. N. d. l. c.

— pour la ville de Metz dans les négociations de paix entre la France et l'Allemagne ; publication du conseil municipal de Metz. — Metz, *Réau*. 1871. In-8°.

Memoiren eines preussischen Einjährigen von 1870. — Münster, *Aschendorff*. 1871. In-8°, 86 p. 1 m. 20 pf.

Mémoires d'un vieux Pompon, prisonnier de guerre en Allemagne, suivis des opérations militaires autour de Metz, par un général prussien [von Hanneken]. — Mayence et Bruxelles. 1871. In-8°.

Mendelson (St.). — *Voir* LISSAGARAY.

Mendès (Catulle). — La colère d'un franc-tireur, poème. — Paris, *Lemerre*. 1871. In-12. 50 c.

— Odelette guerrière. — *Ib.* 1871. In-12. 50 c.

— Poésies. Contes épiques (1870). — Paris, *libr. des Bibliophiles*. 1872. In-8°, eau-forte. 5 fr.

Ménecier (Docteur). — Mémoires sur les travaux de la 1re ambulance du Midi, 3e division du 20e corps. — Marseille, *Cayer*. 1872. In-8°.

Menger (Rudolph). — Geschichte des deutschen Krieges von 1870 wider den Erbfeind. In populärer Darstellung. — Berlin, *Ebeling und Plahn*. 1870. Gr. in-8°, 193 p., carte, pl. 1 m.

<small>2e édition. 1871, 328 p. 1 m. 50 pf.</small>

Mengin (Colonel auxiliaire Charles). — Histoire de la deuxième armée de la Loire, avec pièces officielles et documents inédits, cartes, plans et traduction de toutes les dépêches allemandes. — Paris, *Le Chevalier*. 1871. In-8°, 144 p., cartes. 2 fr. 50 c.

— La bataille du Mans. Les mobilisés de la Loire-Inférieure à Champagné. Conférence.... — Nantes, *Etiembre et Plédan*. 1873. In-18, 107 p., carte, pl. 1 fr.

Monnoval (Abbé de). — Essai sur l'Allemagne à propos de la guerre de 1870. — Paris. 1872. In-12. 2 fr.

Mensonge et tyrannie. L'occupation prussienne en France. — Lille. 1871. In-8º, 16 p.

Menuau (Capitaine). — Historique du 14ᵉ régiment de dragons [ex-1ᵉʳ lanciers]. — Paris, *Boussod et Valadon*. 1889. In-8º, VIII-336 p., ill.

Mény (Maire de Belfort). — Le siège de Belfort. — Paris, *Schulz et Thuillié*. 1871. In-12. 2 fr.

— (M.). — Siège et défense de Belfort (1870-1871). — Limoges, *Barbou*. 1882. In-8º, 144 p., grav. 1 fr.

Menzel (Wolfgang). — Geschichte des französischen Krieges von 1870-1871. — Stuttgart, *Krabbe*. 1870-1871. Gr. in-8º, 2 vol., 940 p. 7 m. 20 pf.

— Elsass und Lothringen sind und bleiben unser. — Stuttgart, *Kröner*. 1870. In-8º, 95 p.
   2ᵉ édition.

— Was hat Preussen für Deutschland geleistet. — *Ib.* 1870. In-8º, 264 p.

Meomartini (Capitano P.). — *Voir* GOLTZ (Colmar von der).

Merbach (J. G.). — Mit welchen Gesinnungen wollen wir eintreten in den bevorstehenden Kampf um die Sicherheit und Ehre unsers Vaterlands.
   Voir PRZDIGTEN.

Merchie (Docteur). — Guerre de 1870-1871. Les secours aux blessés après la bataille de Sedan, avec documents officiels à l'appui. — Bruxelles, *Manceaux, Muquardt;* Paris, *Delahaye.* 1876. In-8º, VI-244 p. 4 fr.

Mérigot (G.). — La délivrance de Paris. Le feu grégeois. — Paris, *Librairie générale*. 1871. In-18 j., 71 p. 1 fr.

Merle. — Monument funèbre de Fontaine lès-Dijon ou souvenir pieux des combats des 21, 22 et 23 janvier 1871. — Dijon. 1877. In-8º, 31 p.

Merlet (Lucien). — Aperçu général sur l'invasion prussienne dans le département d'Eure-et-Loir. — Chartres, *Pétrot-Garnier*. 1872. In-8º, 60 p.

Merssmann (Pr.-Lieutenant). — Garde-Pionier-Bataillon. Geschichte des Bataillons. — Berlin, *Mittler*. 1890. In-8º, 261 p., ill., cartes. 7 m.

— Le même. Mannschaftsausgabe. — *Ib.* 1892. In-8º. N. d. l. c.

Mesnil (A. du). — Paris et les Allemands. Journal d'un témoin, juillet 1870 février 1871. — Paris, *Garnier*. 1872. Gr. in-18 j., 323 p. 3 fr. 50 c.

Mesny de Boisseaux (A la mémoire de), franc-tireur de la compagnie du Jura, massacré à Nuits par les Prussiens le 20 novembre 1870, à l'âge de 18 ans. — Poligny. 1873. In-8º, 42 p.

Mesureur (Mme G.). — Histoire d'un enfant de Paris, 1870-1871.
Voir Dewailly.

Métella (F.). — Souvenirs d'un zouave du 3ᵉ régiment sur la campagne de 1870-1871. — Rouen, *Boissel*. 1872. In-12, 192 p.

Méténier (O.). — Mˡˡᵉ Fifi, comédie en 1 acte, tirée de la nouvelle de Guy de Maupassant. — Paris, *Ollendorff*. 1896. In-18.

Méthodes (Les) stratégiques des Allemands en 1870. — Paris, *Charles-Lavauzelle*. In-18, 36 p. 1 fr.
Extrait de la *Revue d'infanterie*.

Metman (Général). — Réponse du général Metman, commandant la 3ᵉ division du 3ᵉ corps de l'armée du Rhin, à la brochure de M. le général Frossard. Bataille de Forbach-Spickeren. — Paris, *P. Dupont*. 1871. In-8º, 10 p.

Metsch (Edmond). — Meine Erlebnisse als Einjährig-Freiwilliger beim königlich-bayerischen Infanterie-Leib-Regiment im Kriege gegen Frankreich 1870-1871. — München, *Wagner*. 1871. In-8º, 96 p. 1 m.

Mettenheimer (C.). — Beobachtungen über die typhösen Erkrankungen der Kriegsgefangenen in Schwerin. — Berlin. 1872. In-8º, 87 p. 2 m.

Metz, Campagne et négociations. — *Voir* Andlau, Lillibhöök.

—, 1870. Kriegsgeschichtliche Studie eines alten Offiziers. — Wiesbaden, *Schnegelberger*. 1893. In-8º, III-132 p., carte. 3 m.

—, 1870. — *Streffleur's*, décembre 1895.

—. Hare Belegering in 1870. — Groningen. 1871. In-8º, 52 p. 25 cts.

— investi, ou la discipline tuant le patriotisme. — Luxembourg, *F. Joris*. 1870. In-8º, 96 p.

— Le même, précédé d'un extrait chronologique des journaux messins publiés pendant le siège. — Paris, *Librairie de l'eau-forte*. 1871. Gr. in-8º. 1 fr. 25 c.

— (1870). Les propos du camp. Journal d'un aide-major. — Paris, *Dentu*. 1887. In-12. 3 fr.

— Denkmäler und Kriegsgräber auf den Schlachtfeldern von Metz. — Metz, *Lang*. 1885. 1/50,000. 1 m. 60 pf.
6ᵉ édition.

— (Von) nach Sedan. Fortsetzung des Aufsatzes : die Gefechtstechnik in den Schlachten bei Metz im August 1870. — *Organ*, 1893, 47ᵉ vol., 2ᵉ livr.

— (Fallait-il quitter) en 1870? — *Sciences militaires*, juillet 1893.

— Karta okrestnosti Metza dlia obiasnenia srajénii 2, 4 i 6 avgousta 1870 g. — San Peterbourg. 1870.

Metzger (F.). — *Voir* KRIEGS-POESIE.

Meyenberg (H.). — Gedenklieder aus dem Kriegsjahre 1870. — Hildesheim, *Nolte*. 1870. In-8°, 32 p.

Meyer (Feldw.). — Erinnerungen aus 1870-1871. — Görlitz, *R. Rothes*. 1895. In-8°, 31 p. 40 pf.

— (Gustav). — Elsass und Lothringen. Eine volkswirthschaftliche Studie. — Bielefeld, *Thiele und Co.* 1870. In-8°, 25 p.

— (J.). — *Voir* JOHN.

— (J. B.). — Zum Gedächtniss Kaiser Friedrichs. — Berlin. 1888. In-8°. 1 m.

— (Rittmeister F.). — Das königlich-bayerische 4. Ulanen-Regiment König. — Ansbach, *Eichinger*. 1888. In-8°, 197 p. 5 m.

— Le même. Extrait. — *Ib.* 1888. In-8°. 3 m.

Meyère (Lieutenant-colonel, général). — *Voir* LANGRES.

Meyern (G. von). — Zeitgedichte. — Berlin, *Lipperheide*. 1870. In-16, 41 p.

— Zeitgedichte (Sechs neue). August 1870. — Coburg, *Riemann*. 1870. In-8°, 15 p.

— Fünf Gedichte. — *Ib.* 1870. Gr. in-8°, 15 p.

Meyer's (A.) Special-Karte des deutschen Reichslandes Elsass und Lothringen nach den zu Versailles abgeschlossenen Friedenspräliminarien.... Redigirt von R. Lindner. — Berlin, *Abelsdorff*. 1871. In-fol. 50 pf.

— Specialkarte der westdeutschen Grenzländer. — *Ib.* 1871. 1/500,000. In-fol., color.

— Special-Karte der ost-französischen Grenzländer. — *Ib.* 1871. 1/500,000. In-fol. color. 1 m.

Meylan (A.). — Souvenirs comiques de l'armée de l'Est en Suisse. — Berne, *Huber et Cie*. 1871. In-4°. 1 fr. 50 c.

Meyret (Lieutenant-colonel L. A.). — Carnet d'un prisonnier de guerre. — Paris, *Lecène et Oudin*. 1892. In-18, 272 p., ill. 2 fr.
Division de voltigeurs de la Garde.

Mézerette (H.), ancien volontaire de l'Ouest. — L'art de combattre l'armée prussienne et d'aborder de loin l'artillerie allemande, d'après la célèbre charge de Loigny (2 décembre 1870). — Paris, *chez l'auteur*. 1885. In-8°, 20 p. 1 fr.

Mézières (Alf.), de l'Académie française. — La Grèce et ses volontaires de la guerre de 1870. — *Revue des Deux-Mondes*, 1er juillet 1871.

— Récits de l'invasion (Alsace et Lorraine). — Paris. 1871. In-18, VIII-205 p.
Nouvelle édition. Paris, *Perrin*. 1884. In-18. 3 fr. 50 c.

Michael (Professor O.). — Ein ernstes Wort in ernster Zeit. Kriegspredigt. — Altenburg, *Bonde*. 1870. Gr. in-8°, 16 p.

Michel (Adolphe). — Histoire de la troisième République française (1870-1871). — Paris, *Degorce-Cadot*. 1872-1874. 2 vol. in-8°, 735 p., pl. et cartes. 10 fr.

— Le siège de Paris, 1870-1871. Avec un aperçu des événements qui ont précédé et suivi le siège... — Paris, *Courcier*. 1871. In-18, XII-452 p. 3 fr.

— (J.). — Chasse aux Prussiens. Notes au jour le jour d'un franc-tireur de l'armée de la Loire. — Paris, *Dentu*. 1872. In-18, XI-286 p., 3 cartes. 3 fr.

Michelet (J.). — La France devant l'Europe. — Florence, janvier 1871. In-8°.

Michell (E. B.). — Siege Life in Paris. By one of the besieged. — London. 1871. In-8°, 64 p., carte. 1 sh. 6 d.

Michelsen (E.). — Vom Pflug zum Schwert. Kriegs-Erinnerung der landwirthschaftlichen Lehranstalt in Hildesheim. Aus dem Jahre 1870-1871. — Berlin, *Parey*. 1879. In-8°, 108 p. 1 m. 50 pf.
<small>4ᵉ édition. 1891. XIV-114 p. 1 m. 50 pf.</small>

— (S.). — *Voir* AUBRAY.

Michiels (Alfred). — Les droits de la France sur l'Alsace et la Lorraine. — Bruxelles, *Wanderauwera*. 1871. In-8°. 1 fr.

— Le comte de Bismarck, sa biographie et sa politique. — Paris. 1871. In-8°. 1 fr. 50 c.

— Histoire de la guerre franco-prussienne et de ses origines. Chute de l'empire. — Paris, *A. Picard*. 1872. In-8°, grav.

Michl (L. von). — *Voir* RᵃTHSELBILDER.

Middleton (Robert). — Garibaldi, ses opérations à l'armée des Vosges. — Paris, *Garnier*. 1872. In-8°, 429 p. 6 fr.

Mierolawski (Général). — Le camp roulant de Lyon devant le ministère de la guerre, la commission des marchés et l'Assemblée nationale. — Paris. 1873. In-8°.

Mieusset. — *Voir* DAVID.

Mignard. — De l'invasion allemande dans les provinces de Bourgogne et de Franche-Comté en 1870-1871. — Besançon ; Dijon, *Lamarche*. 1876. In 8°, 263 p.
<small>Extrait de la *Revue littéraire de Franche-Comté*. 1875.</small>

Mikhnevitch (Colonel N.). — Znatchenié Germano-Frantsouzskoï woïny 1870-1871. (L'importance des enseignements de la guerre franco-allemande de 1870-1871.) [1re partie, Stratégie.] — San Peterbourg, *Bérézovski*. 1892. In-8º, 455 p., 48 p. de suppl. 3 r.

Milliard (Em.). — Souvenirs de l'invasion. Les Allemands à la Ferté-Alais (Seine-et-Oise) 1870-1871. — La Ferté-Alais, *chez l'auteur*. 1871. In-8º, 141 p. 1 fr. 50 c.

Millié (J.). — Carte historique du siège de Paris (Réduction pour ballon postal ne dépassant pas 4 gr.). Ouvrage exécuté à Paris pendant le siège et édité le 28 novembre 1870. D'après la photographie Dujardin. — Paris, *Chardon aîné*. 1871. 30 c.

Millière (Chef de bataillon). — Le 31 octobre. Compte rendu au 208e bataillon de la garde nationale. — Paris, *imp. Barthélemy*. 1870. In-8º, 16 p.

Minckwitz (Hans). — Deutschlands Traum, Kampf und Sieg. Geharnischte Sonette, nebst einem Anhang vaterländischer Gesänge. — Leipzig, *Priber*. 1871. In-16, 40 p.

Minckwitz (Professor, Doctor Joh.). — Der neue Kaiser. — Leipzig, *Kollmann*. 1871. In-8º, 8 p.

Mirabeau (Comtesse de) [sous le pseudonyme Aymar de Flagy]. — La maréchale Bazaine. — Paris, *Lachaud et Burdin*. 1874. In-18. 50 c.

Miranda (Angel de). — Un dîner à Versailles chez M. de Bismarck. — Bruxelles, *A. N. Lebègue et Cie*. 1871. In-8º, 102 p.

— (Armin di). — Feldpostbriefe eines Fünfundzwanzigers während des Krieges von 1870-1871. — Aachen, *Kaatzer*. 1871. Gr. in-8º, 195 p. 2 m.

Mirbach (Pr.-Lieutenant Freiherr von). — In Saint-Denis während des Waffenstillstandes 1871. — Berlin, *Peiser's Sort*. 1876. Gr. in-8º, III-93 p. 1 m. 50 pf.

2e édition. 1878. 1 m.

Mischner (J.). — Durch Sturm zur Stille! Gedichte eines Kriegers von 1870-1871. — Leipzig, *Neumann's V*. 1890. In-8º, 86 p. 1 m. 20 pf.
— Le même. 2e édition. — 1891. VIII-103 p. 1 m. 40 pf.

Mit der Waffe und der Feder. Erlebnisse eines jungen Postbeamten im deutsch-französischen Kriege von 1870-1871. — Minden, *J. C. C. Bruns*. 1895. In-8º, 43 p. 60 pf.

Mitchell (Gaston). — Journal des deux mondes pendant le siège de Paris. Historique des événements survenus en France et à l'étranger du 1er septembre 1870 au 31 janvier 1871. — Paris, *Librairie internationale*. 1872. In-8º, VII-503 p. 6 fr.

Paru en livr. à 40 c.

Mittheilungen über die Anwendung des indirekten Schusses aus den kurzen 15 cm. Kanonen zum Zerstören von Mauerwerk bei der Belagerung von Strassburg im Jahre 1870. — Berlin, *Mittler*. 1872. In-8°. 1 m.
6e supplément au *Militär-Wochenblatt*, 1872.

— aus dem Kriegsleben des Landwehrbataillons Neuhaldensleben 1870-1871. — Neuhaldensleben, *Eyraud*. 1871. In-8°, 48 p. 30 pf.

— des internationalen Hilfsvereins für das Königreich Sachsen. Redaktor Bierey. — Dresden. 1870-1871. In-4°, en livr.

— aus dem Leben des Königs Carol von Rumanien. — Stuttgart. 1894. In-8°.
Préliminaires de la guerre.

Mobile (Le 4e bataillon de la) du Haut-Rhin. Journal d'un sous-officier. — Mulhouse, *Vve Bader et Cie*. 1873. In-8°.

Mobiles de l'Allier. — Paris, *imp. Cusset*. 1872. In-8°, 8 p.

— (Les) de la Mayenne, par un engagé volontaire. — Alençon. In-8°.

Moch (Capitaine G.) [Patiens]. — L'Alsace-Lorraine devant l'Europe. Essai de politique positive. — Paris, *Ollendorf*. 1894. In-18, cartes. 3 fr. 50 c.
2e édition.

— Alsace-Lorraine. Réponse à un pamphlet allemand. Étude sur la paix armée. — Paris, *A. Colin*. 1895. In-18 j., 278 p. 2 fr. 50 c.

Model (Major). — Geschichte des königlich-preussisch-magdeburgischen Jäger-Bataillons Nr. 4. — Berlin, *Mittler*. 1895. In-8°, VIII-348 p., 5 croquis. 6 m.

Modeste (V.). — Résolutions nouvelles au souvenir de l'invasion — Paris. 1878. In-12.

Möser (A.). — Todtenopfer geweiht Gneisenau's Enkel dem Grafen L. von Hohenthal gefallen bei Mars-la-Tour. — Halle, *Barthel*. 1870. In-16, 22 p. 50 pf.

Möwes (Pr.-Lieutenant). — *Voir* HAMM (Hauptmann).

Mohl (M. G.). — Die grossen Schlachttage aus dem Nationalkampfe des einigen Deutschlands gegen Frankreich 1870. — Leipzig. 1870. In-8°, 104 p. 75 pf.
Extrait de la *Welt der Jugend*.

— (Moritz). — Für die Erhaltung der süddeutschen Staaten. — Stuttgart, *Wittwer*. 1870. In-8°, 20 p.
2e édition.

— (O. M). — *Voir* BERNECK.

Mois (Un) dans les lignes prussiennes du 15 août au 19 septembre par un chirurgien aide-major de la Société internationale de secours aux blessés. — Paris, *Dentu*. 1871. In-12. 1 fr.

— (Un) terrible. Août-septembre 1870. — Paris, *Sandoz et Fischbacher*. In-12, 142 p.

Moland (Louis). — Par ballon monté. Lettres envoyées de Paris pendant le siège. Septembre 1870-10 février 1871. — Paris, *Garnier*. 1872. In-18 j., 333 p. 3 fr. 50 c.

Molard (Capitaine J.). — Historique du 63e régiment d'infanterie (1672-1887). — Paris et Nancy, *Berger-Levrault et Cie*. 1887. In-18, pl. 15 fr.

Molinari (G. de). — Les subsistances, le chauffage, les loyers à Paris pendant le siège. — *Journal des économistes*, janvier 1871.

— Les clubs rouges pendant le siège de Paris. — Paris. 1871. In-18, vii-366 p. 3 fr. 50 c.

_{2e édition. 1871. In-18, xxxvi-394 p. 3 fr. 50 c.}

Molitor (P. H.). — Ueber die Vergangenheit und Zukunft der deutschen Länder Elsass und Lothringen. — Arnstadt, *Meinhardt*. 1871. Gr. in-8°, 31 p.

Molnar (K.-K. Major H. von). — Die Operationen im südöstlichen Frankreich, Januar 1871. — *Organ*, 1885, XXXe vol.

— Die Belagerung von Paris 1870-1871. — *Ib*. 1887. Croquis.

— Die Verwendung der deutschen Artillerie in der Schlacht bei Beaumont, 30. August 1870. — *Ib*. 1888.

Mollik (H.) et Bodenhorst (G.). — Attaque et défense des places, par H. Mollik. La guerre de siège en 1870, par G. Bodenhorst. — Bruxelles, *Spineux*. 1881. In-8°, 220 p. 6 fr.

Moltke (attribué au général de). — L'armée allemande, son organisation, son armement, sa manière de combattre.

_{Voir Armée, Witzleben.}

— (General Feldmarschall Helmuth, Graf von). — Geschichte des deutsch-französischen Krieges von 1870-1871, nebst einem Aufsatz : Ueber den angeblichen Kriegsrath in den Kriegen Königs Wilhelm I. — Berlin, *Mittler*. 1891. In-8°, carte. 7 m.

— Geschichte des deutsch-französischen Krieges. Volksausgabe. — *Ib*. 1894. In-8°, vii-278 p., 11 portr., carte, 12 croquis. 3 m.

_{A paru en 6 livraisons à 60 pf.}

— Die militärische Korrespondenz während der Kriege von 1864, 1866 und 1870-1871. — *Ib*. In-8°.
1. Theil : Der Krieg 1864. — 1892. 1 carte, 2 croquis. 5 m.

— Mémoires. La guerre de 1870. Traduit par E. Jaeglé. — Paris, *Le Soudier*. 1891. In-8°, ii-499 p., carte. 10 fr.

_{8e édition.}

— Le même. — *Ib*. 1896. In-18 j. 3 fr. 50 c.

— La guerre de 1870. Édition française par E. Jaeglé. Für den Schulgebrauch im Auszuge herausgegeben von Doctor W. Kasten. — Hannover, *C. Meyer*. 1893. In-12, vii-76-14 p., cartes. 1 m.

Moltke (General-Feldmarschall H., Graf von). — Storia della guerra del 1870-1871. — Milano, *Treves;* Roma, *Luigi*. 1891. In-8º, carte. 7 l. 50 c.

<small>5º édition.</small>

— Briefe an seine Braut und Frau und an andere Anverwandte. — Stuttgart, *Deutsche Verlagsanstalt*. 1893. 2 vol. in-8º, XII-359 p., V-408 p., 2 portr. 10 m.

— Mémoires (2º vol.). Lettres à sa mère et à ses frères, 1823-1888. Traduit par E. Jæglé. — Paris, *Le Soudier*. 1892. In-8º, 462 p. 10 fr.

— Der Einzug der deutschen Truppen in Paris am 1. März 1871. — *Mil.-Wochenblatt*, 1896, nº 19.

— Kurze Darstellung seines Lebens und Wirkens in Biographie und in interessanten Einzelbildern. Dargebracht von H. — Minden, *Hufeland*. 1890. In-8º, 48 p. 40 pf.

<small>3º édition.</small>

— Ein Lebensbild für das deutsche Volk. — Minden, *Köhler*. 1890. In-8º, 32 p., ill. 30 pf.

— (Le maréchal comte de). — *Le Correspondant*, 25 novembre-25 décembre 1887.

— (Le maréchal de), par ***. — Paris. *Quantin*. 1888. In-18, 275 p. 3 fr. 50 c.

— (Le feldmaréchal de). — *Bibliothèque universelle* (Suisse), juillet 1891.

— (Feldmarschall Graf von). — Aus dem französischen vom Sek.-Lieutenant v. Scriba. — Minden, *Bruns*. 1889. In-8º, 163 p., portr. 3 m.

— (Il Maresciallo). — Roma. 1891. In-8º, 36 p. 1 l.

— (Unser). Dem deutschen Heere und dem deutschen Volke gewidmet von einem seiner dankbaren Schüler. — Berlin, *Mittler*. 1891. In-8º, 67 p. 1 m.

<small>Extrait du *Militär-Wochenblatt*, 1890.</small>

— (Generalfeldmarschall Graf Helmuth von), geboren zu Parchim am 26. October 1800, gestorben zu Berlin am 24. April 1891. Gedenkblatt. — Hannover, *Göhmann*. 1891. In-8º, 16 p. 20 pf.

— (Max). — Die Leucht-Inschriften bei der Leipziger-Sieges- und Friedensfeier am 6. März 1871. — Leipzig, *Deutsche Volksbuchhandlung*. 1871. In-8º, 15 p.

Mommsen (T.). — *Voir* LETTERS.

Mon Journal... — *Voir* CHEVALET.

Monate (Vier) vor Paris 1870-1871. Belagerungs-Tagebuch eines Campagne-Freiwilligen im königlich-preussischen Garde-Füsilier-Regiment. — Stuttgart, *Weise*. 1871. Gr. in 8º, carte. 2 m. 40 pf.

Monate (Zwei) in einer bombardirten Stadt. Nach dem Französischen eines Strassburgers bearbeitet. — Bern, *Jent und Reinert*. 1871. Gr. in-8°. 75 pf.

Mond (Mme Louis). — Les destinées de la France ou le passé, le présent et l'avenir tels que Dieu nous les a faits. — Lyon, *Méran*. 1871. In-8°. 1 fr.

Monestrol. — Paris imprenable au moyen des bombes Monestrol. — Paris. 1871. In-8°, 16 p.

Monet (Capitaine H.). — *Voir* HOHENLOHE-INGELFINGEN, VERDY.

Monnié (H.), ex-mobile de Nantes. — Les mobiles de la Loire-Inférieure. — Nantes. In-8°.

— Les mobilisés de la Loire-Inférieure, de l'Ille-et-Vilaine, du Morbihan, des Côtes-du-Nord et du Finistère. — Nantes. In-8°.

Monnier (H.). — Le 6e bataillon de chasseurs à pied. — Nice, *Dolbecchi*. 1893. In-8°, 88 p., ill.

— (Marc). — La Suisse pendant la guerre de 1870. — *Revue des Deux-Mondes*, 3e trimestre 1871.

Monniot (Alb.). — Le moulin de Lauterbourg (roman, 1870-1871). — Paris, *Charles-Lavauzelle*. 1890. In-8°. 3 fr.

Monod (Gabriel). — Allemands et Français, souvenirs de campagne, Metz, Sedan, la Loire. — Paris, *Sandoz et Fischbacher*. 1872. In-18 j., 172 p. 2 fr.

— (Henri C.). — Rapport du comité évangélique auxiliaire de secours pour les soldats blessés ou malades, 1870-1871. — Paris, *M. Lévy*. 1875. In-4°, 210 p.

— (Mme William). — La mission des femmes en temps de guerre. — Paris. 1870. In-12.

— Les Héroïnes de la Charité. Sœur Marthe de Besançon et Miss Florence Nightingale. — Paris, *Bellaire*. 1873. In-32. 25 c.

Monographies du grand état-major allemand. — *Voir* EINZELSCHRIFTEN.

Monsabré (Le R. P.). — Une ville héroïque, discours pour l'anniversaire de la défense de Châteaudun. — Paris, *Alband*. 1872. In-18, 69 p. 50 c.

Monsterberg (E. von). — Kriegs- und Friedensklänge aus dem grossen Jahre 1870-1871. — Bonn, *Weber's*. 1872. In-8°, 51 p.

Montalant-Bougleux. — Attila II à Versailles, poésies obsidionales 1870-1871. — Versailles. 1871. In-18, 48 p.

Montarlot (Paul). — Journal de l'invasion. Châteaudun (4 septembre 1870-11 mars 1871). — Paris, *Sagnier*. 1872. In 12, 310 p. 3 fr.

Montaudon (Général). — Réponse à la brochure de M. le général Frossard. Bataille de Forbach-Spickeren. — Versailles, *Aubert*. 1871. In-8º, 7 p.

Montbard (Zum Gefechte bei) am 8. Jänner 1871. — *Deutsche Heeres-Zeitung*, 1893, nº 73.

Montbrillant (A. de). — Le maréchal de Mac-Mahon. — Lille, *chez l'auteur*. 1894. In-4º, ill. 2 fr. 80 c.

Montbrison (Le colonel Philippe de). — 19 janvier 1871. — Paris. 1872. In-8º, 29 p.

_{37ᵉ mobiles, Loiret. Siège de Paris.}

Montesson (C. de). — Souvenirs d'ambulance (1870-1871). — Le Mans, *imp. Monnoyer*. 1887. In-8º, 140 p.

Montet. — Contes patriotiques. — Paris, *Delagrave*. 1892. In-18, ill. 2 fr. 90 c.

Monteton (Otto von). — Drei Meilen hinter der Armee. — Stendal, *Franzen und Grosse*. 1872. Gr. in-8º, 184 p. 1 m. 80 pf.

Montferrier (Anat. Duvidal, comte de). — Campagne de 1870. L'armée du Rhin. — Bordeaux, *Chaumas*. 1871. In-8º. 2 fr.

— (Comte de). — Le gouvernement de Bordeaux. — Paris, *Dentu*. 1872. In-18 j., 86 p. 1 fr.

Montijn (C. Th.). — De oorlog van 1870-1871. — Bodegraven. 1871. In-8º, 68 p. 50 cts.

Montluisant (Lieutenant-colonel de). — L'armée du Rhin. Ses épreuves. La chute de Metz. Notes cursives, février 1871. — Montélimar, *Borrani*. 1871. In-8º.

_{Artillerie du 6ᵉ corps.}

Montrésor (A. de). — *Voir* PRILLARD.

Montrol (F. Mongin de). — La Champagne, résumé historique depuis les premiers temps de la Gaule jusqu'à nos jours. Nouvelle édition, revue et augmentée par M. H. de Montrol (Invasion de 1870 en Champagne). — Paris, *Hachette*. 1878. In-18 j., XXIV-360 p. 3 fr.

Montrond (Maxime de). — Épisodes et souvenirs de la guerre de Prusse (1870-1871). — Lille, *Lefort*. 1872. In-18, 168 p.

_{4ᵉ édition. 1878.}

Montucci (Hy.). — La défense du pays. — Paris. 1871. In-8º, 32 p.

Montvaillant (Colonel Alfred Robert de Fabré, baron de). — La garde mobile de l'Hérault, complété par un résumé des opérations de la batterie d'artillerie départementale au siège de Langres et de celles des 4ᵉ et 5ᵉ bataillons détachés en Algérie pendant l'insurrection kabyle. — Montpellier, *Ricatto, Hamelin et Cⁱᵉ*. 1872. In 12, 304 p. 3 fr.

_{Siège de Paris, 45ᵉ mobiles.}

Monzie (Eugène de). — La journée de Reichshoffen, avec cartes et pièces officielles. — Paris, *Palmé*. 1876. In-12, XXXIII 303 p. 2 fr.

Morashe (Doct. G.). — *Voir* MAC-CORMAC, WASSERFUHR.

Moraneé (Abbé C.). — Un régiment de l'armée de la Loire [33e mobiles, 16e corps]. Notes et souvenirs. — Le Mans, *Leguicheux-Gallienne*; Paris, *Palmé*. 1874. In-18, 275 p.

3e édition. 1878. In-12, 374 p. 2 fr.

Morand (E.). — *Voir* PIERNÉ.

Morard (C. H.). — Héroïsme et trahisons (1870-1871). — Bordeaux, *Vve Riffand*. 1888. In-18, 64 p.

Morath (Pastor E. A.). — Am Dankfest für den Frieden. Predigt. — Hamburg, *Agentur des Rauhen Hauses*. 1871. Gr. in-8º, 16 p.

— Patriotische Harfenklänge. Zwölf Gedichte. — Hamburg, *Herold*. 1873. In-16, 29 p.

Morawitz (Moritz). — Studie über Eisenbahnen im Kriege. — Wien, *von Waldheim*. 1871. Gr. in-8º. 1 m.

Extrait de l'*Allgemeine Bauzeitung*.

Morawsky (Ignace). — Lettre adressée à M. le duc de Broglie au sujet d'une mission faite à Posen pour les prisonniers de guerre français. — Paris, *Lahure*. 1871. In-8º, 14 p.

Mordret (Docteur). — Rapport sur le service militaire de santé (guerre de 1870-1871) dans la ville du Mans, du 19 août 1870 au 20 avril 1871, adressé à M. le Ministre de la guerre le 11 juin 1871. — Le Mans, *imp. Monnoyer*. 1872. In-8º, 51 p.

Morel (Général). — A propos de *la Débâcle* d'Émile Zola. — Paris, *Charles-Lavauzelle*. 1893. In-8º, 40 p. 1 fr.

Moret (Eugène). — Les sanglots de Noël, souvenir du siège de Paris. — Pont-l'Évêque, *Delahaye*. 1871. In-18. 1 fr.

— Contes de Noël, souvenirs et épisodes de la guerre de 1870 1871. — Rouen, *Mégard*. 1888. Gr. in-8º. 1 fr. 10 c.

— (Jules). — Siège de Paris. La garde nationale aux avant-postes, sensations d'un fusilier. La garde nationale devant l'ennemi, sensations d'un blessé. — Paris, *Taride*. 1874. In-8º, 129 p. 3 fr.

Extrait de la *Feuille de Provins*.

Morey (J.) et **Besson** (Abbé). — Souvenir de la bataille d'Héricourt 15, 16 et 17 janvier 1871. Cérémonie funèbre. Suivi de : Oraison funèbre des soldats morts à la bataille d'Héricourt. — Besançon, *Jacquin*. 1873. In-8º, 32 p.

Morgenstern. — *Voir* LUCAS.

Morgenstern (Lina). — Erinnerungsblätter aus dem Kriegsjahre 1870-1871. Die Verpflegung durchziehender Truppen, Verwundeten und Gefangenen auf den ost- und niederschlesischen Bahnhöfen. — Berlin, *V. der deutschen Hausfrauen-Zeitung*. 1895. Gr. in-8º, 59 p. 1 m.

Morillon (A.). — L'approvisionnement de Paris en temps de guerre, souvenirs et prévisions. — Paris, *Perrin*. 1888. In-16, 358 p.

Morin (Georg). — Aus ruhmvollen Tagen. Erinnerung an den deutschfranzösischen Krieg 1870-1871 nach dem Tagebuche eines bayerischen Offiziers mitgetheilt. — München, *Franz*. 1882. Gr. in-8º. 2 m. 40 pf.

— **(Lieutenant).** — La deuxième batterie d'artillerie de la garde nationale mobilisée de Maine-et-Loire à l'armée des Vosges. — Angers, *Hudon*. 1894.

Morland (V.). — Les environs de Paris après le siège et la guerre civile, croquis. — Paris, *Bocquet*. 1871. Album in-4º oblong. 4 fr.

Morot (Gaspard). — Revue anecdotique de l'invasion, guerre de 1870-1871. Meaux et ses environs. Le siège de Paris. La Commune. Biographies françaises et étrangères. — Meaux, *Carro*. 1873. In-18, 190 p. 2 fr.

Moser (Lieutenant). — Kurzer strategischer Ueberblick über den Krieg 1870-1871. — Berlin, *Mittler*. 1893. In-8º, 41 p., 7 croquis. 1 m. 80 pf. 2ᵉ édition.

— **(Otto).** — Soldaten-Geschichten. — Leipzig, *Dyk*. 1875. Gr. in-16, IV-202 p. 90 pf.

Motet (Docteur Auguste). — Siège de Paris (1870-1871), l'ambulance militaire de Reuilly, annexe du Val-de-Grâce. — Paris, *Delahaye*. 1872. In-8º, 31 p. 1 fr. 25 c.

Motte-Fouqué (F., baron de la). — *Voir* FOUQUÉ.

Motte-Rouge (Général de la). — Souvenirs et campagnes (1804-1883). — Nantes, *Grimaud*. 1888-1889. 3 vol. in-8º, IV-624, 624 et 619 p., pl. 27 fr.

— Un mois de commandement au 15ᵉ corps de l'armée de la Loire (septembre et octobre 1870). — *Ib.* 1889. In-8º. 2 fr. 50 c.
 Extrait du 3ᵉ volume des *Souvenirs et Campagnes*.

Mots (A. G. G. W. von). — Mac-Mahon's Marsch van Chalons naar Sedan. — Rotterdam. 1871. In-8º, 43 p., 3 pl. 75 cts.

Mouchez (Amiral). — *Voir* ROY.

Moulin (Ch.). — Passavant (25 août 1870), récit dramatique en vers. — Vitry-le-François, *Vᵛᵉ Tavernier*. 1886. In-12. 75 c.

— **(Martial).** — En campagne (1870-1871). — Paris, *Hachette*. 1881. In-16, 159 p. 1 fr.
 Armées de la Loire et de l'Est.

Moulin d'Asselin (J. du). — Napoléon III, ou le Saltimbanque couronné. — Paris. 1871. In-12. 1 fr. 25 c.

Moulinet (E.). — L'homme de Sedan. — Chartres, *Durand*. 1873. In-8º, 45 p.

Moulins (M. des). — Récits d'une Lorraine. — Paris, *Khva et Cie*. 1885. Gr. in-8°, ill. 3 fr.

Moullé (J. Ern.). — *Voir* ULLOA.

Moussoir (G.). — Six mois au Mont-Valérien, 1870-1871. — Versailles, *Cerf*. 1886. In-18, 222 p.

<small>Mobiles de Seine-et-Oise, Artillerie.</small>

Moussy (Ch.). — Tableau des finances de la France, années 1869 et 1869 à 1874, avec la situation de la France à l'époque de la guerre 1870-1871. — Paris, *Lessertisseux*. 1874. In-fol. 2 fr.

Moutis (Lieutenant-colonel des). — Le 49e régiment des mobiles de l'Orne. — Alençon, *de Broise*. 1872. In-8°, v-238 p. 2 fr.

<small>21e corps.</small>

Mouton (Commandant J.). — Récit historique des opérations de la 2e légion du Rhône pendant la guerre de 1870-1871, depuis son origine jusqu'à son licenciement. Réponse à M. Ferrer. — Lyon, *Nigeon*. 1871. In-8°, 112 p.

<small>Division Cremer et 24e corps.</small>

Moynier (G.). — La convention de Genève, ou la guerre franco-allemande. — Paris, *Soullier et Wirth*. 1873. In-8°.

— Les dix premières années de la Croix rouge. Comité international de secours aux blessés militaires. — Genève, *J. G. Firck*. 1873. In-8°, 92 p.

Mühlenfels (Sek.-Lieutenant E. von). — Das Infanterie-Regiment Herzog Wilhelm von Braunschweig [Nr. 92] im Feldzuge 1870-1871. — Osnabrück, *G. E. Lückerdt*. 1892. In-8°. 2 m.

— Das Infanterie-Regiment Herzog Prinz Friedrich Wilhelm von Braunschweig im Feldzuge 1870-1871. — *Ib*. 1892. Gr. in-8°, 16 p. 25 pf.

Mühlfeld (Doctor Julius). — Der deutsch-französische Krieg von 1870. Chronik.... — Bielefeld, *Râsler-Mühlfeld*. 1871. In-8°, ill., carte et pl. 4 m. 40 pf.

— Eugenie, die Ex-Kaiserin der Franzosen. — Leipzig, *Thiele und Co*. 1870. In-8°, 30 p.

<small>2e édition. 25 pf.</small>

— Deutschlands Vertheidigungskampf gegen Frankreich. — Bielefeld, *Räsler-Mühlfeld*. 1871. Gr. in-8°, 397 p., carte, pl., portr. 4 m.

— 1864, 1866, 1870-1871. Deutschlands Einheitskämpfe. Für das Volk dargestellt. — Berlin, *Donay*. 1878. Gr. in-8°. 9 m.

— Der Krieg von 1870-1871. — Leipzig. 1871. In-8°, 152 p., carte, pl. 1 m. 20 pf.

Mühlheim (J.). — Die deutschen Kaiser und ihre Zeit mit dem Zwischenreich von 1806-1871. — Gotha, *F. A. Perthes*. 1889. In-8°, 295 p., ill. 4 m.

Mülbe (Hauptmann von der). — Garde-Füsilier-Regiment. Geschichte des Regiments. — Berlin, *Mittler*. 1876. In-8°, cartes. N. d. l. c.

Müldener (Rudolph). — Deutsch-französische Kriegschronik. Geschichtliche Darstellung. — Halle, *Hermann*. 3 livraisons gr. In-8°, 128 p., à 30 pf.

— Zur Vorgeschichte des Krieges 1870. — *Ib.* Gr. in 8°, IV-160 p. 1 m. 20 pf.
Extrait de la *Deutsch-französische Kriegs-Chronik*.

Müllensiefen (Prediger J.). — Gottes Friedensgedanken in der Kriegszeit. Predigt... am 27. Juli gehalten. — Berlin, *Habel*. 1870. Gr. in-8°, 15 p.

Müller (C. P.). — Predigt bei der Friedensfeier des 5. März 1871. — Schweinfurt, *Giegler*. 1871. In-8°, 13 p. 20 pf.

— (C. W.). — In dem Königsrock. Bilder und Erinnerungen aus dem Kriege 1870 und 1871. — Herborn. 1891. Gr. in-8°, 134 p. 1 m. 50 pf.
2° édition.

— Edle Rache. Du sollst nicht tödten. Zwei Erzählungen aus dem Kriege 1870-1871. — *Ib.* 1891. In-8°, 46 p. 30 pf.
3° édition. 1892. 48 p.

— Ein Weihnachtsabend. Eine Erzählung aus dem Kriege 1870-1871. — *Ib.* 1891. In-8°, 40 p. 30 pf.
2° édition.

— Der falsche Zuave. Eine Erzählung aus dem Kriege 1870-1871. — *Ib.* 1891. In-8°, 46 p. 30 pf.
3 édition. 1893.

— Der grosse Krieg 1870-1871. — Herborn, *Nassauischer Kolportageverein*. 1895. In-8°, VIII-280 p., ill. 1 m. 60 pf.

— (Friedrich). — Zusammenstellung der im deutsch-französischen Kriege 1870-1871 gebliebenen und verwundeten Offiziere und summarische Angabe der Mannschaft des königlich-bayerischen Heeres. — München, *Fritsch*. 1871. In-16, VIII-40 p. 75 pf.

— Illustrirter deutsch-französischer Krieg von 1870 1871. (*Der Kamerad*, Lesebuch für bayerische Soldaten.) — München. 1872. In-8°, 143 p.

M[üller] (Lieutenant F., Doctor). — Erlebnisse eines kleinen Preussen in Frankreich im Jahre 1870 1871. — Rathenow, *Babenzien*. 1892. In-8°, 31 p. 50 pf.

Müller (F. M.). — *Voir* LETTERS.

— (G.). — Mittheilungen für Jedermann aus dem Kriege 1870. — Königsberg, *Gräfe und Unzer*. 1871. Gr. in-8°. 1 m. 20 pf.

— (Geo.). — Kriegs-Erinnerungen eines Elsässers 1870-1871. — Wissembourg, *R. Ackermann*. 1893. In-8°, VIII-286 p. 2 m.

Müller (Major, General H.). — Die Belagerung von Soissons im Jahre 1870. Im Auftrage der königlichen General-Inspektion der Artillerie, unter besonderer Berücksichtigung der artilleristischen Verhältnisse und mit Benutzung dienstlicher Quellen bearbeitet. — Berlin, *Voss*. 1875. Gr. in-8°, v-75 p., 3 pl. 3 m. 50 pf.

— Die Entwickelung der Feld-Artillerie in Bezug auf Material, Organisation und Taktik von 1815 bis 1870 (V. Theil, Krieg von 1870-1871). — Berlin, *Oppenheim*. 1873. In-8°.

— Développement de l'artillerie de place et de siège prussienne sous le rapport du matériel, de l'organisation et de l'instruction, de 1815 à 1875, traduit par le capitaine Alfr. Bertrang. — Bruxelles, *Muquardt*. 1876. In-8°, 393 p.

— Die Entwickelung der Feld-Artillerie in Bezug auf Material, Organisation und Taktik von 1815 bis 1892. — Berlin, *Mittler*. 1894. 3 vol. in-8°, ... XII-338-68 p. 28 m.

— (H.). — Karte des deutsch-französischen Kriegsschauplatzes. — Glogau, *Flemming*. 1870. 1/500,000. In-fol.

— (H.). — *Voir* RANGABE.

— (Hauptmann von). — Grenadier-Regiment Prinz Karl von Preussen (2. brandenburgisches) Nr. 12. Geschichte des Regiments 1813-1875. — Berlin, *Mittler*. 1875. In-8°, cartes. 11 m.

— (Hauptmann, Prof., Doct.). — Erinnerungen eines ehemaligen 36ers aus dem Feldzuge 1870-1871, nach seinem Kriegstagebuch bearbeitet. — Halberstadt, *Schimmelburg*. 1893. In-8°, 75 p. 75 pf.

— (Joh. Ad.). — *Voir* HALTAUS (Ernst).

— (Oberst E.). — Gefecht von Poupry am 2. December 1870. — *Schweiz. Monatschrift für Offiziere aller Waffen*, 1893, n°s 6 à 10.

— (Professor M.). — Ansprache am Friedensfest in London am 1. Mai 1871. — London; Leipzig, *Brockhaus*. 1871. In-4°, 4 p.

— (Otto). — Die Schlacht von Sedan, dazu Mancherlei, was voranging und nachfolgte.... — Berlin, *Buchhandlung des ostdeutschen Jünglingsbundes*. 1895, In-16, III-112 p., croquis. 25 pf.

— (R.). — Das Vaterunser im Kriegsjahre 1870. 10 Predigten. — Berlin, *Rauch*. 1870. In-8°, 112 p.

— (Doctor Rhold). — Wie kam das linke Rheinufer an Deutschland? — Celle, *Capaun-Karlowa*. 1871. Gr. in-4°. 75 pf.

— (Professor Wilhelm). — Politische Geschichte der Gegenwart. IV. und V. Band. Die Jahre 1870 1871. — Berlin, *Springer*. 1871. Gr. in-8°. 6 m. 75 pf.

Müller (Professor Wilhelm). — General-Feldmarschall Graf Moltke (1810-1878). — Stuttgart, *K. Krabbe*. 1878. In-8°, VII-277 p., portr. 3 m. 60 pf.

Édition populaire. 3e édition. 1889. In-8°, 214 p. 1 m. Nouvelle édition, 1895.

— Deutschlands Einigungskriege (1864-1871). — Kreuznach, *Voigtsländer*; Leipzig, *Geibel und R.* 1889. In-8°, 513 p. 5 m.

A paru en livraisons à 50 pf. Nouvelle édition. 1895. En livr. à 50 pf.

— Kaiser Wilhelm, 1797-1877. — Berlin, *Springer*. 1877. In-8°, VII-235 p., portr. 3 m. 60 pf.

Nouvelle édition. 1888. IV-204 p. 2 m.

— Kaiser Friedrich. — Stuttgart, *C. Krabbe*. 1888. In-8°, III-151 p., ill. 1 m.

— Reichskanzler Fürst Bismarck. — *Ib.* 1878. In-8°, XXIV-332 p., portr. 5 m.

— Fürst Bismarck, 1815-1890. — *Ib.* 1890. Gr. in-8°, 288 p. 2 m.

3e édition.

— Reichskanzler Fürst Bismarck. — Barmen, *Wiemann*. 1887. In-8°, 40 p. 30 pf.

— Illustrirte Geschichte des deutsch-französischen Krieges, 1870-1871. — Stuttgart, *E. Hallberger*. 1871-1872. Gr. in-4°, VIII-368 p., ill., cartes. 12 m.

— Der grosse Krieg und das deutsche Reich. — Stuttgart, *Risch*. 1873. In-16. 75 pf.

— (W.). — Predigt am Bettag, 27. Juli 1870. — Wiesbaden, *Limbarth*. 1870. In-8°, 10 p.

Müller's (F.). — Friedens-Karte. Das deutsche Reich in seiner Grösse nach dem Frieden von 1871. — Breslau, *Priebatsch*. 1871. In-fol. 50 pf.

3e édition.

Müller-Bohn (Hermann). — Graf Moltke. Ein Bild seines Lebens und seiner Zeit. — Berlin, *P. Kittel*. 1892. In-8°, V-559 p., fig.

A paru en livraisons illustrées à 50 pf. 3e édition. 1893. 10 m.

— Unser Fritz, deutscher Kaiser und König von Preussen. Ein Lebensbild. — *Ib.* 1888. In-8°, III-426 p., pl. 7 m. 50 pf.

5e édition, 1892. — D'après Hiltl, *Unser Fritz*. A paru en livr. à 50 pf.
Voir Borcke (Heros von), Hiltl (G.).

Müller-Bohn (Herman) und Jahnke (Hermann). — Germania's Ruhm und Ehr, Kaiser Friedrich der Edle. — Graf Moltke, der grosse Schlachtendenker. Fürst Bismarck, der eiserne Kanzler. Neue (Titel-) Ausgabe. — Berlin, *P. Kittel*. 1891. Gr. in-8°, 20 fascicules ill. à 50 pf.

Müller-Palleske (C. F.). — Bilder aus zwei Jahrtausenden deutschen Lebens. Festspiel zum 25jährigen Jubiläum der Erhebung Deutschlands in den Jahren 1870-1871. — Landau, *M. L. Lang*. 1895. In-8º, 24 p. 60 pf.

Müller von Königswinter (W.). — Durch Kampf zum Sieg. Zeitgedichte. — Berlin, *Lipperheide*. 1870. In-16, 86 p. 1 m.

Müller von der Werra und Bænsch (W.). — Alldeutschland. Neue Lieder zu Schutz und Trutz. — Leipzig, *Bænsch*. 1870. In-16, 128 p.

Voir ALLDEUTSCHLAND.

Münch (A.). — *Voir* FISCHBACH (G.), KRIEGS-POESIE.

Münchhouse (Baron von). — *Voir* KRIEGSBERICHTE.

Münnich (Hauptmann). — 1. niederschlesisches Infanterie-Regiment Nr. 46. Geschichte des Regiments von der Errichtung desselben bis zum Jahr 1882. — Berlin, *Mittler*. 1882. In-8º, 4 pl. 9 m.

— **(Major Fried.).** — *Voir* KAMERAD.

Münster (Graf G. zu). — Deutschlands Zukunft; das deutsche Reich. Einige Betrachtungen über die jetzige Lage (September 1870). — Berlin. *Janke*. 1870. In 8º, 47 p.

Muff (Prof., Doct. C.). — Zwei Sedan-Reden. — Stettin, *Dannenberg*. 1887. In-8º, 33 p. 50 pf.

— Sedan-Rede. 1888. — *Ib.* 1888. In 8º, 18 p. 48 pf.

— 7 Sedan-Reden. — Halle, *R. Mühlmann*. 1895. In-8º, VI-136 p. 1 m. 60 pf. 2º édition.

— **(Hauptmann Karl).** — Das 3. württembergische Jägerbataillon, jetzt Füsilierbataillon des Grenadier-Regiments König Karl (5. württembergisches) Nr. 123. — Tübingen, *Fues*. 1883. Gr. in-8º. 1 m. 20 pf.

Muff und von Wencker. — Geschichte des Grenadier-Regiments König Karl (5. württembergisches) Nr. 123. — Stuttgart, *Metzler*. 1889. In-8º, III-111 p., pl. 2 m. 40 pf.

Muggenthaler (Prof., Doct. L.). — Unter fliegenden Fahnen. Eine Sammlung ernster und heiterer Gedichte..... — München, *Lindauer*. 1895. In-8º, XII-202 p. 2 m. 50 pf.

Muller (Eugène). — Les mémoires d'un franc-tireur. Guerre de France. Siège de Paris. — Paris, *Dentu*. 1872. In-8º, 363 p. 3 fr. 50 c.

— Le même. — Paris, *Delagrave*. Gr. in-8º, ill. 2 fr. 50 c.

— Souvenirs d'un jeune franc-tireur. — Corbeil. 1879. In-8º, 256 p.

— Le même. — Paris, *Delagrave*. 1884. Gr. in-8º, ill. 304 p.

— Les écoliers de Châlons (souvenirs de la campagne de France)... — *Ib*. 1884. In-8º, 296 p., ill. 2 fr. 90 c.

Mun (Marquis de). — Un château en Seine-et-Marne en 1870. — Paris, *Dentu*. 1875. In-18 j., 277 p. 3 fr. 50 c.
    2ᵉ édition, 1876.

Municipalité d'Arles (La) du 5 septembre 1870 au 21 décembre 1871. — Marseille, *Cayer et Cⁱᵉ*. 1872. In-8º, 68 p.

Murailles (Les) d'Alsace-Lorraine depuis la déclaration de guerre jusqu'en octobre 1873. — Paris, *Le Chevalier*. 1874. In-4º. 3 fr. 50 c.

— Beaunoises (Les) pendant la guerre 1870-1871. — Beaune, *Batault-Morot*. 1876. In-16, 312 p.

— Dijonnaises (Les) pendant la guerre 1870-1871. — Dijon, *Darantière*. 1876. In-16, VII-355 p. 3 fr.

— d'Orléans (Les) pendant l'occupation prussienne 1870-1871. La guerre. 1ʳᵉ invasion. Intervalle. 2ᵉ invasion. Appendice. — Orléans, *Herluison*. 1871.

— politiques françaises (Les). — Paris, *Le Chevalier*. 1874. 3 vol. in-4º. 15 fr.

— politiques de la France (Les) pendant la révolution de 1870-1871. — Paris, *Librairie illustrée*. 1880. En livr. in-4º à 50 c. 30 fr.

— *Voir* MAUER-ANSCHLÄGE.

Murray (A.). — *Voir* AURELLE.

Muschart (C. D. L.). — Het beleg van Parijs, 1870-1871. — Amsterdam. 1871. In-8º, 152 p., carte. 1 fl. 60 cts.

Musikstücke zur Erinnerung aus dem Kriege 1870-1871. — *Mil.-Wochenbl.*, 1895.

Musil (Hauptmann). — Besprechung der Hauptaufgaben, welche im Feldzuge 1870 an die Feld-Artillerie gestellt wurden. — *Mittheilungen*, 1877.

Muzeau, Huter et Gasselin (Capitaines). — Résumé des opérations de l'artillerie allemande pendant les sièges des forteresses françaises en 1870-1871, d'après les historiques publiés par l'inspection générale de l'artillerie prussienne. Verdun, Thionville, Soissons, Longwy, Toul, Schlestadt, Neuf-Brisach, Belfort et Montmédy. — Nancy et Paris, *Berger-Levrault et Cⁱᵉ*. 1878. In-8º, 205 p., pl. 4 fr.
    Extrait de la *Revue d'artillerie*. 1875-1877.

N

N. (Von). — Der Kampf zwischen S. M. Kanonenboot « Meteor » und dem französischen Aviso « Bouvet » vor Havana am 9. November 1870. — *Allg. Mil.-Zeitung*, 1895, n° 90.

N. (C. van). — *Voir* STRAUSS.

N. (J.) [Nosinich]. — Die Kriegsmacht des norddeutschen Bundes und Frankreichs Anfang 1870. — Wien. 1870. In-8°, 241 p. 4 m.

— Der Krieg 1870-1871. Uebersicht der Kriegsoperationen bis inclusive der Schlacht bei Sedan. — Wien, *Seidel*. 1871-1872. In-8°, 3 fascicules, 514 p., cartes, pl. 9 m. 80 pf.
    I. Kriegsoperationen bis zum 18. August und Schlacht von Gravelotte (Amanvillers). 1871. 3 m.
    II. Schlacht bei Vionville. 1871. 80 pf.
    III. Kriegsoperationen von der Schlacht bei Gravelotte bis inclusive der Schlacht bei Sedan. 1871-1872. 6 m.

Extrait de la *Streffleur's Zeitschrift*.

— Der Krieg 1870-1871. Die Cernirungs-Operationen bei Metz. Kritische Beleuchtung der militärischen und politischen Ereignisse bis zur Schlacht bei Noisseville im Allgemeinen und bis zur Waffenstreckung der französischen Armee im Besonderen. — Teschen, *Prochaska*. 1875. 2 vol. in-8°, 224, ... p. 6 et ... m.

Nach dem Kriege. — Berlin, *Dümmler*. 1875. Gr. in-8°. 75 pf.

— Frankreich ! Der französische Krieg von 1870-1871. Ein Volksbuch. — Kreuznach, *Voigtländer*. Gr. in-8°, III-142 p, ill. 30 pf.

— Paris. Scenen aus Deutschlands Heldenkampf. Ein Kriegs-Album für die Jugend. — Stuttgart, *G. Weise*. 1871. In-fol. 1 m. 50 pf.

Nachrichten des Central-Comite's des badischen Frauenvereins über den jeweiligen Stand seiner Thätigkeit. Jahrgang 1871. — Karlsruhe, *Braun*. 1871. In-8°, 102 N°⁸.

Nacht (Der Soldaten letzte). — Nonnenweier. 1871. In-32, 16 p.

Nadar [Félix Tournachon]. — Les ballons en 1870. Ce qu'on aurait pu faire, ce qu'on a fait. — Paris, *Chatelain*. 1871. In-18, 34 p. 50 c.

Nadaud (Gustave). — Mes notes d'infirmier. — Paris, *Plon*. 1871. In-18, 176 p. 2 fr.

Ambulance lyonnaise du docteur Allier.

— (Martin). — Discours et conférences (1870-1878). Six mois de préfecture et comment j'ai connu Gambetta. — Guéret, Vve *Betoulle*. 1889. 2 vol. in-8° à 5 fr.

Nagel (F.). — Zur Nationalfeier am 2. September. Festrede. — Nürnberg, *Raw.* 1877. In-8°, 8 p. 15 pf.

Nagel von Brawe (Hans). — *Voir* DINCKLAGE (F. Freiherr von).

Nanteuil (Ch.). — Helfet den Verwundeten, épisode de l'invasion. — Melun, *Hérisé.* 1873. In-12, 45 p.

Napoleon und Moltke. — *Mil.-pol. Blätter*, 1894, n° 6.

Napoléon III. — Note sur l'organisation militaire de la Confédération de l'Allemagne du Nord. — Paris. 1871. In-4°. 2 fr.

— III en Allemagne, traduit de l'allemand. — Paris, *Plon*. In-8°. 75 p.

— III et la guerre de 1870. — Genève. 1871. In-8°.

— der Letzte. — Teschen, *Prochaska.* 1872. In-8°. 4 m. 50 pf.

— III. der entlarvte Verräther und bluttriefende Tyrann. Aufruf an die deutsche Nation und alle bedrohten Völker. Offene Wahrheit und Enthüllungen von einem deutschen Patrioten. — Breslau, *Gebhardi.* 1870. In-8°, 16 p.

— der Mordbrenner, der Verräther gegen Heer und Landwehr. Bisher noch unenthüllte Geheimnisse aus seinem Leben. — Berlin, *Löchner.* 1870. Gr. in-8°, 16 p.

— III, Kaiser der Franzosen, sein Leben und seine Thaten. — Reutlingen, *Ensslin und Laiblin*. 1870. Gr. in-16, 53 p.

— III. — *Voir* CAUSES, CHAPELLE (Comte de la), GRÉCOURT, STIMMEN.

— (Louis) ohne Schminke. Eine Studie unter Benutzung von offiziellen und von noch nicht veröffentlichten Papieren. — München, *Wurm.* 1873. In-8°, 80 p. 75 pf.

Napoléon (Mme). — Paris. 1871. In-8°. 1 fr.
18e édition.

Napoléon Bonaparte (Prince Jérôme). — Les alliances de l'Empire en 1869-1870. — Paris, *Dentu.* 1878. In-18, 32 p. 50 c.
Extrait de la *Revue des Deux-Mondes*, 1er avril 1878.

Napoleon's III. Flucht aus Metz nach Paris. — Leipzig, *G. Schulze.* 1870. In-8°, 15 p.

— III. verhängnissvollstes Jahr, 1870. Enthüllungen über sein Treiben, seine Politik, sein Sturz und sein Verrath an der französischen Nation. Aus dem Französischen durch Jean de Ch—l. — Leipzig, *Serbe.* 1871. In-8°, en livr.

Napoleons verantwoording. De veldtocht van 1870 en de oorzaken, die geleid hebben tot de kapitulatie van Sedan. — Rotterdam. 1871. In-8°, 32 p. 30 cts.
Voir CAUSES.

Napoleons Erniedrigung oder Wilhelmshöhe und Gerichtslaube. — Berlin, *Heidemann und Co*. 1870. Gr. in-8°.

Napoleons-Wechsel, ausgestellt von Bismarck, acceptirt von Napoleon, girirt von Moltke, quittirt vom Einigen Deutschland. — Berlin, *Lassar*. 1871. Lith.

Nardini (A.), architecte. — La politique bismarckienne, drame. — Paris, *Savine*. 1891. In-18 j., 85 p.

Naschelsky (J.). — Memoiren eines Einjährig-Freiwilligen. — Berlin, *Schlingmann*. 1871. In-8°, 136 p., ill. 1 m.

Natale a Belleville; episodio dell' assedio di Parigi. — Firenze. 1871. In-32, 16 p.

Nathusius (M. von). — Predigt zur Sedanfeier. — Quedlinburg, *Vieweg*. 1874. In-8°, 12 p. 25 pf.

Nathusius-Neinstedt (Doct., Sek.-Lieut. H. von). — Ein Leibhusar im Kriege 1870-1871. Erinnerungen aus grosser Zeit. — Braunschweig, *O. Salle*. 1896. In-8°, VIII-168 p. 2 m.

2. Leib-Husaren-Regiment.

Nationalkrieg (Der deutsche) 1870. In Bildern nach Original-Skizzen ausgeführt. Mit Text von G. Hiltl. — Berlin, *R. Lassar*. 1870. In-fol. 4 m. 50 pf.

— (Der deutsche) 1870-1871. — Leipzig, *Quandt und H.* 1870-1871. En livr. gr. in-4°, ill., à 25 pf.

Natzmer (G. E. von). — Bei der Landwehr, vor Metz und die Schlacht von Beaune-la-Rolande. — Gotha, *F. A. Perthes*. 1894. In-8°, 3 cartes. 4 m.

— Zur Geschichte der Schlacht von Beaune-la-Rolande. — *Neue mil. Blätter*, janvier 1894.

Naughan (J. C.). — *Voir* M.

Naumann. — *Voir* PASTEUR.

Naundorff (Doct. J.). — Onder het rodde Kruis. Uit het hoogdutch door H. W. Leopold. — Amsterdam. 1871. In-8°, VIII-316 p. 3 fl.

Naves (H.). — La télégraphie appliquée à l'art militaire. — Paris, *Saguier*. 1872. In-12. 1 fr.

Nazet (H.) et **Spoll** (E. A.). — L'acte d'accusation de Bazaine. — Bruxelles, *A. Mertens*. 1870. In-8°, 14 p. 50 c.

— Blocus et capitulation de Metz. — Paris, *Cherbuliez*. 1871. In 8°. 1 fr.

Nebe (H.). — Erlebnisse eines badischen Feld-Artilleristen im Feldzuge von 1870-1871. — Karlsruhe, *Reiff*. 1892. In-8°, carte. 1 m. 20 pf.

3° édition. 1893. 147 p., carte. — Collection dite : Badener im Feldzug 1870-1871.

Neddy (Léon). — Le 30 novembre. Champigny. — Paris. 1871. In-8°, 23 p.

Needham (J. L.). — *Voir* Rustow.

Neff (Pr.-Lieutenant). — Geschichte des Infanterie-Regiments von Gœben (2. rheinisches) Nr. 28. — Berlin, *Mittler*. 1890. In-8º, ill., cartes, pl. 12 m.

— (Pr.-Lieutenant W.). — Die Heldenlaufbahn des Generals der Infanterie August von Gœben zur stetigen Erinnerung für die Mannschaften des Infanterie-Regiments von Gœben (2. rheinisches) Nr. 28. — *Ib.* 1890. In-8º, portr., croquis. 60 pf.

Neide (Doctor S.). — Die Gefangennahme Napoleon's bei Sedan. — Landsberg, *Schönrock*. 1891. In-8º, 42 p., carte. 1 m. 35 pf.

Neils (Stan). — Journal d'un Vendômois. Cinq mois et dix jours d'invasion (1870-1871). — Vendôme, *Lemercier*. 1891. In-8º, II-282 p., pl. 5 fr.

Nemo. — Les Fautes de l'Empire. — Genève, *H. Georg*. 1871. In-8º. 50 c.

— La Trahison. — *Ib.* 1871. In-8º. 50 c.

Netz (K. L.). — Deutschlands Kampf und Sieg. Ein Heldenlied. — Beerfelden. In-8º, 144 p. 2 m.

Neu. — *Voir* Fröhlich.

Neubauer (R.). — Blätter der Erinnerung an Deutschlands grossen Kaiser Wilhelm I. — Berlin. 1888. In-8º. 3 m.

Neubert (C. F. E.). — Festpredigt bei dem feierlichen Dankgottesdienste für die aus der Schlacht glücklich heimkehrenden Krieger. — Hemhofen. 1871. In-8º, 12 p.

— Sieges- und Friedensdenkmal. — Nürnberg, *Zeiser*. 1873. In-8º, 48 p. 75 pf.

Neubig (Pfarrer Doctor C.). — Der deutsche Sieges- und Friedenstag. Predigt. — Würzburg, *Stuber*. 1871. In-8º, 10 p.

Neucastel (E.). — Gambetta, sa vie, ses idées politiques. — Paris, *Cerf*. 1886. In-18 j., VII-370 p. 3 fr. 50 c.

Neukomm (Edmond). — Les Prussiens devant Paris, d'après les documents allemands. — Paris, *Dentu*. 1874. In-18, VIII-296 p. 3 fr.

Neumann (A.). — Humoristische Karte von Europa im Jahre 1870 (durch die deutsche Brille gesehen). — Berlin, *Schlingmann*. 1870. In-fol.

— (Doctor Ém.). — Odyssée d'une ambulance colmarienne aux environs de Paris. — Paris et Nancy, *Berger-Levrault et Cie*. 1884. In-8º, 8 p.

— (Hauptmann). — Geschichte des niederschlesischen Pionier-Bataillons Nr. 5. 1813-1886. — Berlin, *Mittler*. 1887. In-8º, carte, portr. N. d. l. c.

Neumann (Major). — Die Eroberung von Schlettstadt und Neu-Breisach im Jahre 1870. Im Auftrage der königlichen General-Inspektion der Artillerie unter besonderer Berücksichtigung der artilleristischen Verhältnisse und mit Benutzung dienstlicher Quellen bearbeitet. — Berlin, *Voss*. 1876. Gr. in-8°, VI-372 p., 14 cartes, pl., fig. et croq. 20 m.

— (Rob.). — Der Grenadier von Weissenburg oder Deutschlands Riesenkampf für Einheit und Kaiserkrone. Historischer Roman nach wahren Begebenheiten.... — Berlin, *Sacco*. Gr. in-8°, 25 livraisons. 4 vol., 309, 270, 272, 344 p.

Neunkirchen de Nyvenheim (Les F. de). — Notice sur les élèves de l'École Sainte Geneviève tués devant l'ennemi pendant la campagne de 1870-1871. — Toulouse. 1874. In-8°, 15 p.

Neutralen (Die) oder Oesterreich über Alles. Historisch-romantische Enthüllungen. — Wien, *Hartleben*. 1870. In-8°, en livraisons.

Neuville (A. de). — *Voir* RICHARD (Jules).

Nevo. — Paris meurt et ne se rend pas, chant des remparts. — Paris, novembre 1870. In-8°.

Newdegate (Edm.). — *Voir* NIEMANN.

Newmann (F. W.). — Europe of the near future, with 3 Letters on the Franco-German War. — London. 1871. In-8°. 2 sh.

Ney (Capitaine Napoléon). — Résumé de l'historique du 36e régiment d'infanterie. — Caen, *imp. E. Valin*. 1879. In-18, 43 p.

— (C.). — Hurrah ! Germania ! Prologe, lebende Bilder, dramatische Scenen zur Feier der Siegestage. — Paderborn, *Schöninghaus*. 1871. In-8°, 96 p. 60 pf.

Neymarck (Alfred). — Les milliards de la guerre. Comment a-t-on trouvé les cinq milliards? Ont-ils enrichi l'Allemagne? Ont-ils appauvri la France? Le milliard de la paix. — Paris, *Dentu*. 1874. In-8°, 45 p.

Nickles (E.). — Hurrah ! Germania ! Gedichte aus der Zeit des deutschen Heldenkampfes 1870-1871. — Karlsruhe, *Braun*. 1871. In-16, 47 p. 60 pf.

Nicolas (Capitaine Victor). — Livre d'or de l'infanterie de la marine. — Paris, *Charles-Lavauzelle*. 1891. 2 vol. gr. in-8°, 508 et 504 p., ill. 20 fr.

Nicot (Lucien). — Les généraux français, esquisses biographiques. — Paris, *Charles-Lavauzelle*. 3 vol. in-32. 1 fr. 50 c.
Petite Bibliothèque de l'armée française.

Nicot (L.) et **Pardiellan** (De). — L'Alsace-Lorraine et l'armée française. — Paris. 1895. In-12.

Nielsen (Pastor S.). — Mit Gott wollen wir Thaten thun. Gastpredigt. — Dresden, *Schöpff*. 1870. In-8º, 11 p.

— Das Christusreich ist der Friede! Predigt. — Berlin, *W. Schultze*. 1870. In-8º, 14 p.

Niemann (Hauptmann August). — Das 6. thüringische Infanterie-Regiment Nr. 95 im Feldzuge gegen Frankreich 1870-1871. — Gotha, *Thienemann*. 1875. Gr. in-8º, carte, xxxi-289 p. 4 m. 60 pf.

— (A.) — Der französische Feldzug 1870-1871. Militär-Beschreibung. — Hildburghausen, *Bibliographisches Institut*. 1871. Gr. in-8º, 556 p. cartes, plans. 5 m.

— The French Campaign 1870-1871. From the German by Edward Newdegate. — London. 1872. In-8º, 420 p., cartes et pl.

— (C.). — Der Herr ist unsre Macht. Predigt. — Münster, *Obertüschen*. 1870. In-8º, 14 p.

— (Hauptmann Wilfrid). — Geschichte des 2. hanseatischen Infanterie-Regiments Nr. 76. — Hamburg, *Mauke*. 1876. Gr. in-8º, 235 p., 2 cartes. 6 m.

Niemeyer (Theodor). — Aus meinem Tagebuche. Erlebnisse und Schilderungen aus dem Kriege 1870-1871. — Hannover, *Hahn*. 1871. Gr. in-8º, 44 p. 40 pf.

Nienstaedt (Oberstlieutenant). — Die Schlacht von Spichern, am 6. August 1870. — *Internationale Revue*, juillet 1893.

— Die Artillerie in der Schlacht bei Wörth. — *Militär-Zeitung*, 1892.

— Der Rückzug des 13. französischen Armee-Corps von Mézières auf Paris 1870. — Mainz, *Militär-Verlagsanst*. 1894. Gr. in-8º, 20 p., carte. 80 pf.
Fait partie de la collection des *Militärwissenschaftliche Vorträge und Aufsätze*.

— Die Schlacht bei Sedan. Taktische Rückblicke mit besonderer Berücksichtigung der Verwendung der Artillerie. — *Ib.* 1894. Gr. in 8º, 44 p. 1 m. 20 pf.

Niepold (Major E.). — Die Kämpfe zwischen der Seine und Marne vom 30. November bis zum 4. December 1870. 1. und 2. Schlacht bei Champigny-Villiers. Gefecht bei Mesly. — Darmstadt, *Zernin*. 1875. Gr. in-8º, 93 p., carte. 2 m.
Extrait de l'*Allgem. Mil.-Zeit*.

Niethammer (Hauptmann Georg von) — Die Schlacht bei Villiers am 30. November 1870 mit besonderer Berücksichtigung auf die 1. königlich-württembergische Feldbrigade Freiherr von Reitzenstein. — Stuttgart, *Kohlhammer*. 1882. Gr. in-8º, croquis. 1 m. 50 pf.

Niethammer (Hauptmann Georg von). — Aus der Geschichte des Grenadier-Regiments Königin Olga (1. königlich-württembergisches) Nr. 119. — Berlin, *Mittler*, 1877. In-8°. 1 m.

<small>Supplément du *Militär-Wochenblatt*.</small>

— Geschichte des Grenadier-Regiments Königin Olga. — *Ib.* 1886. In-8°, III-123 p., pl. 2 m. 50 pf.

— Aus der Geschichte des Regiments. — *Ib.* 1887. In-8°. 1 m.

— Feldzugsbriefe. — Stuttgart. 1890. In-8°.

Nigra (Le chevalier). — Souvenirs. — *Nuova Antologia; Bibl. univ. de Lausanne*, février 1895.

<small>Rôle de l'Italie pendant la guerre de 1870.</small>

Nikoulichtchlev (A.). — Voina 1870 g. Voennyïa deïstvia pod Metzom v 1870 g. — San Peterbourg. 1872. In-8°, 268 p., cartes et plan.

Nimier (H.). — Les blessures de l'œil pendant la guerre de 1870-1871. — *Archives de médecine et de pharmacie militaires*, 1889.

Niox (Capitaine G., aujourd'hui général). — De l'emploi des chemins de fer pour les mouvements stratégiques. — Paris, *Dumaine*. 1873. In-8°, croquis. 1 fr. 50 c.

— *Voir* HAHNKE (Major W. von), WARTENSLEBEN.

Nitschke (Pr.-Lieutenant). — Das westfälische Füsilier-Regiment Nr. 57 im Kriege 1870-1871. — Berlin, *Mittler*. 1879. Gr. in-8°, XVI-157 p., 2 cartes. 3 m.

<small>*Voir* REIBNITZ.</small>

Nötel (J.). — 1870. Kriegs- und Siegeslieder. — Brem, *Kühtmann und Co.* 1870. In-16, 24 p. 30 pf.

Nogent (Comte de). — *Voir* GUÉRONNIÈRE (Comte A. de la).

Nogeret (Ch. de). — Situation morale et politique de la France en 1870. — Tours, *Cattier*. 1871. In-8°, 180 p. 2 fr.

Noir (Louis). — L'art de battre les Prussiens. — Paris, *Degorce-Cadot*. 1870. In-18 j., 140 p. 1 fr. 50 c.

— 1870-1871. Acte d'accusation. La guerre, la faim, par Fr. Enne; la révolution, par Poupart-Davyl. — Paris. 1871. In-4°, 31 p. 50 c.

— et Corra (E.). — Histoire de la défense nationale (1870-1871). — Paris, *Claverie*. 1873. In-4° à 2 colonnes, 239 p. 3 fr.

— et Sacré (Louis). — Histoire de l'invasion, deuxième empire. Wissembourg, Forbach, Reichshoffen, Borny, Gravelotte, Bazeilles, Sedan. — *Ib.* 1874-1875. In-4° à 2 colonnes, 1004 p., cartes, plans. 14 fr.

Noirot (A.). — Huit mois de mairie [à Vesoul] pendant l'occupation allemande 1870-1871. — Vesoul, *Cival*. 1872. In-8°, 131 p.

Noisseville (Étude sur le combat de), par un colonel d'infanterie. — Paris, *Baudoin*. 1891. In-8°. 50 c.
    Extrait du *Journal des Sciences militaires*.

Nolde (F. von). — Liederkranz gewunden während des deutsch-französischen Krieges 1870. — Berlin, *Kœpsel*. 1870. In-8°, 31 p.

Nolte (Frédéric). — L'Europe militaire et diplomatique au XIX° siècle (1815-1884). (Tome II, Guerres d'agrandissement, 1820-1878). — Paris, *Plon*. 1884. 4 vol. in-8°. 30 fr.

Norberg (Charles). — État rétrospectif de l'administration française pendant la guerre 1870-1871. — Paris et Nancy, *Berger-Levrault et C°*. 1872. In-8°. 1 fr. 50 c.
    Extrait de l'*Almanach national*, 1871-1872.

Norden (F.). — Napoleon's Leben, Thaten und Ende. — Reutlingen, *Fleischhauer*. 1870. In-8°, 64 p.

Nordensvan (C. O.) — Fransk-tyska Kriget 1870-1871. — Stockholm, *Bonnier*. 1895. In-8°, 60 p. 16 kr.

Nordheim (Doct. H.). — Patriotische Gedichte zum Vortrage am Geburtstage des Kaisers und an den Nationalfesttagen. — Kattowitz, *Siwinna*. 1877. In-8°, 32 p. 20 pf.

— Sedanfeier. Eine Sammlung von Festreden am Sedanstage. — *Ib*. 1877. In-8°, 2 fascicules, 28 et 57 p. à 50 pf.
    2° édition.

— Reden und Toaste an nationalen Festtagen. — *Ib*. 1879. In-8°, 210 p. 2 m.
    3° édition.

— Reden und Toaste am Sedanstage. — *Ib*. 1879. In-8°, 86 p. 1 m.
    3° édition.

— Die Sedanfeier in der Schule. — *Ib*. 1880. In-8°, 2 fascicules, 39, 50 p., 20 et 50 pf.

— Die Sedanfeier. Eine Sammlung von Festreden und Ansprachen am Sedantage. — *Ib*. 1892. In-8°, 98 p. 50 pf.

Norias (Jules) [Jules Cayron]. — Histoire du siège de Paris. — Paris, *Librairie centrale*. 1871. In-4°. 7 fr. 50 c.
    Avec gravures, 10 fr.

Normand (A.). — *Voir* GRANDEFFE.

— (Jacques). — Tablettes d'un mobile, 1870-1871 (poésies). — Paris, *Lachaud*. 1871. In-12, 126 p.

— L'émigrant alsacien, récit en vers. — Paris. 1873. In-8°. 1 fr.

Nosinich (J.). — *Voir* N.

Note pour servir à l'histoire du siège de la citadelle d'Amiens, le 29 novembre 1870. — Amiens. 1871. In-8°, 8 p.

— sulla campagna del 1870 fra la Francia e la Prusia. — Firenze. 1870. In-8°, 36 p.

— sulle operazioni militari nel nord della Francia 1870-1871. — Roma. 1874. In-8°, 36 p. 50 c.

Notariats-Protest. (Prima-Befehl von Napoleon und fils..., Paris, Tuileries, an Herrn Wilhelm und Co. in Berlin, unter den Linden.) — Leipzig, *Pœnicke*. 1870. In-4°, 5 p. autogr.

Notes d'un prisonnier de guerre. — Paris, *Palmé*. 1871-1872. In-8°, 71 et 115 p. 1re série: Nos nouvelles lignes de défense sur la frontière nord-est. 2e série: La cavalerie pendant la guerre 1870-1871. 71 p. 3e série: L'insurrection en Algérie en 1871. 4e série: L'avancement dans l'armée. 5e série: Six mois de captivité en Allemagne. 115 p. Chaque série 50 c.

Attribué au Commandant G. Max-Thomas.

— sur le siège de Strasbourg. — *Revue maritime et coloniale*, janvier 1872.

Noth (Diac. H.). — Herr, lehre uns beten! Predigt während der Kriegszeit, am 3. August 1870.... — Zwickau, *Döbner*. 1870. In-8°, 18 p.

Notice sur le capitaine de Laumière, tué à Buzenval, le 19 janvier 1871.... — Paris, *Albanel*. 1873. Gr. in-8°, 31 p.

— sur le général Chanzy; sa mort, ses obsèques, lettre du cardinal Lavigerie; sa déposition devant la commission d'enquête sur la défense nationale; bataille du Mans.... — Châlons (Marne), *Martin*. 1883. In-8°, 84 p., portr.

— historique sur l'occupation prussienne à Saint-Chéron (Seine-et-Oise), 1870-1871. — Paris, *P. Dupont*. 1872. In-12, 48 p.

— sur l'organisation de la défense d'Amiens. Guerre de 1870-1871. — Paris, *Dumaine*. 1876. In-8°, 48 p., carte.

— sur le lieutenant-colonel Couderc de Foulongue, tué à Coulmiers le 9 novembre 1870. — Montauban, *Forestié*. 1873. In-8°.

31e de marche, 16e corps.

Notiz-(Kalender) für Infanterie-Unteroffiziere im Felde, 1870. — Burg, *Hopfer*. 1870. In-32, vi-60 p.

Notizen (Artilleristische). — *Voir* BLEULER.

Nott (K. C.). — Kriegs-Scenen. Uebersetzt von H. von Hoff. — Berlin, *Baensch*. 1884. In-8°, 154 p. 5 m.

Nott (K. C.). — Scenen aus Lagern der Kriegsgefangenen. Eine Fortsetzung der Kriegs-Scenen. Uebersetzt von H. von Hoff. — *Ib.* 1884. In-8º, 176 p. 5 m.

Notteler (C.). — *Voir* DEUTSCHES KRIEGSALBUM.

Nouel. — Les plantes de la guerre. Notes sur les plantes étrangères observées aux environs de Vendôme à la suite de la guerre de 1870-1871. — Vendôme, *Lemercier.* 1879. In-8º, 23 p.

Nouvelliste (Le) du 24e bataillon; 1re année, 25 décembre 1870-19 mars 1871. — Paris. 1870-1871.

Novicow (J.). — La question d'Alsace-Lorraine. Critique du point de vue allemand. — Paris, *Alcan.* 1895. In-8º, 29 p.

<small>Extrait de la *Nouvelle Revue*, 15 juillet 1895.</small>

Nuit (La) du 31 octobre 1870. — Paris, *Lefebvre.* 1870. In-4º, 16 p.

Numa de Chilly. — Notes sur l'Allemagne au mois de juillet 1870. — Clermont-Ferrand, *Thibaud.* S. d. In-12.

Nur hundert Millionen ! Ein Wort für unsere deutschen Krieger. Gedicht. — Oldenburg, *Schmidt.* 1871. In-8º, 8 p.

Nutzke (A.). — Der deutsch-französische Krieg 1870-1871 unter vorzugsweiser Berücksichtigung der Verluste der deutschen Armeen. — Gumbinnen. 1891. In-8º. 1 m. 25 pf.

O

O. (J. R. d'). — *Voir* OLENDSKI.

O. L. — *Voir* VERZEICHNISS.

O. (L. von). — Kurzer Abriss der Geschichte des 1. thüringischen Infanterie-Regiments Nr. 31. — *Voir* ABRISS.

O. (S.). — *Voir* GOTTES.

Oberlein (A.). — Malchers Erlebnisse während der Kriegsperiode 1870-1871. Im altenburgischen Bauerndialect erzählt. — Borna, *Gensel*. 1875. In-16, 16 p. 15 pf.

8e édition.

Oberlin (J. F.). Der Patriarch des Steinthales im Elsass. — Berlin, *E. Beck*. 1871. Gr. in-16, 24 p.

Observations sur l'armée française à propos de la campagne de 1870, par un officier supérieur d'infanterie. — Lyon, *Méra*. 1871. In-18, 125 p.

— sur le siège de Soissons en 1870 et sur l'avis du conseil d'enquête. — Versailles, *Aubert*. 1872. In-8°.

Occupation de Grandvilliers par les troupes françaises et par les troupes allemandes. Guerre de 1870-1871. — Amiens, *Jeunet*. 1872. In-16, 48 p.

Odelin (Paul), lieutenant de mobiles. — Vie et lettres. — Paris, *Albanel et Baltenweck*. 1875. In-18 j., VI-221 p. 2 fr. 50 c.

Voir MÉMOIRES.

Odieuvre (Abbé). — Guerre de 1870-1871. Trois combats : Moulineaux (30 décembre 1870); le Château Robert (31 décembre 1870); la Maison Brûlée et Bourgthéroulde (4 janvier 1871). — Évreux, *imp. de l'Eure*. 1889. In-8°, 32 p.

Oelsner (T.). — Der Siegeszug der deutschen Idee. — Berlin, *Duncker*. 1870. In-8°, 50 p.

Oelsnitz (Hauptmann von der) und Gallandi (Hauptmann). — Geschichte des Grenadier-Regiments Kronprinz (1. ostpreussisches) Nr. 1. III. Band. 1869-1882. — Berlin, *Mittler* 1882. In-8°. 7 m. 50 pf.

Oertels (Louis). — Patriotischer Festkatalog zur 25 jährigen Jubelfeier der siegreichen Schlachtentage 1870-1871. — Hannover, *Louis Oertels*. 1895. In-8°.

Oeser (Hermann), Adolph (Doctor C.) und Franz (J.). — Illustrirte Kriegs-Chronik. 1870. — *Voir* KRIEGSCHRONIK.

Oesterreich und Süd-Deutschland vor dem französisch-preussischen Kriege. — München, *Lentner*. 1869. In-12, 36 p.

Oesterreich-Ungarns Neutralität in einem künftigen Kriege, besprochen mit Hinblick auf die Arkolay'sche Broschüre, von einem Huszaren. — Pest, *Aigner Ludwig*. 1869. In-8°, 72 p.

Oetling (C.). — Nieder mit Napoleon! Eine Sammlung patriotischer Dichtungen. — Jena, *Dœbereiner*. 1870. In-32, 16 p.

Offensive (Die) des Generals Briand gegen Gisors und der Ueberfall von Etrepagny. — *Allgemeine schweizerische Militärzeitung*, 1876, n°s 33-36.

Offiziere (Die in Glatz gefangenen französischen). — *Reichswehr*, 1894, n° 591.

Offroy (Victor). — Les Prussiens à Dammartin (Seine-et-Marne) 1870-1871. Souvenirs de l'invasion. — Dammartin, *Lemarié fils*. 1871. In-8°, 80 p. 1 fr. 25 c.

Oger (Professeur Félix). — Les Bonaparte et les frontières de la France. — Paris, *G. Baillière*. 1872. In-12. 50 c.

Oggioni (F.). — La guerra dell 1870 e 1871. — Milano. 1871. In-32, 280 p., carte. 1 l. 20 c.

— Prussia e Francia. Notizie storiche dalle origini fino alla caduta di Napoleone III. — Milano. 1870. In-16, 237 p.

Ogier d'Ivry (Commandant). — Historique du 9e régiment de hussards et des guides de la garde. — Valence, *imp. Céas*. 1891. In-4°, 202 p., pl.

Ognier de Gouy (A.). — Pérégrinations aux principaux théâtres de la guerre 1870-1871. — Saint-Quentin, *Poette*. 1873. In-16, 110 p.

Ohly (E.). — Das Büchlein vom grossen deutschen Kanzler Bismarck. — Stuttgart, *Risch*. 1872. In-16, 135 p.

— Das Büchlein vom grossen Kaiser Wilhelm. — *Ib*. 1872. In-16, 130 p.

— Das Büchlein vom deutschen Kronprinzen. — *Ib*. 1873. In-16, 116 p.

— Das Büchlein vom Prinzen Friedrich Karl. — *Ib*. 1874. In-16, 102 p.
<small>Ces ouvrages font partie de la *Neue deutsche Jugend-Bibliothek*.</small>

Ohl (H.). — Der Kampfesmuth, den wir am Bettag gewinnen. Predigt. — Hamburg. 1870. In-8°, 16 p.

Ohorn (Doct. A.). — Das Buch vom eisernen Kanzler. Eine Erzählung für Deutschlands Jugend. — Stuttgart, *Südd. Verlags-Institut*. 1894. In-8°, III-228 p., ill. 3 m.

— Sedania-Festspiel. — Erfurt, *Bartholomäus*. 1895. In-8°, 31 p. 75 pf.
<small>*Deutsche Festspielhalle*.</small>

Olbrecht (Oberstlieutenant). — Die Verproviantirung von Paris während der Einschliessung vom 18. September 1870 bis 28. Januar 1871. — *Neue militärische Blätter*, février-mars 1892.

O[lendski] (J. R. d'). — La France, la Prusse et la Russie. — Paris, *Dentu*. 1870. In-8°. 1 fr.

Olive (Henri). — *Voir* RÉVÉLATIONS.

Olivier (Hauptmann von). — Die Feuerwaffen und ihre Wirkung im Gefecht, mit Rücksicht auf den Feldzug 1870-1871. — München, *Lindauer*. 1871. In-8°, 212 p. 4 m.

Ollivier (Émile). — La révolution de 1870. — Montpellier, *Calas*. 1871. In-8°, 47 p. 50 c.

— (G.). — L'armée du général Cathelineau. — Paris, Lille. 1876. In-12, 144 p.
3e édition.

— (Le R. P.). — Nos malheurs, leurs causes, leur remède. Conférences de N.-D. de Paris, carême 1874. Suivies d'un discours sur l'avenir de la nation française.... — Paris, *Jouby et Roger*. 1871. In-8°, 245 p.

Ollone (Lieutenant d'). — Historique du 10e régiment de dragons (1674-1892), avec illustrations par Maurice de Castex. — Paris et Nancy, *Berger-Levrault et Cie*. 1893. Gr. in-8°, 639 p., pl., portr. 30 fr.

Ompteda (Georg von). — C'est la guerre (Souvenirs de la guerre de 1870). — *Revue des Revues*, janvier-février 1896.

Oncken (Professor W.). — Unsere Lage bei Ausbruch des Krieges. — Giessen. 1870. In-8°, 28 p. 40 pf.

— Das Zeitalter des Kaisers Wilhelm. — Berlin, *G. Grote*. 1890-1891. 2 vol. gr. in-8°, 824-1018 p., portr., ill., cartes. 45 m. 50 pf.
A paru en livraisons à 2 m.

— Zwei Reden. I. Unsere Lage bei Ausbruch des Krieges. Vortrag gehalten am 24. Juli 1870. II. Festrede zur Feier des 80. Geburtstages des Fürsten Bismarck.... — Giessen, *J. Ricker*. 1895. In-8°, 32 p. 80 pf.
Voir SCHULTHESS.

Onkels. Gruss an einige und alle tapfere Dreiundneunziger. — Dessau, *Weniger und Co.* 1871. Gr. in-8°, 2 p.

Onnée (Jules). — Faits et gestes de la légion bretonne pendant la campagne de 1870-1871. — Paris, *Blériot*. 1872. In-8°, 254 p. 5 fr.
Armée de la Loire, 1re armée.

Oorlog (de) tusschen Frankrijk en Duitschland. — Rotterdam. 1870-1871. 2 vol. in-8°, 647 p., pl. et cartes. 7 fl. 50 cts.

— (Fransch-Pruisische) 1870 en 1871. — Groningen. 1871. In-8°, 352 p., carte. 1 fl. 30 cts.

Oorlogsbrieven. — Geschiedenis van den Fransch-Duitschen oorlog 1870-1871. Uit de oorlogsbrieven van de speciale correspondenten van het dagblad *Daily News*. Naar het Engelsch door S. M. N. Calisch. — Amsterdam. 1871. In-8°, IV-320 p. 2 fl. 90 cts.

Opérations de l'armée française du Nord en 1870-1871. — Paris, *Tanera*. 1873. In-18, cartes et plans. 3 fr. 50 c.

— de la 5e division de cavalerie allemande du 12 au 15 août 1870. — *Revue de cavalerie*, avril-juin 1895.

— (Les) de la 6e division de cavalerie allemande en Sologne, du 6 au 15 décembre 1870. Résumé et considérations. — *Revue du Cercle militaire*, 1er semestre 1888. Croquis.

Voir EINZELSCHRIFTEN.

— de l'artillerie allemande pendant le siège de Paris en 1870-1871. — *Revue d'artillerie*, avril-mai 1875.

— militaires autour de Metz, par un officier général prussien. Traduit par un officier français. — Mainz, *Von Zabern*. 1871. Gr. in-8°, 40 p. 50 pf.

Voir HANNEKEN.

Operationen (Die) zur Wiedergewinnung der alten Reichsstadt Metz in ihren Hauptmomenten auf Plänen im Massstabe von 1/80,000 durch eingezeichnete Truppen dargestellt. — Berlin, *Schropp*. 1872. Gr. in-4°, 15 p., 11 cartes. 7 m. 50 pf.

— der Süd-Armee und die Gefechte des Corps Werder im Jahre 1871. — *Allgemeine Militär-Zeitung*, 1871.

— der Cernirung von Metz. — *Streffleur's*, novembre 1873.

— von Ricciotti Garibaldi in dem Departement von Côte-d'Or (Dezember 1870-Januar 1871). — *Jahrbücher*, février-mars 1878.

— der Armee-Abtheilung des Grossherzogs von Mecklenburg-Schwerin von ihrer Zusammenstellung bis zum 2. December 1870. — *Neue militärische Blätter*, octobre 1878.

— der Vogesen-Armee in ihrem Zusammenhang mit der französischen Ost-Armee unter Bourbaki im Dezember 1870 und Januar 1871. — *Neue militärische Blätter*, janvier-février 1879.

— der II. deutschen Armee nach der Wiedereinnahme von Orleans bis zu den Gefechtstagen von Le Mans, 1870-1871. — *Neue militärische Blätter*, décembre 1887.

Operations-Karte für das Terrain zwischen Rhein und Seine. — Berlin, *Heidemann und Co*. 1870. In-fol. 25 pf.

Operationsplan (Gab es einen französischen)? — *Neue mil. Blätter*, mars 1896.

Opinion nationale (L') [le journal] pendant le siège de Paris. Recueil des principaux articles publiés par Ad. Guéroult, L. Jezierski et J. A. Barret. — Paris, *Dubuisson et Cie*. 1871. In-8°, 261 p.

Opisaniie srajenii proussko-frantsousskoi voiny. — San Peterbourg. 1870. In-8°, 38 p., plan.

Oppenheim (Heinrich Bernhard). — Friedensglossen zum Kriegsjahr. — Leipzig, *Dunker und Humblot*. 1871. Gr. in-8°. 4 m. 50 pf.

Opzoomer (Professor Doctor C. W.). — Frankrijks onrecht in den oorlog van 1870. — Amsterdam. 1870. In-8°, 74 p. 80 cts.

— De Bonaparten en het recht van Duitschland ook na Sedan. — Amsterdam. 1870. In-8°, 118 p. 1 fl. 25 cts.

— Das Unrecht Frankreichs im Kriege von 1870. Die Bonaparten und das Recht Deutschlands auch nach Sedan. Eine holländische Stimme. — Berlin, *Puttkammer*. 1871. Gr. in-8°, VII-124 p. 2 m.

Orban (J. A.). — A la mémoire des habitants de Rocroy morts pour la France pendant la guerre de 1870-1871. — Rocroy. 1872. In-8°, 20 p.

Ordre de bataille (Erste) der preussischen Armee im Kriege gegen Frankreich (königliche Cabinet-Ordre vom 18. Juli 1870). — Berlin, *Mittler*. In-8°, 52 p. 40 pf.

Extrait du *Militär-Wochenblatt*.

Orleans (Die Schlacht von). — *Mil.-Wochenblatt*, 1894, n°s 102-103.

Orlop (Rittmeister). — Geschichte des Kürassier-Regiments Graf Wrangel (ostpreussisches) Nr. 3. — Berlin, *Mittler*. 1892. In-8°, portr., ill. 27 m. 50 pf.

Ornold (Ed.) — *Voir* RINDFLEISCH.

Orse (Commandant F.). — Combat d'Épinay-sur-Seine (30 novembre 1870). — Paris, *P. Dupont*. 1891. In-8°, 36 p. 1 fr.

Ortleb (A.) — Ein bedeutungsvoller Feind.
 — Das Medaillon.
 — Ein Talisman.
 — Das eiserne Kreuz.
 — Die Braut aus Feindesland.
 Styrum, *Spaarmann*. 1895. In-12, 5 vol. de 48 p. à 25 pf.

Ces ouvrages se rapportent à la guerre de 1870 et font partie des *Patriotische Erzählungen*.

Orton (C.) and **Spanton** (W. D.). — What we observed during a visit to the Seat of War in 1870. — London. 1871. In-8°, 39 p. 1 sh. 6 d.

Osten (Sek.-Lieutenant von der). — Kurze Zusammenstellung der Geschichte des brandenburgischen Dragoner-Regiments Nr. 2, 1689 bis 1889. — Berlin, *Mittler*. 1889. In-8°, ill. N. d. l. c.

Osterwald (Wilhelm). — Deutschland's Auferstehung. Vaterländische Dichtungen aus dem Jahre 1870. — Halle, *Buchhandlung des Waisenhauses*. 1871. In-8°, XIII-186 p.

Oswald (S.). — Ein Diebstahl in Metz im Jahre 1870. — Oberh., *Spaarmann*. 1879. In-8°, 64 p. 25 pf.
   Neue Volks-Bibliothek.

Othen (F.). — 1870. Kriegsgedichte. — Wiesbaden, *Limbarth*. 1870. In-16, 34 p.

Ott (Edmond). — Un mot d'histoire sur l'Alsace et Strasbourg, 496-1681 ; 1789, 1870-1884. — Paris, *Berger-Levrault et C*^{ie}. 1884. In-8°. 1 fr.

— **(Major).** — Bei höheren Stäben, Kriegserlebnisse aus dem grossen Kriegsjahre. — München. 1892. In-8°. 2 m. 50 pf.

Otterstedt (Hauptmann von). — Kurze Geschichte des 7. thüringischen Infanterie-Regiments Nr. 96 und seiner Stämme. — Berlin, *Mittler*. 1885. In-8°. 50 pf.
   3e édition. Gera, *A. Nagel*. 1893. In-8°, 74 p. 50 pf. — 4e édition. Altenburg, *O. Bonde*. 1896. In-8°, 77 p. 50 pf.

Ottmann (E.). — Deutsches Heldenbuch. — Berlin, *Morgenstern*. 1875. 16 livraisons in-8°, 727 p., à 50 pf.

Otto (Pfarrer C. W.). — Gedenket an den Tag von Sedan ! Predigt. — Glauchau, *Burow*. 1877. In-8°, 11 p.

— Predigt.... am 3. August 1870 gehalten. — Glauchau (*Ackermann*). 1870. In-8°, 11 p.

— **(Fr.).** — *Voir* HÖCKER, SCHMIDT (F.) et SCHRAMM (H.).

— **(Franz) und Höcker (Oskar).** — Vaterländisches Ehrenbuch. III. Das grosse Jahr 1870. Gedenkbuch aus der Zeit des Nationalkrieges gegen Frankreich im Jahre der deutschen Einigung. Ehrentage aus Deutschlands neuester Geschichte. — Berlin, *Hertz*. 1886. In-8°, XX-474 p., ill. 6 m.

— **(F.).** — Unser Kaiser. Ein Lebensbild. — Leipzig, *Spamer*. 1887. In-8°, 104 p., ill. 60 pf.
   12e édition (populaire).

— **(Oberstlieutenant F.).** — *Voir* DARSTELLUNGEN.

— **(G.).** — Erinnerungen an die Gefangenschaft Kaiser Napoleon's III. auf Wilhelmshöhe.... verfasst im Felde 1870. — Cassel, *Gebrüder Gotthelft*. 1895. In-8°, 15 p. 30 pf.
   2e édition.

— **(Louise).** — Privatgeschichte der Weltgeschichte. V. Band. Neufranzösisch und Altdeutsches. Ein Beitrag zu den Ereignissen von 1870. — Leipzig, *Matthes*. 1870. In-8°. 3 m.

— **(Simon).** — *Voir* MAUER-ANSCHLÄGE.

Otto (Hauptmann Werner). — Geschichte des herzoglich-braunschweigischen Infanterie-Regiments Nr. 92 seit dem Eintritt in den norddeutschen Bund bis zur Jetztzeit (1867-1877). — Braunschweig, *Hafferburg*. 1878. Gr. in-8°, 437 p., cartes. 5 m. 25 pf.

Ottone (Fortunato d'). — *Voir* HOHENLOHE.

Où nous en sommes ! — Bruxelles, *Rozez*. 1871. In-8°. 60 c.

Oustinov — Voina 1870 G. Otcherki i materialy dla istoritchesk. Opisaniia. — San Peterbourg. 1870. In-8°. 2 vol.

Overbeck (Th.). — Kriegserinnerungen aus dem Jahre 1870-1871. — Harburg, *G. Elkan*. 1891. In-12, 192 p. 3 m.

Overthrow of the French Army; its prelude and its causes. — London. 1871. In-8°, 131 p. 3 sh. 6 d.

O' Zou de Verrie. — Les trois journées du Bourget. La mort du commandant Baroche. — Paris, *Rouquette*. 1871. In-12. 2 fr.

P

P*** (Algare). — Sedan et Waterloo, poème. 1re partie. — Nancy, *Grosjean*. 1874. In-8°, 131 p. 1 fr. 90 c.

P. (E.), capitaine d'état-major. — La vérité sur les causes de nos désastres. — Paris, *Dumaine*. 1871. In-8°. 1 fr. 25 c.

P. (G. von). — Die französische Mitrailleuse. Vollständig beschrieben und dargestellt in ihrer äusseren und inneren Construction. — Berlin, *Hempel*. 1870. In-8°, fig. 4 m. 50 pf.

P. (O.). — Das Gefecht bei Coulmiers am 9. November 1870. Vortrag. — Wien, *R. von Waldheim*. 1872. In-8°, 12 p., croquis.
Extrait de *Streffleur's Zeitschr.*

P. und G. (E. von). — *Voir* TAGE.

Paar (Mathilde). — Deutschland's Fürbitter. Ein vaterländisches Gedicht. — Berlin, *Luckhardt*. 1870. In-8°, 15 p.

Page (Une) d'histoire. L'Empire et la guerre de 1870. La République et le maréchal. — Paris, *Pougin*. 1876. In-8°, 8 p.

— (Une) d'histoire régionale. Révélations nouvelles... — *Voir* RÉVÉLATIONS.

Pagès (Émile). — Les sept milliards de la guerre remboursés en quarante-cinq ans, sans augmentation d'impôts; projet de conversion du 5 p. 100. — Paris, *Dentu*. 1876. In-8°, 16 p.

Paillottet. — Impressions d'un absent pendant l'invasion et la guerre civile. — Versailles. 1871. In-8°.

Paix (La) et la République. Napoléon Ier au comte de Bismarck. — Paris, *Cherbuliez*. In-8°, 31 p. 1 fr.

— (La) ou la guerre, par un officier français, blessé et évadé des mains de l'ennemi. — Bordeaux. 1871. In-8°, 12 p. 25 c.

— ou guerre. — Aix-les-Bains. Novembre 1870. In-8°, 20 p. 50 c.

Pajol (Général). — Lettre sur la bataille et la capitulation de Sedan. — Paris, *Lefebvre*. 1871. In-32, 14 p.

Palat (Commandant). — Le combat de Nuits (18 décembre 1870). — Paris, *Baudoin*. 1895. In-8°, 28 p., 1 croquis. 75 c.
Extrait du *Journal des sciences militaires*, 1894.

Palikao (Général Cousin de Montauban, comte de). — Un ministère de la guerre de vingt-quatre jours, du 10 août au 4 septembre 1870. — Paris, *Plon*. 1871. In-8°, 197 p., carte. 6 fr.

3e édition.

— *Voir* DOCUMENTS.

Palladino (A.) — *Voir* FLOURENS.

Pallet. — Souvenirs de la guerre, tableaux et impressions. — Lille. 1885. In-12.

Pall-Mall-Gazette. — *Voir* AZAMAR.

Palmberger (Pr.-Lieutenant Richard). — Geschichte des königlich-bayerischen 6. Chevaulegers-Regiments Grossfürst Konstantin Nikolajewitsch. Mannschaftsausgabe. — Amberg, *Pohl*. 1884. In-8°. 80 pf.

Panafieu (L.). — La délivrance de Paris dans huit jours et de la France dans un mois. Plan de bataille. — Paris, *chez l'auteur*. 1871. In-8°, 31 p. 50 c.

Pannier (E.). — *Voir* BAYART (H. D.).

Panorama de la défense de Paris contre les armées allemandes. Explication, précédée d'une notice historique avec carte. — Paris, *P. Dupont*. 1873. In-8°, 16 p., carte.

Panorama-Karte der deutschen Meeres-Küsten. — Berlin, *L. J. Heymann*. 1870. Chromol. in-fol.

Panzerwagen (Die französischen) 1870-1871. — *Jahrbücher*, 1er trimestre 1873.

Pape (Just.). — Wie Orleans wieder gewonnen wurde. Zehnjährige Rückerinnerungen eines Musketiers vom Dreiundachtzigsten. — Hamburg, *Herold*. 1880. In-8°, VIII-39 p. 1 m.

— Von Maintenon nach Alençon. Kriegserinnerungen eines Musketiers vom Dreiundachtzigsten. — *Ib.* 1879. In-8°, VI-138 p. 2 m.

Pape (R.). — Plan von Paris und Umgebung. — Langensalza, *Verlags-Comptoir*. 1870. Qu. fol. lith. color.

— Das deutsche Reich. Neueste Schulkarte von Deutschland in seiner Neugestaltung nach dem Frieden von Versailles. 1871. — Langensalza, *Beyer und S.* 1871. 10 pf.

— Hoffnung und Gefahr. — Hannover, *Brandes*. 1871. In-8°, 15 p.

3e édition.

Papers respecting the War between France and Prussia. I-III. (Parliamentary Papers). — London. 1870. In-4°.

Papiers et correspondance de la famille impériale. — Paris, *Imprimerie nationale*. 1871-1872. 2 vol. in-8°. 25 fr.

A paru en livraisons.
Le même. — Paris, *Garnier*, 1872. 2 vol. in-18. 6 fr. — *Voir* ENTHÜLLUNGEN.

Papiers sauvés des Tuileries, suite à la Correspondance de la famille impériale. Publiés par Robert Halt. — Paris. 1871. In-8°.

— secrets et correspondance du second Empire. Réimpression complète de l'édition de l'Imprimerie nationale annotée et augmentée de nombreuses pièces publiées à l'étranger et recueillies par A. Poulet-Malassis. — Paris, *Ghio*. 1871. In-8°, fac-simile. 6 fr.

Papot (E.). — Souvenirs d'un volontaire de 1870 ; 3° bataillon de chasseurs à pied, 10° de marche. — Châlons (Marne), *Martin*. 1871. In-8°, 32 p.

Pappstoffel (Mattges). — *Voir* LÄHM up.

Papuchon (Colonel). — Notice sur l'histoire militaire de Belfort. — Belfort, *Société belfortaine d'émulation*. 1890. In-8°.

Paquer (A.). — Les turcos de Reichshoffen, chant héroïque, musique de F. Rousserie. — Marseille, *Bec*. 1888. In-4° à 2 col.

Paquet (René). — *Voir* QUÉPAT.

Pardeillan (Capitaine P. de). — 1870-1871. Chevauchées prussiennes du Rhin à la Manche. — Paris, *Dentu*. 1894. In-18 j. 3 fr. 50 c.

Journaux de marche d'officiers allemands analysés et annotés.

— *Voir* NICOT.

Parij i evo okrestnosti s oukrepleniami. — San Peterbourg. 1870.

Paris et ses fortifications avec le numéro des bastions et des secteurs, gravé par Erhard. — Paris, *Monrocq, G. Pierotti*. 1870.

— ses moyens de défense et les attaques auxquelles cette capitale peut être exposée. — Paris. 1870.

— Drei Stunden im Umkreis. — Freiburg, *Herder*. 1871. In-4°. 60 pf.

— als Waffenplatz. Plan von Paris und seinen Festungswerken. — Leipzig, *Brockhaus*. 1870. In-fol. 25 pf.

— mit Umgebung und den Festungswerken. — Breslau, *Gebhardi*. 1870. In-fol.

— Le même. — Nürnberg, *Richter und Kappler*. 1870. In-fol.

— Gedurende het beleg van 1870 (Uit het Fransch). — Haarlem. 1871. In-8°, 150 p., 5 pl. 1 fl. 50 cts.

— during the siege, and a history of the Rise and Fall of the Commune. By a Resident. — London. 1872. In-8°, 440 p.

Paris-Berlin 1870. — Bruxelles, *Muquardt*. 1870. In-8°, 39 p.

Paris-Journal. — *Voir* CHRONIQUE.

Parmentier fusillé par les Prussiens à Amiens le 4 février 1871. — Amiens, *Caron*. 1872. In-12, 22 p.

Paroles d'adieu aux Français internés en Suisse en février 1871. — Niort. 1871. In-8°, 7 p.

Parrot (Lieutenant). — *Voir* LEPAGE.

Pascal (E.) — Journal d'un petit Parisien pendant le siège de 1870-1871. — Paris, *Picard et Kaan*. 1893. In-8°, 332 p., ill. 5 fr. 50 c.

Pasteur (L.). — Une correspondance entre un savant français et un savant prussien pendant la guerre, M. Pasteur, membre de l'Institut de France, et M. Naumann, doyen de la Faculté de Bonn. — Paris, *Gauthier-Villars*. 1872. In-8°, 20 p.

Pasig (Julius). — Die Erhebung Deutchlands im Jahre 1870. Lieder und Gedichte. — Zwickau, *Döbner*. 1870. In-8°, 108 p.

Passavant (G.). — Bemerkungen aus dem Gebiete der Kriegschirurgie. — Berlin, *Hirschwald*. 1871. Gr. in-8°, 58 p. 1 m. 60 pf.

Patel (P. A) — 1871 La retraite de l'armée de l'Est et l'occupation prussienne dans l'arrondissement de Pontarlier (Doubs). — Grenoble, *Prudhomme*. 1871. In-8°, 63 p.

Patenotre (Jules). — La France dégénérée. — Paris, *Lachaud*. 1871. In-12. 1 fr.

Patiens. — *Voir* MOCH.

Patorni (Lieutenant). — Neuf mois de captivité en Allemagne. — Paris, *Dutemple*. 1873. In-8°, 83 p.

Extrait de la *Revue de France*. — Voir X.

— Le même. — Paris, *Imp. du Spectateur militaire*. 1888. In-8°.

Patry (Commandant, aujourd'hui colonel). — Campagne de France, 1870-1871. Étude d'ensemble de la guerre franco-allemande de 1870-1871. — Soissons, *L. Couturier*; Paris, *Dumaine*. Gr. in-fol., 100 cartes, avec légendes. 200 fr.

Pau (Capitaine, aujourd'hui colonel). — *Voir* SCHELL.

— (Marie-Edmée). — *Voir* JOURNAL.

Paulitzky (Pr.-Lieutenant) und von **Wödtke** (Pr.-Lieutenant). — 4. Rheinisches Infanterie-Regiment Nr. 30. Geschichte des Regiments, 1815-1884. — Berlin, *Mittler*. 1884. In-8°, croquis et cartes. 12 m.

Paulus (G). — Die Cernirung von Metz im Jahre 1870. Auf Befehl der königlichen General-Inspection des Ingenieur-Corps und der Festungen unter Benutzung amtlicher Quellen bearbeitet. — Berlin, *Schneider und C°*. 1875. Gr. in-8°, IV-304 p., pl. 8 m.

Pauly (Hauptmann E.). — *Voir* BECKER.

Pavie (géomètre). — Plan de la ville de Châteaudun, du combat et de l'incendie du 18 octobre 1870. — Châteaudun, *Pouillier-Vandecaine*. 1871.

Pearson (E. Maria) and **Maclaughlin** (L. Eliz). — Our Adventures during the War of 1870. — London. 1871. In-8°, 2 vol, 782 p. 21 sh.

— Under the Red Cross. — London. 1872. In-8°, 103 p. 2 sh.

Extrait du *St-James-Magazine*.

Pécourt (L. Fr.). — Relation du combat de Villers-Bretonneux. — Villers-Bretonneux, *chez l'auteur*. 1872. In-8°, 16 p., carte, pl. 75 c.

Pederzani-Weber (J.). — Die Belagerung von Strassburg. Erlebnisse eines deutschen Schülers im Jahre 1870. — Leipzig, *Volkening und Co.* 1895. In-8°, 134 p., ill. 10 m.

Peigné (Abbé). — Dix jours en mission à travers les lignes prussiennes; décembre 1870 et janvier 1871. Épisode de l'évasion du général de Charette. — Nantes. 1871.

Pein (Colonel T.). — Réveil de la mobile. — Châlons (Marne), *Le Roy*. 1871. In-12. 23 p.

— Armée française. A quelque chose malheur est bon. — *Ib*. 1871. In-8°.

Pelchrzim (Th. von). — Charakterzüge und Einzelthaten preussischer Krieger während der glorreichen Feldzüge 1864, 1866, 1870-1871.... — Schweidnitz (*Kaiser*). 1877. Gr. in-8°, 44 p. 60 pf.
Nouvelle édition. 1893. 50 pf.

Pellet (Aug.). — Souvenirs de la guerre. Tableaux et impressions. — Lille. 1885. In-8°.

Pelletan (Camille). — *Voir* ALLENET.

— **(Eugène).** — Le 4 septembre devant l'enquête parlementaire. — Paris, *Pagnerre*. 1874. In-18, 343 p. 3 fr.

Pellion (Pierre). — Histoire du maréchal de Mac-Mahon, président de la République française. — Paris. 1875. In-8°. 5 fr. 50 c.

Pellissier (Général Victor). — Lettres à M. le général Bordone, ex-chef d'état-major général de l'armée des Vosges. — Versailles, *Beaugrand et Dax*. 1873. In-8°, 8 p.

— Les mobilisés de Saône-et-Loire en 1870. — Mâcon, *Protat*. 1879. In-8°, 150 p.
Armée des Vosges.

Peltier (G.). — L'ambulance n° 5. — Paris, *Delahaye*. 1871. In-8°.
Siège de Paris.

Peltzer (Doctor, Stalsarzt M.). — Die deutschen Sanitätszüge und der Dienst als Etappenarzt im Kriege gegen Frankreich. — Berlin, *Hirschwald*. 1872. Gr. in-8°, 117 p., fig. 2 m. 40 pf.

Pendant l'armistice. Dernière protestation d'un Strasbourgeois. — Genève, *F. Richard*. 1871. In-8°, 15 p. 50 c.

[**Penhoat (Amiral du)**]. — Armée de l'Est. Journal des marches et combats de la 2e division du 18e corps. — Cherbourg, *Bedelfontaine et Syffert*. 1871. In-8°, 124 p.

Pennassi (L.). — L'armée des Vosges et ses détracteurs. — Lyon, *Regard*. 1871. In-8°, 30 p. 50 c.

Per aspera ad astra. Leben, Wirken und Heimgang weiland seiner königlichen Hoheit Friedrich Franz II., regierender Grossherzog von Mecklenburg. — Schwerin, *Stiller*. 1883. In-8°, 141 p. 2 m. 50 pf.

2ᵉ édition.

Perchet (Capitaine Charles). — Les Prussiens en Bourgogne. Assassinat de l'ambulance française, épisode de la bataille d'Hauteville, près Dijon [21 janvier 1871]. — Dijon, *Demeurat*. 1872. In-18. 40 c.

— Les Prussiens en Bourgogne. Un homme brûlé vif. Épisode du château de Pouilly, près Dijon [23 janvier 1871]. — *Ib.* 1872. In-18, 16 p. 40 c.

— **(E.).** — Épisode de la guerre franco-allemande. Destruction du pont de Pesmes (1870). — Gray, imp. *Bouffaut*. 1890. In-8°, 28 p.

Perdita avvenuta nell' esercito tedesco nell' ultima guerra. — *Rivista marittima*, 1872, t. 1ᵉʳ, p. 212.

Périer (Commandant). — Voir PINELLI.

Périlhou (L. J.). — L'Europe russo-prussienne. — Bruxelles, *Rozez*; Paris, *Taride*. 1871. In-8°. 75 c.

Périmon (A.). — Les adieux de la France à ses deux filles d'Alsace-Lorraine (poésie). — Paris, *Moquet*. 1873. In-8°. 1 fr. 50 c.

Périn (Georges), général au titre auxiliaire. — Le camp de Toulouse. Lettre à M. de Rességuier, député du Gers, rapporteur de la commission d'enquête sur les actes du gouvernement de la Défense nationale. — Paris, *Le Chevalier*. 1873. In-8°, 72 p. 1 fr.

Péronne (Le siège de) en 1870. — *Revue militaire française*, juillet 1875.

Perraud (Le R. P. A.). — Les paroles de l'heure présente, 1870 et 1871. — Paris, *Le Clère*. 1872. In-12, 496 p. 3 fr.

— Les blessures de la France. Discours prononcé à Saint-Augustin le 25 février 1872, en faveur de la Société de secours aux paysans français ruinés par la guerre. — Paris, *Douniol*. 1872. In-8°, 41 p.

Perre de Roo (V. la). — La poste par pigeons-voyageurs pendant le siège de Paris (1870-1871). — Paris, *Martinet*. 1873. In-8°, 52 p.

Extrait du *Bulletin de la Société d'acclimatation*.

Perreau (Lieutenant J.). — Historique du 104ᵉ régiment d'infanterie de ligne. — Paris, *Charles-Lavauzelle*. 1887. In-16, 161 p. 3 fr.

— Historique du 28ᵉ bataillon de chasseurs à pied, bataillon alpin. — Lyon, *Palud*. 1890. In-8°, 71 p. 1 fr.

Perrin (Albert). — Lettre politique. La guerre. L'empire de Gerolstein. Bazaine. Metz. La République. — Montbrison. 1871. In-8°, 28 p.

Perroncel (P.). — Mémoires d'un ex-cuirassier de Reichshoffen. — Lyon, *Carrud.* 1892. In-8°, 52 p. 1 fr.

Perronnet (Mme Amélie). — Monsieur et Madame, épisode de la guerre (vers). — Paris, *Dentu.* 1872. Pet. in-8°. 1 fr.

Perrot (L. de). — Trois semaines à Paris, Metz et Belfort, au point de vue militaire, en mars 1871. — Neuchâtel, *J. Sandoz.* 1870-1871. In-8°. 1 fr. 50 c.

— (Député M.). — *Voir* Actes, Garibaldi.

— Garibaldi et la campagne de l'Est en 1870-1871. Extrait du rapport officiel présenté à l'Assemblée nationale à la séance du 22 décembre 1872. — Montbéliard. 1875. In-12, 84 p.

— Rapport fait au nom de la commission d'enquête.... Examen au point de vue militaire.... Expédition de l'Est. — Montbéliard. 1875. In-12, 330 p. 1 fr. 25 c.

Perry Biagioli (Antonine). — La levée d'octobre 1870 (vers). — Paris, *Lachaud.* 1878. In-16. 1 fr.

Perseveranza (La). — *Voir* Assedio.

Persigny (Mémoires du duc de), publiés par M. H. de Laire, comte d'Espagny. — Paris, *Plon.* 1896. In-8°. 7 fr. 50 c.

Préliminaires de la guerre.

Pertus (Casimir). — La guerre, souvenirs et ressentiments [vers]. 1re partie. L'épopée impériale. 2e partie. L'épopée nationale. — Paris, *Degorce-Cadot.* 1873-1874. In-12, XVIII-180, 176 p. 4 fr.

Peschel (H.). — Lieder aus dem Jahre 1870. — Schkeuditz, *Elzle.* 1871. In-8°, 16 p.

Pescatorini (P.). — La liberté et les armées, morale tirée de la guerre franco-allemande. — Napoli. 1871. In-16, 162 p. 1 l. 60 c.

Pessard (Hector). — Souvenirs d'un journaliste [1870]. — Paris, *Revue politique et littéraire,* 9 mars 1887.

— et **Wachter** (O.). — La guerre de 1870-1871, histoire politique et militaire. — Paris, *Lachaud.* 1873. 2 vol. gr. in-8°, ill., 810 p. 15 fr.

Pétavel (Emm.). — Lettre à S. M. le roi de Prusse, par un ministre protestant. — Bruxelles, *Decq.* 1871. In-8°.

2e édition.

Peter (Diac. Doctor C.). — « Lasset uns hören, was Gott der Herr zu uns redet ! » Predigt am 5. März 1871. — Dresden, *Burdach.* 1871. Gr. in-8°, 12 p.

Petermann (A.). — Das General-Gouvernement Elsass. Mit einer Karte. — Gotha, *J. Perthes.* 1870. In-4°, 3 p.

Extrait des *Geographische Mittheilungen.*

Petermann (K.). — Der deutsch-französische Krieg in den Jahren 1870 und 1871. Dem deutschen Volke und seiner Jugend gewidmet. — Leipzig, *Klinkhardt*. 1872. In-8°, VIII-174 p. 1 m. 20 pf.

— (Pr.-Lieutenant). — Geschichte des Infanterie-Regiments Kaiser Wilhelm König von Preussen (1. württembergisches) Nr. 120. — Stuttgart, *Kohlhammer*. 1890. In-8°, 103 p., 2 cartes. 1 m. 50 pf.

— (Hauptmann). — Geschichte des Colbergschen Grenadier-Regiments Graf Gneisenau (2. Pommersches) Nr. 9, 1847-1889. — Berlin, *Mittler*. 1890. In-8°, portr., cartes, plans. 8 m. 50 pf.

— Spezial-Karte von der deutschen Grenze bis Paris. — Gotha, *J. Perthes*. 1870. In-fol.

— Plan von Metz und Umgegend. — *Ib*. 1870. In-4°.

Petersen (Doctor August). — Unsere Siegesfreude. Predigt... am 14. September 1870 gehalten. — Gotha, *F. A. Perthes*. 1870. In-8°.

— (Fr. Karl). — Genrebilder aus dem modernen Babel. — Stuttgart, *Kröner*. 1870. In-8°, IV-252 p. 2 m.

Petit (Commandant). — Guerre de 1870-1871; le 4e bataillon de la mobile du Cher. — Bourges, *Jollet*. 1872. In-12, 120 p.

— (D.). — Ma carte de visite. Souvenir de l'ambulance du Midi. — Marseille. 1872. In-12, 16 p.

— (G. Albert). — Le gouvernement de septembre devant l'opinion. — Paris, *Librairie générale*. 1871. In-8°, 78 p. 1 fr.

Petitbien. — Quelques réflexions sur les dommages causés par l'invasion. — Lunéville. 1874. In-4°, 17 p.

Pétrequin (L.). — Souvenir de campagne d'un mobile lyonnais. — Lyon, *Regard*. 1871. In-8°, 72 p.

Petsch (W.). — Unser Fritz. Kronprinz Friedrich Wilhelms.... Leben und Thaten. — Bielefeld, *Velhagen und Klasing*. 1874. In-8°, 216 p. 3 m. 2e édition.

— Helmuth Graf Moltke. Ein Lebensbild. — *Ib*. 1874. In-8°, 195 p. 3 m.

— Der eiserne Prinz. Prinz Friedrich Karls von Preussen Leben und Thaten. — *Ib*. 1873. In-8°, 212 p. 3 m.

— Kaiser Wilhelm der Siegreiche. Sein Leben und seine Thaten. — *Ib*. 1874. In-8°, 258 p. 4 m.

— Des deutschen Knaben Friedrich Wilhelm Schulze Fahrten und Abenteuer im Kriege gegen Frankreich. — *Ib*. 1872. In-8°, 216 p. 3 m. 2e édition. 1874. 258 p. 4 m.

Petzholdt. — Das militärische aus dem Leben des Königs Johann von Sachsen.... — Dresden, *R. von Zahn*. 1881. In-8°, 69 p., portr.

Peyramale (Alex.). — Lettres politiques rimées au prince de Bismarck et à l'empereur Guillaume. — Bordeaux, *imp. Delmas*. 1893. In-8°. 75 c.

Pezet de Corval (Stabsarzt, Doctor H.). — Die erste Hülfe bei Verletzungen und sonstigen Unglücksfällen. — Karlsruhe, *Geggus*. 1870. Gr. in-16, 60 p., 3 pl.

Pfaff (Doctor Professor Adam). — La grande nation in ihren Reden und Thaten vom Anfang bis Ende des Krieges verglichen mit den Thaten und Reden des deutschen Volkes. — Cassel, *Kay*. 1872. In-8°, xi-906 p. 9 m.

Pfeffer (Hauptmann). — Eine Skizze aus der Geschichte des königlich-bayerischen 15. Infanterie-Regiments (König Albert von Sachsen). — Neuburg a. D., *Griessmayer*. 1885. In-8°, 124 p., portr. 40 pf.

— Abriss der Geschichte des königlich-bayerischen 15. Infanterie-Regiments König Albert von Sachsen, 1722-1889. — *Ib*. 1890. In-8°. 60 pf.

Pferd (Das) des Generals Faidherbe im Feldzuge 1870-1871. — *Allgemeine Militär-Zeitung*, nos 99-102, 1887.

Dû au capitaine Zernin.

Pfister (Hauptmann Alb.). — Geschichte des Grenadier-Regiments Königin Olga (1. württembergisches) Nr. 119, für die Unterofiziere und Soldaten. — Stuttgart, *Kirn*. 1875. In-8°. 40 pf.

— (Major Albrecht). — Kaiser Wilhelm I. Sein Leben und Wirken. — Stuttgart, *Koblhammer*. 1888. In-8°, vii-242 p. 1 m.

4ᵉ édition.

— (Prof. Ch.). — La limite de la langue française et de la langue allemande en Alsace-Lorraine. Considérations historiques. — Paris et Nancy, *Berger-Levrault et Cⁱᵉ*. 1890. In-8°. 1 fr. 50 c.

Extrait du *Bulletin de la Société de géographie de l'Est*.

— (Major). — Das Infanterie-Regiment Kaiser Wilhelm, König von Preussen (2. württembergisches) Nr. 120. — Stuttgart, *Metzler*. 1881. Gr. in-8°. 4 m.

— (Hauptmann Hermann von). — Das französische Heerwesen von 1865-1870 in seiner geschichtlichen Entwickelung als Vorstudium des deutsch-französischen Krieges. — Leipzig, *Luckhardt*. 1872. In-8°. 8 m. 50 pf.

— Die französischen und preussischen Bataillone im Spiegel ihrer elementär-taktischen Fechtweise. — Berlin. 1870. In-8°, 29 p. 60 pf.

Pfleiderer (Edm.). — Erinnerungen und Erfahrungen eines Feldpredigers aus dem Kriege des Jahres 1870-1871. — Stuttgart, *Kirn*. 1874. Gr. in-8°, 111 p.

— Erlebnisse eines Feldgeistlichen im Kriege 1870-1871. — München, *Beck*. 1890. In-8°, 267 p. 2 m. 25 pf.

Pfleiderer (Edm.). — Zwei Festpredigten, gehalten zu Champs vor Paris am Neujahrsfest und am 22. Januar 1871 zur Feier der Wiederaufrichtung des deutschen Kaiserthrons. — Tübingen, *Fues*. 1871. In-8°, 18 p. 20 pf.

— Zwei Feldpredigten, gehalten im Park von Cœuilly und im Schloss-Park von Pontault. — *Ib.* 1870. In-8°, 18 p. 20 pf.
_{4° édition.}

— (O.). — Worte gesprochen in der Dank-Betstunde am Abend des 3. September 1870. — Jena, *Dœbereiner*. 1870. In-8°, 4 p.

— Zeitpredigt am Erntefest, zugleich Fest aller Deutschen (18. Oktober-Feier). — *Ib.* 1870. In-8°, 16 p.

Pfister-Schwaighusen (H. von). — Deutsche und französische Kriegführung von 1870-1871. — *Deutsche Heeres-Zeitung*, 1895, n°s 80-82.

Pflugk-Harttung (Prof. Doct. J. von). — Krieg und Sieg 1870-1871. Herausgegeben unter Mitwirkung von Major W. Wigge, General-Lieutenant von Boguslawski, Oberst G. Cardinal von Widdern. — Berlin, *Schall und Grund*. 1895. In-4°, xi-690 p., ill. 6 m.

Pflugradt (Pr.-Lieutenant). — Geschichte des Pommerschen Jäger-Bataillons Nr. 2 von seiner Errichtung im Jahre 1821 bis 1881. — Berlin, *Mittler*. 1881. Gr. in-8°. 1 m. 50 pf.

Phalsbourg, Neuf-Brisach, Schlestadt, Lichtenberg und La Petite-Pierre (Notizen über die Einnahme von). — *Archiv*, 1872, 7° fascicule.

Pharaon (Florian). — Nos soldats d'Afrique (spahis, turcos et goumiers). — Paris, *Challamel*. 1871. In-18.

Philebert (Général). — Vie du général Margueritte. — Paris, *Bureaux du Spectateur militaire*. 1882. In-8°, portr.
_{Extrait du *Spectateur militaire*.}

Philibert (de Tournus). — Guerre de 1870-1871. Récit d'un évadé d'Allemagne. — Paris, *Chapelliez*. 1888. In-18, 224 p. 3 fr.
_{Armée du Rhin, Wesel.}

Philippe (Capitaine, aujourd'hui général). — La télégraphie aux armées. — Paris, *Dumaine*. 1874. In-8°, 67 p.
_{Extrait du *Journal des Sciences militaires*, février-mars 1873.}

Philippi (F.). — Die Berechtigung des Krieges. Predigt. — Rostow, *Stiller*. 1870. In-8°, 15 p.

Philippson (Mart.). — Friedrich III. als Kronprinz und Kaiser. — Berlin, *G. Grote*. 1892. In-8°, viii-310 p. 6 m.

Photographie (Die) in den Kriegsjahren 1870-1871. — *Allgemeine Mil.-Zeit.*, 1895, n° 90.

Picard (Capitaine L.). — Leçons d'histoire et de géographie militaires avec atlas de croquis (1854-1886). 1re partie : guerre franco-allemande de 1870-1871. — Saumur, *Milon fils*. 1887. In-8°, 411 p. 6 fr.

Pichereau (F). — Comment le maréchal Bazaine apprit la marche enveloppante des Allemands sur Metz. — *Samedi-Revue*, 12 janvier 1889.

— Réponse à M. Nigra. — *Le Figaro*, 20 mars 1895.
  L'Alliance italienne en 1870.

Pichler (A.). — Deutsche Tage. Zeitgedichte aus Tirol. — Berlin, *Lipperheide*. 1870. In-16, 23 p.

Pichon (Ludovic). — Les mobiles du 90e département. — Paris, *Lachaud*. 1871. In-12, 120 p. 2 fr.
  Nouvelle édition sous le titre : *Le 101e mobiles*. — Paris, *Manginot*. 1874. In-12 1 fr.

Picot (Georges). — Les fortifications de Paris. Vauban et le gouvernement parlementaire. — Paris, *Librairie générale*. 1870. In-8°, 36 p.

Pictures from Paris in War and Siege. By an American Lady. — London. 1871. In-8°, 314 p. 7 sh. 6 d.

Piédagnel (Alexandre). — Les ambulances de Paris pendant le siège, 1870-1871. — Paris, *Librairie générale*. 1871. In-8°. 2 fr.

Piérart (Z. J.). — Les batailles de la Marne en novembre et décembre 1870. — Paris, *Sagnier*. 1875. In-8°, 60 p. 1 fr.

Pierné (G.). — Nuit de Noël (1870), épisode lyrique, poème de M. E. Morand. — Paris. 1896.

Piéron (Lieutenant). — Histoire d'un régiment. La 32e demi-brigade (1775-1890). — Paris, *Le Vasseur*. 1892. In-4°, XXIII-384 p., ill.

Pierotti (Commandant E.), de l'armée italienne. — Rapports militaires officiels du siège de Paris de 1870-1871. — Paris, *J. Cherbuliez*. 1871. In-12, carte et pl. 3 fr. 50 c.

Pierron (Général). — Les méthodes de guerre actuelles et vers la fin du XIXe siècle. — Paris, *Baudoin*. 1886-1895. In-8°. Tome Ier. 1re partie. 7 fr. 2e partie. 6 fr. 50 c. 3e partie. 8 fr. 50 c.
  Une 2e édition de ces 3 parties a paru en 1886, 1889, 1895. — Le tome II n'a pas paru.
  Tome III. Ire et 2e parties, 2 vol. 1881. 10 fr.
  Tome IV. Ire partie (seule parue). 1895. 650 p., fig., pl. 9 fr.

— Stratégie et grande tactique, d'après l'expérience des dernières guerres. — Paris et Nancy, *Berger-Levrault et Cie*. 4 vol. gr. in-8° avec fig. et pl.
  1887. T. I. 656 p., fig., pl. 10 fr.
  1890. T. II. 826 p , fig., 23 pl. 15 fr.
  1893. T. III. 600 p., fig., pl. 10 fr.
  1896. T. IV. 718 p., fig., pl. 10 fr.

Pierrot (Ph.) et **Simon** (N.). — Montmédy en 1870-1871. Siège, bombardement, occupation. — Paris, *Tanera*. 1873-1875. 2 vol. in-8°, 408 p., pl., en 6 livr. à 1 fr.

Pietrowski (Doctor Stanislas). — La guerre et la Société de secours aux blessés militaires des armées de terre et de mer. — Paris, *Dentu*. 1870. In-8°. 1 fr.

— Campagne de 1870-1871. Armée de Sedan, armée de la Loire. — Paris, *A. Chaix*. 1871. In-4°, 39 p.

Pietsch (Ludwig). — Von Berlin bis Paris. Kriegsbilder (1870-1871). — Berlin, *Jancke*. 1871. Gr. in-8°, 519 p. 4 m. 50 pf.

Pietschker (Doct. Karl). — Auf dem Siegeszuge von Berlin nach Paris. Nebst einem Anhang : das rothe Kreuz und die « Schlachtenbummler ». — Côthen, *Schettler*. 1871. Gr. in-8°, 180 p. 1 m. 50 pf.

— Auf dem Siegeszuge von Berlin nach Paris. Schlachtenbilder und biographische Silhouetten. — Potsdam, *R. Hachfeld*. 1895. In-8°, VI-368 p., portr. 5 m.

Pigeonneau (H.). — Versailles pendant le siège de Paris. — Saint-Dié, *Weick*. 1895. In-16. 1 fr.
Extrait de la *Revue des Deux-Mondes*.

Pilard (Ch.). — Le château de Bazeilles; souvenirs de 1870. — Sedan, *Laroche*. 1879. In-12. 2 fr.

Pillet. — Cause première des malheurs de la France et l'unique port de salut. Dédié au vrai roi de France. — Paris, *Sarlit*. 1873. In-18. 1 fr.

Pilmeier. — *Voir* ARMANN.

Pilz (N. O.). — Po poliam bitv i lasaretam (sur le champ de bataille et dans les lazarets) v. 1870 g. — San Peterbourg. 1871. In-8°, 230 p.

Pim (Bedf.). — War chronicle. With memoirs of the Emperor Napoleon III and the Emperor King William I. — London. 1873. In-8°, 127 p. 2 sh. 6 d.

Pimodan (Marquis de). — Les soirs de défaite. — Paris, *Calmann-Lévy*. Gr. in-18. 3 fr. 50 c.

Pinard (Ernest), ancien ministre. — Mon journal. — Paris, *Dentu*. 1892-1893. 3 vol. in-18 j., 451, 383, 275 p. 10 fr. 50 c.

Pinelli (Colonel) et **Périer** (Commandant). — Rapports sur la garde mobile de la Haute-Vienne [71e mobiles] pendant la campagne de 1870-1871. — Limoges. 1872. In-18, 95 p.
16e corps.

Pingaud (L.). — Strasbourg (1870-1871). — Besançon. 1871. In-8°, 24 p.

Pionier-Bataillon Nr. 8 (Geschichte des rheinischen). Für Unteroffiziere und Mannschaften. — Berlin, *Mittler*. 1883. In-8°. 1 m. 50 pf.

Piqué (F.). — Le siège de Paris, récit à l'usage des soldats et du peuple. — Paris. 1871.

Une traduction italienne a paru à Milan. 1871. In-36, VIII-240 p. — *Voir* Assedio.

Pirotov (N. J.). — Otchierk o posechtchenii voenno-sanitarnykh outchrejdenii v Germanii, Lotaringii i Elsase v. 1870 g. — San Petersbourg. 1871. In-8°, 151 p.

Pirscher (Hauptmann). — Aufstellung und Dislokation der Truppen des 5. Armee-Corps General der Infanterie von Kirchbach, sowie der Truppen des 2. bayerischen Armee-Corps General der Infanterie von Hartmann in der Cernirungslinie um Paris 1870-1871 bis inclusive Feldwachen und Unteroffizier-Posten. — Berlin, *Neumann*. 1871. Gr. in-4°, 31 p., 2 cartes. 3 m.

— Croquis des vom 5. Armee-Corps in der Einschliessungslinie um Paris besetzten und befestigten Terrain-Abschnitts, auch der Batterien und Sicherungs-Arbeiten zur Beschiessung der Süd-Forts und Süd-Fronten dieser Festung. — Berlin, *Neumann*. 1871. 1/20,000. Imp. in-fol. 1 m. 20 pf.

Pisson (Charles). — Patrie, souvenirs de 1870-1873. — Le Cateau, *Samaden*. 1877. In-8°, 295 p., grav. 6 fr.

Pissot (Docteur Léon). — Le 29e régiment de mobiles (Maine-et-Loire) pendant les campagnes de la Loire et de l'Est. — Angers, *Lachèse, Belleuvre et Dolbeau*. 1873. In-8°, 94 p.

Pitard (P.). — Garde mobile de l'Orne, 4e bataillon, campagne de 1870-1871. — Mortagne, *Daupeley frères*. 1872. In-18°, 124 p. 1 fr. 25 c.

Pitawall (E.). — Die Bluttaufe der deutschen Einheit im Jahre 1870 oder französischer Uebermuth und deutsche Tapferkeit. — Berlin, *Grosse*. 1870. Gr. in-8°, en livraisons à 48 p.

Pitollet. — Historique du 138e régiment d'infanterie. — Paris, *Charles-Lavauzelle*. 1895. In-18, 64 p. 1 fr.

Place (Ancien consul). — Mémoire pour M. Hector Chauviteau. Affaire relative aux armes expédiées en 1870 au gouvernement français. — Paris. 1872. Gr. in-8°.

— (Capitaine R. de). — Historique du 12e cuirassiers (ex-cuirassiers de la garde) 1668-1888. — Paris, *Lahure*. 1889. In-8°, II-219 p., ill. 10 fr.

Plan de la redoute de Bellevue à la fin du siège. — Paris, *Monrocq*. 1871.

— der Befestigungswerke von Paris. — Berlin, *T. Thiele*. 1870. In-fol.

— von Paris. — Cleve, *Knipping*. 1870. In-fol.

Plan von Paris. — Weimar, *Geographisches Institut.* 1870. In-fol.

— von Paris und Umgebung. — Wien, *Lechner.* 1870. 1/49,240. In-fol.

— von Paris und Umgebung. — Zwickau, *Werner.* 1870. In-fol.

— von Paris, seiner Umgebung und Befestigung. — Braunschweig. 1870. In-fol.

— von Paris aus der Vogelperspective. — Münster (*Espagne*). 1871. Gr. qu. fol. lith.

— von Paris. (Aus *Zur Geschichte der Belagerung von Belfort und Paris,* von Gustav Graf von Geldern.) — Wien, *Seidel.* 1872. 1/25,000. 4 feuilles. Chromol., gr. in-fol. 4 m.

— von Paris. — Wien, *Seidel.* 1872. In-fol., 4 feuilles. 4 m.

— der Gefechtsfelder der 2. Garde-Infanterie-Division am 30. Oktober und 21. December 1870. — Berlin, *Schropp.* 1871. Gr. in-fol., lith. color. 50 pf.

— der Inundation im Bereiche des Cernirungs-Rayons der 2. Garde-Infanterie-Division während der Belagerung von Paris. — *Ib.* 1871. 2 feuilles in-fol., lith. color. 2 m.

— de la ville de Strasbourg, d'après le plan général, dressé par J. N. Villot. — Strasbourg, *Vve Berger-Levrault et fils.* 1870. In-fol., lith. col. 1 fr.

— Le même. Mit Angabe des zerstörten Theiles. — *Ib.* 80 pf.

— de Metz... Procès du maréchal Bazaine. — Paris, *Delagrave.* 1873.

— von Metz und Umgebung. — Leipzig, *Serbe.* 1870. 1/50,000. In-fol.

— von Paris und Umgebung. — *Ib.* 1870. 1/100,000. In-16.

— von Strassburg. — *Ib.* 1870. 1/50,000. In-16.

— der Siegestrasse beim Einzuge Kaiser Wilhelms mit dem deutschen Heere. — Breslau, *Hoffmann.* 1871. In-fol. 25 pf.

— von Metz. — Metz, *Deutsche Buchhandlung.* 1875. In-fol. 80 pf.
3e édition.

— srajenii pri Bomone i Sedane 30 avgousta i 1 senptiabria 1870 g. — San Peterbourg. 1870.

— oukreplenii Parija. — San Peterbourg. 1870.

— der Stadt Strassburg nebst Umgegend. — Mannheim, *Bensheimer.* 1873. In-fol. 75 pf.

— der Stadt Strassburg. — Strasbourg, *Schulz und Co.* 1874. In-4°. 40 pf.

— der Stadt Strassburg mit Uebersichts-Plan der nächsten Umgebung. — Strasbourg, *Seitz und M.* 1873. In-fol. 2 m. 40 pf.

— von Weissenburg und Umgebung. — Leipzig, *Serbe.* 1870. 1/100,000. In-16.

Plançon (A.). — Sedan. Bazeilles. Une excursion aux champs de bataille. — Paris, *Lecène et Oudin*. 1888. In-8º, 95 p. 35 c.

Plancy (Baron de). — Souvenirs et Indiscrétions d'un Disparu (1815-1891). — Paris, *Ollendorff*. 1891. In-18. 3 fr. 50 c.

Pläne (Die) der Generale Ducrot und Wimpffen während der Schlacht bei Sedan. — *Streffleur's*, juillet 1884.

Planitz (E. von der). — Der Dragoner von Gravelotte. Ein Reiterlied. — München, *Schweitzer*. 1887. In-8º, 396 p.
3º édition.

— Neu-Deutschland's Heldenbuch. Epopen-Cyclus eines fahrenden Sängers. 1. Stück. Der Dragoner von Gravelotte. — München, *Palm*. 1886. In-8º, 396 p. 8 m.

Planken (G.). — Wilhelm I. und Friedrich III. Der ersten deutschen Kaiser Leben, Wirken, Leiden.... — Crefeld (*Kramer*). 1888. In-8º, 124 p. 1 m. 25 pf.

Plantadis. — Les mobiles de la Corrèze pendant la guerre de 1870-1871. — Tulle. 1886.

Plantié (Eugène). — *Voir* GAMBETTA.

Plantier (Mgr). — Enseignements et consolations attachés à nos derniers désastres. — Paris, *Palmé*. 1872. In-12. 2 fr.
Voir LETTRES, LETTRES.

Plat (Du). — *Voir* GUSSMANN.

Platon de Waxel. — L'armée d'invasion et la population, leurs rapports pendant la guerre étudiés au point de vue du droit des gens naturel. — Leipzig. 1874. In-8º.

Plaza (Emm. de). — La Dévorante. Chroniques parisiennes (1870-1873). — Paris, *Lachaud*. 1873. In-18. 2 fr. 50 c.

Plât-Saint-Ange. — 1870-1871. Défense de Paris. — Paris. 1871. In-8º, 24 p.

Plonnies (Major W. von). — *Voir* IMMORTELLEN.

Pocken (Die) bei den deutschen Heeren im Kriege gegen Frankreich 1870-1871 unter Berücksichtigung der entsprechenden Verhältnisse bei den französischen Armeen, bei den kriegsgefangenen Franzosen und bei der Civilbevölkerung der kriegführenden Staaten. — Berlin, *Mittler*. 1887. In-8º, grav., cartes. 18 m.
Extrait du *Sanitäts-Bericht über die deutschen Heere*.

Pöhlmann (A.). — Kriegs- und Siegesklänge aus Eisenach. — Eisenach, *Baerecke*. 1871. In-16, 16 p. 20 pf.

Pohler (Doctor Johs.). — Bibliotheca historico-militaris. Systematische Uebersicht der Erscheinungen aller Sprachen auf dem Gebiete der Geschichte der Kriege und der Kriegswissenschaft seit Erfindung der Buchdruckerkunst bis zum Schluss des Jahres 1880. — Cassel, *Kessler*. 1887-1895. Gr. in-8º, XVII-619, X-867, VI-773 p. 22 m. 50 pf., 32 m. 50 pf., 30 m.

A paru en 5 livraisons.

— Abdruck aus der Bibliotheca historico-militaris. Die Literatur der wichtigsten deutschen und preussischen Kriege des 19. Jahrhunderts. — *Ib.* 1890. In-8º, 212 p. 6 m.

Pohlmann (W.). — Sedanlieder. — Leipzig, *Wartig*. 1878. In-16, 96 p. 1 m.

Poignet (Const.). — Souvenirs du siège de Paris. Rôle de la garde nationale. — Paris. 1871. In-8º, 31 p.

Point (Un) d'histoire contemporaine. La journée du 4 septembre. Histoire des faits qui l'ont précédée, amenée et suivie. — Bruxelles, *Lelong*. 1871. In-12. 75 c.

Poinsot (A. E.). — *Voir* HEYLLI.

Pointu (Jules). — Histoire de la chute de l'Empire, 6 juillet-4 septembre 1870. — Paris, *Le Chevalier*. 1874. In-18, 232 p. 2 fr.

Poiret (Jules). — La coupable, ouvrage dédié à MM. les membres du gouvernement de la Défense nationale, excepté Rochefort et Trochu. — Paris. 1871. In-12.

Poisle-Desgranges (J.). — Pendant l'orage, poèmes nationaux et historiques. — Paris, *Lemerre*. 1871. In-18 j., 78 p. 2 fr.

Poitevin (Capitaine). — Historique du 16e régiment d'infanterie. — Paris, *Baudoin*. 1888. In-8º. 5 fr. 50 c.

Polin (L. de). — I'...nement des cours d'eau; du rôle qu'aurait pu jouer une flottille cuirassée pendant les derniers mois de l'année 1870. — Bayonne. 1871. In-8º, 19 p.

Politik (Die friedfertige) der Regierung Preussens gegenüber Frankreich vor dem Ausbruch des deutsch-französischen Krieges. — Hamburg, *Graedenez*. 1871. In-8º, 78 p. 1 m.

Politique (La) prussienne d'après Frédéric II. — Paris, *Dentu*. 1871. Gr. in-8º. 1 fr.

Polko (Elise) — Aus dem Jahre 1870. Briefblätter und Skizzen Salon-Ausgabe mit Aquarellen.... — Ratibor, *Wichura*. 1873. In-4º, 242 p. 18 m.

Pollet (Auguste), de la Bassée, membre du Caveau. — Souvenirs de guerre, poème français. — Lille, *Robbe*. 1875. In-8º, 140 p. 2 fr.

Pollits (W.). — Uenner de suldaten. Biller ut de Kriegstid van 1870 in twee Deel. 1. Deel. Bit tum Utmarsch. — Friedrichstadt (Altona, *Harder*). 1878. In-16, 155 p. 2 m.

Polstorff (J. F. T.). — Predigt vom wahren Frieden, gehalten am 5. März 1871. — Güstrow, *Opitz und Co.* Gr. in-8°, 16 p.

Poncet (Médecin-major F.). — Siège de Strasbourg (1870). Hôpital militaire, service de la première direction des blessés. — Montpellier, *Boehm*. 1872. In-8°, 83 p.

Extrait du *Montpellier médical*.

Ponchalon (Colonel H. de) — Souvenirs de guerre (1870-1871). — Paris, *Charles-Lavauzelle*. 1893. In-18, 306 p. 3 fr. 50 c.

30° de ligne, 23° de marche, 111° de ligne.

— Erinnerungen an den Krieg 1870-1871. — *Neue mil. Blätter*, juillet 1893-janvier 1894.

Poninska (Gräfin von). — *Voir* EHRENDENKMAL, REFLEXIONEN, UEBER DAS MOTIV.

Ponsinet (Paul). — La télégraphie militaire, son rôle pendant le siège de Paris. Projet d'organisation. — Paris, *Dumaine, Dentu*. 1871. In-8°. 1 fr.

Pont-Jest (René de). — La campagne de la mer du Nord et de la Baltique. 8 articles du *Moniteur universel* (1870-1871). — Bremen, *Heyse*. 1871. Gr. in-8°. 3 fr.

— Die Campagne von 1870 in der Nord- und Ostsee. Aus dem französischen von einem deutschen Seeoffizier. — *Ib*. 1871. Gr. in-8°, III-76 p., carte. 2 m. 40 pf.

— Les expéditions françaises dans la mer du Nord et la Baltique. Campagne de 1870. — Paris. 1871. In-8°.

Voir PROCÈS.

Pontmartin (A. de). — Cent jours à Cannes pendant les deux sièges. — *Le Correspondant*. 1871.

— Lettres d'un intercepté. — Paris, *Hachette*. 1871. In-12. 2 fr. 50 c.

Voir SUMNER.

Poolmann (Emil). — Artilleristische Briefe zu der Broschüre von Robert Becker: die Erfolge der preussischen Feld-Artillerie 1870-1871. (*Militär. Zeit- und Streitfragen.*) — Leipzig, *Luckhardt*. 1872. In-8°, 64 p. 1 m. 20 pf.

Poppe (Franz). — Deutschlands Heldenkampf 1870 und 1871 in Bildern für das Volk, das Heer und die Jugend. — Oldenburg, *Schulze*. 1872-1873. Gr. in-8°, IV-284 p., ill., cartes et plans. 2 m. 40 pf.

Porbeck (Von). — *Voir* ASBRANDT.

Porié (Isa). — *Voir* HARRY-HARRY.

Porro (P.). — Alcune parole sull' esercito del Reno nel 1870 e sul processo Bazaine. — Milano, Padova. 1874. In-12, 80 p. 1 l.

Portig (Diac. Doctor A.). — Predigt. — Altenburg, *Schnuphase*. 1870. Gr. in-8º, 14 p.

Portrait-Album aus dem deutsch-französischen Kriege 1870-1871. — Stuttgart, *G. Weise*. 1872. In-fol., 20 pl.

Position des armées devant la Bourgonce et Nompatelize, le 16 octobre 1870, entre 11 heures et midi. — Nancy, *L. Christophe*. 1873.

Post (Die Ballon-, Brieftauben-) während der Belagerung von Paris 1870-1871. — *Neue militärische Blätter*, octobre 1887.

Postillon (Le) de la paix et de la guerre, almanach nouveau pour 1871. — Montbéliard, Nancy. 1871. In-8º à 2 col., 40 p.

Poten (Oberstlieutenant B.). — Braune Husaren in Frankreich. Das 1. schlesische Husaren-Regiment Nr. 4, zur Erinnerung an den Feldzug 1870-1871 gewidmet. — Gera, *Reisewitz*. 1872. Gr. in-8º, 86 p. 1 m.

Pothé (Jules). — Le général Decaen, notice historique. — Paris, *Sarlit*. 1873.
<small>3e corps.</small>

Poujade (Eugène). — La diplomatie du second empire et celle du 4 septembre 1870. — Paris, *Cherbuliez*. 1871. In-18 j., 242 p.

Poulet-Malassis (A.). — *Voir* PAPIERS.

[Poullet (Colonel P.)]. — L'invasion dans l'Est. Le général Cremer. Ses opérations militaires en 1870-1871, par un officier d'état-major. — Paris, *Lachaud*. 1871. In-18, 112 p. 2 fr.
<small>La 4e édition de cet ouvrage a paru, avec cartes, sous le nom du colonel Poullet, chef d'état-major de la division Cremer.</small>

Poullet (Colonel P.). — Pétition à l'Assemblée. Demande d'enquête publique sur les faits et gestes de la division Cremer pendant la campagne de 1870-1871. — Paris, *Dentu*. 1872. In-8º, 30 p.

— Appendice nécessaire à la *Campagne de l'Est*, publiée chez J. Rouquette par MM. Crémer et Poullet, suite et fin de cette campagne. — Paris, *Librairie des Célébrités contemporaines*. 1875. In-4º, 87 p.
<small>Voir Catinat.</small>

— Étude sur la partie du rapport de M. Perrot concernant les opérations de l'armée de l'Est (24e corps d'armée). — Privas, *Roure*. 1879. In-8º, 87 p.
<small>Extrait du *Spectateur militaire*.</small>

— La campagne de l'Est (1870-1871). — Paris, *Baillière*. 1879. In-8º, cartes. 7 fr.
<small>Extrait du *Spectateur militaire*, 1876-1879.</small>

Poullin (Marcel). — Les forteresses françaises en 1870-1871. Nos places perdues d'Alsace-Lorraine. Tableau de la guerre. — Paris, *Bloud et Barral*. 1890. In-8°, xxxix-296 et 390 p. 8 fr.

— Nos places assiégées [1870-1871]. — *Ib.* 1893. In-8°. 4 fr.

Poupart-Davyl. — *Voir* NOIR.

Poupin (Victor). — La guerre (1870-1871). 1re partie: l'Empire. — Paris, *Bibliothèque démocratique*. 1877. In-32, 200 p. 30 c.

Poupry (Zum Waldgefecht) am 2. Dezember 1870. — *Mil.-Wochenbl.*, 1894, n° 106.

Pourcet (Général). — Campagne sur la Loire (1870-1871). Les débuts du 16e corps. Le 25e corps. — Paris, *Bureaux du Moniteur universel*. 1874. In-8°, viii-233 p., cartes. 5 fr.

— Procès du maréchal Bazaine. Réquisitoire du commissaire spécial du Gouvernement. — Paris, *Ghio*. 1874. In-8°. 2 fr.

Prabonneaud (Mme M.). — Lisbeth, épisode de la guerre franco-allemande. — Tours, *Mame*. 1886. In-12, 143 p. 55 c.

Pradel (C.). — Forteresse de Bitche. Campagne de 1870-1871. Relation historique du siège de Bitche. — Annecy, *Lhoste*. 1875. In-18, 194 p. 2 fr.

Pradier-Fodéré. — Documents pour l'histoire contemporaine. — Paris. 1871. Gr. in-8°.

Präfektur (Die) in Blois. Tagebuch-Skizzen. — Hamburg, *O. Meissner*. 1871. Gr. in-8°, 64 p. 1 m. 20 pf.

Pralle (A.). — Predigt am Friedensdankfeste, dem 18. Juni 1871. — Oldenburg, *Schulze*. 1874. In-8°, 15 p.

— Predigt zur Nationalfeier am 2. September 1873 gehalten. — *Ib.* 1873. In-8°, 14 p.

Prampain (Le R P. E.). — Souvenirs de Vaugirard; mon journal pendant le siège et pendant la Commune (1870-1871). — Paris, *Lecoffre*. 1888. In-18, 144 p. 2 fr. 50 c.

— Le même. — Paris, *Mouillot*. 1888. In-4°, iv-211 p.

Prarond (Ernest). — Journal d'un provincial pendant la guerre. Abbeville, 1870-1871. — Paris, *Thorin*. 1875. In-12, viii-548 p. 5 fr.

— Après les Prussiens, premier appendice au journal d'un provincial pendant la guerre. Abbeville, 1871-1875. — Amiens, *Prévost-Allo*. 1876. In-12, 88 p. 1 fr. 25 c.

Prast (H.). — Der deutsche Krieg 1870-1871. — Neuwied, *Heuser*. 1871. In-8°, 127 p. 60 pf.

Prast (Hermann). — Der Krieg vom Jahre 1870-1871. Dem deutschen Volke und der deutschen Jugend erzählt. — *Ib.* 1871. In-8°. 60 pf.

Précis analytique des procès-verbaux de l'Académie des sciences, belles-lettres et arts de Rouen pendant l'année 1870-1871. — Rouen 1871. In-8°.

— de l'historique du 77ᵉ régiment d'infanterie depuis sa création jusqu'à nos jours (1680-1885). — Angers, *Germain et Grassin.* 1886. In-18, 47 p.

— de l'historique du 2ᵒ régiment de zouaves. — Oran, *Perrier.* 1877. In-8°.

— des opérations militaires auxquelles a pris part la brigade Porion pendant le siège de Paris. — Versailles, *Bernard.* 1871. In-12, 52 p. 1 fr

— historique sur le 8ᵉ bataillon des gardes nationales de la Seine, 1870-1871. — Paris, *Hennuyer.* 1876. In-8°, 131 p.

— de la tactique de l'infanterie française depuis 1791 jusqu'à nos jours.... — Iʳᵉ partie.... — IIᵉ partie : Guerre de 1870-1871. — IIIᵉ partie : Époque actuelle, la tactique depuis 1870. — Paris et Nancy, *Berger-Levrault et Cⁱᵉ.* 1891. In-8°, 152 p. 2 fr. 50 c.

Predigt (Die) des deutschen Krieges im Jahre 1870 dargestellt in Predigten, Zeitbetrachtungen und Reden. — Leipzig, *Teubner.* 1870. In-8°, en livraisons.

— am ausserordentlichen allgemeinen Bettage des 27. Juli 1870.... — Brieg, *Bänder.* 1870. In-8°, 8 p.

Predigten (Sechs) gehalten zu Leipzig, am ausserordentlichen Buss- und Bettage, den 3. August 1870 von F. Ahlfeld, G. A. L. Baur, C. Brockhaus, G. A. Fricke, G. V. Lechler und J. G. Merbach. — Leipzig, *Hinrichs.* 1870. In-8°, 90 p.

Premiers (Les) combats de l'armée du Rhin. — *Revue du Cercle militaire,* juillet à octobre 1892.

— épisodes de la guerre de 1870 dans le Saargau. — *Revue nouvelle d'Alsace-Lorraine,* novembre 1887.

Prenzel (Theodor). — Das Dienst- und Kriegsjahr eines brandenburgischen Jägers. Persönliche Erinnerungen, Briefe und Tagebuchblätter aus dem deutsch-französischen Kriege. — Rathenow, *Babenzien.* 1893. Gr. in-8°, VII-177 p. 1 m. 50 pf.

Pressensé (Francis de). — Journal d'ambulance. Armée de la Loire. — Paris, *Meyrueis.* 1872, In-8°.

Voir DESMARETS.

Pressentin (B. von). — *Voir* KRIEG (der) von 1870-1871, dargestellt von Mitkämpfern.

Prétot (Abbé). — Journal d'un infirmier au corps Cathelineau. 1ʳᵉ partie : Campagne de la Loire, 25 octobre-20 décembre 1870. 2ᵉ partie : Campagne de l'Ouest, 20 décembre-10 mars 1871. — Paris, *Douniol.* 1872. In-18 j., XII-350 p.

Prêtres et soldats. Loigny (2 décembre 1870). — Poitiers, *imp. Blais, Roy et Cie*. 1895. In-8° p., portr., carte. N. d. l. c.

Prévost (Lieutenant-colonel F.). — Les forteresses françaises pendant la guerre de 1870-1871. — Paris, *Dumaine*. 1872. In-8°, 147 p. 2 fr. 50 c.

Prévôt (Lieutenant). — Historique du 95° régiment territorial d'infanterie (subdivision de Brives). — Limoges, *imp. Ussel*. 1889. In-18, 196 p. 3 fr.

<small>Mobiles de la Corrèze, du Lot, de la Haute-Vienne.</small>

Preusse (F. W.). — Der Franzosenspiegel. Eine Sammlung von Dummheiten, Grossmäuligkeiten und Rohheiten der weiland grossen Nation aus dem Kriege 1870. — Leipzig, *Fest*. 1871. In-16, 104 p. 75 pf.

Preussen (Die tapfern) und ihre deutschen Waffenbrüder. Heldenmuth und Siege in den blutigen Kämpfen gegen Napoleon und die Franzosen. — Breslau, *Dülfer*. 1870-1871. In-8°, 562 p. 1 m. 50 pf.

Preussens Heerführer in den glorreichen Feldzügen 1866 und 1870-1871. Ein Gedenkbuch. — Altona, *Verlagsbüreau*. 1873. In-8°, 50 pf.

Préville (Xavier de). — Un glorieux soldat, le maréchal de France, duc de Magenta. — Paris, *Flammarion*. 1896. In-8°, ill. 6 fr.

Prey (A. L. du). — Les femmes de 1870. — Saint-Omer. 1875. In-8°, 72 p.

Prielmayer (Hauptmann Freiherr von). — Das königlich-bayerische 1. Infanterie-Regiment « König » im Feldzug gegen Frankreich 1870-1871. — München, *Fritsch*. 1877. Gr. in-8°, IV-192 p. 4 m.

<small>Nouvelle édition. 1882. 2 m.</small>

Prieto y Villareal (Em.). — Cartas criticas con motivo de la guerra franco-alemana. 1870-1871. — Madrid. 1872. In-8°, 506 p., 3 plans.

Prieur (Lieutenant Ernest) — La mobile de Provins [Seine-et-Marne], impressions et souvenirs, avec la collaboration de Bodillon père. — La Ferté-Gaucher, *Leblanc*. 1873. In-12, 290 p. 2 fr.

Prillard (Ch.) et **de Montrésor** (A.). — La défense de Strasbourg. Pièce historique et populaire à grand spectacle, en 5 actes et 7 tableaux. — Lyon, *Rossier*. 1871. In-8°, 141 p. 4 fr.

Prim (Lieutenant G.). — Voir GUERRE.

Prinsac (Baron de), ancien officier d'éclaireurs. — Le colonel Denfert à Belfort. — Besançon, *Marion*, et Paris, *Dumaine*. 1879. In-8°, 51 p., 2 cartes. 75 c.

Prittwitz u. Gaffrow (Hauptmann, General-Lieut. E. von). — *Voir* TAGE.

Pro Arkolay. — Leipzig, *Luckhardt*. 1870. In-8°. 1 m.

<small>Voir ARKOLAY.</small>

Procès Bazaine. Rapport du général Rivière. Édition complète. — Paris, *Dentu*. 1873. In-18, 280 p.

— du maréchal Bazaine. Réquisitoire du général Pourcet. — *Voir* POURCET.

— (Grand) du maréchal Bazaine, précédé de l'histoire complète du siège de Metz. — Paris, *Alf. Duquesne*. 1873. Gr. in-8º à 2 col., 160 p., cartes et ill., 2 fr.

— complet de Bazaine. Plaidoirie de M. Lachaud. — Paris, *Périnet et Roucoux*. 1873. Gr. in-8º. 2 fr.

— du maréchal Bazaine. Compte rendu complet des débats du 1ᵉʳ conseil de guerre. — Paris, *Ghio*. 1873. In-8º. En livraisons à 10 c. 8 fr.

— Bazaine. Compte rendu sténographique *in extenso*. — Paris, *Bureaux du Moniteur universel*. 1873. En livraisons à 15 c.

— du maréchal Bazaine. — Paris, *Garnier*. 1873. In-8º, ill., cartes, pl. En livraisons à 10 c.

— Bazaine (capitulation de Metz). Seul compte rendu sténographique *in extenso* des séances du 1ᵉʳ conseil de guerre.... — Paris. 1873-1874. In-4º à 2 col., IV-639 p.

— Bazaine illustré de portraits, vues, etc. 1ʳᵉ partie : les préliminaires du procès. — Paris. 1872. In-4º à 2 col.

— du maréchal Bazaine. Premier conseil de guerre siégeant au Grand-Trianon. — Paris, *Tessier*. 1873-1874. 2 vol. gr. in-8º, 962 p. 10 fr.

— du maréchal Bazaine. Évasion du maréchal. Débats du procès concernant l'évasion et jugement rendu par le tribunal correctionnel de Grasse. — Niort, *Bureaux de la Revue de l'Ouest*. 1875. In-12, 338 p., carte.

— de M. le général Trochu contre le *Figaro*. Audiences de la cour d'assises de la Seine des 27, 28, 29 et 30 mars, 1ᵉʳ et 2 avril 1872. Avec préface par René de Pont-Jest. — Paris, *Dubuisson et Cⁱᵉ*. Gr. in-8º, 80 p. 1 fr.

— Trochu, plainte en diffamation et outrage envers un dépositaire de l'autorité publique, débats devant la cour d'assises de la Seine. — Paris. 1872. In-12.

— du général Trochu contre le *Figaro*. — Paris, *Lacaze*. 1872. In-18.

— de Wimpffen-Cassagnac devant la Cour d'assises de la Seine. — Paris. 1872.

Proces Bazaine (het). — Naar het stenographisch verslag (uit het Fransch) bewerkt door B. de Vries. — Schiedam. 1873-1875. In-8º, 3 vol., 1296 p. 12 fl.

Processo del Maresciallo Bazaine de Francia. — Milano. 1874. In-8°, 560 p. 3 l. 50 c.

Procès-verbaux des séances du comité de défense du département de Vaucluse 1870-1871. — Avignon, *Gros frères*. 1874. In-8°, 196 p.

Pröhle (Heinrich). — Patriotische Erinnerungen aus den Zeiten der Kriege zwischen Deutschland und Frankreich. — Berlin, *Gülker und C°*. 1873. In-8°, 287 p. 4 m. 50 pf.

— Deutsche Lieder und Oden aus dem Zeitraume zwischen dem Staatsstreiche Louis Napoleons und der Gefangennahme dessen.... — Berlin, *Lipperheide*. 1870. In-16, 40 p.
2° édition.

Profils du panorama des positions autour de Paris. — Paris, *Lemercier et Cie*. 1871.

Prologe zum Sedanfest. — Berlin, *E. Bloch*. 1895. In-8°. 1 m.

Prométhée (Le). — Huit causeries par les prisonniers français. — Spandau, *Jürgens*. 1872. In-fol., 32 p., autogr., dessins.

Prophéties, pages détachées d'un livre sans nom, 1870-1871. Les temps sont venus. — Paris. 1871. In-8°, 80 p.

Prophezeiung des alten Pfarrers zu Neustadt auf das Jahr 1870 und das Ende der Napoleonschen Herrschaft. — Altona, *Verlagsbüreau*. 1870. In-8°, 8 p.

— (Merkwürdige) vom Welt-Kriege und Welt-Untergange im Jahre des Herrn 1870 und sequens. Aus einem alten Klosterarchive nach dem Urtexte des Pater Josephus, verdeutscht von Cand. Doctor A. Rödelius. — *Ib.* 1870. In-8°, 7 p.

Prophezeiungen (Aeltere und neuere), die zunächst auf unsere Zeit Bezug haben. In passender Zusammenstellung zum Drucke befördert von einem Weltpriester der Diözese Basel. — Luzern, *Räber*. 1871. In-8°, VI-71 p.
3° édition.

Proust (Antonin). — Le prince de Bismarck, sa correspondance en 1870-1871. — Paris, s. d. In-12.

Prozess Bazaine (Der). — Berlin, *Mittler*. In-8°, 52 p. 1 m. 20 pf.
2° supplément au *Militär-Wochenblatt*, 1874.

— Bazaine aus den authentischen Documenten gezogen und im Auszuge mitgetheilt von einem ehemaligen Militär. Mit einem Portrait Bazaine's und einem Grundriss des Sitzungssaals im Trianon. — Leipzig, *Matthes*. 1874. In-8°, 91 p. 1 m.

Prusse (La) et la France devant l'histoire. Essai sur les causes de la guerre. — *Voir* LEGRELLE.

Prusse (La) et le rétablissement de l'Empire d'Allemagne. Sammlung französischer Lesestücke für Gymnasien und Realschulen. — Leipzig, *Lenz*. 1876. In-8º, 150 p. 1 m.

Prussiens (Les) en France. Le combat d'Alençon (21 janvier 1871), par un chef d'ambulance. — Alençon, *Veillon*. 1872. Pet. in-8º, 75 p., 1 pl.

— (Les) devant le chassepot. — Paris, *librairie du Petit Journal*. 1870. In-8º. 1 fr.

— (Les) en Alsace. — Paris, *Lemerre*. 1874. In-18, 413 p. 3 fr.

— (Les) dans les Ardennes. — Reims, *Matot-Braine*. 1873. In-8º. 2 fr.

— et Français à Coulmiers. Extrait du journal du château de Luz du 7 au 12 novembre 1870, par un témoin oculaire. — Orléans. 1872.

Puaux (F.). — Souvenirs de la campagne de Sedan. — Stockholm. 1871. In-8º, 62 p. 1 rd.

— Fra Sedan. Felttogs Minder, oversat af S. M. Hildebrand. — Kjöbenhavn. 1871. In-8º, 50 p. 40 sk.

Purves (A. R.). — *Voir* LANG (G.).

Puttkamer (Pr.-Lieutenant). — Geschichte des Kaiser Franz Garde-Grenadier-Regiments Nr. 2. — Berlin, *Wiegandt, Hempel und Parey*. 1874. Gr. in-8º, croquis. 8 m.

Un extrait de la 1re édition a paru en 1882, in-8º. 15 pf. N. d. l c. — 2e édition. Berlin, P. Parey. 1895 In-8 ¹, viii-248 p., portr., pl. 8 m.

Puy de Podio (Du). — Les pigeons-voyageurs dans l'art militaire. — Paris. 1872. In-8º, 48 p., carte. 1 fr. 50 c.

Extrait du *Journal des Sciences militaires*, 1872.

Pyotte-Beynaert (A.), constructeur et armateur. — Les vaisseaux cuirassés en rade de Dunkerque (1870-1871). — Paris, Vve *Larousse et Cie*. 1881. In-8º, 12 p.

Q

Quade (Gustav). — Deutsches Kaiserbuch mit besonderer Berücksichtigung des deutsch-französischen Krieges und der deutschen Kaiserkrönung. Fortsetzung des Werkes: *König Wilhelm und seine Zeit*. — Wriezen, *Riemschneider*. 1873. In-8º, VIII-351 p.

— Fürst Bismarck-Schönhausen und die nationale Bewegung des deutschen Volkes, 1815-1871. — *Ib.* 1871. In-8º, 386 p.

— Mecklenburgs Antheil am Kriege 1870-1871. — Wismar, *Hinstorff*. 1895. In-8º, 8 livr. ill. à 50 pf. Complet, VII-XVI-384 p.

Quarante jours de bombardement (Strasbourg), par un réfugié strasbourgeois. — Paris, *Cherbuliez*. 1871. In-8º. 1 fr. 25 c.

Quatre (Le) septembre aux Tuileries. — Niort, *Favre*. 1871. In-8º, 16 p.

— (Le) septembre jugé par l'Assemblée nationale. — Paris, *Boyer*. 1876. In-16, 32 p.

Quatrefages (Armand de). — La race prussienne. — Paris, *Hachette*. 1871. In-12. 2 fr.

Quatrelles [Ernest L'Épine]. — A coups de fusil. — Paris, *Charpentier*. 1875. In-18 j., 297 p. 3 fr. 50 c.

— Le même. — *Ib.* 1877. Gr. in-8º, 30 dessins de A. de Neuville, 170 p. 25 fr.

— Le même. — *Ib.* 1892. In-18, ill. 3 fr. 50 c.

Quednow (Mathilde). — Kämpfe und Siege. Ein Lebensbild aus der jüngsten Vergangenheit. — Bielefeld, *Velhagen und Klasing*. 1871. 2 vol. in-8º, 198 et 171 p.

Quel est l'avenir de l'Europe? Traduit de l'allemand. — Genève, *Grosset et Trembley*. 1871. In-8º. 1 fr. 25 c.

Quelques lettres de l'armée de la Loire (22ᵉ régiment des mobiles de la Dordogne). — Périgueux, *Dupont et Cⁱᵉ*. 1875. In-8º, 124 p.
16ᵉ corps.

— vérités sur l'armée française de 1870, par un officier supérieur. — Bruxelles, *Combe*. 1871. In-8º. 1 fr.

— souvenirs sur la campagne de 1870-1871. — Paris. 1871. In-8º.

Quépat (Nérée) [pseudonyme de René Paquet]. — Simples notes prises pendant le siège de Paris. — Paris, *Thorin*. 1871. In-8º, 42 p. 60 c.

Quentin-Bauchart (Maurice). — *Voir* BERLEUX.

Quesnay de Beaurepaire (A.). — La France moderne. De Wissembourg à Ingolstadt (1870-1871). Souvenirs d'un capitaine, prisonnier de guerre en Bavière. — Paris, *Firmin-Didot*. 1891. In-8°, 313 p., ill. 4 fr.

Quesnoy (Docteur). — Campagne de 1870. Armée du Rhin, camp de Châlons, Borny, Rezonville ou Gravelotte, Saint-Privat, blocus de Metz, les ambulances. — Paris, *Furne, Jouvet et Cie*. 1871. In-8°, III-241 p., carte. 5 fr.

— Campagne de 1870. Armée du Rhin. Les ambulances. — Paris. 1872. In-8°, 84 p.

Question (La) des loyers pendant la guerre au point de vue politique, économique et juridique..., par un jurisconsulte. — Paris, *Lachaud*. 1871. In-8°, 31 p. 1 fr.

Questions du jour. Causes de nos désastres. Réflexions d'un prisonnier de guerre, par un officier supérieur. — *Voir* CAUSES.

Quinemont (Commandant de). — Historique du 2e régiment de chasseurs à cheval depuis sa création jusqu'en 1887. — Paris, *Baudoin*. 1890. In-8°, 294 p. 3 fr.

Quinet (Edgar). — Le siège de Paris et la défense nationale. — Paris, *A. Lacroix*. 1871. In-8°.

— Le même. — *Ib*. 1871. In-18, 139 p. 1 fr. 50 c.

— Œuvres complètes. Le siège de Paris et la défense nationale ; œuvres politiques après l'exil, manifestes et discours. — Paris, *G. Baillière*. 1881. In-18, IV-361 p., eau-forte. 3 fr. 50 c.

— (Madame Edgar). — Paris, journal de siège. Précédé d'une préface d'Edgar Quinet. — Paris, *Dentu*. 1873. In-18 j., III-392 p. 3 fr. 50 c.

Quinzième régiment d'infanterie, journal des marches et des opérations militaires. — Paris, *Dutemple*. 1875. In-8°, 68 p.

Quistorp (Oberst B. von). — Der Ausfall aus Paris am 30. September 1870. — Berlin, *Schneider und Co*. 1875. Gr. in-8°, 32 p., carte. 1 m. 20 pf.
Extrait des *Jarbbücher*.

— (Pf. W.). — Die gegenwärtige weltgeschichtliche Krisis.... — Basel (*Spittler*). 1870. In-8°, 16 p.

R

R. (Eugène), lieutenant d'infanterie, témoin oculaire [Roiffé]. — Trahison du maréchal Bazaine. L'armée française sous les murs de Metz. — Lyon, *Lappierre-Brille*. 1871. In-8°, 32 p. 1 fr.

— (E.), capitaine d'infanterie [Roiffé]. — Le dernier mot sur le procès Bazaine. Réorganisation de l'infanterie française. — Lyon, *Bonnaire*. 1871. In-8°, 63 p. 1 fr.

R. (F.) [Rieter]. — Kurzer Abriss des deutsch-französischen Krieges 1870-1871, politisch-militärisch dargestellt. — Frauenfeld, *Huber*. 1871. Gr. in-8°, IV-79 p. 80 pf.

R. (G.). — Die taktischen Lehren des Krieges 1870-1871. Geschrieben im Herbste 1871. Preisschrift. — Teschen, *Prochaska*. 1873. Gr. in-8°, 154 p., pl. 4 m.

R. (H.). — Vor fünfzehn Jahren. 150 Tage vor Paris. — Leipzig, *Gebhard und Wilisch*. 1886. In-8°.

R. (Pr.-Lieutenant). — Feldmarschall Graf Moltke. — Barmen, *B. Wiemann*. 1888. In-8°.

R. (V.). — *Voir* ESSAYS.

R. (Von). — Gedenkblätter an den Krieg von 1870-1871. Ein namentliches Verzeichniss der Gefallenen, Verwundeten und Gestorbenen von Portepee-Fähnrich aufwärts. — Görlitz, *Reiner*. 1874. Gr. in-8°, 169 p. 3 m.

R. (W.). — Mittheilungen aus dem Kriegsleben des Landwehr-Bataillons Neuhaldensleben 1870-1871. — Neuhaldensleben, *Eyraud*. 1871. In-8°, 48 p., 30 pf.

Raabe (J.). — Soldatenleben im Kriege. Festspiel in 5 lebenden Bildern mit Prolog und verbindendem Text. — Berlin, *E. Bloch*. 1895. In-8°, 18 p. 5 m.

Sedanfeier. 1895.

Raaz (C.). — Der Rhein von Freiburg bis Wesel. Photo-Lithographien. — Weimar, *Kellner und Co.* 1870. Gr. in-fol.

Rabany (Ch.). — *Voir* SIMON (Ed.).

Rabaud (Pasteur Cam.). — Le cri d'un patriote chrétien : la condition du relèvement, le secret de la victoire, le vrai patriotisme. Discours. — Paris, *Huc et Bonnet*. 1871. In-8°. 1 fr.

Rabenau (Pr.-Lieutenant von). — Das 1. Bataillon des königlich-preussischen 1. hanseatischen Infanterie-Regiments Nr. 75 im Kriege gegen Frankreich 1870-1871. — Bremen, *Schünemann*. 1871. In-8°. 1 m. 20 pf.

Rabenhorst (A. D. von). — Strategische Betrachtungen über den deutsch-französischen Krieg 1870-1871. I. Theil : Kampf gegen das Kaiserreich und die Capitulation von Metz. — Wien, *Seidel*. 1885. In-8°, cartes. 6 m.

Rabou (A.). — La marine en 1870-1871. — *Nouvelle Revue*, 1ᵉʳ février 1880.

Rackwitz (R.). — Zwei Festspiele zum Sedantage für höhere Schulen, Vereine und Familienkreise.... — Nordhausen, *Greiner*. 1879. In-8°, 23 p. 75 pf.

Radbert (K.). — Soldatengespräche. Ein kleines Festspiel vom grossen Kriege 1870-1871, deutschen Männern und Jünglingen zum Ausführen gewidmet. 5 Scenen. — Dresden, Leipzig, *H. G. Wallmann*. 1891. In-8°, 71 p. 1 m. 50 pf.

Rademont (Mˡˡᵉ A. de). — Miton. Histoire d'un chat au siège de Paris. — Paris, *F. Didot*. 1895. Pet. in-8°, 48 p., ill.

Räthselbilder aus den Tuilerien oder Pariser heimliche Begebenheiten in dem Zeitraume zwischen 1855-1867-1870. — Berlin (*Albrecht*). 1871. In-16, 16 p.
5ᵉ édition.

Rahmer (M.). — Der heilige Krieg. Predigt. — Breslau, *Schletter*. 1870. In-8°, 12 p.
2ᵉ édition.

Raibaud (André). — Les papiers secrets de la défense nationale. — Paris, *Amyot*. 1875. In-32, 89 p.
Voir GIRAUDEAU.

Raillard (C.). — Vingt jours au camp d'Avor..., suivi des Armées de la Loire en 1870, par le lieutenant-colonel d'A. [d'Auvergne]. — Tours, *Cattier*. 1882. In-8°, 230 p. 2 fr.

— Le même. — *Ib*. In-12, 265 p. 1 fr. 25 c.

Rainneville (De), député. — *Voir* ACTES.

Rambaud (Abbé Camille). — Le siège de Metz, journal d'un aumônier. — Lyon, *Josserand*. 1871. In-18, XXXI-200 p. 2 fr.

— Six mois de captivité à Kœnigsberg (Prusse orientale). — *Ib*. 1872. In-18, VII-328 p. 3 fr.

— Sechs Monate kriegsgefangen in Königsberg in Preussen. Aus dem Französischen von Anna Herbst. — Königsberg, *Hausbrand*. 1874. Gr. in-8°, IX-245 p. 3 m.

Rambaux (E.), garde général des forêts. — Guerre de 1870-1871. Campagne de la 1ʳᵉ compagnie des guides forestiers des Vosges (mois de décembre 1870). Contrexéville, Dombrot, Lamarche, camp de Lavacheresse. — Mirecourt, *Autographie Humbert*. 1872. In-8°, cartes et pl., 39 p.

— La guerre de partisans en Lorraine. Le pont de Fontenoy 1870-1871. — Paris et Nancy, *Berger-Levrault et Cⁱᵉ*. 1873. In-8°, 64 p., carte.

Rameau (E.). — Défense nationale. Fortification forestière. La guerre sous bois et dans les haies. Mémoire accepté par le comité de défense du Cher. — Bourges. 1871. In-8°, 15 p. 25 c.

Ramon (Gustave) [Vindex]. — L'invasion en Picardie. Récits et documents concernant les communes de l'arrondissement de Péronne pendant la guerre allemande, 1870-1871. — Péronne, *imp. J. Quentin*. 1871-1873. 2 vol. in-8°, VII-736 p., 7 pl. 10 fr.

— Péronne. Histoire d'un an (15 juillet 1870-23 juillet 1871). — *Ib.* In-8°, 300 p.

<small>2e partie de l'ouvrage précédent.</small>

— Récits et fragments [concernant l'invasion dans l'arrondissement de Péronne]. — *Ib.* 1872. In-8°.

Rampal (Benjamin). — Souvenirs du siège de Paris. — Marseille, *Marius Olive*. 1871. In-8°, 32 p.

Rampont (Comte), député. — Assemblée nationale, année 1873. Rapport fait au nom de la commission des marchés pendant la guerre sur les opérations de la commission d'armement. — Versailles, *Cerf*. 1873. In-4°.

Ramsauer (C.). — Predigt gehalten am Friedensfeste, den 18. Juni 1871. Oldenburg, *Schulze*. 1871. In-8°, 15 p.

— Predigt am Busstage. — *Ib.* 1871. In-8°, 16 p.

— Predigt am Sedantage. — *Ib.* 1875. In-8°, 15 p.

Ramsing (P. E. M.). — Jernbanekrigen i 1870 og 1871. Oversigt over Jernbanernes Anwendelse og Betydning under den tydsk-franske Krig 1870-1871. — Kjöbenhavn. 1873. In-8°, 26 p., 2 cartes.

Rancourt de Mimérand (Lieutenant-colonel de). — Le 1er bataillon du Loiret (Gien) et le 73e régiment de mobiles (Loiret-Isère). — Orléans, *Fr... Colas*. 1871. In-8°.

<small>18e corps.</small>

Randal H. Roberts (Sir), correspondant du *Daily Telegraph*. — Modern War [1870-1871]... — *Voir* ROBERTS.

Rangabe (Lieutenant). — Uebersichtsplan der Stellung des Garde-Corps vor Paris. — Berlin, *Schropp*. 1872. Gr. in-fol., lith. u. color. 1 m. 50 pf.

Rangabe (E. R.). — Erinnerungen aus dem deutsch-französischen Kriege 1870-1871 von einem Griechen in preussischem Dienste. Aus dem Griechischen von H. Müller. — Leipzig, *Universal-Bibliothek Reclam*. 1889. In-16, 80 p. 60 pf.

Ranke (Pfarrer Friedrich). — Die grossen Jahre 1870 und 1871 dem deutschen Volke und seiner Jugend in's Gedächtniss gerufen. — Nördlingen, *Beck*. 1875. In-8°, 39 p. 25 pf.

Rappe (Capitaine suédois Axel de), aujourd'hui général, ministre de la guerre. — Franska nordarméns fälttåg 1870-1871. — Stockholm. 1874. In-8°, 232 p., 4 cartes. 3 kr.

<small>L'auteur a été attaché à la division Bataille (2e corps), puis à l'état-major de l'armée du Nord.</small>

— Campagne de l'armée française du Nord en ·870-1871. Ouvrage publié par Marcel Communal, ancien officier de cavalerie. — Paris, *Bureaux du Moniteur universel*. 1884. In-18 j., XVI-243 p., 4 cartes. 2 fr.

Rappoltstein (Alfred de). — L'Alsace-Lorraine, 1870-1884. — Paris. 1884. In-8°. 1 fr. 25 c.

Rapport officiel du conseil d'enquête sur les capitulations. Fort de Lichtenberg. Marsal. Vitry-le-François. Toul. Laon. Soissons. Schlestadt. Verdun. Neuf-Brisach. Phalsbourg. Montmédy. Amiens. La Fère. Thionville. Paris. Guise. Mézières. La Petite-Pierre. — Paris, *Ghio*. 1872. In-8°, 46 p. 1 fr.

— officiel du conseil d'enquête sur la capitulation de Sedan, suivi du protocole de la capitulation et du procès-verbal de la séance du conseil d'enquête tenu à Sedan le 2 septembre. — *Ib*. 1872. In-8°, 16 p., carte. 75 c.

— sur les projets de rationnement des denrées alimentaires pour la ville de Paris, présenté par l'assemblée générale des comités d'armement des arrondissements. — Paris. 1870. In-8°, 8 p.

— vaudois sur la garde des frontières et l'internement dans le canton de Vaud en 1870-1871. — *Revue militaire suisse*, n°s 1-2, 1872.

— au conseil d'État du canton de Fribourg sur l'internement de l'armée française dans le canton. — *Revue militaire suisse*, n°s 8 à 10, 1872.

Rapports et lettres constatant les services rendus par M. Émile Hardy aux prisonniers français incarcérés à Versailles en 1870-1871. — Versailles. 1874. In-8°, 47 p.

Rasch (Gustav). — Aus dem Schuldbuch Louis Bonaparte's. — Stuttgart, *Kröner*. 1870. 2 livraisons. Gr. in-16, 128 p.

— Die Preussen in Elsass und Lothringen. — Brunswick, *Bracke*. 1874. In-8°.

— Les Prussiens en Alsace-Lorraine, par un Prussien, traduit par Louis Léger. — Paris, *Plon*. 1877. In-18, 244 p. 3 fr.

Rasmus (Professor G.). — Gott Lob, wir haben es. — Dessau, *Weniger und C^o*. 1871. Gr. in-8°.

<small>Poésie.</small>

— Am Grabe unserer Brüder, die der Krieg als Opfer gefordert. — *Ib*. 1870. Gr. in-4°, 4 p.

— Die Grenzberichtigung. — *Ib*. 1871. In-8°.

<small>Poésie.</small>

Raspe (G. C. H.). — Der deutsche Krieg. Rede. — Güstrow, *Opitz und Co.* 1870. In-8°, 16 p.

Raspail (Xavier). — Les éclaireurs de la Seine en province. Relation de la guerre de Normandie (1870-1871). — Paris, *chez l'auteur.* 1872. In-18, VI-316 p. 3 fr.

— Napoléon III à Baybel, le 30 août 1870. — Paris. 1875. In-8°, 16 p. 15 c.

— Napoleon III. zu Baybel am 30. August 1870. Aus dem Französischen. — Hamburg, *Kriebel.* 1882. Gr. in-8°. 20 pf.

Rathgeber für christliche Soldaten. — Berlin (*E. Beck*). 1870. In-8°, 120 p. 3° édition.

Rathgen (Pr.-Lieutenant). — Batterie Nr. 1. St. Cloud. Eine Episode aus der Belagerung von Paris. — *Jahrbücher*, 1ᵉʳ trimestre 1876, 2 cartes.

Ratouis (Capitaine André). — Les deux journées, 4 septembre-8 octobre. 1870. — Paris, *Masquin.* 1870. In-16, 16 p.

Ratzel (Prof. Doct. F.). — *Voir* STIELER (Karl).

Ratzenhofer (Hauptmann G.). — Moltke und Gambetta. Studie. — Wien, *Waldheim.* In-8°, 148 p., 1 pl., croquis.
Extrait de *Streffleur's*, 1883.

Rau (Pr.-Lieutenant Ferd.). — Geschichte des 1. badischen Leib-Dragoner-Regiments Nr. 20 und dessen Stamm-Regiments, des badischen Dragoner-Regiments von Freystadt von 1803 bis zur Gegenwart. — Berlin, *Mittler.* 1878. Gr. in-8°, cartes. 6 m.

Rauchfuss (F.). — Preussenfeindliche Schlagwörter. Zur Würdigung der Staatszustände in Preussen und seiner europäischen Mission. — Zürich, *Schabelitz.* 1871. In-8°, III-150 p. 1 m. 50 pf.

Rauthe (Pr.-Lieutenant). — Geschichte des badischen Fuss-Artillerie-Bataillons Nr. 14. — Rastatt, *C. Greiser.* 1891. In-8°, 64 p. 1 m. 20 pf.

Ravelli (Capitano Agostino). — Sull' impiego tattico delle tre armi nel primo periodo della campagna del 1870-1871. — *Rivista mil. italiana*, février-mars 1896.

Ravenel (A.). — Souvenir de Champigny, carnet d'un soldat. — Paris, *Derveaux.* 1880. In-8°, 95 p. 3 fr. 50 c.

Ravenstein (L.). — Karte des deutschen Küstenlandes der Nord- und Ostsee von Amsterdam bis Königsberg. — Hildburghausen, *Bibliographisches Institut.* 1870. 1/850,000. In-fol., 2 feuilles.

— Karte von Nordfrankreich. Mit Angabe der deutschen Sprachgrenze. — *Ib.* 1870. 1/700,000. In-fol., chromol.

Ravenstein (L.). — Karte der preussischen Rheinprovinz nebst den angrenzenden Theilen. — *Ib.* 1870. 1/850,000. Gr. in-fol., color.

— Uebersichtskarte vom westlichen Deutschland mit den angrenzenden Theilen. — *Ib.* 1870. 1/700,000. Col. in-fol.

— Plan von Paris und Umgebung. — *Ib.* 1870. Imp. in-fol., lith.

Ravold (J. B.). — Français et Allemands aux États-Unis d'Amérique pendant l'année terrible (1870). Conférence. — Nancy, *Sidot frères*. 1884. In-8°, 64 p.

Rayeur (J. A.). — La trouée des Ardennes. Histoire militaire d'un département français. — Paris. 1894. In-8°.

Raymond-Signouret (Paul). — Souvenir du bombardement et de la capitulation de Strasbourg. Récit critique de ce qui s'est passé dans cette ville du 18 juillet au 28 septembre 1870. — Paris, *Gbio*. 1873. In-12. 3 fr. 50 c.

Raynard (Léop.). — Réflexions d'un fou sur la campagne de Prusse, par un Niçois. — Nice. 1871. In-16, 47 p.

Rebillard (P.). — Souvenirs de 1870-1871, poésies. — Lyon, *imp. Delaroche et Cie*. 1886. Pet. in-8°. 40 c.

Récit de la bataille de Champigny (30 novembre et 2 décembre 1870). — Paris, *De Soye et fils*. 1878. In-18, 31 p.

— d'un épisode de la bataille de Villers-Bretonneux. — *Bulletin*, 1er semestre 1874.

— de sa vie, par une petite fille de 14 ans, réfugiée française pendant la guerre. — Angers. 1872. In-16, 147 p.

Récits historiques de la garde mobile du Calvados (15° régiment) par une réunion d'écrivains et d'officiers. — Caen, *Le Blanc-Hardel*. 1872. In-8°, 288 p., pl.

Reconnaissance (La) de la brigade Margueritte à Pont-à-Mousson (12 août 1870). — *Revue de cavalerie*, octobre 1888.

Recueil de bulletins de la guerre de 1870-1871. — Douai, *Crépin*. 1871. In-4°.

— de documents sur les exactions, vols et cruautés des armées prussiennes en France. (1re partie). — Bordeaux, *Férot et fils*. 1871. In-8°.

— officiel des actes du gouvernement de la Défense nationale pendant le siège de Paris, suivi de tables chronologiques et alphabétiques du 4 septembre 1870 au 28 février 1871. — Paris, *P. Dupont*. 1871. In-8°, 351 p.

— des dépêches françaises officielles pendant la guerre franco-prussienne du 6 juillet 1870 au 27 mai 1871. — Paris, *Lacroix*. 1871. 3 vol. in-12, 294 p., à 1 fr. 50 c.

Recueil complet des dépêches militaires allemandes pour servir à l'histoire de la guerre 1870-1871. Traduit sur le texte officiel. — Paris, *Librairie internationale*. 1871. In-18, 107 p. 1 fr. 50 c.

— des traités, conventions, lois, décrets et autres actes relatifs à la paix avec l'Allemagne. Janvier 1871 à juin 1876. — Paris, *Imprimerie nationale*. 1872-1876. 3 vol. gr. in-8°, XLV-1864 p. 45 fr.

Reden, Proklamationen, Kriegsberichte u. s. w. Seiner Majestät des Kaisers und Königs Wilhelm I. Umfassend den Zeitraum von der Uebernahme der Regentschaft bis zur Eröffnung des ersten deutschen Reichstages. — Berlin, *Staude*. 1874. Gr. in-8°. 2 m.

3° édition. 1877. 148 p.

— (Patriotische) zur Sedanfeier in Schulen. — Potsdam, *Rentel's*. 1876. In-16, 32 p. 50 pf.

Rédier (Abbé J.). — Le colonel Bourras. — Paris, *Tolra*. 1893. In-32, 33 p.
Corps franc des Vosges.

Redwitz (Oskar von). — Das Lied vom neuen deutschen Reich. Eines ehemaligen Lützow'schen Jägers Vermächtniss an's Vaterland. — Berlin, *Hertz*. 1870. In-8°, IX-273 p. 4 m.

Reeb (G.). — Führer über das Wörther Schlachtfeld. — Wissembourg. 1895. In-8°, carte.

Reeve (H.). — *Voir* CHESNEY.

Réflexions d'un prisonnier de guerre. — Paris, *Poussielgue*. 1871. In-12, 64 p. 60 c.

— sur l'histoire contemporaine. — Paris, *Amyot*. 1871. In-12, 141 p. 2 fr.

— sur les événements des dix derniers mois, par un provincial habitant Paris. — Paris, *Dentu*. 1871. In-8°, 63 p.

— d'un Anglais sur la France d'aujourd'hui et la France de demain. — Lyon, *Josserand*. Mars 1871. In-8°, 15 p.

Reflexionen über die Kriegsentschädigungsfrage (von Gräfin von Poninska). — Leipzig, *Matthes*. 1871. Gr. in-8°. 10 pf.

Regierungs-Depeschen (Französische) und Nachrichten während des Krieges von 1870-1871.... — Leipzig, *Minde*. 1871. Gr. in-8°. 50 pf.
Nouvelle édition. 1895. 40 p. 50 pf.

Régnault (Le R. P. E.). — Le général Gaston de Sonis (1825-1887). — Toulouse, *Hébrail*. 1888. In-18, 46 p.

Régnier (E. V.). — Quel est votre nom? N. ou M.? Une étrange histoire dévoilée. — Bruxelles, *Office de publicité*. 1870. In-8°. 1 fr. 50 c.

Régnier (E. V.). — Wer sind Sie eigentlich? Herr N. oder Herr M.? Enthüllungen einer seltsamen Geschichte im Oktober 1870 während der Belagerung von Metz. Deutsche Ausgabe. — Berlin. 1871. In-8°, 83 p. 1 m. 50 pf.

— Réponse au livre (l'Armée du Rhin) du maréchal Bazaine, par l'auteur de « Quel est votre nom ? N. ou M. ? » — Paris, Ghio. 1873. In-8°, 20 p. 60 c.

— Lettre et pièces adressées à M. le duc d'Aumale, président du conseil de guerre, avant son départ pour l'étranger. — *Ib.* 1873. In-8°. 1 fr.

Rehbein (W.). — Patriotische Gedichte. — Berlin, *Langmann und Co.* 1870. Gr. in-16, 24 p.

Rehhoff (Doctor Johs. A.). — Predigt am Dank- und Friedensfeste, den 22. März 1871 gehalten. — Hamburg, *Nolte.* 1870. Gr. in-8°, 14 p.

Reibnitz (Pr.-Lieutenant Freiherr von) und Nitschke (Pr.-Lieutenant). — Füsilier-Regiment von Steinmetz (westfälisches) Nr. 37. Geschichte des Regiments. — Berlin, *Mittler.* 1893. In-8°, x-303 p., 1 portr., 4 croq. 7 m. 50 pf.

Reich (A.). — Chassepot oder Zündnadel. Schwank in 1 Akt. — Berlin, *E. Bloch.* 1895. In-8°. 90 pf.

Reichard (Doctor A.). — Anno 1870. Geschichte des deutsch-französischen Krieges bis zum Friedensschlusse. — Stuttgart, *Maier.* 1871. Gr. in-16, 256 p., ill., carte. 1 m. 50 pf.

— (Max). — Aus den Tagen der Belagerung Strassburgs, August und September 1870. — Bielefeld, *Velhagen und Klasing.* 1873. In-8°, IV-195 p. 2 m. 25 pf.

Reicher (Oberstlieutenant). — Die Operationen von der Mosel und von Châlons nach Sedan. — Wien, *Gerold.* 1874. In-8°.

Reichert. — Karte der Umgebung von Strassburg. — Strasbourg, *Astmann.* 1875. In-fol. 6 m.

Reichsheer (Das) auf mobilem Fuss, vorgeführt von Pegasus. — Berlin, *Mittler.* 1877. In-8°, ill.

Reichshoffen. — Lyon. 1875. In-8°, 11 p.

Reichskalender (Deutscher) auf das Jahr 1871. — Dresden, *Schulbuchhandlung.* 1870. In-16, 64 p, portr.

Reichskleinodien (Die deutschen) zur Kaiser-Krönung. — Berlin, *Gœdsche.* 1871. Gr. in-8°, 16 p.

Reichs-Taschen-Kalender (Deutscher) für das Jahr 1871. 1. Jahrgang mit der Kriegschronik des Jahres 1870. — *Ib.* 1870. In-128, 48 p., portr.

Reide (S.). — Die Gefangennahme Napoleons bei Sedan. — Landsberg, *Schönrock.* 1889. In-8º, 42 p., carte. 1 m. 10 pf.

Reimann (W.). — Sedanfest [2. September] als Erinnerungsfeier.... — Langensalza, *Bayer und S.* 1877. In-8º, 36 p. 40 pf.

Reinach (Joseph). — La défense de Saint-Quentin (8 octobre 1870). — Paris, *Cusset et Cie*. 1877. In-32, 16 p.

— Léon Gambetta. — Paris, *Alcan.* 1884. In-12, 185 p., ill. 1 fr.

— Le même. — *Ib.* 1884. In-32. 60 c.

— Dépêches, circulaires, décrets, proclamations et discours de Léon Gambetta (4 septembre 1870-6 février 1871). — Paris, *Charpentier et Fasquelle.* 1891. 2 vol. in-8º. 15 fr.

Reinprecht (L.). — Die Kommunarden von Paris. Trauerspiel, mit einem Zwischenspiel: Die Kaiserwahl in Versailles. — Leipzig, *Minde.* 1877. In-16, 126 p. 2 m.

Reise-Karte (Neue) von Frankreich. — Berlin, *Goldschmidt.* 1871. 1/3,000,000. In-fol., chromol. 50 pf.

Reiser (Stadtpfarrer J. B.). Unsere Pflichten in jetziger Zeitlage. Predigt am 24. Juli 1870 gehalten. — Ingolstadt, *Krüll.* 1870. In-8º, 8 p.

Reiterei (Die bayerische) im Kriege 1870-1871. — München, *Ackermann.* 1895. In-8º, 25 p. 40 pf.
Extrait de la *Deutsche Reiter-Zeitung.*

— (Die deutsche) 1870-1871. — *Mil.-Wochenblatt,* 1895, nºs 6-8.

Rekognoscirung (Die) gegen La Fère am 20. und 21. Oktober 1870. — *Allg. Mil.-Zeit.*, nºs 13-17, 1871.

Relation de la bataille de Frœschwiller livrée le 6 août 1870. Publication de la *Revue générale et d'état-major,* — Paris et Nancy, *Berger-Levrault et Cie.* 1890. In-8º, carte. 3 fr. 50 c.
Attribué au capitaine Leblois par le *Bouquiniste militaire*

Religion (La) en tunique, ou beaux traits religieux des armées françaises pendant les dernières guerres, par l'abbé A***, curé dans le diocèse de Lyon. — Lyon. 1877. In-12. 3 fr. 50 c.

Rémond (Ch). — Les batailles de Nuits [1870]. — Paris et Nancy, *Berger-Levrault et Cie.* 1884. Gr. in-8º, 135 p., ill., cartes. 5 fr.
2ª édition. 1885.

Remy (Doctor Max). — Der deutsche Heldenkampf im Jahre 1870 in Wort und Lied. — Berlin, *Klönne.* 1870-1871. Gr. in-8º, 460 p. 4 m. 20 pf.

Renan (Ernest, de l'Académie française). — La guerre entre l'Allemagne et la France. — *Revue des Deux-Mondes*, 15 septembre 1870.

— Lettre à un ami d'Allemagne. — Paris, *Calmann-Lévy*. 1871. In-8°. 50 c.

— (Monsieur) et l'Allemagne. Lettre ouverte d'un Allemand (G. Solling). — Wiesbaden, *Rodrian*. 1879. In-8°, 10 p. 60 pf.
<small>2e édition. — *Voir* STRAUSS.</small>

Renaudin (J. L. C.). — Les Prussiens à Bellême (1870-1871). — Bellême, *Ginoux*. 1880. In-8°, 238 p.

Renaud (Th.). — Zeitgedichte für Volk und Heer. — Stuttgart, *Metzler*. 1871. In-8°, v-68 p.

Renauld (J.). — Guerre de 1870. L'invasion allemande à Charmes-sur-Moselle (Vosges). — Nancy, *Wiener*. 1874. In-8°, 11 p.
<small>*Voir* BRIEL.</small>

Rendez vos comptes. Le gouvernement de la Défense nationale au point de vue du droit. — Paris, *Dentu*. 1871. In-8°. 1 fr.

Rendu (Ambroise). — Souvenirs de la campagne de Paris. — Paris, *Bureaux du Journal de Paris*. 1871. Gr. in-8° à 2 col., 63 p.

— Campagne de Paris. Souvenirs de la mobile (6e, 7e et 8e bataillons de la Seine). — Paris, *Perrin*. 1872. In-12. 2 fr. 50 c.

Renholm (G.). — *Voir* SARCEY.

Renou (Abbé, aujourd'hui archevêque). — Armée du général Chanzy. Histoire de la garde mobile d'Indre-et-Loire. — Tours, *Bouserez*. 1873. In-8°, 48 p.
<small>Colonne Camô, 16e corps.</small>

— Le même. — 1877. In-18 j., 216 p., 2 eaux-fortes.

Renouf (Sydney). — La guerre actuelle, son origine, son caractère, sa fin. — Paris, *Maillet*. 1871. In-8°. 1 fr.

Rentzell (Pr.-Lieutenant von). — Geschichte des ostpreussischen Jäger-Bataillons Nr. 1 von seiner Errichtung bis zur Jetztzeit. Nebst einem Anhang : Die 3. Compagnie des Bataillons im Feldzuge 1870-1871. — Berlin, *Mittler*. 1882. Gr. in-8°, cartes, croquis. 7 m.

— (Hauptmann, Major von). — Geschichte des Garde-Jäger-Bataillons 1808-1888. Nebst einem Anhang : Die 1. Compagnie des 1. Reserve-Jäger-Bataillons im Feldzuge 1870-1871. — *Ib.* 1889. In-8°, ill., cartes et pl. 10 m.

— Le même. 1744-1894. — *Ib.* 1894. In-8°, x-396 p., ill., cartes et pl. 11 m.

Renuoel (J. E.). — Étude sur la décadence intellectuelle et morale de l'armée française. — Paris. 1872. In-8°, 2 fr.

Renz (W. Th.). — Der Spreidade-Verband für Schussfracturen des Oberschenkels. Ein Collegengruss aus dem Reservelazareth zu Wildbad. — *Bei dem Verfasser*. 1871. In-8°.

Replik i anledning af skriften : Kriget emellan Tyskland och Frankrike, af Hazelius ; af—lm—. — Stockholm. 1870. In-8°, 15 p.
  Voir Hazelius.

Repp (F. K.) — Imperator Guilielmus. Vita et res gestæ. — Leipzig, *Rust*. In-12, 24 p. 50 pf.

Réponse d'un Allemand à M. Victor Hugo. — Darmstadt, *Zernin*. 1871. Gr. in-8°, 16 p. 40 pf.

République (La) et la guerre à Besançon, par un patriote comtois. — Besançon, *J. Jacquin*. 1872.

Rességuier (E. de), député. — *Voir* Actes.

— Toulouse sous le gouvernement de la Défense nationale. — Paris, *Germer-Baillière*. 1873. In-4°. 2 fr. 50 c.

Restorff (R. von). — Sedan-Büchlein. Zur 25. Jubelfeier der grossen Siege unseres Volkes im Jahre 1870-1871. — Berlin, *Verlag des christlichen Zeitschriftenvereins*. 1895. In-12, 164 p., ill. 30 pf.
  Fait partie des *Neue Volksbücher* et de la *Kleine Soldaten-Bibliothek*.

Résumé de la défense de Strasbourg en 1870. — *Bulletin*, 2e semestre 1875.

— de l'historique du 29e bataillon de chasseurs à pied. — Castelsarrazin, *Condol*. In-8°, 18 p.

— des opérations de l'artillerie allemande pendant le siège de Belfort en 1870-1871, d'après l'allemand. — *Revue d'artillerie*, mai 1878.

Réthoré (Lieutenant). — Historique du 92e régiment d'infanterie. — Paris, *Charles-Lavauzelle*. S. d. In-8°, ill. 20 fr.

— Historique abrégé du 92e régiment d'infanterie. — *Ib*. 1888. In-32, 95 p. 50 c.

Retournard (Capitaine). — Historique du 4e régiment du génie. — Grenoble. 1889. Lithogr.

Reuss (H.). — Les bibliothèques publiques de Strasbourg, incendiées dans la nuit du 24 août 1870. Lettre à M. Paul Meyer.... — Paris, *Sandoz et Fischbacher*. 1873. In-8°, 23 p.

— (Major L. von). — Begebnisse und Erlebnisse im deutsch-französischen Kriege 1870-1871.... — Landsberg a. L , *Berza*. 1894. In-8°, VII-126 p. 2 m.
  8e batterie du 4e régiment d'artillerie bavarois.

Reuss (Rod.). — A. Schillinger. Souvenirs pour ses amis. Avec des extraits du journal de Schillinger pendant le siège de Strasbourg. — Strasbourg, *Treuttel et Würtz*. 1883. In-8º, XI-292 p. 7 fr. 50 c.

Reuter (Hauptmann). — *Voir* DEFOURNY.

Revanche (La) du droit national. — Genève. 1871. In-8º, 35 p. 75 c.

— à prendre. Des opérations à exécuter pour débloquer Paris. — Paris. 1870. In-18, 34 p.

Réveilhac (P.). — Étapes d'un mobile parisien (roman). — Paris, *Marpon et Flammarion*. 1885. In-16, VIII-187 p., dessins. 10 fr.

Révélations nouvelles. Une page d'histoire régionale dans les Bouches-du-Rhône, le Var, les Basses-Alpes, les Hautes-Alpes, les Alpes-Maritimes et l'Hérault. Six mois de dictature. — Marseille, *Olive*. 1875. In-8º, 464 p. 3 fr. 50 c.
Par Henri OLIVE.

Reybaud (Louis). — La marine au siège de Paris. — *Revue maritime et coloniale*, août 1871.

Reymann's (G. D.) Spezialkarte vom deutsch-französischen Kriegsschauplatz. — Glogau, *Flemming*. 1870. 1/200,000. In-fol., 12 feuilles.

Reymond (M. von). — *Voir* SCHEIBERT (J.).

— (Will.). — La Prusse, la République et les conséquences de la guerre, réponse à Historicus. — Genève, *F. Richard*. 1871. In-8º, 36 p. 75 c.
Voir FRÉDÉRIC-CHARLES.

Reynaud (Jean). — Souvenirs de l'armée de la Loire. Journal de marche du 27ᵉ mobiles (Isère), suivi d'un récit sur les événements de Dijon du 27 au 30 octobre 1870. — Grenoble, *Maisonville*. 1872. In-16, 240 p. 2 fr. 50 c.

Rayner. — Oraison funèbre prononcée à Zurich le 23 février 1871 en l'honneur du général comte Bosak-Hauké. — Zurich, *Schulthess*. 1871. Gr. in-8º, 9 p.

Reyntiens (N.). — Bismarck et Cavour. L'unité de l'Allemagne et l'unité de l'Italie. — Paris. 1875. In-8º. 3 fr. 50 c.

Rezonville. — Documents pouvant servir à l'histoire d'un régiment d'infanterie (55ᵉ de ligne). — Paris, *Bureaux du Spectateur militaire*. 1886. In-8º, 20 p., croquis 1 fr.
Plaquette signée W***. Extrait du *Spect. mil.*

— le 16 août 1870. — *Revue de cavalerie*, août-septembre 1895.

Rheinfels (Doctor). — Die Hyäne des Schlachtfeldes und der Ulan oder die schöne Braut von Strassburg. Eine historische Erzählung. 1870. — Darmstadt, *Verlag und Depot*. 1871. Gr. in-8º, 8 livraisons.

Riant (Député). — Rapport fait au nom de la commission des marchés relativement à l'enquête sur le matériel de guerre. — Versailles, *Cerf*. 1873. In-4°.

Ribeaupierre (Alf. de). — L'Alsace-Lorraine, 1870-1884. — Paris, *Sandoz et Fischbacher*. 1882. In-32. 1 fr. 50 c.

Ribourt (Contre-amiral). — *Voir* GRANCEY.

Richard (Jules) [T. Jules R. Maillot]. — Annuaire de la guerre 1870-1871. — Paris, *Dentu*. 1887-1891. 3 vol. in-8°, à 2 fr.
Ire partie : Armées du Rhin, de Metz et de Châlons. 63 p.
IIe partie : Armées de la défense de Paris. 70 p.
IIIe partie : Armées de province. 97 p.

— En campagne. Tableaux et dessins des grands peintres militaires contemporains : Meissonnier, E. Detaille, A. de Neuville, etc., reproduits en typogravure. Texte par Jules Richard. — Paris, *Boussod et Valadon*. 1885-1886. Pet. in-fol., 2 séries. 8 fr. 50 c., 10 fr. 50 c.
La 1re série est consacrée à de Neuville. — Nouvelle édition. 1893. 20 fr.

Richardet (G.). — *Voir* BADER.

Richaud (J. J.). — Les responsabilités. I. La déclaration de guerre en 1870. II. La mission diplomatique de M. Thiers. — Paris, *Amyot*. 1876. 2 plaq. in-8°, 47 p.... 2 fr.

Riche (Alfred). — Conseils sur la manière de se nourrir dans les circonstances présentes. Conférence faite le 11 novembre 1870. — Paris, *Germer-Baillière*. 1870. In-8°, 16 p.

Richebourg (Émile). — Les francs-tireurs de Paris. — Paris, *Librairie internationale*. 1871. In-18 j., 296 p. 3 fr.

— Honneur et patrie. Nouvelles militaires. — Paris, *Sagnier*. 1875. In-12, 297 p. 3 fr.

Riche-Gardon (L. P.). — Note secrète sur la mission occulte du second empire et sur ses moyens machiavéliques de réalisation par le concours de la Prusse. — Paris, *Jouaust*. 1870. In-8°, 30 p. 1 fr.

Richert (Capitaine C.). — *Voir* CARDINAL VON WIDDERN.

Richter (B.). — Kleine Episoden und Charakterzüge aus dem Leben unseres Kaisers Friedrich III. — Leipzig, Reudnitz, *Verlags-Comptoir*. 1888. In-8°, 72 p. 1 m.

— (Oberstabsarzt C.). — Kriegs-Tagebuch eines Sanitäts-Offiziers beim Stabe des General-Commandos des X. Armee-Corps aus dem Jahre 1870-1871. — Rathenow, *Babenzien*. 1892. In-8°. 5 m.

Richter (E.). — Chirurgie der Schussverletzungen im Kriege, mit besonderer Berücksichtigung kriegschirurgischer Statistik. 1re partie. — Breslau, *Maruschke und Berendt*. 1874-1877. Gr. in-8°, XVI-940 p. 20 m.

— (E.). — Zwölf denkwürdige Schlachten der preussischen Armee. — Oberglogau, *Willemsky*. 1890. In-8°, IV-76 p. 2 m.

Avec une annexe : Die wicht'gsten Märsche der deutschen Armeen im Feldzuge von 1870 und 1871.

Richter (E.) und Jakob (A.). — Patriotische Liederharfe. Der deutsche Volkskrieg gegen den deutschen Erbfeind. — Berlin, *Stubenrauch*; Bielefeld, *Velhagen und Klasing*. 1873. 2 vol. in-16, 194 p. 60 pf.

1re partie. 4e édition. 1876. 25 pf. — 2e partie. 3e édition. 1879. 60 pf.

Richter (F.). — Denkwürdigkeiten aus Louis Napoleons Leben und Regierung. — Hamburg, *Richter*. 1871. In-8°, 370 p. 3 m.

— (Hauptmann). — 5. westfälisches Infanterie-Regiment Nr. 53. Geschichte des Regiments während der ersten 25 Jahre seines Bestehens, 4. Juli 1860 bis 4. Juli 1885..... — Berlin, *Mittler*. 1885. In-8°, portr., croquis, cartes. 9 m.

— (M.). — Ueber den Nationalhass zwischen dem französischen und dem deutschen Volke. Vortrag. — Berlin, *Raub*. 1873. In-16, 67 p.

— [Udo). — *Voir* Diehl.

Rielinger (Pr.-Lieutenant). — Das königlich-bayerische Infanterie-Regiment König [Nr. 1] im Feldzuge gegen Frankreich 1870-1871. — München, *Fritsch*. 1877. In-8°.

Ried (V.). — Fünf Ulanen. Erzählungen aus dem grossen Kriege. — Berlin, *Luckhardt*. 1881. Gr. in-8°, 248 p. 5 m.

Riedt (L.). — Heiteres und Ernstes im Krieg und Frieden aus meinem Soldatenleben. — Saulgau, *Kitz*. 1882. en livr. in-8°, de 32 p. à 25 pf.

3e édition. 1894. In-8°, 317 p. 1 m. En livraisons à 25 pf.

Riencourt (Comte A. de). — Manuel des blessés et malades de la guerre, à l'usage des personnes charitables.... — Paris, *Dumaine*. 1876. In-18. 50 c.

Rieter (F.). — *Voir* R. (F.).

Rindfleisch (G. H.). — Feldbriefe, 27. August 1870-31. März 1871, herausgegeben von Ed. Arnold. — Göttingen, *Vandenhoeck und Ruprecht*. 1891. Gr. in-8°, XVI-236 p., portr., 5 cartes. 4 m.

56. Inf.-Reg. — 4e édition, 1894.

— Recueil de lettres de campagne [1870-1871] (analyse). — *Revue polit. et litt.*, 1893.

Ring (Max). — Die Weltgeschichte ist das Weltgericht. Louis Napoleon Bonaparte. — Berlin, *Allgemeine deutsche Verlagsanstalt*. 1871. In-8°, 2 m.

— (M.). — Sieg der Liebe. Erzählung aus dem Jahre 1870. — Berlin, *Janke*. 1886. In-8°, 127 p.

Rintelen (Hauptmann W.). — Geschichte des Niederrheinischen Füsilier-Regiments Nr. 39... 1818 bis 1893. — Berlin, *Mittler*. 1894. In-8°, XII-536, 98 p., portr., cartes et pl. 12 m. 50 pf.

Riquier (Émile). — Souvenons-nous. Épisode dramatique en trois tableaux, en vers. Préface de F. Coppée. — Paris, *Cerf*. 1888. In-12. 2 fr.

Risler (Ch.) et **Laurent-Athalin** (Gaston). — Neufbrisach, siège et bombardement. — Paris et Nancy, *Berger-Levrault et Cie*. 1881. In-12, carte. 2 fr.

— (Léon). — *Voir* COPIN.

Ristelhueber (P.). — Bibliographie alsacienne, 1870. Chronique de la guerre avec les documents officiels et autres. — Strasbourg, *Noiriel*. 1871. Gr. in-8°, VI-206 p. 3 fr. 60 c.

Ritter (Baron de). — Les Uhlans, drame en cinq actes avec prologue. — Paris, *Amyot*. 1875. In-8°, 289 p. 7 fr. 50 c.

— (C. E.). — Neueste Kriegskarte der Rheinlande, ausgedehnt bis Ulm, Würzburg und Paris. — Würzburg, *Stahel*. 1870. In-fol.

— *Voir* KRIEG, VOR.

Ritterlichkeit (Französische). Eine Episode aus dem Feldzuge 1870-1871. — *Streffleur's*, juillet 1891.

Rittershaus (E.). — Zur Sedan-Feier. — Barmen, *Taddel*. 1875. In-4°, 4 p.

— Die Frauen und Jungfrauen in der Kriegszeit. Drei Lieder. — Barmen, *W. Langewiesche*. 1870. In-8°, 5 p.

— Vorwärts! Nach Paris! Drei Kriegslieder. — Rheydt, *Langewiesche*. 1870. In-8°, 5 p.

Rittweger (Fr.). — Der französisch-deutsche Krieg 1870-1871. — Frankfurt am Main, *Krebs-Schmitt*. 1870-1872. In-4°, 1584 p., plans. 33 livr. à 35 pf. 11 m. 55 pf.

Ritze (Karl). — König Alberts Heldenthaten (Schriften des sächsischen Volksschriften-Verlags). — Leipzig. 1891. In-8°, 47 p. 1 m. 10 pf.

Rive (A. C. de la). — Le condottière Giuseppe Garibaldi en 1870-1871. — Paris, *Savine*. 1892. In-12. 3 fr. 50 c.

Rivier (Th.). — Souhait de bienvenue aux prisonniers français de retour d'Allemagne (avril à juillet 1871). — Paris. 1871. In-12, 12 p.

Rivière (Armand). — Trois mois de dictature en province, le gouvernement de la Défense nationale à Tours. — Paris, *Dentu*. 1871. Gr. in-18 j., 183 p. 2 fr.

Rivières (Général Séré de). — Rapport sur le procès du maréchal Bazaine. — Paris, *Dentu*. 1872. In-18 j. 2 fr.

Voir AFFAIRS, ALMANACH.

Rivinus (Hauptmann von). — Geschichte des 2. posenschen Infanterie-Regiments Nr. 19. — Hirschberg. 1883. In-8°, ill., croquis. 30 pf.

— **(Major von).** — Infanterie-Regiment von Courbière (2 posensches) Nr. 19. — Berlin, *Mittler*. 1891. In-8°, croquis N. d. l. c.

Robert (Ed.). — Souvenirs du siège de Belfort et poésies alsaciennes-lorraines. — Oran, *Perrier*. 1888. In-8°, 394 p.

— **(Camille).** — Rêve étrange de Franz l'Alsacien en 1870, légende fantastique. — Paris, *P. Dupont*. 1884. In-12. 1 fr. 50 c.

— **(Capitaine J. E. A.).** — Voir FRADET.

Robert Alexander. — Voir ROBERTS.

Roberts (Alexander von) [Robert Alexander] und Ziek. — Aus grosser Zeit. Erinnerungen an 1870 und 1871. — Berlin, *Grote*. 1872. In-fol., photogr. 37 m. 60 pf.

Roberts-Randal (H.). — Modern War, or the Campaigns of the First prussian Army 1870-1871. — London. 1871. In-8°, 478 p., 14 sh.

Robillard (Raymond). — Essai sur l'acquisition et la perte du droit de Français, comprenant l'examen du traité du 10 mai 1871, relatif à la cession de l'Alsace-Lorraine.... — Paris, *Thorin*. 1875. In-8°. 5 fr.

Robinet de Cléry. — Les avant-postes pendant le siège de Paris. — Paris, *Palmé*. 1887. In-18, 256 p. 2 fr.

Robinson (C. W.). — Voir WURTEMBERG.

Robinson (G. T.). — The fall of Metz; an account of the seventy Days Siege and of the battles which preceded it. — London. 1871. In-8°, 484 p. 18 sh.

— The betrayal of Metz : being a new and revised edition of the « Fall of Metz ». With a summary of the proceedings of the court martial upon Marshal Bazaine. — London. 1874. In-8°, 378 p. 6 sh.

Robolsky (Dr. Hermann). — Paris während der Belagerung 1870-1871. — Berlin, *Seehagen*. 1872. Gr. in-8°, IV-332 p., pl. 4 m.

Robolsky (Dr. Hermann). — Le siège de Paris, raconté par un Prussien, traduction de W. Filippi. — Paris, *Lachaud*. 1872. In-18, 345 p. 3 fr.

— Die 25 jährigen Gedenktage des Krieges von 1870-1871. — Leipzig, *Gressner und Schramm*. 1895. In-8°, VIII-224 p. 1 m. 50 pf.

3ᵉ édition.

— Drei Kaiser-Album. Leben und Wirken der drei ersten deutschen Kaiser.... — Minden, *Köhler*. 1895. In-4°, 120 p., ill. 1 m.

Rocca (Nonce). — La part des Corses dans la défense nationale (1870-1871). — Paris. 1871. In-8°, 16 p.

Rocca-Serra (De). — Historique du 67ᵉ régiment d'infanterie. — Paris, *Charles-Lavauzelle*. 1889. In-32, 40 p. 50 c.

Petite Bibliothèque de l'armée française.

Rochebrune (O. de). — *Voir* GRIMAUD.

Rochefort (Henri). — Les Aventures de ma vie. — Paris, *P. Dupont*. 1896. In-8°. 2 vol. parus.

1ᵉʳ vol. 11ᵉ édition.

Rochethulon (Mⁱˢ de la), député. — Du rôle de la garde nationale et de l'armée de Paris dans les préparatifs de l'insurrection du 18 mars. Rapport spécial à la commission d'enquête, suivi de pièces justificatives, lettres et relations de la bataille de Buzenval. — Paris. 1872. In-8°.

Voir ENQUÊTE.

Rockschössel's Erinnerungen. Heitere Scenen aus dem Soldatenleben. — München, *Braun und Schneider*. 1871. Gr. in-4°, ill.

Rod (Édouard). — Les Allemands à Paris. — Paris, *Dervaux*. 1880. In-12. 3 fr. 50 c.

Rodd (Rennel). — Frédéric III, le prince héritier, l'empereur. Esquisse biographique publiée sous la direction et avec une introduction de S. M. l'Impératrice Frédéric. — Paris, *Ollendorff*. 1889. In-18, 285 p., grav. 3 fr. 50 c.

— Friedrich III. als Kronprinz und Kaiser. Deutsche Ausgabe von Seb. Hensel. — Berlin, *Asher und Co*. 1888. In-8°, 196 p. 3 m.

11ᵉ édition.

Rode (A.). — Der Gefangene von Sedan oder Erlebnisse eines fürstlichen Abenteurers. — München, *Wagner*. 1871-1872. 3 vol. gr. in-8°, 432, 432, 379 p.

Rodenberg (J.). — Kriegs- und Friedenslieder. — Berlin, *Lipperheide*. 1870. In-16, 76 p. 50 pf.

— Prolog bei dem grossen Concert zum Besten des Landeshilfsvereins, sowie des internationalen Vereins am 3. September 1870. — Dresden, *Meinhold*. 1870. In-4°, 4 p.

Rodrigues (Edgard). — Le casque prussien. Souvenirs anecdotiques de la guerre de 1870-1871. — Paris, *Lachaud*. 1871. In-18, 229 p. 3 fr.

— Blocus de Paris. Opérations militaires de la 2e armée et marches de l'escadron Franchetti. — Paris, *Lentu*. 1872. In-18, 259 p. 2 fr.

— Les volontaires de 1870. — Paris, *Calmann-Lévy*. 1874. In-18 j., 235 p. 3 fr. 50 c.

Rodrigues. — Moyen le plus sûr de chasser les Prussiens de notre territoire. — Toulouse. 1871. In-12, 28 p.

Röber (Otto). — Die Jäger des Todes. Eine friedliche Kriegserinnerung aus dem Jahre 1870-1871. — Braunschweig (*Bock und Co.*). 1894. In-12, 56 p. 50 pf.

Rödelius (Doctor A.). — *Voir* PROPHEZEIUNG.

Röder (Pr.-Lieutenant F.). — Geschichte des 4. Jägerbataillons und seiner Stammtruppen, nunmehr 3. Bataillon des 19. Infanterie-Regiments, vom 27. Januar 1791 bis zum 10. October 1890. Mannschafts-Ausgabe. — Landshut an der Isar, *Rietsch*. 1890. In-8º. 1 m. 60 pf.
3e édition. Erlangen, *Tb. Bläsing*. 1896. xii-501 p., portr., ill. et croq. 2 m. 50 pf.

Roë (Art) [pseudonyme]. — L'assaut de Loigny, 2 décembre 1870. — *Revue des Deux-Mondes*, 1er décembre 1894.

Römer (M.). — Strassburg und Zürich in den Jahren 1576 und 1870. — Zürich (*Schulthess*). 1884. In-8º, 39 p. 1 m.

Rönneberg (Pr.). — *Voir* WILHELM.

Rössler (Hauptmann von). — 1. nassauisches Infanterie-Regiment Nr. 87. Geschichte des Regiments und seines Stamm-Regiments, des herzoglich-nassauischen 1. Infanterie-Regiments, 1809-1874. — Berlin, *Mittler*. 1882. In-8º, cartes et pl. 6 m.

— Vergleich des Feldzuges 1809 am Tajo mit den Kämpfen 1870-1871 an der Loire.... — Berlin, *Mittler*. 1888. In-8º, croquis. 1 m.
Supplément du *Militär-Wochenblatt*.

— (Doctor Constantin). — Graf Bismarck und die deutsche Nation. — Berlin, *Mittler*. 1871. Gr. in-8º. 1 m.
Extrait de la *Zeitschrift für preussische Geschichte und Landeskunde*.

Rössler. — Besprechung des Sybelschen Werkes. — *Preuss. Jahrbücher*, janvier 1895.
Voir SYBEL.

Röttig (Doctor Julius). — 1813-1815 und 1870-1871. Rede. — Zeitz, *Huch*. 1871. In-8º, 15 p.

Rogat (Albert). — Les hommes du 4 septembre devant l'enquête parlementaire. — Paris, *Lachaud et Burdin*. 1874. In-12. 3 fr.

Rogeron (Louis) — Quatre mois en campagne, souvenirs d'un Provinois du 2º régiment de marche de Seine-et-Marne (armée de la Loire). — Provins, *Lebeau*. 1873. In-12, 140 p. 1 fr.

— Provins pendant l'invasion (1870-1871) — Provins, *Vernant*. 1885. In-8º, IV-104 p., grav. 2 fr. 50 c.

Rogalla von Biberstein. — *Voir* DARIMON.

Rogge (A.). — Eugenie von Montijo auf dem Thron Frankreichs. Historisch-romantische Zeitgemälde. — Berlin, *Beuckert und R*. 1871. In-8º, 518 p., en livraisons à 30 pf.

— (Hof- und Garnisonsprediger Dr. B.). — Die evangelischen Feld- und Lazareth-Geistlichen der königlich-preussischen Armee im Feldzuge von 1870-1871. Nach eigenen Erlebnissen und amtlichen Berichten. — Berlin, *Raub*. 1873. Gr. in-8º, XXI-439 p.

— Gott war mit uns, Ihm sei die Ehre. Eine Sammlung von Predigten und Reden im Feldzuge von 1870-1871 gehalten. — *Ib*. 1872. In-8º. 1 m. 20 pf.

— Der Herr ist nahe. Predigt gehalten den 18. Dezember 1870 in der Schlosskirche zu Versailles. — *Ib*. 1871. Gr. in-8º, 14 p.

— Der Prinz Feldmarschall Friedrich Karl von Preussen. — Berlin, *Mittler*. 1885. In-8º, portr. 1 m.

— Kaiser Wilhelm der Siegreiche. Sein Leben und seine Thaten. — Bielefeld, *Velhagen und Klasing*. 1889. In-8º, V-481 p., ill.

— Ein Rückblick auf die 25 jährige Regierungszeit des Kaisers und Königs Wilhelm I. — Barmen, *Wiemann*. 1886. In-8º, 31 p. 50 pf.

— Kaiserbüchlein 1797-1888. Zur Erinnerung an Deutschlands Heldenkaiser Wilhelm I. — *Ib*. 1888. In-8º, 114 p., ill. 50 pf.

— Generalfeldmarschall Graf Moltke. Ein Lebensbild. — Wittenberg, *Herrosé*. 1890. In-8º, 63 p., ill. 50 pf.

— Friedrich der Dritte, deutscher Kaiser und König von Preussen. Ein Lebensbild. — Leipzig, *Hirts*. 1888. In-8º, 167 p., ill. 2 m. 25 pf. 2ᵉ édition.

— Fürst Bismarck, der erste Reichskanzler Deutschlands. — Hannover, *C. Meyer*. 1895. In-8º, IV-68 p. 50 pf.

— Sedan-Büchlein. Gedenk- und Festgabe.... — Dresden, *Thiele*. 1895. In-8º, 160 p., 75 pf.

— Bei der Garde. Erlebnisse und Eindrücke aus dem Kriegsjahre 1870-1871. — Hannover, *C. Meyer*. 1895. In-8º, VIII-182 p. 4 cartes. 2 m. 50 pf.

Rohault de Fleury (H.). — Souvenirs de 1870-1871. — Paris, *imp. Levé*. 1891. In-8º, 266 p.

Rohde (F.). — Kaiser Wilhelm der Erste oder Barbarossa's Erlösung. — Leipzig, *Friedrich*. 1880. In-8°, 263 p. 3 m.

Rohr (Pr.-Lieutenant von). — Oldenburgisches Infanterie-Regiment Nr. 91. Abriss der Geschichte des Regiments. — Berlin, *Mittler*. 1884. In-8°, portr., croquis. 75 pf.

3e édition. 1895.

— (Rittmeister H. von). — Geschichte des 1. Garde-Dragoner-Regiments. — Berlin, *Mittler*. 1885. In-8°, ill., cartes, pl. 60 m.

— (Major H. von). — Geschichte des 1. Garde-Dragoner-Regiments (Königin von Grossbritannien und Irland) 1815-1891. — Berlin, *Luckhardt*. 1891. In-8°, XIII-153 p., portr. 2 m.

2e édition.

Rohrbach (C.). — Wofür wir kämpfen. — Gotha, *Windaus*. 1870. In-8°, 52 p.

Roiffé (Capit. E.). — L'obéissance passive dans l'armée : 18 brumaire, 2 décembre 1851 ; 29 octobre 1870 à Metz ; le traître Bazaine. — Nancy, *Crépin-Leblond*. 1885. In-16, 207 p. 2 fr.

Voir R. (E.).

Roland (A.). — Les Prussiens à Rouen (1870-1871). — Rouen. 1871. In-8°, 47 p.

Rôle des divisions de cavalerie allemande du 8 août au 1er septembre 1870, par un officier de cavalerie. — Paris, *Baudoin*. 1894. In-8°. 1 fr. 25 c.

Extrait du *Journal des Sciences militaires*.

Rolin (L.), ancien officier. — La guerre dans l'Ouest. — Paris, *Plon*. 1874. In-8°, 410 p., carte. 6 fr.

Rolin-Jacquemyns (G.). — La guerre actuelle dans ses rapports avec le droit international. — Berlin, *Putlkammer*. 1871. Gr. in-8°, 81 p. 2 m.

— Second essai sur la guerre franco-allemande dans ses rapports avec le droit international.... — *Ib*. 1872. Gr. in-8°, 102 p. 2 m.

Ces deux ouvrages sont extraits de la *Revue internationale et de législation comparée*.

— De la manière d'apprécier, au point de vue du droit international, les faits de la dernière guerre. Réponse à MM. Griolet, Morin, etc. — Bruxelles, *Muquardt*. 1872. In-8°. 1 fr.

Rolla (Ph.). — L'effondrement de l'empire. Paris avant le siège (du 6 août au 4 septembre 1870). — *Voir* AVANT, SIÈGE.

Rolland (J.). — Portraits militaires. Le général Ducrot. — Paris, *Giraud*. 1871. In-32, 28 p.

Roller. — Ha—Milchana We—Ha—Mazor (La guerre franco-allemande, en langue hébraïque). — Amsterdam. 1878. In-8°.

Rollin (Maurice). — Aux Allemands. Coups de fouet; ïambes et satires — Paris. 1872. In-12. 75 c.

Romagny (Lieutenant Charles). — 1870-1871. Tableau memento-chronologique des événements avec notices explicatives. — Paris, *Baudoin*. 1891. In-8º. 1 fr. 50 c.

— **(Capitaine Charles).** — Guerre franco-allemande de 1870-1871. — Paris, *Charles-Lavauzelle*. 1892. Gr. in-8º, atlas. 10 fr.

Roman (J.), ancien officier de ce bataillon. — Le bataillon des mobiles des Hautes-Alpes (20 août-26 mars 1871). — Gap, *Jouglard*. 1872. In-8º, 67 p.

Romberg (Doctor) — Gott mit uns! Acht Predigten und zwei Ansprachen während des französischen Krieges. — Wittenberg, *Kœlling*. 1870. In-8º, VII-112 p. 1 m. 50 pf.

Rome (E. F.). — Histoire de la guerre entre la France et la Prusse (1870-1871). Histoire de la Commune. — Paris, *Librairie des Communes*. 1871. In-8º, 416 p. 7 fr.
12ª édition. 1872. 512 p.

Rommel (E. A.) — Das deutsche Reich 1871. — Leipzig, *Priber*. Gr. in-fol., chromol.

Roncière-le-Noury (Vice-amiral baron de la). — La marine au siège de Paris, d'après les documents officiels. — Paris, *Plon*. 1872. In-8º, XIX-611 p., 8 pl. et cartes. 10 fr.

Ronjat (J.). — La guerre de 1870. Organisation militaire. Conférence. — Vienne, *Timon*. 1873. In-12, 31 p.

Roo van Alderwerelt (J. K. H. de). — De ondergang van het tweede keizerrijk. — Schiedam. 1876. In-8º, 745 p. 2 cartes, 9 pl. 8 fl. 40 cts.

Roon (General-Feldmarschall A., Graf von). — Ein kurzes Lebensbild. — Gütersloh, *Bertelsmann*. 1888. In-8º, 107 p. 80 pf.

— **(W.-von).** — Denkwürdigkeiten aus dem Leben des General-Feldmarschall Kriegsministers Grafen von Roon. — Breslau, *E. Trewendt*. 1892. Gr. in-8º, XVI-502 et XII-764 p., 2 portr. 22 m.
3ª édition.

Roor (Hauptmann Jürgen). — Gott mit uns! Feldzugs-Erinnerungen von 1870. — Berlin, *Evang. Vereins-Buchhandl*. 1894. In-12, 80 p. 40 pf.
Kleine Soldatenbibliothek.

— Humor im Kriege. — *Ib.* 1894. In-12, 80 p. 40 pf.

Roque (De la). — *Voir* KLUTSCHNAK.

Roscher (W.). — *Voir* VORTRAGE.

Rose (Professor Doctor Edm.). — Der Züricher Hilfszug zum Schlachtfeld bei Belfort. Bericht. — Zürich, *Schmidt*. 1871. Gr. in-8°, 40 p. 75 pf.

Rossel (Capitaine, puis colonel L. N.), délégué à la défense de la Commune de Paris. — La capitulation de Metz. — Paris, *Ghio*. 1871. In-8°. 50 c.
Extrait de l'*Indépendance belge* du 4 novembre 1870.

— La défense de Metz et la lutte à outrance. — Paris, *Le Chevalier*. 1871. In-8°, 60 p. 75 c.

— Les derniers jours de Metz. — Paris, *Ghio*. 1871. In-8°. 50 c.

— Histoire de la capitulation de Metz.
Voir Histoire.

— La capitulation de Metz ; les derniers jours de Metz ; 2 plaquettes in-8° de 15 p. — France et Belgique, *tous les libraires*. 1871. 2 fr.

— Papiers posthumes recueillis et annotés par J. Amigues. [Capitulation de Metz, mon évasion. Gouvernement de Tours. Camp de Nevers. Mon rôle sous la Commune.] — Paris. 1871. In-8°.

Roswag (Capitaine H.). — Résumé des opérations de l'artillerie allemande pendant le siège de Mézières en 1870. — Nancy et Paris, *Berger-Levrault et Cie*. 1880. In-8°, cartes, 36 p., 2 pl. 1 fr. 50 c.
Extrait de la *Revue d'artillerie*.

— Histoire du siège de Mézières en 1870, d'après le lieutenant-colonel Spohr. — *Bulletin*, 2° sem. 1879.

— (Lieutenant-colonel H.). — Historique du 13° régiment d'artillerie. — Paris, *Charles-Lavauzelle*. 1891. In-8°. 3 fr. 50 c.

— Le même. — *Ib.* 1891. Gr. in-8°. 5 fr.
Voir Brunner, Wagner.

Rotenhahn (Freiherr von). — Die neuere Kriegsgeschichte der Cavallerie vom Jahre 1859 bis heute. I. Periode, 1859 bis 1870. II. Periode, 1870 bis jetzt. — München, *C. Franz*. 1891. 2 vol. in-8°, 503 p. 5 m. 50 pf.

Roth (Hauptlehr. F. A.). — Aus dem Tagebuche eines freiwilligen Unteroffiziers des 5. badischen Infanterie-Regiments im Feldzuge 1870-1871. — Karlsruhe, *Reiff*. 1895. In-8°, x-200 p., cartes. 1 m. 20 pf.
Badener im Feldzug 1870-1871.

Rothan (G.), ancien ministre plénipotentiaire. — Souvenirs diplomatiques. Les origines de la guerre de 1870. La politique française en 1866. — Paris, *Calmann-Lévy*. 1879. In-8°, 486 p. 7 fr. 50 c.

— Le même. — *Ib.* 1879. In-18 j. 3 fr. 50 c.

— Souvenirs diplomatiques. L'affaire du Luxembourg. Le prélude de la guerre de 1870. — *Ib.* 1882. In-8°. 7 fr. 50 c.

Rothan (G.). — Le même. — Paris, *Calmann-Lévy*. 1883. 2 vol. in-18 j. à 3 fr. 50 c.

— Souvenirs diplomatiques. L'Allemagne et l'Italie (1870-1871). I. L'Allemagne. II. L'Italie. — *Ib.* 1884-1885. 2 vol. in-8° à 7 fr. 50 c.

— Le même. — *Ib.* 1885. 2 vol. in-18 j. à 3 fr. 50 c.

— Souvenirs diplomatiques. La France et sa politique extérieure en 1867. — *Ib.* 1887. 2 vol. in-8°, VII-420 et 470 p. 15 fr.

— Le même. — *Ib.* 1888. 2 vol. in-18 j. à 3 fr. 50 c.

— Souvenirs diplomatiques. La Prusse et son roi. — *Ib.* 1888. In-18 j. 3 fr. 50 c.

— Les relations de la France et de la Prusse de 1867 à 1870. — *Revue des Deux-Mondes*, 1886.

Rothwiller (Baron, major, aujourd'hui général). — Histoire du 2ᵉ régiment de cuirassiers, ancien Royal de cavalerie (1635-1876). — Paris, *Plon*. 1876. In-8°. 10 fr.

Rouffiac (J.). — Souvenirs historiques sur le siège de Paris et le commencement de la Commune.... — Paris, *Bénard*. 1871. In-16, 173 p. 1 fr. 50 c.

Rougemont (Frédéric de). — La chute d'une idole. Page de l'histoire contemporaine. — Bâle, *H. Georg*. 1871. Gr. in-8°, 79 p. 1 m.

— Der Fall eines Götzen. Ein Blatt aus der Geschichte der Gegenwart. Deutsche autorisirte Ausgabe von Doctor Friedrich Marschmann. — *Ib.* 1871. Gr. in-8°. 1 m. 20 pf.

— Les défenseurs de l'idole. Faisant suite à la chute d'une idole. — *Ib.* 1873. Gr. in-8°, 29 p.

— Les conseillers bénévoles du roi Guillaume. — *Ib.* 1870. Gr. in-8°. 1 m.

— Die wohlwollenden Rathgeber des Königs Wilhelm. Aus dem Französischen von C. A. K. — Gütersloh, *Bertelsmann*. 1871. Gr. in-8°. 1 m.

Rouher (Eugène), ancien ministre. — Réponse à M. le duc d'Audiffret-Pasquier. Séances de l'Assemblée nationale des 21 et 22 mai 1872. — Paris, *P. Dupont*. 1872. In-16, 92 p. 40 c.

Roulin (Capitaine). — Historique du 103ᵉ régiment d'infanterie de ligne. — Paris. 1875. In-8°.

— (Lieutenant-colonel, colonel). — Le 125ᵉ régiment d'infanterie. Origine, campagnes, uniformes, drapeaux, personnel, etc. — Orléans, *Herluison*; Paris, *Charles-Lavauzelle*. 1890. In-8°, 360 p., ill., planches. 6 fr.

Rouquette (G.). — Aux mobiles toulousains de Belfort. — Toulouse. 1872. In-12, 35 p.

— (Jules). — Gambetta. — Paris. 1873. In-16. 50 c.
Nouvelle édition.

Rousse (Edmond), de l'Académie française. — Discours, plaidoyers et œuvres diverses recueillis par Fernand Worms, avocat. — Paris, *Larose et Forcel*. 1884. In-8°.

Siège de Paris.

Rousseau (Mme). — *Voir* HENTY.

Roussel (Auguste). — Souvenirs du siège, le 18e bataillon de la garde nationale aux tranchées. — Paris, *Lainé*. 1871. In-18, 81 p.

— (Sœur Marie Vincent). — Histoire des événements les plus remarquables qui se sont passés à Saint-Denis pendant le siège de Paris. — Privas, *Roure*. 1871. In-8°, 83 p. 1 fr. 50 c.

Rousserie (F.). — *Voir* PAQUER.

Rousset (Camille), de l'Académie française. — L'armée de Metz. — *Revue des Deux-Mondes*, 15 juillet 1892.

— (Commandant L.). — Les combattants de 1870-1871. Épisodes héroïques. — Paris, *Librairie illustrée*. 1892. In-8°, xv-368 p., ill. 3 fr. 50 c.

— Les combattants de 1870-1871. Histoire complète de la guerre franco-allemande, préface du général Thoumas. — Paris, *Librairie illustrée*. 1893-1895. En 236 livr. in-4°, 1884 p., ill., cartes, plans, à 10 c. 25 fr.

— Histoire générale de la guerre franco-allemande. 1870-1871. — *Ib*. 1895-1896. 6 vol. in-8°, cartes, plans, à 7 fr. 50 c.

    T. I. L'armée impériale. Déclaration de guerre, campagne d'Alsace, campagne de Lorraine. VIII-429 p., pl.

    T. II. L'armée impériale. Campagne de Lorraine (*suite*). Campagne des Ardennes, le blocus de Metz. 552 p., 5 pl.

    T. III. Le siège de Paris. Les sorties, le bombardement, l'armistice. 446 p., 5 cartes.

    T. IV. Les armées de province. La première armée de la Loire, la guerre dans la Beauce, Coulmiers, Beaune-la-Rolande, Orléans. 436 p., cartes.

    T. V. Les armées de province. La deuxième armée de la Loire. Vendôme, Le Mans. Campagne du Nord, Amiens, Rouen et l'Hallue, Péronne et Bapaume, Saint-Quentin. 366 p., cartes.

    T. VI. Les armées de province. Campagne de l'Est. La guerre dans les Vosges. La guerre en Franche-Comté. La guerre en Bourgogne. Villersexel, la Catastrophe. Les opérations maritimes. Les places fortes. Conclusions. 376 p.

Roussilhe (A.). — Invasion allemande. Indemnité due par l'État pour les dommages causés par la guerre ou la défense. — Paris, *Redortier*. 1872. In-18 j., 144 p. 2 fr. 50 c.

Rouvet (M.). — Viollet-le-Duc et Alphand au siège de Paris (1870-1871). — Paris, *Librairies-Imprimeries réunies*. 1892. In-8°, 351 p. 3 fr. 50 c.

Rouvier (Le R. P. F.), S. J. — Devant l'ennemi. — Paris, *Retaux*. 1893. In-8°, 348 p., grav. 6 fr.
<small>15ᵉ mille. 1896. — *Voir* Avesnes.</small>

Roux (A.). — Souvenirs de l'invasion à Nemours 1870-1871. — Paris, Nemours, *Gervais-Huot*. 1877. In-8°, 239 p. 2 fr.

— (Eugène). — L'inauguration du monument commémoratif érigé au lycée de Périgueux en l'honneur des élèves morts pour la défense du pays pendant la guerre de 1870-1871. — Périgueux. 1876. In-8°, 32 p.

— (Ingénieur Louis). — La poudre pendant le siège de Paris. — Paris, *E. Lacroix*. 1872. In-8°. 1 fr.
<small>Extrait des *Annales du génie civil*, novembre 1871.</small>

— (Paul). — Album du siège de Paris (20 pl.). — Paris, *chez l'auteur*. 1872. 25 fr.

Rouy (Henri). — Sedan pendant la guerre et l'occupation 1870-1873. — Sedan, *J. Laroche*. 1879. In-8°.

Rovel (J. J.). — Examen de conscience d'un artilleur. — Alger, *Saint-Lager*. 1872. In-8°, 180 p. 5 fr.

Rovenhagen (L.). — Deutschlands Erhebung unter Preussens Führung. — Aachen, *Jacobi*. 1872. In-16, 48 p. 1 m. 20 pf.

Roy (Albert Le). — Le Havre et la Seine-Inférieure pendant la guerre 1870-1871. — Le Havre, *Roquencourt*. 1877. In-8°, 255 p.

— Le même, augmenté de nombreux documents et d'un récit du combat de Buchy, par l'amiral Mouchez. — Paris, *Labure*. 1887. In-8°, XXI-470 p., pl., portr. 8 fr.

Roy (Berthold). — Kind, Jüngling, Mann. Selbsterlebtes aus Kriegs- und Friedenszeiten 1840-1871. — Berlin, *Liebel*. 1895. In-8°, XVI-363 p. 3 m. 50 pf.

— Zwei Sedanfeste. Vaterländisches Spiel in 3 Aufzügen. — *Ib.* 1894. In-8°, VII-71 p. 3 m.

— Bilder aus Preussens und Deutschlands neuester Geschichte (1861-1871). Vaterländisches Spiel. — *Ib.* 1884. In-8°, 23 p. 1 m.

Roy (L. H. J. Le) de Kéraniou. — Libération du territoire. — Paris, *Guillaumin et Cⁱᵉ*. 1872. In-8°. 1 fr. 25 c.

Royé (Lieutenant). — *Voir* Faivre d'Arcier.

Ruble (Baron Alphonse de). — L'armée et l'administration allemandes en Champagne. — Paris, *Hachette*. 1872. In-18, 279 p. 2 fr.

Rudloff (Pfarrer G.). — Zum inneren Frieden. Stunden der Erbauung für die Christenwelt. — Gera, *Kanitz*. 1871. In-8°, 1er vol., VIII-226 p.

Rue (A. de la). — Sous Paris pendant l'invasion. 500,000 Prussiens ; 45,000 prisonniers français (1870-1871). — Paris, *Furne, Jouvet et Cie*. 1872. In-18 j., 496 p. 4 fr.

Rübsam (H.). — In französischer Kriegsgefangenschaft. Ein Erinnerungsblatt an 1870-1871. — Salzungen (Leipzig, *Opitz*). 1888. In-8°, 63 p. 50 pf.

Rückblick auf die Kämpfe vor Belfort im Januar 1871. Der kleine Krieg am Oberrhein im September 1870. — *Allg. Mil.-Zeit.*, 1890.

Rückblicke (Taktische) auf die Schlachten des deutsch-französischen Krieges mit besonderer Berücksichtigung der Verwendung der Artillerie. — *Militär-Wochenblatt*, 1889.

— (Taktische) auf die Schlachten des deutsch-französischen Krieges mit besonderer Berücksichtigung der Artillerie. — *Jahrbücher*, 1890-1891.

— auf die inneren bayerischen Heerverhältnisse wänrend des deutsch-französischen Krieges 1870-1871. Darstellung aus der bayerischen Kriegs- und Heeresgeschichte, bearbeitet vom k.-b. Generalstabe. — München, *J. Lindauer*. 1893-1894. En livr. in-8°, croquis, à 3 m.
<small>Darstellungen aus der bayerischen Kriegs- und Heeres-Geschichte.</small>

— auf den Loire-Feldzug von 1870. — *Allg. Mil.-Zeit.*, nos 6-13, 1878.

— auf den Feldzug 1870-1871 in Bezug auf die Gesundheits- und Krankenpflege der Pferde. — *Streffleur's*, avril 1890.

Rückzug (Der) des 13. französischen Corps von Mézières nach Paris vom 2. bis 9. September 1870. — *Deutsche Heeres-Zeitung*, nos 1-5, 1894.

Rüdgisch (Hauptmann von). — Plan von Colombey und des Gefechtsfeldes des VII. Armee-Corps am 14. August 1870. — Berlin, *Schropp*. 1875. 1/80,000. 4 feuilles, lith. color., imp. in-fol. 5 m.

Rüdiger (M.). — Zwei Tage aus grosser Zeit. Aufführungen für Jungfrauenvereine. — Cöthen, *Evang. Vereinshaus*. 1895. In-12, 20 p. 40 pf.

Rueffer (Fr.). — Vom deutsch-französischen Krieg bis zur Gegenwart. 25 Jahre deutscher Geschichte in Gedichten. — Leipzig, *chez l'auteur*. 1895. In-8°, IV-116 p. 2 m.

Rüling (Doctor L. B.). — Drei Predigten aus der Kriegszeit. « Mene, mene, tekel ! » « Du deutsches Volk, schäme dich des Evangeliums von Christo nicht ! » « Vorwärts ! » Am ausserordentlichen Busstage und am 11. und 14. Sonntage nach Trinitatis 1870 in der evangelischen Hofkirche zu Dresden gehalten. — Dresden, *Naumann*. 1871. Gr. in-8°, 44 p.

Rümly (Peter). — Die Töchter des Justizrats. Eine Familiengeschichte aus den Kriegsjahren 1870-1871. *E. Heitmann*. 1893. In-8°, 317 p. 4 m.

Rüstow (Colonel W.). — Der Krieg n die R... ,renze 1870, politisch und militärisch dargestellt. — .ch, *Schulthess*. 1870-1871. Gr. in-8°, 913 p., cartes et pl. 15 m.

— Guerre des frontières du Rhin (1870-1871), traduit de l'allemand par le colonel Savin de Larclause. — Paris, *Dumaine*. 1871. 2 vol. in-8°, 863 p., cartes. 16 fr.

2e édition. 1873. 749 p., 8 cartes. 10 fr.

— Voina 1870-1871 gg. za reinskouiou granitsou, Perev s. nem 21. — San Peterbourg. 1871. In-8°.

— The War of the Rhine frontier 1870-1871. Translated by J. L. Needham. — London, *W. Blackwood and Sons*. 1871-1872. 3 vol. in-8°, cartes. 1 £. 11 sh. 6 d.

— De Duitsch-Franche oorlog van 1870-1871. Uit het Hoogdutch door H. M. F. Landolt en E. H. Brouwer. — Haarlem. 1872. In-8°, 456 p., cartes et pl. 11 fl. 50 cts.

— Storia politica e militare della guerra Franco-Germanica del 1870-1871. Traduzione italiana. — Milano. 1872. In-8°, 800 p., cartes. 15 l.

— Die Lehre vom Gefecht aus den Elementen neu entwickelt für die Gegenwart und nächste Zukunft. — Stuttgart, *Meyer und Zeller*. 1875. In-8°, VIII-703 p.

— Die Feldherrnkunst des 19. Jahrhunderts. — Zürich, *Schulthess*; Berlin, *Eisenschmidt*. 1878-1879. 2 vol. gr. in-8°. 18 m.

3e édition.

— L'art militaire au XIXe siècle. Stratégie, histoire militaire (1792-1815, 1815-1878). Traduit par le général Savin de Larclause. — Paris, *Baudoin*. 1882. In-8°, 2 vol., pl. 15 fr.

— Strategie und Taktik der neuesten Zeit. — Stuttgart, *Meyer und Z*. 1872-1875. 3 vol. in-8°, 1476 p. 21 m. 50 pf.

— L'art militaire au XIXe siècle. Études stratégiques et tactiques sur les guerres les plus récentes (1866-1870). Même traducteur. — Paris, *Dumaine*. 1875-1880. 3 vol. in-8°, pl. 21 fr.

— L'art militaire au XIXe siècle. Tactique générale avec des exemples à l'appui. Même traducteur. — *Ib*. 1872. In-8°, 12 pl. 10 fr.

— L'art militaire au XIXe siècle. La petite guerre. Même traducteur. — *Ib*. 1875. In-8°. 5 fr.

2e édition.

Rüstow (Colonel W.). — Die Schlacht bei Vionville und Mars-la-Tour, 16. August 1870. — Zürich. 1874. In-8°, pl. 2 fr. 50 c.
Voir BONT.

Ruffler (Ed.). — Der deutsch-französische Krieg im Jahre 1870. Politisch-strategisch dargestellt. — Prag, *Bartel*. 1872-1873. Gr. in-4°, ill., en livraisons à 40 pf.

— Das Geheimniss des Sieges. Historischer Roman, 1870-1871. — Schleiz, *Hübscher*. 1871. En livraisons in-8°.

— La guerre du second empire contre l'Allemagne. Lettres critiques. — Prag, *Skripovsky*. 1873. In-8°.

Ruhmeshalle (Deutsche). Sammlung von Heldenthaten und Bravourstücken unserer Brüder aus dem Kampfe 1870-1871. — Berlin. 1871. In-8°, 40 p. 25 pf.

Ruhmestage (Deutschlands) 1870-1871. In Schilderungen von Mitstreitern. — Rathenow, *Babenzien*. 1895. In-8°. 40 livr. à 40 pf.

Ruith (Oberstlieutenant) und **Ball** (Pr.-Lieutenant). — Kurze Geschichte des königlich-bayerischen 3. Infanterie-Regiments Prinz Karl von Bayern. — Ingolstadt. 1890. In-8°. 2 m. 50 pf.

Rullmann (Waldemar). — Deutschlands Erhebung gegen den Erbfeind im Jahre 1870. Dem deutschen Volke erzählt. — Leipzig, *Kormann*. 1871. Gr. in-8°, 147 p. 50 pf.

Runge (G). — So geht es her im Kriege! Episoden aus dem glorreichen Feldzuge 1870-1871. Schauspiel. — Paderborn, *F. Schöningh*. 1895. In-12, 82 p. 60 pf.

Runze (F. W.). — Deutschlands grosse Zeit 1870-1871 in lebenden Bildern. Erfurt, *Bartholomäus*. 1895. In-8°, 34 p. 1 m.
Deutsche Festspiel-Halle.

Ruperti (J.). — Vom heiligen Kriege. Predigt. — Stade, *Schaumburg*. 1870. In-8°, 21 p. 25 pf.

Rupp (J.). — Ueber Friedensfeste. — Königsberg, *Braun und W*. 1873. In-8°, 16 p.

— Die Heimkehr des Vermissten. Eine Erzählung aus dem deutschen Nationalkriege. — Wolfenbüttel, *Zwissler*. 1876. In-8°, 53 p. 60 pf.

— Le même. — *Ib.* 1877. In-8°. 1 m.
Volksbücher.

Ruppertsberg (Oberlehr. A.). — Saarbrücker Kriegschronik. Ereignisse in und bei Saarbrücken und St. Johann, sowie am Spicherer Berge 1870. — Saarbrücken, *Klingebeil*. 1895. In-8°, 268 p., ill. 5 m. (8 livr. à 50 pf.).
Édition populaire. 3 m.

Rupprecht (Oberstabsarzt Ludwig). — Militärärztliche Erfahrungen während des Krieges 1870-1871. — Würzburg, *Stabel*. 1871. Gr. in-8°, 121 p., cartes. 2 m. 40 pf.

Russel (William H.). — My Diary during the last great war. — London. 1873. In-8°, 580 p. 7 sh. 6 d.

— Min Dagbog fra den sidste store krig [1870-1871]. — Kjöbenhavn. 1877. In-8°.

— Kriegstagebuch mit Genehmigung des Verfassers bearbeitet von Max Schlesinger. — Leipzig, *Hirzel*. 1874. In-8°, VIII-208 p. 3 m.

Russel-Killough. — Angleterre et France. — Paris, *Douniol*. 1871. In-8°, 64 p.

Russland und Deutschland von ***. — Berlin, *C. Duncker*. 1871. Gr. in-8°. 50 pf.

S

S. (E. von). — *Voir* Sydow.

S. (G.). — *Voir* Bis auf's Messer.

S. (H. von). — Geschichte der beiden königlich-sächsischen Grenadier-Regimenter, 1. (Leib-) Grenadier-Regiment Nr. 100 und 2. Grenadier-Regiment Nr. 101 Kaiser Wilhelm, König von Preussen. — Dresden, *Höckner*. 1877. Gr. in-8°. 5 m. 50 pf.

S. (K. von). — *Voir* Bonie.

S. (X.). — *Voir* Considérations.

Sachsensöhne (Die) in Frankreich, von einem Laienauge, zur Feier der Rückkehr der sächsischen Armee. — Wien, *Herzfeld und Bauer*. 1871. Gr. in-8°, 31 p. 50 pf.

Sacré (Louis). — *Voir* Noir.

Sämmtliche Depeschen und Proklamationen vom deutsch-französischen Kriege 1870 und 1871. — Löwenberg, *Köhler*. 1871. Gr. in-8°. 60 p.

— telegraphische Kriegsbotschaften aus den deutschen Hauptquartieren 1870-1871. — Breslau, *Korn*. 1871. In-8°, 140 p.

Sænger. — Rede am ausserordentlichen Bettage vor dem deutsch-französischen Kriege, den 27. Juli 1870 im Israeliten-Tempel zu Hamburg gehalten. — Hamburg, *Hoffmann*. 1870. In-8°, 13 p.

Sängerkranz (Deutscher) — Auswahl der besten und beliebtesten Kriegs- und Vaterlandslieder. — Schwiebus, *Wagner*. 1870. In-32, 48 p.

Sage (Maurice Le). — Les maires et les écoles pendant le siège. — Paris, *Douniol*. 1871. In-8°, 15 p. 40 c.

Sahlbach (Heinrich). — Württembergs Antheil an dem Kriege gegen Frankreich nebst den Staatsverträgen mit dem ehemaligen Norddeutschen Bund und den amtlichen Verlustlisten der königlich-württembergischen Felddivision. — Stuttgart, *Müller*. 1871. Gr. in-8°, 90 pf.

Sahler (G.). — L'armée des Vosges. Réponse au discours de M. l'abbé Besson, à Héricourt. — Besançon, *imp. Roblot*. 1872. In-8°, 35 p, plan. 50 c.

Saint (L. Le). — Histoire de la guerre entre la France et la Prusse (1870-1871). — Lille et Paris, *Lefort*. 1871. In-8°, 232 p.

2⁷ édition. — Limoges, *Ardant*. 1873. In-12, carte. 239 p.

Saint-Auvent (A. C. de). — Histoire de la guerre franco-prussienne (1870-1871). — Paris, *Tramblay*. 1871. Gr. in-18.

Nouvelle édition. 1875. 440 p., grav., portr. 9 fr.

Saint-Edme (Ernest), ex-secrétaire du comité de défense des arrondissements de Paris. — La science pendant le siège. — Paris, *Dentu*. 1871. In-18, 232 p., ill. 3 fr.

Saint-Félix (T.). — Chants du siège de Paris, 1870-1871. — Paris, *Schiller*. In-8°, 16 p. 25 c.

Saint-Genest [Albert Marie Durand de Bucheron]. — Lettres d'un soldat, Frœschwiller, 4 septembre, campagne d'Orléans, campagne de l'Est. — Paris, *Dentu*. 1871. In-18, 300 p. 3 fr.

Saint-Genis (Victor de). — L'ennemi héréditaire. Les invasions germaniques en France. L'Europe délimitée par la Prusse. — Paris, *Dentu*. 1876. In-18 j., 3 cartes. 3 fr. 50 c.

Nouvelle édition. — Paris, *Ghio*; Poitiers, *Librairie générale de l'Ouest*. 1877. In-18 j., 320 p. 3 fr. 50 c.

Saint-Germain (P. de). — La guerre de sept mois. Résumé des faits militaires et des documents officiels relatifs à la guerre de 1870-1871. — Paris, *Colin*. 1871. In-12, vii-343 p. 2 fr. 50 c.

Saint-Hilaire (A. G.). — Un dîner de siège (17 novembre 1870), rapport. — Paris, *Martinet*. 1870. In-8°, 6 p.

— (Mme Em.). — Épisodes des misères du siège de Paris sous le président Trochu. — Saint-Hilaire-du-Harcouët. 1871. In-8°, 24 p.

Saint-Jean (Comte de). — Mobiles et zouaves bretons. — Nantes, *Libaros*. 1871. In-12, 204 p. 1 fr. 50 c.

Saint-Just (V. de). — Historique du 5e régiment de dragons. — Paris, *Hachette*. 1891. In-8°, ix-420 p., pl.

Saint-Maixhans (Paul de). — Un mot au sujet de la brochure du général Faidherbe. — Lille, *imp. de Bayart*. 1871. In-8°, 31 p.

Saint-Marc-Girardin, Député. — *Voir* ACTES.

— La chute du second empire. — Paris. 1874. In-4°. 1 fr. 50 c.

Saint-Privat, le Point-du-Jour. Documents pouvant servir à l'histoire d'un régiment d'infanterie (55e de ligne). — Paris, *Bureaux du Spectateur militaire*. 1886. In-8°, 26 p., croquis. 1 fr.

Signé W***. Extrait du *Spectateur militaire*.

Saint-René-Taillandier. — Souvenirs de province pendant le siège de Paris. — Paris, *Jouaust*. 1871. In-8°, 39 p.

Saint-René-Taillandier. — Dix ans de l'histoire d'Allemagne. Origines du nouvel empire, d'après la correspondance de Frédéric-Guillaume IV et du baron de Bunsen. — Paris. 1875. In-8°. 7 fr. 50 c.

Saint-Vallier (Comte de). — La guerre de 1870. La rupture avec le Wurtemberg. — Laon, *H. de Coynet et Cie*. 1871. In-8°, 35 p.

Saint-Victor (Paul de). — Barbares et bandits. La Prusse et la Commune. — Paris, *M. Lévy*. 1872. In-18, III-288 p. 3 fr. 50 c.

Sainte-Foix (Capitaine de). — *Voir* SOUVENIRS.

Salbat (H). — Paris à table pendant le siège, par un bombardé. — Paris, *H. Salbat*. 1871. Plaquette in-8°.

Saliéis (Capitaine de frégate). — Étude sur le siège de Paris au point de vue de l'artillerie. Réponse au général Susane. — Paris, *libr. de l'Écho de la Sorbonne*. 1872. In-16. 40 c.

Salières (A.). — Une poignée de héros. Scènes de la vie de campagne [Ardennes]. — Paris, *Dumaine*. 1879. In-18 j., 304 p. 3 fr.

1re édition chez *Saguier* en 1878.

Salins, Étude de la défense de la ville et de ses forts pendant la retraite de l'armée de l'Est. — Moulins, *Fridez*. 1872. In-8°.

— pendant la guerre en 1871. Suivi d'un épisode au fort de Joux. — Salins, *Billet*. 1871. In-8°, 72 p. 1 fr.

Salviati (C. von). — Am Tage der Heimkehr. Festspiel in 1 Akte [1870-1871]. — Berlin, *Hempel*. 1871. Gr. in-8°, 30 p.

Salzmann (Hauptmann). — Geschichte des oberschlesischen Feld-Artillerie-Regiments Nr. 21 und seiner Stammtruppentheile. — Berlin, *Mittler*. 1885. In-8°. 5 m.

Samarow (Greg.). — *Voir* MEDING.

Samin (Casimir de). — Que faut-il faire pour sauver la France et l'Europe du pangermanisme envahissant de la Prusse? Mémoire sur la guerre franco-prussienne dressé pendant les événements. — Paris, *Lefebvre*. 1871. In-8°, 40 p. 1 fr.

Sammlung der deutschen Kriegs- und Volkslieder des Jahres 1870. Herausgegeben von Ernst Wachsmann. — Berlin, *Liebheit und Thiesen*. 1871. In-16, 502 p.

— der offiziellen Depeschen des deutsch-französischen Kriegs 1870-1871. — Würzburg, *Stahel*. 1871. In-32, 104 p. 30 pf.

— der offiziellen Kriegsdepeschen von 1870-1871. — Leipzig-Connewitz, *Bertram*. 1895. In-32, 127 p. 50 pf.

— von Depeschen über die Ereignisse des deutsch-französischen Krieges 1870-1871. — Berlin, *Louis Abel*. 1895. In-8°.

Samter (L.). — Gottesdienstlicher Vortrag zur Sedanfeier am 2. September 1873. — Grünberg, *Weiss.* 1873. In-8º, 12 p.

Sand (Georges) [baronne Dudevant]. — Journal d'un voyageur pendant la guerre. — Paris, *Michel Lévy.* 1871. In-18 j., 314 p. 3 fr. 50 c.

— La guerre. — *Ib.* 1871. In-18. 1 fr.

Sandeau (Jules), de l'Académie française. — Jean de Thommeray. Le colonel Evrard. — Paris, *Michel Lévy.* 1874. 2 vol. gr. in-18 j. à 3 fr. 50 c.
Voir AVOISE.

— Jean de Thommeray. — *Ib.* In-18. 1 fr.

— Jean de Thommeray, comédie en 5 actes. — *Ib.* Gr. in-18. 4 fr.

— Le même. — *Ib.* In-18. 2 fr.

Sanden (Oberstlieutenant A. von). — 1870. Von Ems bis Wilhelmshöhe. Ein Stimmungsbild in epischer Form. — Görlitz, *Vierling.* 1885. In-8º, 22 p. 40 pf.

— König Wilhelm und Kaiser Napoleon III. Von Ems bis Wilhelmshöhe. — Berlin, *Funcke und Nater.* 1887. Gr. in-8º, 26 p. 75 pf.

Sander (Doctor Friedrich). — Vier Tage in Metz während und nach der Uebergabe. Vortrag. — Barmen, *Langewiesche.* Gr. in-8º, 17 p. 50 pf.

— (Doctor M.). — Unteroffizier Schult in'n Französischen Krieg 1870-1871. Selbsterlebtes. — Bielefeld, *Helmich.* 1895. In-8º.

Sanders (J. C.) en **Wijma** (J.). — Uit den oorlog van 1870-1871. — Schiedam. 1871. In-8º, 167 p., 4 pl. 1 fl. 20 cts.

Sandherr (Lieutenant C., aujourd'hui colonel). — L'armée prussienne en Alsace pendant l'hiver dernier. Notes recueillies. — Paris, *Tanera.* 1872. In-12, 16 p. 25 c.

Sandmann (X.). — Paris, Totalansicht aus der Vogelschau. — Carlsbad, *Poblenz.* 1870. Imp. fol., lith. 6 m.

Sandtner (F.). — Bojiste francouzska-německá. — Prag, *Grégr et Dattel.* 1870. Gr. in-fol., lith., color. 50 pf.

Sangnier (F.). — A Paris pendant le siège. — *Voir* A PARIS.

Sanitäts-Bericht über die deutschen Heere im Kriege gegen Frankreich 1870-1871. Herausgegeben von der Militär-Medizinal-Abtheilung des königlich-preussischen Kriegsministers.... I. Band: I. Administrativer Theil: Sanitätsdienst bei den deutschen Heeren. IV. Band. III. Chirurgischer Theil: B. Physikalische Wirkung der Geschosse. — Berlin, *Mittler.* 1885. In-8º, cartes, fig. 90 m.

II. Band: I. Statistischer Theil: Morbidität und Mortalität bei den deutschen Heeren nebst einer summarischen Uebersicht über die in deutschen Sanitätsanstalten behandelten Franzosen. — *Ib.* 1885. 37 m.

VII. Band: IV. Medizinischer Theil: B. Erkrankungen des Nervensystems. — *Ib.* 1885. 36 m.

III. Bandes spezieller Theil. Erste Abtheilung. III. Chirurgischer Theil: A. Verwundungen (des Kopfes und des Rumpfes). — *Ib.* 1888. 36 m.

V. Band: III. Chirurgischer Theil: C. Kasuistik grösserer Operationen. — *Ib.* 1888. 40 m.

VI. Band: IV. Medizinischer Theil: A. Seuchen. — *Ib.* 1888. Grav., cartes. 38 m.

III. Bandes allgemeiner Theil: III. Chirurgischer Theil: A. Verwundungen (allgemeine). — *Ib.* 1890. Fig. 36 m.

VIII. Band: Register, Litteratur-Verzeichniss, Verzeichniss der Mitarbeiter, Ergänzungen, Nachträge und Berichtigungen. — *Ib.* 1891. 5 m.

Sanitäts-Dienst (Der) bei den deutschen Heeren im Kriege gegen Frankreich 1870-1871. — *Internationale Revue*, novembre-décembre 1884.

Sanitätszüge (Die deutschen) im Kriege gegen Frankreich 1870-1871. — Berlin, *Mittler*. 1887. In-8°, 40 p. 3 m. 60 pf.
Sonder-Ausgabe des Sanitätsberichtes über die deutschen Heere.

Sansas (Capitaine). — 1re compagnie des francs-tireurs de Tours. Rapport. — Tours, *Grassien*. 1873. In-8°, 48 p.

Sanvittore (Gaetano). — Storia della guerra franco-prussiana degli anni 1870-1871. — Milano. 1871. 2 vol. in-32, 352 p. 2 l.

Sarauw (E.). — Krigen mellem Frankrig og Tydskland 1870-1871. — Kjöbenhaven. 1871-1872. In-8°, 746 p., cartes et pl. 4 rd.

Sarasin (C.). — Récits de la dernière guerre franco-allemande (du 17 juillet 1870 au 10 février 1871). Wissembourg, Frœschwiller, Sedan, siège de Paris. — Paris et Nancy, *Berger-Levrault et Cie*. 1887. In-12. 3 fr. 50 c.
3e édition. 1895.

Sarcey (Francisque). — Le siège de Paris. Impressions et souvenirs. — Paris, *Lachaud*. 1871. In-8°, 303 p., ill.

— Le même. — *Ib.* 1871. In-18 j., 335 p., carte. 3 fr.

— Le même. — Paris, *L. Vanier*. 1879. In-8°, 311 p., ill. 8 fr.

— Le même. — Paris, *Marpon et Flammarion*. In-12. 60 c.
Bibliothèque des auteurs célèbres.

— Die Belagerung von Paris. Eindrücke und Erinnerungen. Aus dem französischen übersetzt von A. Tuhten. — Leipzig, *Universal-Bibliothek P. Reclam junior*. 1893. Gr. in-16, 320 p. 1 m.

Sarcey (Francisque). — Die Belagerung von Paris. Aus dem Französischen. — Wien, *Gerold's Sohn*. 1871. In-8°, 346 p., pl. 3 m. 60 pf.

<small>2ᵉ édition. 1872. In-8°, 224 p. 2 m. 80 pf.</small>

— Le siège de Paris. Impressions et souvenirs. Auswahl. Mit 1 Karte. Erklärt von U. Cosack. — Leipzig, *Renger*. 1891. Gr. in-8°, IX-142 p. 1 m. 50 pf.

<small>Franz. und engl. Schulbibliothek. — 2ᵉ édition. x-148 p., carte. — 3 édition. 1895. x-150 p.</small>

— Le siège de Paris. Im Auszuge herausgegeben von Doctor A. Krause. — Bielefeld, *Velhagen und Klasing*. 1892. In-12, VII-114 p. et 49 p. 1 m.

<small>Prosateurs français. — Nouvelle édition. 1895. VII-114 49 p., cartes. 1 fr. En livr.</small>

— Die Belagerung von Paris. Eindrücke und Erinnerungen. Aus dem Französischen von Th. Bergfeldt. — Halle, *O. Hendel*. 1894. In-8°, VIII-252 p., portr. 75 pf.

<small>Bibliothek der Gesamt-Literatur.</small>

— Beläegringen af Paris; Ofversat af G. Renholm. — Stockholm. 1871. In-8°, 317 p. 2 rd. 50 öre.

— In het belegerde Parijs, door W. N. Wolterinsk. — Dortrecht. 1871. In-8°. 232 p. 1 fl. 40 cts.

— Paris during the siege. — London. 1871. In-8°, 292 p., carte. 6 sh. 6 d.

— Paris under Beleiringen. Jagttagelsor og Erindringer. Oversat. — Kjöbenhaven. 1871-1872. In-8°, 350 p. 1 rd. 32 rk.

Sarchi. — Lettres sur l'économie politique écrites pendant le siège de Paris (1871) et adressées à M. le baron Mohroguier à Bruxelles. — Milan. 1875. In-8°.

Sarcus (Vicomte Félix de). — Lettres d'un rural 1870-1871. — Dijon, *imp. Rabutot*. 1872. In-18 j., 226 p.

Sardent (Mᵐᵉ Marie de). — *Voir* FAYE.

Sardou (Victorien), de l'Académie française. — Comment j'ai pris les Tuileries le 4 septembre. — *La Lecture*, 10 septembre 1889.

Sarrazin (J. V.). — *Voir* HALÉVY.

Sarre (Lieutenant). — Preussische schwarze Husaren in zeitgenössischen Darstellungen 1741-1891. — Berlin, *Mittler*. 1892. In-8°, ill. 6 m.

Sarrepont (Major H. de) [lieutenant-colonel Hennebert]. — Le bombardement de Paris par les Prussiens en janvier 1871. — Paris, *Firmin-Didot*. 1872. In-12, XII-363 p., 15 fig. et 1 carte. 8 fr.

— Histoire de la défense de Paris en 1870-1871. — Paris, *Dumaine*. 1872. In-8°, XX-500 p., cartes. 12 fr.

Sassone (Frédéric). — La Savoie armée pendant la guerre franco-allemande 1870-1871. — Chambéry, *Bonne, Conte, Grand et Cⁱᵉ*. 1874. In-8°, XII-320 p. 4 fr.

Saucerotte (Docteur Tony). — Lunéville pendant la guerre et le rapatriement. — Paris, *Cussel et Cⁱᵉ*. 1872. In-8°, 21 p.

Sauer (Diac. Doctor T.). — Was können wir thun, damit Gott der Liebe und des Friedens mit uns bleibe? Friedenspredigt. — Dresden, *Türk*. 1871. In-8°, 12 p.

Sauerwein (A.). — Die Vierziger in Frankreich. Geschichte des deutsch-französischen Krieges vom Jahre 1870-1871, mit besonderer Berücksichtigung des Hohenzollern'schen Füsilier-Regiments Nr. 40, namentlich des 2. Bataillons dieses Regiments. Populär erzählt. — Trier, *Lintz*. 1874. Gr. in-8°, 223 p. 3 m.

Saussier (Entweichung des Obersten) aus Graudenz (1871). — *Allg. schweiz. Militär-Zeit.*, 1894, n° 9.

Saussier (L.). — Invasion (1870-1871). Épisodes de l'occupation prussienne à Troyes et dans le département de l'Aube. — Tours, *Lacroix*. 1887. In-8°, 104 p. 2 fr.

Saussols (A. du). — De Sonis (Louis-Gaston), général de division... (1825-1887). — Lyon, *imp. Gallet*. 1889. In-16, 94 p.

Sauastsinsskii (L.). — Voenno-meditsinsskii otcherk voin 1870 g. — San Peterbourg. 1871. In-8°, 72 p.

Sauvinet-Delabroue. — Les martyrs de la guerre. — Paris. 1871. In-32, 1ʳᵉ livr., 61 p.

Savari (Capitaine). — *Voir* HAHNKE.

Savin de Larclause (Colonel, puis général). — *Voir* RÜSTOW.

Say (Léon). — Rapport sur le paiement de l'indemnité de guerre et sur les opérations de change qui en ont été la conséquence. — Paris, *Guillaumin et Cⁱᵉ*. 1874. In-8°, 56 p.

Extrait du *Journal des Économistes*.

Scènes et drames de l'invasion dans les Ardennes. 1ʳᵉ série... 2ᵉ série: Bazeilles (guerre de 1870). — Rethel, *imp. Beauvarlet*. 1890. In-8°, 96 p. 50 c.

Sch. (F. von). — Gedanken über die Cavallerie der Neuzeit, zugleich Wiederlegung einiger Angriffe des Generals Faidherbe gegen die preussische Cavallerie. — Leipzig, *Luckhardt*. 1872. In-8°.

Voir GEDANKEN.

Schaade van Westrum (A.). — *Voir* CHESNEY.

Schaal (Ad.). — Unterm roten Kreuz, 1870-1871. Selbsterlebtes. — Stuttgart, *Kohlhammer*. 1895. In-8°, VIII-92 p., ill. 2 m. 80 pf.

Schad (Chr.). — Klänge vom Main. — Berlin, *Lipperheide*. 1870. In-16, 57 p.

Schaffer (H.). — Predigt am Buss- und Bettage des 27. Juli 1870. — Ratibor, *Selbst-Verlag*. 1870. In-8°, 16 p.

Schaper (Ludwig). — Die 17. Division im Feldzug 1870-1871. — Guben, *Berger*; Berlin, *Eisenschmidt*. 1884. Gr. in-8°, 88 p. 1 m. 50 pf.

— Militaria. Ein Buch vom deutschen Heere für Jung und Alt. — Braunschweig, *Sommermayer*. 1885. In-8°. 3 m. 50 pf.

Scharfenort (Hauptmann von). — General-Feldmarschal Helmuth Carl Bernhard Graf von Moltke. Ein Lebensbild, dem deutschen Soldaten gewidmet. — Berlin, *Mittler*. 1891. In-8°, portr. 25 pf.

Schartau (O.). — *Voir* ANNENKOFF.

Schartenmayer (F. A.). — *Voir* DEUTSCHE.

— (Ph. U.). — Der deutsche Krieg, 1870-1871. Ein Heldengedicht aus dem Nachlass des seligen Ph. Ulr. Schartenmayer, herausgegeben von einem Freunde. — Nördlingen, *Beck*. 1873. In-8°, 87 p., ill. 1 m. 50 pf.

Voir KRIBO.

Schaumann (Oberst L.). — Meine Erlebnisse in der Schlacht bei Vionville-Mars-la-Tour am 16. August 1870 und die Darstellung des Kampfes bei Mars-la-Tour nach *Kriegslehren in kriegsgeschichtlichen Beispielen der Neuzeit* von W. von Scherff... — Berlin, *Mittler*. 1895. In-8°, croquis. 1 m.

4° supplément au *Militär-Wochenblatt*.

Scheffer (W.). — 4 Predigten während der Kriegszeit 1870. — Marburg, *Ehrhardt*. 1871. In-8°, 39 p.

2° édition.

— Dasselbe und Predigt beim Friedesdank-Gottesdienst. — *Ib*. 1871. In-8°, 54 p.

3° édition.

Scheib (Lehr. J. G.). — Weissenburg im Elsass. Führer durch Stadt und Umgebung (Schlachtfeld...). — Wissembourg, *Ackermann*. 1895. In-8°, vi-128 p. 1 m. 20 pf.

— Weissenburg-Wörth. Führer über die Schlachtfelder von Weissenburg und Wörth... — *Ib*. 1895. In-8°, viii-178 p. 1 m. 60 pf.

— Wörth a. d. Sauer. — Führer über die Schlachtfelder von Weissenburg und Wörth.... — *Ib*. 1895. In-8°, v-50 p. 60 pf.

Scheibert (Major) und Reymond (Hauptmann von). — Die mitteleuropäischen Kriege in den Jahren 1864, 1866 und 1870-1871. 1. Band: 1864-1866. 2. Band: 1870-1871. — Wien und Berlin, *W. Pauli*. 1891. In-8°, 400, 670 p., cartes, plans. 18 m.

Voir KRIBO, KRIBOR.

Scheibert (Major J.). — Der Krieg zwischen Frankreich und Deutschland in den Jahren 1870-1871. — Berlin, *Pauli's Nachfolger*. 1895. In-8°, 316 p., 44 cartes ou pl., 24 portr. 1 m. 65 pf.

— Le même. — *Ib.* 1895. In-fol., IV-168 p., 44 pl., 46 portr., 20 reprod. photogr. 12 m.

— La guerre franco-allemande de 1870-1871, décrite d'après l'ouvrage du grand état-major. Traduit par E. Jæglé. — Paris, *Hinrichsen*. 1891. In-8°, 626 p., pl. 12 fr.

— Le même. Nouvelle édition. — Paris et Nancy. *Berger-Levrault et Cie*. 1895. In-8°, 620 p., 44 pl. 10 fr.

— The Franco-German War, 1870-1871. Translated from the German by major Ferrier und Mrs. Ferrier. — Chatham, *Mackay and Co.* 1894. In-8°. 7 sh. 6 d.

Schell (Major A. von). — Die Operationen der I. Armee unter General von Steinmetz. Vom Beginn des Krieges bis zur Kapitulation von Metz. Dargestellt nach den Operationsakten des Oberkommandos der I. Armee. — Berlin, *Mittler*.1872. Gr. in-8°, VI-261 p., carte et pl. 6 m.

— Campaign of 1870-1871. The operations of the first army under general von Steinmetz to the capitulation of Metz. Translated by captain Hollist. — London. 1873. In-8°, VIII-280 p., carte, 2 pl. 10 sh. 6 d.

— Les opérations de la 1re armée sous les ordres du général von Steinmetz. Traduit de l'allemand par Furcy-Raynaud, ancien officier d'infanterie. — Paris et Nancy, *Berger-Levrault et Cie*. 1873. In-8°, 400 p., cartes. 8 fr.

— Die Operationen der I. Armee unter General von Gœben. Dargestellt nach den Operationsakten des Oberkommandos der I. Armee. — Berlin, *Mittler*. 1873. Gr. in-8°, V-194 p., 1 carte et 3 plans. 4 m. 50 pf.

— Campaign of 1870-1871. The operations of the first army under general von Gœben. Translated by C. H. von Wright. — London. 1873. In-8°, 220 p., 4 cartes.

— Campagne de 1870-1871. — Les opérations de la 1re armée sous les ordres du général von Gœben. Traduit de l'allemand par le capitaine Pau et le lieutenant de Christen. — Paris, *Dumaine*. 1873. In-8°, VII-307 p., 5 pl. 6 fr.

Schellbach (K. H.). — Erinnerungen an den Kronprinzen Friedrich Wilhelm von Preussen. — Breslau, *Trewendt*. 1890. In-8°, 30 p. 60 pf.

Schellenberg (Pfarrer). — Drei Gebetsgottesdienste in Heidelberg. Zur Erinnerung an die Jahre 1870 und 1871. — Heidelberg, *E. Mohr*. 1871. In-8°. 16 p.

Scheltema (M. W.). — Over den oorlog en den roode kruis. — Amsterdam. 1870. In-8º, 63 p. 20 cts.

Schempp und Hardegg (Majore) und Horn (Hauptmann). — Geschichte des 5. württembergischen Infanterie-Regiments Nr. 121. — Stuttgart, *Kohlhammer.* 1891. In-8º. 6 m.

Schenkel (Professor, Doctor D.). — Der Erneuerungskampf des deutschen Volkes nach seiner religiös-sittlichen Bedeutung. Predigt... am 28. August 1870. — Heidelberg (*Bassermann*). 1870. In-8º, 16 p.

Schepers (Pfarrer C.). — Bilder und Eindrücke aus einer achtwöchentlichen Dienstzeit als freiwilliger Feldprediger im Sommer 1870. — Bonn, *A. Marcus.* 1871. In-8º, IV-96 p. 1 m. 20 pf.

Scherer (Doctor W.). — *Voir* LORENZ.

Scherf (Major H.) und Draudt. — Die Theilnahme der grossherzoglich-hessischen 25. Division an dem Feldzuge 1870-1871 gegen Frankreich, auf Grund offizieller Acten dargestellt. — Darmstadt, *Jonghaus.* 1875-1884. Gr. in-8º, cartes, croquis, en livr. à 1 m. 70 pf. 3 vol. 2007 p. 23 m. 80 pf.

Scherff (Major, General der Infanterie W. von). — Die Schlacht bei Beaune-la-Rolande am 28. November 1870. Vortrag. — Berlin, *Mittler.* 1873. Gr. in-8º, 44 p., carte. 80 pf.
Extrait du *Militär-Wochenblatt.*

— Unsere heutige Infanterie-Taktik im Spiegel der Augustkämpfe 1870 um Metz. — Berlin, *R. Felix.* 1893. In-8º, III-328 p. 7 m. 50 pf.

— Kriegslehren in Kriegsgeschichte. Beispiele der Neuzeit. — Berlin, *Mittler.* In-8º.
  I. Th.: Betrachtungen über die Schlacht von Colombey-Nouilly. 1894. X-133 p., 2 pl. 3 m. 25 pf.
  II. Th.: Betrachtungen über die Schlacht von Vionville-Mars-la-Tour. 1894. IV-293 p., 1 pl., 5 croquis. 6 m. 50 pf.
  III. Th.: Betrachtungen über die Schlacht von Gravelotte-Saint-Privat. 1895. 272 p., 2 pl., 1 croquis. 6 m. 50 pf.
Voir SCHAUMANN.

Scherr (Professor, Doctor Joh.). — 1870-1871. Vier Bücher deutscher Geschichte. I. Band [1. Buch: Der Mann. Das Werk. Der Feind. 2. Buch: Wörth. Gravelotte. Sedan]. — Leipzig, *O. Wigand.* 1878. Gr. in-8º, 455 p. 8 m.

— II. Band [3. Buch: Strassburg, Metz, Paris. 4. Buch: Orleans, Belfort, Versailles]. — *Ib.* 1879. Gr. in-8º, 445 p. 8 m.

Scherz und Ernst aus der jetzigen Kriegszeit. — Halle. 1870. In-8º, IV-48 p. 25 pf.

Scheuren (C.). — Siegesblatt. — Düsseldorf, *Gestewitz*. 1871. In-fol., lith. 3 m.

Schian (Diak.). — Was uns zum Gebete treibt. Predigt am 27. Juli 1870. — Liegnitz (Berlin, *E. Beck.*). 1870. Gr. in-8º, 8 p.

Schick (M.). — Illustrirte Kriegsbibliothek. Für das deutsche Volk. Mit colorirten Kupfern. — Reutlingen, *Baur*. En livr. in-8º, à 20 pf.

Schiler (Wachtmeister Friedrich). — Die Schreckenstage von Wörth im Kriege 1870-1871. Rückblicke eines Elsässers auf 22 Jahre. Erlebt und geschildert. — Strasbourg, *F. Bull*. 1893. In-12, 91 p. 1 m.
4ᵉ édition. 1895.

Schilling von Cannstadt (Freiherr, Hauptmann). — Das grossherzoglich-badische 5. Infanterie-Regiment, jetzt königlich-preussische 5. badische Infanterie-Regiment Nr. 113 im Feldzuge 1870-1871. — Berlin, *Mittler*. 1876. In-8º, 196 p., cartes, pl. 5 m.

— **(Oberstleutnant).** — Geschichte des 5. badischen Infanterie-Regiments Nr. 113. — *Ib*. 1890. In-8º. 7 m. 50 pf.

Schillinger. — *Voir* REUSS.

Schillings-Bücher. — Weihnachten und der Krieg, oder der Friede in Gott. — Hamburg, *Agentur des rauhen H*. In-16, 36 p. 20 pf.

Schimmelmann I (Pr.-Lieutenant von). — 8. westphälisches Infanterie-Regiment Nr. 57. Geschichte des Regiments 1860-1882. — Berlin, *Mittler*. 1883. In-8º, cartes. 7 m.

Schimpff (Rittmeister Georg von). — Geschichte des königlich-sächsischen Garde-Reiter-Regiments. — Dresden, *Bänsch*. 1880. Gr. in-8º, 684 p. 13 m. 50 pf.

— **(Oberst von).** — König Albert fünfzig Jahre Soldat. Gedenkbuch zum 50jährigen Dienstjubiläum. — *Ib*. 1893. Gr. in-8º, VII-531 p., portr., 10 cartes. 9 m.
4ᵉ édition.

Schintzinger (Alb.). — Das Reservelazareth Schwetzingen im Kriege 1870-1871. — Freiburg i. Br. 1873. In-18, 101 p. 2 m. 40 pf.

Schirmböck (Major J.). — Ueber den Einfluss der Zusammensetzung der Hauptquartiere und des inneren Dienstes bei denselben auf den Gang kriegerischer Ereignisse. Besprochen an der Hand der *Erinnerungen* des Generals Jarras. — *Organ*, 1896. LXᵉ vol., Iʳᵉ livr.

Schirmeister (Sek.-Lieutenant). — *Voir* GÄRSTRINGER.

Schirmer (A.). — 1870 oder die Heldin von Wörth. — Berlin, *Burmeister und St*. 1871. In-16, 592 p.
Singer's Einsilbergroschen-Bibliothek.

Schkopp (Hauptmann von). — Königs-Grenadier-Regiment (2. westpreussisches) Nr. 7. Geschichte des Regiments. — Berlin, *Mittler*. 1877. Gr. in-8°, 248 p., cartes. 5 m.

Schlacht (Die) von Amiens. — *Ib.* 1873. In-8°. 1 m. 20 pf.
5e supplément au *Militär-Wochenblatt*, 1873.

— bei Amiens, 27. November 1870. — *Jahrbücher*, janvier-février 1877.

— (Dreitägige) bei Belfort. — *Allgemeine Militär-Zeitung*, 1876, n°s 3 et suiv.

— von Loigny-Poupry, 2. Dezember 1870. — *Jahrbücher*, octobre-novembre 1875.

— bei Orleans. — *Jahrbücher*, février 1874.

— bei Wörth. Antheil des 97. Regiments an derselben. — Eisenach, *Kahle*. 1871. In-8°, carte. 40 pf.

— bei Wörth. — *Militärische Blätter*, 1872, 1er livr.

— von Wörth, strategisch und taktisch beleuchtet. — *Neue militärische Blätter*, juillet-août 1891.

— bei Wörth. — *Internationale Revue*, 2^e trimestre 1892.

Schlachten (Die) vom 14, 16. und 18. August 1870. I. Die Schlacht bei Borny am 14. August (Stellungen bei Beginn der Schlacht). II. Die Schlacht bei Mars-la-Tour am 16. August (Stellungen am Abend nach beendeter Schlacht). III. Die Schlacht bei Gravelotte am 18. August (Stellungen um 6 Uhr Abends). — Metz, *Deutsche Buchhandlung*. 1874. 1/50,000, chromol., imp. in-fol. 3 m.

Schlachtenwerke (Zwei) in Berlin, Mars-la-Tour und Sedan. — *Neue mil. Blätter*, janvier-février 1896.

Schlachtfelder (Die) des deutsch-französischen Krieges von 1870 mit Uebersichtskarte des Kriegsschauplatzes. — Berlin, *Barthol und Co*. 1870-1871. 1/200,000 et 1/4,000,000, lith., color., in-fol. 75 pf.

— (Die) um Metz. — *Voir* LIEBACH.

Schlag (Carl). — Der deutsch-französische Krieg 1870-1871. 12 lebende Bilder mit vaterländischen Dichtungen und Gesängen. — Braunschweig, *Schlegel*. 1893. Gr. in-8°, 38 p. 2 m.

Schlesinger (Max). — *Voir* RUSSEL.

Schleusner. — Fürst Bismarck 1815-1885. Ein Sonettenkranz. — Wittenberg, *Wunschmann*. 1885. In-8°, 16 p. 50 pf.

Schlosser's (Karl) neuester Geschichts-Kalender. I. Abtheilung. 1870. II. Abtheilung. 1871. — Frankfurt am Main, *Rommel*. 1871. Gr. in-16. 1 m.

Schlüter (Doctor Jos.). — Der deutsche Krieg von 1870-1871 im deutschen Lied. Festrede. — Coblenz, *Denkert und Groos*. 1872. Gr. in-8°, 24 p. 50 pf.

— Fürst Bismarck, der deutsche Reichskanzler. — Bremen, *Kühtmann*. 1875. In-8°, 40 p.
2e édition.

— Die Wacht am Rhein. Die deutsche Kriegsdichtung 1870-1871. — Münster, *Coppenrath*. 1874. In-8°, 166 p.

— Germania. Die deutsche Kriegsdichtung 1870-1871. — *Ib.* 1872. In-8°, 227 p. 2 m.

— Die französische Kriegs- und Revanche-Dichtung. Eine zeitgeschichtliche Studie. — Heilbronn, *Henninger*. 1878. In-8°, 86 p. 1 m. 50 pf.

— Kaiser Wilhelm. Fünf Festreden. — Gotha, *F. A. Perthes*. 1880. In-8°, 106 p. 1 m. 60 pf.

Schmaltz (Rittmeister). — Aufzeichnungen über das 1. königlich-sächsische Ulanen-Regiment Nr. 17. — Berlin. 1891. In-8°. 6 m.

Schmeidler (Doctor W. F. Carl). — Europa und der deutsch-französische Krieg 1870-1871. — Leipzig, *Grunow*. 1871-1872. 3 vol. gr. in-8°, xx-937 p. 13 m. 50 pf.

Schmeling (Carl). — Der Feldzug von 1870-1871. Ein Gedenkbuch für Deutschlands Volk und Heer. — Berlin, *Jahnke*. 1871. In-8°, cartes, plans, 256 p. 1 m.

— Heitere Scenen aus dem Soldatenleben des Feldzuges von 1870-1871. — *Ib.* 1871. In-8°. 1 m.

Schmelzer (A.). — Chronik des grossen Krieges von 1870-1871. — Merseburg, *Steffenhagen*. 1891. In-12, iv-125 p. 80 pf.

Schmelzkopf (W.). — « Wer das Leben verliert um meinetwillen, der wird das Leben finden. » Predigt. — Halle, *Gesenius*. 1871. In-8°, 13 p.
2e édition.

— Zuruf des Herrn an den heimkehrenden Krieger. Predigt. — Bremen, *Kühtmann und Co*. 1874. In-8°, 15 p.
3e édition.

Schmettau (Hermann von). — Die Neugestaltung Deutschlands naturgemäss aus der Vergangenheit entwickelt und dem deutschen Volke dargestellt. — Berlin, *E. Beck*. 1871. Gr. in-8°. 2 m. 25 pf.

— Von Nikolsburg nach Versailles. Die geschichtlichen Ereignisse von 1866 bis 1871 dem deutschen Volke dargestellt — *Ib.* Gr. in-8°. 60 pf.

Schmid (Hauptmann, Oberstlieutenant E. von). — Die zweite Schlacht bei Villiers am 2. Dezember 1870. — Stuttgart, *Metzler*. 1881. Gr. in-8°. 1 m. 60 pf.

— Antheil der königlich-württembergischen 1. Feldbrigade am Kriege gegen Frankreich 1870-1871. — Stuttgart, *Kirn*. 1874. Gr. in-8°, 131 p., pl. 2 m. 80 pf.

— Die Schlachten bei Villiers und Champigny am 30. November und 2. December 1870, sowie das Gefecht auf dem Berge Mesly. — Berlin, *Militär-Verlagsanstalt*. 1895. In-8°, 204, 27 p., 4 cartes. 3 m.

— (Rektor K. N.). — Zwei Reden vaterländischen Inhalts. — Stuttgart, (*Schaber*). 1870. In-8°, 15 p.

— (U. R.) — Die Bedeutung unserer Zeit nebst einem Anhang. E. M. Arndt und Zeitgedichte. — Jena, *Neuenhahn*. 1871. Gr. in-8°, VIII-96 p. 1 m.

Schmidt. — Frantsoussko-Germanskaia voina 1870 g. Zametki po voenno-sanitarnoï tchasti. Otchet po komandirovaniiou na teatr voennikh deistvii. — Varchava. 1871. In-8°, 156 p.

— (Adolf). — Elsass und Lothringen. Nachweis wie diese Provinzen vom deutschen Reiche verloren gingen. — Leipzig, *Veit*. 1870. Gr. in-8°, 84 p.

— (Doctor Alexis). — Der deutsch-französische Krieg 1870-1871. — Berlin, *Barthol und Co.* 1872. Gr. in-8°, 60 p. 75 pf.

— (Ferd.). — Deutsche Kriege 1864, 1866, 1870-1871. — Berlin, *Kastner*. 1875. In-16, 395 p. 4 m.

— Der deutsche Krieg von 1870-1871. — *Ib*. 1871. In-16, 156 p. 75 pf.

— Der Franzosenkrieg 1870-1871. — Berlin, *F. Lobeck*. 1871-1872. 2 vol. in-8°, 1184 p. 7 m. 50 pf.

— Fürst Bismarck (1815-1885). — Augsburg, *Reichel*. 1885. In-8°, 60 p.

— Kaiser Wilhelm der Siegreiche, der Wiederhersteller des deutschen Reiches — Leipzig, *Spamer*. 1878. 2 vol. gr. in-8°, ill.
2° édition, édition de luxe, 1116 p. 14 m.

— (F.). — Fürst Bismarck. Ein Lebensbild. — Glogau, *Flemming*. 1878. In-8°, 234 p. 2 m.

— Kaiser Wilhelm. — Berlin, *T. Hofmann*. 1878. In-8°, 211 p. 2 m.

— Le même. — *Ib*. 1880. In-8°, 136 p. 1 m.
Jugendbibliothek (Neue). — 2° édition revue et augmentée par H. Hahnke. 1893. III-179 p.

— Kaiser Wilhelm und seine Zeit. Ein deutsches Volksbuch. — Leipzig, *O. Spamer*. 1888. In-8°, XVI-468 p. 8 m.
4° édition. 1891.

Schmidt (F.). — Gewalt und List Frankreichs gegen Deutschland seit 300 Jahren. — Berlin, *Kastner*. 1870. In-16, en livraisons à 25 pf.

— Kriege zwischen Deutschland und Frankreich seit 300 Jahren. — *Ib.* 1871. In-16, 156 p. 1 m. 50 pf.

— Kaiser Wilhelm. — Leipzig, *Lehmann*. 1882. In-8°, 211 p. 2 m.

Schmidt und Otto (F.). — Kaiser Wilhelm, der Wiederhersteller des deutschen Reiches, und seine Zeit. — Leipzig, *Spamer*. 1881. In-8°, 1116 p. 10 m.

3e édition populaire.

— Deutsche Kriege. 1. Band : 1864-1866. 2. Band : 1870-1871. — Kreuznach, *Voigtländer*. 1882. In-12, 139, 139 p., ill. 2 vol. à 75 pf.

Deutsche Jugendbibliothek. 6 édition. 1890.

Schmidt (Rittmeister Heinrich). — Das grossherzoglich-badische 2. Dragoner-Regiment Markgraf Maximilian (jetzt 2. badisches Dragoner-Regiment Markgraf Maximilian Nr. 21) im Feldzuge 1870-1871. Nach den Kriegsacten bearbeitet. — Karlsruhe, *Braun*. 1876. Gr. in-8°, VII-87 p., carte. 2 m.

— (Julian). — Bilder aus dem geistigen Leben unserer Zeit. Neue Folge : Der Krieg gegen Frankreich. — Leipzig, *Duncker und Humblot*. 1871. Gr. in-8°. 8 m.

— (M.). — Der Leonhardsritt. Lebensbild aus dem bayerischen Hochlande zur Zeit des deutsch-französischen Krieges 1870-1871. — Leipzig, *Liebeskind*. 1889. In-8°, 366 p. 3 m.

— (O.). — *Voir* FAY.

— (Hauptmann, Oberstlieutenant Paul von). — Das 2. thüringische Infanterie-Regiment Nr. 32 im Feldzuge gegen Frankreich 1870 und 1871. — Berlin, *Schlesier*. 1873. Gr. in-8°, 237 p., pl. 3 m. 60 pf.

— Geschichte des 3. pommerschen Infanterie-Regiments Nr. 14 von seiner Gründung bis zum Jahre 1888. — Berlin, *Liebel*. 1889. In-8°. 2 m. 50 pf.

Schmidt von Knobelsdorf (Oberstlieutenant). — 3. hannoversches Infanterie-Regiment Nr. 79. Geschichte des Regiments von seiner Stiftung bis zur Gegenwart. — Berlin, *Müller*. 1878. In-8°, 280 p., portraits et cartes. 6 m.

Schmidt-Weissenfels. — Strassburg. Historischer Roman aus der Gegenwart. — Berlin, *Hausfreund*. 1871. Gr. in-8°, 258 p. 3 m.

— Friedrich, deutscher Kaiser. Ein lebensgeschichtliches Charakterbild. — Stuttgart, *C. Liebich*. 1888. In-8°, 80 p. 75 pf.

Schmiterlœw (von). — Geschichte des brandenburgischen Kürassier-Regiments (Kaiser Nikolaus I. von Russland) Nr. 6, von 1842-1876. — Berlin. 1879. In-8°, ill. 12 m.

Schmitz (Al.). — Ein preussisch-deutsches Kaiserreich, das Sklavenjoch der Völker. Eine Warnungsstimme aus Oesterreich. — Dirnböck. 1870. Gr. in-8°, 31 p.

— Le même. — *Ib.* 1870. Gr. in-8°, 31 p.
2° édition.

— Soll Oesterreich waffnen? — *Ib.* 1870. Gr. in-8°, 16 p.

— (Garde-Jäger Fr.). — Erinnerungs-Skizzen aus dem deutsch-französischen Krieg 1870-1871. — Frankfurt (*Gebr. Knauer*). 1895. In-8°, 61 p., portr. 1 m.
4° édition.

— (M.). — Friedrich Wilhelm, Kronprinz. — Elberfeld, *Lucas*. 1884. In-8°, 54 p. 50 pf.

— Le même. — Wolfenbüttel, *Zwissler*. 1888. In-8°, 112 p.

— Prinz Friedrich Karl von Preussen.... Ein Erinnerungsblatt. — Elberfeld, *Lucas*. 1884. In-8°, 38 p. 50 pf.

— Kaiser Wilhelm. Mit einem Liedertrias von G. Kreyenberg. — *Ib.* 1883. In-8°, 32 p. 40 pf.

Schneckenburger (M.). — Deutsche Lieder. Auswahl aus seinem Nachlass. — Stuttgart, *Metzler*. 1870. Gr. in-16, 79 p.

Schneegans (A.). — La guerre en Alsace. Ire partie : Strasbourg. — Neuchâtel, *J. Sandoz*. 1870. In-8°, LXIV-331 p. pl.
2° édition. 1871. 426 p., 2 pl. 4 fr.

Schneider. — Cavallerie vor! — Wien, *mil.-wiss.-Verein*. 1894. In-8°. 1 fl. 50 kr.
Extrait de l'*Organ*, 1893.

Schneider. — *Voir* KRIEGS-POESIE.

— (Ferd.). — Acht Tage bei unseren Truppen vor Metz. — Berlin, *Mitscher und Röstel*. 1870. In-8°, 31 p. 60 pf.

— (G.). — Pariser Briefe, Bilder und Schilderungen aus der letzten Periode des Kaiserreichs, der Wahl-, Plebiscit-, Kriegs-, Belagerungs- und Commune-Epoche, sowie aus der ersten Periode der Republik. — Leipzig, *O. Wiegand*. 1872. 4 vol. in-8°, 2576 p. 39 m.

— (H.). — Die badische Militärpacket-Beförderungs-Anstalt im Kriege 1870-1871. — Karlsruhe. 1872. In-8°.

— (J. P.). — Die deutsche Münzfrage. Ein Beitrag zur Lösung derselben. — Giessen, *Roth*. 1871. Gr. in-8°, 32 p. 50 pf.

Schneider (L.). — Kaiser Wilhelm. Militärische Lebensbeschreibung 1867-1871. Fortsetzung der 1869 in demselben Verlage erschienenen beiden Hefte : « König Wilhelm », welche die Jahre 1864 und 1867 umfassen. — Berlin, *Mittler*. 1875. Gr. in-8°, III-300 p. 2 m. 40 pf.

— Aus dem Leben Kaiser Wilhelms 1849 bis 1873. — Berlin, *Janke*. 3 vol. in-8°, 918 p. 30 m.

<small>Édition populaire. 1891. In 8°, IV-342, IV-386, IV-291 p. 12 m.</small>

— L'empereur Guillaume. Souvenirs intimes, revus et annotés par l'empereur sur le manuscrit original. Traduit de l'allemand par Ch. Rabany. — Paris et Nancy, *Berger-Levrault et Cie*. 1888. 3 vol. in-8°, XXVIII-368, 343 et 355 p. 24 fr.

— Die preussischen Orden, Ehrenzeichnungen und Auszeichnungen. Die Kriegsdenkmünze für den Feldzug 1870-1871. — Berlin, *A. Duncker*. 1872. In-fol. 18 p. 1 m. 50 pf.

— (Ph.). — Deutschlands Grenzen. — Mannheim, *Schneider*. 1871. In-8°, carte linguistique de l'Allemagne. 50 pf.

Schneidewin (Prof., Doct. Max). — Eine Wanderung über das Schlachtfeld des 16. August 1870. — Hameln, *Th. Fuendeling*. 1895. In-8°, 27 p. 50 pf.

Schnitthenner (Professor H.). — Erlebnisse eines freiwilligen badischen Grenadiers im Feldzuge 1870-1871. — Karlsruhe, *Reiff*. 1890. In-8°, 130 p, carte. 1 m. 20 pf.

<small>4° édition. 1894. — Badener im Feldzug 1870-1871.</small>

Schoch (M.). — *Voir* MARÈS.

Schœbel (Ch.). — La question d'Alsace au point de vue ethnographique.... — Paris, *Sandoz et Fischbacher*. 1872. In-18 j., 54 p.

Schönberg (Major G. von). — Geschichte des königlich-sächsischen 7. Infanterie-Regiments Prinz Georg Nr. 107. I. Th. : 1708-1806. II. Th. : 1807-1890. — Leipzig, *Brockhaus*. 1890. In-8°, 820 p., 22 cartes. 30 m.

— Le même. 1836-1886. Für Unteroffiziere und Mannschaft. — *Ib*. 1889. In-8°, VII-152 p. 1 m. 50 pf.

Schöne (G.). — *Voir* GEISSLER.

Schönfeld (Hauptmann). — *Voir* KAULFUSS.

Schönhardt (C.). — *Voir* KAMERADEN.

Schöning (Von). — Geschichte des 2. brandenburgischen Ulanen-Regiments Nr. 11 von seiner Stiftung bis zum 1. Januar 1885. — Berlin, *Mittler*. 1885. In-8°, portr., fig., cartes. 5 m.

— Le même. Mannschaftsausgabe. — N. d. l. c.

Scholl (C.). — Der gegenwärtige Krieg. Eine Betrachtung nach der Schlacht bei Sedan. [Aus « Es werde Licht ».] — Nürnberg (*Zeh*). 1870. In-8°, 16 p.

Schollmeyer (Archid. H.). — Ein Blick auf das abscheidende Jahr von der Warte der Kirche. Rede. — Altenburg, *Schnuphase*. 1871. In-8°, 14 p.

Scholz (G.). — Wörth. Ein vaterländisches Gedenkblatt. Kriegserinnerungen. — Baden-Baden, *Sommermeyer*. 1890. In-8°, 35 p. 25 pf.

27° édition. 1893. 49 p. 30 pf.

— **(H.).** — Zum Gedächtniss Kaiser Wilhelms. — Berlin. 1888. In-8°. 40 pf.

— **(J. C.).** — Deutschlands Heldenkampf wider Frankreich 1870 und 1871 in 30 Liedern deutscher Dichter [230 historische Gedichte]. — Berlin, *Dülfer*. 1871. In-8°, 16 p. 1 m. 20 pf.

Schoost (O.). — Festpredigt bei der 1. allgemeinen Sieges- und Erinnerungs-Feier in Hamburg, den 2. September 1873 gehalten. — Hamburg, *Nestler*. 1873. In-8°, 13 p. 30 pf.

Schorlemer (Freiherr Huber von). — Unser Königs-Husaren-Regiment im Feldzuge 1870-1871 (damals 1. Reiter-Regiment Kronprinz). — Grossenhain, *H. Starke*. 1895. In-12, 32 p. 20 pf.

Schott (Hauptmann). — Bilder vom Kriegsschauplatze vor Paris 1870-1871. — Stuttgart. 1874. In-8°.

— **(K.)** — Vor Paris 1870. Bilder von der Ostfront... an Ort und Stelle gezeichnet. — Stuttgart, *Franck*. 1895. Gr. in-8°, 10 feuilles et 4 p. de texte. 2 m. 50 pf.

— **(Pfarrer Th.).** — Ein Bericht über das Richten. Predigt. — Augsburg, *von Jenisch und Hage*. 1870. In-8°, 14 p.

— « Lobe den Herrn, meine Seele. » Ein christliches Dankeszeugniss. — *Ib.* Augsburg, *von Jenisch*. 1871. In-8°, 14 p.

— Predigt bei der Sieges- und Friedensfeier am 12. März 1871 gehalten. — *Ib.* 1871. In-8°, 15 p.

2° édition.

— Von der göttlichen Heimsuchung. Predigt. — *Ib.* 1870. In-8°, 14 p.

Schrader (K.). — Der deutsche Kaiser Friedrich. Erwiederung auf G. Freytags Schrift: Der Kronprinz und die deutsche Kaiserkrone. — Berlin, *Rosenbaum und H.* 1890. In-8°, 14 p. 50 pf.

5° édition. — *Voir* FREYTAG.

Schramm (Doctor Hugo) und Otto (Franz). — Illustrirte Chronik des Kriegsjahres 1870. — Leipzig, *Spamer*. 1871. Gr. in-4°, ill. 7 m.

— Illustrirte Chronik des deutschen Nationalkrieges im Jahre der deutschen Einigung. — Leipzig. 1871. In-4°, VIII-776 p., cartes. 5 m.

En livraisons à 50 pf.

Schramm (R.). — Garibaldi, der kühne Freischarenführer. Historisch-romantische Erzählung. — Strieg., *Hoffmann*. 1882. In-8°, en livr. à 20 pf.

Schramm's (R.) Kriegsbroschüren. 1. Die europäische Diplomatie, die deutsche Volksvertretung und die allgemeine Entwaffnung. — Leipzig, *O. Wigand.* 1870. In-8°, 39 p.

— Le même sous le titre: Die Zurückerstattung alles alten und neuen französischen Länderraubes an Deutsche, Belgier, Schweizer, Spanier und Italiener. Nebst einem Schreiben an den Grafen Bismarck. — *Ib.* 1870. In-8°, 48 p.

Schrattenthal (K.). — In Krieg und Frieden. Einfache Geschichten aus dem Soldatenleben. — Gera, *Hahn.* 1878. 2 vol. in-16, 182 p. à 1 m.

Schreibebrief (Erster und zweiter) des Lohgerbermeisters August Kulicke in Berlin an den Franzosenkaiser Louis Napoleon in Paris [aufgefangen vom Verfasser der « Chinesischen Briefe »]. — Berlin, *Heidemann und Co.* 1870. In-8°, 7, 8 p.

Schreiber (Hauptmann C.). — Geschichte der 5. leichten Batterie westfälischen Feld-Artillerie-Regiments Nr. 7 (Avantgarden-Batterie der 13. Division) während des Krieges im Jahre 1870-1871. — Münster, *Brunn.* 1872. Gr. in-8°, 53 p., cartes. 1 m. 20 pf.

— **(Hauptmann G.).** — Geschichte des Infanterie-Regiments von Borcke (4. pommersches) Nr. 21, 1813 bis 1889. — Berlin, *Mittler.* 1889. In-8°, cartes, pl. 15 m.

Schreck (E.). — Generalfeldmarschall Graf Helmut von Moltke. Das Leben und Wirken des grossen Feldherrn. — Düsseldorf, *F. Bagel.* 1890. In-8°, 109 p., ill. 1 m. 20 pf.

Schreyer (Otto). — Im Lande der Gallier. Erinnerungen aus dem deutschfranzösischen Kriege 1870. — Hamburg, *Kittler.* 1872. Gr. in-8°, VII-146 p. 2 m.

Schrimpf (L.). — Die Belagerung Strassburgs 1870. — *Mittheilungen,* 7e livr., 1871.

Schröder (A.). — Schicksale der Protestanten in Frankreich und drohende Gefahren. — Gotha, *F. A. Perthes.* 1870. Gr. in-8°, 39 p.

— **(E.).** — Kaiserworte. Aussprüche des Kaiser Wilhelms. — Berlin, *Luckhardt.* 1888. In-8°, IV-95 p. 2 m.
    3e édition.

— **(W.).** — De plattdütsche Bismarck. Dat is Bismarck's Leben un Dahten, mit Döntjes un Riemels darto. Verstellt van'n ohlen Jäger in'n Lüneborger Haidbuuren-Klubb. — Leipzig, *Spamer.* 1878. In-8°, 192 p. 2 m.

— Le même. — *Ib.* 1878. In-8°, 192 p. 1 m. 60 pf.
    Spamers (O.) Neue Volksbücher.

— **(Sek.-Lieut.).** — *Voir* ELSHOLZ.

Schröpler (F. G.). — Patriotische Reden und Gedichte aus den ruhmreichen Jahren 1870 und 1871. — Halle, *Reichardt*. 1871. In-16, 84 p. 50 pf.

Schröter (Pr.-Lieutenant). — Geschichte des schlesischen Pionier-Bataillons Nr. 6, von seiner Gründung bis Ende 1886. — Berlin, *Mittler*. 1887. In-8°, ill. 1 m. 50 pf.

Schrötter (Major, Freiherr von). — 7. rheinisches Infanterie-Regiment Nr. 69. Geschichte des Regiments 1860-1885. — *Ib.* 1885. In-8°, carte, croquis. 3 m. 50 pf.

— Le même. Mannschaftsausgabe. — N. d. l. c.

Schubert (Oberst Gustav). — Die Betheiligung des 12. königlich-sächsischen Armeekorps an der Schlacht bei Gravelotte-Saint-Privat den 18. August 1870. — Berlin, *Schneider*. 1872. In-8°, pl. 80 pf.

Extrait des *Jahrbücher*. 1872.

— Die Betheiligung des 12. (königlich-sächsischen) Armee-Korps an der Schlacht bei Sedan, den 1. September 1870. — *Ib.* 1874. Gr. in-8°, 28 p., pl. 1 m. 20 pf.

Extrait des *Jahrbücher*, 1874.

— Das 12. (königlich-sächsische) Armee-Korps während der Einschliessung von Paris im Kriege 1870-1871, mit besonderer Berücksichtigung der beiden Schlachten bei Villiers. — Dresden, *Höckner*. 1875. Gr. in-8°, VII-220 p., 2 pl. 5 m.

Schubert (G. W.). — Gedenk- und Erinnerungsblätter an die im deutsch-französischen Kriege 1870-1871..... gefallenen, beziehungsweise verwundeten königlich-sächsischen Offiziere..... — Dresden, *Burdach*. 1871. In-8°, 26 p.

2· édition. 1871. 30 p. 70 pf.

Schüler (P.). — Tagebuch eines Schweizers während der Belagerung von Paris vom 15. September 1870-30. Januar 1871. — Bâle, *Schweighauser*. 1872. In-8°, VII-394 p. 3 m. 60 pf.

— Journal d'un Suisse pendant le siège de Paris. — Bienne; Genève, *F. Richardt*. 1871. In-12, 300 p. 3 fr.

Schüller (Doctor Maximilian). — Kriegschirurgische Skizzen aus dem deutsch-französischen Kriege 1870-1871. — Hannover, *Schnorl und von Seefeld*. 1871. Gr. in-8°, 124 p. 3 m.

Schürmann (Rektor Carl). — Selbsterlebtes Kriegserinnerungen eines Volksschullehrers. — Remscheid, *H. Krumm*. 1895. In-8°, 282 p. 2 m. 25 pf.

Schützen (Ein A-B-C-). — *Voir* MAYER (Sigm.).

Schulenburg (Major Graf von der) und **Briesen** (Rittmeister von). — Geschichte des magdeburgischen Dragoner-Regiments Nr. 6. — Berlin, *Mittler*. 1885. In-8°, 225 p, carte et croquis. 6 m. 50 pf.

Schulenburg (Lieutenant G. von der). — Waffenthaten deutscher Soldaten im Kriege 1870-1871. — Hamburg und Berlin, *Bruer und Co.* 1893. Gr. in-8°, 400 p. 3 m. 50 pf. 15 livraisons à 30 pf.
  2ᵉ partie de l'ouvrage : Heldenthaten, von H. von Bülow.

Schulthess (H.). — Europäischer Geschichtskalender (11. und 12. Jahrgang). Mit einer Uebersicht der Ereignisse des Jahres 1870-1871 von Professor Wilhelm Oncken. — Nördlingen, *Beck.* 1871. Gr. in-8°, IX-573 p. 6 m. 75 pf.

— Le même, en extrait. — *Ib.* 1871. Gr. in-8°, III-107 p. 1 m.

Schultze (Ernst Wilhelm). — Deutsch und Welsch. Ein poetischer Zeitspiegel aus dem jüngsten Kriege. — Breslau, *Hoffmann.* 1874. In-8°, IV-240 p.

— (Pr.-Lieutenant). — Geschichte des ostpreussischen Fuss-Artillerie-Regiments Nr. 1 (für die Mannschaften). — Berlin. 1887. In-8°. N. d. l. c.

Schultze-Klosterfelde. — Heitere und ernste Erinnerungen eines preussischen Offiziers aus dem Feldzuge 1870-1871. Weissenburg, Wörth, Sedan, Paris. — Leipzig, *Th. Grieben.* 1895. In-8°. 1 m. 50 pf.
  88. Infanterie-Regiment.

Schultze und Müller auf dem Kriegsschauplatze 1870. — Berlin, *Hoffmann und Co.* 1870. In-8°, 2 fascicules, ill.
  2ᵉ édition. 1870 47-48 p.

Schulz (Albert). — Bibliographie de la guerre franco-allemande (1870-1871) et de la Commune de 1871. Catalogue de tous les ouvrages publiés en langues française et allemande de 1871 à 1885 inclusivement, suivi d'une table systématique. — Paris, *Le Soudier.* 1885. In-8°, 128 p. 2 fr. 50 c.
  2ᵉ édition.

Schulze (Carl). — Der ewige Friede. Schätzbares Matderial von eenem deutschen Kannenjiesser. Bei dem nächsten Friedensschluss zu beliebiger Benutzung vor Herrn Jrafen von Bismarck. — Braunschweig, *Huch.* 1870. Gr. in-8°, 15 p.

— (Professor, Doctor L.). — Friede im Herrn. Predigten aus der Kriegszeit der Jahre 1870-1871. — Gotha, *F. A. Perthes.* 1871. In-8°, VII-119 p. 1 m.

— (W. R.). — Fürst Bismarck und der Bismarckianismus. — Leipzig, *Heinzelmann.* 1872. In-8°, 158 p.

Schulze-Delitsch. — Briefe an die italienischen Patrioten über den deutschen Krieg und seine Folgen. — Berlin, *Jancke.* 1871. In-8°, 32 p. 25 pf.

Schulze-Klosterfelde (M.). — Weissenburg, Wörth, Sedan, Paris. Heitere und ernste Erinnerungen eines preussischen Offiziers aus dem Feldzuge 1870-1871. — Leipzig, *Th. Grieben.* 1889. In-8°, 136 p.

Schulze und Müller vor Paris. — Berlin, *Cronbach*. 1871. Gr. in-8°, 8 p.

Schumann (Albrecht). — Die Zukunft Deutschlands. — Leipzig, *Lissner*. 1870. In-8°, 39 p.

Schupp (O.). — Der Fuhrmannsjunge im Krieg. — Wiesbaden, *Niedner*. 1871. In-16, 112 p. 75 pf.

Schuré (Ed.). — L'Alsace et les prétentions prussiennes. Réponse d'un Alsacien aux Allemands. — Bâle, *Georg*. 1870. In-8°. 1 m.

Schuster (Pfarrer Rich.). — Erlebnisse und Beobachtungen eines deutschen Feldgeistlichen während des Krieges 1870-1871. — Darmstadt, *Würtz*. 1871. In-8°, v-124 p. 1 m. 20 pf.

Schwaab (Dir. Doctor Rudolph). — Wie sichert das Reichs-Militär-Pensions-Gesetz den geisteskranken Invaliden von 1870-1871 ihren Antheil am Reichs-Invalidenfond? — Regensburg, *H. Bauhof*. 1892. Gr. in-8°, 38 p. 50 pf.

Schwabe (F.). — Im Kriege. 4 Predigten. — Friedberg, *Scriba*. 1871. In-8°, 27 p.

— **(G. S.).** — *Voir* HELWIG.

Schwanert (H.). — Rede bei der..... Enthüllung der Gedenktafel für die im Kriege 1870 und 1871 gebliebenen Angehörigen der Universität Rostock. — Rostock, *Stiller*. 1873. In-8°, 16 p.

Schwartz (Lieutenant L.), de l'armée belge. — Aperçu critique des opérations militaires..... 1870-1871, précédé d'une étude du théâtre de la guerre. — Arlon, *Poncin*. 1873. In-8°, cartes et pl. 3 fr. 50 c.

Schwartzkoppen (Clotilde von). — Karl von François. Ein Soldatenleben. Nach hinterlassenen Papieren. — Berlin, *Eisenschmidt*. 1889. In-8°, 160 p. 2 m. 50 pf.
2ᵉ édition.

Schwarz (Doctor Carl). — Des Glaubens Sieg. Kriegspredigt. — Gotha, *Thienemann*. 1870. In-8°, 15 p.

Schwarz-Roth-Gold! Mahnruf an das deutsche Volk von einem nicht mehr activen preussischen Landwehrmann. — Leipzig, *Reichert*. 1870. In-8°, 16 p.

Schwarzschild (Doctor H.). — Während des Krieges. Poetische Klänge. — Frankfurt am Main, *Auffarth*. 1870. In-8°, 24 p.
2ᵉ édition.

Schwedler (J.). — Deutschlands ruhmvoller Krieg gegen Frankreich im Jahre 1870-1871. — Neu-Ruppin, *Oehmigke*. 1871. In-8°, VIII-208 p., carte, pl. 1 m.

Schwedler. — Deutsche Geschichte für Schulen..... Mit einem Nachtrage : « Die Ereignisse der Jahre 1870 und 1871. » — Bielefeld, *Velhagen und Klasing.* 1873. In-8°, 230 p. 1 m.
  2ᵉ édition.

— Kleine preussische Geschichte..... Mit in den Text gedruckten Plänen der Schlachten bei..... Wörth, Spichern, Courcelles, Vionville, Gravelotte, Sedan, Paris und Belfort. — *Ib.* 1890. In-8°, 92 p. 55 pf.
  38ᵉ édition.

Schweizer (Pfarrer A.). — Der Prophet Jeremias und die grossen Ereignisse der Gegenwart. Predigt. — Zürich, *Schulthess.* 1871. Gr. in-8°, 16 p.

Schwencke (A.). — Woher der böse Krieg? Wie kommen wir zum Sieg? Predigt. — Ballenstern, *Schlegel.* 1870. In-8°, 8 p.

Schweppe (Sek.-Lieutenant). — Geschichte des oldenburgischen Dragoner-Regiments Nr. 19, ehemaliges grossherzoglich-oldenburgisches Reiter-Regiment. — Berlin, *Mittler.* 1878. Gr. in-8°, 244 p. 5 m.

Schwerdt (H.). — Von Berlin nach Paris. Kriegs- und Siegesfahrten 1870-1871. — Langensalza, *Schulbuchhandlung.* 1871. In-8°, 468 p. 3 m. 60 pf.

Schwertzell (G.). — Vaterländisches Festspiel mit lebenden Bildern zur Erinnerung an die Zeit des grossen Krieges 1870-1871. Dichtung. — Bonn, *Röhrscheid und Ebbecke.* 1895. In-8°, 32 p. 50 pf.

Scotti (Rector C.). — Wehrpflicht. Wehrsteuer. Ein Wort an das deutsche Volk. — Oberhausen, *Spaarmann.* 1870. Gr. in-8°, 16 p.

Scriba (Lieut. von). — *Voir* LEBENSBESCHREIBUNG, MOLTKE.

Scrutator. — Qui est responsable de la guerre. Traduit de l'anglais, avec une introduction par Alfred Sudre. — Paris, *F. Amyot.* 1871. In-12.
  Attribué à M. Gladstone. — *Voir* Wно.

Séances (Les) officielles de l'Internationale à Paris, pendant le siège et pendant la Commune. — Paris, *Lachaud.* 1872. In-12. 3 fr.

Sebran (Marie). — Journal d'une mère pendant le siège de Paris. — Paris, *Perrin.* 1872. In-12, XI-380 p. 3 fr.

Secrétan (colonel). — L'Armée de l'Est, 20 décembre 1870 au 1ᵉʳ février 1871. — Neuchâtel, *Attinger frères*; Paris, *Fischbacher.* 1894. In-8°, 538 p., 3 cartes, 1 fac-similé. 8 fr. 50 c.
  2ᵉ édition. 1896.

Sedan. Le dernier coup de feu [3ᵉ bataillon du 3ᵉ régiment de marche, 64ᵉ de ligne]. Un épisode de la belle résistance du 12ᵉ corps à la bataille de Sedan. — Paris, *Dentu et Charles-Lavauzelle.* 1878. In-8°, 30 p. 1 fr.

— en 1870. La bataille et la capitulation, par un Sedanais. — *Voir* FRANQUET.

Sedan (La bataille de). — Histoire de la campagne de 1870 depuis le 23 août jusqu'au 2 septembre. — Paris. 1872. In-18, carte. 3 fr. 50 c.

— Souvenirs d'un officier supérieur. — Paris, *Hinrichsen*. 1883. In-18. 2 fr.

— (La bataille de). Napoléon III, de Wimpffen, Ducrot. — *Voir* BATAILLE.

— (La bataille de). — *Revue historique*, novembre-décembre 1884.

— (Die Schlacht bei). — *Streffleur's*, août à octobre 1872.

— (Le drame de). Traduit d'un journal militaire autrichien par A. M. — Annecy, *Dépollier*. 1872. In-18, 29 p.

— (Der Tag von). — Ruhrort. 1871. In-8º, 16 p , carte. 15 pf.

— Beitrag zur Feier des 2. September von F. J. — Langensalza, *Beyer und S.* 1878. In-8º, 23 p. 25 pf.

— und Bazeilles 25 Jahre nach der Schlacht. — *Deutsche Heereszeitung*, 1896, nºs 78 et suiv.

Sedan-Feier-Lieder zum Singen und Sagen. — Leipzig, *Moltke*. 1879 In-8º, 16 p. 10 pf.

Sedanfest (Das erste) unter der Regierung Kaiser Wilhelm II. im Kriegervereine zu Wesel. — Wesel, *Kübler*. 1888. In-8º, 16 p. 20 pf.

— (Das) in der Schule. Schülervorträge in Prosa und Poesie. Herausgegeben von J. von W. — Potsdam, *Rentel's*. 1877. In-16, 32 p. 20 pf.

Sedan-Festreden (Sechs) gehalten am 2. September innerhalb der Jahre 1875-1889 im grossen Rathhaussaale zu Nürnberg. — Nürnberg, *Raw*. 1893. In-8º, 60 p. 50 pf.

2ᵉ édition. 1893.

Sée (Julien). — Journal d'un habitant de Colmar (juillet à novembre 1870), suivi du cahier de Mᵐᵉ H...... pendant le mois de janvier 1871 et d'autres annexes. — Paris et Nancy, *Berger-Levrault et Cⁱᵉ*. 1884. In-8º, croquis. 7 fr. 50 c.

Seefried auf Buttenheim (L., Freiherr von). — Geschichte des königlich-bayerischen 1. Chevaulegers-Regiments..... — Nürnberg, *von Ebner*. 1882. In-8º, 70 p., carte. 3 m.

Seeler (Pr.-Lieutenant). — Geschichte des 1. grossherzoglich-mecklenburgischen Dragoner-Regiments Nr. 17, vom 6. November 1819 bis 1. Januar 1885. — Berlin, *Mittler*. 1885. Gr. in-8º, cartes. 7 m. 50 pf.

Seelmann-Eggebert (Doctor H.). — Feldpostbriefe aus dem Kriegsjahre 1870. — Colberg, *Post*. 1872. Gr. in-8º, IV-200 p. 1 m. 50 pf.

Segesser (Doctor Anton Philipp von). — Studien und Glossen zur Tagesgeschichte. Das Ende des Kaiserreichs. — Schwyz, Lucerne, *Gebhardt*. 1870. Gr. in-8º, 133 p. 1 m. 60 pf.

Ségur (Comte Louis de), député. — Les marchés de la guerre à Lyon et à l'armée de Garibaldi, et discours prononcé le 1ᵉʳ février 1873, par M. le duc d'Audiffret-Pasquier. — Paris, *Plon.* 1873. In-8º, 362 p. 6 fr.

— Assemblée nationale, année 1873..... Rapport fait au nom de la commission des marchés sur les traités passés et les dépenses effectuées par la préfecture du Nord pour l'équipement et l'armement de la garde nationale mobilisée. — Versailles, *Cerf.* 1873. In-4º.

— (Marquis A. de). — Vie et mort d'un sergent de zouaves (Hélion de Villeneuve-Trans). — Paris, *V. Retaux.* In-18. 40 c.

8ᵉ édition. 1895.

— Hélion de Villeneuve-Trans. — *Ib.* In-18 j. 1 fr. 25 c.

8ᵉ édition. 1895.

Sehring (W.). — Freiheit und Vaterland. Gesammte Schriften. — Karlsruhe, *Selbstverlag.* 1871. Gr. in-16, XII-172 p.

— Fürst Bismarck, der Reichskanzler. Vaterländische Gedichte. — Karlsruhe (Berlin, *U. Kracht*). 1888. In-8º, 16 p. 20 pf.

Extrait des *Gedenkblätter deutscher Geschichte.*

Seidel (L. E.). — Friedrich III., Kaiser von Deutschland und König von Preussen. Lebensbild. — Langensalza, *Schulbuchhandlung.* 1890. In-16, III-63 p. 60 pf.

3ᵉ édition. 1895.

— Generalfeldmarschall Graf Moltke. Ein Lebensbild. — *Ib.* 1890. In-12, 78 p. 70 pf.

2ᵉ édition. 1891.

— Wilhelm I., Kaiser von Deutschland und König von Preussen. Ein Lebensbild. — *Ib.* 1889. In-8º, 46 p. 40 pf.

Seigneur (Georges). — Le 4 septembre. — Paris, *Amyot.* 1871. In-8º, 31 p. 1 fr.

Seigneux (G. de). — Gambetta, seule biographie complète jusqu'à ce jour. — Paris. 1882. In-12. 3 fr. 50 c.

3ᵉ édition.

Seinguerlet (E.). — Propos de table du comte de Bismarck pendant la campagne de France. — Paris, *Dreyfous.* 1879. In-18 j., VII-315 p. 3 fr.

Seitz (Lehr. Karl). — Deutschlands Jubeljahr 1870-1871. Patriotische Deklamationen und Gesänge..... — Quedlinburg, *Vieweg.* 1875. In-8º, VIII-36 p. 30 pf.

— 12 patriotische Lieder. — *Ib.* 1895. In-8º, 23 p. 20 pf.

Selbitz (H. von) [Heinrich Barnickel]. — Aus grosser Zeit ! Kleine Erinnerungen aus dem Feldzuge 1870-1871. Verfasst von H. von Selbitz, Moritz von Berg und vielen anderen Mitkämpfern. — Ansbach, *M. Eichinger*. 1895. In-8°, 1056 p. 22 livr. à 40 pf.

Selbsterlebtes 1870-1871. Von verschiedenen Verfassern. Sonder-Abdruck von den Umschlägen des Kriegs-Tagebuches des Obersten von Elpons. — Saarbrücken, *Klingebeil*. 1894. In-8°, III-112 p. 80 pf.

Seld (Hauptmann, Freiherr von). — Das Füsilier-Regiment Prinz Heinrich von Preussen (brandenburgisches) Nr. 35. Ein Rückblick auf die Geschichte desselben. — Berlin, *Mittler*. 1891. In-8°, ill , croquis. 1 m. 60 pf.

Selig (Lehr. M.). — Französischer Dolmetscher für die deutsche Armee in Frankreich. — Berlin, *Cohn*. 1871. In-16, 32 p.

Sellmer. — König Wilhelm und sein Heer. — Kassel, *Fischer*. 1885. In-fol , 5 livraisons à 4 m.

Selve (E. de la). — Nouvelles patriotiques. Une Lorraine. — Paris, *Dentu*. 1881. In-18 j., 177 p. 3 fr.

Sempronius. — Histoire de la Commune de 1871. — Paris, *Décembre-Alonnier*. 1871. In-18 j. 265 p. 3 fr.
 3e édition. Siège de Paris.

Seneckler (Hauptmann). — Die Kriege 1864, 1866 und 1870-1871 kurz dargestellt zum Gebrauch in den Kapitulanten-Schulen..... — Berlin, *Mittler*. 1892. In-8°, croquis. 20 pf.

Sénéchal (J. A.). — Le siège de Paris. — Paris. 1871. In-8°, 8 p.

Sénevas (De). — Le siège de Paris 1870-1871. Souvenirs personnels d'un volontaire. — Évreux, *Hérissey*. 1871. In-8°, 68 p.

Sengelmann (Pastor H.). — Die Rüstung zum Kriege im Heiligthum. Predigt. — Hamburg, *Grüning*. 1870. In-8°, 13 p.

— Gedenket an die vorigen Tage. Predigt am 16. Oktober 1870. — *Ib*. 1870. In-8°, 14 p.

Senn-Barbieux (W.). — Garibaldi der Freiheitsheld und Menschenfreund. — Leipzig, *Ziegenhirt und Co*. 1883. In-8°, 714 p. 6 m. 40 pf.

Sepp (Doct.). — Die Kriegsthaten der Isarwinckler. — München, *Stahl*. 1872. Gr. in-8°, 256 p. 1 m.

Sergeant de Monnecove (F. Le). — Les enfants de Saint-Omer à la défense de Paris assiégé par les Allemands (1870-1871). Notice, liste générale, nécrologie. — Saint-Omer, *Fleury-Lemaire*. 1871. In-8°, 30 p.

Sergent (Commandant). — *Voir* GRENEST.

Sering (F. W.). — Deutschlands Ehrentage von 1870 in Ton und Wort — Leipzig, *Merseburger*. 1870-1871. En livraisons in-8º à 25 pf.

Service du génie (Le) dans l'armée allemande en 1870-1871. — *Revue militaire de l'Étranger*, 1872, nos 66-67.

Servus (Docteur), de Berlin. — Bismarck dévoilé, conseils politiques à l'empereur d'Allemagne. — Paris. 1872. In-12. 1 fr.

Seton (J. L.). — Notes on the Operations of the North German Troops in Loraine and Picardy, taken while accompanying the 40th or Hohenzollern Füsilier-Regiment. — London. 1872. In-8º, 280 p.

Seubert (Oberst A. von). — Die Württemberger im Schwarzwalde im August 1870. — Berlin, *Mittler*. 1879. In-8º, 54 p. 80 pf.
Extrait du *Militär-Wochenblatt*.

Seybt (D.). — Wofür müssen heute nach glorreich erkämpftem Frieden alle deutschen Herzen schlagen? Predigt. — Bautzen, *Rühl*. 1871. In-8º, 15 p. 30 pf.

Seydewitz (von). — Die ersten 25 Jahre des Königs-Ulanen-Regiments (1. Hannoversches) Nr. 13. — Berlin. 1891. In-8º.

Seydlitz und das Kürassier-Regiment von Seydlitz (magdeburgisches) Nr. 7. Regiments-Geschichte. — Quedlinburg, *Vieweg*. 1890. In-8º, 154 p, cartes et croquis. 1 m.

Seyffardt (K.). — Bunte Blumen. Gedichte (zum Besten der Landwehrfrauen und Kinder). — Coblenz, *Denkert und Groos*. 1871. In-8º, 84 p. 1 m.

Seyler (G.). — « Das grollende Rauschen in den Falten des alten Kaisermantels auf der Hofburg zu Wien. » — Würzburg (*Stabel*). 1871. In-8º, 12 p.

Sheppard (N.). — Enfermé dans Paris, journal du siège, du 2 septembre 1870 au 28 janvier 1871. Traduit de l'anglais par M. C. B. — Dijon, *Darantière*. 1877. In-18, 411 p. 3 fr. 50 c.
L'ouvrage n'est pas traduit de l'arglais et N. Sheppard est un nom imaginaire. L'auteur est le comte de Courtivron (d'après O. Lorenz).

— Shut up in Paris. — Leipzig, *B. Tauchnitz*. 1871. In-16, 302 p. 1 m. 60 pf.

Sheridan (Ph. H.). — Von Gravelotte nach Paris. Erinnerungen aus dem deutsch-französischen Kriege. Deutsch von Udo Brachvogel. — Leipzig, *Reissner*. 1893. In-8º, 115 p. 2 m.

Sick (P.) — Aerztliche Berichte über die im Kriegsjahr 1870-1871 im Stuttgarter Diakonissenhause behandelten Verwundeten und Kranken. — Stuttgart. 1871. In-8º.

Sicotière (De la), député. — *Voir* ACTES.

Siebecker (Édouard). — Poésies d'un vaincu ; noëls alsaciens-lorrains ; poèmes de fer. — Paris et Nancy, *Berger-Levrault et C*^{ie}. 1883. In-18 j., 304 p. 3 fr.

— L'Alsace ; récits historiques d'un patriote. — Paris, *Polo*. 1873. Gr. in-8°. 5 fr.

— Metz. Stances. — Paris, *Le Chevalier*. 1874. In-8°. 60 c.

— Récits héroïques. — Paris, *Libr. du Bon Journal*. 1887. In-18. 3 fr. 50 c.

Siedel (M. E.). — Predigt bei der Dankfeier der heimgekehrten Krieger. — Tharand (Dresden, *Naumann*). 1871. In-8°, 15 p.

Siedler (J.). — Festspiel zur Sedanfeier in Mädchenschulen. — Berlin, *Winkelmann und S.* 1880. In-8°, 34 p. 60 pf.

Sieg (Rittmeister). — Geschichte des Dragoner-Regiments Prinz Albrecht von Preussen (litthauisches) Nr. 1, 1867-1881. — Berlin, *Mittler*. 1883. In-8°, ill., carte. 12 m.

Sieg (Der) des Geistes oder Krieg dem Kriege. Dramatisches Mährchen in einem Prologe, Vorspiel und drei Akten. — Königsberg, *Braun und Weber*. 1870. Gr. in-8°, VIII-89 p.

Siège de Belfort (Le) en 1870-1871. — Porrentruy, *J. Gürtler*. 1871. In-18, 152 p. 80 c.

— de Belfort illustré, par un assiégé. — Épinal. 1871. In-12, 47 p.

— de Belfort et la campagne de l'Est. — *Revue militaire suisse*, 1874-1875.

— de Belfort. — *Revue militaire française*, septembre-octobre 1875.

— de Metz en 1870. — Paris, *Broise*. 1873. In-8°. 1 fr.

— de Paris (Le), journal d'un officier de marine (Francis Garnier) attaché au *** secteur, accompagné de pièces justificatives et de documents inédits. — Paris, *Delagrave*. 1872. In-12, 203 p. 3 fr.
 Extrait du *Spectateur militaire*, 1871. — Nouvelle édition. 1885. In-18 j.

— de Paris de 1870. Cinq eaux-fortes par Bracquemont. Le bastion 84, Bicêtre et les Hautes-Bruyères. La route d'Italie. La statue de la Résistance, de Falguière. Le buste de la République, de Moulins. — Paris, *Rouquette*. In-4°. 1871.

— de Paris illustré, 1870-1871, avec commentaires, détails historiques et documents officiels, par un officier d'état-major [Ph. Rolla]. — Paris, *Degorce-Cadot*. 1871. In-4° à 2 col. 5 fr.

— de Paris. Tableaux au jour le jour. — Paris. 1870-1871. 6 numéros in-fol. à 6 col. 1 fr. 50 c.

Siège de Paris. Lettres d'un capitaine de zouaves. — Foix, *Pomiès*. 1872. In-8°, 24 p.

— de Paris. Retraite des Allemands, souvenirs d'un contemporain. — Paris, *Plon*. 1872. In-12, 104 p.

— de Paris, 1870-1871. Exposition de peinture des épisodes civils et militaires de la défense, rue Le Pelletier. Livret de l'exposition. — Paris, 1871. In-8°, VII-80 p.

— de Paris, histoire complète du blocus (1870-1871). — Paris, *Bureaux de l'Éclipse*. 1871. In-32, 128 p., carte. 25 c.

— et défense de Paris. Indication des forts, redoutes et ouvrages. — Paris, 1871. In-12, 4 p., pl. 35 c.

— (le) de Paris. — *Revue de Paris*, 2º semestre 1895.

— de Paris (1870-1871). — Notes d'un mobile breton. — *Voir* GILBERT.

— de Péronne (Le) pendant la campagne de 1870-1871. — *Revue militaire française*, juillet 1875.

— de Strasbourg (Historique du) en 1870. — *Bulletin*, 1877-1879, croquis.

— de Toul (Le), 14 août-23 septembre 1870. Souvenirs d'un soldat du 63ᵉ de ligne. — Saint-Étienne, *Théolier*. 1876. In-8°, 24 p.

— de Verdun. — Toulouse, *Chauvin et fils*. 1871. In-8°, 31 p.

Siegen (C.). — Lorbeerkränze. — Weimar (*Kühn*). 1871. In-8°, 60 p. 1 m.

Sièges (Les) de Schlestadt et de Neuf-Brisach en 1870. — *Bulletin*, 1ᵉʳ semestre 1876.

— (Les deux) de Paris. Album pittoresque composé de dessins de MM. Lançon, A. Marie, etc. — Paris, *A. Bocquet*. 1871. In-4° obl. 4 fr.

Siegesfeierlichkeiten (Die) zu Dresden im März 1871. — Berlin, *Meinhold*. 1871. In-8°, 42 p. 40 pf.; illustr. 75 pf.

Siegeslauf der deutschen Heere. Dargestellt in den amtlichen Depeschen vom Kriegsschauplatz. — Berlin, *Burmester und Stempell*. 1871. In-8°. 50 pf.

Siegesstrasse (Die) in Berlin beim Einzuge des Kaisers Wilhelm mit den deutschen Truppen am 16. Juni 1871. Unter Betheiligung der Kommission für die Ausführung der Siegesstrasse herausgegeben vom Doctor Karl Eggers. — Berlin, *Hoffmann*. 1872. Gr. in-4°, III-47 p., 17 photogr. 18 m.

Siegeszug (Der) der sächsischen Armee durch Frankreich. Geschichte des sächsischen Antheils im Kriege 1870 und 1871. — Leipzig, *Schneider*. 1871. In-16, 77 p. 30 pf.

Siegeszug (Der) des königlich-sächsischen (XII.) Armee-Corps in Frankreich 1870-1871. — Weimar, *Geographisches Institut*. 1871. Carte, chromolith., imp. in-fol. 75 pf.

Sieweressen (K. G. H.). — Unser Bettag, gehalten am 27. Juli 1870. Predigt. — Oldenburg, *Schulze*. 1870. In-8°, 14 p.

Sigel (Doctor Albert). — Die württembergischen Sanitätszüge in den Kriegsjahren 1870-1871. — Stuttgart, *Maier*. 1872. Gr. in-8°, 53 p. 1 m.

Signouret (P. R.). — Souvenirs du bombardement et de la capitulation de Strasbourg..... — Bayonne, *P. Cazals*. 1872. In-18 j., 374 p., pl. 3 fr. 50 c.

Sigrist et Fontugne. — Un épisode de la campagne de 1870. Les Chasseurs des Alpes à Châtillon-sur-Seine. Compte rendu sténographique de l'affaire du commandant Michard contre Louis Thiabaud et *l'Éclaireur de la Savoie*. — Moutiers, *Duclos*. 1894. In-8°. 2 fr.

Silas. — Im Kampfe Frieden. Ein einfaches Bild aus grosser Zeit. — Halle, *Fricke*. 1874. In-8°, 211 p. 1 m. 50 pf.

Silberstein (M.). — Predigt bei der Sieges- und Friedensfeier des 6. März 1871. — Essl. (Breslau, *Skutsch*). 1871. In-8°, 8 p.

Silfnersvärd (R.). — *Voir* HOFFBAUER.

Silvestre (Armand). — *Voir* CAVAILHON.

Silvestre (H.). — Cantonnements des troupes fédérales dans le Jura bernois. Souvenirs de la campagne de 1870-1871. — Genève. 1871. In-fol., 19 pl. 5 fr.

Silvy (Lieutenant). — Album de la garde mobile d'Eure-et-Loir, comprenant le récit de la campagne de 1870-1871, cartes, plan, dessins. 1re partie [seule parue]: Épernon. — Chartres, *Duchon*. 1872. In-4°, 40 p., cartes et pl.

Simon (E.). — L'empereur Guillaume et son règne. — Paris, *Ollendorff*. 1886. In-8°, 482 p. 7 fr. 50 c.

— Kaiser Wilhelm und sein Reich. Aus dem Französischen. — Jena, *Costenoble*. 1888. In-8°, VIII-483 p. 4 m.
   2e édition.

— Histoire du prince de Bismarck (1847-1887). — *Ib*. 1888. Gr. in-8°. 7 fr. 50 c.

— Geschichte des Fürsten Bismarck (1847-1887). Aus dem Französischen von O. Th. Alexander. — Berlin, *Ulrich und Co*. 1888. In-8°. 5 m.

— L'empereur Frédéric. — Paris, *Hinrichsen*. 1888. In-12, 300 p. 3 fr. 50 c.
   4e édition.

Simon (E.). — Kaiser Friedrich III. Nach dem Französischen von Eufemia, Gräfin Ballestrem. — Breslau, *Schottländer*. 1888. In-8°, VIII-220 p. 3 m.

— (Jules) [Jules Suisse], de l'Académie française. — Le gouvernement de M. Thiers (8 février 1871-24 mai 1873). — Paris, *C. Lévy*. 1878. 2 vol. in-18. 7 fr.

— Souvenirs du 4 septembre. Origine et chute du second empire. Le gouvernement de la Défense nationale. — *Ib.* 1874. 2 vol. in-8°, 410 et 396 p. 12 fr.

Le même. 1876. 2 vol. in-18. 7 fr.
Le même. — Paris, *Polo*. 1874. In-4°, ill. 6 fr.

— Souvenirs de guerre et de misère. — *Revue de famille*, août-septembre 1892.

Voir HORN.

— (Marie). — Meine Erfahrungen auf dem Gebiete der freiwilligen Krankenpflege im deutsch-französischen Kriege 1870-1871. Briefe und Tagebuchblätter. — Leipzig, *Brockhaus*. 1872. Gr. in-8°, VII-326 p. 4 m. 50 pf.

— (Nicolas). — Les deux bombardements de Montmédy : Montmédy ; Sedan ; 1er bombardement ; reconnaissances, investissement ; 2e bombardement. Avis du conseil d'enquête. — Paris, *Plon*. 1872. In-8°, 105 p, plan. 2 fr. 50 c.

Voir PISAROT (Ph.).

— (Otto). — *Voir* MAUER-ANSCHLÄGE.

Simon (Capit. P.) et Simon (Lieut. E.). — Historique du 89e régiment d'infanterie. — Paris, *Charles-Lavauzelle*. 1895. In-8°, pl., portr., cartes. 15 fr.

Simon-Duneau (Capitaine). — Historique du 48e régiment d'infanterie (1610-1878). — Par s, *Rouff*. 1879. In-18 j., 360 p.

Simond (Lieutenant E.). — Le 28e de ligne. Historique du régiment d'après les documents du ministère de la guerre. — Rouen, *Médard*. 1889. In-4°, 394 p., ill.

Simonsen. — Unsere Sedanfreude. Predigt. — Flensburg, *Westphalen*. 1874. In-8°, 15 p.

Simrock (K.). — Deutsche Kriegslieder 1870. — Berlin, *Lipperheide*. 1870. In-16, 56 p. 50 pf.

Simson (Bernhard Professor). — Ueber die Beziehungen Napoleons III. zu Preussen und Deutschland. Ein Vortrag. — Freiburg, *Mohr*. 1882. Gr. in-8°. 1 m. 20 pf

Sinclair (Baronet J. G. T.). — The Franco-German War. — London. 1871. In-12.

— Der deutsch-französische Krieg. Seine Ursachen, Geschichte und Wirkungen. Eine Vertheidigung der deutschen Sache, wie sie in England im Jahre 1870 veröffentlicht worden ist. — Berlin, *Asher und Co.* 1873. In-8º, XVI-324 p., cartes. 4 m.

Siouville (J.). — Souvenir de l'année terrible 1870. Une héroïne, Maria Briard, aide des postes et des télégraphes. — Rouen, *imp. Brière.* 1891. In-8º, 12 p.

Sirven (Alfred). — La défense de Dreux en octobre 1870; réponse à la commission d'enquête sur le gouvernement de la Défense nationale. — Paris, *Sagnier.* 1873. In-18, 88 p. 1 fr.

Sitte (M.). — Unser Krieg von 1870-1871 (Lesebuch für die reifere Jugend). — Berlin, *Selbstverlag.* 1891. Gr. in-8º, III-192 p. 3 m.

Situation-Solution; Novembre 1870, par un sédentaire de la 9ᵉ du 6ᵉ. — Paris. 1870. In-8º, 23 p.

Situationsplan der Schlachtfelder von Sedan und Beaumont am 30. und 31. August 1870. — Berlin, *Geographisch-statistische Abtheilung des grossen Generalstabes.* 1870. 1/40,000. Imp. in-fol. Autographie.

— von Paris und Coburg. — Coburg, *Riemann.* 1870. 1,200,000. In-4º, lith.

Six exécutions prussiennes racontées par un maire de campagne du département de l'Aisne, 9, 10 et 11 octobre 1870; Pasly, Vauxrezis, Vauxbuin. — Soissons, *Lallart.* 1872. In-8º, 36 p.

— mois de drapeau rouge à Lyon. — Lyon, *Josserand.* 1871. In-18, 107 p.

— semaines avec les Prussiens. — Tours, *Mame.* 1872. In-12, 83 p.

Sketches of the franco-german War selected from the *Daily-News* correspondence. — Köln, *Du Mont Schauberg.* 1871. In-8º, VIII-301 p. 2 m. 25 pf.
Édité par le Dr. F. H. Ahn. — *Voir* SPECIALBERICHTE.

Skizze des Aufmarsches der 1. und 2. Armee zum Angriff auf die französische Stellung westlich von Metz am Nachmittag des 18. August 1870 (Gravelotte). — Berlin, *Schropp.* 1870. Lith. und col. in-fol. 1/80,000. 25 pf.

— des Aufmarsches der 3. und 4. Armee zur Einschliessung der französischen Armee unter Mac-Mahon bei Sedan am 1. September 1870. — *Ib.* 1870. Lith. col. gr. in-fol. 1/80,000. 50 pf.

— vom Gefechtsfelde von Weissenburg. — *Ib.* 1870. Gr. in-4º, lith. color. 1/50,000. 25 pf.

— vom Gefechtsfelde von Wörth. — *Ib.* 1870. Gr. in-4º, lith. color. 25 pf.

Skizze von der Schlacht bei Saarbrücken am 6. August 1870, nach dem officiellen Bericht im *Staatsanzeiger*. — *Ib*. 1870. Lith. col. in-fol. avec texte. 25 pf.

Skizzen (69 landschaftliche) von Theilen des Gefechtsfeldes von Weissenburg, Wörth, Spichern, Vionville, Gravelotte. Nach der Natur gezeichnet von F. C. von H. — Wien (*Seidel und Sohn*). 1891. Gr. in-4°, 7 p. de texte, 79 croquis. 4 m.

Skizzenbuch (Militärisches) aus dem Feldzuge von 1870 und 1871. Ernste und heitere Kriegsbilder..... — Darmstadt, *Zernin*. 1871. Gr. in-8°, ill., IV-92 p. 1 m. 60 pf.

Skubovius (E.). — Beitrag zur Denkmalsfrage. Kaiser Wilhelm I. in Versailles am 18. Januar 1871. — Berlin, *Bohne*. 1890. In-8°, 20 p. 50 pf.

Sloten (Van). — De Oorlog van 1870. Bouwstoffen tot de studie de latere Krijgsgeschiedenis van de veldtocht der Duitschers in Frankrijk. Ie. ged. — Arnhem. 1870. In-8°. 90 cts.

Sluyter (A. C.). — *Voir* STIER.

Smitt (W.). — Deutschlands Heldenkampf gegen die Wälschen. — Leipzig, *Lissner*. 1871. 1. Theil. In-8°, 136 p., ill. 2 m.

Snieders (A.). — Gedenkbock van den oorlog in 1870 en 1871. — Leiden. 1871. In-fol., carte et pl.

Socci (Ett.). — Da Firenze a Digione. Impressioni di un reduce garibaldino. — Prato. 1871. In-8°, 272 p. 2 l. 50 c.

Socec (Alexandre). — Dictionnaire des guerres. La guerre franco-allemande. Recueil par ordre alphabétique des événements de 1870-1871. — Bucarest, Paris, *Nillson*. 1893. In-8°. 1 fr. 50 c.

2ᵉ édition. — Bruxelles, *Spineux et Cⁱᵉ*. 1895. In-8°, 180 p. 2 fr. 50 c.

Société française de secours aux blessés des armées de terre et de mer. Comité de Versailles 1870-1871. — Versailles. 1874. In-8°.

Socin (Professor, Doctor August) und **Klebs** (Professor, Doctor Edwin). — Chirurgische und pathologisch-anatomische Beiträge zur Kriegsheilkunde. — Leipzig, *F. C. W. Vogel*. 1872. 2 vol. in-8°, 332 p., fig. 29 m.

Sodenstern (Major Arthur von). — Das norddeutsche Bundesheer im Kampfe gegen Frankreich 1870 und 1871. Vergleichende Uebersicht der Theilnahme jedes einzelnen Truppentheiles auf Grund der officiellen Verlustlisten zusammengestellt. — Cassel, *Freyschmidt*. 1871. Gr. in-4°, XI-273 p., carte. 8 m. 40 pf.

Soetbeer (A.). — Die 5 Milliarden. Betrachtungen über die Folgen der grossen Kriegsentschädigung für die Wirthschaftsverhältnisse Frankreichs und Deutschlands. — Berlin, *Habel*. 1874. In-8°, 56 p. 75 pf.

ZEIT- UND STREITFRAGEN.

Söltoft (C.). — Om den franske Haers Ordning. — Kjöbenhavn. 1870. In-8°. 64 sk.

Sörensen (F. C.). — *Voir* KRIEG.

Soirées en Allemagne (Mes). Projet de constitution républicaine, par un capitaine d'artillerie prisonnier de guerre. — Bruxelles, *Combe*. 1871. In-8°. 1 fr.

Soissons und Verdun. — *Streffleur's*, 1876, 4° livr.

Soldat (Der deutsche) im Kantonnement in Frankreich. Sammlung der gebräuchlichsten Redensarten. — Berlin, *Klönne*. 1871. In-32, 36 p. 25 pf.

— (Der deutsche) in Frankreich. Hülfsbuch, sich mit jedem Franzosen zu verständigen. — Berlin, *Klönne*. 1870. In-16, 24 p.
3e édition.

Soldatenbüchlein. — Eine geistliche Mitgabe für Soldaten in Friedens- und Kriegszeiten. — Ansbach, *Junge*. 1870. In-32, IV-96 p.
4 édition.

Soldaten-Kalender (illustrirt) auf das Jahr 1871 : Geschichte des Feldzuges, Todtenliste der grossherzoglich-hessischen (25.) Division u. s. w. — Darmstadt, *F. Lange*. 1871. In-4°, 32 p. 50 pf.

Soldatenleben (Französisches) vor Ausbruch und während des Krieges 1870-1871. Aufzeichnungen eines Elsässers (Ed. Vonderhalde). — Leipzig, *Luckhardt*. 1895. Gr. in-8°, III-81 p. 1 m.

Soldaten-Lieder aus der Campagne 1870-1871. — Marienburg, *Bretschneider*. 1871. In-32, 48 p. 15 pf.

— (Zwei), König Wilhelm sass ganz heiter..... und Jubelnd sei's der Welt verkündet .... — Bremen, *Tannen*. 1871. Gr. in-8°, 4 p.
3e édition.

— (Zwei lustige). — Stuttgart, *E. Hallberger*. 1871. In-fol., 3 p.

— Festgabe zur 20jährigen Erinnerungsfeier an den Feldzug 1870-1871. — Mannheim (*Nemnich*). 1890. In-8°, 55 p. 80 pf.

Soldats peints (Les) par eux-mêmes. Types français. — Berlin, *R. Lesser*. 1871. In-4°. 2 part. à 80 pf.

Solling (G.). — L'Alsace et la Lorraine. Esquisse historique. — Berlin, *Korthampf*. 1871. Gr. in-8°, IV-71 p. 1 m. 50 pf.

— *Voir* RENAN.

Sommer (Der verhängnissvolle) 1870. Aus der poetischen Erinnerung eines Naturforschers. — Freiberg, *Engelhardt*. 1870. In-16, 23 p.

Sommer's (Elwin). Gedichte. — Hamburg, *Richter*. 1871. In-8º, IV-224 p. 3 m.

Sommer (Julius). — Madeleine. Schauspiel in 3 Akten aus dem deutsch-französischen Krieg 1870-1871. — Freiburg i. Breisgau, *Elchlepp*. 1891. Gr. in-8º, 161 p. 2 m.
3 édition.

Sonderland (J. B.). — Gedenkblatt an den französischen Krieg im Jahre 1870. — Düsseldorf, *Gestewitz*. 1871. In-fol. 50 c.

Sonnenburg (Rektor Ferd.). — Geschichte des deutsch-französischen Krieges 1870 und 1871. — Berlin, *Springer*. 1871. Gr. in-8º, III-299 p. 2 m. 25 pf.

— Fürst Bismarck. Ein Lebensbild. — Berlin, *Meidinger*. 1895. In-8º, III-185 p., ill. 3 m.

Sonstral (J. H.). — De oorlog van 1870. De aanvang van het godsgerigt. — Nieuwediep. 1870. In-8º, 24 p. 30 cts.

Sordet (Fél.). — 1870-1871, ou une page d'histoire. — Chalon-sur-Saône. 1873. In-8º, 456 p. 3 fr.

Sorel (Albert). — Histoire diplomatique de la guerre franco-allemande. — Paris, *Plon*. 2 vol. in-8º cav., XI-884 p. 16 fr.

Soret (H.). — Notes d'un volontaire au 50e de ligne. — Paris, *Dentu*. 1872. In-18 j., 101 p.

Sorin. — Notes d'un mobilisé aux régiments de Paris. — Paris. 1871. In-8º.

— (Élie). — Les martyrs du siège de Paris. — Paris. *Librairie internationale*. 1872. In-18, X-153 p. 2 fr. 50 c.

— Alsace et Lorraine. Strasbourg, Metz, Belfort (1870-1871). — Paris, *Bibliothèque populaire*, bureaux de l'*Éclipse*. 1871. In-32.

Soubise. — Compte rendu des travaux de la 2e ambulance volante de Maine-et-Loire attachée au 75e mobiles (16e corps). — Tours, *Mazereau*. 1873.
Mobiles de Maine-et-Loire, Loir-et-Cher.

Soukhotine (Generalmajor). — *Voir* KRIEG.

Soulary (J. M.). — Pendant l'invasion, poèmes. — Paris. 1871. In-12. 1 fr.

Sourdeval (Capitaine Georges de). — Historique du 5e bataillon de chasseurs à pied. — Dijon, *Laplaiche*. 1876. In-12, 316 p.

Soust de Borckenfeld (A. von). — *Voir* JANE.

Souvenir (A) of the War of 1870, from the commencement to the fall of Paris. Introduction by Doctor Dorau, a history of the War by H. Hall. — London. 1871. In-fol , cartes. 21 sh.

Souvenirs de la défense nationale. Les francs-tireurs du Calvados en 1870-1871. — Caen, *imp. Adeline*. In-18, 88 p. 30 c.

— de la guerre de la défense nationale, par un officier de l'armée de la Loire. Novembre 1870-janvier 1871. — Paris, *Tanera*. 1872. In-8°, 168 p., 2 cartes. 2 fr.

<small>Extrait du *Spectateur militaire*, 1871-1872. — 45° de marche.</small>

— des deux sièges de Paris (1870-1871), par un volontaire à la 1re compagnie *bis* des canonniers auxiliaires. — Paris, *Bureaux du Corsaire*. 1888. In-8°, 83 p. 2 fr.

— d'un mobile lyonnais. Épisode du siège de Belfort. — Lyon. 1871. In-8°, 64 p.

<small>Mobiles du Rhône.</small>

— du 8e hussards (1840-1891). — Vienne, *Savigné*. 1892. In-4°, 75 p.

— d'Allemagne. — Paris, *Charles*. 1893 In-12, 223 p. 2 fr.

— d'un garde national pendant le siège de Paris et pendant la Commune, par un volontaire suisse. — Neuchâtel, *Sandoz*. 1872. In-8°, 2 fasc. 3 fr.

— de captivité. De l'instruction en Allemagne, par un officier général. — Paris. 1871. In-12. 1 fr. 50 c.

— d'un franc-tireur pendant le siège de Paris [septembre-novembre 1870], par un volontaire suisse. — Neuchâtel, *Sandoz*. 1871. In-12, 302 p. 2 fr. 50 c.

<small>2e édition. 1871. In-8°, 335 p.</small>

— du siège de Paris. 32 lieues à l'heure. Naufrage du ballon *Le général Chanzy*, conduit par M. Verrecke. — Paris, *Morris*. 1872. In-12, 16 p. 25 c.

— du siège de Paris. Une page d'histoire de la défense nationale (1870-1871). — Paris, *Chaix*. 1890 In-8°, 118 p., pl.

— d'un mobile du Vexin [le capitaine de Sainte-Foix]. Tablettes de la 2e compagnie, cantons d'Etrechy et de Gisors, 1er bataillon, 39e régiment (Eure). — Paris, *Henry*. 1871. In-18, 112 p. 1 fr. 50 c.

<small>Mobiles de l'Eure.</small>

— de l'invasion, 1870-1871. Poésies d'un montagnard. La Némésis ou le lâche. Avril et mai 1871. — Nantes, *imp. Grinsard*. 1871. In-18. 1 fr. 25 c.

— d'un prisonnier de guerre. Coup d'œil sur les opérations de l'armée de Metz, suivi de considérations militaires, par un officier d'infanterie. — Bruxelles, *Office de publicité*. 1871. In-8°, 45 p 75 c.

Souvenirs d'un volontaire, campagne de 1870-1871. Les Vosges, la Loire, la Sarthe, la Mayenne. — Paris, *Donnaud*. 1872. In-18 j., 127 p.

— (Les) du soldat Tellier [57° de ligne]. — *Revue du Cercle*, 2° sem. 1891.

— et journal d'un officier. Bazaine et l'armée du Rhin. — Paris. 1873. In-18, 99 p.

— et lettres de Claude-Victor-Antonin-Didier de la Brunetière, engagé volontaire..... au 45° de marche..... disparu à la bataille du Mans le 11 janvier 1871. — Paris, *Librairie générale*. 1873. In-32, 449 p.
17° corps.

— et notes intimes de Napoléon III à Wilhelmshœhe. — Paris, *Librairie internationale*. 1871. In-18 j. 2 fr.
Par Henri de Kock et Jaime fils.

— d'un franc-tireur, ex-caporal de l'armée de Garibaldi 1870-1871. — Neuchâtel, *Attinger frères*. 1894. In-12. 1 fr. 50 c.

— d'un officier de chasseurs à pied [capitaine de Boissieu, 5° de marche]. Extrait des notices sur les élèves de l'École Sainte-Geneviève tués à l'ennemi. — Tours, *Mame*. 1878. In-8°, 240 p.
2° édition.

— de trois invasions prussiennes. Ruses de guerre des Allemands. — Nancy. 1891. In-8°.

Spanton (W. D.). — *Voir* ORTON.

Special-Berichte des *Daily-News* Correspondenten bei der deutschen und französischen Armee. Aus dem Englischen. — Berlin, *Berggold*. 1871. 2 vol gr. in-8°, xx-422 p., à 2 m. 25 pf.
Une édition anglaise, abrégée par le Docteur F. H. Ahn, a été publiée en 1871 à Cologne, chez Du Mont Schauberg, à 2 m. 25 pf. — *Voir* SKETCHES.

Specialkarte der Schlachtfelder von Beaumont und Sedan. — Darmstadt, *Zernin*. 1/100,000. Lith., imp., in-fol. 75 pf.

— der Umgebung von Paris mit seinen Befestigungen. Photo-lithographische Vergrösserung der französischen Generalstabskarte. — Berlin, *Reimer*. 1870. 1/64,000 In-fol.

— der deutsch-französischen Grenzländer von Mainz bis Bern. — Gotha, *J. Perthes*. 1870. In-fol.

— von Mainz bis zur Nordsee. — *Ib*. 1870. In-fol.

— vom Kriegsschauplatz der Nord- und Ost-See. — Weimar, *Geographisches Institut*. 1870. In-fol.

— vom Kriegsschauplatz am Rhein 1870 (Erfurt bis Paris). — *Ib*. 1870. In-fol.

Specialkarte der Umgebung von Metz mit eingedruckten Abbildungen der Denkmäler und Kriegergräber auf den Schlachtfeldern. — Metz, *Deutsche Buchhandlung*. 1876. In-fol. 1 m. 60 pf.

5e édition. 1883. — 10e édition. 1888.

— der deutsch-französischen Reichsgrenze, bearbeitet in der geographischen Abtheilung des grossen Generalstabes, nach den von der Grenzregulirungs-Commission zu Metz mitgetheilten Materialien. — Berlin, *Mittler*. 1873. 2 feuilles, 1/80,000, lith. color., gr. in-fol. 2 m.

— von Metz und Umgegend. — Darmstadt, *Zernin*. 1870. In-fol.

Speck (Generalmajor M.). — Geschichte des k.-bayerischen 2. Artillerie-Regiments Brodesser im Kriege 1870-1871. — Würzburg, *Stahel*. 1895. In-8°, 58 p., 80 pf.

Extrait de la *Festschrift des Kanonier-Vereins von Würzburg*.

Sperling. — Geschichte des 6. ostpreussischen Infanterie-Regiments Nr. 43. — Berlin. 1874. In-8°. 1 m. 50 pf. N. d. l. c.

Spes (Leo). — Les Pleurs de la patrie, récits des temps du siège. — Paris, *Lachaud*. 1873. In-8°. 2 fr.

Speyer (C.). — *Voir* BORK (H.).

Spicheren (La bataille de), envisagée au point de vue stratégique. Traduit de l'allemand par Weil. — Paris, *Tanera*. 1872. In-12, 14 p. 25 c.

Spitz (A.) — Zur Lage und Stimmung in Elsass-Lothringen. — Strasbourg, *Leroux et Cie*. 1894. In-8°, 35 p. 25 pf.

2e édition.

Spörri (H.) — Ueber den Einfluss des gegenwärtigen Krieges auf die religiöse Entwickelung des deutschen Volkes. Vortrag. — Hamburg, *Seippel*. 1870. In-8°, 21 p. 45 pf.

— Das Leben verlieren, das Leben gewinnen. Predigt. — *Ib.* 1871. In-8°, 16 p.

Spohr (Major). — Geschichte der Beobachtung, Einschliessung, Belagerung und Beschiessung von Mézières, im deutsch-französischen Kriege 1870-1871. Im Auftrage der königlichen General-Inspection der Artillerie, mit Benutzung dienstlicher Quellen bearbeitet. — Berlin, *Voss*. 1879. Gr. in-8°, VIII-312 p., cartes, pl. 10 m.

— Geschichte der Einschliessung, Belagerung und Beschiessung von Montmédy im deutsch-französischen Kriege 1870-1871. Im Auftrage der königlichen General-Inspection der Artillerie, mit Benutzung... — *Ib.* 1877. Gr. in-8°, IX-230 p., 4 cartes et pl. 7 m.

— Die Cernirung, Belagerung und Beschiessung von Thionville im deutsch-französischen Kriege 1870-1871. Im Auftrage der königlichen General-Inspection der Artillerie, unter besonderer Berücksichtigung der artilleristischen Verhältnisse und mit Benutzung... — *Ib.* 1875. Gr. in-8º, VIII-160 p., 3 cartes et pl. 6 m.

Voir ROSWAG.

Spoll (E. A.). — Guerre de 1870 Campagne de la Moselle. — Paris, *Dumaine.* 1871. In-12, carte. 3 fr.

— Metz (1870). Notes et souvenirs. — Paris, *Lemerre.* 1873. In-18, 273 p. 3 fr.

Voir NIEST (H.).

Sponzilli (Francesco). — Telegraphi ottici della difesa di Parigi. Sperimenti relativi alle sorgenti luminose. — Roma. 1878. In-8º, 18 p. 50 c.

Sprotte (Hauptmann). — Geschichte des schleswigschen Feld-Artillerie-Regiments Nr. 9 von seiner Gründung im Jahre 1866 bis zum Jahre 1891. — Berlin, *Mittler.* 1891. In-8º, V-311 p., carte et plan. 7 m. 50 pf.

Spuller (E.). — *Voir* MAQUEST.

Srajenie pri Sedane. Perev. s nemetsk. — San Peterbourg. 1870. In-8º.

St. (Von). — Die Garnison-Bataillone im Kriege 1870-1871. — Leipzig, *Luckhardt.* 1873. In-8º, 27 p. 75 pf.

Militär. Zeit- und Streitfragen.

St. (W. von). — *Voir* KRIEGSERINNERUNGEN.

Stadelmann (Hauptmann). — Von Coulmiers bis zur Wiedereinnahme von Orleans. — *Allgemeine Militär-Zeitung,* 1873.

Stadt- und Strassenplan von Paris 1870. — Berlin, *Falk.* 1870. Imp., fol., lith , color. 1 m.

Staehling (Ch.). — Histoire contemporaine de Strasbourg et de l'Alsace. 2ᵉ partie (1853-1872). — Paris et Nancy, *Berger-Levrault et Cⁱᵉ.* 1887. In-8º. N. d. l. c.

Stähler (Pr.-Lieutenant). — Geschichte des Fuss-Artillerie-Regiments Nr. 15 und seiner Stamm-Truppentheile. — Berlin, *Mittler.* 1877. Gr. in-8º, croquis. 4 m.

Stählin (A). — Predigt am 12. März 1871. — Ansbach, *Junge.* 1871. Gr. in-8º, 18 p.

2ᵉ édition.

Stahr (A.) — Er muss nieder. Sturmglockenrufe wider den Einbrecher. — Berlin, *Guttentag.* 1870. Gr. in-16, 44 p.

2ᵉ édition.

Stains während der Besetzung durch die Garde-Infanterie-Division. — Berlin, *Schropp.* 1872. 1/5,000. 50 pf.

Stair (J.). — Saint-Cloud, son histoire... Les Prussiens (1814), encore les Prussiens (1815), toujours les Prussiens (1871), renseignements divers. — Paris, *Claye.* 1871. In-8º, 63 p., carte et dessins.

Stallo (Luigi). — Verità e calumnia in faccia al generale Giuseppe Garibaldi. Reminiscenze di un volontario italiano in Francia. — Chambéry. 1871. In-8°, 116 p.

Stangl (C.). — Kriegs- und Friedensbilder. Eine Erzählung. — Regensburg, *Manz*. 1873. In-8°, 292 p.

Stanislas (Le R. P.). — Impressions d'un aumônier de mobiles à la 2e armée de la Loire (1870-1871). — Le Mans, *Leguicheux;* Paris, *Palmé*. 1873. In-8°, 398 p.

Stapleton (A. G.). — The French case, truly stated. — *Voir* GRANVILLE.

Stapp (Hauptmann). — Die Emmerlinge. Geschichte des königlich-bayerischen 4. Infanterie-Regiments König Karl von Württemberg von 1706-1884. Mannschaftsausgabe. — Berlin, *Mittler*. 1884. In-8°, 158 p. 60 pf.

— (Pr.-Lieutenant Karl). — Das königlich-bayerische 2. Infanterie-Regiment Kronprinz, 1682-1882. — München, *Oldenbourg*. 1885. 2 vol. in-8°, pl. et portr. 12 m.

— (Oberstlieutenant). — Königlich-bayerisches 6. Infanterie-Regiment Kaiser Wilhelm, König von Preussen, von 1725-1891. Geschichte des Regiments. Mannschaftsausgabe. — Berlin, *Mittler*. 1891. In-8°, ill. 80 pf.

Stark (C.). — Die psychische Degeneration des französischen Volkes, ihr pathologischer Charakter, ihre Symptome und Ursachen. — Stuttgart, *Werther*. 1871. In-8°, 32 p.

— (Doctor Hans). — 1870. Deutschland über Alles. Ein Roman der Gegenwart. — Wien, *Manz*. 1870-1872. 2 vol. gr. in-8°, 20 livr., 477 et 479 p , fig.

Starke. — Mein Kriegs-Tagebuch, 1870. — Uelzen, *Starke*. 1890. In-8°, 49 p. 80 pf.

Starklof (R.). — Geschichte des königlich-württembergischen zweiten Reiter-Regiments. — Leipzig, Darmstadt, *Zernin*. 1875. In-8°, ill., carte. 12 m.

Staub (Abbé). — Histoire de tous les régiments de hussards. Tome Ier, 1er hussards. Tome II, 2e hussards, Chamborant. — Paris, *Martin-Beaupré*. 1872. In-12, 918 p.

— Les derniers Chamborant à la dernière campagne contre la Prusse, 1870-1871 ; 2e hussards, Chamborant. — Paris, *Mathellon*. 1874. In-12, VII-244 p.

Staudinger. — Das k. 2. bayerische Infanterie-Regiment Kronprinz, 1682-1882. — München. 1885-1887. 3 vol. in-8°, 22 m.

Staurides (T. K.). — Ἱστορια τοῦ γαλλογερμανικοῦ πολέμου 1870-1871. — Leipzig, *Matthes*. 1871-1872. In-8°, 528 p. 10 m.

Stavenhagen (Hauptm.). — War der Vergleich, welchen der Metzer Kriegsrath am 26. August 1870 zwischen der damaligen Lage Bazaine's und der Napoleon's nach Arcis-sur-Aube 1814 zog, zutreffend? — *Archiv*, 1893, livr. 11 et 12.

Steenackers. — Les postes et les télégraphes pendant le siège 1870-1871. — Paris, *Charpentier*. 1883. In-18, 626 p. 3 fr. 50 c.

— et **Le Goff.** — Histoire du gouvernement de la Défense nationale (4 septembre 1870-8 février 1871). — Paris, *Charpentier*. 1884. 3 vol. in-18 j. 10 fr. 50 c.

Steff (L.). — Environs de Metz. Batailles livrées sous Metz. — Metz, *Deutsche Buchhandlung*. 1876. 1/80,000. Chromol. Gr. in-fol. 1 m. 60 pf.

Steger (A.) und W. Ehrke. — Deutschlands Krieg und Sieg in den Jahren 1870 und 1871. Deklamationen und Gesänge. — Neuhaldensleben, *Eyraud*. 1871. In-8º, 48 p. 25 pf.

— **(Doctor Friedrich).** — Das Elsass mit Deutsch-Lothringen. Land und Leute... — Leipzig, *Quandt und Händel*. 1870. Gr. in-8º, 91 p., carte.

Stegmann (Rud.). — Fürst Bismarck und seine Zeit. Festgabe. — Wolfenbüttel, *Zwissler*. 1895. In-8º, VIII-164 p., portr. 3 m.

Stein (C.). — Patriotische Lieder aus dem Jahre 1870. — Wittenberg, *Herrosé*. 1870. In-16, 16 p.

— Kriegs- und Friedenslieder. — Potsdam, *Stein*. 1871. In-8º, 64 p. 60 pf.

— **(H.).** — Lebensbild des Prinzen Albrecht von Preussen, Regenten des Herzogthums Braunschweig. — Braunschweig, *Wollermann*. 1886. In-8º, 52 p. 80 pf.
2ᵉ édition.

— **(Doctor Leopold).** — Der Kampf des Lebens. Ein Cyclus von Festpredigten in Beziehung zu dem grossen Völkerkampfe der Gegenwart... — Mannheim, *Schneider*. 1870. Gr. in-8º, VI-86 p. 1 m.

Steinacker (Pfarrer Gustav). — Unsere That und unser Hoffen beim zweiten deutschen Freiheitskriege. Kriegs- und Bettagspredigt am 31. Juli 1870 — Jena, *Dœbereiner*. 1870. Gr. in-8º, 8 p.

Steinbach (Ch. de). — L'Alsace devant les Prussiens. — Lille, *Petit* 1872. In-12, 50 c.

— **(Diac. E. F.).** — « Der Ruf zum Herrn und seine Hilfe in schwerer Kriegsnoth. » Predigt. — Dresden, *Schulbuchhandlung*. 1870. In-8º, VI-105 p.

Steinbeck (Doct. J.). — *Voir* KRIEG von 1870-1871, dargestellt von Mitkämpfern.

Steinbeck (Doct. J.). — Die Franzosen bei uns und wir bei ihnen. Eine Reihenfolge lebender Bilder mit verbindenden Worten. — Berlin, *Lassar*. 1888. In-8°, 15 p. 1 m.

Bloch's Militär-Festmappe.

— Die Spionin von Metz. Feldzugs-Geschichten. — Berlin, *Eckstein*. 1889. In-8°, 160 p. 1 m.

Ecksteins Reise-Bibliothek. — 2e édition. 1895. 136 p.

Steinberg (Doctor General-Arzt). — Die Kriegslazarethe und Baracken von Berlin nebst einigen Vorschlägen zur Reform des Hospitalwesens. — Berlin, *Hirschwald*. 1872. In-8°, 181 p., fig. 4 m.

— (S.). — Ewig unvergessliche Bilder aus dem Soldatenleben in Krieg und Frieden (1870-1871). — Hannover, *Helwing*. 1882. Gr. in-8°, 396 p. 4 m.

— Im Ruhmesglanz. Fortsetzung des *Ewig Unvergesslich*. — Hamburg, *König und Sch.* 1884. In-8°, 465 p. 4 m.

— Aus der grossen Zeit. Detailgeschichte des 2. Hanseaten-Infanterie-Regiments Nr. 76 während des Feldzuges 1870-1871. — Hamburg, *Hoffmann*. 1881. In-8°, 329 p.

2e édition. 1891. x-391 p. 5 m.
Voir Meichsner.

Steinheuer (H.). — Des Kriegers Heimkehr. Patriotisches Schauspiel mit Gesang in einem Akt. — Köln, *Bachem*. 1871. In-8°, 26 p.

Steinmann (Hauptmann) und **Bober** (Sek.-Lieutenant). — Geschichte des Infanterie-Regiments Freiherr Hiller von Gärstringer (4. posensches Nr. 59) bis zum Juli 1877... — Berlin, *Mittler*. 1887. In-8°, IV-153 p., portr., croquis, cartes. 2 m.

2e édition. 1892.

Stenglin (Freiherr A. von). — Sieben deutsche National-Lieder. 70 neue deutsche Soldaten- und Volks-Lieder. — Schwerin (*Stiller*). 1871. In-16, v-104 p.

Stenzler (Professor, Doctor R.). — Kaiser Wilhelm's Leben und Thaten. — Berlin, *F. Schulze*. 1888. In-8°, VIII-147 p. 1 m.

Stephen (Leslie). — The playground of Europe. — London. 1871. In-8°, 322 p. 10 sh. 6 d.

Sterlin (Abbé). — Souvenirs de la campagne 1870-1871. — Montdidier, *Radenez*. 1872. In-8°, 80 p. 1 fr. 20 c.

Stern (Pr.-Lieutenant, Major P.). — Die ersten fünf Jahre des holsteinschen Infanterie-Regiments Nr. 85. — Berlin, *Mittler*. 1878. Gr. in-8°, pl. 3 m.

2e édition. 1894. v-158 p. 3 m. 50 pf.

Sternschnuppen, gefallen vom politischen Himmel des Jahres 1870. Eine Chronika in hochdeutschen Reimen von Germanus. — Bleicherode (Nordhausen, *Büchling*). 1871. Gr. in-16, 100 p.

Stiehl (Major). — Pommersches Fuss-Artillerie-Regiment Nr. 2 und schleswigsches Fuss-Artillerie-Bataillon Nr. 9. Geschichte des Regiments und des Bataillons. — Berlin, *Mittler*. 1880. In-8°, pl., croquis. 4 m.

Stieler (K.). — Durch Krieg zum Frieden. Stimmungsbilder aus dem Jahre 1870-1871. — Stuttgart, *Bonz und Co.* 1886. In-8°, 270 p. 4 m.
Nouvelle édition. 1895. vii-270 p. Préface de F. Ratzel.

Stieler von Heydekampf (Hauptmann). — Das V. Armee-Corps im Kriege gegen Frankreich 1870-1871. Nach den Tagebüchern und Gefechtsberichten der Truppen dargestellt. — Berlin, *Mittler*. 1872. Gr. in-8°, v-243 p., cartes 5 m.

— Campagne de 1870-1871. Opérations du 5e corps prussien dans la guerre contre la France. Traduit de l'allemand par le capitaine F. X. Humbel. — Paris, *Dumaine*. 1873. In-8°, 375 p., cartes. 6 fr

Stier (E.). — Unter Prinz Friedrich Karl. Erlebnisse eines Musketiers vom X. Armee-Korps im Feldzuge 1870-1871. — München, *Beck*. 1891. In-8°, 226 p., carte. 2 m.
2e édition.

— (De) der Vogesen. Tooneelen uit den duitsch-franschen oorlog. Naar het Fransch door A. C. Sluyter. — Alkmaar. 1874. In-8°, 359 p.

— (F.). — Predigt am Bettag, 31. Juli 1870. — Eisenach, *Kahle*. 1870. In-8°.

— (R.). — Predigt gehalten am allgemeinen Bettag aus Anlass des Krieges den 31. Juli 1870. — Jena, *Dæbereiner*. 1870. In-8°, 67 p.

Stiévenart (A.). — La liquidation de la dette de guerre. — Paris, *Dentu*. 1871. In-8°, 41 p. 50 c.

Stimme (Eine) aus dem Volke. Zeitgedicht eines Deutschen. — Rostock, *Leopold*. 1871. In-8°, 4 p.

Stimmen des Auslandes über deutsche Heeres-Einrichtung, Kriegsführung und Politik. — Berlin, *Kortkampf*. 1871-1872. Gr. in-8°, 3 livraisons à 1 m. — I. Heft : Aus den Bemerkungen Napoleon III. über die Armee-Organisation des Norddeutschen Bundes. Mit Genehmigung des Verfassers. 44 p. — II. Heft : Die Militär-Berichte des Baron von Stoffel nebst dessen Brief über die französischen Zustände. 108 p. — III. Heft. Aus der Broschüre : « Die Ursachen der Kapitulation von Sedan. » Urtheil des russischen Generals von Annenkoff. 46 p. — Complet, iv-198 p.

Stöpel (Doctor F.). — Die 5 Milliarden. Gegen Ludwig Bamberger. — Frankfurt am Main, *Boselli*. 1873. Gr. in-8°, 50 pf.
Extrait de la *Frankfurter Presse*.

Stoffel (Colonel baron). — La dépêche du 20 août 1870 du maréchal Bazaine au maréchal de Mac-Mahon — Paris, *Lachaud et Burdin*. 1873. In-8°, 117 p. 2 fr.

— Rapports militaires écrits de Berlin, 1866-1870. — Paris, *Garnier*. 1871. In-8°, XXIV-475 p. 6 fr.

— Militärische Berichte erstattet aus Berlin, 1866-1870. Erste vollständige deutsche Uebersetzung. Mit einem Vorwort von Karl Braun. — Berlin, *Jancke* 1872. Gr. in-8°. 6 m.

— Rapports sur les forces militaires de la Prusse, la garde nationale mobile de France, le mouvement politique de l'Allemagne, adressés au gouvernement français en 1868-1870. — Paris, *Librairie internationale*. 1871. In-18, VII-106 p. 1 fr. 50 c.

Le même. Genève. 1871. In-12.

— Reports on the military Forces of Prussia, etc., addressed to the french Minister of War in 1868-1870. Translated by C. E. H. Vincent. — London. 1870. In-12, 110 p.

— Aus den geheimen Papieren der Tuilerien. Berichte über Preussens Volk und Heer. — Berlin, *von Decker*. 1871. Gr. in-8°. 25 pf.

— *Voir* STIMMEN.

Stoltze (Fr.). — Hampelmann auf Wilhelmshöhe und im Kyffhäuser. Dramatischer Scherz in 2 Akten. — Frankfurt am Main (*Jäger*). 1871. Gr. in-8°, 26 p.

Stolz (A.). — *Voir* FELDBRIEF.

Stompor (Oberstlieutenant Emil). — Bazaine und die Rhein-Armee. Nach den neuesten Quellen bearbeitet. — Leipzig, *Luckhardt*. 1872. Gr. in-8°, 88 p., cartes. 3 m.

Stone (Captain F. G.). — Tactical studies from the Franco-German War 1870-1871. — London, *Harrison and Sons*. 1886. In-8°.

Storck (F.). — Alldeutschland hoch! 10 Zeitgedichte. - Elberfeld, *Lewenstein*. 1870. In-8°, 22 p.

Struck von Weissenbach (Major). — Geschichte der königlich-württembergischen Artillerie. — Stuttgart, *Kohlhammer*. 1882. Gr. in-8°, plans. 5 m.

Strada (E. de). — *Voir* GROS (A.).

Straetsburg, hare belegering in 1870. — Groningen. 1871. In-8°, 43 p.

Stranszky (E. de). — Considérations tactiques sur l'investissement de Metz. — *Revue militaire française*, août 1875.

Strantz (Major Vict. von). — Die deutschen Einigungskriege. Illustrirte Kriegschronik der Jahre 1864, 1866 und 1870-1871. — Leipzig, *Weber*. 1892. In-fol., XIV-5, 10, 23 p., 64 ill., pl., cartes. 12 m.

Strasbourg, journal des mois d'août et septembre 1870. Siège et bombardement, avec correspondance, pièces officielles, documents français et étrangers. Réponse au conseil d'enquête par une réunion d'habitants et d'anciens officiers. — Paris, *Sandoz et Fischbacher*. 1874. In-8°, VIII-368 p., pl et photogr. 10 fr.

— ! Quarante jours de bombardement, par un réfugié strasbourgeois. — Neuchâtel, *Sandoz*. 1871. In-8°, 71 p. 1 fr.

Strauss (A.). — Aus gross.r Zeit. Ein Festspiel zur 25jährigen Jubelfeier des Sedantages 1870. 2. September 1895. — Cöthen, *Ev. Vereinshaus*. 1895. In-8°, 78 p. 75 pf

— Heil Kaiser Wilhelm ! Heil dem Deutschen Vaterland ! Ein Sedanfestspiel zur 25jährigen Jubelfeier... — *Ib.* 1895. In-12, 16 p. 30 pf.

— (David Friedrich) — Krieg und Friede. Zwei Briefe an Ernst Renan, nebst dessen Antwort auf den ersten. — Leipzig, *Hirzel*. 1870. In-8°, 66 p.

— **Renan, Taine, Vogt**. — Hunne brieven over den oorlog van 1870, de aanleiding tot dezen, en de openbare meening in Duitschland en Frankrijk, vertaald door C. van N. — Rotterdam. 1871. In-8°, 63 p. 60 cts.

Voir LETTRES.

— (Doctor F. A.). — Heer-Predigten. — Berlin, *von Decker*. 18.0. In-8°, VII-164 p.

3e édition.

— (O.). — Die evangelische Seelsorge bei dem Kriegsheer. — Berlin, *Mittler*. 1870. In-8°, VII-168 p.

Strecker (Karl). — Otto von Bismarck. Ein Lebensbild..... — Berlin, *W. Pauli's Nachfolger*. 1895. In-8°, 157 p , ill. 1 m.

Streitmittel (Die) von Deutschland in dem Kriege von 1870-1871. — *Militär-Wochenblatt*, 1er sem. 1893.

Stricker (Doctor Wilhelm). — Die deutsch-französischen Grenzbezirke in historischen und nationalen Beziehungen. Zwei Vorträge. — Frankfurt, *Auffarth*. 1871. Gr. in-8°, 40 p.

Stridsmagt (Keiserdömmets), kort oversigt over den franske Armee ved krigens udbrud. Oversat fra tydsk. — Kjöbenhavn. 1870. 12 sk.

Strodtmann (Adolf). — « Alldeutschland, in Frankreich hinein ! » Kriegserinnerungen. — Berlin, *Gebrüder Pätel*. 1871. Gr. in-8°, VI-324 p. 6 m.

Stromeyer (Doct. G. F. L.). — Erinnerungen eines deutschen Arztes. — Hannover, *Rümpler*. 1875. 2 vol. in-8°, 942 p. 18 m.

— (Doct. L.). — *Voir* MAC-CORMAC.

Strub (Le R. P.). — Rapport sur les prisonniers de guerre français internés à Mayence du mois d'août 1870 au 24 juillet 1871, avec la liste complète des décès. — Paris, *Leclère*. 1872. In-4°, 44 p.

Struck (C). — Patriotische Reden bei Schulfeierlichkeiten [Geburtstag Seiner Majestät des Kaisers und Königs und Sedanfeier]. — Potsdam, *Reutel*. 1876. In-8°, 32 p. 50 pf.

2° édition.

Stuart (M. Cohen) — Van Sedan naar Straatsburg in October 1870. — Rotterdam 1871. In-8°, 48 p. 60 cts.

Stuckenbrock (R.). — Die beiden Zuaven, oder Berliner im Elsass. — Berlin, *Lasser*. 1870. In-16, 19 p.

— Die Wacht am Rhein. Kriegerisches Gemälde mit Gesang. — Berlin, *Kühling*. 1871. In-16, 11 p.

Stuckrad (Hauptmann von). — Die Cernirungen von Metz, Paris und Plewna. Eine kriegsgeschichtliche Parallele... — Berlin, *Mittler*. 1886. In-8°. 1 m. 40 pf.

Supplément du *Militär-Wochenblatt*, 1886.

— Geschichte des 1. Magdeburgischen Infanterie-Regiments Nr. 26. I. Theil : von 1813 bis 1863. II. Theil : von 1863 bis 1888. — Berlin, *Mittler*. 1888. 2 vol. in-8°, portr, croquis 18 m.

Studie (Eine kriegsgeschichtliche), 1814 und 1870. — *Jahrbücher*, 3° trim. 1873.

— von der Schlacht Vionville-Mars-la-Tour, 16. August 1870. — *Jahrbücher*, 1875.

Studien über Frankreich — Das Völkerrecht und der Krieg von 1870-1871. Nach der französischen Auffassung. — Berlin, *Mittler*. 1871. In-8°. 60 pf.

2° supplément du *Militar-Wochenblatt*.

Studnitz (Pr.-Lieutenant von). — Husaren-Regiment Graf Götzen (2. schlesisches) Nr. 6. Grüne Husaren in Frankreich. Dem Regiment zur Erinnerung an den Feldzug 1870-1871. — Berlin, *Mittler*. 1893. In-8°, 2 m.

Stüler (Pfarrer). — Vaterlandskrieg und Christenthum. — Berlin, *Nicolaï*. 1870. In-8°, 15 p.

Stülpnagel (Hauptmann Fr.). — Frankreich in 4 Blättern. — Gotha, *J. Perthes*. Août 1870. 1/1,850,000. In-fol.

Stukken (Alle officielle) omtrent den Fransch-Duitschen Oorlog, uit de Duitsche hoofdkwartieren opgezonden. Uit het hoogdutsch. — Leeuwaarden, Arnhem. 1871. In-8°, 105 p. 1 fl.

Stumpff (Adalbert). — Bunte Bilder aus dem Kriege flüchtig entworfen. — Colberg, *Post*. 1871. In-16, 50 p. 50 pf.

Stumpff Bunte Bilder aus dem deutsch-französischen Kriege flüchtig entworfen. Philadelphia, *Schäfer und Co.* 1871. In-8°, 36 p. 1 m.

Sturm (Julien) und **Hagen** (Rich.). — Friedensgruss. Gedenkblatt an den Frieden 1871. Dem deutschen Volke zur Erinnerung. — Gera, *Kanitz*. 1871. In-fol., 8 p.

— (J.). — 1870. Kampf- und Siegesgedichte. — Halle, *Barthel*. 1870. In-16, 39 p.

— (L.). — Eichenkranz. Eine Gedicht-Sammlung den heimkehrenden Kriegern gewidmet. — Glogau, *Zimmermann*. 1871. In-8°, 97 p. 75 pf.

Stutzke (A.). — Der deutsch-französische Krieg 1870-1871 unter vorzugsweiser Berücksichtigung der Verluste der deutschen Armeen. Nach amtlichen Quellen bearbeitet. — Gumbinnen (*C. Sterzel*). 1891. Gr. in-8°, 156 p. 1 m. 60 pf.

Suero (W.) — Zur Nationalfeier am 2. September 1887. Festrede. — Nürnberg, *Raw*. 1887. In-8°, 8 p. 15 pf.

Süddeutsches Heerwesen und Süddeutsche Politik. — Berlin, *Glasenapp*. 1869. In-8°, 61 p.

_{Von einem Norddeutschen.}

Süssmilch genannt Hörnig (Oberstlieutenant M. von). — Geschichte des 2. sächsischen Husaren-Regiments « Kronprinz Friedrich Wilhelm des deutschen Reiches und von Preussen » Nr. 19. — Leipzig, *Brockhaus*. 1882. Gr. in-8°. 9 m.

— Mein Regiment (Auszug aus der Geschichte des Husaren-Regiments Nr. 19). — *Ib.* 1891. In-8°. 75 pf.

Sueur (Doctor H.). — Étude sur la mortalité à Paris pendant le siège. — Paris, *Sandoz et Fischbacher*. 1872. In-8°.

Sugny (De), député. — *Voir* ACTES.

— Enquête parlementaire sur le 4 septembre. La révolution lyonnaise du 4 septembre 1870 au 8 février 1871. Rapport. — Paris, *Lachaud*. 1873. In-18. 3 fr.

Suicide (Le) d'une dynastie. L'empereur Napoléon III, la régente et la France, par un maire de village. — Paris. 1871. In-8°. 1 fr.

Suisse (Jules). — *Voir* SIMON.

Sulzberger (Max). — Léon Gambetta. — Bruxelles, *Muquardt*. 1883. In-8°, 1 fr. 50 c.

Sumner (Ch.). — The Duel between France and Germany. — Boston. 1871. In-12, 74 p. 2 sh. 6 d.

Sumner (Mme Mary). — Justice! Réponse à une lettre de M. de Pontmartin sur l'impératrice Eugénie. — Paris. 1871. In-8°. 50 c.

Sunkel (Oberstlieutenant W.). — Geschichte des 2. hessischen Infanterie-Regiments Nr. 82 in Verbindung mit der Geschichte des kurhessischen Stamm-Regiments von seiner Errichtung bis zu seiner Einverleibung in die preussische Armee. — Berlin, *Schneider und Co.* 1876. In-8°, 165 p. 3 m.

Supplement (A) to Haydn's Dictionary of Dates, containing the Chronicle of the Franco-Prussian War. — London. 1871. In-8°, 68 p.

Surigny (Albert de). — Siège de Paris. Souvenirs intimes du 4° bataillon de l'Ain, 40° régiment provisoire de la garde mobile. — Mâcon. 1872. In 8°.

Surmont (Armand). — Les Allemands dans la Sarthe. Étude sur leur conduite pendant l'occupation, d'après les enquêtes faites dans le département. — Le Mans, *imp. Monnoyer.* 1874. In-8°, 128 p. 2 fr.

— Rapport présenté à la Société d'agriculture, de sciences et d'arts de la Sarthe, après enquête..... (1870-1871). — Le Mans. In-8°.

Sutherland (Edw.). — The Germans in France. Notes on the method and conduct of the invasion; the relations between the invaders and invaded. — London. 1874. In-12, 352 p. 10 sh. 6 d.

Sutter-Laumann. — Siège de Paris. — *Nouvelle Revue*, 15 août 1889.

— Histoire d'un trente-sous (1870-1871). — Paris, *Savine.* 1891. In-18, 360 p. 3 fr. 50 c.

Suzane (Général). — L'artillerie française avant et depuis la guerre. — Paris, *Hetzel.* 1871. In-18 j., 15 p.

Extrait de la *Revue des Deux-Mondes*.

Suzanne (F. de). — Armes de guerre. Examen critique de l'armement français. — Paris, *Dentu.* 1870. In-8°, 122 p.

— Guerre de 1870-1871. Des causes de nos désastres. La proscription des armes et le monopole de l'artillerie. — Paris, *Tanera.* 1871. In-8°, 107 p. 2 fr.

Swarte (Victor de). — Le Trésor public pendant la guerre de 1870-1871. — Paris et Nancy, *Berger-Levrault et Cie.* 1891. Gr. in-8°. 3 fr.

Sybel (Heinrich von). — Der Friede von 1871. — Düsseldorf, *Buddeus.* Gr. in-8°, VI-125 p. 1 m. 60 pf.

— Was wir von Frankreich lernen können. — Bonn, *Cohen und Sohn.* 1872. In-8°, 16 p. 50 pf.

— Napoleon III. — *Ib.* 1873. In-8°. 1 m.

— Die Begründung des deutschen Reiches durch Wilhelm I. — München, *Oldembourg.* 1889. In-8°, XIV-428 et XI-545 p. à 7 m. 50 pf.

— Neue Mittheilungen und Erläuterungen zur Begründung des deutschen Reiches. — München, Leipzig. 1895. In-8°.

S[ydow] (E. von). — Karte vom nordöstlichen Frankreich. — Berlin, *Schropp*. 1870. 1/500,000. Gr. in-fol., 4 feuilles lith. col.

Sydow (H.). — Der Brand von Paris oder Deutschlands und Frankreichs Versöhnung. — Stuttgart, *Vogler und Beinbauer*. 1871. Gr. in-8º. 75 pf.

Szahany. — Die Parteien im deutschen Buchhandel..... Nebst Anhang : Elsass und Lothringen, und ihre Verhältnisse zum deutschen Buchhandel. — Offenburg, *Vorschriften-Verlag*. 1871. In-8º. 1 m.

Szczepanski (Pr.-Lieutenant von). — Kurze Darstellung der Geschichte des 4. rheinischen Infanterie-Regiments Nr. 30, 1815-1885. Mannschaftsausgabe. — Berlin, *Mittler*. 1886. In-8º, portr., croquis et carte. N. d. l. c.

T

T. (A.). — Journal d'un patriote. Novembre-décembre 1870, janvier-février 1871. République et liberté. — Paris, *Lemesle*. 1871. In-8°.

T. (Hauptm.). — *Voir* TESAR.

Table des décrets, décisions et arrêtés du gouvernement de la Défense nationale. — Châlons-sur-Marne. 1871. In-8°, 40 p.

Tableau historique de la guerre franco-allemande (15 juillet 1870-10 mai 1871). — Berlin, *Stilke*. 1871. Gr. in-8°, 614 p. 7 m. 50 pf.

— historique de la guerre franco-allemande. — Paris, *Frank*. 1871. In-8°.

— indicatif des communes qui, par suite du traité de 1871, ont été séparées du territoire français. — Paris. 1872. In-8°, 32 p.

Extrait du *Journal officiel*.

Tablettes d'un assiégé (octobre, novembre, décembre 1870-janvier 1871). — Paris, *Dumaine*. 1871. In-8°. 2 fr.

Taboureau (Capitaine). — Historique du 30e régiment d'infanterie. — Paris, *Charles-Lavauzelle*. 1887. In-32. 50 c.

Petite Bibliothèque de l'armée française.

Tactique (De la) séparée de l'artillerie pendant la campagne de 1870. — *Revue militaire suisse*, 1873.

Tag (Der) von Sedan. Ein Festbüchlein für Schulen zur Feier des 2. Septembers. — Ruhrort, *Andreæ und Co*. 1875. In-8°, 16 p.

7e édition. — 41e édition. 1876. 15 pf.

— **(Der) von Sedan.** Ein Gedenkblatt an Deutschlands grosse Tage von M. C. — Hamburg, *B. S. Berendsohn*. 1880. In-8°, 15 p. 30 pf.

Tage (Drei) in Paris, 1. bis 3. März 1871. Aus dem Tagebuch des E. von P. und G. — Darmstadt, *Zernin*. 1882. Gr. in-8°, croquis. 1 m. 50 pf.

Extrait de l'*Allgemeine Militär-Zeitung*. Ces initiales sont celles du capitaine, aujourd'hui général-lieutenant, E. von Prittwitz und Gaffrow.

Tagebuch (Das) des Kronprinzen. Aussprüche, Briefe und andere Kundgebungen, 1831-1886. — Berlin, *Steinitz*. 1886. In-8°. 5 m.

3e édition. — *Voir* FRÉDÉRIC III.

Tagebuchblätter eines Sechsundsiebzigers aus dem Feldzuge 1870. I. Serie: Von Niendorf bis vor Toul. — Hamburg, *Agentur des rauhen Hauses*. 1871. In-8°, IV-62 p. 75 pf.

Tagebuche (Aus dem) eines preussischen Offiziers in den Feldzügen 1866 und 1870-1871. — *Neue mil. Blätter*, juin 1894.

Tailhades (Capit. E.). — Historique de la 9e légion de gendarmerie (1373-1888). — Paris, *Cb. Lavauzelle*. 1888. In-8°, 156 p. 3 fr.

Tailhand. — *Voir* DAVID.

Taillebois (Ed.), de Limoges, envoyé en mission de courrier d'État par le gouvernement de la Défense nationale en janvier 1871, de Bordeaux à Paris. — Limoges. 1872. In-8°, 21 p.

Taine. — *Voir* STRAUSS.

Talibert (De). — Chants messins (1870-1871). — Nancy, *Crépin-Leblond*. 1881. In-8°, 36 p.

Tallies (René). — Comment la France a supporté les charges de la guerre de 1870-1871. — Lille. 1877. In-8°, 15 p.

Tanera (Hauptmann Karl). — Ernste und heitere Erinnerungen eines Ordonnanzoffiziers im Feldzug 1870-1871. 2 Theile. — Nördlingen, München, *Beck*. 1887-1888. In-8°, v-221 p., 230 p. 3 m. 60 pf.
1. Bayerisches Armee-Corps.
5e édition. 1894. — Nouvelle édition. 1895. 22 livraisons in-8 à 50 pf. 464 p., carte. 14 m.

— Die I. französische Loire-Armee. — Berlin, *Luckhardt*. 1878. Gr. in-8°, VII-134 p., 4 pl. 4 m.

— Hans von Dornen, der Kronprinzen-Kadett. Erzählung aus dem deutsch-französischen Kriege 1870-1871. — Bielefeld, *Velhagen und Klasing*. 1891. In-8°, 501 p., ill., carte. 8 m.
3e édition. 1895.

— Zu Hause und im Felde. Geschichten aus dem Soldatenleben. — Berlin, *R. Eckstein*. 1892. In-8°, III-183 p. 1. m. 50 pf.
Eckstein's humoristische Bibliothek.

— Scherz und Ernst aus dem Soldatenleben. — Berlin, *Eisenschmidt*. 1892. In-12, 83 p. 60 pf.
Voir KAISG. — Eisenschmidt's Büchersammlung für Unteroffiziere und Mannschaften.

Tanné (Jules). — Compte rendu des combats faits et soutenus par le 72e volontaires et autres bataillons de marche pendant la guerre (1870-1871). — Paris, *imp. Dubuisson et Cie*. 1877. In-8°, 8 p.
Garde nationale mobilisée de la Seine.

Tappen (A.). — Geschichte des hannoverschen Pionier-Bataillons Nr. 10 von seiner Formation bis zum Jahre 1885. — Minden, *Brun*. 1885. In-8°. 7 m. 50 pf.

Tardieu (Docteur Amédée). — Huitième ambulance de la Société de secours aux blessés (campagne de Sedan et de Paris, août 1870-février 1871). Rapport historique, médical et administratif. — Paris, *Delahaye*. 1872. In-8°, 111 p.

Targes (G. de). — *Voir* VILLIERS.

Tarragon (Lieut. de) — Historique du 15e régiment d'infanterie, ci-devant Balagny, Rambures, Feuquières..... l'un des six petits vieux. — Paris, *Charles-Lavauzelle*. 1894. In-8°, 452 p. 7 fr. 50 c.

— Historique succinct du 15e régiment d'infanterie. — *Ib*. 1898. In-32, 112 p. 50 c.
Petite Bibliothèque de l'armée française.

Tascher de la Pagerie (Comtesse Stéphane de). — Mon séjour aux Tuileries (3e série). 1866-1870. — Paris, *Ollendorff*. 1895. In-18 j., 326 p. 3 fr. 50 c.

Taubert (E.). — Waffenklänge. Zeitgedichte. — Berlin, *Königsmann*. 1871. In-16, 64 p. 50 pf.

— (Major O.). — Die Schlachtfelder von Metz. — Berlin, *Duncker*. 1893-1895. 2 livr. gr. in-fol., carte, lithogr. à 12 m.

Taupiac (C.). — Débats de l'affaire Trinquand (Abandon d'un convoi de vivres à l'ennemi). — Paris. 1872. In-8°, 68 p. 1 fr.

Taupin (Henri). — Chant de libération. Anniversaire de septembre 1873. — Paris, *Hurtau*. 1874. In-12. 40 c.

Tecklenburg (H.). — Unsere Handelsschifffahrt und die Rechte und Pflichten im jetzigen Kriege. — Bremen, *Schünemann*. 1871. Gr. in-8°. 50 pf.

— Die Freiheit des Meeres. Verbesserungsvorschläge zum Staatsvertrage über das Seerecht in Kriegszeiten. — *Ib*. 1870. Gr. in-8°, 41 p.

Teicher (Fr.). — Die Leistungen und Aufzeichnungen des königlich-bayerischen Infanterie Regiments von der Tann in dem ruhmvollen Kriege 1870-1871. — Passau. 1874. In-8°, 99 p.

Télégrammes (Les derniers) de l'Empire. Campagne de 1870. Documents inédits. — Paris, *Beauvais*. 1871. In-8°, 39 p. 75 c.

Tellier (Ch.). — L'impôt unique et l'invasion de 1870. — Paris, *Claye*. 1871. In-8°, 147 p. 2 fr.

Tellier, soldat au 57e de ligne. — *Voir* SOUVENIRS.

Telmat (Major). — Éducation morale du soldat. Le livre d'or du 56e régiment d'infanterie. — Paris, *Charles-Lavauzelle*. 1884. In-32, 134 p. 50 c.
Petite Bibliothèque de l'armée française.

Tendering (Doctor Fritz). — Die Schlacht bei Spichern am 6. August 1870. Vortrag. — Saarbrücken, *Klingebeil*. 1882. In-8°, 32 p. 75 pf.
2e édition. 1890. 80 pf.

Ténot (Eugène). — Les nouvelles défenses de la France. Paris et ses fortifications (1870-1880). — Paris, *Germer-Baillière*. 1880. In-8°, 219 p, carte. 5 fr.

— La frontière (1870-1881). — *Ib*. 1882. Gr. in-8°. 8 fr.
Nouvelle édition. 1892.

— Campagne des armées de l'Empire en 1870. Études critiques. — Paris, *Le Chevalier*. 1872. In-8°, 422 p. 3 fr. 50 c.

Terino (E.). — 25 Jahre. Erinnerungsblätter aus der Geschichte des Husaren-Regiments Kaiser Franz Joseph von Oesterreich, König von Ungarn Nr. 16 [Schleswig-Holstein]. — Schleswig, *L. Detleffen*. 1891. Gr. in-8°, 114 p. 1 m. 50 pf.

Terrain im Bereiche der Kanonen der Festung und Forts von Metz (inclusive Schlachtfeld vom 14. August 1870). — Berlin, *Schropp*. 18-o. 1/80,000. Lith. color., 50 pf.

T[esar] (Hauptmann). — Kritik des Krieges 1870-1871. Vom Kriegsbeginne bis zum 31. Juli 1871. — Lemberg, *Dobrzanski*. 1873. 2 vol. in-8°.
Extrait de l'*Organ*, 1871-1872.

Testament (Das) Napoleon III. Veröffentlicht von einem Verbündeten des Staatsstreiches. — Berlin, *Streerath*. 1871. Gr. in-8°, 4 p.

— von Napoleon III. Kleine Papiere (Auszüge) vom Kaiserreich. Gefunden im Boudoire der Marguerite Bellanger. — Leipzig, *Reicherl*. 1871. In-8°, 4 p.

Testard (Henri). — *Voir* GRENVILLE-MURRAY.

Testut (Oscar). — L'internationale. — Son rôle depuis le 4 septembre. Instructions données par le conseil général à ses correspondants de France. — Paris. 1871. In-12. 2 fr.
3ᵉ édition.

Teuber (C.). — Deutsche Vaterlandslieder zur Feier der glorreichen Heldenthaten des deutsch-französischen Krieges von 1870-1871. — Patschk., *Mondro*. 1871. In-8°, 16 p. 15 pf.

Thäter (Sek.-Lieutenant G.). — Die Verluste des letzten Krieges und ihre Schlagschatten. — *Jahrbücher*, 1875.

Thätigkeit (Die) der Landwehr im Feldzuge 1870-1871. — *Militär-Zeitung*, 1878-1879.

— (Die) der 1. Feld-Pionier-Kompagnie, 9 Armee-Korps..... 1870-1871. — *Archiv*, 72ᵉ vol., 3ᵉ livr.

— (Die) der 5. Kavallerie-Division in den Tagen vom 10.-16. August 1870. — Berlin, *Mittler*. 1892. In-8°. 1 m. 75 pf.
Supplément du *Milit.-Wochenbl.*

Thalbitzer (V. A). — Strassburgs Beleiring in Aaret 1870. — Kjöbenhavn. 1873. In-8°, 124 p., 6 pl. 1 rd. 48 sk.

Thalmann (J. H.). — Ernstes und Heiteres aus dem Kriegsjahre 1870-1871. Ein Gedenkbuch für die schweizerischen Wehrmänner. — Frauenfeld, *Huber*. 1872. In-8°, vii-250 p. 3 m.

Thamm (Adf.). — Das Zeitalter Kaiser Wilhelm I. oder die Zeit der Gährung Deutschlands, in Biographien dargestellt. — Striegau, *G. Wattenbach*. 1893. Gr. in-8°, en livraisons à 50 pf., viii-566 p.; complet, 8 m. 50 pf.

Thaten und Phrasen. — Leipzig, *Weber*. 1871. In-8°, v-440 p., carte.
2ᵉ édition. 1873. xvi-344 p. 3 m.

— **(Die) der preussischen Landwehr.** Eine Darstellung des Antheils dieser Truppen an den Kriegen 1813-1815 und 1870-1871. (Von einem früheren Wehrmanne.) — Bielefeld, *A. Helwich*. 1892. In-8°, 39 p. 50 pf.

Théâtre des événements en Alsace, août 1870. — Paris, *Dumaine*. 1873. 1/50,000, héliograv. 2 fr.

Theilnahme (Die) des 2. Bataillons 1. hanseatischen Infanterie-Regiments Nr. 75 an dem Feldzuge 1870-1871. Herausgegeben von einem Offizier des Bataillons. — Hamburg, *Danckwerts*. 1871. In-8°, 40 p. 40 pf.

Thétard (A.). — Situation de la France en Europe et nouvelle organisation militaire. Journal des mois d'août et septembre 1870. — Paris. 1871. In-8°, 159 p.

[Theuré (Abbé)]. — Prêtres et soldats. Loigny, 2 décembre 1870. — *Voir* PRÊTRES.

Theyras (G.). — Garibaldi en France. Dôle, Autun, Dijon. — Autun, *imp. Dejussieu*. 1888. In-8°, 752 p., pl., ill. 8 fr.

Thiébault (E.), ancien officier d'ordonnance. — Ricciotti Garibaldi et la 4ᵉ brigade. Récits de la campagne de 1870-1871. — Paris, *Godet*. 1872. In-8°, 142 p., cartes.

Thiede. — *Voir* RENOUARD.

Thielen (H. von). — Geschichte des magdeburgischen Husaren-Regiments Nr. 10, 1813-1888. — Hannover, *Hahn*. 1888. In-8°, 310 p., ill., cartes. 6 m.

Thieme (Hauptmann). — Pommersches Füsilier-Regiment Nr. 34. Geschichte des Regiments nebst geschichtlichen Mittheilungen über das königlich-schwedische Leibregiment Königin. — Berlin, *Mittler*. 1879. In-8°, portr., fig, cartes, croquis. 6 m.

— **(H.).** — Louis Napoleons Sünden-Register. — Berlin, *Heidemann*. 1870. In-8°, 8 p.

Thierry (Edouard). — La Comédie-Française pendant les deux sièges (1870-1871), journal de l'administrateur général (Ed. Thierry). — Paris, *Tresse et Stock*. 1887. Pet. in-8°. 6 fr.

Thiers (Adolphe). — *Voir* HISTOIRE.

Thiers (M.), sa vie politique, sa mission en 1870. — Tours, *Mame*. 4 novembre 1870. In-8°, 31 p.

— (Capitaine Édouard). — Du rôle des places fortes françaises de l'Est pendant la dernière invasion (Conférence). — Paris, *Tanera*. 1873. In-12, 58 p., cartes. 1 fr. 50 c.

— De l'influence exercée par l'artillerie rayée sur la défense des places, d'après l'expérience de la défense de Belfort en 1870-1871. — Paris. 1874. In-12, 79 p., carte.

— et de la **Laurencie** (Capitaine S.). — Histoire de la défense de Belfort, écrite sous le contrôle de M. le colonel Denfert-Rochereau. — Paris, *Dumaine*. 1874. In-8°, IV-489 p., cartes et pl. 7 fr. 50 c.

Thiersch (H. W. J.). — Am Anfange und am Ende des Krieges. — Nördlingen, *Beck*. 1871. Gr. in-8°, 45 p. 50 pf.

Thiéry (Victor), ancien officier d'état-major. — Après la défaite. Souvenirs et impressions d'un prisonnier de guerre en Allemagne. — Paris, *Frinzine, Klein et C*^{ie}. 1884. In-18. 3 fr. 50 c.

Thiroux (colonel). — Histoire de la guerre de 1870-1871. Cours de l'École de guerre. — Paris. 1891-1892. Autogr. N. d. l. c.

Tholin (Georges). — Impressions, études et souvenirs (le carnet d'un franc-tireur.....). — Lyon, *Vitte*. 1890. In-8°. 3 fr. 50 c.

Thomas (Commandant, lieutenant-colonel G. Max). — Metz. Guerre de 1870. — Poitiers, *H. Oudin*. 1871. In-8°, 212 p., carte. 2 fr.
Voir Notes d'un prisonnier de guerre.

— (Lieutenant-colonel). — Guerre de 1870-1871. Campagne de la garde mobile de l'Ardèche en Normandie. — Largentière, *Herbin*. 1872. In-8°, 93 p.

— (Franz). — Das Buch vom deutschen Heldenkaiser..... Zur Erinnerung an Kaiser Wilhelm...... — Düsseldorf, *F. Bagel*. 1888. In-8°, 100 p. 75 pf.
7e édition.

— Deutschlands Reichskanzler. Das Leben des Reichskanzlers Fürsten Bismarck. — *Ib*. 1888. In-8°, 56 p., ill. 75 pf.
6e édition.

— Das Dreikaiserbuch. Das Leben und Wirken der drei ersten Kaiser seit Wiedererrichtung des deutschen Reiches. — *Ib*. 1890. In-8°, 285 p., ill. 2 m. 50 pf.

— Kaiser Wilhelm I. Sein Leben und Wirken. — *Ib*. 1886. In-8°, 72 p., ill. 75 pf.

— Friedrich III., deutscher Kaiser, König von Preussen. Sein Leben, sein Wirken und seine Leiden. — *Ib*. 1888. In-8°, 96 p., ill. 75 pf.

Thormann (L.). — Eine Festgabe zur Sedanfeier für Jedermann und insbesondere für Schulen.... — Berlin, *G. E. Müller*. 1876. In-8°, 16 p. 15 pf.

Thoumas (Général). — Les capitulations. Étude d'histoire militaire sur la responsabilité du commandement. — Paris et Nancy, *Berger-Levrault et C*^{ie}. 1886. In-12, 504 p. 5 fr.

— Les transformations de l'armée française. — *Ib.* 1887. 2 vol. gr. in-8°, 1280 p. 18 fr.

— Paris, Tours, Bordeaux. Souvenirs de la guerre de 1870-1871. — Paris, *Librairie illustrée*. 1892. In-8°, VI-292 p. 7 fr. 50 c.

_{Nouvelle édition. 1895.}

Thouret (Oberl. Doct. G.). — Sedan. Vaterländisches Festspiel in 4 Bildern... Musik von A. Cebrian. — Leipzig, *Breitkopf und Härtel*. 1895. In-12, 29 p. 25 pf.

_{2^e édition.}

Thouvenin (Capitaine L.). — Les transports aux armées. Historique du train des équipages militaires. — Paris, *Baudoin*. 1889. In-8°. 5 fr.

Thürheim (Hauptmann Hermann Graf). — Die Mitrailleusen und ihre Leistungen im Kriege 1870-1871. — Wien, *von Waldheim*. 1872. Gr. in-8°, 24 p. 1 m.

_{Extrait de *Streffleur's*.}

— Les mitrailleuses et leur emploi pendant la guerre de 1870-1871. Traduit de l'allemand par E. J. — Paris, *Tanera*. 1872. In-8°, 45 p. 1 fr. 25 c.

Thurat (H.). — Gambetta, sa vie, son œuvre. — Paris, *Bibliothèque des Communes*. 1883. In-18 j., 437 p., ill. 3 fr. 50 c.

Tiedemann (Major). — Die deutsche Feldartillerie, ihre Unteroffiziere und Kanoniere im Feldzuge 1870-1871. — Berlin, *Eisenschmidt*. 1895. In-8°, 104 p. 50 pf.

Tiedemann (Oberst B. von). — Der Festungskrieg im Feldzuge gegen Frankreich 1870-1871. — Berlin, *Hempel*. 1872. Gr. in-8°, VII-271 p., 19 pl. 12 l.l.

— The siege operations in the campaign against France 1870-1871. Translated by major Tyler. — London. 1877. In-8°, 19 pl. 4 sh. 6 d.

— Ursachen und Wirkungen im Festungskriege während des Feldzugs.... 1870-1871. — Berlin, *Hempel*. 1873. In-8°. 2 m.

Tiemann (H.). — Mein Feldzug. Erinnerungen aus dem denkwürdigen Kriege von 1870-1871. [78. Regiment.] — Hannover, *Helwing*. 1874. Gr. in-8°, 94 p. 1 m. 60 pf.

— Vor 25 Jahren. Feldzugserinnerungen eines Kriegsfreiwilligen. — Braunschweig, *Appelhans und Pfenningstorff*. 1895. In-8°, VIII-113 p. 1 m. 20 pf.

Tiesmeyer (L.) — Reiseerinnerungen aus dem deutsch-französischen Krieg 1870. — Barmen, *Klein*. 1871. In-8º, 36 p. 40 pf.

Times (Traduit du, par Roger Allou). — Campagne de 1870, récits des événements militaires depuis la déclaration de guerre jusqu'à la capitulation de Paris. Wœrth, Sedan, Metz, Paris. — Paris, *Garnier*. 1871. In-18, 287 p. 3 fr. 50 c.

Voir CAMPAIGN.

Timon-David (P.). — L'odyssée gambettiste, 1870-1871. — Paris, *Dentu*. 1871. In-18, 72 p.

Tiple (Max). — Alsace-Lorraine! Nos haines et nos espérances (vers). — Paris, *Librairie des Bibliophiles*. 1889. In-12. 2 fr.

Tir plongeant (Le) contre les maçonneries, exécuté au siège de Strasbourg. Traduit de l'allemand. — *Revue d'artillerie*, octobre 1873.

Tirailleur (A.). — Souvenirs d'un blessé, épisode de l'invasion et de la Commune. — Auch, *Foix*. 1880. In-8º, 101 p.

Tischer (A.). — Kaiser Wilhelm, ein Bild seines Lebens. — Sorau, *Zeidler*. 1887. In-12, 40 p., ill. 10 pf.

Tissandier (Gaston). — En ballon! pendant le siège de Paris. Souvenirs d'un aéronaute. — Paris, *Dentu*. 1871. In-12, xv-324 p. 3 fr.

— Souvenirs et récits d'un aérostier militaire de l'armée de la Loire (1870-1871). — Paris, *Dreyfous*. 1891. In-8º, 356 p., fig. 9 fr.

Tissot (Victor). — *Voir* MEDING.

Titius (E.). — In Frieden und Krieg. Gedichte. — Rastenburg, *Schlemm*. 1872. In-8º, 31 p. 30 pf.

Todten (Die mecklenburgischen) des Krieges 1870-1871. — Schwerin, *Stiller*. 1872. In-fol., 11 p. 75 pf.

— (Die) stehen auf! Traumbilder und nächtliche Visionen Napoleon III. — Berlin, *Streerath*. 1871. Gr. in-8º, 8 p.

Tœche-Mittler (Doct. Th.). — Die Kaiserproclamation in Versailles am 18. Januar 1871. — Berlin, *Mittler*. 1896. In-8º, 113 p. 2 m.

2ᵉ édition. Supplément du *Militär-Wochenblatt*.

Tœppen (Sek.-Lieut.) — *Voir* ERICH.

Tornaghi (D.). — *Voir* BLUME (Major).

Torney (F.). — Im Kriegsjahr 1870. Drama. Eine Jubiläumsgabe. — Gotha, *F. A. Perthes*. 1895. In-8º, III-115 p. 1 m. 20 pf.

Tornister-Liederbuch für die deutsche Armee. — Berlin, *W. Müller*. 1870. In-32, 58 p.

Tornister-Wörterbuch (Deutsch-französisches) für Deutschlands Krieger. — Berlin, *Langenscheidt*. 1870. In-16, 80 p.
5e édition.

Tornow (K.). — Der Tambour von Wörth. Roman. — Berlin, *Freitag*. 1870. En livraisons in-8º.

Torpedini (Sull' effetto delle) durante la guerra franco-prussiana. — *Rivista marittima*, 1871, p. 802.

Touanne (Lieutenant-colonel, vicomte de la). — Un régiment de l'armée de la Loire. Histoire du 33e mobiles [Sarthe]. — Le Mans, *imp. de la Sarthe*. 1872. In-12.
16e corps.

Touchard (Doct.). — Autour du camp de Conlie. Notes et souvenirs. 1870-1871. — Le Mans, *Pellechat*. 1894. In-12. 1 fr. 50 c.

Touchatout [Léon Bienvenu]. — La Dégringolade impériale de 1866 à 1872. Seconde partie de l'histoire tintamarresque de Napoléon III. — Paris, *Le Tintamarre*. 1878. In-8º, 663 p., ill. (83 livr.). 10 fr.

Toudouze (Gustave). — Les cuirassiers de Reichshoffen, peints par MM. F. Poilpot et S. Jacob. Notice historique avec explication, plan du panorama et carte.... — Paris, *Chaix*. 1881. In-8º, 19 p.

— Le pompon vert. [Histoire anecdotique du 6e bataillon des mobiles de la Seine.] — Paris, *Havard*. 1887. In-18, 390 p. 3 fr. 50 c.

Tougard (Abbé). — *Voir* COIPEL.

Toulemont (Le R. P.). — La Providence et les châtiments de la France. Études de philosophie religieuse sur les temps présents. — Paris, *Albanel*. 1871. In-12 2 fr. 50 c.

Tour du Pin Chambly (Comte de la), de l'état-major du 4e corps. — L'armée française à Metz. — Paris, *Amyot*. 1871. In-12, 135 p. 2 fr.
4e édition. 1872. In-18, 149 p.

Tournachon (Félix). — *Voir* NADAR.

Tournier (A.). — Gambetta, souvenirs anecdotiques. — Paris, *Flammarion*. 1893. In-18, 339 p. 3 fr. 50 c.

Tournier (Em.). — *Voir* HALÉVY.

Touttain fils, commandant la compagnie des francs-tireurs vierzonnais (Rapport du capitaine). — Bourges, *Jollet*. 1873. In-8º, VII-40 p.

Trabert (A.). — Der französisch-preussische Krieg. Chronik der Gegenwart. — Wien, *Herzfeld und Bauer*. 1870. Gr. in-8º, 2 livraisons de 32 p à 20 pf.

Träger (Alb.). — 1870. Sechs Zeitgedichte. — Berlin, *Lipperheide*, 1870. In-16, 26 p.

Trahison (La) du maréchal Bazaine antérieure à la capitulation de Metz, par un officier d'état-major attaché à l'armée du Rhin. — Bruxelles, *Briard*. 1871. In-8º. 75 c.
2ᵉ édition.

Trailles (Paul et Henry de). — Les femmes de France pendant la guerre et les deux sièges de Paris. — Paris, *F. Polo*. 1872. In-4º, 240 p., ill. 3 fr.

Traités de la France avec l'Allemagne. Janvier 1871 à octobre 1873. — Paris, *Imprimerie nationale*. 1873. In-8º, XII-295 p.

Transfeldt (Oberstlieutenant) — Füsilier-Regiment Graf Roon (ostpreussisches) Nr. 33. — Berlin, *Mittler*. 1891. In-8º, croquis.
N. d. l. c.

Trapp von Ehrenschild (Major). — Das 1. grossherzoglich-badische Leib-Grenadier-Regiment [jetzt königlich-preussisches 1. badisches Leib-Grenadier-Regiment Nr. 109] im Feldzuge 1870-1871. — Karlsruhe, *Braun*. 1875. In-8º, 196 p. 2 m.
2ᵉ édition. — *Voir* GESCHICHTE.

Troutmann (F.). — Astern und Rosen. Disteln und Mimosen. Aus der Kriegszeit 1870. — Berlin, *Lipperheide*. 1870. In-16, 66 p. 50 pf.

Travail d'une compagnie de dépôt pendant la guerre de 1870-1871. — *Revue militaire de l'Étranger*, 1873, nº 120.

Travaux d'investissement exécutés par les armées allemandes autour de Paris, relevés par un ancien élève d'une école spéciale. — Paris, *Dumaine* 1873-1876. 5 livraisons, chacune d'une brochure et d'un atlas, 97, 72, 98, 102, 100 p. 25 fr.

— prussiens (Les) autour de Metz en 1870. — *Revue militaire de l'Étranger*, 1872, nᵒˢ 76-81.

— d'attaque (Les) à Paris en 1870-1871. — *Ib.*, 1873, nᵒˢ 137-138.

Trebitz (K.). — Trutznachtigall. Sammlung deutscher Lieder gesungen im deutschen Kriege wider Frankreich 1870. — Jena, *Dœbereiner*. 1870. In-16, 318 p. 2 m.

Treffen (Das) bei Spicheren. — *Militärische Blätter*, 1872, nº 3.

Treitschke (H. von). — Was fordern wir von Frankreich ? — Berlin, *G. Reimer*. 1870. Gr. in-8º. 60 pf

• — Zehn Jahre deutscher Kämpfe, 1865-1874. Schriften zur Tagespolitik. — *Ib.* 1874. Gr. in-8º. 8 m.

— Zwei Kaiser. 15. Juni 1888. — Berlin. 1888. In-8º. 50 pf.

Treitschke (H. von). — Zum Gedächtniss des grossen Krieges. Rede bei der Kriegs-Erinnerungsfeier der k. Friedrich-Wilhelms-Universität zu Berlin. — Leipzig, *S. Hirzel*. 1895. In-8°, 31 p. 60 pf.

<small>Voir Aus.</small>

Treizième bataillon de chasseurs à pied. Historique. — Chambéry, *Drivet et Ginet*. 1887. In-8°, 38 p.

Trenck (F. von der). — Fürst von Bismarck, Lebensbeschreibung. — Berlin, *Verlag des christlichen Zeitschriftenvereins*. 1895. In-12, 120 p., ill. 30 pf.

<small>Soldaten Bibliothek (Kleine).</small>

Trendelenburg (A.). — Lücken im Völkerrecht, Betrachtungen und Vorschläge aus dem Jahre 1870. — Leipzig, *Hirzel*. 1871. Gr. in-8°, 64 p. 1 m.

Trenkle (Pfarrer H.). — Rede und Einsegnung bei der Beerdigung des W. Hauffe und des G. Gabler, welche ihren in der Schlacht bei Wörth erhaltenen Wunden dahier erlagen. — Augsburg, *von Jenisch und Stage*. 1870. In-8°, 8 p.

<small>3ᵉ édition.</small>

Trente millions de Français veulent participer à la guerre. Quel est le moyen pratique ? — Paris. 1870. In-4°, 8 p. 10 c.

Tresckow (Curt von). — Geschichte des deutsch-französischen Krieges 1870-1871 mit vorwiegender Benutzung amtlicher Quellen dargestellt. — Leipzig, *Luckhardt*. 1871. 2 vol. gr. in-8°, 399 p. 4 m.

Trianon, octobre-novembre 1873. — Paris. 1873. In-8°, 13 p.

Trinius (A.). — Geschichte der Einigungs-Kriege 1864-1866-1870-1871. Nach den vorzüglichsten Quellen für die Mitkämpfer und das deutsche Volk geschildert. IV. Geschichte des Krieges gegen Frankreich 1870-1871. — Berlin, *Dümmler*. 1889. In-8°, xiv-626 p. 8 m.

<small>A paru en 33 livraisons, 1887-1888, 1228 p. à 30 pf. — 2ᵉ édition. 1890-1891.
Voir Förster.</small>

Trochu (Général). — L'empire et la défense de Paris devant le jury de la Seine. Introduction et conclusions par le général Trochu. Édition renfermant les débats dans leur complet, augmentée de nouveaux documents, suivie de pièces justificatives et du testament du général Trochu. — Paris, *Hetzel*. 1872. In-8°, 584 p. 8 fr.

— Une page d'histoire contemporaine devant l'Assemblée nationale. — Paris, *Dumaine*. 1871. In-8°. 1 fr. 50 c.

<small>Extrait de la Revue littéraire de la Franche-Comté.</small>

— Pour la vérité et la justice. Pétition à l'Assemblée nationale et réponse aux rapports de MM. Saint-Marc Girardin, Chaper et de Rainneville.... — Paris, *Hetzel*. 1873. In-18. 3 fr.

Trochu (Général). — La politique et le siège de Paris. Deuxième pétition à l'Assemblée nationale pour la vérité et la justice. Réponse à M. le comte Daru, vice-président de la commission d'enquête. — *Ib.* 1874. In-18 j., VIII-315 p. 3 fr.

Voir ARMÉE, DOCUMENTS.

Trog (Lehr. C.). — Deutschland über alles! (Geschichte des Franzosenkrieges 1870-1871.) — Essen, *Radke*. 1877. In-8°, 32 p. 20 pf.

3e édition.

— Friedrich Wilhelm, Kronprinz des deutschen Reiches und von Preussen. — *Ib.* 1877. In-8°, 31 p. 20 pf.

8e édition.

— Sedan-Büchlein. — *Ib.* 1877. In-8°, 24 p. 20 pf.

40e édition.

— Einzelbilder aus dem Leben des Kaisers Wilhelm des Siegreichen. — *Ib.* 1878. In-8°, 20 p. 20 pf.

— Unser Kaiser Wilhelm der Siegreiche, der Beste unter den Besten seines Volkes. — Mühlheim, *Bagel*. 1883. In-8°, 176 p. 1 m. 20 pf.

— Kronprinz Friedrich Wilhelm, später Kaiser Friedrich III. Der Held von Weissenburg und Wörth. Ein patriotisches Gedenkbuch. — Esslingen, *W. Langguth*. 1895. In-8°, 64 p. 25 pf.

Trois jours (Les) de l'armée allemande dans Paris. — *Spectateur militaire*, mars-avril 1885.

Voir TAGE.

— mois à l'armée de Metz, par un officier du génie [3e corps]. — Bruxelles, *C. Muquardt*. 1871. In-18, 272 p., carte. 3 fr.

2e édition.

Troisième (Le) bataillon des mobiles de la Marne, par un mobile du 101e régiment de marche [provisoire]. — Paris, *Ghio*. 1872. 1 fr. 25 c.

Trojan (J.) und Lohmeyer (J.). — Ein Kriegsgedenkbuch aus dem Kladderadatsch in Ernst und Humor aus den Jahren 1870-1871. Vers und Prosa. — Breslau, *Viskott*. 1891. Gr. in-8°, IV-146 p. 2 m. 50 pf.

Troschel (Hauptmann). — Geschichte des pommerschen Pionier-Bataillons Nr. 2. — Berlin, *Mittler*. 1888. In-8°. 7 m.

Troschke (General Freiherr Theodor von). — Das eiserne Kreuz. — Berlin, *Schneider und Co.* 1871. Gr. in-8°. 1 m. 20 pf.

Extrait des *Jahrbücher*.

— Geschichte des ostpreussischen Feld-Artillerie-Regiments Nr. 1. — Berlin, *Mittler*. 1872. In-8°. 4 m.

Voir HARTUNG.

Troska (Doct. Ferd.). — Im französischen Lager. Die Vertheidigung Frankreichs durch die Volksheere im Kriege von 1870-1871. — Berlin, *Deutsche Schriftsteller-Genossenschaft*. 1895. In-8º, 228 p. 3 m.

Trousset (J.). — Histoire d'un siècle. Tome XI (1870-1873). — Paris, *Librairie illustrée*. 1892. In-8º, 359 p., pl. 7 fr. 50 c.

Truchy (Capitaine, lieut.-col. J.). — Réponse aux attaques contre le maréchal Bazaine. — Paris, *Dumaine*. 1871. In-8º, 31 p.

— L'armée française en 1871. — *Ib.* 1871. In-8º. 2 fr.

Trümpelmann (A.) — Die Schlacht bei Möckern nach 57 Jahren im August 1870. — Wittenberg, *Kælling*. 1870. In-16, 15 p.

Trützschler (Hauptmann M. von). — Jena oder Waterloo. Eine Vergleichung der norddeutschen und französischen Streitkräfte mit Berücksichtigung der strategischen Lage. — Dresden, *G. Dietze*. 1867. In-8º, carte. 50 pf.

— Illustrirter Kriegsschauplatz von Deutschland und Frankreich 1870. — Dresden, *Tittel*. 1871. Gr. in-8º. 9 m.

En livraisons à 30 pf.

— Neueste Weltereignisse 1870, oder der grosse Kampf der deutschen Nation gegen Frankreich. — *Ib.* 1870-1871. Gr. in-8º, 940 p. 10 m.

Tubino de Calderon (Man.). — La guerra de 1870 1871. Traduccion de Wachter. — Madrid. 1873. 2 vol. in-8º.
— *Voir* WACHTER.

Türcke (Hauptmann E. von). — Geschichte des 2. thüringischen Infanterie-Regiments Nr. 32 von seiner Gründung an. — Berlin, *Mittler*. 1890. In-8º, ill., cartes et pl. 8 m. 50 pf.

Türk. — Feldpostbriefe eines vermissten ehemaligen Afraners aus dem Kriege 1870. Herausgegeben von seinem Bruder. — Leipzig, *F. W. Grunow*. 1893. In-8º, VII-XV-181 p. 1 m. 50 pf.

Tuhten (A.). — *Voir* SARCEY.

Tumerel (Commandant). — Étude sur la bataille de Rezonville (16 août 1870). — Paris, *Dumaine*. 1875. In-8º, pl. 1 fr.

Extrait du *Journal des Sciences militaires*.

Tunkpling (Wolf). — Sedan. — Barcelona. 1873. In-8º, 222 p. 9 reales.

Turdus (Merula). — *Voir* TvL.

Turgis (Édouard). — Souvenirs de l'occupation allemande. Oissel et le canton de la Grand'Couronne. Combats de Moulineaux, la Maison-Brûlée, La Londe, Orival. Rouen, *Cagniard*. 1874. In-8º, 282 p.

Turinas (Mgr). — Discours prononcé auprès du monument de Mars-la-Tour à l'occasion de l'anniversaire de Gravelotte. — Nancy, *Le Chevalier*. 1890. In-8º, 15 p. 25 c.

Turkos (Die) in der Berliner Droschke. Humoristisches Lebensbild aus dem Jahre 1870. — Berlin, *Uthemann und Müller*. 1870. Gr. in-8°, 7 p.

Turlin (Alphonse). — Campagne de 1870-1871. Historique sommaire du bataillon des francs-tireurs bourbonnais, son origine et ses opérations. — Moulins, *Desrosiers*. 1872. In-8°, 51 p. 1 fr. 25 c.

Turquan (Joseph). — Les Héros de la défaite (Livre d'or des vaincus). Récits de la guerre de 1870-1871. — Paris et Nancy, *Berger-Levrault et Cie*. 1888. In-18 j., 394 p. 3 fr. 50 c.

— Les femmes de France pendant l'invasion. — *Ib.* 1893. In-12, 449 p. 3 fr. 50 c.

Turquet (Mlle Suzanne). — Récit de sa vie, par une petite fille de quatorze ans, réfugiée française pendant la guerre de 1870-1871. — Angers, *Barassé*. 1872. In-12. 1 fr. 50 c.

La 1re édition a été publiée à Londres en 1871.

Tvä Manader i Rhentrakterna under kriget 1870 af Turdus Merula. — Stockholm. 1870. In-8°, 75 p. 75 öre.

Twardowski (Hauptmann von). — Die Gefechte des III. Armee-Korps bei Le Mans, vom 6. bis 12. Januar 1871. Vortrag. — Berlin, *Mittler*. 1873. Gr. in-8°, 46 p., 2 pl. 90 pf.

Twyford (W. J.). — Popular Account of the Franco-German War 1870-1871. Translated from the german and arranged. — London. 1873. In-8°. 2 sh.

Tybusch (G.). — Die deutsche Feldpost. — *Jahrbücher*, 1871.

Tydske (De) Armeers Udpressninger, Röverier og Grusomheder i Frankrike. — Kjöbenhavn. 1871. In-8°, 160 p.

Voir GRUWALEN.

Tyler (Major). — *Voir* TIEDEMANN.

Typen französischer Kriegsgefangenen in Oldenburg. — Oldenburg, *Schulze*. 1871. Gr. in-fol., autogr. 50 pf.

Tyska (De) Armeers utpressningar, röfverier og grymheter i Frankrike. — Stockholm. 1871. In-16. 180 p.

U

Ueber den Antheil des 3. hannoverschen Infanterie-Regiments Nr. 79 an dem Feldzuge von 1870-1871. — Hildesheim, *Lax*. 1872. Gr. in-8º, 36 p. 60 pf.

— den Einfluss der Festungen und den Festungskrieg 1870-1871. — *Oesterr. militär. Zeitschrift*, 1876, nos 101-104; 1877, nos 1-4.

— die Militär-Conventionen, insbesondere die badische Militär-Convention vom 25. November 1870. — Mannheim, *Bensheimer*. 1872. Gr. ir.-8º. 30 pf.

— das Motiv und die Berechtigung einer Paris aufzuerlegenden Steuer von 100 Millionen Thaler als Beitrag zu einem Ehrendenkmal für die gefallenen deutschen Helden (von Gräfin von Poninska). — Leipzig, *Matthes*. 1871. Gr. in-8º. 10 pf.

— Land und Meer. Kaisernummer. Mit einer Karte der Belagerung von Paris. — Stuttgart, *E. Hallberger*. 1871. In-fol., 24 p., ill. 1 m.

— Arkolays falsche Mahnung an alle falschen Patrioten. — München, *Franz*. 1869. In-16, 16 p.

— die Erfolge und Folgen der Bismarckschen Politik. Eine politische Flugschrift von ***. — Berlin, *Mohr und Co.* 1891. In-8º, 42 p. 1 m.

Ueberblick über die Geschichte des k.-bayerischen 1. Jäger-Bataillons. — Kempten, *Klein*. 1895. In-12, 46 p. 50 pf.

Extrait de l'historique du capitaine Eder (F.).

— der Geschichte des k. preussischen Regiments der Gardes du Corps von 1740-1890. — Berlin. 1890. In-8º. 3 m. 50 pf.

Ueberfall von Fontenoy an der Mosel — *Allgemeine schweizerische Militär-Zeitung*, 1887, nos 10-13.

Ueberschaer-Mühlsdorf (M.). — Der Tag von Sedan oder der 2. September 1870. Festschrift..... — Berlin. *H. R. Mecklenburg*. 1876. In-16, 2 fasc., 144-80 p. 80 et 40 pf.

Uebersicht der Ereignisse des deutsch-französischen Krieges 1870-1871. — Aschersleben, *Schlegel*. 1871. Gr. in-fol. 50 pf.

— (Chronologische) der Ereignisse im Kriege zwischen Deutschland und Frankreich 1870-1871. — Mohrungen, Leipzig. 1871. In-16, 24 p. 10 pf.

— (Kartographische) des deutsch-französischen Krieges 1870-1871, zur Veranschaulichung des strategischen Aufmarsches.... — Berlin, *Schropp*. 1871. In-fol., lith., col. 1 m.

Uebersichtskarte des deutschen Heereszuges von Weissenburg bis Paris mit genauer Angabe sämmtlicher Marschrouten der deutschen Armeen und Corps, nebst 6 Specialkarten. — Leipzig, *Loïs*. 1870. Chromolith. in-fol. 25 pf.

— vom westlichen Deutschland und östlichen Frankreich. — Leipzig, *Serbe*. 1870. In-fol.

— des Kriegsschauplatzes 1870. — Leipzig, *Reclam*. 1870. In-fol.

Uebersichtsplan von Paris und Umgegend. — Berlin, *Falk*. 1870. In-fol.

Ufinger (Prof. Rodolf). — Die Grenze zwischen Deutschland und Frankreich. Eine historische Skizze. — Berlin, *Mittler*. 1870. In-8°, 66 p. 80 pf.

Uggla (G.). — *Voir* KLEEN.

Uhde (Hermann). — Streifzüge auf dem Kriegsschauplatze 1870-1871. — Hamburg, *O. Meissner*. 1871. Gr. in-8°, VII-207 p. 2 m. 25 pf.

Uhland (Ad.). — Tagebuch eines Landwehr-Offiziers aus dem Feldzuge gegen Frankreich im Jahre 1870-1871. — München, *Kellerer*. 1888. In-8°, IV-227 p. 2 m.

Uhlhorn (Doctor G.). — Zur Erinnerung aus der Kriegszeit. 8 Predigten. — Hannover, *Meyer*. 1871. In-8°, 84 p. 1 m. 50 pf.

— Das himmlische und das irdische Vaterland. Predigt. — *Ib*. 1870. In-8°, 12 p.

Uhlig. — Bettag oder Tag der Einkehr in uns selbst. Rede zu Wiesbaden am 27. Juli 1870 gehalten. — Wiesbaden, *Limbarth*. 1870. Gr. in-8°, 16 p.

Uhrich (Général). — Documents relatifs au siège de Strasbourg. — Paris, *Dentu*. 1872. Gr. in-8°, 213 p., carte. 4 fr.

Ulanenstreiche (Lustige). — Berlin, *Gräbner*. 1870. Gr. in-8°, 8 p.

Ulloa (Général). — Du caractère belliqueux des Français et des causes de leurs derniers désastres. Traduit de l'italien par J. E. Moullé. — Paris, *Sandoz et Fischbacher*. 1872. In-12.

Ulrich (Sek.-Lieutenant M.). — Die Königs-Chevaulegers. Gedenkblätter aus der Geschichte des königlich-bayerischen Chevaulegers-Regiments König. — Wien. 1892. In-8°, ill. 20 m.

Un mois dans les lignes prussiennes, du 15 août au 19 septembre, par un chirurgien aide-major de la Société internationale de secours aux blessés. — Paris, *Dentu*. 1871. In-18 j., 72 p. 1 fr.

— terrible, août-septembre 1870. — Paris, *Sandoz et Fischbacher*. 1875. In-12. 142 p.

Un régiment de cavalerie allemand pendant la guerre de 1870-1871. — *Revue de cavalerie*, août-septembre 1890.

Une page d'histoire. Défense de Châteaudun. — *Revue d'infanterie*, mars 1893.

— de l'histoire du siège de Paris..... — *Voir* DICHARD.

Ungeheuer (Das siebenköpfige republikanische). — Berlin, *Cronbach*. 1871. Gr. in-8°, 8 p.

Unger (Pr.-Lieutenant von). — Geschichte des 2. grossherzoglich-mcklenburgischen Dragoner-Regiments Nr. 18. — Berlin, *Mittler*. 1892. In-8°, VII-356 p., ill., port., croquis et cartes. 9 m.

— Le même. Mannschaftsausgabe. — Berlin, *Mittler*. 1892. In-8°.
N. d. l. c.

— (J. von). — Aus meinem Garnison-, Feld- und Reiseleben. Erinnerungen eines norddeutschen Offiziers. — Leipzig, *Dürr*. 1878. 3 vol. in-8°, 695 p. 12 m.

Unter der Fahne des Regiments Nr 76, 1870 bis 1871. Tagebuchblätter eines Füsiliers. — Hamburg, *Eckhardt*. 1890. In-8°, 335 p. 4 m.

Unternehmungen (Die französischen) gegen die rückwärtigen Verbindungen der deutschen Heere im Jahre 1870. — *Neue militärische Blätter*, juin 1892.

Urbal (V. d'). — Dix jours d'exploration. Journal de marche de la 4e division de cavalerie allemande du 16 au 26 août 1870. — Paris, *Baudoin*. 1888. In-8°, carte. 1 fr. 25 c.
Extrait du *Journal des Sciences militaires*.

Urban (B.). — Ueber Ideale. I. Die Abschaffung des Kriegs. Vortrag. — Königsberg, *Braun und Weber*. 1870. Gr. in-8°, 20 p.
2e édition.

Ursachen (Die) der Capitulation von Sedan (von einem Franzosen aus dem grossen Generalstabe). Aus dem Französischen von A. Mels. — Berlin, *Simion*. 1871. Gr. in-8°, 2 pl. 1 m.
Voir CAUSES.

Ursin (W.). — Die Mahnung der Siegeskunde. Predigt am 4. September 1870. — Cöthen, *Schettler*. 1871. In-8°, 11 p.

Ussel (Capitaine Ph. d'). — Campagne d'un volontaire sur la Loire et dans l'Est. — Paris, *Douniol*. 1871. In-8°, 88 p. 1 fr. 25 c.
Etat-major du 18e corps.

Ut uns' Le Bourget-Did (von Brekenfeld). — Rostow (Greifswald, *Scharff*). 1872. In-8°, 124 p. 2 m.

V

V. (Baron C. de). — L'hiver douloureux, 1870-1871. — Paris. 1874. In-16, 32 p.

V. (R.). [Vallette]. — Souvenir du siège de Paris, Anselme Vallette, lieutenant au 1er bataillon des mobiles vendéens, blessé mortellement à Buzenval-Montretout, le 19 janvier 1871. — Fontenay-le-Comte, *Cauril.* 1875. In-8º, 46 p.

Vachon (Marius). — Le château de Saint-Cloud, son histoire et son incendie en 1870; inventaire des œuvres d'art détruites. — Paris, *Quantin.* 1878. In-18 j., 79 p., 6 grav. 1 fr.

— L'art français pendant la guerre de 1870-1871 et pendant la Commune. — *Ib.* 1879-1882. In-8º.

    I. La bibliothèque du Louvre et la collection biblique de Motteley. 11 p. et fac-similé du tableau de Hébert. 10 fr.

    II. Le Conseil d'État et la Cour des comptes. 5 fr.

    III. Le palais de Saint-Cloud. 107 p. et 2 grandes eaux-fortes. 10 fr.

    IV. Province. Strasbourg, les musées, les bibliothèques et la cathédrale. LII-157 p. 10 fr.

Vademecum für das deutsche Kriegsheer 1870. — Bremen, *Valett und Co.* 1871. In-32, 48 p.

3e édition.

Vagner. — Une visite au champ de bataille de Loigny (22 avril 1871). — Nancy. 1871. In-8º, 25 p.

4e édition. 1879.

Valbert (G.). — La politique italienne en 1870-1871. — *Revue des Deux-Mondes*, 1er avril 1885.

Valentin [Colonel]. — *Voir* HISTORIQUE de la 1re légion du Rhône.

Valfrey (Jules). — L'armée du Rhin et le maréchal Bazaine. — Paris, *Librairie du Moniteur universel.* 1873. In-12.

— Le maréchal Bazaine et l'armée du Rhin, d'après les relations des témoins et les documents officiels. — *Ib.* 1887. In-18, 59 p.

— Histoire de la diplomatie du gouvernement de la Défense nationale (31 octobre au 20 décembre 1870). 1re et 2e parties. — Paris, *Amyot.* 1871-1872. 2 vol. in-8º, 997 p. 10 fr.

Valfrey (Jules). — 3ᵉ et dernière partie : du 20 décembre 1870 au 1ᵉʳ mars 1871. — *Ib.* 1873. In-8°, 339 p. 6 fr.

— Histoire du traité de Francfort et de la libération du territoire français. 1ʳᵉ partie : 1ᵉʳ mai au 12 octobre 1871. — *Ib.* 1874. Gr. in-8°, XVI-258 p. 6 fr.

— 2ᵉ partie : 12 octobre 1871 au 5 septembre 1873. — *Ib.* 1875. Gr. in-8°, 275 p. 6 fr.

Valin (Pierre). — Mémoire d'un citoyen concernant les événements de Lyon en 1870-1871. — Lyon, *Vᵛᵉ Lepagney.* 1877. In-18. 1 fr.

Vallady (Matyas). — France et Allemagne ; les deux races. — Paris, *Ollendorff.* 1887. In-12. 3 fr. 50 c.

Vallée (E). — La France et la guerre de 1870. — Orléans, *E. Puget.* 1871. In-8°, 61 p.

Vallette (René). — Les mobiles de la Vendée au siège de Paris (1870-1871). — Vannes, *E. Lafolye;* Paris, *E. Lechevalier.* 1888. Gr. in-8°, 27 p. 1 fr. 50 c.

Voir V. (R.).

Vallières (Louis de). — Nouveau guide des promeneurs aux environs de Paris, suivi d'un résumé des opérations militaires..... en 1870-1871. — Paris. 1876. In-32. 1 fr.

Valliez (F.). — L'invasion allemande en France, ou vingt et un jours de captivité à Chantilly. — Compiègne, *Valliez.* 1880. In-12, 32 p.

Vallon-Colley (Docteur H. M). — La Prussiade ou les hauts faits de Guillaume Iᵉʳ et de ses alliés en France, 1870-1871. Douze poèmes par un Suisse. — Paris, *Lachaud.* 1871. In-12. 2 fr.

— Ces dames et ces messieurs d'outre-Rhin, au physique, au moral et à l'intellectuel, poèmes. — Paris. 1872. In-16. 1 fr. 50 c.

Valmont (V.). — L'espion prussien, roman anglais, traduit par M. J. Dubrisay. — Paris, *Germer-Baillière.* 1873. In-12. 3 fr. 50 c.

Valnas (E.). — Le monument des enfants du Rhône, défenseurs de la patrie en 1870-1871, inauguré à Lyon le 30 octobre 1887. — Lyon, *Georg.* 1888. In-8°. 3 fr.

Valserres (F. de). — Foi et patrie, ou la France chrétienne se révélant, au sein de nos désastres, dans les actes sublimes de son clergé, de ses religieux... Petit recueil de ce qui s'est fait et s'est écrit de plus émouvant sous les coups terribles de la tempête..... — Limoges, *Barbou.* 1873. In-8°, 300 p.

Vandevelde (Lieutenant-colonel L.). — La guerre de 1870. — Bruxelles, *E. Guyot.* 1871-1872. 6 livraisons. In-8°, cartes, plans. 9 fr.

— Commentaires sur la guerre de 1870-1871. — *Ib.* 1872. In-8°, cartes, plans. 8 fr.

Vandevelde (Lieutenant-colonel L.). — Description des fortifications de Paris. — *Ib.* 1870. In-8º.

Vaquié (M.). — Guerre entre la France et la Prusse 1870-1871. Préliminaires de la guerre, bulletin politique, actes diplomatiques, détails de toutes nos grandes batailles, etc. Biographies de MM. Trochu, Thiers, J. Favre, Gambetta, E. Picard, Crémieux, Garnier-Pagès, etc., le tout annoté et recueilli. — Rennes, *Hauvespre*. 1871. In-16, 160 p.

Varchmin (Frau W. von). — Walhalla. Deutschlands Opfer aus dem Feldzuge des Jahres 1870-1871. — Erfurt. 1872. In-8º.

Varnhagen (H.). — Die Schlacht an der Lisaine am 15.-17. Januar 1871. Vortrag. — Erlangen, *F. Junge*. 1896. In-8º, iv-48 p., croquis, portr. 80 pf.

Varona y Olarte (Cand.). — La guerra entre Francia y Alemania en 1870-1871. Con prologo di A. Cotarelo. — Madrid. 1871. In-8º, 156 p., pl.

Vaschalde (Henry). — Les ballons depuis leur invention jusqu'au dernier siège de Paris. — Aubenas, *Escudier*. 1872. In-8º, 98 p.

Vassart (Abbé). — Les Prussiens dans le Cambrésis (1870-1871). Leurs actes, menaces de bombardement, manifestations religieuses, documents officiels. Notes et souvenirs recueillis. — Cambrai, *imp. Renaut*. 1878. In-12, vii-178 p.

Vaterhaus (Deutsches). Bilder und Erzählungen aus den Kämpfen der vereinten deutschen Nation gegen Frankreichs Uebermuth und Tyrannei aus Gegenwart und Vergangenheit. 10 Jahrgänge. — Neu-Gersdorf, *Trommer*. 1871. 15 livraisons à 25 pf.

Vaterland. — Predigt am 27. Juli 1870. — Giessen (*W. Keller*). 1870. In-8º.

Vaterlands-Lieder (Unsere). — Augsburg, *von Jenisch und Stage*. 1870. In-16, 32 p.

Vatke (Theod.). — Feldpostbriefe aus Frankreich 1870-1871. — Berlin, *Adolf und Co.* 1871. Gr. in-8º, 111 p. 1 m. 20 pf.
Extrait du *Hamburg. Correspondenten*.

Vaucheret. — *Voir* BRUNO.

Vaulchier (Commandant, comte de). — Garde mobile du Jura (ex-55ᵉ régiment de marche [provisoire]). Opérations militaires pendant la campagne des Vosges, de la Loire et de l'Est (1870-1871). — Poligny, *Mareschal*. 1875. In-8º, 30 p.

— (Marquis de). — Régiments francs-comtois en 1870-1871. — Besançon, *imp. Jacquin*. 1893. In-8º, 30 p.

Vausserie (Vicomte de la). — Histoire anecdotique et illustrée de la guerre de 1870-1871 et du siège de Paris. — Paris, *Josse*. 1872. In-4º à 2 col., vii-232 p. 7 fr.
Nouvelle édition. 1878.

Vauthier (Ars.). — Souvenirs et impressions, 1870-1871. — Troyes. 1875. In-8º, 22 p.

Vautrey (Gust.). — Ode au général Margueritte, dite par l'auteur lors de l'inauguration du monument à Fresne-en-Woëvre. — Paris, *Ollendorff*. In-18. 1 fr.

Vavasseur (A.). — La paix honteuse ou le droit des gens selon les Prussiens. — Paris, *Lacroix, Verboeckhoven et Cie*. 1871. In-8º, 48 p. 1 fr.

Velde (Doctor Alfr. von der). — Görlitz im Kriegsjahre 1870-1871. Festrede am Sedantage 1892. — Görlitz, *H. Tzschaschel*. 1893. Gr. in-8º, 16 p. 30 pf.
Extrait du *Neues Lausitz-Magazin*.

Véling (Capitaine A.). — Wissembourg. — Rambervilliers, *Valentin Risser*. 1892. In-8º, 38 p.
Voir Hohenlohe-Ingelfingen.

Verantwortlichkeit (Nochmals die) Frankreichs für den Krieg von 1870-1871. — *Allg. Mil.-Zeitung*, 1894, nº 12.

Verdier (Henri Le). — Paris assiégé. — Dinan, *Bazouge*. 1871. In-8º, 159 p.

Verdier de Villiers (Docteur). — Rapport sur les travaux de l'ambulance des Dominicains d'Arcueil pendant le siège de Paris. — Paris, *Savy*. 1872. In-8º, 19 p.

Verdy (H. R.). — Wilhelm der Grosse, der Beschützer Deutschlands, oder französische Raublust und deutsche Treue. — Berlin, *Neye*. 1871. In-8º, 5 livraisons à 48 p.

Verdy du Vernois (General J. von). — Studien über den Krieg auf Grundlage des deutsch-französischen Krieges 1870-1871 (vom 15. Juli bis 2. August 1870). — Berlin, 1892. *Mittler*. In-8º, 1re livr., carte et croquis. 2 m. 60 pf. — 2e livr., carte et plan. 3 m. — 3e livr. 2 m. 70 pf.

— Études de guerre ayant pour base la guerre franco-allemande de 1870-1871. Traduit de l'allemand par le capitaine H. Monet. 1re partie : Événements ayant eu lieu dans la zone frontière (du 15 juillet au 2 août 1870). — Paris, *Westhausser*. 1892. In-8º. Fascicules 1 et 2, VI-294 p., plan. 4 fr. — Fascicule 3, 293 p., carte. 4 fr.

— Studien über Truppenführung. — Berlin, *Eisenschmidt*. 1873-1875. In-8º.
   I. Th. Die Infanterie-Division im Verbande des Armeekorps. — 4 livr. 9 m.
   II. Th. Die Kavallerie-Division im Armee-Verbande. — 3 livr. 8 m. 80 pf.
   III. Th. Studien über Felddienst. — 2 livr. 3 m. 50 pf.
1re et 2e éditions.

Verdy du Vernois (General J. von). — Études sur l'art de conduire les troupes. Traduit de l'allemand par le capitaine A. Masson. — Paris, *Baudoin*. 1874-1882. 2 vol. in-12.

    Ier. La division d'infanterie dans le corps d'armée. — 4 fascicules, 8 pl.

    II°. La division de cavalerie faisant partie d'une armée. — 3 fascicules, 9 pl. ou croquis.

— Im grossen Hauptquartier 1870-1871. Persönliche Erinnerungen. — Berlin, *Mittler*. 1895. Gr. in-8°, VI-296 p. 6 m.

    Extrait de la *Deutsche Rundschau*, 1895.

Véré (E.). — *Voir* ANNENKOFF.

Verhandlungen der ersten Vereins-Tage der deutschen Vereine zur Pflege der im Felde verwundeten und erkrankten Krieger und der deutschen Frauenvereine zu Nürnberg 1871. — Berlin, *Th. Enslin*. 1871. Gr. in-8°, 188 p. 2 m.

Vérité (La) sur les causes de nos désastres, par un officier d'état-major. — Paris, *Dumaine*. 1871. In-8°.

— (La) sur les marchés de l'Empire avant et pendant la guerre. — Angoulême, *bureaux de La Charente*. 1873. In-12, 48 p.

— (La) sur Garibaldi et son état-major à l'armée des Vosges. Besançon, Dôle, Autun, Dijon, par un électeur de la Côte-d'Or. — Paris, *Garnier*. 1873. In-18, 127 p. 2 fr.

— (La) sur Sedan, par un officier supérieur. — Paris, *Le Chevalier*. 1874. In-12, 15 c.

Verleihungen (Die allerhöchsten) des königlich-preussischen Verdienstkreuzes für Frauen und Jungfrauen. Publizirt im deutschen Reichs- und königlich-preussischen *Staats-Anzeiger*. — Berlin, *von Decker*. 1871. Gr. in-8°. 1 m.

Verlit (Bruno). — Vor Paris und an der Loire 1870 und 1871. — Kassel, *Fischer*. 1872. In-8°.

Verlustliste der königlich-württembergischen Felddivision in dem glorreichen Feldzuge Deutschlands gegen Frankreich, 1870-1871. — Stuttgart. 1871. In-8°, 63 p. 38 pf.

— der bayerischen Armee, Feldzug 1870. Nach officiellen Mittheilungen. — München (*Ebegartner*). 1871. In-4°, 48 p.

Verlustlisten (Badische). — Karlsruhe. *Malsch und Vogel*. In-4°, 7 livraisons. 1 m. 30 pf.

— der bayerischen Armee nach officiellen Quellen in zwanglosen Blättern — München, *Ebegartner*. 1870-1871. In-4°, 3 livraisons à 10 pf.

— der preussischen Armee. — Berlin. 1870-1871. Gr. in-4°. 1 m. 25 pf.

Verlustlisten des 12. königlich-sächsischen Armee-Corps. — Dresden, Leipzig, *Heitmann*. 1870-1871. In-4°, 3 livraisons, 1 annexe. 85 pf.

— der königlich-württembergischen Felddivision in dem Feldzuge Deutschlands gegen Frankreich 1870-1871. — Stuttgart, *Aue*. 1871. In-8°, 63 p.

— (Die) aus dem Krieg 1870-1871 und ihre Benutzung zu Folgerungen. — *Jahrbücher*, 2. sem. 1877.

Verly (Albert). — Souvenirs du second empire. T. Ier. L'escadron des Cent-Gardes. — Paris, *Ollendorff*. 1894. In-8°, ill. 7 fr. 50 c.

Vermeil (L.). — Les douleurs de la guerre. — Lausanne. 1871. In-12, 62 p. 1 fr. 25 c.

— **de Conchard** (Commandant). — Historique du 120° régiment d'infanterie. — Givet. 1892. In-8°.

Voir CONCHARD-VERMEIL.

Vernes d'Arlandes (Th.). — Société française de secours aux blessés des armées de terre et de mer. Délégation de l'Est. — Paris. 1871. In-8°, 85 p.

Véron (Eugène). — La troisième invasion, juillet 1870-mars 1871. — Paris, *Librairie de l'Art*. 1876-1877. 2 vol. in-fol., ill. par A. Lançon. 400 fr.

— Le même. Édition populaire. — *Ib*. 2 vol. in-8°. 20 fr.

— Histoire de l'Allemagne depuis la bataille de Sadowa. — Paris, *Alcan*. In-18. 3 fr. 50 c.

La 3e édition, continuée jusqu'en 1891, a paru en 1892.

Verrecke. — Souvenirs du siège de Paris. — *Voir* SOUVENIRS.

Versailles pendant l'occupation. Recueil de documents pour servir à l'histoire de l'invasion allemande, publié par E. Delérot. — Paris, *Plon*. 1874. In-4°, II-336 p.

Versifex. — *Voir* CHRONIKA.

Vertheidigung (Die) von Strassburg im Jahre 1870. — *Streffleur's*, 1871, 1re livr.

— (Nationale) des Nordens Frankreichs. — *Jahrbücher*, juillet 1886.

Vetter (J. A.). — Begebenheiten aus der vaterländischen Geschichte der Jahre 1861 bis 1871. — Königsberg, *Bon's Verlag*. 1871. In-8°, 48 p. 20 pf.

— (J.). — Deutschlands Sieg über wälsches Wesen und Deutschlands Recht auf Elsass und Lothringen. Geschichtliche Abhandlung. — Karlsruhe, *Braun*. 1871. Gr. in-8°. 40 pf.

— (Pfarrer K. W.). — Der deutsch-französische Krieg von 1870-1871..... — Diesdorf; Breslau, *Dülfer*. 1870-1871. In-8°, 560 p. 1 m. 50 pf.

Verwundungen der Augen bei den deutschen Heeren im Kriege gegen Frankreich 1870-1871. Herausgegeben von der militärisch-medicinischen Abtheilung des königlich-preussischen Kriegsministeriums..... — Berlin, *Mittler*. 1888. In-8°. 4 m. 50 pf.
_{Extrait du *Sanitäts-Bericht über die deutschen Heere*.}

Verzeichniss der anlässlich des Krieges von 1870 in Deutschland erschienenen Bücher und Karten. 1. Abtheilung geschlossen am 24. September 1870. Zusammengestellt von O. L. — Kassel, *Luckhardt*. 1870. In-8°, 30 p.

Veuillot (Louis). — Paris pendant les deux sièges. — Paris, *Vivès*. 1871. 2 vol. in-12. 7 fr.
_{Le même. — 2e édition, 1872. 2 vol. in-18. 1253 p. — Nouv. édit. 1876. In-8°, 723 p.}

— Les filles de Babylone. Prophéties pour le temps présent, tirées d'Isaïe et mises en vers français. — Paris. 1871. In-18, 115 p. 1 fr. 25 c.
_{Nouvelle édition.}

— A propos de la guerre. — Paris, *V. Retaux*. 1871. In-8°. 1 fr.

— Le lendemain de la victoire. Vision. — Paris. 1871. In-8°, xxi-308 p. 2 fr.

— La guerre et l'homme de guerre. — Paris. 1870. In-12

Vezet (Lieutenant-colonel E. de). — 54e provisoire (mobiles du Doubs). Corps d'observation du haut Doubs. Le plateau de Blamont. Rapport par le lieutenant-colonel commandant le 54e provisoire. — Hyères, *Souchon*. 1872. In-8°, 52 p.

Vial (Lieutenant-colonel A. A.). — Historique du 27e régiment de mobiles de l'Isère. — Grenoble, *Rigaudie et Lassagne*. 1872. In-8°, 289 p. 3 fr.

— (Lieutenant-colonel, colonel J.). — Guerre de 1870-1871. — *Journal des Sciences militaires*, 1875.

— Introduction à l'histoire abrégée des campagnes modernes. — Paris, *Dumaine*. 1878. In-8°. 1 fr.

— Histoire abrégée des campagnes modernes jusqu'en 1880. — Paris, *Baudoin*. 1881. 2 vol. in-8°, pl. 12 fr.
_{La 1re édition a paru en 1871. Une 5e édition a été publiée en 1894. 2 vol., atlas de 52 pl. 13 fr.}

— Historia compendiada de las campañas modernas. Guerra franco-allemana de 1870-1871. Traduccion, prologo y notas de A. Cotarelo. — Madrid. 1878. In-8°, 256 p., plans. 10 r.

Viala (Mlle Céleste). — Lyre patriotique (guerre de 1870). Panégyrique de M. Thiers (en vers). — Paris, *chez l'auteur*. 1878. In-16, musique. 2 fr.

[Vian (L. R.)]. — Notice historique sur l'occupation prussienne à Saint-Chéron (Seine-et-Oise) [1870-1871]. — Paris, *P. Dupont*. 1871. In-12, 48 p. 50 c.

Viansson (L.). — Le siège de Metz en 1870. — Paris et Nancy, *Berger-Levrault et Cie*. 1881. In-8°, 41 p.

Victimes (Les) de la Basse et de Passavant. — Châlons. 1872. In-8°.

Victor (H.). — Antigallica! Kriegs- und Freiheitslieder. — Elberfeld, *Neumann H.* 1870. In-16, 48 p.

Vid östra armeen under kriget i Frankrike åren 1870-1871. Skildring af en dernte deltagande svensk frivillig. — Stockholm. 1872. In-12, 42 p. 50 öre.

Campagne de l'Est.

Vidal (H.). — Gloire aux martyrs, 1870-1872. Le drame de Cuchery. — Reims. 1874. In-8°, 56 p.

Viefville (L.), ex-franc-tireur. — Les cagots ou le règne du despotisme. Mémoires sur la fin du second empire et sur le siège de Paris (1870-1871). — Le Havre, *F. Santallier.* 1881. Gr. in-8°.

Viehoff (H.). — Zeitgedichte. — Berlin, *Lipperheide.* 1870. In-16, 67 p.

Viénot (Architecte P.). — Souvenir de la défense de la ville d'Amiens. Bataille de Dury, 27 novembre 1870. Plan topographique très complet du champ de bataille. — Amiens, *Moncourt.* 1873.

Vier Monate vor Paris, 1870-1871. Belagerungstagebuch eines Campagne-Freiwilligen im k.-preussischen Garde-Füsilier-Regiment. — Stuttgart. 1871. In-8°, IX-174 p., carte. 2 m. 40 pf.

Vignolle (Lieutenant L. H.). — Campagne de 1870-1871. Armée de la Loire, 16e corps. Histoire du 8e régiment de mobiles (Charente-Inférieure). — Bordeaux, *Gounouilhou.* 1873. In-8°, 34 p.

Villari (P.). — La guerra presente e l'Italia. — Firenze. 1870. In-16, 52 p.

Ville d'Avray (Commandant de). — Historique du 12e régiment d'infanterie. — Paris, *Charles-Lavauzelle.* 1891. In-32, 64 p. 50 c.

Petite Bibliothèque de l'armée française.

Villefranche (J. M.). — Histoire du général Chanzy. — Paris, *Bloud et Barral.* 1889. In-8°, IV-364 p. 4 fr.

Villefranche. — Curés et Prussiens. — Bourg, *imp. Villefranche.* 1877. In-8°. 50 c.

Villemanne (M. de). — Élisabeth, épisodes de la guerre franco-allemande. — Tours, *Mame.* 1885. In-8°, 159 p., grav. 1 fr. 95 c.

Nouvelle édition. 1894.

Villenoisy (Cosseron de), aujourd'hui général. — La capitulation de Metz devant l'histoire. — Bruxelles, *A. Rosez.* 1870.

Ouvrage anonyme.

— Le siège de Paris. — *Journal des Sciences militaires*, mai 1895.

Villers (Mme E. de). — *Voir* FURLEY.

Villersexel (Le combat de), 9 janvier 1871. — Paris, *Dumaine*. 1879. In-8°, 38 p., 3 cartes. 1 fr. 50 c.
Extrait du *Journal des Sciences militaires*.

Villeurs (Jean de). — Le roman d'un assiégé. Bitche (1870-1871). — Paris, *Lemerre*. 1889. In-18, 317 p. 3 fr. 50 c.

Villiers (Bataille de), 30 novembre 1870. — *Avenir militaire*, 3 novembre 1895 et suivants.

Villiers (Léon de) et **Targes** (Georges de). — Tablettes d'un mobile, journal historique et anecdotique du siège de Paris...... — Paris, *Mollie*. 1871. In-18. 3 fr.

Vincent (C. E. H.). — *Voir* STOFFEL.

Vincke (Freiherr. G.). — Anno 1870. In 3 Liedern. — Münster, *Brunn*. 1870. In-16, 16 p.

Vindex. — *Voir* RAMON.

Vingt jours de campagne (août-septembre 1870), par un volontaire parisien. — Paris, *Dupont*. 1872. In-32.
Armée de Châlons.

Vingtième régiment d'infanterie, extraits de l'historique. — Toulouse, *Loubens*. 1882.

Vingt-neuvième (Le) régiment de mobiles (Maine-et-Loire). Récits et souvenirs. — Angers. 1877. In-fol., 83 p., 15 pl.
15° corps.

Vinols de Montfleury (Baron de). — Mémoires politiques d'un membre de l'Assemblée nationale constituante de 1871. — Le Puy, *Freydier*. In-8°, 340 p.

Vinoy (Général). — Siège de Paris. Campagne de 1870-1871. Opérations du 13° corps et de la troisième armée. — Paris, *Plon*. 1872. In-8°, 536 p., atlas. 10 fr.

— L'armistice et la Commune. Campagne de 1870-1871. Opérations de l'armée de Paris et de l'armée de réserve. — *Ib*. In-8°, atlas.

Vio-Bonato (A.). — Sull' operato della colonia italiana di Parigi durante l'assedio. — Padova. 1877. In-8°, 20 p.

Violations (Les) de la convention de Genève par les Français en 1870-1871. Dépêches, protocoles, rapports, etc. — Berlin, *C. Duncker*. 1871. Gr. in-8°, 39 p. 25 pf.

Viollet-le-Duc (E.), ex-lieutenant-colonel. — Simple dialogue pour servir d'introduction au mémoire sur la défense de Paris. — Paris, *Vve A. Morel*. 1871. In-8°, 31 p. 50 c.

— Mémoire sur la défense de Paris, septembre 1870-janvier 1871. — *Ib*. 1871. In-8°, LXI-243 p., atlas in-fol. 25 fr.
Une édition moins complète a paru à Bruxelles, *Office de publ.*, 1871. In-8°.

Virchow (Rudolph). — Der erste Sanitätszug des Berliner Hülfs-Vereins für die deutschen Armeen im Felde. — Berlin, *A. Hirschwald.* 1870. In-8°, 34 p. 60 pf.

— Gesundheitsregeln für die Soldaten im Felde. — Berlin, *Puttkammer.* 1870. In-32, 7 p.

— Ueber Lazarethe und Baracken. Vortrag. — Berlin, *Hirschwald.* 1871. Gr. in-8°, 34 p. 1 m.

Vischer (F.). — Der Krieg und die Künste. Vortrag. — Stuttgart, *J. Weise.* 1872. In-8°, 55 p. 2 m.

Vismara (Ant.). — La republica di Parigi ossia il 4 settembre 1870. — Milano 1870. In-32, 16 p 1 l. 30 c.

— Materiali per una bibliografia del generale G. Garibaldi. — Como. 1891. In-8°, 100 p. 3 l. 50 c.

Vitet (L.), de l'Académie française. — Lettres sur le siège de Paris, adressées à M. le directeur de la *Revue des Deux-Mondes.* — Paris, *Sauton.* 1871. In-18, 332 p. 3 fr.

Première lettre..... adressée.,... le 1er novembre 1870. — *Ib.* 1870. In-18.
2e édition.
Deuxième lettre..... le 15 novembre 1870. — *Ib.* 1870. In-18.
Troisième lettre... . le 1er décembre 1870. — *Ib.* 1870. In-18.
Quatrième lettre..... le 15 décembre 1870. — *Ib.* 1870. In-18.
Dernières lettres (5e, 6e et 7e.....) — *Ib.* 1871. In-18.
Extrait de la *Revue des Deux-Mondes.*

Vittré (Commandant Charles de). — Cavalerie française, cavalerie allemande (1870-1879). — Paris, *Dumaine.* 1880. In-8°, 201 p., cartes. 2 fr. 50 c.

Vitrolles (Comte de). — Notes et souvenirs sur la garde mobile des Hautes-Alpes (Réponse à M. J. Roman). — Marseille, *Seren.* 1872. In-8°, 52 p.

Vitu (Auguste). — Le lendemain de l'Empire. — Paris, *Lachaud et Burdin.* 1874. In-12. 3 fr. 50 c.

Vogeler (F. W.). — Kaiser Wilhelm. — Berlin, *Haack.* 1875. In-8°, 31 p. 25 pf.

— Schulfeier des deutschen Nationaltages. Lieder, Gedichte und Geschichte. — Berlin, *Muskalla.* 1875. In-8°, 16 p. 15 pf.

Vogt (C.). — Politische Briefe an Friedrich Kolb. — Biel, *Steinheil.* 1870. In-8°, 54 p. 50 pf.

— **(Oberstlieutenant H.).** — Kaiser Wilhelm. Ein Fürsten- und Heldenbild. — Leipzig, *H. Bredt.* 1888. In-8°, 64 p., portr.-50 pf.

Vogt (Oberstlieutenant H.). — Zum 18. Oktober ! Friedrich Wilhelm, Kronprinz des deutschen Reiches und Kronprinz von Preussen. Ein Fürstenbild. — Berlin, *Eisenschmidt*. 1886. In-8°, 64 p. 50 pf.

— Kaiser Friedrich. 2. Ausgabe des Vorigen. — *Ib.* 1888. In-8°. 50 pf.

— 1870-1871. Kriegstagebuch eines Truppenoffiziers. — *Ib.* 1886. In-8°, IV-296 p. 5 m.
6. Husaren-Regiment.

Vogt. — *Voir* STRAUSS.

Voïde (Général). — Pobiédy i porajenia v'voïné 1870 goda i diéïstvitelnyïa ikh pritchiny (victoires et défaites de la guerre de 1870 et leurs vraies causes). — San Peterbourg, *Berezovski*. 2 vol. in-8°. 2 r. 15 k.
Voir WOIDE.

Voigt (Doct. G.). — *Voir* VORTRÄGE.

— (Doctor J F.). — Hamburg und seine Beziehungen zum deutschen Reich. Festrede. — Hamburg, *Grüning*. 1871. In-8°, 30 p. 50 pf.

Voigtländer (Pastor Titus). — Die geistliche Schlacht. Kriegspredigt. — Dresden (*Naumann*). 1870. In-8°.

Voigts-König (von). — Kurzer Abriss der Geschichte des 4. brandenburgischen Infanterie-Regiments Nr. 24. — Berlin. 1875. In-8°. 4 m.

Voillemin (Abbé). — Les Prussiens à Nogent-le-Roi (Haute-Marne) décembre 1870. — Paris, *Roussel*. 1882. In-8°, 36 p.

Voïna (Franko-Germanskaïa) 1870-1871. — San Peterbourg. 1871. In-4°.

— (frantsoussko-nemezkaïa) 1870-1871. — San Peterbourg. 1871. In-4°.

Voisin (Capitaine Charles). — Historique du 6e régiment de hussards. — Libourne, *Maleville*. 1888. In-8°, ill.

Volger (Franz). — Elsass-Lothringen und unsere Friedensbedingungen. Eine politische Studie. — Anklam, *Dietze*. 1871. In-16, 20 p. 25 pf.

— (F.). — Im Lager vor Metz oder ein Kurmärker von 1870. Militärischer Schwank. — Landsberg a. W , *Volger und R*. 1884. In-8°, 14 p. *Ib.* 1 m.
3e édition. 1887.

— Unser Fritz. Schwank. — *Ib.* 1884. In-8°, 12 p. 1 m.

— Vor Paris nichts Neues, oder Kutschke's Memoiren. Schwank. — *Ib.* 1884. In-8°, 16 p. 1 m.
2e édition. — Ces plaquettes font partie du Mil. Theater-Album.

Volkening (Pr. W.). — Die grosse Schaar. Predigt gehalten am Todtenfeste, 2. November 1870. — Barmen, *Klein*. 1870. In-8°, 16 p.

Volkmann (Hauptmann). — Geschichte des magdeburgischen Pionier-Bataillons Nr. 4. — Berlin, *Mittler*. 1888. In-8°. 3 m. 75 pf.

Volkmann (Haupmann). — Kurze Geschichte des magdeburgischen Pionier-Bataillons Nr. 4, 1813-1887. Mannschaftsausgabe. — Berlin, *Mittler*. 1888. In-8°, portr., carte.

N. d. l. c. 2e édition.

Volkmann'sche (von) Sammlung kriegschirurgischer Präparate, Abbildungen und Krankengeschichten aus dem Kriege 1870-1871 (nebst einigen Präparaten u. s. w. aus früheren Feldzügen). Sonderabdruck aus dem Sanitätsbericht über die deutschen Heere im Kriege gegen Frankreich 1870-1871. Dritter Band. Allgemeiner Theil. — Berlin, *Mittler*. 1890. In-8°, ill. 12 m.

Volks-Ausgabe (Illustrirte) des deutsch-französischen Krieges von der Kriegerklärung am 16. Juli 1870 an bis zum Friedensschluss am 28. Februar 1871. Speziell für das bayerische Heer bearbeitet von einem bayerischen Militär. — Augsburg, *A. Reichel*. 1871. In-8°.

Volkskrieg (Der deutsche) gegen die Franzosen im Jahre 1870. Ein Buch für das Volk. — Berlin, *Schlingmann*. 1871. In-16. IV-476 p. 1 m. 50 pf.

Volkskundgebung aus Süd-Deutschland. Die Mannheimer-Volksversammlung am 4. September 1870. — Mannheim, *Schneider*. 1870. In-8°, 30 p.

Vollmar (A.). — Die Brüder von Strassburg. Eine Erzählung aus dem Kriege von 1870. — Berlin (*Miss.- Ver.*). 1872. In-8°, 32 p.

6e édition.

Volz (Berthold). — Grossherzog Friedrich Franz II. von Mecklenburg-Schwerin. Ein deutsches Fürstenleben..... — Wismar, *Hinstorff's Verlag*. 1893. Gr. in-8°, VII-302 p., 9 photogr. 4 m.

— Geschichte Deutschlands im 19. Jahrhunderte vom Luneviller Frieden bis zum Tode Kaiser Wilhelm's I. — Leipzig. 1894. In-8°.

2e édition.

Vom Kriegsschauplatz. Illustrirte Geschichte des Krieges von 1870-1871 für Volk und Heer. — Stuttgart, *E. Hallberger*. 1871. In-fol., IV-480 p., ill., cartes. 12 m.

— Le même. Volksauflage. — *Ib.* 1872. Gr. in-4°, IV-556 p., ill., cartes. 6 m.

— Rhein zur Loire. Reime aus dem Tagebuch eines preussischen Husaren, den Kameraden gewidmet. — Berlin, *Voss*. 1872. Gr. in-8°, III-135 p.

— Pflug zum Schwert. Kriegserinnerung der landwirthschaftlichen Lehranstalt von Hildesheim aus dem Jahre 1870-1871. — *Voir* MICHELSEN.

Von Weissenburg bis Metz. Ein Beitrag zur Kriegsgeschichte des Jahres 1870, von einem preussischen Stabsoffizier — Berlin, *Jancke*. 1873. Gr. in-8°, 442 p. 7 m.

— unseren Truppen im Felde. Der 17. Division gewidmet von einem Reservisten des 90. Infanterie-Regiments. — Rostock. 1871. In-16, 182 p. 1 m. 80 pf.

Vonderhalde (Ed.). — *Voir* SOLDATENLEBEN.

Vor Paris. Vorposten-Skizzen. Von B. von F. — Hannover, *Helwing*. 1872. In-4°, 23 chromol. 7 m. 50 pf.

— 25 Jahren! Depeschen vom Kriegsschauplatz 1870-1871. — Dresden, *Lehmann*. 1895. In-16, 79 p. 15 pf.

10e édition.

— Le même, 11e édition, suivi de : Festrede des Herrn Doctor Ritter, Dresden, zur Sedanfeier 1895. — *Ib.* 1895. In-16, 79-16 p. 20 pf.

Vormeng (Dr. K.). — Erlebnisse eines Arztes aus der französischen Kriegs- und Occupationszeit im Feldzuge 1870-1871. — Dresden. 1892. In-8°, carte. 3 m.

6. Infanterie-Division.

— Ernste und heitere Bilder aus der französischen Occupationszeit 1871-1873. — Berlin; Dresden, *Vorstell und Reimarus*. 1893. In-8°, 295 p. 3 m.

— Zur 25jährigen Gedenkfeier der Wiederaufrichtung des deutschen Reiches. Auch dabei! Lieder aus der französischen Kriegs- und Occupationszeit 1870-1871. — *Ib.* 1895. In-8°.

2e édition.

Vorpostengefechte (Die) bei Saarbrücken vom 18. Juli bis 5. August 1870 und die Schlacht bei Spichern am 6. August 1870. — Saarbrücken, *Siebert*. 1873. Gr. in-8°, 31 p., cartes. 1 m.

Vorposten-Stellung der 1. Garde-Infanterie-Division vor Paris, befestigt durch die 3. Garde-Pionier-Compagnie unter Benutzung einiger schon vorhandenen Arbeiten. — Berlin, *Schropp*. 1871. 2 feuilles lith. col., imp. in-fol. 2 m. 50 pf.

Vorschriften (Taktische) für die Rhein-Armee 1870. — *Jahrbücher*, 4^e trimestre 1874.

Voir INSTRUCTIONS.

Vorträge zum Besten der deutschen Invaliden von Doctor W. Roscher, Doctor G. Baur, Doctor G. Curtius, Doctor J. Czermak, Doctor G. Voigt, Doctor G. Ebers und Doctor H. Credner. — Leipzig, *Hinrichs*. 1871. In-8°, III-149 p.

Vosges (H. des). — L'histoire d'un Alsacien. Récit contemporain. — Paris et Nancy, *Berger-Levrault et Cie*. In-8°. 50 c.

— (Les) en 1870 et dans la prochaine campagne, par un ancien officier de chasseurs à pied. — Rennes, *Caillière*. 1888. In-16, III-177 p., cartes.

Voswinckel (F.). — Predigt am Tage der Friedensfeier, den 18. Juni 1871. — Barmen, *Klein*. 1871. In-8°, 12 p.

Votteler (C.). — Das deutsche Heer in dem siegreichen Feldzug von 1870. 12 Erinnerungsblätter. — Stuttgart, *Thienemann*. 1871. In-fol. 3 m. 50 pf.

Voyage et campagne des mobilisés du Gard. Souvenir de 1871, par un mobilisé du Gard. — Nîmes, *Giraud*. 1871. In-8°, 14 p. 50 c.

Vries (B. de). — *Voir* Procès.

Vrignault (H.). — L'obus. — Paris. 1871. In-32, 61 p. 50 c.

Vuillemin (F.). — Les Allemands dans les Vosges en 1870. Combats de la Bourgonce et de Rambervillers. — Rambervillers, *Méjeat jeune*. 1882. In-8°, 12 p.

Vuilletet (A.). — Garibaldi en France. — Paris, *Librairie de la Société bibliographique*. 1876. In-32, 127 p. 25 c.

W

W*** — *Voir* REZONVILLE, SAINT-PRIVAT.

W. (Gg. C. v.). — *Voir* CARDINAL.

W. (H.). — *Voir* GESCHICHTE.

W. (J. von). — *Voir* SEDANFEST, WILHELM.

W. (von). — Thaten und Phrasen, Sammlung offizieller und nicht offizieller Depeschen und Nachrichten über den deutsch-französischen Krieg von 1870-187:. — Leipzig, *Weber*. 1871. Gr. in-8°, carte.

W...r. (A. von). — Gefecht der Infanterie gegen Kavallerie nach den Erfindungen der Kriege von 1866 und 1870-1871. — Leipzig, *Luckhardt*. 1873. In-8°. 1 m.
Militär. Zeit- und Streitfragen.

W...s. — Schultze und Müller auf der Wacht am Rhein. — Leipzig, *R. Schaefer*. 1871. In-8°, 96 p. 1 m.

W. (H. L.). — Die Kriegsführung unter Benutzung der Eisenbahnen und der Kampf um Eisenbahnen. Nach den Erfahrungen der letzten Kriege... — Leipzig, *Brockhaus*. 1882. In-8°, fig., plans, ill. 14 m.

W. (S.). — Freund und Feind. Patriotisches Festspiel in 4 Aufzügen. — Berlin, *Buchhandlung des Olddeutschen Jünglingsbundes*. 1894. In-8°, 20 p. 30 pf.

Wachenhusen (Hans). — Tagebuch vom französischen Kriegsschauplatz 1870-1871. — Berlin, *Hausfreund-Expedition*. 1870-1871. 2 vol. in-8°, 598 p. 4 m.

— Mijn dagboek van den Fransch-Duitschen oorlog in 1870 en 1871. Naar het hoogdutsch. — Zwolle. 1871-1872. In-8°, 2 parties, VII-470 p. 4 fl. 50.

— Der deutsche Volkskrieg. Illustrirte Schilderungen. — Berlin, *Hausfreund-Expedition*. 1870-1871. 28 livr. in-4°, 224 p. 5 m. 60 pf.

— Haut ihm! Kriegsbilder. — *Ib.* 1871. In-8°. 2 m.

— Aus bewegtem Leben. Erinnerungen aus 30 Kriegs- und Friedensjahren. — Strasbourg, *Strasb. Druckerei u. Verlag*. 1890. 2 vol. grand in-8°, 317, 367 p.
Nouvelle édition. 1895. 14 livraisons in-8° à 25 pf.

— Vom ersten bis zum letzten Schuss. Kriegserinnerungen 1870-1871. — Berlin, *F. Fontane und C°*. 1896. In-8°, IV-78 p. 2 m.

Wachs (Doctor Ottomar). — Erinnerungen eines Civilarztes an die französischen Kriegsgefangenen 1870-1871. — Leipzig, *O. Wigand*. 1876. In-8°, vii-85 p. 2 m.

Wachsmann (E.). — *Voir* Kaiserlieder, Sammlung.

Wacht am Rhein ! Illustrirte Berichte vom Kriegsschauplatz in Deutschland und Frankreich. — Leipzig, *Spamer*. 1870-1871. 48 livr. in-8°, 1144 p., ill., cartes. 12 m.

— (Die) am Rhein, das deutsche Volks- und Soldatenlied des Jahres 1870. — Berlin, *Lipperheide*. 1871. In-4°. 1 m. 50 pf.

— (Die) am Rhein. — Chemnitz, *Hager*. 1870. In-8°.
10° édition.

— am Rhein. Schlachtenbilderbuch mit 12 colorirten Darstellungen von Kriegsbildern aus dem glorreichen Feldzuge im Jahre 1870. — Nürnberg, *Gassler*. 1871. In-fol.

— (Die) am Rhein. — Mahnruf an das deutsche Volk. — Leipzig, *Naumann*. 1871. In-8°.

Wachter (A.). — La guerre de 1870-1871, histoire politique et militaire.
Voir Pessard, Tubino.

— La guerre franco-allemande de 1870-1871. Histoire politique, diplomatique et militaire. Nouvelle édition. — Paris, *Baudoin*. 1895. 2 vol. gr. in-8°, xii-459, 495 p. 15 fr.; atlas, 6 fr.

Wackernagel (R. von). — Die Unterstützung der Stadt Strassburg im Kriegsjahre 1870. — Bâle. 1895. In-8°.

Wadsack (E.). — Die im Kriege 1870 gefallenen deutschen Buchhändler. Portraits und Biographien. — Gohlis, *Wadsack*. 1871. 3 livr. in-8°, 44 p. 5 m. 50 pf.

Wägner (Doctor W.). — Deutschlands Ehrentage. Schilderung des Krieges im Jahre 1870. — Darmstadt, *Will*. In-8°, viii-200 p., ill. 2 m.

Wänker von Dankenschweil (Pr.-Lieutenant). — 6. badisches Infanterie-Regiment Nr. 114. Die Geschichte des Regiments im Rahmen der vaterländischen Geschichte und der Spezial-Geschichte von Konstanz, populär dargestellt. — Berlin, *Mittler*. 1882. In-8°, croquis et cartes. 5 m.

— Le même. Mannschaftsausgabe.
N. d. l. c.

Wagener (Hermann). — Der Niedergang Napoleons III. — Berlin, *George und Fiedler*. 1890. In-8°, iii-198 p.

Wagner (Professor Doctor Adolph). — Elsass und Lothringen und ihre Wiedergewinnung für Deutschland. — Leipzig, *Duncker und Humblot*. 1871. Gr. in-8°. 1 m. 50 pf.

Wagner (J. B.). — 300 Tage im Sattel. Erlebnisse eines sächsischen Artilleristen, 1870-1871. — Dresden, *Köhler*. 1892. In-8°, vii-183 p., carte. 2 m.

— (Major Rhold). — Geschichte der Belagerung von Strassburg im Jahre 1870. Auf Befehl der königlichen General-Inspection des Ingenieur-Corps und der Festungen nach amtlichen Quellen bearbeitet. — Berlin, *Schneider und Co.* 1874-1878. 3 vol. gr. in-8°, 834-203 p., cartes, plan, croquis. 43 m. 60 pf.

— Histoire du siège de Strasbourg en 1870. Traduit par le capitaine H. Roswag. — *Bulletin*. 1875-1878.

— Istoria osady, Strasbourga v' 1870 g. — San Peterbourg. 1874-1879. In-8°, 3 part., cartes, plans. 7 r. 8, k.

— (Sek.-Lieutenant). — Geschichte des königlich-sächsischen 8. Infanterie Regiments « Prinz Johann Georg » Nr. 107, 1867-1891. — Leipzig, *Dürr*. 1893. Gr. in-8°, xi-326 p., ill., 4 cartes. 9 m.

Wahrheit (Die) über den Tag von Ems (13. Juli 1870). Enthüllt von einem alten Emser-Kurgast. — Berlin, *Mayer und M.* 1887. In-12, 27 p. 60 pf.

Waille (A.). — *Voir* MARIAL.

Walden (Bruno). — *Voir* BISMARCK.

Waldersee (C. von). — Die Hyänen des Schlachtfeldes. Historisch-romantische Erzählung von den deutsch-französischen Schlachtfeldern des Jahres 1870. — Berlin, *Freitag*. 1871. In-8°, 6 livr., 288 p.

— (Graf, General von). — Ueber die französische Armee (Bericht vor dem Kriege 1870). — *Militär-Zeitung*, 1894, n° 29.

Waldheim (R.). — Patriotische Erzählungen. — Styrum, *A. Spaarmann*. 1893-1895. In-12 de 48 p. à 25 pf.

— Im Kampfe mit Francs-tireurs. Eine Geschichte aus dem deutsch-französischen Kriege.

— Der Oberjäger von Weissenburg. Eine Erzählung aus dem deutsch-französischen Kriege.

— Das geheimnissvolle Schloss. Eine Erinnerung aus dem letzten deutsch-französischen Kriege.

— Ein Sylvesterabend in Feindesland. Eine Kriegserinnerung aus Frankreich.

— Das Schloss von Coucy. Eine Geschichte aus dem deustch-französischen Kriege.

Waldmüller (R.) [Édouard Duboc]. — Die tausendjährige Eiche im Elsass. Chronistische Erzählung. — Berlin, *Springer*. 1870. In-16, 47 p.

<small>Extrait des *Novelles*.</small>

Waldor de Heusch (capitaine de l'armée belge). — La tactique d'aujourd'hui et quelques mots de la tactique de demain. — Paris et Nancy, *Berger-Levrault et Cie*. 1887. In-8°. 8 fr.

Waldstätten (Oberst, Baron). — Die Schlacht bei Vionville und Rezonville am 16. August 1870. 2 Vorträge. — Wien, *Seidel und Sohn*. 1874. Gr. in-8°, 46 p. 1 m. 50 pf.

<small>Extrait de l'*Organ*.</small>

Waldstedt (G.). — Der Teufels-Minister. Zeitdichtung. — Osterburg, *Däger*. 1870. In-8°, 15 p.

Wald-Zedtwitz (E. von). — Hurrah ! Kriegs-Novellen. — Berlin, *Jancke*. 1888. In-8°, 230 p. 2 m.

Walleiser. — 1. schlesisches Grenadier-Regiment Nr. 10. Auszug aus der Geschichte des Regiments. — Berlin, *Mittler*. 1873. In-8°.

<small>N. d. l. c.</small>

Wallincourt (De). — Les zouaves pontificaux. Mentana, Rome, campagne de l'Ouest. — Paris, *Lefort*. 1874. In-12, 342 p.

<small>17e corps.</small>

Wallon (Victor). — Invasion du sol français par l'armée allemande en 1870-1871. Des forces militaires de l'Allemagne. — Beauvais. 1871. In-8°, 15 p.

Walter-Waldhoffer (Rittmeister, Oberst D. H.). — Betrachtungen über die Thätigkeit und Leistungen der Cavallerie im Kriege 1870-1871. — Leipzig, *Luckhardt*. 1872. In-8°, 170 p. 2 m.

— Betraktelser öfver Kavaleriets verksamhet och bedrifter under 1870-1871 års Krig. Oefvers. från tyskan af E. Grönvall. — Stockholm. 1873. In-8°, 200 p.

— Vsgliad na deiatelnosti i polzy, okasannia kavalerieiou v. voiné 1870-1871 gg. Perev s nemetsk. — Varchava. 1874. In-8°, 143 p.

Walter (C.). — Vor Paris 1871. Lebensbild. — Erfurt, *F. Bartholomäus*. 1895. In-8°, 32 p. 75 pf.

<small>Walner's Allgemeine Schaubühne. — 2e édition.</small>

Walther (Doctor Alfred). — Napoleon III., Frankreichs blutdürstiger Kaiser oder: Der Sieg der tapferen Deutschen. Illustrirt-historischer Roman. — Berlin, *Humburg*. 1870. In-8°, en livr. de 48 p.

— **(Prof. Fr.).** — *Voir* FLACH.

Waltz (Doctor Gustav). — Erlebnisse eines Feldarztes der badischen Division im Felde 1870-1871. — Heidelberg, *Winter*. 1872. In-8°, vi-136 p. 2 m.

Wanderungen über die Schlachtfelder von Weissenburg und Wörth. — *Neue militärische Blätter*, juillet-août 1888.

Wangemann (Pr.-Lieutenant). — Kurzer Abriss der Geschichte des königlich-preussischen Feld-Artillerie-Regiments Feldzeugmeister (2. brandenburgisches) Nr. 18 und seiner Stammtruppentheile. — Frankfurt an der Oder, *Selbstverlag*. 1891. In-8°. 30 pf.

Wanliss (T. D.). — The War in Europa 1870-1871. — Melbourne. 1871. In-8°, 204 p., pl. 5 sh.

Wansinok (H.). — *Voir* AMICIS.

War Book and Gazetteer. No 1, August 1870. Collection of facts and scraps connected with the War. Frequent new editions will be issued during the Period of the War. — London. 1870. In-8°, 55 p. 1 sh

War Correspondence (The) of the *Daily News*, 1870. Edition with notes and comments. A continuous narrative of the War bettveen Germany and France. — London. 1871. In-8°, 444 p., cartes. 7 sh. 6 d.

— of the *Daily News*, continued from the Recapture of Orleans by the Germans to the Peace. Edition with notes and comments. — London. 1871. In-8°, 450 p., cartes. 7 sh. 6 d.

— (Franco-Prussian). Correspondence respecting the sinking of six British Vessels in the river Seine by the Prussian Troops. (Parliamentary Papers.) — London. 1871. Gr. in-4°. 1 sh. 6 d.

Wardenburg (F. von). — Die Delegation der freiwilligen Krankenpfleger in Corbeil während des deutsch-französischen Krieges. — Jena, *Fischer*. 1886. In-8°, 95 p. 2 m.

Warnecke (F.). — Kriegs-Stammbuch aus den Jahren 1870 und 1871, enthaltend 150 Autographen der deutschen Führer, Heerführer, Diplomaten dieser Zeit. — Görlitz, *Starke*. 1881. In-fol., ill., 15 livr. à 16 m.

Warnod (Mlle Emma). — Amour ou patrie ; souvenirs de l'Alsace. 1870-1871. — Paris, *Sandoz et Fischbacher*. 1872. In-12. 2 fr. 50 c.

Warren (Capitaine, vicomte de). — Tactique des armées prussiennes, suivi d'un projet de cadres pour l'armée territoriale. — Paris et Nancy, *Berger-Levrault et Cie*. 1873. In-12. 2 fr. 50 c.

Warte (Die) am Rhein oder einige preussisch-französische Gedanken. Von einem stillen Beobachter, der kein Staatsmann ist. — Wien, *Mayus und Co.* 1871. In-8°. 40 pf.

Wartensleben (Oberst Hermann, Graf von). — Die Operationen der Süd-Armee im Januar und Februar 1871. Nach den Kriegsakten des Oberkommandos der Süd-Armee. — Berlin, *Mittler*. 1872. Gr. in-8°, VIII-114 p., 2 cartes. 2 m. 40 pf.

2e édition.

Wartensleben (Oberst Hermann, Graf von). — The campaign of 1870-1871. Operations of the South Army in January and February 1871. Translated by C. H. von Wright. — London. 1872. In-8°, VIII-136 p. 6 sh.

— Opérations de l'armée de Sud pendant les mois de janvier et février 1871. Traduit de l'allemand par Alfred Dumaine. — Paris, *Dumaine*. 1872. In-8°, 103 p., pl. 2 fr. 50 c.
Extrait du *Journal des Sciences militaires*.

— Die Operationen der I. Armee unter General von Manteuffel. Von der Capitulation von Metz bis zum Fall von Peronne. Dargestellt nach den Operationsakten des Oberkommandos der I. Armee. — *Ib.* 1872. Gr. in-8°, IV-202 p., 2 cartes. 4 m. 20 pf.

— The campaign of 1870-1871. Operations of the first army under General von Manteuffel, from the Capitulation of Metz to the fall of Peronne. Translated by C. H. von Wright. — London. 1873. In-8°, 228 p., cartes.

— Campagne de 1870-1871. Opérations de la 1re armée sous le commandement du général von Manteuffel, depuis la capitulation de Metz jusqu'à la prise de Péronne, d'après les documents officiels du quartier général de la 1re armée. Traduit de l'allemand par le capitaine G. Niox. — Paris, *Dumaine*. 1873. In-8°, IX-317 p., carte. 6 fr.

Was kraucht denn da im Busch herum? etc., oder : Füsilier Kutschke, wie er leibt und lebt. Eine echt deutsche Landsknechtfigur aus dem Franzosenkriege im Jahre 1870. — Wittenberg, *Herrosé*. 1870. In-8°, 16 p.

— für Gedanken durch die gegenwärtigen kriegerischen Ereignisse offenbar geworden sind. Ein Vortrag von einem schweizerischen protestantischen Pfarrer. — Zürich, *Meyer*. 1871. In-8°, III-52 p. 1 fr.

— Arkolay nicht bedenkt.... — Schleiz, *Heyn*. 1869. In-8°.
Voir ARKOLAY.

— ist Geschichte? Bazaine vor dem Kriegsgericht. Stimmen Europas über Prozess und Urtheil vom geschichtlich-philosophischen Standpunkte beleuchtet durch einen Unparteiischen. — Leipzig, *Mayer*. 1874. Gr. in-8°, 61 p. 1 m. 20 pf.

— geschieht jetzt mit Napoleon und mit Frankreich? — Leipzig, *G. Schulze*. 1870. In-8°, 15 p.

Washburne (E. B.). — Franco-German war and the Insurrection of the Commune. Correspondence. — Washington. 1878. In-8°.

Wasserfuhr (Dr. H.). — Vier Monate auf einem Sanitätszuge. — Braunschweig, *Vieweg*. 1871. Gr. in-8°, 49 p. 1 m.
Extrait de la *Deutsche Vierteljahrsschrift für öffentliche Gesundheitspflege*.

— Les wagons-ambulances (4 mois dans un train sanitaire), traduit par le docteur Morache. — *Annales d'hygiène et de médecine légale*, t. 37, 1872.

Watari (R., Japonais, étudiant à Paris). — Petite histoire de la guerre entre la France et la Prusse (juillet 1870-mars 1871). — Paris, *Lahure*. 1871. In-32, 63 p.

Watel (L. J.). — *Voir* JAY.

Watson (R. Sp.). — The villages around Metz. — Newcastle-on-Tyne. 1871. In-8º, 36 p. 1 sh.

Watt (R.). — Pariser Fotografier. — Kjöbenhavn. 1871. In-8º, 320 p.

Watter (Hauptmann Freiherr von). — Kurzer Abriss der Geschichte des 8. württembergischen Infanterie-Regiments Nr. 126 Grossherzog Friedrich Karl von Baden. — Strasbourg. 1891. In-8º, v-132 p., 6 cartes, 3 portr. 2 m. 25 pf.

Watterich (Professor Doctor). — Der deutsche Name Germanen und die ethnographische Frage vom linken Rheinufer. Eine historische Untersuchung. — Paderborn, *Schöninghausen*. 1870. Gr. in-8º, VIII-112 p., carte. 2 m.

Wauer (Hugo). — Hohenzollern und die Bonapartes. Ein patriotischer Traum in sieben Bildern. — Berlin, *Retemeyer*. 1871. Gr. in-8º, 73 p.

Wauvermans. — Les ballons au siège de Paris, résultats d'expériences. — *Revue militaire belge*, t. III, 1886.

Waxel (Platon de). — L'armée d'invasion et la population. Leurs rapports pendant la guerre étudiés au point de vue du droit des gens naturel. — Leipzig, *J. W. Krüger*. 1874. Gr. in-8º, 122 p. 1 m. 50 pf.

Weber. — Croquis von Aulnay und Blanc-Mesnil befestigt durch die 3. Garde-Pionier-Compagnie. — Berlin, *Schropp*. 1871. Lith. col. in-fol. 75 pf.

— (A.). — Schulfeier zum September. Anhang. Chronik des Krieges. — Sangerhausen, *Franke*. 1888. In-16, 2 parties, 14-16 p.
5º et 3º éditions. 30, 25 pf.

— (Professor Doctor G.). — Ansprache an die Schüler der höheren Bürgerschule in Heidelberg bei Gelegenheit des Friedensfestes am 4. März 1871. — Heidelberg, *K. Groos*. 1871. In-8º, 14 p.

— (Hauptmann). — Geschichte des rheinischen Jäger-Bataillons Nr. 8 von seiner Errichtung 1815 bis zum Jahre 1880. — Berlin, *Mittler*. 1880. Gr. in-8º. 4 m.

— (J.). — Die Zürcher Vorfälle vom 9. bis 11. März 1871. Vortrag. — *Schabelitz*. 1871. Gr. in-8º. 30 pf.

— (Mathilde). — Lazarethbilder. Aus dem Tagebuche der Vorsteherin eines Sanitätsvereins im Kriegsjahre 1870-1871. — Tübingen, *Fues*. 1888. In-8º, 38 p. 50 pf.

Weber (T.). — Die Bedeutung des deutsch-französischen Krieges im Lichte der Vergangenheit und Gegenwart. — Barmen, *Klein*. 1870. In-8°, 44 p.

— (Pastor Th.). — Was wir an unserem Könige haben. — Barmen, *Klein*. 1871. In-8°, 16 p.
Extrait du *Kirchliches Wochenblatt*.

Wechmar (Rittmeister, Hans Freiherr von). — Braune Husaren. Geschichte des braunen Husaren-Regiments der friederizianischen Armee 1742-1807 und des jetzigen Husaren-Regiments von Schill (1. schlesisches) Nr. 4, 1807-1893. — Berlin, *H. Peters*. 1893. Gr. in-8°, VI-338 p., 5 portr., 1 grav. col., 5 croquis. 12 m. 50 pf.

Wechssler (A.). — Der Franctireur. Schauspiel. — Stuttgart, *R. Lutz*. 1889. In-16, 75 p. 40 pf.

Weck (G.). — Krieg und Sieg. Deutsche Lieder. — Görlitz, *Remer*. 1870. In-16, 32 p.
2ᵉ édition, 1871, 40 p. 60 pf.

Weddingen (Doctor Friedrich H. Otto). — Die patriotische Dichtung von 1870-1871 unter Berücksichtigung der gleichzeitigen politischen Lyrik des Auslandes. — Essen, *Silbermann*. 1880. Gr. in-8°, 102 p. 3 m.

— Zur Würdigung der Sedanfeier und des verflossenen Jahrzehnts. Festrede. — *Ib.* 1880. In-8°, 19 p.

Wedell (Die Brigade von) bei Mars-la-Tour. — *Militär-Wochenblatt*, 2ᵉ semestre 1891.

Wega (Heinrich). — Sedaneia oder wahrheitsgetreue und überdies in Verse gebrachte Beschreibung des deutsch-französischen Krieges von seiner ernsten Entstehung an bis zur Reise des Kaisers Napoleon nach Wilhelmshöhe. — Berlin. 1873. In-16°, III-127 p. 1 m.

Wehrenpfennig. — *Voir* Aus.

Weibezahn (Doctor Hermann). — Deutschlands Uebergang zur Goldwährung vermöge der französischen Kriegs-Entschädigung. — Jena, *Fr. Mauke*. 1871. Gr. in-8°, 37 p.
Extrait des *Hildebrand's Jahrbücher für Nationalökonomie und Statistik*.

— Deutschlands Münz-Einheit mit Goldwährung. — Leipzig, *Weber*. 1871. Gr. in-8°, XLIV-74 p. 1 m. 50 c.

Weidemann (Doctor K. A.). — Der deutsch-französische Krieg 1870-1871. — Saalfeld, *Niese*. 1871. 2 vol. gr. in-8° à 1 m. 50 pf.

Weidner (G.). — Kriegstagebuch eines Nürnbergers im K.-B. 10. Infanterie-Regiment 1870-1871. — Nürnberg, *Gross*. 1895. In-8°, 139 p. 1 m. 50 pf.

Weigelt (C.). — Denksteine in Predigten aus dem Kriegsjahre 1870-1871. — Breslau, *Korn*. 1871. In-8°, 127 p. 1 m. 50 pf.

Weihnachten und der Krieg. — *Voir* SCHILLING'S BÜCHER.

Weikert (Pastor G.). — Erinnerungen aus dem Kriege 1870-1871. — Görlitz, *Wollmann*. 1872. Gr. in-16, 96 p. 50 pf.

Weil (M.). — *Voir* BATAILLE.

Weiland (G. H.). — Kriegs-Karte. Nordost-Frankreich, Deutschland, Belgien etc. — Wien, *Beck*. 1870. In-fol.

Weinberger (Major). — Die Belagerung von Strassburg 1870. — *Jahrbücher*, 2° livr., 1873.

Weisbrodt (Pr.-Lieutenant). — 25 Jahre (1857-1882) des schlesischen Ulanen-Regiments Nr. 2. — Berlin, *Mittler*. 1884. In-8°, 2 cartes. 9 m.

— Das Lithauische Ulanen-Regiment Nr. 12 von der Formation bis zur Gegenwart. — Berlin, *Mittler*. 1886. In-8°, 325 p., ill., cartes. 8 m. 50 pf.

Weiser (Karl). — Das Münster zu Strassburg. Eine Dichtung in 4 Liedern. Verfasst im Felde am 1. Oktober 1870 zu Arnouville vor Paris. — Karlsruhe, *Gutsch*. 1873. In-8°, 16 p.

Weiss (Doct. J. G.). — 25 Jahre. Ein Festspiel zur Erinnerung an den grossen Krieg. — Karlsruhe, *Reiff*. 1895. In-12, 27 p. 60 pf.

— (Lieutenant). — Kurzer Abriss der Geschichte des Grenadier-Regiments König Friedrich II. (3. ostpreussisches Nr. 4). — Berlin, *Mittler*. 1891. In-8°.

N. d. l. c. — Nouvelle édition 1895.

— (Siegfried). — La Prusse et la France devant les frontières du Rhin, le Limbourg et le grand-duché de Luxembourg. — Paris, *Dentu*. 1867. In-8°, 16 p.

— La guerre de 1870 et la neutralité de la Belgique, de la Hollande, du Luxembourg, de la Suisse. — Paris, *Ghio*. 1871. In-8°. 1 fr.

Weisse (R.). — Vom Fels zum Meer. Vaterlandslieder. — Berlin. *Wagner*. 1871. In-16, 118 p. 1 m.

Weitbrecht (G.). — Kaiser Wilhelm I. — Stuttgart, *Steinkopf*. 1882. In-12, 144 p. 75 pf.
Jugend- und Volksbibliothek.

— Deutschlands Kampf gegen Frankreich 1870-1871. — Berlin. 1888. In-8°. 40 pf.
3 édition.

— (K.). — Lieder von einem, der nicht mit darf. Kriegslieder 1870. — Stuttgart, *Neff*. 1871. Gr. in-16, VI-61 p.

Welche sollen die neuen deutschen Reichs-Farben und -Flaggen sein? Mit einer Flaggenkarte in Farbendruck. — München, *Manz*. 1871. In-8°, 14 p. 1 m.

Weil (Alexandre). — Lettres de vengeance d'un Alsacien. — Paris, *Denlu*. 1871. In-18 j., 72 p. 1 fr.

Weller (K.). — Deutschlands Erhebung. — Dresden, *Schöpff*. 1870. In-16, 7 p.

Wellmann (Lieutenant A. von). — Geschichte des rheinischen Kürassier-Regiments Nr. 8. — Berlin, *Mittler*. 1874. In-8°, 63 p., portr. 2 m.

— **(Hauptmann).** — Geschichte des Infanterie-Regiments von Horn (3. Rheinisches) Nr. 29. — Trier, *Lintz*. 1894. In-8°, XII-772 p., ill., 15 plans. 13 m. 50 pf.

— **(Kreisger. Th.).** — Werders Wacht am Rhein. — Freiburg im Brisgau. 1871. Gr. in-8°, 32 p.

2° édition.

Wencker (Von). — *Voir* MUFF (Hauptm. K.).

Wendling (Ém.). — La voix de l'Alsace. — Paris. 1872. In-8°. 1 fr. 50 c.

Wendt (Paul). — Hinter der Front, ernste und heitere Erinnerungen eines Feldlazareth-Beamten aus dem Kriege 1870-1871. — Rathenow, *Babenzien*. 1891. In-8°, v-167 p., carte. 1 m. 80 pf.

Wengen (Freiherr von der). — Die Kämpfe vor Belfort im Januar 1871. — Leipzig, *Brockhaus*. 1875. In-8°, XXIV-632 p., 3 cartes. 12 m.

— Villersexel und Belfort. Streiflichter aus dem deutsch-französischen Kriege 1870-1871. Offenes Sendschreiben an den General-Major von Loos. — *Ib*. 1875. In-8°, III-60 p. 1 m. 20 pf.

— Die Brücke von Fontenoy. Episode aus dem Kriege 1870-1871. — *Allg. Mil.-Zeit.*, 2° semestre 1891.

— der Feldzug der französischen Ostarmee von 1870-1871. — *Allgemeine Milit. Zeitung*, 1895.

— La petite guerre dans le Haut-Rhin en 1870, traduit de l'allemand par le capitaine Carlet. — *Revue mil. universelle*, mars 1896 et suiv.

Wenzel. — 1871. Vor Dijon. Verlust der Fahne des 2. Bataillons des 61. Regiments. Erlebnisse eines Frontoffiziers. — Berlin, *Zieger*. 1892. In-8°, VII-44 p., ill., cartes. 2 m. 50 pf.

Werder (Oberstlieutenant von). — Die Unternehmungen der deutschen Armeen gegen Toul im Jahre 1870. Im Auftrage der königlichen General-Inspection der Artillerie, unter besonderer Berücksichtigung der artilleristischen Verhältnisse und mit Benutzung dienstlicher Quellen bearbeitet. — Berlin, *Voss*. 1876. Gr. in-8°, 53 p., plan. 2 m.

Wermann (Pr.-Lieutenant). — Geschichte des Garde-Pionier-Bataillons. — Berlin. 1889. In-8°. 7 m.

Wernecke (Bernhard). — Elsass und Lothringen. Ein Vortrag gehalten im wissenschaftlichen Verein zu Paderborn am 30. November (Aus « Zeitgemässe Broschüren »). — Münster, *Russel*. 1871. Gr. in-8°, 24 p.

Werner (P.). — Der Kaiser Napoleon III. als Gefangener, oder die Geissel der Menschheit. Historisch-romantische Zeitbilder. — Berlin, *Bünger*. 1871. In-8°, 2 livr. à 48 p.

Wernersdorf (C. T.). — Fünf Monate vor Paris. Kriegserlebnisse eines Fünfzigers. — Altenburg, *St. Geibel*. 1894. In-8°, VII-215 p. 3 m.

West (Intendant Gratien). — Défense de la France en 1871. — Paris, *Dumaine*. 1871. In-8°, 72 p.

Westarp (Ad. Graf von). — Fürst Bismarck und das deutsche Volk. — München, *C. H. Beck*. 1893. In-8°, VII-234 p., portr. 2 m. 80 pf.
3ᵉ édition.

— Zu den Jubel-Gedenktagen von 1870-1871. Ein Festgedicht. — Berlin, P. *Mædebeck*. 1895. In-8°, 3 p. 10 pf.

— (Hauptmann Graf von). — Geschichte des Feld-Artillerie-Regiments von Peucker (schlesisches) Nr. 6. — Berlin, *Mittler*. 1890. In-8°. 8 m.

Westenhœffer (J.). — Unser Kaiserhaus. Kaiser Friedrich, der Liebling des Volkes, und Wilhelm II. — Berlin. 1888. In-8°. 15 pf.

Westergaard (T.). — Den sidste fransk tydske krigs taktiske laerdomme. Oversat after *die taktischen Lehren des Krieges 1870-1871 (Streffleur's Zeitschr.*). — Kjöbenhavn. In-8°, 300 p. 1 rd. 72 sk.
Voir LEHREN.

Westphal (Major). — Geschichte der Stadt Metz. III. Theil. Militärische Operationen, 1870-1871. — Metz, *Deutsche Buchhandlung;* Leipzig, *G. Lang*. 1878. Gr. in-8°, XX-364 p, plans. 3 m.
Nouvelle édition.

— *Voir* ALGERMISSEN.

Wey (Francis). — Chronique du siège de Paris (1870-1871). Aspects de la ville. Faits militaires. Vie politique. Les événements et leurs causes. Tableaux des mœurs. Mouvements de l'opinion. La Commune avant le 18 mars. — Paris, *Hachette*. 1871. In-18 j., 448 p. 3 fr. 50 c.

Weyermüller (F.). — Kriegs- und Friedenslieder eines Elsässers, 1870-1871. — Nürnberg, *Löhe*. 1871. In-16, 48 p. 90 pf.

Weygand (Hauptmann H.). — Die französische Mitrailleuse der Feldartillerie (La mitrailleuse de Meudon; le canon à balles). — Darmstadt, *Zernin*. 1871. Gr. in-8°, fig. 1 m. 20 pf.

Wewers (Hauptm.). — *Voir* BAZAINE.

Whitehurst (F. M.). — My private diary during the siège of Paris. — London. 1875. In-8°, 2 vol., 720 p. 1 £. 5 sh.

Who is responsible for the War? By Scrutator. — London. 1871. In-8°, 162 p. 6 d.
Attribué à M. Gladstone. — *Voir* SCRUTATOR.

Wibrotte (Sous-lieutenant). — Construction et destruction des chemins de fer en campagne. — Paris, *Dumaine*. 1872. In-8°. 1 fr. 25 c.

Wichern (Doct.). — Kriegsdienste, Laien-Vorträge.

Wichert (Ernst). — Das eiserne Kreuz. Lebensbild in einem Aufzuge. — Berlin, *Lassar*. 1870. Gr. in-8°, 22 p.

— Im Feindesland. Kriegsgenrebild in 1 Akt. — Berlin, *E. Bloch*. In-8°. 1 m.

Wickede (Julius von). — Geschichte des Krieges von Deutschland gegen Frankreich in den Jahren 1870 und 1871. — Hannover, *Rümpler*. 1871. Gr. in-8°, VII-583 p. 6 m.

3° édition. — Leipzig, *Foch*. 1888. In-8, 583 p., carte. 9 m.

— Geschichte der Kriege Frankreichs gegen Deutschland in den letzten zwei Jahrhunderten. — *Ib*. 1874. 3 vol. gr. in-8°, 943 p. 15 m.

— Kriegsbilder des Jahres 1870. — *Ib*. 1871. In-8°, VIII-433 p. 3 m. 75 pf.

— Tooneelen uit den Oorlog van 1870. Uuit den hoogdutch. — Middelburg. 1871. In-8°, VII-273 p. 2 fl.

— Ein preussischer Offizier. Nach den Aufzeichnungen eines im Felde Gebliebenen. — *Ib*. 1872. 3 vol. in-8°. 817 p. 13 m. 50 pf.

Wie die Franzosen Krieg führen! Ein Beitrag zur Sitten- und Kulturgeschichte des 19. Jahrhunderts von ***. — Berlin, *C. Duncker*. 1871. Gr. in-8°, 54 p. 50 pf.

Voir Commert.

— Orleans wiedergewonnen wurde. Zehnjährige Rückerinnerungen eines Musketiers vom Dreiundachtzigsten. — *Voir* Pape.

— es um das Jahr 1871 aussah. Gedenkblatt für das deutsche Volk. — Dresden. 1871. In-8°, 40 p.

4° édition. 1875. In-8°, 32 p. 30 pf.

— war es möglich, dass Gambetta die grossen Heere schaffen, ausrüsten und ausbilden konnte? — *Jahrbücher*, 4e livr., 1873.

Wiedemann (Fr.). — Kriegs... nen aus dem Jahre 1870 — Dresden, *Meinhold*. 1870. In-4°, 20 p., ill.

Wiederherstellung der Eisenbahnlinie Weissenburg-Strassburg-Paris im Kriege 1870-1871. — *Mittheilungen*, 1871, 4e livr.

— des Tunnels bei Vierzy im Kriege 1870-1871. — *Mittheilungen*, 1871. 8e livr.

Wiesbaden. — *Voir* Braun.

Wiermann (Doctor H.). — Kaiser Friedrich III. als Kronprinz. Ein Lebensbild. — Berlin, Leipzig, *Renger*. 1888. In-8°, en livr. à 40 pf.

Wiermann (Doctor H.). — Friedrich III., Kaiser von Deutschland und König von Preussen. — Berlin, Leipzig, *Renger*. 1888. 8 livraisons in-8°, IV-256 p., ill., à 40 pf.

— Kaiser Wilhelm und seine Paladine. — *Ib*. 1886. In-8°, VI-156 p., 4 portr. 80 pf.

— Kaiser Wilhelm, 1797-1888. — *Ib*. 1888. In-8°, VII-160 p., ill. 1 m. 50 pf.
3ᵉ édition.

— Generalmarschall Graf Moltke. — *Ib*. 1885. In-8°, 216 p. 2 m.
2ᵉ édition. 1891. V-224 p. 2 m. 50 pf.

— Fürst Bismarck. Siebzig Jahre, 1815-1885. — *Ib*. 1885. In-8°, 250 p. 3 m.

— Prinz Albrecht von Preussen, Regent von Braunschweig. Biographische Skizze. — Berlin, *Luckhardt*. 1885. In-8°, 20 p. 50 pf.

Wiesinger (Pfarrer Johs.). — Deutsche Wünsche frommer Herzen. Predigt. — Kissingen, *Schachenmayer*. 1870. In-8°, 15 p.

— Die Kreuzschule. Predigt. — Erlangen, *Deichert*. 1870. Gr. in-8°, 15 p.

Wigge (Major W.). — *Voir* Pflugk-Harttung.

Wijma. — *Voir* Sanders.

Wilckens (Pfarr. R.). — Kriegsfahrten eines freiwilligen badischen Dragoners Anno 1870-1871. — Karlsruhe, *Reiff*. 1891. In-8°, 119 p., carte. 1 m. 20 pf.
Badener im Feldzug 1870-1871. — 3ᵉ édition. 1893. IV-133 p. — 4ᵉ édition. 1894.

Wild (Christ.). — Aus der grossen Zeit 1870-1871. Patriotische Klänge und Erzählungen. — Berlin, *Grüger*. 1886. In-8°, 83 p.

Wildenbruch (E. von). — Vionville. Ein Heldenlied in 3 Gesängen. — Berlin, *Stilke*. 1874. In-8°, 55 p. 1 m. 50 pf.

— Unser Kaiser Wilhelm. Gedicht. — Berlin, *Freund*. 1888. In-4°, 8 p. 50 pf.

— Sedan. Ein Heldenlied in 3 Gesängen. — Frankfurt an der Oder, *Waldmann*. Gr. in-8°, 83 p. 3 m.
2ᵉ édition. 1886. 2 m.

Wild-Queisner (Rob.). — Ein militärischer Erfinder. Genrebild. — Berlin, *E. Bloch*. 1895. In-8°, 30 p. 5 m.
Sedanfeier. 1895.

Wilhelm I., deutscher Kaiser und König von Preussen. Gedenkblatt der Unteroffizier-Zeitung. — Berlin, *Liebel*. 1888. In-8°, 80 p., ill. 30 pf.

— deutscher Kaiser und König von Preussen. Ein Lebensbild von J. von W. — Potsdam, *Rentel*. 1887. In-8°, 32 p. 15 p.
25ᵉ édition.

— der Grosse, deutscher Kaiser und König von Preussen. — Leipzig, *Spamer*. 1888. In-4°, 40 p. 50 pf.

Wilhelm (Kaiser). Gedächtniss-Nummer des *Daheim*. — Leipzig, *Daheim-Expedition*. 1888. In-4°, 32 p. 75 pf.

— deutscher Kaiser und König von Preussen. — Hannover, *Helwing*. 1888. In-8°. 15 pf.

— (Seiner Majestät des Kaisers und Königs) Reden, Proklamationen, Kriegsberichte, u. s. w. — Berlin, *Staude*. 1871. In-8°, 148 p. 3 m.

— der Krieger. Heldengedicht zur Verherrlichung der deutschen Siege des 19. Jahrhunderts und der Neugeburt eines einigen Deutschlands. — Alt, *Uftacker*. 1872. In-8°, 13 p. 30 pf.

— I. (Zum Andenken an Weiland S. Majestät den Kaiser und König). — Berlin, *Exp. der Neuen mil. Blätter*. 1895. In-8°, 141 p., portr. 80 pf.
_{Lebensbeschreibung von Pr. Rönnberg.}

Wilhelmshafen vor und während des deutsch-französischen Krieges 1870 und die Landwehr an der Nordküste. In 150 Versen geschildert von einem Landwehrmann (H. Littmann). — Ratibor, *Selbstverlag*. 1871. In-8°.

Will (G. E.). — Am Friedensfeste. Predigt. — Frankfurt, *Zimmer*. 1871. In-8°, 15 p. 20 pf.

Wille (Doctor A. O.). — Die göttliche Gerechtigkeit. Predigt. — Leipzig, *Hinrichs*. 1870. In-8°, 15 p.

— (J.). — Unser Heldenkaiser Wilhelm. Eine patriotische Festgabe. — Gera, *Kanitz' Verlag*. 1887. In-8°, 221 p., ill. 4 m. 50 pf.

— (Pr.-Lieutenant R.). — Ueber Kartätschen-Geschütze (canons à balles, mitrailleuses). — Berlin, *Mittler*. 1871. Gr. in-8°, fig. 2 m. 80 pf.

Wilmet (P. A.). — L'armée française sacrifiée au bénitier sous Napoléon III. — Reims, *chez l'auteur*. 1881. In-12. 1 fr. 50 c.

Wilmowski (Karl von) [chef du cabinet particulier du roi de Prusse en 1870]. — Feldbriefe. — Breslau, *E. Trewendt*. 1894. In-8°, 106 p.. 2 m.
_{Extrait de la *Deutsche Revue*, 1893.}

Wimpffen (Général de). — Sedan. — Paris, *Librairie internationale*. 1871. In-8°, VIII-382 p. 6 fr.
_{4ᵉ édition. 1872. In-8°, pl.}

— Die Schlacht von Sedan. Aus dem Französischen übersetzt von A. Ruhemann. — Augsburg, Berlin, *Gebrüder Reichel*. 1889. In-8°, 376 p. 4 m.

— et **Corra** (V.). — La bataille de Sedan ; les véritables coupables. Histoire complète, politique et militaire d'après des matériaux inédits. — Paris, *Ollendorff*. 1887. In 18, LI-328 p. 3 fr. 50 c.

— *Voir* CORRA, DESCHAUMES.

— (Le général de); réponse au général Ducrot par un officier supérieur (le commandant Ducasse). — Paris, *Lacroix, Verboeckhoven et Cⁱᵉ*. 1871. In-8°, 79 p. 3 fr.

Winckel (Professor Doctor F.). — Ueber freiwillige Krankenpflege im Felde nach Erfahrungen auf dem Kriegsschauplatze. Vortrag. — Rostock, *Kuhn*. 1871. In-8°, 54 p. 90 pf.

Windeck (Hauptm. v.) — Geschichte der ersten 25 Jahre des k.-preussischen Füsilier-Regiments «Königin» (Schleswig-Holsteinsches). Nr. 86. — Berlin, *Mittler*. 1894. In-8°, portr., cartes, pl. 7 m.

Windschild (K.). — Durch Nacht zum Licht. 1807-1870. Vaterländisches Festspiel in 2 Bildern. — Cöthen. 1892. In-12, 48 p. 50 pf.

Winn (C. All.). — What I saw of the War at the battles of Spicheren, Gorze and Gravelotte. — London. 1871. In-8°, 360 p. 9 sh.

Winning (L. von). — Geschichte des 2. niederschlesischen Infanterie-Regiments Nr. 47. — Berlin. 1869-1874. 2 vol. in-8°. 5 m.

Winterberger (Oberst). — Vor Paris und an der Loire. — *Allg. Mil.-Zeit.*, 1896, n°s 5 et suivants.
22e division d'infanterie.

Winterfeld (A.). — Herrn Zappelmann's heitere Berichte vom Kriegsschauplatz. — Berlin, *Grosser*. 1870. 1re livr. Gr. in-8°, 18 p.

— (A. von). — Frieden im Kriege. Humoristischer Soldaten-Roman. — Jena, *Costenoble*. 1888. 2 vol. in-8°, 587 p. 10 m.

— (C. von). — Geschichte des deutsch-französischen Krieges vom Jahre 1870-1871. — Potsdam, *Döring*. 1872. Gr. in-8°, XII-508 p. 7 m. 50 pf.

— Geschichte des Krieges zwischen Deutschland und Frankreich im Jahre 1870-1871. — *Ib.* 1871. Gr. in-8°, 238 p. 1 m.
3e édition.

— Geschichte des deutschen glorreichen Krieges gegen Frankreich im Jahre 1870-1871. — *Ib.* 1871. In-8°, 200 p. 60 pf.

— Geschichte der drei glorreichen Kriege von 1864, 1866 und 1870-1871. — *Ib.* 1879. In-8°, IV-247 p. 1 m.
2e édition.

— Wilhelm, deutscher Kaiser, König von Preussen. — *Ib.* 1878. In-8°, 152 p. 75 pf.
9e édition.

— Lebensbild S. Hochseligen Majestät des Kaisers Wilhelm, deutschen Kaisers, Königs von Preussen. — *Ib.* 1888. In-8°. 60 pf.
10e édition.

— (Karl). — Vollständige Geschichte des deutsch-französischen Krieges von 1870-1871. — Berlin, *Hempel*. 1871. In-8°, 792 p., cartes et pl., ill. 3 m.
16e édition. 1871-1892. En 50 livraisons.

Wippermann (Doct. K.). — Fürst Bismarks 80. Geburtstag. Ein Gedenkbuch. — München, *Beck*. 1895. In-8°, VII-298 p. 3 m.

Wirth (M.). — *Voir* FOGOWITZ.

Wiskemann (H.). — Der Krieg. — Leiden (Rotterdam, *Petri*). 1871. In-8°, 214 p. 4 m.

Wiskott (Tagebuch 1870-1871 des Grenadiers). — Glauchau, *Burow*. 1873. In-18, 284 p. 3 m.

Wissembourg (Combat de). — *Journal des Sciences militaires*, 1888.

Wissembourg, Frœschwiller, Châlons, Sedan, Châtillon, La Malmaison. — *Journal des Sciences militaires*, septembre 1895 et suivants.

A paru sous les initiales Y. K.

Witt (Mme Cornélis de). — Six mois de guerre, 1870-1871. Lettres et Journal. — Paris, *Hachette*. 1894. In-16. 2 fr.

Witte (W.). — Deutsch-französischer Dolmetscher für die deutschen Soldaten. — Metz, *Deutsche Buchhandlung*. 1871. In-16, 64 p. 25 pf.

— (Doct. E. A.). — *Voir* LOWE.

Wittich (General L. von). — Aus meinem Tagebuche 1870-1871. — Cassel, *Kay*. 1872. In-8°, III-503 p. 6 m.

— Die 22. Infanterie-Division bei der Schlacht von Gravelotte (18. August 1870). — *Allgemeine Militär-Zeitung*, n° 49, 1871.

Witz (Charles Alphonse). — La vraie ligue d'Alsace, par un Alsacien. — Mulhouse, *Detloff*. 1874. In-8°. 40 pf.

Witzleben (General A. von). — Heerwesen und Infanteriedienst des deutschen Reichsheeres. — Berlin. In-8°. 1871. 10 m. 50 pf.

15 édition. 1879.

— Organisation de l'armée de l'Allemagne du Nord. Traduit de l'allemand par le commandant L. Le Maître. — Paris et Nancy, *Berger-Levrault et Cie*. 1872. In-8°. 2 fr.

Attribué à tort au général de Moltke. — *Voir* ARMÉE, BUNDESHEER.

— (Von). — Im Dienste der freiwilligen Krankenpflege 1870-1871. Selbsterlebtes. — Berlin, *Mittler*. 1877. In-8°.

Supplément du *Militär-Wochenblatt*.

Witzleben (F. A. von). — Karte von West-Deutschland, Nord-Ost-Frankreich, Süd-Holland und Belgien. — Berlin, *Imme*. 1870. 16 feuilles in-fol.

Wodtke (General). — Beiträge zu der Verwendung der Reserven in der Schlacht von Vionville-Mars-la-Tour mit besonderer Berücksichtigung der 5. Infanterie-Division. — Berlin, *Mittler*. 1895. In-8°, croquis. 1 m.

Supplément du *Militär-Wochenblatt*.

Woedtke (A. von). — *Voir* PAULITZKY.

Wöllarth (Mme J. von). — Unter den Verwundeten. — Stuttgart, *Steinkopf*. 1887. In-8°, 168 p. 1 m. 60 pf.
   2e édition. 1888

Wöniger (Julius). — Deutschlands Kampf und Sieg. Historischer Roman aus den Kriegsjahren 1870 und 1871. — Schwerin, *Schmale*. 1880. In-8°, 342 p. 5 m.

Woerl (J. E.). — Kriegsschauplatz. — Freiburg im Brisgau, *Herder*. 1871. In-fol., 3 feuilles à 3 m. 50 pf.

— Elsass-Lothringen. Nach den Versailler Friedenspräliminarien. — *Ib*. 1871. 1/500,000. Imp. in-fol. 1 m. 50 pf.

Wörlein (Pfarrer J. C. M.). — Predigt [Nach der Capitulation von Paris]. — Lindau, *Stettner*. 1871. In-8°, 11 p.

Wörth (Die Schlacht von) und General von Walther. — *Allgem. Mil.-Zeit.*, 1894, n°s 62 et suiv.

Wohlfahrt (Doctor J. F. T.). — Andachtsbüchlein für Deutschlands in Frankreich im Felde liegenden Heldensöhne.... — Berlin, *Grosser*. 1871. In-8°, 54 p. 50 pf.

— (F.). — *Voir* ZOLA.

Wohlrab (Doctor M.). — Rede zur Friedens-Feier am 4. März 1871. — Dresden, *Schönfeld's Verlag*. 1871. Gr. in-8°, 14 p. 50 pf.

Wohlwill (Doctor A.). — Geschichte des Elsasses in kurzer Uebersicht. — Hamburg, *O. Meissner*. 1871. Gr. in-8°, 78 p.
   2e édition.

Woide (General). — Die Ursachen der Siege und Niederlagen im Kriege 1870. Versuch einer kritischen Darstellung des deutsch-französischen Krieges bis zur Schlacht bei Sedan. Aus dem Russischen übersetzt von Hauptmann Klingender. — Berlin, *Mittler*. 1894-1896. Gr. in-8°, v-371 p., 7 croquis, 1 carte; v-431 p, 6 croquis. 7 m. 50 pf., 8 m. 50 pf.
   Voir VOIDE.

Wolf (Lieutenant-colonel A.). — Historique du 10e régiment de chasseurs à cheval depuis sa création jusqu'en 1890. — Paris, *Baudoin*. 1890. In-8°. 7 fr. 50 c.

— (C.). — La guerre dans l'Est. Sarreguemines en 1870. — *Spectateur militaire*, 1894, n° 90.

Wolff (Pr.-Lieut. Freiherr von). — *Voir* LÜDINGSHAUSEN.

— (Lieutenant A.). — Preussens og Frankrigs Forberedelse ten kriget 1870-1871 og dennes Begyndelse. — Kjöbenhavn. 1873. In-8°, 112 p.

Wolff (Lieutenant A.). — Preussens und Frankreichs Vorbereitungen zum Kriege 1870-1871 und der Beginn desselben. Deutsche Uebersetzung. — Leipzig, *Luckhardt*. 1873-1874. In-8°, IV-101 p. 2 m.
<small>Militär-Bibliothek für Offiziere aller Waffen.</small>

— (Albert). — Deux empereurs (1870-1871). — Bruxelles. 1871. In-12.
<small>Le même. — M. *Lévy*. 1871. In-18. 3 fr. 50 c.</small>

— (Ed.). — Campagne de 1870-1871. Souvenirs du siège de Soissons (août, septembre, octobre 1870). — Arras, *Schoulbeer*. 1873. In-8°, 77 p. 1 fr. 25 c.

— (J.). — Aus dem Felde. Kriegslieder. — Berlin, *Lipperheide*. 1871. In-16, 80 p. 1 m.

— (Ludwig). — Die Schlacht von Vionville-Mars-la-Tour (poésie). — Guben. 1884. In-8°. 2 m.

— (Hauptmann, Oberstlieutenant Paul). — Geschichte der Belagerung von Belfort im Jahre 1870-1871. Auf Befehl der königlichen General-Inspection des Ingenieur-Corps und der Festungen, unter Benutzung amtlicher Quellen bearbeitet. — Berlin, *Schneider und Co.* 1875. Gr. in-8°, VIII-482 p., 3 pl. et 5 dessins. 18 m.

— Le siège de Belfort en 1870-1871, rédigé par ordre de l'inspection générale du corps du génie et d'après les documents officiels. Traduit de l'allemand par le capitaine G. Bodenhorst. — Bruxelles, *Spineux*, et Paris, *Dumaine*. 1877. 2 vol. in-8°, 677 p., atlas in-4°. 17 fr.

— Istoria osady Belforta v 1870-1871 g. Perevod. s' niémetskavo. — San Peterbourg. 1877. In-8°, plan. 4 r.

— Die Belagerung von Longwy im Jahre 1870. Im Auftrage der königlichen General-Inspection der Artillerie, unter besonderer Berücksichtigung der artilleristischen Verhältnisse und mit Benutzung dienstlicher Quellen bearbeitet. — Berlin, *Voss*. 1875. Gr. in-8°, 81 p., cartes, plans. 4 m. 50 pf.

— Geschichte des Bombardements von Schlettstadt und Neu-Breisach im Jahre 1870. Auf Befehl der königlichen General-Inspection des Ingenieur-Corps und der Festungen, unter Benutzung amtlicher Quellen bearbeitet. — Berlin, *Schneider und Co.* 1874. Gr. in-8°, VI-91 p., 3 plans, 4 croquis. 4 m. 80 pf.

— (Pfarrer W.). — Die Klage des Herrn Jesus über Jerusalem. Eine Weckstimme (21. August 1870). — Marburg, *Elwert*. 1870. Gr. in-8°, 14 p.
<small>3ᵉ édition.</small>

Wollheim da Fonseca (A. E.). — Der deutsche Seehandel und die französischen Prisengerichte. Beitrag zur Kriegsgeschichte 1870-1871. — Berlin. 1873. In-8°, 128 p. 3 m.

Wollmann (Hauptmann). — Geschichte des brandenburgischen Pionier-Bataillons Nr. 3. — Minden in Westphalen, *Bruns*. 1888. In-8°, 279 p., 5 pl. 7 m. 50 pf.

— Kurze Darstellung desselben. — *Ib.* 1888. In-8°, 76 p., ill. 60 pf.

Wollmar (Lieut.). — *Voir* ELSHOLZ.

Wolowski (Ladislas). — Campagne de 1870-1871. Corps franc des Vosges (Armée de l'Est). Souvenirs. — Paris, *Laporte*. 1871. In-12, 108 p. 2 fr.

— Une page d'histoire. Campagnes de 1870-1871 et 18... — Paris, *Chamuel*. 1893. In-12. 3 fr. 50 c.

— Une page d'histoire. Campagne de 1870-1871. Le colonel Bourras et le corps franc des Vosges (armée de l'Est). — *Ib.* 1893. In-18, VIII-339 p. 3 fr. 50 c.

— (L.). — Résultats économiques du paiement de la contribution de guerre en Allemagne et en France. — Paris, *Guillaumin*. 1875. In-8°, 42 p. Extrait du *Journal des Économistes*.

Wolter (Rekt. A.). — Sedan-Gedenkbuch 1870-1895. — Berlin, *P. Kittel*. 1895. In-8°, 80 p. 30 pf.

Wolterinck (W. N.). — Geschiedenis van den Duitsch-Franschen Oorlog in 1870-1871. — Dortrecht. 1871. In-8°, 107 p. 65 cts.

— *Voir* SARCEY.

Wood (J.). — *Voir* LIEBBACH.

Woodall (W.). — Paris after two sieges. — London. 1872. In-8°, 86 p. 2 sh. 6 d.

Worms (F.). — *Voir* ROUSSE.

Wort (Ein) ans deutsche Volk von einem Deutschen jenseits der Grenze. — Zürich, *Verlags-Mag*. 1871. In-8°, 22 p.

Worte (Die sieben) des Herrn am Kreuze, mit kurzen Andachten für die Tage der Woche... absonderlich in Kriegszeiten. — *Barmen*, Klein. 1870. Gr. in-16, 16 p.

— (Deutsche) eines Oesterreichers über den deutsch-französischen Krieg. — Wien, *F. Beck*. 1870. Gr. in-8°, 15 p. 30 pf.

— des Friedens. — Münster, *Russell*. 1871. In-8°, 74 p. 80 pf.

Wrangel (Freiherr von). — *Voir* GESCHICHTE.

— (Rittm. R. von). — *Voir* KOSSECKY.

Wrede (L.). — Fünf Listen der deutschen Kriegsgefangenen, veröffentlicht von dem preussischen Comite zur Unterstützung der Kriegsgefangenen in Berlin. — Berlin. 1870-1871. In-fol.

Wright (C. H. von). — Religious life in the German army during the War of 1870 and 1871. — London. 1878. In-8º, 33 p.

— *Voir* SCHELL, WARTENSLEBEN.

Wroohem (Major P. von) und **Hœvernick** (Pr.-Lieutenant). — Geschichte des grossherzoglich-mecklenburgischen Füsilier-Regiments Nr. 90, 1788-1888. — Berlin, *Mittler*. 1888. In-8º. 8 m. 75 pf.

Wünschmann (Lehrer Max). — Kaiser Wilhelm I. Ein Rückblick. — Berlin. 1888. In-8º. 15 pf.

— König Albert von Sachsen. Ein Lebensbild. — Glauchau, *R. Dulce*. 1891. Gr. in-8º, 67 p. 75 pf.

Wülcker (R. P.). — Fünfzig Feldpostbriefe eines Frankfurter aus den Jahren 1870 und 1871. — Halle a. S , *M. Niemeyer*. 1876. In-8º, 91 p. 2 m.

Würdig (L.). — Brav, König, brav, Gedicht. — Dessau, *Weniger und Co.* 1871. Gr. in-8º, 1 feuille.

— Deutschlands Kriegs- und Siegeszug gegen die Franzosen im Jahre 1870-1871. Eine gedrängte und volksthümliche Darstellung der Ereignisse. — Dessau, *Reissner*. 1871. Gr. in-8º, 128 p. 60 pf.
3· édition.

Würdinger (Major Joseph). — Kriegsgeschichte des königlich-bayerischen 2. Infanterie-Regiments Kronprinz im Jahre 1870-1871. — München. 1873. In-8º, 68 p.

Württemberg (Lieutenant F. M. W., Herzog von). — Die Angriffsweise der preussischen Infanterie im Feldzug 1870-1871. — *Organ*, 1871; *Neue milit. Zeitung*, août 1871.

Wüst (F.). — Gedenkblätter von den Schlachtfeldern um Metz, nach Federzeichnungen. — Metz, *Scriba*. 1879. In-4º. 3 m. 60 pf.

Wulff (Hauptmann). — Geschichte des Grenadier-Regiments König Carl (5. württembergisches) Nr. 123. — Stuttgart. In-8º. 8 m. 40 pf.

Wulffen (H. von). — Betrachtungen eines « alten Soldaten » über die Leistungen der Norddeutschen Feldpost während des Krieges mit Frankreich 1870-1871. — Berlin, *Wilhelmi*. 1886. In-8º. 1 m.

Wunderlich (G.). — Die Befreier Deutschlands. Ein Gedenk- und Erinnerungsbüchlein auf Deutschlands Einigung. — Berlin, *Logier*. 1871. Gr. in-8º, IV-112 p. 1 m.

— Gedenkbätter zur Geschichte der Wiedereroberung von Elsass und Lothringen. — Langensalza, *Schulbuchhandlung*. 1871. Gr. in-8º, III-88 p. 60 pf.

Wunderlich (G.). — Das Bismarck-Büchlein. — Altona, *Verlags-Büreau*. 1872. In-8°, 63 p. 50 pf.

— (Pfarrer). — Bis hierher hat uns der Herr geholfen! Predigt nach dem Schlage von Sedan gehalten. — Hof, *Grau und Co.* 1870. In-8°, 16 p.

Wurtemberg (Duc Guillaume de). — Mode d'attaque de l'infanterie prussienne dans la campagne de 1870-1871. Traduit de l'allemand par le lieutenant Conchard-Vermeil. — Paris, *Tanera*. 1873. In-12, 36 p. 50 c.

— Modo di attaco della fanteria prussiana nella campagna del 1870-1871. Traduzione. — Torino. 1872. In-8°, 41 p.

— System of Attack of the Prussian Infantry in the Campaign of 1870-1871. From the German by C. W. Robinson. — London. 1872. In-8°, 44 p. 1 sh. 6 d.

Wutschke. — *Voir* Kutschke.

Wyrouboff (G.). — L'opinion d'un civil sur la défense de Paris. — Paris, *Le Chevalier*. 1872. In-8°, 60 p.

Wyzewa (T. de). — *Voir* Fontane.

X

X. — A l'armée de la Loire (1870-1871). Dessins de Croisy. — Charleville, *imp. Pouillard*. 1886. In-8°. 1 fr.

X. (Lieutenant). — Neuf mois de captivité en Allemagne. — Paris, *Dubuisson*. 1871. In-18 j., 87 p.
Voir PATORNI.

X. ***. — La comtesse Laura. Épisode du siège de Paris. — Wien, *Steckler*. 1881. In-8°, IV-206 p. 2 fr. 50 c.

X. (L.) — Considérations sur les défaites de l'armée du second empire. — *Spectateur militaire*, 1871.

X... (M.) — France et Prusse, défense nationale. Réponse au manifeste de Napoléon III, 15 octobre 1870. — Châteauroux. 1870. In-8°, 16 p. 50 c.

Y

Y. (K.). — *Voir* K., WISSEMBOURG.

Ymbert. — La guerre et le suffrage universel. — Langres. 1871.

Yriarte (Charles), attaché à l'état-major du général en chef. — Les Prussiens à Paris, histoire de soixante heures d'occupation, avec tous les documents officiels. — Paris, *Plon*. 1871. In-8°.

— Les Prussiens à Paris et le 18 mars, avec la série des dépêches officielles depuis le 24 février jusqu'au 19 mars ; les manifestations de la Bastille ; les Prussiens à Paris ; les préliminaires de la Commune, le 18 mars ; traités et conventions, documents officiels. — *Ib*. 1871. In-8°, 379 p.

— Campagne de France 1870-1871. La retraite de Mézières effectuée par le 13° corps d'armée aux ordres du général Vinoy. — *Ib*. 1871. In-18, 67 p. 1 fr.

— Les tableaux de la guerre. Illustré par Godefroy Durand. — Paris, *Lemerre*. 1870. In-8°. 5 fr.

Yvert (L.). — Récits de guerre. Combats de l'armée du Rhin (1870). — Paris, *Firmin-Didot*. 1893. In-8°. 3 fr.

— Les vaillantes chevauchées de la cavalerie française pendant la guerre franco-allemande de 1870-1871, avec une lettre autographe de M. le général de Galliffet. — Paris, *Charles-Lavauzelle*. 1894. In-18, 224 p. 3 fr.

— Historique du 84° régiment d'infanterie (1684-1894). — Avesnes, *imp. Postiaux*. 1895. In-8°, 55 p. 50 c.

— Historique du 71° régiment d'infanterie (1674-1895). — Saint-Brieuc, *Prudhomme*. 1895. In-8°, 84 p.

Z

Z. — Strasbourg, sa description, ses fortifications, son rôle militaire avant la guerre de 1870. — Paris, *Tanera*. 1873. In-8°.

Zahn (Domprediger A.). — Zur Erinnerung aus einer grossen Zeit. Predigten. — Halle, *Mühlmann*. 1870. Gr. in-8°, III-176 p.

— (Hauptm., Doct. Herm.). — Aus Deutschlands grossen Tagen. Erlebnisse eines 24ers im deutsch-französischen Kriege. T. I. Bis zum Falle von Metz. — Braunschweig, *A. Limbach*. 1895. In-8°, V-382 p. 4 m. 50 pf.

Zaiss (J.). — Aus dem Tagebuch eines badischen Pioniers. Schilderung der Belagerungen von Strassburg, Schlettstadt, Neu-Breisach und Belfort, sowie der dreitägigen Schlacht bei Belfort im Kriege 1870-1871. — Karlsruhe, *Reiff*. 1893. Gr. in-8°, IV-157 p., carte. 1 m. 20 pf.
Badener im Feldzug 1870-1871. 4° édition.

Zander (D.). — De Franzosenkrieg von Anno 70 un 71, för Iung un Old vertellt. — Neustrelitz, *Barnewitz*. 1878. In-8°, 16 p. 20 pf.

— Kaiser Wilhelm. (Plattdeutsche Epos.) — *Ib.* 1879. In-8°, 50 p. 1 m.

Zander (F.). — Aus grosser Zeit. 1861, 1866, 1870-1871. Gedichte. — Königsberg, *Akademische Buchhandlung*. 1887. In-8°, 25 p. 80 pf.

Zanelli (colonello Severino). — L'ultima parolla sulla battaglia di Sedan. — Roma. 1885. In-8°. 26 p. 60 cts.

— Uomini di guerra dei tempi nostri : Chanzy. — Roma. 1887. In-8°, 60 p. 1 l.

— — Il principe Federico-Carlo di Prussia. — Roma. 1888. In-8°, 84 p. 1 l.

— — Moltke. Saggio storico. — Roma, *typ. Voghera*. 1895. In-8°, XV-419 p. 4 l.

Zanthier (Pr.-Lieutenant von). — Kürassier-Regiment Herzog Friedrich Eugen von Württemberg (westpreussisches) Nr. 5. Einhundert und fünfzig Jahre des Regiments. — Berlin, *Mittler*. 1892. In-8°, portr., ill. 4 m. 50 pf.

— Le même. Mannschaftsausgabe. — *Ib.* 1892. In-8°.
N. d. l. c.

Zapp (Doctor). — Geschichte des Krieges 1870. Ein Gedenkbuch unter Benutzung sämmtlicher amtlichen deutschen und französischen Depeschen und Schriftstücke, sowie der bedeutendsten Correspondenzen bearbeitet (bis zur Cernirung von Paris). — Berlin, *Beuckert und R.* 1871. In-8°, 150 p. 1 m.

Zapp (Doctor). — Geschichte der deutschen Frauen. Zwei Vorträge gehalten in Berlin im Winter 1870. — Berlin, *Henschel*. 1871. In-8º, VII-214 p.

Zastrow (K.). — Deutschlands grösste Kaiser. Ein Gedenkbuch für die deutsche Jugend. — Wesel, *Düms*. 1890. In-12, 215 p., ill. 1 m. 50 pf.

— Wilhelm der Siegreiche. Ein Kaiser- und Heldenbild aus der Neuzeit. — *Ib*. 1890. In-12, 72 p., ill. 50 pf.

Zech (Pfarrer). — Predigt in der Kriegszeit.
Voir Christa.

Zechmeyer (Pr.-Lieutenant). — Geschichte des 14. Infanterie-Regiments und seiner Stammtruppen, für die Mannschaften. — Berlin. 1885. In-8º.

Zeddeler (Baron). — Piekhota, artilleriia i kavaleriia v boiou i vne boïa v germano-frantsouskoï voine 1870-1871 gg. — San Peterbourg 1872. In-8º, 83 p.

Zehlicke (Doktor Adolf). — Von Weissenburg bis Paris. Kriegs- und Siegeszug der deutschen Heere in Frankreich 1870-1871. — Breslau, *Korn*. 1871. Gr. in-8º, VIII-463 p. 3 m.

— Die Schlacht bei Sedan. Heldengedicht, in der Weise altdeutscher Heldenlieder gedichtet. — Berlin, *A. Zehlicke*. 1891. In-8º, 7 p. 25 pf.
2e édition.

— Der Triumph der deutschen Nationalidee. Dichtung. — *Ib*. 1891. Gr. in-8º, 6 p. 30 pf.

Zeise (H.). — Kampf- und Kriegslieder. — Berlin, *Lipperheide*. 1870. In-16, 39 p.

Zeitangaben (Die differirenden) über den Krieg 1870-1871. — *Reichswehr*, 1893, nº 552.

Zeitlieder (1870er). — Celle, *Schulze*. 1870. In-8º, en 9 numéros.

Zeitung (Deutsche) für Krieg und Frieden. Jahrgang 1870. October-Dezember, 13 Nummern. — Berlin, *Expedition der militärische Blätter*. 1870. Gr. in-fol.
Voir Kriegszeitung.

Zeitz (Johann). — *Voir* Gümbel, Kriegsfahrten.

— (Karl). — Kriegserinnerungen eines Feldzugsfreiwilligen aus den Jahren 1870 und 1871. — Altenburg, *St. Geibel*. 1893. Gr. in-8º, en 19 livr. à 50 pf. VIII-920 p., ill., carte. 11 m.
3e édition en liv. à 20 pf. 1895. 7 m.

Zeller (J.). — Les trois instituteurs de l'Aisne fusillés pendant la guerre de 1870-1871. — Paris, *Jeandé*. 1886. In-18, XIV-62 p. 1 fr. 60 c.

Zereke (J.). — Aus grossen Tagen. Kaiser-Jubellieder. — Berlin, *Kittel*. 1889. In-8º, 184 p. 1 m. 50 pf.

Zepelin (Hauptmann C. von). — Grenadier-Regiment König Friedrich Wilhelm IV. (1. Pommersches) Nr. 2. Geschichte des Regiments, 1855-1877. — Berlin, *Mittler*. 1877. Gr. in-8º, plans, carte, croquis. 5 m.

Zerbino (L.). — Reminiscenze sulla guerra Franco-Prussiana 1870. — Genova. 1871. In-16, 16 p.

Zernin (Lieutenant, Hauptmann). — Die französischen Kriegsverluste von 1870-1871 nach Doctor Chenu's Werk. — Darmstadt, *Zernin*. 1874. In-8º.

— August von Gœben. Eine Lebens- und Charakter-Skizze. Vortrag. — *Ib.* 1881. In-8º, 66 p. 1 m. 80 pf.
   Extrait de l'*Allg. Mil.-Zeit.* 2º édition.

— Freiherr Ludwig von und zu der Tann-Rathsamhausen. Eine Lebensskizze. Vortrag. — *Ib.* 1884. In-8º, portr. 1 m. 80 pf.

— Der General von Steinmetz und die Schlacht bei Spicheren. — *Allgemeine Militär-Zeitung*, 1889.

— Das Leben des k.-preussischen Generals der Infanterie A. von Gœben. — Berlin, *Mittler*. 1895. In-8º. 2 vol., VIII-395 p., portr. 7 m. 50 pf.
   1er volume seul paru.

— *Voir* PFERD.

Zettel (J.). — Sedan-Festrede. — Neust.-O. in Schl., *Fr. Heinisch*. 1888. In-8º, 29 p. 1 m.
   2e édition.

Zick. — *Voir* ROBERTS.

Ziel (Pastor, Doctor F.). — Weihnachten und der Krieg. Predigt. — Hannover, *Brandes*. 1871. Gr. in-8º, 15 p.

Ziele (Unsere) und unsere Gegner. — Leipzig, *Matthes*. 1870. In 8º, 32 p.

Ziemssen (L.). — Friedrich, deutscher Kaiser und König von Preussen. Ein Lebensbild. — Berlin, *Lipperheide*. 1888. Gr. in-4º, 10 livr., 160 p., ill. 6 m.

Ziesenitz (J.). — Eine neue Gabe zur Sedanfeier für Deutschlands Schulen. — Quedlinburg, *Vieweg*. 1876. In-8º, 32 p. 10 pf.

— Die Sedanfeier. Ausgabe für Schüler. — *Ib.* 1879. In-8º, 20 p. 15 pf.

Zimmermann (A.). — Erlebnisse und Eindrücke eines deutschen Feldsoldaten in Frankreich 1870-1871. — Hannover, *Meyer*. 1877. In-8º, VII-115 p. 1 m. 50 pf.

Zimmermann (Rittmeister A. von). — Kurze Darstellung der Geschichte des
1. grossherzoglich-hessischen Dragoner-Regiments (Garde-Dragoner-
Regiment) Nr. 23, von 1790 bis zur Gegenwart. Mannschaftsausgabe.
— Berlin, *Mittler*. 1886. In-8°, grav.

N. d. l. c. — 2e édition.

— Geschichte des 1. grossherzoglich-hessischen Dragoner-Regiments (Garde-
Dragoner-Regiment) Nr. 23. — Darmstadt, *Bergsträsser*. 1878-1881.
2 vol. in-8° à 10 m.

Ier vol. 1790-1860; IIe vol. 1860-1880.

— (Hauptmann). — Studien über den Einschliessungskrieg. I. Betrachtungen über die Einleitungs-Operationen zu der Pariser Ausfalls-
Schlacht am 30. November und 2. December 1870. — *Jahrbücher*,
4e livraison, 1876.

II. Anordnungen zu einem Ausfalle von Metz mit Zugrundelegung
der Situation in den Tagen vom 29. bis 31. August 1870. — *Jahrbücher*, 1re livraison, 1877.

— (Doctor K.). — Evangelische Gedanken im Kriege. Predigten und Reden.
— Darmstadt (*Zernin*). 1871. In-8°, 105 p. 1 m. 25 pf.

— Der Christ in Kriegsnoth. Predigt am 27. Juli 1870 gehalten. — *Ib*. 1870.
— In-8°, 8 p.

2e édition.

— (Doctor Wilhelm). — Geschichte der Jahre 1860 bis 1871. — Stuttgart,
Rieger. 1872. In-8°, portr.

— Deutschlands Heldenkampf 1870-1871. — Stuttgart, *G. Weise*. 1872. Gr.
in-8°, 420 p. 6 m. 50 pf.

— (W.). — *Voir* KRIEGSZEITUNG.

Zobel (J. A.). — Krieg und Frieden 1871. Kanzelvortrag. — Bochum (*Ende-
mann*). 1871. In-8°, 14 p. 10 pf.

Zola (Émile). — La Débâcle. — Paris, *Charpentier et Fasquelle*. 1892. In-18,
620 p. 3 fr. 50 c.

187e mille. 1896. — Nouvelle édition. Paris, *Marpon et Flammarion*. 1893. Gr. in-8°, ill. 7 fr.
A paru en livr. ill. à 10 c.

— Der Zusammenbruch (Der Krieg von 1870-1871). Roman. — Stuttgart,
Deutsche Verlagsanstalt. 1893. 3 vol. in-8°, 297, 287, 332 p. 5 m.

— La Guerra (la Débâcle). — Roma, *typ. Voghera*. 1893. In-18. 1 l.

Bibliotheca amena.

— Guy de Maupassant, J. K. Huysmans, L. Hennique, H. Céard, P. Alexis.
— Les soirées de Médan [Nouvelles, 1870-1871]. — Paris, *Charpentier*.
In-18 j. 3 fr. 50 c.

Zola (Émile). — Guy de Maupassant, etc. Abende in Medan. Eine Blütenlese von Erzählungen. Deutsch von F. Wohlfahrt. — Grossenhain, *Baumert und R.* 1890. In-8°, 296 p. 2 m.
2e édition.

Zoller (Pr.-Lieutenant, Hauptmann Freiherr von). — Kritische Vergleiche der drei ersten Schlachten des Krieges 1870-1871. — *Jahrbücher*, 1re livraison, 1874.

— Studie über die Schlacht von Vionville-Mars-la-Tour am 16. August 1870. — *Ib.*, 2e livraison, 1875.

Zouaves pontificaux (Histoire populaire des) [volontaires de l'Ouest], pendant la campagne de France. — Paris, *Castermann*. 1871. Gr. in-12.
17e corps.

Zschokke (Heinrich). — Alles für's Vaterland. Religiöse Betrachtungen für alle Confessionen. — Berlin, *Grosser*. 1870. Gr. in-8°, 32 p.

Zukunft. 2. Auflage mit einem Vorworte. — Wien, *Mayer und Co.* 1870. Gr. in-8°, 31 p.

Zündnadeln. Ernste und heitere Bilder aus dem deutschen Nationalkriege gegen Napoleon III. — Darmstadt. 1870. In-fol., lith. à 20 pf.

Züricher (Capitaine A.). — Zur Grenzbesetzung von 1870. Ein Vortrag. — Bern, *Jent und Reinert*. 1871. Gr. in-8°, 34 p. 60 pf.

Zum Andenken für das Jahr 1870-1871, oder: Deutschlands Friedensfeier. — Mügeln (Leipzig, *Senf*). 1871. In-16, 71 p. 50 pf.

— Besten der Verwundeten und Invaliden. — Bremen, *Tannen*. 1871. In-4°, 20 p.

— Versailler Vertrag. Ein Wort an das bayerische Volk und dessen Vertreter. — München, *Oldembourg*. 1871. In-8°, 19 p. 25 pf.

Zur Erinnerung aus einer grossen Zeit. Den heimkehrenden Siegern gewidmet. I. Sämmtliche offizielle Depeschen vom Kriegsschauplatze. II. Vollständige Kriegschronik. III. Die Friedens-Präliminarien. — Leipzig, *Reichenbach*. 1871. Gr. in-8°, 120 p. 50 pf.

— Erinnerung an die Feier des für Deutschland so ruhmvollen Friedens 1871. — Freiberg, *Wagner*. 1871. In-4°, 12 p. 30 pf.

— Erinnerung an den Heimgang der Kaiser und Könige Wilhelm I. und Friedrich III. — Berlin. 1888. In-8°. 50 pf.

— Erinnerung an die Enthüllung des Kriegs-Denkmals in Neubrandenburg am 2. Sept. 1895. — Neubrandenburg, *C. Brünslow*. 1895. In-8°, 16 p. 30 pf.

— Geschichte der Rhedern-Entschädigung aus der französischen Kriegs-Kontribution. Materialien, Randglossen und Nutzanwendungen für unser Seewesen. — Bremen, *Tannen*. 1872. Gr. in-8°, 137 p. 2 m.

Zur französischen Grenzregulirung. Deutsche Denkschriften aus den Verhandlungen des 2. Pariser Friedens. — Berlin, *Lüderitz*. 1871. Gr. in-8°. 1 m.

— Geschichte der preussischen und deutschen Artillerie in den Feldzügen von 1866 und 1870-1871. Zur Geschichte der Stadt Metz. — Berlin, *Mittler*. 1873. In 8°. 1 m. 20 pf.

Supplément du *Militär-Wochenblatt*.

— Orientirung über die französische Armee. — *Ib.* 1870. Gr. in-16, v-46 p. 50 pf.

— 20jährigen Erinnerung an den deutsch-französischen Feldzug 1870-1871. Ernstes und Heiteres von M. K. — Lohr am Main, *Liebe*. 1890. Gr. in-8°, 44 p. 60 pf.

Extrait des *Lohrer Familienblätt.r*.

Zusammenstellung sämmtlicher amtlichen Depeschen und Berichte des königlich-preussischen *Staatsanzeigers* von den Kriegsschauplätzen der Jahre 1864, 1866, 1870-1871. — Berlin, *Lichtwerk*. 1871. Gr. in-8°. 40 pf.

Zusner (Vinc.). — Gedichte. — Schaffhausen, *Hurter*. 1871. Gr. in-16, xi-307 p.

3e édition.

Zwei Monate in einer bombardirten Stadt. Nach dem Französischen eines Strassburgers. Deutsch bearbeitet von einem anderen Strassburger. — Bern. 1871. In-8°, 43 p. 75 pf.

Zwischen den Kriegscoulissen. Aus den Erlebnissen eines ehemaligen französischen Gelegenheitsoffiziers 1870-1871 (Von Aper). — Leipzig, *R. Lincke*. 1884. Gr. in-8°. 1 m. 50 pf.

Zwölfer (Die) im Feldzug von 1870-1871. Den Soldaten des Regiments gewidmet. — Neu-Ulm, *Helb*. 1873. Gr. in-8°, 103 p. 1 m.

12. bayerisches Infanterie-Regiment.

Zychlinski (Hauptmann). — Geschichte des 24. Infanterie-Regiments. — — Berlin, *A. Bath*. s. d. In-8°.

SUPPLÉMENT

COMPRENANT LES NOTICES RECUEILLIES PENDANT L'IMPRESSION

Ahlefeld (Sek.-Lieut. R. von). — 80 Jahre der Geschichte des Infanterie-Regiments Graf Bose (1. Thüringischen) Nr. 31. Mannschaftsausgabe. — Altona, *J. Harders*. 1895. In-12, 40 p. 50 pf.

2ᵉ édition. 1895.

Altrock (Hauptm. C. von). — Liederbuch des Königin Elisabeth Garde-Grenadier-Regiments Nr. 3... Anlässlich der 25jährigen Erinnerungsfeier an den ruhmreichen Feldzug 1870-1871. — Berlin, *Mittler*. 1895. In-12, 35 p. 20 pf.

Alsace-Lorraine (L'), par ***. — *Voir* HAUSSONVILLE (Suppl.).

Arçay (J. d'). — Notes inédites sur M. Thiers. — Paris, *Ollendorff*. Gr. in-18. 3 fr. 50 c.

Armée (L') prussienne en 1870. — Paris, *Amyot*. 1870. In-18.

Arnold (Hauptmann H.). — *Voir* p. 14.

Le 2ᵉ volume a paru en 1896. 2 m. 50 pf.

Arper (Stiftspred. K.). — Predigt zur Feier der 25. Wiederkehr des Tages von Sedan. — Weimar, *L. Thelemann*. 1895. Gr. in-8°, 8 p. 25 pf.

Asmussen (G.). — Zum Kampfe wider den Erbfeind. Volkskalender für das Jahr 1896. Im Auftrage von Deutschlands Grossloge II. des Gut Templer Ordens I. O. G. T. — Bremerhaven, *Ch. G. Tienken*. 1895. In-8°, 96 p. 50 pf.

Aurelio. — Der rechte Soldat. Geschichte aus der Zeit des französischen Krieges. — Leipzig, *A. Œhmigke*. 1895. In-12, 102 p. 75 pf.

Spiegelbilder aus dem Leben und der Geschichte der Völker.

Aus grosser Zeit. Erinnerungen eines deutschen Feldapothekers des Jahres 1870-1871. — Stuttgart, *H. Lindemann*. 1896. In-8°, 40 p. 50 pf.

Extrait de la *Süddeutsche Apotheker-Zeitung*.

Bamberger (Louis). — M. de Bismarck. — Paris, *C. Lévy*. Gr. in-18. 3 fr. 50 c.

Barail (Général du). — Mes souvenirs. Tome III (1864-1879). — Paris, *Plon*. 1896. In-8°. 7 fr. 50 c.

Bardy (H.). — Saint-Dié pendant la guerre de 1870-1871. — Saint-Dié, *Humbert*. 1896. In-8º, 85 p.

Beck (H.). — Unter dem rothen Kreuze. Bilder aus der Friedensarbeit im Kriege. — Würzburg. 1896. In-8º. 60 pf.

Biehmann (Hof- und Dompred. H.). — Ansprache über Psalm 77, 6, bei der Gedenkfeier des Braunschweigischen Infanterie-Regiments Nr. 92 am Tage von Vendôme, 16. December 1895. — Braunschweig, *H. Wollermann*. 1896. In-8º, 8 p. 15 pf.
2º édition.

Bismarck (De). — Lettres politiques confidentielles publiées par M. H. Pochinger... Traduction française de E. B. Lang. — Paris, *Ollendorff*. In-18. 3 fr. 50 c.

Bizet (G.). — Fleurs d'Alsace-Lorraine (vers). — Langres, *Rallet-Bideaud*. 1895. In-16, 51 p.

Bleibtreu. — Metz 1870. — *Streffleur's*, décembre 1895 et suiv.

— Kritische Beiträge zur Geschichte des Krieges 1870-1871. — Jena, *Costenoble*. 1896. In-8º, VIII-418 p. 10 m.

Bodelschwingh (F. von). — Tagebuch-Aufzeichnungen aus dem Feldzuge 1870. — Bielefeld-Gatterbaum, *Bethel*. 1896. In-12, 86 p. 40 pf.

Böing (Doct.). — Kriegsfahrten des 2. Hannoverschen Infanterie-Regiments Nr. 77 im Jahre 1870-1871. Gedichte. — Berlin, *R. Skrzeczek*. 1896. In-8º, 52 p. 1 m.

Bohineust (H.). — Commentaires d'un conscrit. Chronique du 33ᵉ mobiles (Sarthe). — Paris, *Le Chevalier*. In-16. 1 fr.

Boissonnet (Sous-intendant C.). — La Marine et la défense de Paris en 1870. — *Sciences mil.*, avril 1896.
A paru en plaquette de 20 p., *Besdoin*. 1896. In-8º.

Borcke (H. von). — Auf dem Kriegspfade (p. 54) ne se rapporte pas à la guerre de 1870.

Boucher (E.). — Le petit Héros de Gravelotte, récit historique (monologue). Paris, *Repos*. 1894. In-4º, 4 p., grav.

Bournand (Prof. Fr.). — L'Alsace et la Lorraine (récits et souvenirs patriotiques). Préface par François Coppée. — Lille, *Taffin-Lefort*. 1895. Gr. in-8º, 366 p., grav.

Brauers (J. G.). — Feldpostbriefe aus dem Kriege von 1870-1871. — Aachen, *J. Schweitzer*. 1886. In-12, 54 p. 50 pf.
2º édition.

Breckenfeld (Doct. H.). — Erlewnisse 1870 um 1871. — Wriezen, *G. Rauch*. 1895. Gr. in-8º, v-217 p. 2 m. 50 pf.
Kaiser Franz Garde-Grenadier-Regiment.

Bruyère (Paul). — Chansons de guerre. — Paris, *Ollendorff*. In-18. 3 fr.

Canrobert (Petite vie illustrée du maréchal). — Abbeville, *Paillart*. 1895. In-32, 32 p.

— (Vie du maréchal) 1809-1895. — Tours, *Cattier*. 1895. In-18, 32 p., grav.

Caraguel (G.). — Souvenirs et aventures d'un volontaire garibaldien. — Paris, *C. Lévy*. In-18. 1 fr.

Carlet (Capit. H.). — Résumé de l'historique du 106e régiment d'infanterie. — Paris, *Charles-Lavauzelle*. 1896. In-32, 144 p. 50 c.
Petite Bibliothèque de l'armée française.

— *Voir* WENGEN (Supplément).

Certane. — Querelles d'Allemand. — *Spectateur militaire*, 15 juin 1896 et suiv.
Réponse aux critiques de Y. K. contre les ouvrages de M. Duquet.

Charisius (Hauptmann). — Bei den Achtundzwanzigern 1870-1871. Kriegserinnerungen. — Düsseldorf, *Schmitz und Olbertz*. 1896. In-8°, v-89 p. 1 m. 50 pf.

Cissey (Capitaine de). — Étude critique sur les opérations du 14e corps allemand dans les Vosges et dans la haute vallée de la Saône (octobre 1870). — *Sciences militaires*, 1er trimestre 1896 et suiv.

Claudin (Gustave). — Mes souvenirs, les boulevards de 1843 à 1871. — Paris, *C. Lévy*. Gr. in-18. 3 fr. 50 c.

— Almanach de la Défense nationale. — Paris. 1871. In-32.

Coppée (François). — *Voir* BOURNAND (Suppl.).

Coynart (Chef d'escadron A. de). — Le combat de Torçay en novembre 1870. — Paris. 1872. In-8°.

Couailhac (Victor). — Drames de l'espionnage. — Paris, *C. Lévy*. In-18. 1 fr.

Darstellung der Kriegsereignisse um Metz 1870, enthaltend Truppenaufstellungen nach den besten Quellen. 1. Schlacht von Colombey-Nouilly (14. August). 2. Schlacht von Vionville-Mars-la-Tour (16. August). 3. Schlacht von Gravelotte-Saint-Privat (18. August). — Metz, *G. Scriba*. 1896. 1/50,000. 1 m.

— Aufstellung der deutschen und Vertheidigungsstellung der französischen Armee bei der Uebergabe von Metz. — *Ib*. 1896. 1/50,000. 1 m.

Darstellungen aus der bayerischen Kriegs- und Heeresgeschichte. Herausgegeben vom k.-b. Kriegs-Archiv. Livr. 5.... Die Eisenbahntransporte für Mobilmachung und Aufmärsche der k.-b. Armee 1870. — München, *Lindauer*. 1895. In-8°, IV-180 p., 2 cartes, 1 croquis. 3 m.
La dernière partie est du lieutenant-colonel Thoma.

Daudet (Alphonse). — Trois souvenirs. Au fort de Montrouge. A la Salpêtrière. Une Leçon. — Paris, *libr. Borel*. 1896. In-32, 103 p. 1 fr.
Collection Lotus Bleu.

Delbrück (Hans). — Das Geheimniss der Napoleonischen Politik im Jahre 1870. — *Preuss. Jahrbücher*, oct. 1895.

Depeschen (Officielle deutsche) vom Schauplatz des deutsch-französischen Kriegs 1870-1871. — Leipzig, *J. Milde*. 1896. In-8°, 63 p. 50 pf.

Dernière (La) cartouche, 1ᵉʳ septembre 1870 [vers]. — Sceaux, *imp. Charaire et Cⁱᵉ*. 1895. In-8°, 3 p.

Desplantes (F.). — Les martyrs du patriotisme 1870-1871. — Limoges, *Ardant et Cⁱᵉ*. 1894. Gr. in-8°, 143 p., grav.

Dittrich (Max). — König Albert und Prinz Georg von Sachsen, die ersten General-Feldmarschälle aus dem Königshause Wettin. — Minden i. W., *Bruns*. 1896. In-8°, VI-104 p., 2 portr. 1 m.

Dreher (Rittmeister). — *Voir* p. 116.
Une 2ᵉ édition a paru en 1896 à 2 m. 50 pf.

Duban (Colonel). — Souvenirs militaires 1848-1887. — Paris, *Plon*. 1896. In-18, 293 p. 3 fr. 50 c.
86ᵉ, 111ᵉ, 119ᵉ, 126 de ligne.

Duboc (Édouard). — *Voir* WALDMÜLLER (Suppl.).

Dunckel (J.). — Aus grosser Zeit. Eine Erinnerung an 1870-1871 in Wort, Lied und Bild..... — Landshut (*F. P. Attenkofer*). 1895. In-12, 31 p. 12 pl. 1 m.

Dupanloup (Mgʳ). —
Une brochure publiée à Orléans, dans les derniers mois de 1870, sur la nécessité de la paix. Nous n'avons pu en retrouver le titre exact.

Einzelschriften.... 3ᵉ livraison. — *Voir* p. 125.
La 2ᵉ édition a paru en 1896.

Endres (Major) serait le pseudonyme du général von Heinleth.

Eltester (Hauptm.). — Geschichte des badischen Trainbataillons Nr. 14 und Traindepots des XIV. Armeekorps. — Karlsruhe, *C. F. Müller*. 1895. In-8°, 200 p., 5 portr. 1 carte. 3 m. 50 pf.

Eroberung (Die) von Schlettstadt und Neu-Breisach durch Landwehr- und Reserve-Truppen. — *Neue mil. Blätter*, mars 1896 et suiv.

Erstürmung (Die) des Schlosses Chambord am 9. Dezember 1870. — *Mil.-Wochenblatt*, 1896, n° 44, croquis.

F. (v.) [Major von Fischer]. — General Baron von Kottwitz in der Schlacht von Loigny. — *Mil.-Wochenbl.*, 1896, n° 13.
L'auteur était l'adjudant du général v. Tresckow, 17ᵉ div. d'infanterie.

Famechon (E.). — Vaincus ?... récit (guerre de 1870-1871), vers. — Paris, *Puigellier-Bassereau*. 1895. In-18, 8 p. 1 fr.

Farner (Hauptm. R. U.). — Eidgenössische Grenzbesetzung und Internirung der französischen Ost-Armee im Kriegsjahre 1870-1871. — Grüningen, *F. Wirz*. 1896. In-8°, 408 p., ill 7 m.

Feldarztbriefe 1870-1871. — Leipzig, *Breitkopf und Härtel*. 1895. In-8°, 92 p.
<small>VIII° Corps prussien.</small>

Fetzer (Generalarzt Doct. von). — Auch ein Rückblick. Das deutsche Sanitätswesen im Kriege 1870-1871. — Berlin, *Mediz. Waarenhaus*. 1895. In-8°. 1 m.

Feuillet (Mme Octave). — Souvenirs et correspondances, faisant suite à Quelques années de ma vie. — Paris, *C. Lévy*. 1896. In-8°. 7 fr. 50 c.

Fischer (Major von). — Voir F. (Suppl.).

Frankenberg (Graf von). — Aus meinem Tagebuche. — *Deutsche Revue*. 1896.
<small>Se rapporte à des pourparlers auxquels aurait pris part Mgr Dupanloup en octobre 1870, en vue de la paix.</small>

Frary (Raoul). — Le péril national. — Paris, *L. Cerf*. 1884. In-18 j. 3 fr. 50 c.
<small>6° édition.</small>

Frauen (Der deutschen) Heldenwerk. Zum Gedächtniss der Jahre 1870-1871. — Karlsruhe, *J. J. Reiff*. 1895. In-12, 20 p. 30 pf.

Frémont (Abbé G.). — Les causes de nos malheurs en 1870 et leurs remèdes, discours prononcé le 17 novembre 1895 dans la cathédrale de Poitiers..... — Paris, Poitiers, *Oudin*. 1895. In-8°, 56 p.

Frœschwiller (De) à Sedan. Journal d'un officier du 1er corps.... — Tours, *Hachette*. 1871. In-12.

— (La bataille de), *dite* de Reichshoffen. Racontée par un Français. — Frœschwiller (Strasbourg, *J. Noiriel*). 1895. In-8°, ill. 60 pf.

Gabriac (Marquis de). — Souvenirs diplomatiques de Russie et d'Allemagne. 1870-1872. — Paris, *Plon*. 1896. In-8°. 8 fr. 50 c.

Gefahr (Die europaische). — Glossen zur 25jährigen Sedanfeier des deutsch-französischen Krieges 1870-1871. — München, *O. Galler*. 1896. Gr. in-8°, 32 p. 50 pf.

Geisler (Oskar). — Die Jungfrau von Orleans. Patriotischer Schwank in einem Aufzuge. — Berlin, *imp. Hayn's Erben*. 1895. In-8°. 1 m.

Genzel (Sergeant Ad.). — Kriegsgefangen. Schilderungen eigener Erlebnisse aus dem Feldzuge 1870-1871. — Berlin, *H. Klockow*. 1896. In-8°, v-84 p. 2 m. 50 pf.

Gnügge (Oberst). — Bei St. Hubert, 18. August 1870. Aus seinem Tagebuche. — *Mil.-Wochenbl.*, 1896, nos 25 et suiv.

Godchot (Capitaine). — Le 1er régiment de zouaves (1852-1895). — Paris, *Librairie centrale des Beaux-Arts*. 1896. 2 vol. in-4°, ill. à 12 fr. 50 c.
  1er volume seul paru.

Gordon (Doct. Ad. von). — Was trägt und treibt den Soldaten im Felde? Gedanken zum französischen Kriege und Stimmungsbilder aus den Tagen vor Metz. — Berlin, *F. Dümmler*. 1895. Gr. in-8°, 55 p. 80 pf.

Granier (Doct. Hauptm. H.). — Die Einmarschkämpfe der deutschen Armeen im August 1870..... I. Weissenburg; II. Wörth; III. Saarbrücken; IV. Spichern. — *Jahrbücher*, mars 1896 et suiv.

Habert de Ginestet. — Souvenirs d'un prisonnier français en Allemagne. — *Revue politique et littéraire*, 1er semestre 1896.
  Captivité à Stettin, Swinemünde.

Hagen (General von). — Tagebuchblätter. — *Mil.-Wochenbl.* 1895, n° 69 et suiv.
  L'auteur était en 1870 l'aide de camp du prince Albert de Prusse (père), commandant la 4e division de cavalerie.

Hare (Lieut.-colonel W. A. H.). — The tactics of the Future. A review of Captain F. Hœnigs Untersuchungen über die Taktik der Zukunft, with numerous extracts... — *Journal of the R. U. S. Institution*, 1896, vol. XL, nos 217 et suiv.

[**Haussonville** (Comte d')]. — L'Alsace-Lorraine, par ***. — Paris, *C. Lévy*. Gr. in-18. 3 fr. 50 c.

Hickmann (Pf. H.). — Drei Reden am Sedantage 1895. — Meissen, *L. Mosche*. 1895. Gr. in-8°, 22 p. 30 pf.

Historique du 51e régiment d'infanterie de ligne 1651-1891. — Paris, *Charles-Lavauzelle*. 1895. In-18, 23 p. et grav.

— du 73e régiment d'infanterie de ligne. — Béthune, *Delpierre*. 1896. In-32, 80 p.

— de la 10e brigade d'artillerie (7e et 10e régiment). — Paris, *Baudoin*. 1896. In-8°. 5 fr.

Hœnig (Hauptm. F.). — Der Volkskrieg an der Loire. III.-V. Band: Die entscheidenden Tage von Orleans im Herbst 1870-1871.
  III. Band. — Maizières-Villepion. Der Angriff auf Paris. — Berlin, *Mittler*. 1895. In-8°, xv-270 p, 10 cartes. 8 m.

IV. Band. — Die Schlacht von Loigny-Poupry. — *Ib.* 1896. In-8º, IX-234 p., 9 cartes. 7 m. 50 pf.

Hœnig. — *Voir* HARE (Suppl.).

Hoffet (Fritz). — Nach 25 Jahren. Reiseeindrücke aus dem Elsass, von einem Mitgliede des englischen Unterhauses. — Strasbourg, *C. A. Vomhoff.* 1895. Gr. in-8º, 102 p. 1 m. 50 pf.

Hoffmann (Landricht. A.). — Was errungen die Alten, wir wollen's erhalten. Festspiel zur 25jährigen Erinnerungsfeier an den Feldzug 1870-1871. Wüstegiersdorf, *M. Jacob.* 1895. Gr. in-8º, 44 p. 1 m.

Ignotissimus. — Questions du temps présent. Une voix d'Alsace. Eine Stimme aus Elsass. — Paris, *A. Colin.* 1896. In-18.

Jalny (Pierre). — La bataille de Nuits (18 décembre 1870). — Beaune, *imp. Batault.* 1894. In-16, 93 p. 3 pl.

Jelesnyïa dorogi v kampaniiou 1870-1871 gg. — San Peterbourg 1873. In-8º, 787 p.
_{Chemins de fer.}

Jung (Pr.-Lieutenant). — Geschichte des k. preussischen Feld-Artillerie-Regiments Nr. 15 und seiner Stammbatterien. — Berlin, *Mittler.* 1896. In-8º. 7 m. 50 pf.

Junk (Rittm.). — Gedenkblätter der im Kriege 1870-1871 gefallenen und gestorbenen Offiziere und Offiziersaspiranten der deutschen Kavallerie. — Berlin, *A. Bath.* 1896. In-8º, 1 m. 50 pf.
_{Extrait des Jahrbücher.}

Kärtchen der Schlachtfelder bei Weissenburg und Wörth. — Wissembourg, *C. Burkhardts Nachfolger.* 1895. 2 feuilles. 20 pf.

Kaiser (Capl. A.). — Festpredigt beim Feldgottesdienste zu Ehren des 25jährigen Jubiläums des grossen Krieges 1870-1871. — Bamberg *(Schmidt).* 1895. Gr. in-8º, 7 p. 15 pf.

Kavallerie-Division (Die Theilnahme der k. sächsischen) an dem Feldzuge 1870-1871. — *Deutsche Heeres-Zeitung,* 1896, nos 95 et suiv.

Klein (Emil). — Kriegers Weihnachten. Ein Cyclus dramatischer Gedichte..., zur 25jährigen Erinnerung an den deutsch-französischen Krieg 1870-1871. — Esslingen, *A. Weissmann.* 1896. In-12, 3 fasc. 85 pf.

Knesebeck (R. von dem). — Die deutsche freiwillige Kriegskrankenpflege im Kriegsjahre 1870-1871. Gedächtnissrede. — Berlin, *C. Heymann.* 1896. In-8º. 1 m.

Koch-Breuberg (Fr.). — Geschichte des k.-bayerischen 10. Infanterie-Regiments Prinz Ludwig. — Landsberg u. L., *Verza.* 1896. Gr. in-8º, IV-44 p. 75 pf.
_{2e édition. — Mannschaftsausgabe.}

König (B. E.). — Der sächsischen Armee und der Sachsen Theilnahme am deutsch-französischen Kriege der Jahre 1870-1871.... — Leipzig, *Th Weber*. 1896. 20 livr. In-8° à 30 pf.

Kretschmar (Doct. Felix). — Beim Stabe der k. 5. Infanterie-Division 1870-1871. — Basel, *Perthes*. 1896. In-8°, VIII-233 p. 4 m.

Kreuzwendedich von dem Borne (Major). — Geschichte des Infanterie-Regiments Prinz Louis Ferdinand von Preussen (2. Magdeb.) Nr. 27. — Berlin, *R. Eisenschmidt*. 1896. In-8°, VIII-837 p. 18 m.

Kriegserinnerungsfeier des Infanterie-Regiments Graf Tauentzien von Wittenberg (3. Brandenburgischen) Nr. 20. — Wittenberg, *P. Wunschmann*. 1896. Gr. in-8°, 12 p., ill. 25 pf.

Kriens (Edw.). — Prince Bismarck. — London; Berlin, *Eisenschmidt*. 1887. 2 vol. in-8°. 15 m.

Kügelgen (P. von). — Kaiser Wilhelm. — Berlin, *Eisenschmidt*. 1888. In-8° 1 m.

Kunz (Major H.). — General Baron von Kottwitz in der Schlacht von Loigny. — *Mil.-Wochenbl.*, 1895, n° 106; 1896, n° 20.

— Wanderungen über die Schlachtfelder von Saarbrücken und von Metz. Ein Reisebericht. — Berlin, *Eisenschmidt*. 1896. In-8°. 20 pf.

— Konnte Marschall Bazaine im Jahre 1870 Frankreich retten? — *Ib.* 1896. In-8°, IV-168 p., carte. 3 m. 60 pf.

— Zu Hœnigs Volks-Krieg an der Loire, Band 3 und 4, zugleich eine Entgegnung auf die Nummern 27 und 32 der *Deutschen Heeres-Zeitung* vom 1. und 17. April 1886. — *Ib.* 1896. In-8°.

— Die Zusammensetzung der grossen Loire-Armee nach Lehautcourt. — *Jahrbücher*, avril 1896.

Labbée (E.). — De Bismarck et Napoléon III ; Napoléon Ier et le peuple français. — Paris, *Fourneau*. 1895. In-16, 88 p. 5 portr., carte. 2 fr.

Lamiraux (Général). — *Voir* p. 277.
Tome Ier. 1896. 4e édition.
Tome II. 1896. 448 p., 46 croquis. 8 fr.

Lamy (E.). — Études sur le second Empire. — Paris, *C. Lévy*. 1895. In-8°, 489 p. 7 fr. 50 c.

Lang (E. B.). — *Voir* BISMARCK (Suppl.).

Lange (C.) und Müller (D. L.), Pastoren. — Gott war mit uns, Ihm sei die Ehre ! Zur 25. Gedächtnissfeier des Tages von Sedan. — Rheydt, *Langewiesche*. 1895. In-8°, 19 p. 30 pf.

— **(E.)**. — Auf dem Schlachtfelde. Reihenfolge 8 lebender Bilder mit verbindendem Text. — Berlin, *Bloch*. 1895. In-8°. 1 m.

Langermann und **Erlencamp** (Hauptmann, Freiherr von) und **Voigts-Rhets** (Hauptmann von). — Geschichte des grossherzoglich-mecklenburgischen Grenadier-Regiments Nr. 89. — Schwerin, *Stiller*. 1896. In-8º, VIII-635 p., cartes et croquis. 12 m.

Lassuchette (Capitaine de). — Historique du 20º dragons [ex-9º lanciers]. — Dijon, *imp. Darantière*. 1894. In-8º, 295 p.

Lebrun (Die Enthüllungen des Generals) und die französischen Operationspläne im Jahre 1870. — *Mil.-Wochenbl.* 1896, nºˢ 32 et suiv.

Ledeuil (Lieutenant-colonel). — Campagnes des francs-tireurs de Paris-Châteaudun. Récits et documents... — Levallois-Perret, *Schneider frères*. 1895. In-8º, 519 p.

Lehautcourt (Pierre). — Campagne de l'Est en 1870-1871. Nuits et Villersexel. — Paris et Nancy, *Berger-Levrault et Cⁱᵉ*. 1896. In-8º, VIII-287 p., 7 cartes. 5 fr.

— Études de tactique appliquée. Le combat du Bourget, 30 octobre 1870. — *Spectateur mil.*, 2º trimestre 1896.

— L'ordre de bataille de l'armée de la Loire d'après le major Kunz. — *Revue de cav.*, juillet 1896.

« **Lehmupp!** » Berichte eines Schwadrons-Arztes von 1870-1871. — Berlin, *H. Steinitz*. 1895. Gr. in-8º, XII-319 p. 4 m.

Liermann (Doct. Otto). — Graf Albrecht von Roon, Kriegsminister und Feldmarschall.... — Leipzig, Frankfurt a. M., *Kesselring*. 1896. In-8º, 42 p., portr. 60 pf.

Lieschke (Superintend. P.). — Zum Gedächtniss an die grosse Jubiläumsfeier der Kriegs- und Siegeszeit 1870. Feldpredigt. — Plauen (*F. E. Neupert*). 1895. In-8º, 16 p. 20 pf.

Liliencron (A. von), née Freiin von Wrangel. — Getreu bis in den Tod. 3 Erzählungen aus den glorreichen Tagen des deutsch-französischen Krieges 1870-1871. — Barmen, *H. Klein*. 1895. In-8º, 260 p. 3 m.

— (Detlev von). — Kriegsnovellen. — Leipzig, *W. Friedrich*. 1895. In-8º, VII-269 p. 2 m.

Lissagaray. — *Voir* p. 296.

_{Une nouvelle édition française a paru en 1896, in-18, chez *Dentu*.}

Mac-Mahon (Vie du maréchal de) 1808-1893. — Tours, *Cattier*. 1895. In-16, 32 p.

— (Le maréchal de), duc de Magenta. — Abbeville, *Paillart*. 1896. In-32, 32 p , grav.

Maercker (Hauptmann). — Die Fahne der Einundsechziger vor Dijon.... — Thorn, *imp. E. Lambeck*. 1896. In-8º, 34 p. 1 m. 60 pf.

Maillard (Colonel, général). — Éléments de la guerre. 1re partie : Marches, stationnement, sûreté. — Paris, *Baudoin*. 1891. Gr. in-8°, fig., atlas de 28 pl. 12 fr.

Maillot (L.). — La dernière chique, épisode du combat du Bourget, récit dramatique (vers). — Sceaux, *imp. Charaire et Cie*. 1894. In-8°, 4 p.

— La mort des maîtres d'école Leroy, Debordeaux et Poulette, récit historique en vers. — *Ib*. 1894. In-8°, 4 p., grav.

Marchot (A.). — Souvenirs d'un Lorrain 1870-1871, poésies. — Paris, chez l'auteur. 1895. In-8°, 24 p. 1 fr.

Maizier (Hauptmann). — Tagebuch aus dem französischen Kriege 1870-1871. — Magdeburg, *Heinrichshofen*. 1895. In-8°.

Marées (Oberstlieutenant G. von). — Kriegswesen und Kriegführung vom Jahre 1861 bis zur Gegenwart. — Leipzig, *O. Spamer*. 1889. Gr. in-8°, VIII-426 p., ill., carte.

<small>5e édition. 1895. Fait par de : *Die Welt in Waffen von den ältesten Zeiten bis zur Gegenwart* *Voir* STASIFLICHTER. (Suppl.)</small>

Mayerhoffer (Oberlieutenant E.). — Die 12. (sächsische) Cavallerie-Division an der Epte im November 1870. Der Ueberfall von Etrepagny. — *Organ*, 1896, vol. LII, 3e livr.

— Das Gefecht bei Nouart und die Ereignisse bei der Maas-Armee am 29. August 1870. — Wien, *Seidel und Sohn*. 1896. In-8°.

Memerty (Die Batterien der Infanterie-Brigade) in der Schlacht bei Noisseville. — *Deutsche Heeres-Zeitung*, 1896, nos 103 et 104.

Meyer (Alfred G.). — Vor 25 Jahren. Feldzugsbriefe eines Kriegsfreiwilligen. — Leipzig, *Dürr*. 1896. In-8°, 63 p. 1 m.

— (Doct. G. F.). — Unter dem rothen Kreuz. Erlebnisse im Feldzuge 1870-1871. — Braunschweig, *A. Hafferburg*. 1896. In-8°, 23 p., ill. 75 pf.

Mitschke (General-Lieut. von). — Festrede bei der am 18. October 1895 stattgehaltenen Feier der Enthüllung des Kaiser Friedrich-Denkmals auf dem Schlachtfelde von Wörth. — Berlin, *A. Duncker*. 1895. In-8°, 10 p. 70 pf.

<small>Édition populaire à 40 pf.</small>

Moltke (General-Feldmarschall H. von). — Die militärische Korrespondenz. II. Theil : Aus den Dienstschriften des Krieges 1866.... III. Theil : Aus den Dienstschriften des Krieges 1870-1871. I. Abtheilung : Der Krieg bis zur Schlacht von Sedan. — Berlin, *Mittler*. 1896. In-8°, 1 carte, 3 croquis, 1 fac-similé. 3 m. 75 pf.

Mühlmann (Hauptmann von). — Auszug aus der Geschichte des 4. Thüringischen Infanterie-Regiments Nr. 72... zur 25. Wiederkehr des

Schlachtnages von Vionville zusammengestellt. — Torgau, *P. Schultze*. 1895. Gr. in-8°, 31 p., portr. 25 pf.

Müller (D. L.). — *Voir* LANGE (Suppl.).

Müller-Breslau. — Die Thätigkeit unserer Feld-Eisenbahn-Abtheilungen im Kriege 1870-1871. — Berlin. 1896. In-8°, ill.

Nathusius-Neinstedt (Doct. H. von). — Ein Leibhusar im Kriege 1870-1871. Erinnerungen aus grosser Zeit. — Braunschweig, *O. Salle*. 1896. In-8°.
2. Leib-Husaren-Regiment.

Niemann (August). — Der französische Feldzug 1870-1871, militärische Beschreibung. — Leipzig, *Bibl. Institut*. 1896. In-32.
Meyer's Volksbücher.

Panorama de la bataille de Nuits par Th. Poilpot. Historique, par un ancien mobile du 3e bataillon de la Gironde. — Bordeaux, *imp. Gounouilhou*. 1895. In-8°, 32 p. 50 c.

Patry (Colonel). — La prise du fort de Ham, 9, 10, 11 et 12 décembre 1870. — *Revue pol. et litt.*, 1896.

Pfalzburg (In) während der Beschiessung im August 1870. — *Deutsche Heeres-Zeitung*, 1896, n°s 86 et suiv.

Pfeffer (Oberstlieutenant J.). — Geschichte des k.-b. 15. Infanterie-Regiments König Albert von Sachsen von 1722 bis 1895. Mannschaftsausgabe. — Neuburg a. D. 1896. In-8°, 111-126 p., ill. 75 pf.
3 édition.

Pinget (Capitaine F.). — Feuilles de carnet 1870-1871. — Annemasse, *J. Chambet*. 1895. In-8°, 200 p. 2 fr.
Campagnes de Metz et du Nord.

Pochinger (M. H.). — *Voir* BISMARCK (Suppl.).

R. (H. von). — Kaiserin Eugenie und Bismarck. — Berlin, *Pelchrzim und C°*. 1895. Gr. in-8°, 32 p. 80 pf.

Régis (Aug. de). — Oh! la guerre! (1870-1871). Récit à dire. — Paris, *E. Sausset*. 1888. Pet. in-18.

Relation du combat du 9 décembre 1870 et de la capitulation de la garnison prussienne. Souvenir du 25e anniversaire célébré le 26 juillet 1896. — Ham, *Jumel-Rasse*. 1896. Pet. in-18, 16 p. 10 c.

Renouard (Von) und Thiede. — Geschichte des 7. pommerschen Infanterie-Regiments Nr. 54. — In-8° N. d. l. c.

Rives du Rhin. Notices, itinéraires, chemins de fer. — Paris. 1870. 4 vol. gr. in-8°. N. d. l. c.
Cet ouvrage, sorti de l'Imprimerie nationale, aurait été délivré uniquement aux généraux commandant les corps d'armée au début de la guerre de 1870-1871.

Rönneberg (C.). — Unser Kaiser Wilhelm. — Berlin. 1881. In-8°. 80 pf. 2° édition.

Rogge (Hofpred. Doct. B.). — Die Kaiser-Proklamation zu Versailles am 18. Januar 1871. Festschrift.... — Hannover, *C. Meyer*. 1896. In-8°, 29 p. 25 pf.

Rothenburg (A., Freiherr). — Deutsche Reiterstückchen. Scenen aus dem Kriege 1870-1871. — Grossenhain, *H. Starke*. 1896. Gr. in-8°, 34 p., 50 pf.

Rouard de Card (E.). — L'Alsace-Lorraine et le projet de neutralisation. — Paris, *imp. Davy*. 1895. In-8°, 19 p.

Extrait de la *Revue pol. et parlementaire*, octobre 1895.

Royé (Lieut.). — Résumé de l'historique du 37° régiment d'infanterie. — Paris, *Delagrave*. 1895. In-8°, 106 p.

Rudorff. — Geschichte des westfälischen Jäger-Bataillons Nr. 7 von 1815-1880. — 1880. In-8°. N. d. l. c.

Rühlmann (Superint. A.). — Sedanpredigt. — Torgau, *P. Schultze*. 1895. Gr. in-8°, 8 p. 20 pf.

Ruff (K.). — Weissenburg und Wörth. — Strasbourg, *Noiriel*. 1895. Gr. in-8°, ill., portr. 2 cartes. 1 m. 60 pf.

S. (C. von). — Der Antheil der Hessischen Regimenter des XI. Armee-Corps am Kriege von 1870-1871. — Marburg, *O. Ehrhardt*. 1895. Gr. in-8°, 144 p. 1 m. 50 pf.

Salles (Marquis des). — Souvenirs de mon bataillon. Notes d'un caporal aux volontaires de l'Ouest (3° du 3). — Vannes, *Lafolye*. 1895. In-12, 219 p. pl.

Sallmann (Pf., Doct. K.). — Festpredigt zur 25. Wiederkehr des Sedantages. — Marburg, *N. G. Elwert*. 1895. In-8°, 12 p. 25 pf.

Scheibert (Major J.). — Unser Volk in Waffen. Der deutsch-französische Krieg 1870-1871. — Berlin, *W. Pauli, E. Finking*. 1895. Gr. in-8°, VIII-696 et VI-656 p., ill., portr. 25 m.

Scherenberg (E.). — Kaiser Wilhelm I. Ein Gedenkbuch.... — Berlin. 1888. In-8°, 80 pf.

Scherff (Général W. von). — Kriegslehren in kriegsgeschichtlichen Beispielen der Neuzeit. — *Voir* p. 418.

IV. Th. : Die Cernirung von Metz und die Schlacht von Noisseville. — Berlin, *Mittler*. 1896. In-8°, plan. 7 m.

Seeher (Otto). — Mit dem Medizinkarren vom Pregel bis zur Seine. Kriegserinnerungen. — Dresden, *C. Reissner*. 1895. In-8°. 4 m.

Schürmann (Rekt. Karl). — Selbsterlebtes. Kriegserinnerungen eines Volksschullehrers. — Remscheid, *H. Krumm*. 1895. In-8°, 282 p. 1 m. 80 pf.

Schumann (J. Th. G.). — Zur Erinnerung an S H. M. Wilhelm, den deutschen Kaiser und König von Preussen. — Berlin. 1888. In-8°. 30 pf.

Secretan (Colonel). — *Voir* p. 432.
_{Une 2e édition a paru en 1896, gr. in-8°, VIII-590 p., 4 cartes. 10 fr.}

Simond (Capitaine E.). — Précis de l'historique du 28e de ligne. — Paris, *Charles-Lavauzelle*. 1896. In-32, 144 p. 50 c.
_{Petite Bibliothèque de l'armée française.}

Steffen (N.). — Erinnerungen eines Pariser Nationalgardisten aus den Jahren 1870-1871. — Altenburg S. A., *St. Geibel*. 1896. En 10 livr. in-8° de 48 p. à 40 pf.

Steinberger (Alph.). — Im heiligen Kampfe. Vaterländische Dichtung. — München, *J. Lindauer*. 1895. In-8°, VII-92 p. 1 m. 50 pf.

Strauss (A.). — Sergeant Piefke am 18. Januar. Deutsches Festspiel. — Cöthen, *Schriftniederl. des evang. Vereinsb*. 1896. In-12, 36 p. 60 pf.

Streiflichter über die französische Heeres-Leitung während des Krieges. 1870-1871.
_{Voir M. (Hauptmann G. von).}

Tanera (Hauptmann K.). — Von der Tann. Ein deutscher Held. Im Auftrage des Komites für die Errichtung eines General Ludwig von der Tann-Denkmals in Tann (Rhöngebirge). — Regensburg, *W. Wunderling*. 1896. Gr. in-8°, 27 p. 50 pf.

Thiaucourt (Lieut. E.). — Livre d'honneur militaire de l'arrondissement de Remiremont (Vosges) (1789-1895). — Remiremont, *imp. Mougin*. 1895. In-8°, XIV-197 p., pl.

Thiede. — *Voir* RENOUARD (Suppl.).

Thomas (Colonel). — L'armée de Metz. — Paris, *Charles-Lavauzelle*. 1896. In-18, 252 p., portr. 2 cartes. 3 fr.
_{L'auteur faisait partie des cuirassiers de la garde.}

Touchemolin (Alfr.). — Strasbourg militaire. — Paris, *Hennuyer*. 1894. Gr. in-4°, 159 p., ill.

Vallette (René). — *Pro patrid*. A la mémoire des Fontenaisiens tués à l'ennemi. — Fontenay-le-Comte, *Bureaux de la Revue du Bas-Poitou*. — 1895. In-8°, 11 p.

Velin (Maur.). — Défense d'une ville ouverte. Rambervillers en 1870. — Nancy, *imp. Royer*. 1895. In-8°, 33 p. pl.

Verdy du Vernois (General J. von). — Studien über den Krieg auf Grundlage des deutsch-französischen Krieges 1870-1871. — *Voir* p. 478.

2. Th. : Operationspläne. 1. Heft : Operationsentwürfe vom August 1866 bis November 1867. — Berlin, *Mittler*. 1896. In-8°, 2 cartes. 2 m. 40 pf.

Victorin (P.). — Journal d'un moblot au siège de Belfort. — Belfort, *imp. de la Frontière*. 1895. In-18, 168 p. 2 fr.

Vogt (Oberstlieutenant H.). — Prinz Friedrich Karl von Preussen. — Berlin, *Eisenschmidt*. 1888. In-8°. 50 pf.

Voigts-Rhetz (Hauptmann von). — *Voir* LANGERMANN (Suppl.).

Vor 25 Jahren. Beaumont, Sedan, Noisseville. — *Soldatenleben*, octobre 1896 et suivants, croquis.

Weimann (C.). — N'oubliez pas l'Alsace (vers). — Paris, *Savine*. 1895. In 18 j., 108 p. 3 fr.

Wengen (Freiherr von der). — La petite guerre dans le Haut-Rhin en 1870, traduit de l'allemand par le capitaine Carlet. — Paris, *Charles-Lavauzelle*. 1896. In-8°, 58 p. 1 fr. 25 c.

Westenhœffer. — Kaiser Wilhelm und seine Elsässer. — Berlin. 1888. In-8°. 25 pf.

Wilhelm I., deutscher Kaiser und König von Preussen. Ein Erinnerungsblatt. — Berlin. 1888. In-8°. 50 pf.

Extrait de *Ueber Land und Meer*.

Wirth. — Das Elsass und Frankreich. — Berlin. 1895. In-8°.

Wohlthat (Prof.). — Rede gehalten bei der Schulfeier im k. Victoria-Gymnasium zu Burg zur 25 jährigen Wiederkehr des Sedantages. — Burg, *A. Hopfer*. 1895. Gr. in-8°, 15 p. 50 pf.

Yvert (Louis). — Historique du 108e régiment d'infanterie (1766-1895. — Bergerac, *Castanet*. 1896. In-8°, 79 p., 75 c.

Zimmer (Pred. E.). — Predigt zur 25 jährigen Gedächtnissfeier der grossen Zeit unseres deutschen Vaterlandes 1870-1871. — Berlin, *K. G. Wiegandt*. 1895. Gr. in-8°, 10 p. 25 pf.

2ᵉ PARTIE

RÉPERTOIRE RAISONNÉ

1. Généralités [1].

Théâtre de la guerre. — Carte, Delitsch, Deroy, Fervel, Führer, Handtke, Hauptübersichtskarte, Karte, König, Kriegsschauplatz, Kiepert, Malfatti, Müller, Reymann, Specialkarte, Théâtre, Trützschler, Wœrl. — *Supplément.* — Rives.

Histoire générale. Ensemble des événements [2]. — A , Abani, Abicht, Aebi, Albert, Ambert, Andr...ssen, Angerstein, Auerbach, Aunay, Avilès, Azamak, B., Bacon, Baron, Barthélemy, Bazin, Becker, Bédarrides, Bédollière, Beeton, Bender, Benoit-Lévy, Bérauld, Berthezène, Bible, Bittner, Bönnecken, Boert, Bondois, *Bonnet, Borbstädt,* Boulanger, Brandrup, Brault, Brugère, Brunier, Bührmann, Campaign, *Campagne,* Canis, *Canonge,* Capello, Cassel, Ceresa, Céséna, Chantrel, Chasteau, Choiseul, Christian, Chronik, Chronique, *Chuquet, Claretie,* Considérations, Corsi, D., Daily, Danné, Darlet, Debrit, Dedenroth, Delaunay, Delort, Deschamps, Deutsch, Deutsches, Deutschland, Deutschlands, Diary, Dittrich, Dix-huit, Döring, Dörr, Dossier, Drechsler, Dresky, Dubail, Ducasse, *Duquet,* Duret, Dussieux, Ebeling, Eelking, Ewald, Fabre, *Farcy, Faure,* Favre, Fechner, Fehleisen, Feldzug, Fiedler, Fix, Förster, *Fontane,* Francia, Frankrike, Franz, Franzosen, Frégier, *Freycinet,* Fülleborn, Galati, Gedenkblatt, Gedenkbuch, Gefechts, Girard, Glasenapp, Gössel, Gössmann, Götzinger, Golovin, Grassmann, Griesinger, Guarnieri, Guéronnière, Guerra, *Guerre,* Halm, Hamilton, *Hannecken,* Hermann, Hesekiel, Hilarius, Hiltl, Hinterleitner, Hirth, Histoire, Hoffmann, Hohenthal, Hottinger, Huber, Imeck, Italo, Jäger, Jahn, Joanne, Junck, K., Kämmel, Kartographische, Kehding, Keller, Kenneth, Kerckhoven, Kessel, Klaiber, Kleen, Klüpfel, Knauth, Koch, Kocks, Köhler, Koneberg, *Krieg,* Kriege; Kriegs-Album, -Bilderbogen, -Berichte, -Bibliothek, -Blätter, -Chronik, -Kalender, -Mappe, -Nachrichten, -Schauplatz, -Zeitung; Kriget, Landon, Lausch,

---

[1]. Dans le but de faciliter les recherches, les noms d'auteurs ou les titres d'ouvrages ayant un intérêt documentaire, en un mot les *Hauptquellen,* ont été distingués par des caractères italiques. Nos lecteurs voudront bien se souvenir que ces indications ne sauraient avoir une précision absolue.

[2]. Voir aussi *Histoire populaire.*

Leclercq, *Lecomte*, Leconte, Ledersteger, Leroy, Linder, Leer, Lubojatzky, Ludwig, M., Mac-Cabe, Magg, Mainz, Manicus, Maquest, Maurer, Maurin, Méa, Michel, Mitchell, *Moltke*, Montijn, Mühlfeld, Müldener, Müller, Niemann, Nikoulichtchiev, Nolte, Oggioni, Oorlog, Opérations, *Patry*, Pessard, Pfister, Picard, Pim, Poupin, Fradier, Prass, Précis, R., *Recueil*, Reden, Reichardt, Richard, Rittweger, Romagny, Roo, *Rousset*, *Rüstow*, Saint, Sandtner, Sanvittore, Sarauw, Sausstzinsskij, Schartenmayer, *Scheibert*, Scherr, Schlachtfelder, Schlosser, Schmeling, Schmelzer, Schmettau, Schmidt, Schramm, Schulthess, Schwedler, Senckler, Sinclair, Sitte, Sketches, Skizzen, Sloten, Smitt, Snieders, Socec, Sonderland, Sonnenburg, Sordet, Souvenir, Stauridès, Strantz, Stukken, Sumner, Supplement, Tableau, Thiroux, Times, Trabert, *Treitschke*, Tresckow, Trinius, Trog, Trousset, Tubino, Uebersicht, Uebersichts, Vandevelde, Varona, Vetter, Voina, Volks-Ausgabe, Volz, Wachter, Wanliss, War, Watari, Weidemann, Wickede, Wiskemann, Winterfeld, Würdig, Wolterinsk, Yriarte, Zander, Zapp, Zimmermann. — *Supplément*. — Niemann, Scheibert.

Recueils de dépêches. — *Actes*, B., Elpons, Französische, Gedenkblatt, *Guerre*, *Heylli*, Hundert, Krieg; *Kriegs*, *-Botschaften*, *-Chronik*, *-Depeschen*; *-Geschichte*, *-Telegramme*; *Recueil*, Regierungs, Sämmtliche, Sammlung, Siegeslauf, Stukken, *Télégrammes*, Vor, W., Zur, *Zusammenstellung*[1]. — *Supplément*. — Depeschen, Zur, Zusammenstellung.

Histoire populaire[1]. — Angerstein, Apel, Barthe, Bataille, Beiche, Berneck, Bormann, Born, Claretie, Disselhoff, Dittrich, Gigl, Guerre, Hahn, Haltaus, Hamel, Heye, Histoire, Höcker, Jacquet, Jahn, Kaiser, Kamerad, König, Köppel, Köstler, Kopp, Krieg, Lampert, Leistner, Martin, Martini, Maurer, Menger, Menzel, Müller, Nach, National, Noir, Oeser, Ottmann, Otto, Petermann, Prast, Ranke, Rome, Ruhmeshalle, Ruhmestage, Rullmann, Runze, Saint, Sauvinet, Schick, Schmeling, Schramm, Schrattenthal, Schulenburg, Schulthess, Schwedler, Sering, Siebecker, Silas, Smitt, Steinberg, Strantz, Supplement, Vaquié, Vaterhaus, Vausserie, Vetter, Volks-Ausgabe, Volksbücher, Volkskrieg, Vom, Wachenhusen, Wacht, Wägner, Weidemann, Weitbrecht, Wiedemann, Winterfeld, Würdig, Zündnadeln, Zur. — *Supplément*. — Desplantes.

Histoire anecdotique, épisodes, impressions, souvenirs, lettres. — Adelmann, Ambert, Amicis, Appunti, Ballue, Barth, Bauer, Becker, Belleval, Benedix, Berg, Billig, Bienengräber, Bilder, Bis, Blücher, Blümel, Blum, Boillot, Bojanowski, Boyer, Braig, Brauer, Braun, Braune, Breitschwert, Briatte, Briefe, Brink, Bruneck, Büchner, Bülow, Camus, Capper, Carnet, Cavailhon, Chalot, Chapelle, Charakterzüge, Clayton, Conard, Conversation, Copin, Corvin, Da, Daulnoy, Dedenroth, Delmas, Deutsche, Deux, Devinat, Dickhaut, Dittrich, Doussaint, Dressel, Driou, Drouart, Dryander, Dubois, Ducasse, Duchâteau, Ehrenberg, Egler, Eichholz, Erinnerungen, Elpons, Erlebnisse, Emonts, Ernst, Ewald, F., Faure, Fechenbach, Feldbrief, Feldpostbriefe, Feydeau, Fitze, Folkrats, Forbes, Foubert, Fournier, Frenzel, Freytag, Fries,

---

1. Voir aussi *Histoire générale*.

Friedländer, Frietsch, Fritsch, Fritz, Furley, Ganze, Gautier, Gersdorff, Gerstäcker, Geyer, Goeverneur, Goll, Grands, Gratiolet, Grimm, Grindou, Grube, Guilbert, Guyon, Habeneck, Haberlin, Hadelbach, Halévy, Hammon, Hans, Harry, Hartmann, Hasenclever, Heigel, Helden, Herres, Herwarth, Höcker, Hofman, Homann, Ideville, Im, In, Isenburg, Issaurat, Jäger, Jahn, Jane, Jauvion, Joseph, Journal, Junius, Kadelbach, Kampfgenossen, Karcher, Kayser, Kayssler, Keysser, Kist, Klein, Kleinert, Kleinsteuber, Knollys, Koch, Krane, Krieg; Kriegs-Album, -Blätter, -Bilder, -Fahrten, -Tagebuch; Kutzner, Laacke, Lamprecht, Lang, Lauxmann, Leben, Lebensbilder, Ledeuil, Legge, Lehmann, Leibig, Leistner, Liebe, Lemas, Lenz, Lermina, Lettres, Löchner, Lonlay, Lucas, Lüders, Lustig, M., Mahalin, Maraschi, Martin, Matthes, Mauerhof, Mémoire, Memoiren, Mézières, Michel, Mohl, Mois, Moltke, Monod, Monteton, Montrond, Morard, Moret, Morin, Morot, Moser, Moulin, Moulins, Naschelsky, Naundorff, Neuville, Niemeyer, Niethammer, Nott, Oberlein, Ognier, Orton, Ott, Paillottet, Pallet, Pardeilhan, Pearson, Pe'chrzim, Pellet, Perroncel, Pessard, Pfleiderer, Pharaon, Pietsch, Pilz, Piotrowski, Pisson, Polko, Pollitz, Ponchalon, Pontmartin, Poppe, Portrait, Prentzel, Preussen, Preussens, Prey, Pröhle, Quatrelles, Quednow, Quelques, Raddert, Rangabe, Riedt, Ritterlichkeit, Roberts, Rockschossel, Rodrigues, Rohault, Rousset, Rouvier, Rupp, Russel, Ruhmeshalle, Saint, Salières, Sand, Sandherr, Sarazin, Sauvinet, Schaper, Schepers, Schmitz, Schneider, Schrattenthal, Schreyer, Schürmann, Schulenburg, Schulze, Schupp, Schuster, Schwarz, Schweizer, Schwencke, Schwerdt, Seelmann, Selbitz, Selbsterlebtes, Sepp, Sheridan, Silas, Simon, Six, Sketches, Skizzenbuch, Sonderland, Souvenirs, Special, Stanislas, Stangl, Starke, Stein, Steinacker, Steinbach, Steinberg, Sterlin, Stieler, Stier, Strodtmann, Stuart, Stumpff, T., Tagebuche, Tanera, Thalmann, Thétard, Tholin, Thoumas, Tiemann, Tiesmeyer, Tirailleur, Trailles, Türk, Turquan, Turquet, Tvä, Uhde, Uhland, Un, Unger, V., Valliez, Valserres, Vaterhaus, Vatke, Vausserie, Vauthier, Verdy, Verlit, Véron, Viefville, Vogt, Vom, Vormeng, Vottel:r, Wachenhusen, Wachs, Wacht, Wägner, Wagner, Waltz, Warnecke, Weikert, Wendt, Wickede, Wie, Wiedemann, Wilckens, Wild, Wilmowski, Winn, Wiskott, Witt, Wittich, Wülcker, Wunderlich, Zaiss, Zapp, Zehlicke, Zeitz, Zerbino, Zimmermann, Zündnadeln, Zur, Zwischen. — *Supplément*. — Aus, Barail, Bodelschwingh, Brauers, Claudin, Dunckel, Hagen, Lehmupp, Maizier, Meyer, *Moltke*, Pinget, Schürrmann.

Romans, nouvelles, contes, fantaisies. — Achard, Aimard, Amanieu, Argill, Assolant, Aunay, Aus, Aventures, Avesne, Balke, Bataille, Baudry, Bernard, Bidal, Bloy, Boisgobey, Boissonnas, Bouvier, Brennecke, Bruno, Bürger, Buisson, Chalamet, Consul, Cournier, Crambes, Cugnac, Daudet, Deroulède, Desdouits, Falvert, Flaxland, Fleuriot, French, Frey, Gaborian, Gondry, Grabowski, Grimm, Hager, Heinrich, Henty, Herbst, Herchenbach, Hesslein, Hevesi, Hilmar, Hirschfeld, Hoffmann, Horn, Hue, Humor, Immer, Immortellen, Jaubert, Joliet, Jousselin, Judicis, Kaiser, Kanonier, Kempner, Kiessling, Kock, Köhne, König, Koschwitz, Kriegsberichte, Kriegsromantik, Krömer, Laborgne, Lamotte, Leander, Leclercq, Legay, Lehautcourt, Lix, Macchiavelli, Margueritte, Marival, Mauksch, Maupassant, Monniot,

Montet, Müller, Muller, Neumann, Oswald, Pascal, Pein, Pichon, Prabonneaud, Réveilhac, Rheinfels, Richebourg, Ried, Ring, Rüffer, Rûmly, Sandeau, Sander, Scherz, Schmeling, Schmidt, Schramm, Selve, Stangl, Stark, Steinbeck, Stuckenbrock, Sutter, Tornow, Vallon, Valmont, Villemanne, Villeurs, Vosges, W., Waldersee, Waldheim, Waldmüller, Wald-Zedwitz, Walter, Wauer, Werner, Wild, Winterfeld, Wöniger, X., Zola. — *Supplément*. — Aurelle, Daudet, Liliencron, Rothenburg.

Poésies, chansons. — A., Aguilé, Alldeutschland, Altmann, Andreä, Armelin, Bader, Baehr, Baju, Balzan, Banville, Barbier, Barse, Bauermeister, Baumert, Baye, Beaufort, Benedix, Benze, Beor, Beretta, Bergerat, Bernard, Bertrand, Beuthner, Blanckarts, Blomberg, Bodenstedt, Bomel, Bonnel, Bonniol, Bork, Born, Brandenburg, Bund, Camp, Champré, Chansons, Chants, Charlot, Charot, Chevalier, Chronika, Cölln, Colas, Coppée, Corvinus, Dahn', Delpit, Deroulède, Desboutins, Deutsch, Deutschland, Deutschlands, Dichterklänge, Dieffenbach, Ditfurth, Domergue, Dorival, Ducros, Dudelsacklieder, Dugué, Ehrke, Ellisen, Ellmenreich, Elsass, Elsner, Enders, Ensslin, Erk, Evers, Eysselein, Fastenrath, Feddersen, Flügel, Foris, Fouqué, Frank, Freiheitslieder, Freytag, Fricke, Gœdeky, Gaillot, Gartz, Gedanken, Genée, Gensichen, Germania, Gerok, Gesky, Gessler, Geyer, Giessler, Giron, Grandmougin, Grandsard, Greef, Grieben, Grimaud, Grimm, Guern, Hackenschmidt, Hafner, Halfmann, Heine, Heinermann, Henschell, Hérault, Hesekiel, Heusinger, Höcker, Hoffmann, Hoffmeister, Hofmann, Holtei, Hübner, Hüll, Hugo, Huré, Hurrah, Huyssen, Jäger, Jahn, Janicke, Jastram, Jensen, Jhering, Josephy, Judlin, Julian, Jürgensen, Kameraden, Kaiserlieder; Kaiser- und Kriegslieder, Kameraden, Kannengiesser, Karve, Katsch, Kayser, Kemmler, Kirchner, Klänge, Klinck, Knapp, Knauth, Köllsch, König, Kohler, Kopp, Krämer, Krais, Kraus :, Krieg, Kriegersang, Kriegslieder, Kriegspoesie, Kriegs- und Heldenlieder, Kriegs- und Marschlieder, Kriegs- und Vaterlandslieder, Kronauge, Küchle, Küsel, Kulemann, Kutschke, Labes, Labienus, Lacaussade, Lafenestre, Laprade, Laudien, Lehmann, Leibing, Leier, Leistner, Liebe, Lied, Lieder, Liederbuch, Liederheft, Liederkranz, Limon, Lingg, Lonlay, Lunke, Manuel, Marbach, Marées, Marggraff, Marsch- und Kriegslieder, Matthies, Matz, Meissner, Mendès, Metzger, Meyern, Meyenberg, Minckwitz, Mischner, Monsterberg, Montalant, Morath, Moulins, Müller, Nacht, Netz, Nickles, Nötel, Nolde, Nordheim, Normand, Nur, Oetling, Oppenheim, Osterwald, Othen, P., Paar, Pape, Paquer, Pasig, Perronnet, Perry, Pertus, Peschel, Peyramale, Pichler, Pimodan, Planitz, Pöhlmann, Pohlmann, Poisle, Pollet, Pröhle, Rasmus, Rebillard, Redwitz, Rehbein, Reichsheer, Remy, Renaud, Richter, Riquiez, Rittershaus, Robert, Rodenberg, Rollin, Sängerkranz, Saint, Sammlung, Sanden, Schad, Schartenmayer, Scheuren, Schlag, Schlüter, Schmid, Schneckenburger, Scholz, Schröpler, Schultze, Schwarzschild, Schwertzell, Seitz, Sering, Seyffardt, Seyler, Siebecker, Siegen, Simrock, Soldatenlieder, Sommer, Sommer's, Soulary, Souvenirs, Spes, Steger, Stein, Stenglin, Sternschnuppen, Stimme, Storck, Stuckenbrock, Sturm, Talibert, Taubert, Taupin, Teuber, Tiple, Titius, Tornister-Liederbuch, Träger, Trautmann, Trebitz, Vallon, Vaterlandslieder, Viala, Victor, Viehoff, Vincke, Vogeler, Vom,

Vrignault, Wacht, Waldstedt, Weber, Weck, Weddingen, Wega, Weiser, Weisse, Weltbrecht, Weller, Westarp, Weyermüller, Wildenbruck, Wilhelmshafen, Wolff, Würdig, Zanske, Zehlicke, Zeitlieder, Zeise, Zenske, Zettel, Zusner. — *Supplément*. — Altrock, Bizet, Bruyère, Dernière, Klein, Maillot, Marchet, Steinberger, Weimann.

Discours, conférences, sermons, prédications, prières, oraisons funèbres. — Achelis, Ahlfeld, Anacker, Auerbach, Aus, Bachmann, Bärwinkel, Balke, Baar, Bender, Besson, Beste, Beyer, Beyschlag, Bieck, Bock, Boeckh, Bois-Reymond, Borbein, Braun, Brockhaus, Brook, Brückner, Bruns, Bungener, Busch, Calinisch, Carrière, Carus, Cassel, Christlieb, Christa, Coquerel, Cropp, Curtius, Dahn, Dalton, Denhard, Deroulède, Dhombres, Dienemann, Diestelkampf, Diepenbrock, Dreydorff, Ehlers, Engler, Eyers, Falckenheimer, Freund, Fricke, Friedensfest, Frommel, Funks, Gebete, Gebhardt, Gelobet, Gerhard, Giesebrecht, Glück, Goldschmidt, Gott, Gottes, Gottlieb, Greiner, Gross, Grützmacher, Hahmann, Hahn, Harder, Hauschel, Hausser, Heine, Hegel, Heidwein, Hengstenberg, Henrychowski, Herling, Herold, Herr, Herrmann, Hetzer, Hesse, Heuser, Hildebrandt, Hirsche, Höhne, Hoff, Hoffmann, Holtzmann, Huber, Huyssen, Iken, Jacobi, Jarakzewsky, Joël, Kahl, Kahnis, Kapff, Katzer, Keppel, Klügel, Kögel, Köhler, Körner, Kohlbrügge, Kottmeier, Kowalek, Krämer, Krauss, Kraussold, Kunel, Kurz, Lachemair, Laien, Lampadius, Landsberg, Langheld, Langbein, Lechler, Leffler, Legouvé, Lelotte, Liebner, Lieb, Linde, Lohmann, Luger, Lücke, Maier, Manchot, Marsperger, Meier, Meyer, Michael, Möser, Morath, Müllensiefen, Müller, Muff, Nathusius, Neubig, Neubert, Nielsen, Niemann, Noth, Otto, Peter, Petersen, Pfleiderer, Philippi, Polstorff, Portig, Pralle, Predigt, Predigten, Rabaud, Rahmer, Ramsauer, Raspe, Rehhoff, Reiser, Röttig, Rogge, Romberg, Riedloff, Rüling, Ruperti, Rupp, Sænger, Sauer, Schaffer, Scheffer, Schellenberg, Schenkel, Schian, Schillings-Bücher, Schmelzkopf, Schmid, Schollmeyer, Schott, Schoost, Schröpler, Schwabe, Schwanert, Schwarz, Schweizer, Schwencke, Sengelmann, Seybt, Siedel, Siewerssen, Silberstein, Simonsen, Spörri, Stählin, Stahr, Stein, Steinacker, Steinbach, Stier, Strauss, Stüler, Struck, Trenckle, Ulhorn, Uhlig, Urban, Ursin, Vaterland, Voigtländer, Volkening, Vorträge, Voswinckel, Weigelt, Weber, Wiesinger, Will, Wille, Wörlein, Wohlrab, Wolff, Worte, Wunderlich, Zahn, Zech, Ziel, Zimmermann, Ziesenitz, Zobel, Zschokke. — *Supplément*. — Arper, Bichmann, Hickmann, Kaiser, Lange, Lieschke, Mitschke, Wohlthat, Zimmer.

Théâtre. — Allmers, Alsace, Anno, Augier, Becker, Berger, Biedermann, Blum, Bonniol, Bork, Bunge, Champagne, Delaunay, Figuier, Gervais, Gros, Hart, Hellmers, Heylli, Heyse, Hirthe, Hoffmeister, Hopf, Horn, Jahn, Kindermann, Küsel, Lamprecht, Lange, Lehnhard, Martin, Pierné, Prillard, Raabe, Rackwitz, Radbert, Reich, Rheinprecht, Rüdiger, Salviati, Sandeau, Siedler, Sieg, Sommer, Steinbeck, Steinheuer, Stoltze, Strauss, Stuckenbrock, Thierry, Thouret, Tomey, Volger, Walter, Wechssler, Weiss, Wichert, Wild, Windschild. — *Supplément*. — Boucher, Famechon, Geisler, Hoffmann, Lange, Régis, Strauss.

Arts, sciences. — *Baudrillart*, Berleux, Chautard, Courbet, Grimaud, Jusselain, Larroumet, Lasalle, Manuel, Musikstücke, Nouel, Pierné, Reuss, Saint, Vachon, Vischer.

Bibliographie, journaux, littérature. — *Baldamus*, Baldi, *Bibliotheca*, Bismarck, Blätter, Blatt, Borchardt, Bote, Daily-News, Flugblätter, Goncourt, Henschel, Heylli, Hoch, Janicke, Journaux, Koschwitz, Kriegsblätter, -Nummern, -Romantik, -Schriftstellerei, -Zeitung, Küsel, L., Lafenestre, Lenz, Leyssenne, Maillard, Marketenderin, Nouvelliste, Opinion, Pessard, *Pobler*, Ristelhueber, Schlüter, *Schulz*, Times, Verzeichniss, Zeitung.

2. La Politique extérieure de la France et de l'Allemagne dans ses rapports avec la guerre de 1870.

Causes et préliminaires. — Adami, Albrecht, *Arkolay*, Auf, Aus, Ausbruch, *Backhaus*, Bavoux, Bedford, *Benedetti*, *Blum*, Buckenforde, Caston, *Causes*, Cherbuliez, Combes, Coup, *Darimon*, Delbrück, Denhard, Deutschland, Dilke, Döhn, Duchâtel, Essai, Feldzug, *Friedfertige*, *Girardin*, Giraudeau, Goetz, *Gramont*, *Granville*, Hahn, Hazelius, Heimweh, Heinrich, Heymann, Heyn, J., Juste, Kaiser, Köberle, Larivière, Lebrun, Legrelle, Leroux, Lux, Müldener, Numa, Oncken, Persigny, Politik, Pro, Prusse, Richaud, Riche, Rohrbach, *Rothan*, Schmidt, Scrutator, Stahr, Ueber, Verantwortlichkeit, Was, Weiss, Who, Wolff.

Ems (Incidents d'), juillet 1870. — Bedford, Blum, Heimweh, Kempner, Wahrheit.

Histoire diplomatique. — *Actes*, Angeberg, Antwort, Avesnes, Benedetti, Biermann, *Bismarck*, *Blum*, Bordier, Bus, Cazaux, Ceccaldi, Cecilia, *Cherbuliez*, Cognetti, Dhormois, Diguet, Drapeyron, Europa, *Favre*, *Fidus*, Flobert, France, Franck, Frankreich, Franzosen, Freudenfeldt, *Friedfertige*, Gabriac, Galembert, Gasparin, Gramont, Grant-Duff, Grey, Grécourt, Gross, Haussonville, Heimweh, Hillebrand, Hippeau, Hœven, Indiscretionen, Jacquemont, Juste, Klopp, Lallemand, Lamarquerouge, Larocque, Löwenthal, Mayer, Meding, *Memor*, *Napoléon*, Nolte, *Papers*, Pillet, Poujade, Rauchfuss, Richaud, *Rothan*, Saint, Schmeidler, Schramms, Sehring, *Sorel*, Ungeheuer, *Valfrey*, Wahrheit, *Washburne*. — *Supplément*. Gabriac.

Neutres. — After, Am, Améro, Berufung, *Beust*, Beziehungen, Co, Colonie, *Correspondence*, Dœdes, Europa, *Favre*, Flobert, Frage, Frankreich, Gratiot, Hœven, Jacquemont, Jacques, Jahr, Mézières, Michelet, Monnier, *Neutralen*, Newmann, Œsterreich, Olendski, Périlhou, Quel, Ravold, *Rothan*, Russel, Russland, Schmeidler, Schmitz, Schulze, Seyler, Sinclair, *Valbert*, Villari, War, Weiss, Worte.

Angleterre. — After, Améro, Frage, Gratiot, Russel, War.

Autriche-Hongrie. — Am, Beust, Beziehungen, Jacques, Neutralen, Oesterreich, Schmitz, Worte.

États-Unis. — Ravold.

Grèce. — Mézières.

Italie. — Dœdes, Nigra, Pichereau, Reyntiens, Rothan, Schulze, Valbert, Villari.

Luxembourg (Grand-Duché de). — Correspondance, Frage, Rothan, Weiss.
Russie. — Olendski, Périlhou, Russland. — *Supplément.* Gabriac.
Suisse. — Keller, Lavenay, Meylan, Monnier, Paroles, Rapport, Silvestro, Thalmann, Wort, Züricher.
Armistice et occupation. — *Cresson,* Gedenkbuch, Heylli, Mensonge, Mirbach, Parmentier, Pendant, *Tage,* Trois, Vormeng, Yriarte.
Traités entre la France et l'Allemagne. — Ahlfeld, Angeberg, Baur, Bédollière, Beitrag, Böttcher, Bohlmann, Changarnier, Choiseul, *Conditions,* Coninck, Deutschland, Dupont, Friede, Friedensfeier, Friedensfeste, Friedenskarte, Friedenslieder, *Friedensvertrag,* Fuchs, Fürst, Gelobet, Gerok, Grosdidier, Grotzfeld, Gutzkow, Hetzer, Heu, Heyse, *Historicus,* Kiepert, Koller, Lande, Lang, Leeder, Maistre, Malfatti, Mémoire, *Moltke,* Paix, Pétavel, *Recueil,* Robillard, Roy, Schramm's, Schulze, Siegesfeierlichkeiten, Sturm, Sybel, Treitschke, *Valfrey,* Worte, Zobel, Zum, Zur. — *Supplément.* — Dupanloup.
Annexion de l'Alsace-Lorraine [1]. — About, Aimard, Badewitz, Baju, Beaujort, Bénard, Bergerat, *Bismarck,* Bernhardi, Bœkh, Briesen, Chalamet, Chambord, Champagne, Charbonnier, Chatillon, Copin, Delaforest, Deutschtum, Dittrich, Dominique, Dubail, Duchâteau, Dumont, Dupont, Dusacq, Elsass, Erckmann, Frantz, Fried, Friede, Fustel, Gasparin, Gervais, Görwitz, *Grad,* Grenzgebiete, Gressler, Grosdidier, Guyon, Haas, Hackenschmidt, Handtke, Heimweh, Hepp, Hirsch, Hoyns, Hutzelmann, Jacot, Joseph, Judlin, Jullien, Kiepert, Kronmayer, Lamotte, Land, Lange, Laurov, Lenz, Lepage, Lévy, Lichtenberger, Liebenow, Löher, Lorenz, Magg, Mahalin, Maurenbrecher, Maurer, Menzel, Meyer, Meyer's, Mézières, Michiels, Molitor, Müller, Murailles, Nicot, Novicow, Oberlin, Ott, Patiens, Pendant, Périmon, Petermann, Pfister, Prussiens, Rappolstein, Rasch, Ribeaupierre, Ristelhueber, Robert, Robillard, Schmidt, Schneider, Schoebel, Schuré, Solling, Sorin, Specialkarte, Spitz, Stæhling, Steger, Steinbach, Stricker, Szahany, Tableau, Tiple, Treitschke, Ufinger, Vetter, Volger, Waldmüller, Wagner, Warnod, Watterich, Well, Wendling, Wernecke, Weyermüller, Witz, Wohlwill, Wœrl, Wunderlich, Zur. — *Supplément.* — Bizet, Bournand, Haussonville, Hoffet, Ignotissimus, Rouard, Weimann, Wessenhœffer, Wirth.
Droit des gens. — Atrocities, Blodhundene, *Bluntschli,* Comment, Condé, Dahn, Daubant, Greuelthaten, Gruwelen, Guerre, How, Marteau, Opzoomer, Platon, Recueil, Ritterlichkeit, Robillard, Rolin, Studien, Sutherland, Trendelenburg, Tydske, Tyska, Vavasseur, Violations, Waxel, Wie.
Internationale (l'Association) des travailleurs. — Bürgerkrieg, Desdouits, Séances, Testut.

3. Politique intérieure de la France et de l'Allemagne dans ses rapports avec la guerre de 1870.

Politique intérieure de la France. — Avesnes, Avis, Bordeaux.
Napoléon III, l'Empire. — *Actes,* Amiable, Amigues, Andreä, Anglemont,

---
[1]. Pour chaque nom propre, il y a lieu, en outre, de chercher ce nom dans la 1re partie.

Armée, B., Bonaparte, Bonapartisme, Borbein, Bürger, *Carette*, Cassagnac, Daner, Darimon, Davous, Dernier, Ebeling, Empire, Enthüllungen, Erckmann, Esquirou, Frohberg, Garnier-Pagès, Gefangenneming, Giraudeau, Goetz, Gottschall, Gross, Guéronnière, Henrychowsky, Hopf, Horn, Hugo, Humoristika, Infâmes, Jahre, Juste, Kaiser, Kaiserreich, Kretzschmar, Kutschke, Labienus, *Lano*, Leben, Leclercq, Louis, Magen, Marfori, *Maugny*, Meding, Mels, Michiels, Moulin, Moulinet, Napoléon, Neide, Nemo, Norden, Notariats, Oetling, Oger, Page, *Papers*, *Papiers*, Pim, Pinard, Pointu, Poupin, Räthselbilder, Rasch, Raspail, Reide, Riche, Richier, Ring, Rode, Roo, Rougemont, Saint-Marc, Sanden, Schneider, Schrattenthal, Schreibebrief, Segesser, *Simon*, Simson, Souvenirs, Suicide, Sybel, Tascher, Testament, Thieme, Todten, Touchatout, *Trochu*, Viefville, Wagener, Walther, Was, Werner, Wilmet, Wolff, X. — *Supplément*. — Delbrück, Feuillet, Labbé, Lamy.

L'impératrice Eugénie, la Régence. — Abrantès, *Actes*, Bouscatel, Briefwechsel, *Carette*, Dernier, *Documents*, Dusolier, Eugénie, Eugeniens, Gastineau, *Hérisson*, Imbert, Impératrice, Kaiserin, *Lano*, Marfori, Mühlfeld, Napoleon, *Palikao*, Pointu, Rögge, Rolla, Sumner. — *Supplément*. — R.

Palikao (Général de). — Documents.

Le Quatre Septembre. — *Actes*, Avant, Azamat, Beaujan, Boinvilliers, Caillé, Callet, Delafosse, Dernier, Deschamps, Dhormois, *Dréolle*, Dugué, *Duquet*, Dusolier, *Fidus*, *Hérisson*, Imbert, Impératrice, Journal, Kolb, Liégeard, Littré, Mazade, *Ollivier*, Pinard, Point, Pointu, Quatre, Ratouis, Rochefort, Saint-Genest, Sardou, Seigneur, Simon, Tascher, Vitu.

Gouvernement de la Défense nationale. — *Actes*, Amigues, Andréoli, Audiganne, Blanc, Blond, Brame, Bulletin, *Cassagnac*, *Décrets*, Delafosse, Dugué, Dupont, Dusolier, Esbeufs, *Favre*, France, Gardane, Girardin, Giraudeau, *Glais-Bizoin*, Grenville, Guillemin, Guizot, *Hérisson*, Jolly, Joly, Journal, *Kératry*, L., Leverdays, Malarce, Mazade, Montferrier, *Ollivier*, *Pelletan*, Petit, Pinard, Poiret, Raibaud, *Recueil*, Rendez, Révélations, Rivière, Rochefort, Rogat, Sarcus, Seigneur, *Simon*, *Steenackers*, Table, Taillebois, *Thiers*, Troska, Vérité, Vitu, X.

Délégation de Tours et de Bordeaux. — *Actes* (Boreau-Lajanadie et Perrot), Brandat, Bulletin, Bus, Crémieux, Décrets, Dupont, Glais-Bizoin, Kunz, L., Malarce, Montferrier, Rivière, Taillebois, Thoumas.

Jules Favre. — Antwort, Benoît-Lévy, *Bismarck*, Dubu, *Favre*, Heylli, *Hérisson*.

Freycinet (Ch. de). — Freycinet, Lange.

Gambetta. — Audiganne, Barbou, Barse, Béraud, Bernard, Blandeau, Cassagnac, Castellane, Chanonie, Deschaumes, Gambetta, *Goltz*, Gomber, Grandlieu, Guerre, L., Laffitte, Maquest, Martin, Neucastel, Ratzenhofer, *Reinach*, Rouquette, Seigneux, Sulzberger, Thurat, Timon, Tournier, Wie.

Thiers. — Castellane, Couturier, Frank, Gardane, Guéronnière, Heylli, Histoire, Lacombe, Lux, Maquest, Mazade, Richaud, *Simon*, Thiers, Viala, Vinols. — *Supplément*. — Arçay.

Trochu (Général). — *Voir* 6.

Assemblée nationale. — Bondot, Frank, Vinols.

Commune de Paris. — Voir 6.
Sud-Ouest (Ligne du). — *Actes.*
Politique intérieure allemande. Restauration de l'Empire allemand. — An, Arkolay, Baumgarten, Baumstarck, Becker, Bismarck, Clason, Einigung, Ewald, Frage, Gielmester, Hahn, Jahn, Kaisserreich, Koller, Kremer, Ledersteger, Lindner, Mayerfels, Minckwitz, Mohl, Oelsner, Prusse, Reyntiens, Reinprecht, Rommel, Rovenhagen, *Saint-René,* Schmettau, Schumann, Schwarz, Süddeutsches, *Sybel,* Thamm, Tœche, Ueber, Vogt, Volkskundgebung, Welche, Weller, Wunderlich, Zehlicke, Ziele. — *Supplément.* — Rogge.

*Guillaume I*ᵉʳ*, roi de Prusse et empereur allemand.* — Adami, Adolf, Altmann, Anders, Anemüller, Bast, Becker, Berger, Bœkh, Boyle, Brachvogel, Brandrup, Buchner, Christian, Dahn, Disselhoff, Dorenwell, Dove, Egelhaaf, Ehrke, Elm, Erinnerungen, Fitzner, Forbes, Frohnmeyer, Fülleborn, Gansen, Garlepp, Gedenkbuch, Hahn, Heckel, Höcker, Hoffmeister, Huyssen, Jahn, Jahnke, Kaiser, Kaiserbüchlein, Klee, Knapp, Köhler, Krüger, Kugler, Lavisse, Löbell, Löhbach, Meding, Minckwitz, Montalant, Mülheim, Müller, Neubauer, Ohly, Oncken, Otto, Petsch, Peyramale, Pfister, Planken, Quade, Reden, Repp, Robolsky, Rogge, Rohde, Rougemont, Sanden, Schlüter, Schmidt, Schmitz, Schneider, Scholz, Schröder, Seidel, Sellmer, Siegenstrasse, Simon, Skubovius, Stenzler, Sybel, Thamm, Thomas, Tischer, Tœche, Treitschke, Trog, Verdy, Vogeler, Vogt, Waner, Weber, Weitbrecht, Wiermann, Wilhelm, Wille, Wildenbruch, Wilmowski, Winterfeld, Wolff, Wünschmann, Zander, Zastrow, Zur. — *Supplément.* — Kügelgen, Rönneberg, Rogge, Scherenberg, Schumann, Westenhœffer, Wilhelm[1].

Comte, prince de Bismarck. — Allers, Arendt, Bast, Bewer, *Bismarck,* Blum, Bornhak, Brachvogel, Buchner, Bülow, *Busch,* Dahn, Delley, Denkwürdigkeiten, Dronsart, Elm, Evers, Flobert, Garlepp, Görlach, Gœtz, Guéronnière, Hahn, Hermann, Hertwig, Hesekiel, Heylli, Hocker, Höcker, Hoffmeister, Jädicke, Jahnke, Juste, Klee, Köhler, Köppen, Kohl, Lehnhard, Loë, Lord, Lowe, Michiels, Miranda, Müller, Müller-Bohn, Nardini, Ohly, Ohorn, Oncken, Paix, Petsch, Peyramale, Proust, Quade, Reyntiens, Rössler, Rogge, Schleusner, Schlüter, Schmidt, Schröder, Schulze, Sehring, Seinguerlet, Servus, *Simon,* Sonnenburg, Stegmann, Strecker, Thomas, Trenck, Westarp, Wiermann, Wippermann, Wunderlich. — *Supplément.* — Bamberger, Kriens, Labbé, R.

4. L'armée du Rhin; opérations de l'armée du Rhin.

Généralités, divers. — Album, Algermissen, Almanach, *Andlau,* Armée, Aviant, B., Batailles, Bellows, Betrachtungen, Blocus, Blokade, Bræstrup,

---

[1]. Un grand nombre d'autres ouvrages ont été consacrés à l'empereur Guillaume, surtout au moment de sa mort, mais ils n'ont aucune valeur historique en ce qui touche la guerre de 1870. Il en est de même pour certaines brochures au sujet du prince de Bismarck, qui concernent plutôt son rôle après la guerre qu'avant ou pendant celle-ci.

Branchard, Brugnon, Bussler, Campagne, Capitulation, Cardinal, Carnet, Carte, Chabert, Champsaur, *Changarnier*, Chanloup, Coste, Cramm, *Deligny*, *Duquet*, Erste, *Failly*, *Fay*, Feldzug, Firkhs, Fleurigny, Franklyn, Godins, Gratiolet, Grenier, *Guerre*, Guilin, H., Helden, Histoire, Instructions, Jarras, Karte, Kaupert, *Krieg*, *Kunz*, Lang, Lonlay, Max, *Metz*, Montferrier, *Moniluisant*, N., Porro, Premiers, *Quesnoy*, Robinson, Rousset, Sarazin, Schlachten, Souvenirs, Spoll, Steff, Taubert, Théâtre, Thomas, Tour, Verdy, Vorschriften, Watson, Wüst, Yvert, Zoller. — *Supplément*. — Barail, Pinget.

Plans d'opérations français et allemand. — Ducrot, Feldzugsplan, Guerre, Kriegsschauplatz, Operationsplan. — *Supplément*. — Lebrun, Verdy.

Amanvillers (lignes d'). — *Voir* Saint-Privat.

Bataille (Général). — Lévis.

Bazaine (Maréchal). — *Acte*, *Affaire*, Affaires, Agonie, Alexandre, Allenet, Almanach, *Andlau*, Armée, Aviant, B., Barral, *Bazaine*, Bédollière, Belin, Belle-Croix, Brackenbury, Breton, Brialmont, Brugère, Brugnon, Busnelli, Campagne, Causes, Coup, Dalichoux, Dalsème, Dillaye, *Documents*, E., Fallet, *Faure*, Fiahlo, Forbes, Gizycki, Godins, Guéronnière, H., Hænle, *Hannecken*, Harriet, Hérisson, Histoire, Humoristika, Huré, Justification, Lilliehöök, Maquest, Martin, Mirabeau, Nazet, Pichereau, Plan, Porro, *Pourcet*, *Procès*, *Proces*, *Processo*, *Prozess*, R., *Régnier*, Rivières, Roiffé, Stavenhagen, Souvenirs, *Stoffel*, Stompor, Trahison, Trianon, Truchy, *Valfrey*, Was. — *Supplément*. — Kunz.

Borny (Colombey-Nouilly), 14 août 1870. — Gefechtsfelder, Hale, Hédin, *Hoffbauer*, Lonsdale, Rüdgisch, Schlachten, Winn. — *Supplément*. — Darstellung.

Canrobert (Maréchal). — Bournand, Félix, Grandin, Hennet, Lonlay.

Capitulation de Metz. — Affaire, *Bazaine*, Blocus, *Coffinières*, Crist, *Duquet*, Histoire, Jourdy, Lettres, Marchal, Nazet, Roiffé, Rossel, Sander.

Changarnier (Général). — Armée, Documents.

Coffinières (Général). — Godins, Histoire.

Colombey-Nouilly. — *Voir* Borny.

Decaen (Général). — Pothé.

Ducrot (Général). — Plane, Rolland, Wimpffen.

Failly (Combat, 31 août 1870). — *Einzelschriften*.

Forbach. — *Voir* Spicheren.

Fræschwiller (Wœrth, Reichshoffen), bataille, 6 août 1870. — Armelin, *Artillerie*, Bataille, Beck, Bergerat, *Boguslawski*, *Chalus*, *Duquet*, Folgerungen, G., Gasselin, Gefechtsfelder, Guide, Gümbel, Guide, Hérault, *Hoffbauer*, Horning, Hugonnet, Journée, Kämmel, Keim, Klein, Krieg, Kunz, Lanusse, Leer, Leo, *Martin*, Matthaï, Mayer, Monzie, Nienstädt, Paquer, Perroncel, Reichshoffen, Relation, Saint-Genest, Scheib, Schiller, Schirmer, Schlacht, Scholz, Skizze, Skizzen, Tornow, Toudouze, Trenkle, Wanderungen, Wissembourg, Wörth, Zoller. — *Supplément*. — Frœschwiller, Granier, Kärtchen, Mitschke, Ruff.

Frossard Général). — Metmann, Montaudon.

Gibon (Général). — Bouvier.

Gravelotte (Vionville, Rezonville, Mars-la-Tour, 16 août 1870). — Anniversaire, Aveta, *Bazaine*, Besser, Bonnet des Tuves, Cavalerie, Cvitkovié, *Duquet*, *Einzelschriften*, F., Fisch, Grands, Hale, Haupt, Hédin, Helmuth, Hönig, *Hoffbauer*, Infanterie, Kähler, Kämpfe, Knox, Krieg, Kriegstage, Krohne, Lehmann, Leroy, Liebe, Lonlay, Lonsdale, Planitz, Rezonville, Rüstow, Schaumann, Scherff, Schlachten, Schlachtenwerke, Schneidewin, Schubert, Skizzen, Studie, Toudouze, Tumerel, Turinaz, Waldstätten, Wedell, Wildenbruch, Winn, Wittich, Witzleben, Wodtke, Wolff, Zoller. — *Supplément*. — Boucher, Darstellung.

Investissement de Metz. — B., Baczko, *Bazaine*, Blocus, Blokade, Chabert, Chanloup, Coster, Cramm, Crist, Dalichoux, Denkmäler, Djemyl, *Duquet*, Durand-Dassier, Einschliessung, Erinnerungen, Firckhs, Fischer, Fleurigny, Franklyn, Führer, G., Godins, Goetze, *Goltz*, Grellois, Guilin, H., Hédin, Heinrich, Hérisson, Hirthe, Histoire, Imbert, J., Jauvion, Kaupert, Knollys, Krieg, Kunz, Lettres, Leurs, Liebach, Marchal, Max-Thomas, Mémoires, Natzmer, Nazet, Nikoulichtchiev, Operationen, Opérations, Oswald, Paulus, Perrot, Petermann, Petersen, Philibert, Pichereau, Plan, Rambaud, Robinson, Sander, Schneider, Siège, Specialkarte, Spoll, Steff, Stranzky, Stuckrad, Talibert, Taubert, Terrain, Travaux, Viausson, Villenoisy, Watson, Westphal, Wüst, Zur. — *Supplément*. — Bleibtreu, Darstellung, Gordon, *Kunz*, Scherff, Thomas.

Lachaud (Avocat). — Procès.
Laveaucoupet (Général de). — Faye.
Lebœuf (Maréchal). — Brackenbury.
Mac-Mahon (Maréchal de). — Berry, Brackenbury, Daudet, Estienne, Grandin, Hennet, Montbrillant, Pellion, Préville, Stoffel.
Mars-la-Tour. — *Voir* Gravelotte.
Noisseville (31 août-1er septembre 1870). — *Duquet, Einzelschriften, Hoffbauer, Kunz*, Zimmermann. — *Supplément*. — Memerty, Scherff, Vor.
Pont-à-Mousson (Combat, 12 août 1870). — Margueritte, Reconnaissance.
Reichshoffen. — *Voir* Froeschwiller.
Rezonville. — *Voir* Gravelotte.
Rivières (Général de). — Bazaine, Procès.
Saarbrücken (Combat, 2 août 1870). — Erlebnisse, Hermann, Hirthe, Ruppertsberg, Vorposten. — *Supplément*. — Granier.
Saint-Privat (Gravelotte, Amanvillers, 18 août 1870). — Aufzeichnungen, Aveta, Badel, *Bazaine, Bonnet*, Cavalerie, *Duquet*, Episode, Estorff, Goulette, Haupt, Hédin, Helmuth, *Hessen*, Hessert, *Hœnig, Hoffbauer*, Knox, Krieg, Lonlay, Lüders, Scherff, Schlachten, Skizze, W., Winn, *Wittich*. — *Supplément*. — Darstellung, Gnügge.
Sarreguemines. — Wolf.
Servigny (Combat, 31 août 1870). — *Einzelschriften*.
Spicheren (Forbach, bataille, 6 août 1870). — Bataille, Beck, *Einzelschriften*, Fremdenführer, Führer, *Frossard*, Gefecht, Gefechtsfelder, Henderson, Journée, Krieg, *Kunz, Martin*, Mayer, Metman, Montaudon, Nienstädt, Ruppertsberg, Skizze, Skizzen, Tendering, Treffen, Vorposten, Well, Winn, Zeruin. — *Supplément*. — Kunz, Granier.
Vionville. — *Voir* Gravelotte.

Wissembourg (Combat, 4 août 1870). — *Artillerie*, B., Beck, Cavalerie, *Chalus*, Crevaux, D., Delaunay, Ducrot, *Duquet*, Führer, G., Gasselin, Gefecht, Gefechtsfelder, Hepp, *Hoffbauer*, Kämmel, Krieg, *Martin*, Plan, Scheib, Skizze, Skizzen, Véling, Wanderungen — *Supplément.* — Granier, Kärtchen, Ruff.
Warth. — *Voir* Fræschwiller.

5. Armée de Châlons : opérations de l'armée de Châlons.

Généralités, divers. — Achard, Armagnac, Armée, Armee, Bastard, Campagne, Cavallerie-Divisionen, *Chalus*, Dumont, *Failly*, *Fay*, Feldzug, H., Histoire, Hoffmann, Hooper, Joubert, *Kunz*, Lebrun, *Lehautcourt*, Lonlay, Märsche, Motz, N., Napoleon, Pietrowski, Puaux, Reicher, Sarazin, Vingt, Wissembourg. — *Supplément.* — Fræschwiller.
Balan. — Fouquet, Grand-Didier.
Bazeilles. — Bastard, Bazeilles, Leflon, Mary, Pilard, Plançon, Scènes. — *Supplément.* — Dernières.
Beaumont (Bataille, 30 août 1870). — Bastard, *Defourny*, *Hoffbauer*, Krieg, Molnar, Plan, Situationsplan, Specialkarte. — *Supplément.* — Vor.
Busancy (Combat, 27 août 1870). — Civry.
Floing. — Fischer.
Galliffet (Général de). — Etiévant.
Mac-Mahon (Maréchal de). — *Voir* 4.
Margueritte (Général). — Division, Gavard, Margueritte, *Philebert*, Vautrey.
Nouart (Combat, 29 août 1870). — *Supplément.* — Mayerhoffer.
Retraite de Mézières. — Ducrot, Ernouf, Jacquelot, Nienstædt, Rückzug, Yriarte. — *Voir* 13ᵉ corps.
Sedan (Bataille, 1ᵉʳ septembre 1870, et capitulation). — A chacun, Armées, Aus, Bastard, Bataille, Bazeilles, Belle-Croix, Beta, Bismarck, Bleibtreu, Brückner, Bussche, Campagnes, Causes, Civry, Claretie, Corra, Dernier, Deschaumes, Diehl, Division, Documents, Dömling, *Ducrot*, *Duquet*, Erinnerungen, Fitz, Franquet, Friederici, G., Gaisenberg, Gizycki, Gollnisch, Granddidier, Grands, Grünewald, Guillery, Habeneck, Hahmann, Hart, Helmuth, Henrychowsky, Histoire, *Hoffbauer*, Hoffmann, Jensen, Journée, Kämmel, Kindermann, Klein, Knollys, Knox, Krieg, Küsel, Lamprecht, Lang, Lange, Lanusse, Laurillard, Lemonnier, Lux, Margot, Merchie, Napoleons, Neide, Nienstædt, P., Pajol, Pläne, Plan, Plançon, Rapport, Restorff, Rouy, Schlachtenwerke, Schubert, Sedan, Situationsplan, Skizze, Specialkarte, Srajenié, Tag, Trog, Tunkpling, Ursachen, Vérité, Wildenbruch, *Wimpffen*, Wissembourg, Zanelli, Zehlicke — *Supplément.* — Vor.
Wimpffen (Général de). — Plane, Procès.

6. Opérations autour de Paris ; siège de Paris.

Généralités, divers. — Abrest, Achard, Actes, Ahlfeld, Almanach, Ambert, Andreä, Anglade, Anglais, *Annenkoff*, A Paris, Arago, Arnauld, Arsac, Assedio, Astrié, Auger, B, Bacon, Baron, Bauer, Beaujan, Befestigung,

BIBLIOGRAPHIE DE LA GUERRE DE 1870-1871.

Bellier, Belagerung, Belly, Beluze, Berger, Berlin, Berthelot, Besson, Bingham, Biotière, Blum, Bocquillon, Böhm, Boisgobey, Bombardement, Borel, Borrego, Bossant, Bourdier, Bowles, Brennecke, Breslau, Brun, Brutte, Cadol, Camp, Carte, Ceccaldi, Chaix, Chausson, Chevalet, *Chronique*, Claretie, Conférence, Coppée, Coquerel, Cornudet, Cosseron, Courteline, Dabot, Dalsème, Daudet, Decaux, Défense, Dejoux, Delalain, Delondre, Deramey, Deschaumes, Deux, Devoille, Dewailly, Dhombres, Diary, Disproses, Drapeyron, Drost, Drumont, Duchenne, *Ducrot, Duquet*, Duruy, Einiges, Einnahme, Einzug, Environs, Evans, F., Faits, Faure, Festungswerke, *Fidus*, Fleurlot, Flourens, Fosse, François, Frommel, G., Gallus, Geldern, Generalstabskarte, Gilardin, Gilbert, Giraux, Godefroy, Goepp, Gœtze, Gourju, Gratiot, Grenier, Habeneck, Heinrich, Henryot, *Hérisson*, Heyde, Heylli, *Histoire*, Höhenschichtenkarte, Hozier, Hussenot, Inside, Jacquet, Jaubert, Jezierski, Joguet, Jordan, Jouaust, Joulin, Journal, Jouvencel, Justice, Kaiser, Karte, Keller, Kerneu, Kock, Krieg, L., Labouchère, Lacroix, Lamber, Larchey, Lecour, Lecoy, Lemelle, Leontiev, Linder, 'Livret, Löwe, Loudun, Louis, M., Macdowall, Magdeburg, Malh, Mall, Mamelin, Maquest, Maraschi, Marthold, Martin, Matuszewicz, Mazères, Meffray, Meinhardt, Mérigot, Mesnil, Mesureur, Michel, Michell, Millié, Mitchell, Moland, Molnar, Mon, Monestrol, Montvaillant, Moret, Morland, Morot, Motet, Muschart, Natale, Neukomm, Neumann, Nevo, Noriac, Opérations, Opinion, Panafieu, Panorama, Pape, Paris, Parij, Pascal, Petersen, Picot, Pictures, Pierotti, Piqué, Plan, Plaza, Pirscher, Plein, Plêt, Profils, Quépat, Quinet, R., Rademont, Rampal, Rangabe, Rathgen, Ravenstein, Rendu, Revanche, Reybaud, Robinet, Robolsky, Rod, Rodrigues, *Roncière*, Rouffiac, Rousse, Roussel, Rousset, Roux, Rue, Sage, Sagnier, Saint-Félix, Sandmann, Sarazin, *Sarcey*, Sarchi, *Sarrepont*, Schneider, Schott, Schüler, Schulze, Sebran, Sénéchal, Sénévas, Sheppard, Siège, Situation, Sorin, Souvenirs, Spezialkarte, Sponzilli, Stadt, Sutter, Sydow, *Tablettes*, Tage, Ténot, Travaux, Trois, *Trochu*, Ueber, Uebersichtsplan, V., Vachon, Vallières, Verdier, Verlit, *Veuillot*, Viefville, Villenoisy, Villiers, Vinoy, Vio, *Viollet-le-Duc*, Vismara, *Vitet*, Vor, Walter, Watt, Wauwermans, Wey, Whitehurst, Wissembourg, Woodall, Wyrouboff. — *Supplément.* — Claudin, Marine.

Aérostats, poste. — Voir 17.

Alimentation. — Arnauld, B., Berte, Chauvier, Cuisinière, Decaux, Dubois, Legoyt, *Molinari*, Morillon, Olbrecht, *Rapport*, Riche, Saint, Salbat.

Alphand (Ingénieur). — Massillon, Rouvet.

Ambert (Général). — Faye.

VIIIe Arrondissement. — Denormandie.

IXe Arrondissement. — Dolivet.

Aulnay. — Weber.

Blanc-Mesnil. — Weber.

Bagneux (Combat, 13 octobre 1870). — Befestigung, *Duquet*, Ludre.

Baroche (Commandant). — O'Zou.

Bellevue (Redoute). — Plan.

Bibliothèques. — Baudrillart.

Billancourt. — Gentil.

Bombardement. — Beschiessung, Bombardement, Dalsème, Delondre, Dreyfus, *Einzelschriften,* Fleuriot, Husson, *Sarrepont.*
Bougival. — Avenel, Grange.
Bourg-la-Reine. — Feilitsch.
Bourget (Le), combats, 28-30 octobre 1870. — Aubert, Baroche, Bellemare, Caise, Dichard, *Duquet,* Elsholz, Hanrion, *Kunz,* O'Zou, Plan, Ut — *Supplément.* — Lehautcourt.
Buzenval (Montretout, Mont-Valérien, combat, 19 janvier 1871). — Ceccaldi, Equilly, *Kunz,* Mahalin, Notice, Rochethulon.
Capitulation. — Einzug, Hausser, Matuszewicz, Maurin.
Cartes. — Berlin, Breslau, Carte, Höhenschichtenkarte, Karte, Plan, Spezialkarte, Uebersichtsplan.
Châtillon (Combat, 19 septembre 1870). — Certans, *Duquet,* K., Wissembourg.
Champigny (Villiers, 30 novembre-2 décembre 1870). — Combats, Ducrot, Favé, Fleury, G., Garde, Gefechte, Hoffmann, Kaiser, *Kunz,* Lefebvre, Neddy, Niepold, *Niethammer,* Piérart, Ravenel, Récit, Schmid, Villiers, Zimmermann.
Chevilly (30 septembre 1870). — *Duquet,* Quistorp.
Clubs. — Desmarets, Laborde, *Molinari.*
Commune de Paris. — Andréoli, Arsac, Bürgerkrieg, Chausson, Chevalet, Darlet, Dubois, Duret, Duruy, Fons, Gerspach, Guéronnière, Guerre, Joulin, Journal, Histoire, Hozier, Larocque, Leverdays, Lissagaray, Loudun, Malon, Marchal, Morot, Reinprecht, Rochefort, Rome, Rouffiac, Saint-Victor, Schneider, Sempronius, Tirailleur, Veuillot, Vinoy, Washburne. — *Supplément.* — Lissagaray.
Corbeil. — Wardenburg.
Double-Couronne (fort). — Bordée.
Ducrot (Général). — *Voir* 4.
Dugny. — Elsholz.
Élysée (Palais de l'). — Basset.
Épinay-sur-Seine (Combat, 30 novembre 1870). — Orse.
Est (Fort de l'). — Bonhomme.
Ferrières (Entrevue). — Heylli.
Ferté-Alais (La). — Milliard.
Fortifications. — Befestigungs, Belagerungs, Bellier, Conférence, Faure, Festungswerke, Picot, Plan, Ténot, Vandevelde.
Forts (Les) de Paris. — Bonhomme, Bordée, Brunon, Moussoir.
Garches. — Bourdereau.
Grancey (Colonel de). — Gautrelet.
Hay (Combats de l'), 30 septembre, 29 novembre 1870. — Allier, *Duquet.*
Huit octobre. — Ratouis.
Lagny. — Legris.
Malmaison (Combat de la), 30 septembre 1870. — *Duquet, Quistorp,* Wissembourg.
Meaux. — Morot.
Melun. — Julliot.

Montmesly (Combat, 29 novembre 1870). — Niepold, Schmid.
Montmorency. — Leclaire.
Montretout. — *Voir* Buzenval.
Montrouge (fort). — *Supplément*. — Daudet.
Mont-Valérien (fort). — Moussoir. — *Voir* Buzenval.
Nemours. — Roux.
Neuilly. — Heylli.
Pin (Le). — Deramey.
Politique, état moral. — *Arago*, Cernuschi, Clamageran, Denormandie, Laborde, Legouvé, *Molinari*, *Trochu*.
Pothuau (Amiral). — Barbou.
Prostitution. — Lecour.
Provins. — Bourquelot, Lenoir, Rogeron.
Roncière le Noury (Amiral baron de la). — Jancigny.
Saint-Chéron. — Notice.
Saint-Cloud. — Rathgen, Stair, Vachon.
Saint-Denis. — Heylli, Mirbach, Roussel.
Seine-et-Marne. — Mun, Offroy.
Seine-et-Oise. — Allemands, Desjardins, Jacquemont, Jaime, Milliard, Notice, Vian.
Service de santé. — Ambulances, Auger, Benoist, Conseils, Delpech, Job, Joulin, Lévy, Leven, Motet, Peltier, Perrot, Piedagnel, Sueur, Verdier.
Six novembre (Nuit du). — Gratiot
Stains. — Elsholz.
Trente et un octobre. — *Duquet*, *Lefrançais*, *Millière*, Nuit.
Trochu (Général). — Armée, Bienvenu, Borrego, *Documents*, Dombrowsky, Gattier, Lettre, *Procès*.
Vanves (fort). — Brunon.
Vaugirard. — Prampain.
Versailles. — Bismarck, Brunox, Cherliez, Darien, Dieuleveut, Fischer, Hazen, Jacquemont, Jaime, Kirchner, M., Pigeonneau, *Rapports*.
Villa-Evrard (Combat, 21 décembre 1870). — Favé.
Villiers (Bataille). — *Voir* Champigny.
Viollet-le-Duc (Architecte). — Massillon, Rouvet.
Wagons blindés. — K., L., Panzerwagen.

7. Les opérations dans le Nord. Armée du Nord.

Généralités, divers. — Almanach, Artillerie, Betrachtungen, Bouchet, Campagne, *Daussy*, Deschaumes, *Faidherbe*, Feldzug, Geschichte, Gensoul, Gœben, Guilin, Kanappe, Kavallerie, *Kunz*, *Lavisse*, Lecomte, *Lebautcourt*, Louvet, M., Note, Opérations, *Rappe*, Seton, Vertheidigung. — *Supplément*. — Pinget.

Abbeville. — Prarond.
Aisne. — *Fleury*, *Lavisse*, Six, Zeller.
Amiens. — Capitulations, Daussy, Note, Parmentier.

Amiens, Villers-Bretonneux (Bataille, 27 novembre 1870). — Fiquet, Gefechte, Jouaucoux, Kleist, *Lehautcourt*, Malachowski, Note, Notice, Pécourt, Récit, Schlacht, Viénot.

Bapaume (Combat, 2, 3 janvier 1871). — Histoire, *Lehautcourt*.

Beauvais. — Bellou.

Cachy (Combat, 27 novembre 1870). — Jouaucoux.

Cambrésis. — Vassart.

Chantilly. — Valliez.

Faidherbe (Général). — B., Brunel, Cadot, *Daussy*, Fulcrand, *Lehautcourt*, Pferd, Saint.

Fère (La). — Belagerung, Capitulations, *Lehautcourt*, Rapport, Rekognoscirung.

Forge (Anatole de la). — G., L.

Grandvilliers. — Occupation.

Guise. — Capitulations, Rapport.

Hallue (L'). — *Voir* Pont-Noyelles.

Hébécourt (27 novembre 1870). — Fiquet.

Ham. — *Supplément*. — Patry, Relation.

Isle-Adam (L'). — Abbadie.

Landrecies. — Deloffre.

Laon. — Capitulations, Dupont, *Lehautcourt*, Melleville, Rapport.

Longpré-les-Corps-Saints (Combats, décembre 1870). — Affaire.

Oise. — Dubos, *Lemas*.

Oise (Combats sur l'), septembre 1870. — Burion.

Parmain (Combats, septembre 1870). — Abbadie, Bernay, Burion, Capron.

Pas-de-Calais. — *Cardevacque*.

Pasly. — Six, Zeller. — *Supplément*. — Maillot.

Péronne. — Belagerung, Cadot, Capitulations, Caraby, Cernierung, Einfluss, *Lehautcourt*, Marées, Ramon, Siège.

Picardie. — Ramon.

Pont-Noyelles (l'Hallue, bataille, 23-24 décembre 1870). — *Daussy*, *Lehautcourt*, Malachowski.

Saint-Omer. — Sergeant.

Saint-Quentin (Combat, 8 octobre 1870). — Deroux, Épisode, G., Gambetta, L., Reinach.

— (Bataille, 19 janvier 1871). — *Einzelschriften*, *Étude*, Geispitz, Iconographie, *Lehautcourt*.

Saint-Valery-s.-Somme. — Hérichard.

Soissons. — Belagerung, Capitulations, Collet, D., *Fossé*, Gærtner, Gartner, Gedanken, Goetze, Observations, *Lehautcourt*, Müller, Muzeau, Rapport, Wolf.

Soissonnais. — Collet.

Somme. — Daussy.

Vauxbuin. — Six, Zeller. — *Supplément*. — Maillot.

Vauxrezis. — Six, Zeller. — *Supplément*. — Maillot.

Vierzy. — Wiederherstellung.

Villers-Bretonneux. — *Voir* Amiens.

8. Opérations dans l'Ouest et troupes de Normandie.

Généralités, divers. — Raspail, *Rolin*.
Andelys (Les). — Dehais.
Barentin. — Leseigneur.
Bernay (Combat, 21 janvier 1871). — Garde, Goujon.
Bourgthéroulde. — Bouquet, Odieuvre.
Briand (Général). — Offensive.
Buchy (Combat). — Roy.
Carnot (Sadi, ingénieur). — Aumont.
Château-Robert. — *Voir* Robert.
Conches (Canton de). — Barbié.
Critot (3 au 4 octobre 1870). — Catastrophe.
Dieppe. — Delahais.
Dreux. — *Voir* 9.
Elbeuf. — Histoire.
Étrépagny (Surprise, 29 au 30 novembre 1870). — Civry, *Ernouf*, Leroux, Offensive. — *Supplément.* — Mayerhoffer.
Eure. — Froment.
Evreux. — Boué.
Gisors. — Offensive.
Grand-Couronne. — Turgis.
Havre (Le). — Aumont, Roy.
La Londe. — Turgis.
Louviers. — Arrondissement.
Maison-Brûlée (Combat, 4 janvier 1871). — Odieuvre.
Moulineaux (Combats, 30 décembre, 4 janvier 1871). — Coipel, Odieuvre, Turgis.
Normandie. — Dessolins, *Ernouf,* Maupassant, Méténier, Raspail, Thomas.
Oissel. — Turgis.
Orival. — Turgis.
Robert (Château, combat, 31 décembre 1870). — Odieuvre.
Rouen. — Duval, Précis, Roland.
Seine-Inférieure. — Leseigneur, Roy, Turgis.
Vernon. — Froment.

9. Opérations sur la Loire. Armées de la Loire

Généralités, divers. — *Actes,* Ambert, *Antheil, Aurelle,* Baguenault, *Beaunis, Bois,* C., *Chanzy,* Deschaumes, Deuxième, Eriebnisse, Feldzug, G., Géraud, Grands, *Grenest, Helvig, Hænig,* Klüwert, Lambert, *Lehautcourt,* Loire, Luftballon, M., Martin, Mengin, Michel, *Motte-Rouge,* Moulin, Pietrowski, Pressensé, Prétot, Raillard, Reynaud, Rössler, Rückblicke, Saint-Genest,

Souvenirs, Stadelmann, Stanislas, *Tanera*, Tissandier, Verlit, X. — *Supplément*. — Hœnig, Kunz.

   Abdelal (Général) — Margon.
   Ablis (Surprise, 8 octobre 1870). — Dilhan.
   Alençon (Combat, 5 janvier 1871). — Prussiens.
   Armée de Bretagne et camp de Conlie. — *Actes*, Armée, Borderie, Chabrol, Gougeard, Jay, Kératry, Marivault, Touchard.
   Auvours (Combat, 11 janvier 1871). — Combat.
   Beaugency. — Lorin. — *Voir* Combats.
   Beaune-la-Rolande (Bataille, 28 novembre 1870). — Alvensleben, Betrachtungen, Cavallerie-Division, Garreau, Hœnig, *Lebautcourt*, Marotte, Natzmer, *Scherff*.
   Bellême. — Jousset, Renaudin.
   Blois. — Dufresne, Einnahme, Präfectur.
   Blois (Général de). — Brialmont.
   Boiscommun (Combat, 24 novembre 1870). — Hœnig.
   Boisville-la-Saint-Père. — Leprince.
   Boltenstern (Détachement von), 26-27 décembre 1870. — Einzelschriften, Hubl.
   Bordes (Les). — Laizeau.
   Bourbonnais (Ligne du). — Ernouf.
   Cathelineau (Général de). — Prévot, Ollivier.
   Chambord. — Erstürmung. — *Voir* Combats.
   Chanzy (Général). — *Chuquet*, Félix, Grandin, Maguire, Notice, Villefranche, Zanelli.
   Charette (Général de). — Peigné.
   Chartres. — Caillot.
   Châteaudun (Combat, 18 octobre 1870) — B., Bergerat, Bernot, Coudray, Épisodes, Géray, *Isambert*, Ledeuil, *Lipowski*, Monsabré, *Montarlot*, Pavie, Une.
   Châteauneuf-sur-Loire. — B.
   Civry. — Coudray.
   Combats du 6 au 12 décembre 1870 (Meung, Beaugency, Josnes, Villorceau, Chambord). — C., *Camó*, *Duquet*, Huot, *Lebautcourt*.
   Conlie. — *Voir* Armée.
   Coulmiers (Bataille, 9 novembre 1870). — Boucher, Gefecht, Hugonnet, *Lebautcourt*, Notice, P., Prussiens.
   Courcebœufs (Combat, 13 janvier 1871). — Leclerc.
   Dampierre-sur-Loire. — Léontin.
   Deflandre (Général). — Delorme.
   Dreux. — *Actes*, Coynart, Sirven.
   Épuisay. — Gohler.
   Eure-et-Loir. — Invasion, Leprince, Merlet.
   Ferté-Bernard (La). — Charles.
   Garionnière (La) [Combat, 7 janvier 1871]. — Hœnig.
   Jauréguiberry (Amiral). — Dupont.
   Josnes. — *Voir* Combats.
   Ladon (Combat, 24 novembre 1871). — Hœnig.

Loigny-Poupry (Patay, 2 décembre 1871). — *Boucher*, Discours, *Einzelschriften*, Épisodes, G., Kleist, *Kunz*, *Lehautcourt*, Mézerette, Müller, Poupry, Prêtres, Roë, Regnault, Schlacht, Vagner.

Loiret. — Laizeau, Léontin.

Lorcy (Combat, 26 novembre 1870). — Boiscommun, Hœnig.

Mans (Bataille du), 11-12 janvier 1871. — Après, Beitrag, Bennier, Berendt, Combat, Deuxième, Garnier, Gefechte, *Goltz*, Guilbaud, *Hubl*, Kleist, *Lehautcourt*, *Mallet*, Mengin, Mordret, Twardowski.

Marche (La). — Duval.

Maizières (Combat, 24 novembre 1870). — *Hœnig*. — *Supplément*. — *Hœnig*.

Meung. — *Voir* Combats.

Mondoubleau. — Gohler.

Montoire. — Bourgogne.

Orléanais. — B., Journal.

Orléans. — Boucher, Charpignon, Cochard, Combe, Einnahme, G., Journal, Klüwert, Lacombe, Murailles.

— (Combat, 11 octobre 1870). — Anniversaire, Boucher, Cochard, Hugonnet

— (Bataille, 3 et 4 décembre 1870). — Bataille, Einnahme, Goltz, *Kunz*, *Lehautcourt*, Schlacht. — *Supplément*. — *Hœnig*.

Patay. — *Voir* Loigny.

Poupry. — *Voir* Loigny.

Sarthe. — Fournier, Surmont.

Schmidt (Détachement), 13-17 janvier 1871. — Après, *Einzelschriften*.

Sologne. — Einzelschriften.

Sonis (Général de). — *Baunard*, *Delorme*, Derély, Faye, Hazel, Joséfa, Lambel, Regnault, Saussois.

Torçay (Combat, novembre 1870). — *Supplément*. — Coynart.

Tréon (Combat, 17 novembre 1870). — Hanquet.

Tripard (Général). — Lacroix.

Varize. — Coudray.

Vendôme (Combats, 15-16 décembre 1870). — *Goltz*, Kortzfleisch, Neilz.

Villechauve (Combat, 7 janvier 1871). — *Hœnig*.

Villepion (Combat, 1er décembre 1870). — Boucher. — *Supplément*. — *Hœnig*.

Villorceau. — *Voir* Combats.

Yvré-l'Evêque. — Laborde.

10. La guerre sur les communications allemandes.

Généralités, divers. — Dumas, Dumont, Unternehmungen.

Ardennes. — G., Prussiens, Rayeur, Salières, Scènes.

Aube. — Saussier.

Bar-le-Duc. — Laguerre.

Basse (La), massacre du 25 août 1870. — Victimes.

Beaurepaire. — G.
Bitche. — Dalsème, Irle, Marschall, Pradel, Villeurs.
Châlons-sur-Marne. — Barbat.
Champagne. — Montrol, Ruble.
Charmes-sur-Moselle. — Briel, Épisode, Renauld.
Chestres. — G.
Colmar. — Dinago, Sée.
Cuchery. — Vidal.
Épinal. — Ferry, Jeanroy.
Falaise. — G.
Fontenoy (Surprise, 22 janvier 1871). — Adamistre, Briel, Choné, *Einzelschriften*, Godefring, *Rambaux*, Ueberfall, Wengen.
Haute-Marne. — Cavaniol, Voillemin.
Haut-Rhin. — Rückblick, Wengen.
Lichtenberg. — Capitulations, Guerre, Phalsbourg, Rapport.
Longwy. — *Capitulations*, Einiges, *Gœtze*, Legrand, Massaroli, Muzeau, Wolf.
Lorraine. — Coste, Delaforest, Dominique, Moulins. — *Voir* Alsace-Lorraine.
Lunéville. — Saucerotte.
Marne. — Vidal.
Marsal. — Capitulations, Rapports.
Meurthe. — Lacroix, Lepage.
Meuse. — Laguerre.
Mézières. — Capitulations, *Roswag*, *Spohr*.
Montereau-fault-Yonne. — Fauchée.
Montmédy. — Capitulations, *Lort-Sérignan*, Muzeau, Pierrot, Rapport, Simon, Spohr.
Nancy. — Feller, Lacroix.
Neufbrisach. — Capitulations, Durhône, Fleck, Muzeau, Neumann, Phalsbourg, Rapport, Sièges, Wolff, Risler, Zaiss. — *Supplément.* — Eroberung.
Nogent (Haute-Marne). — Daguin.
Nogent-le-Roi. — Voillemin.
Passavant (Massacre, 25 août 1870). — Moulin, Victimes.
Petite-Pierre (La). — Capitulations, Guerre, Phalsbourg, Rapport.
Phalsbourg. — Capitulations, Guerre, Rapport. — *Supplément.* — Pfalzburg.
Reims. — Collignon, Diancourt.
Rocroy. — Orban.
Schlestadt. — Cambolas, Capitulations, Muzeau, Neumann, Phalsbourg, Rapport, Sièges, Wolff, Zaiss. — *Supplément.* — Eroberung.
Sens. — Billebault, Dauphiné.
Strasbourg. — Alberti, Album, Artillerie, Barré, Baur, *Beaunis*, Belagerung, Bergasse, Bergerat, Biedermann, Bladzijden, Blätter, Bleuler, *Bodenhorst*, Bombardement, Broutta, Brünner, Campaux, Capitulations, Decker, Défense, Ducasse, Engel, Eschenauer, Facsimile, Fischbach, Flach, Frommel, Gross, Guibal, Herbst, Ilex, Impressions, Kanonier, König, Krieg, Krömer, Lamache, Leblois, Lettres, Linder, Lucie, Maire, Malartic, Marchand, Meier, Mittheilungen, Monate, Notes, Notizen, Pederzain, Pendant,

Pingaud, Plan, Poncet, Prillard, Quarante, Rapport, Raymond, Reichard, Reicher, Résumé, Reuss, Rheinfels, Römer, Schmidt, Schneegans, Schrimpf, Siège, Signouret, Staehling, Straetsburg, Stuart, Thalbitzer, Tir, *Ubrich*, Vachon, Vertheidigung, Vollmar, Wackernagel, Wagner, Weinberger, Z., Zaiss, Zwei. — *Supplément.* — Touchemolin.

Thionville. — Capitulations, Erinnerungen, Muzeau, Rapport, Spohr.

Toul. — Bancel, Capitulations, Épisodes, Gœtze, Lacombe, Leclerc, Muzeau, Rapport, Siège, Werder, Wermann.

Troyes. — Saussier.

Ubrich (Général). — Campaux, Uhrich.

Verdun. — Beschiessung, Blocus, Bombardement, Capitulations, Cartier, Didierjean, Ditte, Gabriel, Hellfeld, Legrand, Muzeau, Rapport, Siège, Soissons.

Vitry-le-François. — Capitulations, Cappé, Rapport.

Voncq (Ardennes). — Deloffre, G.

44. Opérations en Bourgogne. L'Armée des Vosges.

Généralités, divers. — *Actes*, Beghelli, Bizzoni, Blairet, *Bordone, Dumas*, Dormoy, Maillard, *Marais*, Maricourt, Operationen, Pennazi, Sahler, Socci, Souvenirs. — *Supplément.* — Caraguel.

Autun (Combat, 1er décembre 1870). — Combat.

Beaune. — Murailles.

Bordone (Général). — Affaire, Berlioz, Pellissier.

Bosak-Hauké (Général). — Ledeuil, Reyner.

Bourgogne. — *Dumas*, Falvert, Gaudelette, Marchant, Mignard.

Bourras (Colonel). — *Voir* 12.

Châtillon-sur-Seine. — Maître, Sigrist.

Côte-d'Or. — Clément, Dugast, Gaudelette, Gourju.

Dijon. — *Coynart*, Défense, Dormoy, Jane, Janin, Merle, Murailles.

Dijon (Combat, 30 octobre 1870). — Défense, Reynaud.

Dijon (Combats, 21-23 janv. 1871). — Christot, Merle, Perchet, Wenzel.

Crémer (Général). — Affaire, Crémer, *Poullet*.

Crépand (Combat). — Ledeuil.

Garibaldi (Général). — Avesne, Aylies, *Bordone*, Erinnerungen, Guerzoni, Hoffmann, Jessie, Margerie, Mario, Melena, Middleton, *Perrot*, Rive, Schramm, Senn, Stallo, Theyras, Vérité, Vismara, Vuilletet.

Langres. — Einzelschriften, Garde, *Langres*, Montvaillant.

Michard (Commandant). — Sigrist.

Nuits (Combat, 18 déc. 1870). — Gefecht, *Kunz, Palat*, Rémond. — *Supplément.* — Jalny, *Lehautcourt*, Panorama.

Pellissier (Général). — *Bordone*, Pellissier.

Pesmes. — Perchet.

Ricciotti Garibaldi (Colonel). — Fabricius, Operationen, Thiébault.

Yonne. — Lobet.

42. Opérations dans l'Est. Armées françaises de l'Est.

Généralités, divers. — Actes, Ambert, Aylies, Ardouin-Dumazet, *Beaunis, Beauquier,* Berthoud, Betrachtungen, Carte, *Cremer, Dumas, Euvrard,* Feldzug, *Génevois,* Gizycki, *Grenest,* Goltz, Juteau, Krieg, *Kunz,* Margerie, Martin, Meylan, Molnar, Operationen, Patel, *Penhoat, Perrot, Poullet,* Saint-Genest, Secretan, Unternehmungen, Vid, *Wartensleben,* Wengen. — *Supplément.* — Cissey, *Lehautcourt, Secretan.*

Belfort. — Belagerung, Belfort, Belin, Bergler, Caillé, Cambier, Carte, Castenholz, Cambier, Corret, Danjoutin, *Denfert,* Domergue, Duc, Duret, Étude, Geldern, Haffner, Heinrich, Hild, Impressions, Kämpfe, Khuon, *Laurencie,* M., Mesny, Muzeau, Papuchon, Perrot, Résumé, Robert, Rouquette, Rückblick, Siège, Souvenirs, *Thiers,* Wolff, Zaiss. — *Supplément.* — Victorin. — *Voir* Héricourt.

Besançon. — Druhen, Estignard, Fontane, République.

Bessoncourt. — Domergue.

Bourbaki (Général). — *Eichthal.*

Bourgonce (Combat de la). — Combats, *Kunz,* Position, Vuillemin.

Bourras (Colonel). — *Ardouin,* Rédier, Wolowski. — *Voir* Corps francs.

Denfert-Rochereau (Colonel). — Caillé, Cambier, Grandmougin, Marais, Prinsac.

Épinal (Combat, 12 octobre 1870). — Combat.

Franche-Comté. — Druhen, Mignard.

Héricourt (La Lizaine, Belfort, bataille, 15-17 janvier 1871) — Ewald, Kämpfe, Kunz, Morey, Rose, Rückblick, Schlacht, Varnhagen, *Wengen,* Zaiss.

Internement en Suisse. — Beaumont, Berthoud, Blumer, Bochelin, Davall, *Favre,* Huguenin, Keller, Lavenay, Meylan, Paroles, Patel, *Rapport,* Silvestro, Weber, Züricher. — *Supplément.* — Farner.

Joux (fort). — Salins.

Lizaine (La). — *Voir* Héricourt.

Madeleine (La). — Boillot.

Montbéliard. — Khuon.

Nuits (Combat). — *Voir* 11.

Ognon (Combats de l'), octobre 1870. — Boillot, Droz, Gefechte.

Pontarlier. — Patel.

Rambervillers (Combat, octobre 1870). — Bouvier, Combats, Vuillemin. — *Supplément.* — Velin.

Remiremont. — *Supplément.* — Thiaucourt.

Saint-Dié. — *Supplément.* — Bardy.

Salins. — Brichard, *Étude.*

Serres (Ingénieur de). — Affaire.

Vesoul. — Noirot.

Villersexel (Combat, 9 janvier 1871). — Villersexel, *Wengen.* — *Supplément.* — *Lehautcourt.*

13. Histoire locale [1].

Aachen. — Adenaw.
Abbeville, voir 7.
Ablis, voir 9.
Aisne, voir 7.
Alençon, voir 9.
Algérie. — Actes, Notes.
Alpes-Maritimes. — Révélations.
Alsace, voir 2.
Amanvillers, voir 4.
Amiens, voir 7.
Andelys (les), voir 8.
Angleterre, voir 2.
Ardèche. — Albigny.
Ardennes, voir 10.
Arles. — Municipalité.
Aube, voir 10.
Aulnay, voir 6.
Autriche-Hongrie, voir 2.
Autun, voir 11.
Auvours, voir 9.
Avallon. — Heurley.
Bade (Grand-duché de). — Bade, Baumstark, Hilfsthätigkeit.
Bagneux, voir 6.
Balan, voir 5.
Bapaume, voir 7.
Barentin, voir 8.
Bar-le-Duc, voir 10.
Barmen. — Krieg.
Basse (la), voir 10.
Basses-Alpes. — Révélations.
Bavière. — Schmidt.
Baybel. — Raspail.
Bazeilles, voir 5.
Beaugency, voir 9.
Beaumont, voir 5.
Beaune, voir 11.
Beaune-la-Rolande, voir 9.
Beaurepaire, voir 10.
Beauvais, voir 7.

Belfort, voir 12.
Bellême, voir 9.
Bellevue (redoute), voir 6.
Berlin. — B., Berlin, Heinrich, Hesekiel, Jüngken, Siegesstrasse, Steinberg, Treitschke.
Bernay, voir 8.
Besançon, voir 12.
Bessoncourt, voir 12.
Béthoncourt. — Bernard.
Billancourt, voir 6.
Bitche, voir 10.
Blanc-Mesnil, voir 6.
Blois, voir 9.
Boiscommun, voir 9.
Boisville-la-Saint-Père, voir 9.
Boltenstern, voir 9.
Bordes (Les), voir 9.
Borny, voir 4.
Boubigny. — Buisson.
Bouches-du-Rhône. — Révélations.
Bougival, voir 6.
Bourbonnais, voir 9.
Bourg-la-Reine, voir 6.
Bourget (le), voir 6.
Bourgogne, voir 11.
Bourgonce (la), voir 12.
Bourgthéroulde, voir 8.
Brest. — Levot.
Bretagne, voir 9.
Buchy, voir 8.
Buzancy, voir 5.
Buzenval, voir 6.
Cachy, voir 7.
Cambrésis, voir 7.
Cannes. — Pontmartin.
Châlons-sur-Marne, voir 10.
Chambord, voir 9.
Champagne, voir 10.
Champigny, voir 6.

---

1. Les numéros se rapportent aux grandes divisions de la 2ᵉ partie, les mots en caractères romains aux notices de la 1ʳᵉ partie.

Chantilly, voir 7.
Charmes-sur-Moselle, voir 10.
Chartres, voir 9.
Châteaudun, voir 9.
Château-Robert, voir 8.
Châtillon (Seine), voir 6.
Châtillon-s.-Seine, voir 11.
Cher. — Rameau.
Chestres, voir 10.
Chevilly, voir 6.
Civry, voir 9.
Coblenz. — Frey.
Coburg. — Situationsplan.
Colmar, voir 10.
Colombey-Nouilly, voir 4.
Conches, voir 8.
Conlie, voir 9.
Corbeil, voir 6.
Corse. — Rocca.
Côte-d'Or, voir 11.
Coulmiers, voir 9.
Courcebœufs, voir 9.
Crépand, voir 11.
Critot, voir 8.
Cuchery, voir 10.
Dampierre-sur-Loire, voir 9.
Dedersdorf. — Allmers.
Dessau. — Burghausen.
Dieppe, voir 8.
Dijon, voir 11.
Double-Couronne, voir 6.
Dresden. — Feller.
Dreux, voir 9.
Düsseldorf. — Graf.
Dugny, voir 6.
Eisenach. — Pöhlmann.
Elbeuf, voir 8.
Ems, voir 2.
Épinal, voir 10, 12.
Épinay-sur-Seine, voir 6.
Épuisay, voir 9.
Erlangen. — Ebrard.
Est (Fort de l'), voir 6.
États-Unis, voir 2.
Étrépagny, voir 8.
Eure, voir 8.
Eure-et-Loir, voir 9.

Évreux, voir 8.
Failly, voir 4.
Falaise, voir 10.
Fère (La), voir 7.
Ferté-Alais (La), voir 6.
Ferté-Bernard (La), voir 9.
Ferrières, voir 6.
Floing, voir 5.
Fontenay-le-Comte. — *Supplément*. — Vallette.
Fontenoy, voir 10.
Forbach, voir 4.
Franche-Comté, voir 12.
Fribourg (canton). — Rapport.
Frœschwiller, voir 4.
Garches, voir 6.
Garionnière (la), voir 9.
Gisors, voir 8.
Glatz. — Offiziere.
Görlitz. — Velde.
Grand-Couronne, voir 8.
Grandvilliers, voir 7.
Graudenz. — Saussier.
Gravelotte, voir 4.
Grèce, voir 2.
Guise, voir 7.
Hallue (l'), voir 7.
Ham, voir 7.
Hamburg. — Voigt.
Haut-Rhin, voir 10.
Hautes-Alpes. — Révélations.
Haute-Marne, voir 10.
Haute-Vienne. — Coste.
Havre (le), voir 8.
Hay (l'), voir 6.
Hébécourt, voir 7.
Heidelberg. — Friedrich.
Hérault. — Révélations.
Héricourt, voir 12.
Hildesheim. — Michelsen, Vom.
Iena. — Herbst.
Isère. — Gouvernement.
Isle-Adam (l'), voir 7.
Italie, voir 2.
Josnes, voir 9.
Joux, voir 12.
Karlsruhe. — Cathiau.

BIBLIOGRAPHIE DE LA GUERRE DE 1870-1871.

Köln. — Deblaye.
Königsberg. — Rambaud.
Ladon, voir 9.
Lagny, voir 6.
Landau. — Deisch.
Landrecies, voir 7.
Langres, voir 11.
Laon, voir 7.
Lichtenberg, voir 10.
Lizaine (la), voir 12.
Loigny, voir 9.
Loiret, voir 9.
Londe (La), *voir 8.*
Longpré, voir 7.
Longwy, voir 10.
Lorcy, voir 9.
Lorraine, voir 2 et 10.
Louviers, voir 8.
Lunéville, voir 10.
Luxembourg (Grand-duché), voir 2.
Lyon. — Actes, Challemel, Desgranges, Drame, G., Garel, Guetton, Mierolawski, Six, Sugny, Valin.
Madeleine (La), voir 12.
Mainz. — Strub.
Maison-Brûlée (la), voir 8.
Maizières, voir 9.
Malmaison (La), voir 6.
Mannheim. — Volkskundgebung.
Mans (le), voir 9.
Marche (la), voir 9.
Marne, voir 10.
Marsal, voir 10.
Mars-la-Tour. — Badel, voir 4.
Marseille. — Actes, Aubray, Autran, Cabrol, Böttcher.
Meaux, voir 6.
Mecklenburg (Grand-duché). — Quade.
Melun, voir 6.
Metz, voir 4.
Meung, voir 9.
Meurthe, voir 10.
Meuse, voir 10.
Mézières, voir 5 et 10.
Mondoubleau, voir 9.
Montbéliard, voir 12.

Montereau, voir 10.
Montoire, voir 9.
Montmédy, voir 10.
Montmesly, voir 6.
Montmorency, voir 6.
Montoire, voir 9.
Montretout, voir 6.
Montrouge, voir 6.
Mont-Valérien, voir 6.
Moulineaux (les), voir 8.
München. — Landau.
Nancy, voir 10.
Nemours, voir 6.
Neubrandenburg. — Zur.
Neufbrisach, voir 10.
Neuhaldensleben. — Mittheilungen, R.
Neuilly, voir 6.
Nice. — Garibaldi.
Niort. — Casimir.
Nogent (Haute-Marne), voir 10.
Nogent-le-Roi, voir 10.
Noisseville, voir 4.
Normandie, voir 8.
Nordhausen. — Böttcher.
Nuits, voir 11.
Ognon (l'), voir 12.
Oise, voir 7.
Oissel, voir 8.
Oldenburg. — Andenken, Becker.
Orival, voir 8.
Orléanais, voir 9.
Orléans, voir 9.
Paris, voir 6.
Parmain, voir 7.
Pas-de-Calais, voir 7.
Pasly, voir 7.
Passavant, voir 10.
Patay, voir 9.
Périgueux. — Roux.
Péronne, voir 7.
Pesmes, voir 11.
Petite-Pierre (la), voir 10.
Phalsbourg, voir 10.
Picardie, voir 7.
Pin (Le), voir 6.
Pont-à-Mousson, voir 4.
Pontarlier, voir 12.

Pont-Noyelles, voir 7.
Poupry, voir 9.
Provins, voir 6.
Rabay. — Houdayer.
Rambervillers, voir 12.
Rastadt. — Bergasse.
Reichshoffen, voir 4.
Reims, voir 10.
Remiremont, voir 12.
Rennes. — Lambert.
Rezonville, voir 4.
Rhône. — Révélations, Valnas.
Robert (Ch^{au}), voir 8.
Rocroy, voir 10.
Rostock. — Schwanert.
Rouen, voir 8.
Russie, voir 2.
Saint-Chéron, voir 6.
Saint-Cloud, voir 6.
Saint-Denis, voir 6.
Saint-Dié, voir 12.
Saint-Omer, voir 7.
Saint-Privat, voir 4.
Saint-Quentin, voir 7.
Saint-Valery, voir 7.
Salins, voir 12.
Saarbrücken, voir 4.
Sarthe, voir 9.
Savoie. — Sassonne.
Schlestadt, voir 10.
Schwarzwald. — Seubert.
Sedan, voir 5, 14.
Seine-et-Marne, voir 6.
Seine-et-Oise, voir 6.
Seine-Inférieure, voir 8.
Sens, voir 10.
Servigny, voir 4.
Soissonnais et Soissons, voir 7.
Sologne, voir 9.
Somme, voir 7.
Spicheren, voir 4.
Stains, voir 6.
Stettin. — Supplément. — Habert.
Strasbourg, voir 10.
Stuttgart. — Sick.

Sud-Ouest (Le), voir 3.
Suisse, voir 12.
Swinemünde. — Supplément. — Habert.
Thionville, voir 10.
Torgau. — Kriegsjahr.
Toul, voir 10.
Toulouse. — Actes, Périn, Rességuier.
Tréon, voir 9.
Troyes, voir 10.
Ulm. — Joseph.
Vanves, voir 6.
Var. — Révélations.
Varize, voir 9.
Vaucluse. — Procès-verbaux.
Vaud (canton). — Rapport.
Vaugirard, voir 6.
Vauxbuin, voir 7.
Vauxrezis, voir 7.
Vendôme, voir 9.
Verdun, voir 10.
Vernon, voir 8.
Versailles, voir 6.
Vesoul, voir 12.
Vichy. — Bonnard.
Vierzy, voir 7.
Villa-Evrard, voir 6.
Villechauve, voir 9.
Villepion, voir 9.
Villers-Bretonneux, voir 7.
Villersexel, voir 12.
Villiers-sur-Marne, voir 6.
Villorceau, voir 9.
Vionville, voir 4.
Vitry, voir 10.
Voncq, voir 10.
Wesel. — Philibert.
Wilhelmshaven, voir ce mot.
Wilhelmshöhe. — Armann, Mels.
Wissembourg, voir 4.
Wœrth, voir 4.
Wurtemberg. — Sahlbach, Saint-Vallier.
Yonne, voir 11.
Yvré-l'Évêque, voir 9.
Zurich. — Römer, Rose, Weber.

14. Personnalités diverses.

Abdelal, voir 9.
Abt (Joh.). — Hörrmann.
Albert de Prusse (Prince). — Hagen, Stein, Wiermann.
Albert (Prince royal, roi de Saxe). — Bettin, Brachvogel, Bucher, Dittrich, Elm, Garlepp, Häussler, Köppen, Petzhold, Ritze, Schimpff, Wünschmann.
— *Supplément*. — Dittrich.
Allier (Doct.). — Nadaud.
Alphand, voir 6.
Ambert, voir 6.
Arkolay. — Pro, Ueber, Was.
Audiffret-Pasquier (Duc d'). — Administration, Rouher.
Aumale (Duc d'). — Armée.
Ballermann (Crichon). — Keller.
Baroche, voir 6.
Bastien (Paul). — Didierjean.
Bataille (Général), voir 4.
Bauer (Hauptm. Anselm). — Darstellungen.
Bazaine, voir 4.
Besson (Abbé). — Sahler.
Briard (Maria). — Siouville.
Bismarck (Comte de), voir 3.
Blois (de), voir 9.
Boltenstern (Von), voir 9.
Bouet-Willaumez (Amiral). — Julien.
Boissieu (Capitaine de). — Souvenirs.
Bonaparte (Pierre). — Garibaldi.
Bordone, voir 11.
Bosak-Hauké, voir 11.
Bourbaki, voir 12.
Bourras, voir 12.
Bouvet (aviso). — N.
Briand, voir 8.
Brunetière (C. V. A. D. de la). — Souvenirs.
Canrobert, voir 4.
Carnot (Sadi, ingénieur), voir 8.
Carol (Roi de Roumanie). — Mittheilungen.
Cassagnac (P. de). — Journée, Procès.
Cathelineau (De), voir 9.
Cavour. — Reyntiens.
Changarnier, voir 4.
Chanzy, voir 9.
Charette (De), voir 9.
Chauviteau (H.). — Place.

Citi (Lieutenant). — Crist.
Coffinières (Général), voir 4.
Couderc de Foulongue (Lieut.-col.). — Notice.
Cremer, voir 11.
Debordeaux. — *Supplément*. — Maillot.
Decaen, voir 4.
Deflandre, voir 9.
Demarquay (Doct.). — Cousin.
Denfert-Rochereau, voir 12.
Dodu (Mlle Juliette). — Béor.
Domalain (Colonel A.). — Baulmont.
Dornen (Hans von). — Tanera.
Douglas (Lieut., vicomte de). — Leboucq.
Ducrot (Général), voir 4.
Ducrot (Chef de bataillon). — Barré.
Dupanloup (Mgr). — Lacombe. — *Supplément*. — Frankenberg.
Duquet (A.). — *Supplément*. — Certans.
Eugénie (Impératrice), voir 3.
Faidherbe, voir 7.
Favre (Jules), voir 3.
Figaro (Le). — Procès.
Forge (Anatole de la), voir 7.
François (General Karl von). — Schwartzkoppen.
Frédéric III, voir Prince royal.
Frédéric-Auguste, prince de Saxe. — Dittrich.
Frédéric-Charles (Prince). — Bettin, Borcke, Brachvogel, Brünsicke, Garlepp, Hænig, Krahn, Ohly, Petsch, Rogge, Schmitz, Zanelli. — *Supplément*. — Vogt.
Frédéric-François II, grand-duc de Mecklembourg-Schwerin. — Antheil, Hirschfeld, *Operationen*, Per, Volz.
Freycinet (de), voir 3.
Frossard, voir 4.
Gabler (G.). — Trenkle.
Galland (Général). — Gavard.
Galliffet (De), voir 5.
Gambetta, voir 3.
Garibaldi, voir 11.
Généraux français. — Beauvoir, Brackenbury, Nicot.
Généraux allemands. — Bender, Brachvogel, Heerführer, Glasenapp, Jaquet, Kleist.
Georges, prince de Saxe. — Dittrich, Garlepp. — *Supplément*. — Dittrich.
Gervinus. — Brauer.
Gibon, voir 4.
Girard (Capitaine). — Haberlin.
Gœben (General von). — Hänisch, Neff, *Zernin*.
Gœthe. — Bewer.
Gorsse (baron). — Lettre.

Govone (Général). — Co.
Grancey (de), voir 6.
Guillaume Ier, voir 3.
Hardy (Émile). — Rapports.
Hauffe (W.). — Trenkle.
Hélion de Villeneuve-Trans (Sergent). — Ségur.
Hertford (Marquis de). — Auger.
Hindersin (General der Infanterie von). — Bartolomæus.
Hœnig (Hauptmann). — *Supplément*. — Kunz.
Hoff (Sergent). — Blondeau.
Hohenthal (Graf L. von). — Möser.
Hugo (Victor). — Réponse.
Jamm (Hauptm.). — Darstellungen.
Jauréguiberry, voir 9.
Joinville (Prince de). — Boucher.
Johann (roi de Saxe). — Petzholdt.
Jurien de la Gravière (Amiral). — Grandin.
Kottwitz (General Baron von). — *Supplément*. — F., Kuntz.
Kummer (General von). — Baczko.
Kunz (Major). — *Supplément*. — Lehautcourt.
Küss (Prof., maire de Strasbourg). — Herrgott.
Kutschke (Fûsilier) [surnom familier du soldat allemand]. — Briefwechsel Dudelsacklieder, Feller, Hildebrand, Kriegslieder, Kutschke, Volger, Was.
Kraus (Fûsilier) [surnom familier du soldat allemand]. — Briefwechsel.
Lachaud (Avocat), voir 4.
Laveaucoupet, voir 4.
Lebœuf (Maréchal), voir 4.
Lehautcourt (P.). — *Supplément*. — Kunz.
Lemerre (Edmond). — Biographie.
Leroy. — *Supplément*. — Maillot.
Mac-Mahon (de), voir 4.
Manteuffel (General Freiherr Edwin von). — Aus, Keck, *Zernin*.
Margueritte, voir 5.
Meteor (canonnière). — N.
Michard, voir 11.
Mohroguier (Baron). — Sarchi.
Moltke (General Helmuth Graf von). — Bewer, Bornhack, Brachvogel, Brandes, Puchner, Dahn, Dittrich, Drapeyron, Ducrot, Evers, Fehleisen, Firkhs, Garlepp, Guerre, Jähns, Jung, Köppen, Lebensbeschreibung, *Lewal*, Lockroy, *Malo*, Müller, Müller-Bohn, Petsch, R., Ratzenhofer, Rogge, Scharfenort, Schreck, Seidel, Wiermann, Zanelli.
Mommsen (Prof.). — Fustel.
Morancé (Aumônier). — Dubois.
Mural (G. de). — Crochet.
Napoléon III, voir 3.
Naumann (Doyen). — Pasteur.
Nigra (Chevalier). — Pichereau

Odelin (Lieut. P.). — Mémoire.
Ohlsen (Fritz). — Bruneck.
Palikao (Général de), voir 3.
Pape (General von). — Goldbeck.
Pasteur (de l'Institut). — Bopierre.
Pellissier, voir 11.
Perrot (U., député). — Aylies, Bordone, Poullet.
Pothuau, voir 6.
Poulette. — *Supplément*. — Maillot.
Prince royal de Prusse (Empereur Frédéric III). — Adami, Anders, Arendt, Benze, Bojanowski, Brachvogel, Brunold, Charakterzüge, Christian, Crown-Prince, Delbrück, Dorenwell, Drobisch, Elm, Fischer, Fogowitz, Freytag, Fricke, Friedrich, Fritz, Fülleborn, Garlepp, Grandin, Hagermann, Heinke, Hengst, Hiltl, Hottinger, Kaiser, Kaiser Friedrich, Klette, Kronprinz, Krüger, Lavisse, Linneweber, Lonlay, Meyer, Müller, Müller-Bohn, Ohly, Petsch, Philippson, Planken, Richter, Robolsky, Rodd, Rogge, Schellbach, Schmidt, Schmitz, Schrader, Seidel, Simon, Tagebuch, Thomas, Treitschke, Trog, Volger, Vogt, Westenhoeffer, Wiermann, Ziemssen, Zur[1]. — *Supplément*. — Mitschke.
Regnault (Henri). — Bader, Baillière, Larroumet, Manuel.
Renan (Ernest). — Cassel, Renan, Strauss.
Reséguier (de). — Périn.
Ricciotti Garibaldi, voir 11.
Rivières (de), voir 4.
Robidou (B.). — Lettre.
Rolier (Capitaine, aérostier). — Cartailhac.
Roncière le Noury (De la), voir 6.
Roon (General von). — Brachvogel, Denkwürdigkeiten, Gossler. — *Supplément*. — Liermann.
Rossel (Capitaine, colonel). — Gerspach, Rossel.
Sand (Georges). — Haas.
Schmidt (General von), voir 9.
Schmidt (Lieut.). — Daussy.
Schulze (F. W.). — Petsch.
Schulze und Müller [surnoms familiers des Allemands]. — Schulze, W.
Ségur (Député de). — Bordone.
Serres (de), voir 12.
Sonis (de), voir 9.
Steinmetz (General). — Zernin.
Tann (General von der). — Helvig, Zernin. — *Supplément*. — Tanera.
Tauffe (Graf Erich und Axel von). — Arnold, Gerok.
Thiers, voir 3.
Thiers (Capit.). — Fustec.
Trinquand. — Taupiac.

---

1. En outre un très grand nombre d'oraisons funèbres ont été consacrées à l'empereur Frédéric, mais elles ne présentent aucun intérêt historique, du moins en ce qui concerne la guerre de 1870.

Tripard, voir 9.
Trochu, voir 6.
Ubrich, voir 10.
Viollet-le-Duc, voir 6.
Werder (General von). — Conrady, Willmann, Wehrmann.
Wimpffen (De), voir 5.
Worth (sujet anglais). — Correspondence.
Zappelmann. — Winterfeld.
Zola (Émile). — Morel.

45. Histoire des unités de troupes françaises [1].

1er *corps d'armée*.	—	Bertrand. — *Supplément*. — Frœschwiller.
2e	—	*Frossard*.
3e	—	Meissas, Trois.
5e	—	*Failly*, Harry.
6e	—	*Montluisant*.
7e	—	*Bibesco*.
13e	—	Edelg, Junck, Nienstædt, *Vinoy, Yriarte*.
15e	—	*Blois, Martin des Pallières*.
16e	—	Pourcet.
17e	—	Bertrand.
18e	—	*Beauuis, Penhoat, Ussel*.
20e	—	*Aube, Crouzat*, Ménecier.
21e	-	Chabrol, *Gougeard*.
24e	—	Belleval, Campagne.
25e	—	*Pourcet*.

Division de voltigeurs de la garde. — Meyret.
Division Camô. — Camô, Huot.
Division Cremer. — Campagne, *Cremer, Poullet*.
Brigade Porion. — Précis.

2e *régiment d'infanterie*.	·	Lacroix.
3e	—	Bourgues, Sedan.
5e	—	Deniau.
6e	—	Gavard, Méjécaze.
8e	—	Estrabaut.
11e	—	Yvert.
12e	—	Dehon, Ville.
13e	—	Dagneau, Essai.
14e	—	Bousquier.
15e	—	Quinzième.

---

[1]. Voir en outre, pour toutes les unités, qu'elles figurent ou non dans ce tableau, les mots *Geschichte* et *Historique*, à la 2e partie. Les notices qui concernent les régiments et bataillons de marche sont indiquées aux corps de ligne du même numéro

16ᵉ régiment d'infanterie. — Poitevin.
18ᵉ — Labouche.
20ᵉ — Vingtième.
21ᵉ — Hervieu.
23ᵉ — Ponchalon.
24ᵉ — Amiot.
26ᵉ — Delbauve, Drapeau.
27ᵉ — Carnot.
28ᵉ — Simond. — *Supplément*. — Simond.
30ᵉ — Taboureau.
31ᵉ — Bélenet, Notice.
32ᵉ — Bruchon, *Piéron*.
36ᵉ — Fanet, Ney.
37ᵉ — Faivre. — *Supplément*. — Royé.
38ᵉ — Baille, C., *Izarny*.
40ᵉ — *Coste*.
42ᵉ — Edelg.
44ᵉ — Casanova.
45ᵉ — Souvenirs.
46ᵉ — Chaperon.
47ᵉ — Burlet.
48ᵉ — Delorme, Duneau, Simon.
50ᵉ — Ponchalon, Sordet.
51ᵉ — Delaporte, *Painvin*.
52ᵉ — Gerthoffer.
53ᵉ — Duval.
55ᵉ — Martin, Rezonville, Saint-Privat, W.
56ᵉ — Livre, Telmat.
57ᵉ — Itier, Souvenirs.
58ᵉ — Converset, Historique.
59ᵉ — Boutié.
63ᵉ — Leclerc.
64ᵉ — Sedan.
67ᵉ — Rocca.
71ᵉ — Grand, Yvert.
72ᵉ — Delorme.
75ᵉ — Gavard, Gérôme.
76ᵉ — *Fresnel*, Landais.
77ᵉ — Précis.
80ᵉ — Brisset.
82ᵉ — *Arvers*.
84ᵉ — Yvert.
86ᵉ — *Supplément*. — Duban.
87ᵉ — *Malaguti*.
89ᵉ — Simon.
90ᵉ — Belhomme.

92ᵉ régiment d'infanterie. — Réthoré
93ᵉ — Duroisel.
95ᵉ — Bloch.
96ᵉ — Bouvier.
103ᵉ — Brasier, Roulin.
104ᵉ — Perreau.
106ᵉ — Duchâtelet. — *Supplément*. — Carlet.
111ᵉ — Adam, Ponchalon. — *Supplément*. — Duban.
114ᵉ — Bertaux.
115ᵉ — Donin.
117ᵉ — Gavard, Durand.
119ᵉ — *Supplément*. — Duban.
120ᵉ — Vermeil.
122ᵉ — *Gyvès*.
125ᵉ — Roulin.
126ᵉ — *Supplément*. — Duban.
132ᵉ — Maindreville.
135ᵉ — Descoings.
137ᵉ — Jaguin.
138ᵉ — Pitollet.
139ᵉ — Clerc.
2ᵉ bataillon de chasseurs à pied. — Delagrange, Leboucq.
3ᵉ — — Papot.
5ᵉ — — Boissieu, Sourdeval.
6ᵉ — — Monnier.
8ᵉ — — *Desroziers*, Huitième.
10ᵉ — — Papot.
13ᵉ — — Treizième.
18ᵉ — — Journal.
28ᵉ — — Perreau.
29ᵉ — — Résumé.
1ᵉʳ régiment de zouaves. — Carteron, Gavard, Descoubès.
2ᵉ — Duroy, *Gueydon*, Précis.
3ᵉ — *Marjoulet*, Mételle
4ᵉ — Ballue.
Légion étrangère. — Blanc, *Grisot*.
1ᵉʳ régiment de tirailleurs algériens. — Livre.
2ᵉ — — Martin.
3ᵉ — — *Darier*.
Infanterie légère d'Afrique. — *Bou-Saïd*, Livre.
Infanterie de marine. — Chateaugay, Lacroix, M., *Nicolas*.
11ᵉ régiment d'artillerie — Francfort.
13ᵉ — Roswag.
16ᵉ — Maire.
23ᵉ — (ancien régiment monté de la garde). — Litre.
1ᵉʳ régiment de pontonniers (ancien 16ᵉ d'artillerie). — Caziot.

Régiment d'artillerie de la marine. — Delauney.
2ᵉ *régiment de chasseurs.* — Quinemont.
8ᵉ   —   Margon.
10ᵉ   —   Wolf.
11ᵉ   —   Guerre.
12ᵉ   —   Dupuy.
13ᵉ   —   (ancien chasseurs de la garde). — Descaves.
15ᵉ   —   Magon.
1ᵉʳ *régiment de cuirassiers.* — Histoire.
2ᵉ   —   Rothwiller.
3ᵉ   —   Mauméné.
7ᵉ   —   Juzancourt.
8ᵉ   —   Amonville.
9ᵉ   —   Martimprey.
10ᵉ   —   Juzancourt.
11ᵉ   —   (ancien carabiniers de la garde). — Chavane, Juzancourt.
12ᵉ   —   (ancien cuirassiers de la garde). — Place. — *Supplément.* — Thomas.

2ᵉ *régiment de dragons.* — Bruyère.
4ᵉ   —   Lemaître.
5ᵉ   —   Saint-Just.
6ᵉ   —   Guerre, Joleaud.
9ᵉ   —   Martinet.
10ᵉ   —   Ollone.
12ᵉ   —   Gabriel.
13ᵉ   —   (ancien dragons de la garde). — Histoire.
14ᵉ   —   (ancien 1ᵉʳ lanciers). — Menuau.
15ᵉ   —   (ancien 3ᵉ lanciers). — Alexandre.
16ᵉ   —   (ancien 4ᵉ lanciers). — Castéras.
18ᵉ   —   (ancien 6ᵉ lanciers). — Cuel.
20ᵉ   —   (ancien 9ᵉ lanciers). — *Supplément.* — Lassuchette.

1ᵉʳ *régiment de hussards.* — Staub.
2ᵉ   —   Staub.
3ᵉ   —   Dupuy.
5ᵉ   —   Castillon, Extrait.
6ᵉ   —   Voisin.
7ᵉ   —   Louvat.
8ᵉ   —   Lamotte, Souvenirs.
9ᵉ   —   (ancien guides de la garde). — Ogier.

1ᵉʳ *régiment de chasseurs d'Afrique.* — Hue.
1ᵉʳ *régiment de spahis.* — Borelly.
3ᵉ   —   Durand.
Cent-gardes. — Verly.
Régiment de lanciers de la garde. — Baillehache.
2ᵉ *lanciers de marche.* — B.

4ᵉ régiment du génie. — Retournard.
Service de santé. — Laurent-Chirlonchon.
Gendarmerie. — Lèques, Maître.
Garde républicaine, Sapeurs-pompiers de Paris. — Cudet.
Train des équipages militaires. — Époudry, Thouvenin.
Douaniers. — Lépine.

GARDE NATIONALE MOBILE[2].

Généralités. — Étude, Pichon.
Ain. — Souvenirs, Surigny.
Allier. — Mobiles.
Ardèche. — Thomas.
Aude. — Fourès.
Basses-Pyrénées. — *Ariste.*
Calvados. — Filauxpattes, *Récits.*
Charente. — Babaud.
Charente-Inférieure. — Fradet, Vignolle.
Cher. — Choulot, Petit.
Corrèze. — Champval, Plantadis, Prévôt.
Côte-d'Or. — Gourju, Grancey. — *Voir* Grancey, 6.
Deux-Sèvres. — Breuillac, Campagne, Guette, Larègle, Lévrier.
Dordogne. — Chadois, Quelques.
Doubs. — Vezet.
Drôme. — Bellanger, Huz.
Eure. — Souvenirs.
Eure-et-Loir. — Hanquet, Silvy.
Finistère. — Allier, Histoire.
Gard. — Gensoul.
Gironde. — Boyer, Kehrig, Martiny.
Haute-Garonne. — Comminges, Rouquette.
Haute-Saône. — Held.
Haute-Vienne. — Blanchaud Coste, Couronnel, Pinelli.
Hautes-Alpes. — Roman, Vitrolles.
Hérault. — Montvaillant.
Ille-et-Vilaine. — Ille-et-Vilaine, Mazères.
Indre. — Fauconneau.
Indre-et-Loire. — Renou.
Isère. — Denizet, Rancourt, Reynaud, Vial.
Jura. — Vaulchier.
Loire. — Boisse.
Loir-et-Cher. — Bulot, Maricourt, Soubise.
Loire-Inférieure. — Leroux, Monnié, Nantes.
Loiret. — Crochet, Denizet, Montbrison, Pissot, Rancourt.

---

2. Voir en outre, à la 1ʳᵉ partie, le mot *Garde.*

Lot. — Campagne, Courtil.
Maine-et-Loire. — Bulot, Chêne, *Dumas*, Éphémérides, Soubise, Vingt-neuvième.
Manche. — *Mauni.*
Marne. — Campagne, Cappé, Massacre, Troisième.
Mayenne. — Batard.
Meurthe. — Brisac.
Nièvre. — Dezautière, Farcy.
Nord. — Biographie, Delcourt, Girard.
Orne. — Moutis, Pitard.
Pas-de-Calais. — Affaire, Cardevacque.
Puy-de-Dôme. — Bielawski. — *Supplément.* — Souvenirs.
Rhône. — Bellanger, Domergue, Duc, M., Pétrequin, Souvenirs.
Saône-et-Loire. — Danjoutin.
Sarthe. — Dubois, Extrait, Morancé, *Touanne.*
Seine. — Baroche, Grandeffe, Meillac, Rendu, Réveilhac, Toudouze.
Seine-et-Marne. — Charot, Grenier, Prieur, Rogeron.
Seine-et-Oise. — Moussoir.
Seine-Inférieure. — Amyot, Besson, Souvenirs.
Somme. — D.
Tarn. — Fuzier.
Tarn-et-Garonne. — Layrolles.
Vendée. — Souvenirs, Vallette.
Yonne. — Lefebvre.

GARDE NATIONALE MOBILISÉE [1].

Généralités. — Étude, Martinien.
Ardèche. — Deguilhem.
Côtes-du-Nord. — Monnié.
Drôme. — Bellanger.
Finistère. — Monnié.
Gard. — Voyage.
Gironde. — Lesfargues.
Ille-et-Vilaine. — Guilbaud, Ille-et-Vilaine, Monnié.
Loire-Inférieure. — Mengin.
Maine-et-Loire. — Morin.
Morbihan. — Monnié.
Nord. — Bel, Devienne, Girard, Legrand.
Pas-de-Calais. — Cardevacque.
Rhône. — Bellanger, Brun, *Ferrer*, Mouton, Souvenirs.
Saône-et-Loire. — Pellissier.
Sarthe. — Champval.
Savoie. — Berlioz.

---

1. Voir également *Garde nationale.*

BIBLIOGRAPHIE DE LA GUERRE DE 1870-1871. 569

Seine. — Enfonce, Gaboriau, Sorin, Tanné.
Seine-Inférieure. — Bosmelet, Histoire, Laperrine.

GARDE NATIONALE.

Garde nationale de province[1]. — Barbié, Brunox.
— *de la Seine.* — Carneville, Carte, Ceccaldi, Dolivet, Fons, Forneron, Giraux, Indy, Labitte, Leclerc, Marquez, Moret, Nouvelliste, Poignet, Précis, Rochethulon, Roussel, Tanné, Souvenirs. — *Supplément.* — Steffen.

CORPS FRANCS.

Amazones de la Seine. — Belly.
Avant-garde de la Délivrance. — Fontenoy.
Canonniers auxiliaires de Paris. — Souvenirs.
Chasseurs volontaires du Rhône. — Campagne.
Compagnie irlandaise. — Kirwan.
Corps Cathelineau, Volontaires vendéens. — Cugnac, Fontenay, Ollivier, Prétot.
Corps franc des Vosges (Bourras). — Dupin, Wolowski.
Éclaireurs algériens. — Chassagne.
Éclaireurs Franchetti. — Éclaireurs, Rodrigues.
Éclaireurs de la Seine. — Raspail.
Francs-tireurs des Alpes-Maritimes. — Brun.
— *bourbonnais.* — Turlin.
— *du Calvados.* — Souvenirs.
— *du Jura.* — Mesny.
— *de Neuilly.* — Belleval.
— *oranais.* — Marial.
— *de Paris.* — Bazin, Foubert, Richebourg.
— *de la Sarthe.* — Foudras.
— *de Tours.* — Sansas.
— *vierzonnais.* — Touttain.
Génie civil. — Brunfaut.
Génie volontaire de Tours. — Compagnie.
Légion bretonne. — Baulmont, Domalain, Onnée.
Volontaires du génie. — Garnier.
Zouaves pontificaux. — Albiousse, Allard, Arsac, Baju, Bittard, Champré, Charette, Delmas, Derély, Derniers, Lettre, Maillard, Peigné, Wallincourt, Zouaves. — *Supplément.* — Salles.

16. Histoire des unités de troupes allemandes [2].

1re Armée. — Berg, Einzelschriften, Hoenig, Roberts, *Schell*, Skizze, Wartensleben.

---

1. Voir en outre *Garde nationale*.
2. Voir en outre, pour toutes les unités, le mot *Geschichte*.

IIe Armée. — Blume, Einzelschriften, *Goltz*, Horn, Operationen, Skizze.
IIIe Armée. — Hahnke, Hassel, Lingk, Skizze.
IVe Armée ou *Armée de la Meuse*. — Bauer, Skizze. — *Supplément*. — Mayerhoffer.
Armée du Sud. — Operationen, *Wartensleben*.
Troupes badoises. — Guntermann, Hoeck, Husser, Mampel, Marschroute, Nebe, Schnitthenner, Verlustlisten, Waltz, Wilckens.
Armée bavaroise. — Bayern, Biographien, Darstellungen, Dempwolff, Glasenapp, Held, Helden, Heldenthaten, Morin, Reiterei, Rückblicke, Sepp, Verlustliste. — *Supplément*. — Darstellungen.
Troupes hessoises. — *Supplément*. — S.
Troupes wurtembergeoises. — Seubert, Verlustliste, -listen.
Landwehr. — B., Baczko, Boguslawski, Erinnerungen, Kriegserinnerungen, Landwehr, Martens, Mittheilungen, Natzmer, R., Thätigkeit, Thaten, Uhland, Wilhelmshafen.
Bataillons de garnison. — St.
Dépôts. — Travail.
Garde royale prussienne. — Häring, Jordan, Lill, Lindau, Löbell, Rangabe, Rogge.

IIe Corps d'armée. — Aufzeichnungen, Gedenkblatt, Lang.
IIIe — Alvensleben, *Einzelschriften*, Gefechte, Koch, Twardowski.
V^e — M., Pirscher, Stieler.
VIe — Gerhard, Kutzner.
VIIe — Rüdgisch.
VIIIe — *Supplément*. — Feldarztbriefe.
IXe — Armee-Corps, Gefechte, Hessert, Leistungen.
X^e — Hantel, Lenz, Richter, Stier.
XIIe — (armée saxonne). — Armee, Baumgarten, Cardinal, Dahlinger, Dittrich, Gefechts, Glasenapp, Graf, Jüchtzer, Kiesling, Marschroute, Sachsensöhne, Schubert, Siegeszug, Verlustlisten, Wagner.
XIVe — Armee-Corps, Löhlein, Operationen. — *Supplément*. — Cissey.

Ier Corps d'armée bavarois. — Armee-Corps, Corps, *Einzelschriften*, Helvig, Krieg, Kriegsoperationen, Tanera.
IIe — Darstellungen, Gebrattel, Heilmann, Leibig, Pirscher.

1re division d'infanterie de la garde prussienne. — Vorposten.
2e — Jordan, Plan, Stains.
5e division d'infanterie. — Wodtke.
6e — Vormeng.
13e — *Supplément*. — Bodelschwingh.
17e — Fischer, Koch, Hurrah, Infanterie, Schaper.
18e — Bussler, Hurrah.
22e — Armee-Corps, Isenburg, *Willich*.

25ᵉ *division d'infanterie.* — Abriss, Bender, Dieffenbach, Diestelkampf, Draudt, Feldzugs, Scherf.
Division badoise d'infanterie. — Marschroute.
1ʳᵉ *division de cavalerie.* — Cavallerie-Division, Hartmann.
2ᵉ   —   Kavallerie.
4ᵉ   —   Urbal.
5ᵉ   —   Kotze, Opérations, Thätigkeit.
6ᵉ   —   *Einzelschriften*, Opérations.
12ᵉ   —   *Supplément.* — Kavallerie-Division, Mayerhoffer.
11ᵉ *brigade d'infanterie prussienne.* — Fisch.
38ᵉ *brigade d'infanterie.* — Antheil, Hœnig.
41ᵉ   —   Lohmann.
49ᵉ   —   Infanterie.
1ʳᵉ *brigade wurtembergeoise d'infanterie.* — Jäger, Schmid.
3ᵉ *brigade de cavalerie.* — Colomb.
Détachement Boltenstern. — *Einzelschriften.*
Détachement Rantzau. — Draudt.
Détachement Schmidt. — *Einzelschriften.*
1ᵉʳ *régiment de grenadiers de la garde prussienne.* — Dinckelberg, Kries.
2ᵉ   —   —   —   Puttkamer. — *Supplément.* — Brekenfeld.
3ᵉ   —   —   —   *Supplément.* — Altrock.
4ᵉ   —   —   —   Braumüller, Lill.
Régiment de fusiliers de la garde. — Garde, *Liebmann*, Monate, Mülbe, Vier.
1ᵉʳ *régiment à pied de la garde.* — Goltz, Kessel, Maltzahn.
2ᵉ   —   —   Lüdingshausen.
3ᵉ   —   —   Dunker, Garde, Kathen.
4ᵉ   —   —   Bagenski, Drigalski.
1ᵉʳ *régiment d'infanterie.* — Gallandi, Hopp, Oelsnitz.
2ᵉ   —   Bagenski, Zepelin.
3ᵉ   —   Abriss, Becker, Kleist.
4ᵉ   —   Anno, Arke, Balcke, Burrucker, Eberstein, Weiss.
5ᵉ   —   Kaulfuss, Kopka.
7ᵉ   —   Schkopp.
8ᵉ   —   Gayl, Lichtenstein.
9ᵉ   —   Petermann.
10ᵉ   —   Hoyer, Walleiser.
11ᵉ   —   Ebertz.
12ᵉ   —   Kraushaar, Müller.
13ᵉ   —   Gescher.
14ᵉ   —   Schmidt, Zechmeyer.
15ᵉ   —   Dambrowski, Fünfundsiebenzig, Jahre.
16ᵉ   —   Ledeuil.
19ᵉ   —   Rivinus.

20ᵉ régiment d'infanterie. — Kirchhof, Lehmann. — *Supplément*. — Kriegserinnerungsfeier.
21ᵉ — Schreiber.
23ᵉ — Busse, Knispel.
24ᵉ — Jahn, Voigts, Zahn, Zychlinski.
25ᵉ — Fransecky, Jagwitz, Lœillot, Loos, Miranda.
26ᵉ — Bunge, Stuckrad.
27ᵉ — Lessel. — *Supplément*. — Kreuzwendedich.
28ᵉ — Neff. — *Supplément*. — Charisius.
29ᵉ — Wellmann.
30ᵉ — Paulitzky, Szczepanski.
31ᵉ — Abriss, Gottschalck, O. — *Supplément*. — Ahlefeld.
32ᵉ — Schmidt, Türcke.
33ᵉ — Lehfeldt, Transfeldt.
34ᵉ — Thieme.
35ᵉ — Ehrenberg, Isenburg, Seld.
36ᵉ — Antheil, Dähne, Dalitz, Müller.
37ᵉ — Hollnack, Nitschke, Reibnitz.
39ᵉ — Rintelen.
40ᵉ — Gisevius, Sauerwein, Seton.
41ᵉ — Athenstädt, Lohmann.
43ᵉ — Forstner, Goltz, Sperling.
44ᵉ — Erich.
46ᵉ — Massow, Münnich.
48ᵉ — Dallmer, Heim.
50ᵉ — Boguslawski, Steinmann.
51ᵉ — Cardinal, Chorus.
53ᵉ — Richter.
54ᵉ — Burmester. — *Supplément*. — Renouard.
55ᵉ — Blomberg.
56ᵉ — Abriss, Jahre, Rindfleisch.
57ᵉ — Hilken, Nitschke, Schimmelmann.
58ᵉ — Langermann.
59ᵉ — Steinmann.
60ᵉ — Infanterie.
61ᵉ — Baudach, Henning, Ledeuil, Liliencron, Wenzel. — *Supplément*. — Maercker.
63ᵉ — Köppel, Langermann.
64ᵉ — Gentz, Lœillot.
66ᵉ — Gärtner, Hancke.
67ᵉ — Bis, Heinrich.
68ᵉ — Schrötter.
71ᵉ — Löfen.
72ᵉ — Fabricius — *Supplément*. — Mühlmann.
73ᵉ — Breijding

75ᵉ régiment d'infanterie. — Friedrichsen, Gottschling, Knechtel, Rabenau, Theilnahme.
76ᵉ — Birkhholtz, Friedrichsen, Livonius, Niemann, Steinberg, Tagebuchblätter, Unter.
77ᵉ — Conrady, Lau. — *Supplément*. — Böing.
78ᵉ — Busse, Hennings, Tiemann. — *Supplément*. — Hennings.
79ᵉ — Schmidt, Ueber.
80ᵉ — Memerty.
82ᵉ — Sunkel.
83ᵉ — Aus, Berlit, Ditfurth, Könemann, Pape, Wie.
84ᵉ — Abriss, Gusmann.
85ᵉ — Hedicke, Stern.
86ᵉ — Windeck.
87ᵉ — Friesem, Rössler.
88ᵉ — Becker, Schultze.
89ᵉ — Koch. — *Supplément*. — Langermann.
90ᵉ — Hævernick, Von, Wrochem.
91ᵉ — Abriss, Dincklage, Finkh, Rohr.
92ᵉ — Baur, Elster, Kortzfleisch, Mühlenfels, Otto. — *Supplément*. — Bichmann.
93ᵉ — Bunge, Küster, Onkels.
94ᵉ — Franke, Hagen.
95ᵉ — Feldzugstagebuch, Niemann.
96ᵉ — Döring, Otterstedt.
97ᵉ — Schlacht.
100ᵉ — Hodenberg, S.
101ᵉ — S.
104ᵉ — Delling, Dittrich.
105ᵉ — Aufschläger, Jenner, Larrass.
106ᵉ — Schönberg.
107ᵉ — Bracht, Fricke, Hähnel, Hodenberg, Lange, Schönberg, Wagner.
109ᵉ — Trapp.
110ᵉ — Becker.
111ᵉ — Feill.
112ᵉ — Hännsler, Harlfinger.
113ᵉ — Lindemann, Roth, Schilling.
114ᵉ — Heim, Wänker.
116ᵉ — Klingelhöffer.
117ᵉ — Caspary.
118ᵉ — Keim.
119ᵉ — Niethammer, Pfister.
120ᵉ — (1ᵉʳ wurtembergeois). — Petermann, Pfister.
121ᵉ — Schempp.
122ᵉ — Köberle.

123ᵉ régiment d'infanterie. — Muff, Wulff.
125ᵉ   —   Marx.
126ᵉ   —   Walter.
Leibregiment bavarois. — Illing, Metsch.
1ᵉʳ régiment bavarois d'infanterie. — Prielmayer, Riclinger.
2ᵉ   —   —   Allweyer, Bürklein, Stapp, Staudinger, Würdinger.
3ᵉ   —   —   Ruith.
4ᵉ   —   —   Stapp.
5ᵉ   —   —   Fischer.
6ᵉ   —   —   Stapp.
9ᵉ   —   —   Häuffer.
10ᵉ   —   —   Koch, Weidner. — *Supplément.* — Koch.
12ᵉ   —   —   Zwölfer.
13.   —   —   Hœnig.
15ᵉ   —   —   Pfeffer. — *Supplément.* — Pfeffer.
16ᵉ   —   —   Geissler.
Bataillon des tirailleurs de la garde prussienne. — Besser, Horst, Knesebeck, Lüders.
Bataillon des chasseurs de la garde prussienne. — Rentzell.
1ᵉʳ bataillon de chasseurs prussiens. — Rentzell.
2ᵉ   —   Pflugradt.
4ᵉ   —   Model.
5ᵉ   —   Brauer, Gansauge.
7ᵉ   —   *Supplément.* — Rudorff.
8ᵉ   —   Kinzenbach, Weber.
10ᵉ   —   Krähmer.
11ᵉ   —   Döring, Krüger.
14ᵉ   —   Langermann.
1ᵉʳ   —   bavarois. — Eder, Ueberblick.
2ᵉ   —   Geissler.
4ᵉ   —   Berg, Röder.
5ᵉ   —   Erinnerungen.
6ᵉ   —   Kriegserinnerungen.
7ᵉ   —   Geissler.
9ᵉ   —   Berg, Geissler, K., Käuffer.
10ᵉ   —   Graser.
2ᵉ·   —   hessois. — Bornemann.
1ᵉʳ   —   wurtembergois. — Hösslin.
2ᵉ   —   —   Gerok.
3ᵉ   —   —   Muff.
1ᵉʳ et 2ᵉ régiment d'artillerie de campagne de la garde prussienne. — Beutner.
1ᵉʳ régiment d'artillerie de campagne. — Gregorovius, Schultze, Troschke.
2ᵉ   —   —   Stiehl.
3ᵉ   —   —   Gottschalck.
4ᵉ   —   —   Balcke.

5ᵉ régiment d'artillerie de campagne. — Kaulfuss.
6ᵉ   —   —   Westarp.
7ᵉ   —   —   Hamm, Schreiber.
3ᵉ   —   —   Krätzig.
9ᵉ   —   —   Meichner, Sprotte.
10ᵉ   —   —   Colditz.
11ᵉ   —   —   Cochenhausen.
12ᵉ   —   —   Kretschmar.
14ᵉ   —   —   Antheil, Auszug, Erlebnisse, Nebe.
15ᵉ   —   —   Stähler.
18·   —   —   Wangemann.
21ᵉ   —   —   Salzmann.
25ᵉ   —   —   Beck.
Artillerie wurtembergeoise. — Strack.
Artillerie de Brunswick. — Kühne.
1ᵉʳ régiment bavarois d'artillerie de campagne. — Baumann.
2ᵉ   —   —   Speck.
3ᵉ   —   —   Lutz.
Régiment d'artillerie à pied de la garde prussienne. — Asbrandt, Beutner.
  1ᵉʳ régiment d'artillerie à pied. — Schultze.
  2ᵉ   —   —   Stiehl.
  15ᵉ   —   —   Stähler.
  9ᵉ bataillon d'artillerie à pied. — Stiehl.
  14ᵉ   —   —   Rauthe.
Artillerie de forteresse badoise. — Khuon-Wildegg.
Bataillon de pionniers de la garde prussienne. — Mersmann, Weber, Wermann.
  2ᵉ bataillon de pionniers. — Troschel.
  3ᵉ   —   Wollmann.
  4ᵉ   —   Volkmann.
  5ᵉ   —   Neumann.
  6ᵉ   —   Denkschrift, Schröter.
  7ᵉ   —   Hoffmann.
  8ᵉ   —   Pionier.
  9ᵉ   —   Höfer, Thätigkeit.
  10ᵉ   —   Tappen.
  13ᵉ   —   Bailer, Löffler.
Régiment prussien des gardes du corps. — Brühl, Ueberblick.
  1ᵉʳ cuirassiers prussien. — Broch, Crammon, Lières.
  3ᵉ   —   Orlop.
  5ᵉ   —   Bärensprung, Zanthier.
  6ᵉ   —   Schmiterlœw.
  7ᵉ   —   Gärstringer, Hiller, Seydlitz.
  8ᵉ   —   Kürassierbriefe, Wellmann.
1ᵉʳ dragons de la garde. — R., Rohr.
1ᵉʳ dragons prussien. — Sieg.

2ᵉ *dragons prussien*. — Kraatz, Osten.
3ᵉ — Hagen.
4ᵉ — Krosigk.
5ᵉ — Kayser, Kriegstagebuch.
6ᵉ — Schulenburg.
7ᵉ — Bœhm.
17ᵉ — Seeler.
18ᵉ — Unger.
19ᵉ — Hoyer, Schweppe.
20ᵉ — (1ᵉʳ badois). — Rau.
21ᵉ — (2ᵉ badois). — Legde, Schmidt.
23ᵉ — Zimmermann.
2ᵉ *régiment des ulans de la garde prussienne*. — Knebel.
2ᵉ *ulans prussien*. — Schöning, Weisbrodt.
3ᵉ — Bothe, Damnitz.
4ᵉ — Bredau, Meyer.
5ᵉ — Böhn.
6ᵉ — Bothe.
7ᵉ — Kusenberg.
8ᵉ — Förster.
9ᵉ — Dreher.
10ᵉ — Fitze, Graaff, Hoyer.
11ᵉ — Schöning.
12ᵉ — Weisbrodt.
13ᵉ — Erlebnisse, Seydewitz.
15ᵉ — Glasenapp.
16ᵉ — Koblinski, Langermann.
17ᵉ — Königlich, Schmaltz.
19ᵉ — Griesinger, Haagen.
4ᵉ *ulans bavarois*. — Meyer.
Régiment des hussards de la garde prussienne. — Kottwitz.
1ᵉʳ *hussards prussien*. — Mackensen, Sarre.
2ᵉ — Leib-Husaren, Mackensen, Nathusius, Sarre. — *Supplément*. — Nathusius.
3ᵉ — Ardenne, Mackensen.
4ᵉ — Poten, Wechmar.
6ᵉ — Studnitz, Vogt.
7ᵉ — Deines.
9ᵉ — Bredow.
10ᵉ — Thielen.
11ᵉ — Ardenne, Eck.
14ᵉ — Kossecky.
16ᵉ — Terino.
18ᵉ — Schorlemer.
19ᵉ — (2ᵉ saxon). — Süssmilch.
Régiment saxon des Reiter. — Klenck, Schimpff.

2º *régiment des Reiter wurtembergeois.* — Starklof.
1ᵉʳ *Chevaulégers bavarois.* — Hutter, Seefeld, Seefried, Ulrich.
3º — — Buxbaum.
4º — — Brumann, M.
6º — — Palmberger.
Corps des Feldjäger. — Heym.
11ᵉ *bataillon du train.* — Kiesling.
14º — *Supplément.* — Eltester.
Bataillon de marine. — Heye.
5ᵉ *Abtheilung des chemins de fer de campagne.* — Krohn.

17. Enseignements de la guerre.

Réflexions, considérations générales. — Asti, Barre-Duparcq, Baur, Berkeley, Beschowingen, Betrachtungen, Bref, Corsi, Eberstein, Gerardi, Gros, Hamilton, Hazen, Henkel, Horn, Macchi, Malheurs, Marcard, Marlini, Marselli, Menneval, Menzel, Mond, Münster, Naumann, Nemo, Newmann, Nogeret, Oelsner, Opissaniie, Où, Patenôtre, Périlhou, Perrin, Pillet, Pitawall, Preusse, Prieto, Quatrefages, Quel, Quelques, Rauchfuss, Réflexions, Reymond, Röttig, Roiffé, Rüffer, Sanders, Schmeidler, Schmid, Scholl, Schumann, Scotti, Soirées, Soustral, Stapleton, Stark, Stephen, Steinbeck, Stieler, Sumner, *Sybel,* Thiersch, Ungeheuer, Vallady, Was, Weber, Wort, X., Ymbert, Ziele, Zukunft, Zum. — *Supplément.* — Frémont, Frary.

Considérations philosophiques, psychologiques et religieuses. — Antully, Avis, Baltzer, Bamberger, Batifol, Baumgarten, Bayer, Beaudemoulin, Beaussire, Bédarrides, Boisnard, Bois-Reymond, Bopierre, Bordeaux, Brugalé, Buyat, Caillat, Canton, Caro, Ce, Champagny, Chaudordy, D., Decourdemanche, Dignat, Epigny, Erdmann, Esquirou, Essai, Ezerville, Fix, Franklin, Freiheit, Freimuth, Fundament, Gaume, Gazan, Gilardin, Gros, Grovestins, Guéronnière, Guilin, Gutzkow, Häbler, Haltaus, Hazelius, Hérisson, Huber, Hundt, Huyssen, in, Iken, Jellinck, Jenner, Lacroix, Lamarquerouge, Lamé, Lammers, Latrille, Laure, Leblanc, Leclercq, Legrelle, Lehren, Lesseps, Lettre, Lettres, Lichtenberger, Littré, Löher, Luther, Luthéranisme, Lux, Mann, Marbeau, Marchal, Marteau, Modeste, Mond, Morel, Müller, Nach, Nogeret, Norberg, Ollivier, Oppenheim, Opzoomer, Page, Paix, Perraud, Perrin, Pertus, Pescatorini, Pfaff, Plantier, Raynard, Réflexions, Religion, Renan, Renouf, Revanche, Reymond, Richter, Rudloff, Saint, Schenkel, Schepers, Schröder, Stark, Strauss, Stüler, Sydow, Toulemont, Urban, V., Vallady, Vallée, Valserres, Veuillot, Viefville, Warte, Was, Weber, Wilmet, Wolff, Wright, X., Ymbert, Zschokke. — *Supplément.* — Gordon.

Stratégie, tactique. — Armée, Armées, Arnim, Art, Artiglieria, Aus, B., Banniard, Beer, Berlioux, Bernard, Betrachtungen, Bigard, Blondlat, *Boguslawski,* Bottard, Brau, Bundesheer, Busse, C., *Cardinal,* Carrelet, Causes, Chapelle, Choppin, Civry, Corbin, Coupry, Cours, Cremer, Critiques, Désense, De, Delbrück, Delsol, *Derrécagaix*, Désastres, Desroziers, Desplanques, Domergue, Dragoni, Dupin, *Duguet*, Dusaert, Erlach, Essays, *Faure*, *Favé*, Feldzugsplan, Fervel, Folgerungen, France, Gedanken, Gerbe, Giraudeau, Guerre, Guyau, H., Happich, Hartmann, Heerwesen, *Hohenlohe*, Hundt, Instructions, Jähns, Jung, Jullien, K., Krieg, *Kunz*, *Lamiraux*, Laurent, Ledeuil, Leduad, Lehren, Lüdingshausen, M., Margaine, Maurize, Méthodes, Mézerette, Miknévitch, *Moltke*, Montucci, Moser, N., Noir, Numa, Observations, Ordre, P., Panafieu, Perrot, Quelques, Questions, R., Rabenhorst, Rameau, Ravelli, Revanche, Richard, Rodriguez, Rössler, Ronjat, Rüffer, *Rüstow*, Samin, Schwartz, Stimmen, Stoffel, Stone, Streitmitteln, Studie, T., *Ténot*, Tesar, Thiers, Travail, Trente, Truchy, Trützschler, Ueber, Ulloa, Vandevelde, *Verdy*, Vérité, *Vial*, Voïde, Vosges, Vorschriften, Waldor, Wallon, Warren, Wernersdorff, West, Westergaard, Witzleben, Wolde, X., Zeddeler, Zoller, Zur. — *Supplément*. — Hare, Lamiraux, Maillard, Marées.

Artillerie. — Artiglieria, Artillerie, Becker, Castenholz, Crouzat, Decker, *Einzelschriften*, Erinnerungen, Etude, G., *Hoffbauer*, *Hohenlohe*, Kluttschack, *Leurs*, Lucas, Monestrol, Müller, Muzeau, *Opérations*, Poolmann, Résumé, Roux, Rovel, Rückblicke, Salicis, Tactique, Tiedemann, Tir, Wille, Zur.

Cavalerie. — Betrachtungen, *Bonie*, Borbstädt, C., Cavalerie, *Chabot*, *Colomb*, Conte, *Einzelschriften*, Encore, Essays, Fort, Gedanken, *Gefecht*, *Hohenlohe*, Kähler, Kavallerie, *Kunz*, Lahure, Lehautcourt, Lehren, Lonlay, Lugli, Notes, Reiterei, Rôle, Rotenham, Sch., Schneider, Thätigkeit, Un, Vittré, Walt, Walter, Yvert. — *Supplément*. — Junk.

Infanterie. — Arnim, *Boguslawski*, Bourlois, *Cardinal*, Charakter, *Einzelschriften*, Gefecht, *Hohenlohe*, Idee, Kropatschek, Lehren, Pfister, Précis, W., Württemberg.

Génie, guerre de sièges. — *Bodenhorst*, Brau, *Brialmont*, Brunfaut, Considérations, Dynamite, G., Götze, *Hohenlohe*, Junck, Kavallerie, Krebs, Maurin, Mollik, Muzeau, Poullin, *Prévost*, Service, Tiedemann, Thoumas, Travaux, Ueber.

Administration des armées, intendance. — Administration, Arnauld, Art, *Audiffret, Baratier*, Baumann, Bilimek, Caillé, Challemel, Chaplain, Commandement, Discours, F., Favé, Feiss, Hofman, Hofmann, Intendantur, Jacquin, Rouher.

Aérostats, pigeons-voyageurs. — Almanach, Cartailhac, Clerval, Falican, Fariot, Fernique, Fonvielle, Hecke, Luftballons, Martin, Nadar, Souvenirs, Tissandier, Vaschalde, Verrecke, Wauwermans.

Armement, inventions. — Beiträge, Brunet, Crouzat, *Enquête*, Guyot, Hessert, Hilder, Jordan, Kriegsmittel, Kropatschek, Mangeot, Mérigot, Monestrol, Olivier, P., Panzerwagen, Place, Rampont, Riant, Roux, Saint-Edme, Salicis, Suzane, *Suzanne*, Thürheim, Weygandt, Wille.

Chemins de fer. — Baude, Blaser, Budde, Delambre, Eisenbahnen, *Ernouf*, F., Formanoir, Herbelot, Hoffmann, *Jacqmin*, Lavollée, Marcille, Martner, Morawitz, Morgenstern, Niox, Ramsing, W., Wibrotte, Wiederherstellung. — *Supplément*. — Darstellungen, Jelesnyia.

BIBLIOGRAPHIE DE LA GUERRE DE 1870-1871. 579

Commandement. — C., De la Sarre, M., Pfister, Schirmbock, *Thoumas*, *Verdy*. — *Supplément*. — Streiflichter.
Défense des côtes. — Dubois.
Effectifs. — *Einzelschriften*.
Espionnage. — Bruno, Jacquet. — *Supplément*. — Couailhac.
Étapes. — *Cardinal*, Études, *Goltz*, Lingk.
État-major. — Cardinal, Firckhs.
Finances, Commerce. — Abschluss, Actenstücke, *Actes*, Augspurg, Ballot, Baltazard, Bamberger, Bastie, Bayart, Bonnet, *Cucheval*, Decourdemanche, Entschädigungs, Entwurf, Eras, Ergebniss, Gesetz, Gesetze, Heu, Hirschfeld, Indultgesetz, Malarce, Moussy, Neymarck, Nur, Pagès, Petitbien, Question, Rampont, Reflexionen, Roussilhe, Roy, Sarchi, *Say*, Schneider, Ségur, Soetbeer, Stiévenart, Stöpel, Swarte, Talliez, Tellier, Ueber, Vérité, Weibezahn, *Wolowsky*, Zur.
Justice militaire. — Cours.
Marine. — Actenstücke, *Barboux*, Chevalier, Crousaz, Dubois, Farret, Flotte, Flottille, Guérard, Heye, *Julien*, Kriegsschiffe, Lavollée, Layrle, Levot, Livonius, Louis, Marina, Marine, N., Polin, *Pont-Jest*, Pyotte, Rabou, Reybaud, *Roncière*, Tecklenburg, Torpedini, Wollheim, Zur. — *Supplément*. — Marine.
Mobilisation. — Lebœuf.
Organisation des armées. — Armée, Armées, Besson, Bigard, Brackenbury, Busse, C., Carrelet, Causes, Chapelle, Chesney, Fallet, Fin, Folgerungen, Goltz, Heerwesen, Hundt, Jähns, Jullien, K., Lüdingshausen, Napoléon, Observations, Pfister, Renucci, Soldatenleben, Soldats, Söltoft, Streitmitteln, Stridsmagt, Thoumas, Trützchler, Waldersee, Wallon, Witzleben, Wolff, Zur. — *Supplément*. — Armée, Marées.
Postes, télégraphes. — *Actes*, Buchholtz, Chauvin, Dagron, Feldpost, König, Lettre, May, Millié, Mit, Naves, Perre, Philippe, Ponsinet, Post, Puy, Schneider, Sponzilli, *Steenackers*, Tybusch, Wulffen.
Remonte. — Berittenmachung, Chevaux.

18. Service de santé.

Généralités. — Cochin, *Enquête*, Laurent-Chirlonchon, Sanitäts. — *Supplément*. — Fetzer, Feldarztbriefe.
Ambulances. — Adenaw, Ambulances, Auger, Autier, Bauer, Billroth, Börner, Bonnard, Braune, Bron, Burckhardt, Casimir, *Chenu*, Christot, Coste, Cousin, Crombrugghe, Desgranges, Domenech, Doncourt, Doyon, Dugast, Ebrard, Eckhart, Esmarch, Flammarion, Friedreich, Götz, Gross, Heinrich, Hesekiel, Im, Job, Journal, Kirchner, Kuby, Küster, Mac, Ménecier, Montesson, Motet, Mordret, Nadaud, Nanteuil, Neumann, Peltier, Petit, Pilz, Pirotov, Poncet, Pressensé, Quesnoy, Rose, *Sanitäts*, Schaal, Scheltema, Schintzinger, Soubise, Steinberg, Stromeyer, Tardieu, Virchow, Wendt. — *Supplément*. — Meyer.

Secours aux blessés. — Bauer, Behrendts, Bericht, Cazenove, C., *Chenu*, Comité, Cramm, Diestelkampf, Documents, Ebrard, Evans, Eyre, Frauen, Gedanken, Gemminger, Gioubenet, Grange, Gümbel, Haar, Hahn, Hilfsthätigkeit, Hönika, Hoffmeister, Houzé, Hüdig, Im, Journal, Jürgensen, Kriegsdienste, Kupsch, Kuby, Kuster, Listes, Long, Marcano, Merchie, Mittheilungen, Mois, Monod, Mordret, Moynier, Nachrichten, Nadaud, Nanteuil, Naundorff, Pearson, Pezet, Piétrowski, Pirotov, Riencourt, Scheltema, Simon, Société, Verhandlungen, Vernes, Violations, Virchow, Wardenburg, Weber, Winckel, Witzleben, Wöllarth, Zum.

Chirurgie, médecine, hygiène. — Arnold, Bancel, Bartels, Bauer, Beck, Bellina, Billroth, Bonjean, Brinkmann, Chaplain, *Chenu*, Cohn, Deisch, Ehrenkreutz, Erkrankungen, Esmarch, Fiaux, Fischer, Friedreich, Gallard, Geiselieder, Gepner, Gioubenet, Gordon, Graf, Grellois, Gumbel, Heyfelder, Holsbeck, Jüngken, Krafft, Krause, Lévy, Louvet, Mayländer, Mettenheimer, Nimier, Passavant, Pezet, Pocken, Renz, Richter, Rupprecht, *Sanitäts*, Sausstzinsskii, Schüller, Sick, Socin, Stromeyer, Vormeng, Verwundungen, Volkmann.

Évacuation des blessés. — Bellina, Biefel, Börner, Friedreich, Hirschberg, Peltzer, *Sanitäts*, Sigel, Virchow, Wasserfuhr. — *Voir* Chirurgie.

Mortalité, tombes militaires. — Denkmäler, Druhen, *Engel, Exécution*, Feldzug, Fischer, Gaspary, Gedenktafel, Goulette, Grabstätten, Hédin, Helden, Heldengräber, Hoyer, Jüchtzer, Krause, Kriegsverluste, Lacroix, Lattorf, *Leclerc*, Ledeuil, Leroy, Listes, Matz, Merle, Metz, Müller, Nutzke, Orban, Perdita, R., Sahlbach, *Sanitäts*, Schubert, Sodenstern, Specialkarte, Stutzke, Sueur, Thäter, Todten, Varchmin, Verlustliste, Wadsack, Wohlfahrt, Zernin.

Pensions, secours. — Houzé, Long, Schwaab, Zur.

Aumônerie, ordres religieux. — Ambert, Arsac, Avesnes, Blandeau, Bournand, Caillat, Dulk, Ezerville, Faivre, Freiheit, Grand, Iken, Jellinck, Luther, Luthéranisme, Rathgeber, Religion, Rogge, Schröder, Strauss, Valserres, Villefranche, Wilmet, Wright.

Hygiène hippique. — Dubos, Rückblicke.

19. Divers.

Captivité. — Bergasse, Bräm, Bruchon, Brugalé, Comité, D., Damas, Deblaye, Delorme, Dufor, Duhamel, Fontane, Frey, Gervais, Guers, Guyot, Jeannel, Joseph, Journal, Kamp, Kayssler, Laforgue, Landau, Laurent, Léopold, Marschall, Masson, Meyret, Notes, Nott, Offiziere, Patorni, Philibert, Prométhée, Quesnay, Rambaud, Rivier, Rübsam, Soirées, Souvenir, Strub, Thiéry, Typen, Valliez, Wrede, X. — *Supplément.* — Genzel, Habert.

Cartes, plans. — Berlin, Berghaus, Carte, Delitsch, Eisenbahn, Friedenskarte, Generalstabskarte, Gœssel, Grieben's, Grosdidier, Handtke, Hauptübersichtskarte, Höhenschichtenkarte, Issleib, Joanne, Juste, Kärtchen, Karta, Karte, Kartographisches, Karty, Kiepert, König, Kriegskarte, Lang, Lunge,

Leeder, Liebenow, Linder, Magdeburg, Meinhardt, Meyer, Millić, Müller, Müller's, Neumann, Operations-Karte, Panorama, Pape, Paris, Petermann, Plan, Raaz, Ravenstein, Reisekarte, Reymann, Ritter, Schlachtfelder, Stülpnagel, Sydow, Uebersicht, Uebersichtskarte, -plan, Wachs, Weiland, Witzleben, Wœrl, Wrede. — *Voir* Cartes, 6.

Comiques (Récits), Caricatures. — Albumblatt, B., Berleux, Briefwechsel, Franzosenpeter, Karte, Kladderadatsch, Klinck, Kobell, Krieg, Kriegslaterne, Kutschke, Lehmann, Lulu, Neumann, Notariats, Schmeling, Schultze, Trojan, Turkos, Ulanenstreiche, Winterfeld.

Décorations, médailles. — Höftmann, Schneider, Troschke, Verleihungen.

Diverses (publications), annuaires, vocabulaires, dictionnaires, manuels. — Feller, Franzose, Franzosencultus, Franzosenkrieg, Geissler, Gottvertrauen, Lazareth-Büchlein, -Gespräche, Norberg, Notiz, Reichskalender, Reichskleinodien, Reichs-Taschenkalender, Richard, Riencourt, Schlosser's, Selig, Soldat, Soldats, Soldatenbüchlein, Soldatenkalender, Tornister, Vademecum, Witte, Wohlfarth, Zukunft. — *Supplément*. — Asmussen, Claudin.

Écoles. — Bauer, Chauveau, Didierjean, Dove, Garnier, Hegel, Hochschulen, Kriegsjahr, Maires, Michelsen, Neunkirchen, Prampain, Roux, Sage, Treitschke, Vom.

Femmes (Les). — Behrendts, Frauenarbeit, Guyot, Hahn, Heldenwerk, Monod, Prey, Rittershaus, Trailles, Turquan, Turquet, Verleihungen, Zapp. — *Supplément*. — Frauen.

Fête de Sedan. — Anacker, Ansprache, Baumann, Beck, Becker, Bliedner, Bloch, Böhm, Deutsch, Ellissen, Falcke, Fischer, Fröhlich, Glück, Hafner, Halmann, Harig, Hartmann, Hasbach, Hasselbach, Heldengallerie, Helmers, Henkel, Hering, Hœpel, Hufeland, Humann, Iskraut, Jähnichen, John, Knale, Koch, Krück, Lackner, Lang, Lausch, Lehnhard, Levin, Lindner, Muff, Nagel, Nathusius, Nordheim, Ohorn, Otto, Pohlmann, Pralle, Prologe, Rackwitz, Ramsauer, Reden, Reimann, Rittershaus, Rogge, Roy, Samter, Schoost, Sedan, Sedanfeier, Sedanfest, Sedanfestreden, Siedler, Strauss, Sucro, Tag, Trog, Vogeler, Vor, Weber, Weddingen, Wolter, Ziesenitz. — *Supplément*. — Arper, Gefahr, Hickmann, Rühlmann, Sallmann, Wohlthat.

Prophéties. — Apparitions, Büchlein, Cumming, Haltaus, Lachèze, Prophéties, Prophezeiung, Prophezeiungen.